U0920989

2005-2006
IMI 消费行为与生活形态年鉴

北京·上海·广州·深圳·成都·重庆
武汉·西安·沈阳·南京

IMI（创研）市场信息研究所　　北京博统正析数据信息有限公司
中国传媒大学广告学院　　《国际广告》杂志社

北京博统正析数据信息有限公司

中国传媒大学出版社

圖書在版編目（CIP）數據

2005-2006 IMI 消费行为与生活形态年鉴 黄昇民主编

北京: 中国传媒大学出版社，2005.12

ISBN 7-81085-629-4

I. I... II.黄... III.①消费—行为—调查报告—中国—2005—年鉴②生活—现状—调查报告—中国—2005—年鉴 IV. F126. 1-54

中国版本图书馆 CIP 数据核字（2005）第 142974 号

2005-2006 IMI 消费行为与生活形态年鉴

主　　编:	黄昇民
副 主 编:	刘立宾　丁俊杰　黄京华
責任編輯:	愚言
封面設計:	李梦晗
出版發行:	中国传媒大学出版社(原北京广播学院出版社)
社　　址:	北京市朝阳区定福庄东街 1 号　　邮编: 100024
電　　話:	010-65450532 或 65450528　　传真: 010-65779140
網　　址:	http://www.cucp.com.cn
經　　銷:	新华书店总店北京发行所
印　　裝:	北京嘉业印刷厂
開　　本:	889 × 1194 毫米 1/16
印　　張:	24.5
版　　次:	2005 年 12 月第 1 版　2005 年 12 月第 1 次印刷

ISBN 7-81085-629-4/k · 440　　定价: 800.00 元

《2005-2006 IMI 消费行为与生活形态年鉴》

研究机构、研究编辑人员

项目总统筹	北京博统正析数据信息有限公司
研 究 机 构	IMI（创研）市场信息研究所 中国传媒大学广告学院 《国际广告》杂志社
项目总负责	黄昇民（中国传媒大学广告学院院长）
项 目 策 划	黄昇民（中国传媒大学广告学院院长） 丁俊杰（中国传媒大学新闻传播学院院长） 刘立宾（《国际广告》杂志社社长兼主编）
编委会成员	黄昇民　丁俊杰　刘立宾　黄京华
研 究 人 员	黄昇民　丁俊杰　刘立宾　黄京华　张　津　杨雪睿

《2005-2006 IMI 消费行为与生活形态年鉴》编辑部

编 辑 部 主 任	黄京华
编辑部副主任	张　津　杨雪睿
技 术 总 负 责	黄京华
编 辑 部 成 员	黄京华　张　津　杨雪睿　郭　瑾　夏　晔　房思思　蒋还还 胡洪涛　王少澄

序 言

时光荏苒，岁月如梭，从1995年至2005年，《IMI消费行为与生活形态年鉴》已经走过了10年的历程。无论是调查范围、样本数量，还是调查内容，现在的IMI年鉴同创始之初相比都有了突飞猛进的发展。

1995年到2001年是IMI消费行为与生活形态研究的开创时期：1995年，第一本IMI年鉴诞生，弥补了中国内地市场资讯业的空白，当年出版后反响巨大，受到高度评价。当时的研究地域是北京、上海、广州3个城市，对3000个样本的44类商品消费行为与生活形态进行了实地的问卷调查，年鉴以数据表格的形式记录并描述了3个城市消费者的实际消费情况。1997年，研究地域新增重庆市，调查范围扩大到4个城市；同时，根据行业研究的关心程度将商品种类进行调整，使得研究结果更能集中体现市场热点的现状和前景。1998年，研究地域增加到6个城市。2000年和2001年，研究地域增加到7个城市，样本总量达到7000个。

2002年，与央视—索福瑞的合作，使IMI年鉴有了快速发展的机会。借助央视—索福瑞的调查网络，2002年至2004年，IMI年鉴的调查范围覆盖了全国重点地区的21个城市，样本量近21000个，商品种类增加到56类。

10年的IMI调查，10年的编辑整理，辛苦自不必说，对于研究人员来说，更多的是压力和困惑。在最初的研究规划中，我们就确定了以对城市消费者的一手调查数据为基础，对城市消费者进行量化描述的研究方向。因此10年来，年鉴的数据收集与编辑方式虽然做过一些调整，但是总体的调查执行方式，以及年鉴的编辑风格与样式基本保持不变。

历时10年的城市消费者调查，积累了庞大的消费者数据库，我们也因此能够对中国城市居民的消费行为与生活形态进行概况性的描述，以及横向与纵向的分析比较。最近两年，我们开始了对于10年数据的深入分析研究，已有相关研究著作面市，还有以“十年品牌发展情况及变化趋势研究”等城市消费者消费行为与生活形态变迁的系列研究都已展开。正是由于多项研究的展开与深入，使得我们重新思考城市消费者的研究方向与方法。因为，在每一项研究的进程中，我们都会遇到同样的问题：我们一方面体味着量化数据显现给我们丰富信息的喜悦，另一方面也对不能有效解读这些信息感叹量化研究的局限。所以，在我们所进行的每一项研究中，都补充了相应的定性研究。这启发我们，调整既定的研究思路和年鉴的编辑方式，采用定量与定性相结合的研究方法，延续我们的城市消费者研究。

2005 年，我们开始了定性研究的尝试，调查的方式有所改变，年鉴的编辑方式也发生了变化。《2005-2006 IMI 消费行为与生活形态年鉴》分为上、下两卷。上卷仍然是定量调查的数据结果，包括消费者的媒介接触、耐用品拥有、休闲活动等方面的内容。下卷则是通过深度访谈得到的定性研究的结果。在上卷定量调查数据库的基础上，我们选取了有代表性的 64 位被访者进行实地走访，面对面的深度访谈使研究人员同消费者有了更全面的接触。访谈内容主要围绕三方面，一是消费者的消费态度与广告观念；二是对一些热点问题的深入了解，包括教育、储蓄、投资、旅游；三是消费者对于某些消费品的消费经历、消费体验。

在对 64 位被访者访谈资料的整理过程中，我们看到了隐藏在数据背后的动机、原因、态度和观念，而这些正是我们通过数据无法捕捉的。在定性研究中，消费者的消费行为与生活形态不再是枯燥乏味的描述，而是生动、鲜活地跃然纸上。

本次定性研究的范围是 1995 年 IMI 年鉴最初调查的 3 城市——北京、上海、广州，从这个意义上来说，2005 年是 IMI 年鉴的新起点。这种转变能否为 IMI 年鉴未来的发展指明方向，我们还需要倾听社会各方面的批评、指正。

参加北京、上海、广州 3 城市实地深度访谈工作的有郭瑾、房思思、蒋还还、胡婧、胡洪涛、李媛媛、夏晔、黄娟。另外，陈素白、杨金姝参与了部分数据整理工作。

感谢所有参与年鉴编辑整理的工作人员！

感谢所有支持和关心 IMI 年鉴的新老用户！

抽 样 说 明

2005-2006IMI 消费行为与生活形态调查分为两个阶段：第一阶段是入户问卷调查。第二阶段是深度访谈和电话调查。每一阶段的抽样说明如下。

※ 第一阶段：入户问卷调查

【1】**抽样方法**：采用了三阶段、随机等距不重复 PPS 方法抽样方法。

1. 采用 PPS 随机等距方法抽选居（家、村）委会；
2. 采用随机等距不重复抽样方法，抽选家庭户；
3. 采用 KISH 表，根据地址尾号和家庭成员编号随机抽取 16~60 岁的家庭成员为访问对象。

【2】**调查区域**：北京、上海、广州、深圳、成都、重庆、武汉、西安、沈阳、南京共 10 个城市。每城市所调查的城区如下：

城 市	调查城区数	调 查 城 区
北 京	10	东城区、西城区、崇文区、宣武区、朝阳区、丰台区、石景山区、海淀区、门头沟区、房山区
上 海	12	黄浦区、卢湾区、徐汇区、长宁区、静安区、普陀区、闸北区、虹口区、杨浦区、闵行区、宝山区、浦东新区
广 州	8	东山区、荔湾区、越秀区、海珠区、天河区、芳村区、白云区、黄埔区
深 圳	6	罗湖区、福田区、南山区、宝安区、龙岗区、盐田区
成 都	5	锦江区、青羊区、金牛区、武侯区、成华区
重 庆	6	渝中区、大渡口区、江北区、沙坪坝区、九龙坡区、南岸区
武 汉	7	江岸区、江汉区、硚口区、汉阳区、武昌区、青山区、洪山区
西 安	5	新城区、碑林区、莲湖区、雁塔区、未央区
沈 阳	6	和平区、沈河区、大东区、皇姑区、铁西区、苏家屯
南 京	9	玄武区、白下区、秦淮区、建邺区、鼓楼区、下关区、浦口区、栖霞区、雨花台区

【3】**操作步骤**：

1. 取得目标地区所有的居(家、村)委会抽样框(名单和户数)。
2. 以 PPS 抽选 72 个居(家、村)委会。
3. 抄录抽中的居（家、村）委会中所有居民户地址名单。
4. 在每个居委会抽取 15 个样本户。考虑到抽中的样本户中会有一定比例拒绝合作，或因种种原因不适于作为调查对象，因此在每个居（家、村）委会内需要有备用样本户，按照应抽样本数的 2 倍抽选；在每个居（家、村）委会内，以随机等距方法一次抽出 2 套样本户；访问以第一套地址为准进行入户访问，如果三次入户不成功则按照同号替换的原则使用第二套地址。
5. 在抽中的地址中抽取 16~60 岁常住家庭成员访问。

【4】访问方式：入户面访

【5】执行时间：2005 年 3 月~2005 年 4 月

【6】执行机构：央视—索福瑞媒介研究有限公司（CSM）

【7】有效样本量：北京 813　上海 827　广州 907　深圳 946　成都 799　重庆 736　武汉 735
西安 742　沈阳 769　南京 750
10 城市共 8024 个样本

【8】推及总人数：对于随机抽样所得到的数据进行加权，得到各城市推及总人数如下。（单位：千人）
北京 6018　上海 7015　广州 3035　深圳 4209　成都 2011　重庆 2435　武汉 3161
西安 2088　沈阳 2831　南京 2439

※ 第二阶段：深度访谈和电话调查

【1】抽样方法及操作步骤：

1. 深度访谈：在北京、上海、广州 3 城市入户问卷调查取得的样本库中，根据被访者填写的姓名和联系方式与被访者联系，询问其是否可以接受深度访谈，如果可以，则与被访者约定访谈的时间、地点，进行深度访谈。
2. 电话调查：在央视—索福瑞入户问卷调查取得的样本库中，根据被访者填写的姓名和联系方式与被访者进行联系，采取普查的方式对 10 城市消费者进行电话调查。

【2】调查区域：深度访谈和电话调查的调查区域与第一阶段入户问卷调查的区域相同。

【3】访问方式：深度访谈、电话调查。

【4】执行时间：深度访谈的执行时间为 2005 年 7 月~2005 年 8 月。
电话调查的执行时间为 2005 年 7 月~2005 年 9 月。

【5】执行机构：中国传媒大学广告学院 IMI（创研）市场信息研究所。

【6】有效样本量：

深度访谈　北京 23　上海 24　广州 17　3 城市接受深度访谈的样本数为 64。

电话调查　北京 211　上海 211　广州 208　深圳 153　成都 221　重庆 209　武汉 230
西安 219　沈阳 247　南京 225
由于存在拒访、被访者不在家、被访者临时有事情不能接受访问等情况，10 城市能够接受电话调查的样本数为 2134。

数据说明

本年鉴数据结果多以表格形式出现。为方便读者查阅，大多数表格形式相似，数据分析结果的表示方法也力求统一。在这里给出一般的解读方法，那些形式或内容比较特别的表格在书中已经加了注解。在对具体的数据进行解释之前需要注意三方面的问题。

首先， 2005 年的调查执行同 2004 年相比，除入户问卷调查外，增加了深度访谈和电话调查。为便于阅读，采用不同调查方法的数据结果用上卷和下卷分别表示。上卷是利用入户问卷调查数据分析的 10 城市消费者的媒介接触情况、耐用消费品拥有情况、利用各类服务情况、休闲活动等；下卷是利用北京、上海、广州 3 城市深度访谈获得的资料和北京、上海、广州、深圳、成都、重庆、武汉、西安、沈阳、南京 10 城市电话调查的数据分析的消费者消费观念和消费行为。

其次，入户问卷调查同 2004 年一样完全采用随机抽样的方法，在分析中对原始数据按照各城市调查区域的人口统计量进行加权，因此上卷所有的分析数据是加权以后的结果。所以读者在阅读数据时需要特别注意，年鉴中描述被访者的数量和单位为**人数（千人）**，是在样本基础上推及的人数。

最后，上卷中由于采用的是加权数据，计算结果的误差较大，特别是对交互分析的表格，存在各分类人数相加后的和与总人数不相等的情况，阅读时需要注意。

关于年鉴上卷和下卷中数据的表述及格式说明如下。

※　上卷

【1】本书以商品为主要分类项，每类商品的内容下都分列北京、上海、广州等 10 城市的数据结果。表格的形式分为两种，一种是 10 城市的数据放在一个表格中，另一种是以“**● 北京**”、“**● 上海**”、“**● 广州**”等作为区别标志。

【2】书中表格的标题一般就是调查时问卷所问的问题，表头所列的项目即该问题的所有可能选项。以互联网接触情况为例，比如“互联网”的表 1，问卷中的问题是过去半年内接触过互联网的消费者最近三个月是否上过网，供选择的答案是 1.是，2.否。表格的标题和表头对此做了提示。

1 在过去半年内接触过互联网的消费者最近三个月上网的比例

	人数（千人）	是	否
北京	2654	99.6	0.4
上海	2777	98.6	1.4
广州	1030	99.1	0.9
成都	1415	96.2	3.8
重庆	749	98.5	1.5
武汉	595	99.3	0.7
西安	1382	99.5	0.5
沈阳	848	97.6	2.4
南京	839	98.7	1.3

【3】表 1 中的数据是过去半年内接触过互联网的各个城市消费者最近三个月上网的比例。比如，北京过去半年内接触过互联网的消费者最近三个月 99.6%上过网；沈阳有 97.6%的人最近三个月上过网。

【4】表 6 中的数据是经常收看的电视频道与年龄和性别作交互分析的结果。表中除人数（千人）对应的数字以外的数都是百分比，为了简洁易读，都没有标上百分号。如果没有特别注明，百分比都是指的行百分比（对左边数字而言的百分比）。表 6 中的三行黑体数字表示，北京市推及人数中有 38.4%的人经常收看中央电视台综合频道，30.5%的人经常收看北京卫视；其中男性中有 38.2%的人经常收看中央电视台综合频道，26.9%的人经常收看北京卫视；女性中有 38.6%的人经常收看中央电视台综合频道，34.7%的人经常收看北京卫视；由此可以看到，女性收看中央电视台综合频道和北京卫视的比例均高于男性。最后一行数字表示，55~60 岁的男性中，

41.4%的人经常收看中央电视台综合频道。而35~44岁的男性收看中央电视台综合频道的比例是48.7%，是男性各年龄层中最高的。书中其他表格的分析类似。

在这里还要注意上面提到过的问题，女性各年龄层人数相加之和是2758（千人）与女性人数2757（千人）不相等，这是由于加权数据的误差造成的。

6 男性各年龄层、女性各年龄层经常收看的频道 注：本题为多选题，合计百分比超过100%

● **北京**

	人数（千人）	中央电视台综合频道	北京卫视	中央台五套	北京台四套	中央台三套	北京台三套	中央台六套	中央台二套	北京台二套	中央台八套
总人数	**5913**	**38.4**	**30.5**	**21.5**	**21.2**	**19.9**	**19.5**	**18.6**	**15.8**	**13.8**	**10.3**
男性	**3155**	**38.2**	**26.9**	**34.4**	**15.2**	**20.0**	**16.3**	**22.4**	**18.6**	**10.7**	**7.0**
16~24岁	620	32.0	21.9	44.8	21.9	22.1	9.0	20.5	13.0	10.9	7.6
25~34岁	816	30.1	14.6	33.3	22.2	19.9	10.9	30.8	24.7	9.0	7.2
35~44岁	848	48.7	34.2	26.0	11.1	18.8	17.3	19.0	22.0	14.6	7.9
45~54岁	594	39.4	32.5	39.8	8.0	18.9	22.8	21.4	14.6	7.9	5.7
55~60岁	277	41.4	39.6	28.3	7.3	22.0	31.5	13.9	11.4	9.2	5.4
女性	**2757**	**38.6**	**34.7**	**6.8**	**28.2**	**19.7**	**23.1**	**14.4**	**12.6**	**17.4**	**14.0**
16~24岁	521	19.9	17.3	8.6	30.2	26.9	10.7	22.3	17.7	26.1	11.0
25~34岁	677	46.5	32.8	5.1	34.9	14.8	24.7	13.4	12.0	14.6	18.8
35~44岁	711	32.5	37.9	8.7	28.6	21.0	20.0	11.4	5.4	18.8	14.9
45~54岁	606	47.7	44.8	5.4	22.5	17.7	34.9	14.7	15.9	12.9	11.5
55~60岁	243	52.1	43.2	5.7	18.1	19.1	24.5	8.1	15.9	13.3	11.0

【5】有些问题不是所有被访者都做了回答，对于没有回答该题的人分析时做缺失处理，人数和百分比的计算只对回答该问题的人进行。比如对上海市最近一个月上网频率的分析，推及有2736（千人）填答了此题，所以分析是对这2736（千人）进行的。见下表。

3 男性各年龄层、女性各年龄层最近一个月上网的频率

	人数（千人）	天天上网	一周3次或以上	一周1~2次	一个月2~3次	一个月1次	最近一个月没有上网
上海	**2736**	**58.5**	**16.6**	**16.3**	**3.7**	**3.7**	**1.2**
男性	**1646**	**62.9**	**15.7**	**15.6**	**2.2**	**1.5**	**2.1**
16~24岁	560	57.0	16.4	23.2	0.0	0.0	3.4
25~34岁	577	67.4	17.5	7.6	2.3	2.6	2.6
35~44岁	208	72.1	13.9	13.9	0.0	0.0	0.0
45~54岁	244	55.3	11.9	19.3	9.8	3.7	0.0
55~60岁	57	75.4	12.3	12.3	0.0	0.0	0.0
女性	**1090**	**51.8**	**18.1**	**17.2**	**5.7**	**7.2**	**0.0**
16~24岁	443	51.9	11.1	21.4	6.8	8.8	0.0
25~34岁	354	57.9	26.3	3.1	6.5	6.2	0.0
35~44岁	172	51.7	19.2	19.2	5.2	4.7	0.0
45~54岁	99	28.3	17.2	45.5	0.0	9.1	0.0
55~60岁	22	59.1	22.7	18.2	0.0	0.0	0.0

【6】问卷中有一部分题目是多选题，对于多选题，根据题目的不同，百分比的算法也不同。有的百分比是对填选该题的有效人数计算的，这样计算得到的所有选项的百分比之和有可能超过100%；有的百分比是对总人次计算的，这样计算得到的所有选项的百分比之和仍然等于100%。请读者在阅读表格时留意表格注解。例如对经常从网上获取信息的分析，见下表。

11 经常从网上获取的信息 注：本题为多选题，合计百分比可能超过 100%

网上获取的信息	北京	上海	广州	深圳	成都	重庆	武汉	西安	沈阳	南京
新闻	67.3	68.7	70.3	65.9	53.8	69.8	49.5	60.0	61.7	54.6
财经	16.4	12.2	16.7	19.8	20.3	10.5	12.8	12.3	6.6	14.7
休闲娱乐	58.8	71.6	65.1	57.0	58.1	63.6	68.6	61.7	63.3	54.1
房地产	8.6	8.8	4.7	3.5	8.7	13.3	11.8	5.6	5.9	9.5
求职招聘	8.6	16.3	6.7	12.4	10.2	5.1	10.9	9.5	16.2	6.3
科教	12.8	11.1	16.3	6.7	12.6	10.5	11.3	24.5	12.1	9.6
旅游	11.2	7.0	11.2	6.3	13.9	10.1	4.9	6.5	7.1	4.1
商贸信息	10.2	12.0	26.1	15.0	18.2	4.1	6.4	9.0	6.5	10.9
电子书籍	10.9	15.5	9.2	8.7	10.8	22.0	12.8	13.3	13.5	14.0
医疗保健	5.8	8.1	8.8	5.1	5.8	6.3	8.3	7.1	6.5	5.9
汽车	11.9	4.6	3.4	4.6	6.4	3.1	3.5	7.2	5.5	1.5
各类广告	3.0	2.4	3.0	2.1	3.2	4.3	5.2	3.0	3.0	3.0
体育信息	0.5	0.0	0.0	0.6	1.6	0.0	0.0	0.0	0.0	0.0
专业信息/资料	1.7	0.5	0.3	0.0	0.0	0.0	1.2	0.5	0.0	0.0
法律信息	0.8	0.0	0.0	0.0	0.0	0.0	0.0	0.4	0.0	0.0
婚姻家庭	0.0	0.0	0.0	0.4	0.0	0.0	0.0	0.0	0.0	0.0
生活信息	0.0	0.0	0.0	0.0	0.0	0.0	0.0	0.2	0.0	0.0
军事信息	0.0	0.0	0.0	0.0	0.8	0.0	0.0	0.4	0.0	0.0
其他	0.4	1.3	0.0	0.0	0.0	0.0	0.0	0.0	1.6	0.6
人数（千人）	2644	2738	1021	1361	738	591	1375	828	828	748

第一列数字表示，北京市在回答了该题的推及人数 2644（千人）中，在网上获取“新闻”的有 67.3%。

【7】在问及最喜欢收听的广播节目类型、收听广播的地点、最喜欢阅读的报纸内容、从网上获取的信息、网上购物的种类这些题目时，被访者给出了一些选项之外其他的说法，在表格中已经分别列出。

※ 下卷

【1】下卷中的数据部分是 10 城市电话调查的结果，电话调查完全采用入户调查的样本，具体执行情况在抽样说明中已有介绍，对于电话调查的数据也进行了加权处理，以使下卷与上卷所使用数据的样本结构保持一致。由于实际接受电话调查的人数较少，不能对总体进行推及，因此加权后的样本量与实际调查的样本量一致，数据结果也就是实际调查的结果。

【2】第二阶段电话调查的内容为北京、上海、广州、深圳、成都、重庆、武汉、西安、沈阳、南京 10 城市消费者食品（包括巧克力、包装牛奶、酸奶、方便面）、饮料（包括包装水、茶饮料、100%纯果汁、果汁饮料/果味饮料、蔬菜汁）的消费情况；住房、汽车、金融、保险、旅游情况。

【3】第二阶段深度访谈的内容为北京、上海、广州 3 城市消费者的旅游情况、日常用品及耐用品消费情况、教育投资储蓄情况、消费观念和广告态度。

【4】由于电话调查和深度访谈的内容有所差别，因此在下卷每一篇的撰写中涉及到电话调查的内容基本用数据表格的形式表示，如下表。需要注意表格中的单位为人数，也就是调查样本的人数，而不是推及的人数。

3-4-1 最近一年内是否外出旅游过的比例

	人数	是	否
北京	209	44.5	55.5
上海	210	37.6	62.4
广州	207	38.2	61.8
深圳	153	41.8	58.2
成都	221	39.4	60.6
重庆	209	24.9	75.1
武汉	230	31.7	68.3
西安	216	38.9	61.1
沈阳	247	42.9	57.1
南京	225	36.4	63.6

【5】有关品牌的问题，有些被访者的答案可能是“不确定”或“没注意品牌”，比如“请问您最常食用的巧克力是什么？”有些被访者记不清品牌，回答“不确定”，经追问后也还是“不确定”，对于这种实际情况，为了不影响其他品牌的市场占有率，在数据计算时没有将其变为缺失，也就是说，这种“不确定”的品牌仍然占据了一定的比例，但因为这种“不确定”的回答信息太模糊，研究价值不大，所以没有将它列在表内。

【6】下卷中多处引用了深度访谈的个案，如下所示。其中“北京”表示吕先生是在北京接受访谈的被访者。

【个案一】吕先生，北京，34 岁，大学专科学历，现与朋友合作经营着一家小型公司，单位的一辆捷达车归吕先生自由使用，跟朋友或家人开车到北京郊区游玩是他休闲放松，摆脱压力的常用方式之一。出游频率“基本一月一回吧，这个不一定，都是自驾。一两天的话去河北，时间长一点三四天的话去内蒙古，平均一次花两三千。”“吃农家饭、采摘，看看山水，回北京之后心情就会格外好。”

【7】下卷中所有的个案和引用的被访者的原话均用楷体字体显示，但在正文中引用的被访者的原话用宋体显示，请读者在阅读中注意。

目　　录

上卷

第一篇 10城市样本结构

第二篇　消费者日常生活形态

第三篇　媒介分析

下卷

第四篇　深度访谈与电话调查样本构成

第五篇　消费观念与广告态度

第六篇 教育、储蓄、投资、旅游

第七篇 消费品

上卷

第一篇　10城市样本结构

● 人口特征

北　京	上　海	广　州
深　圳	成　都	重　庆
武　汉	西　安	沈　阳
南　京		

一、各城市人口特征

1 性别构成

	人数（千人）	男性	女性
北京	6018	53.3	46.7
上海	7015	53.0	47.0
广州	3035	50.4	49.6
深圳	4209	50.3	49.7
成都	2011	52.7	47.3
重庆	2435	52.8	47.2
武汉	3161	52.0	48.0
西安	2088	52.7	47.3
沈阳	2831	51.0	49.0
南京	2439	54.4	45.6

2 年龄构成

	人数（千人）	16～24 岁	25～34 岁	35～44 岁	45～54 岁	55～60 岁
北京	6017	19.3	25.8	26.3	19.9	8.6
上海	7015	18.2	23.0	23.3	25.9	9.7
广州	3035	15.8	27.5	28.6	20.9	7.2
深圳	4209	12.6	40.8	31.6	10.4	4.5
成都	2011	18.0	31.4	25.6	17.3	7.8
重庆	2434	17.9	26.0	25.5	22.3	8.4
武汉	3160	21.6	25.0	25.2	19.1	9.1
西安	2087	22.4	28.7	24.5	14.7	9.7
沈阳	2831	18.6	20.9	27.3	24.2	9.0
南京	2438	18.6	27.1	26.1	18.9	9.3

3 学历构成

	人数（千人）	小学及以下	初中	高中/中专/职高/技校	大学专科	大学本科	研究生及以上
北京	6019	5.0	24.5	39.0	14.5	14.9	2.3
上海	7014	1.8	29.3	45.8	12.1	9.7	1.2
广州	3034	6.6	29.4	45.6	10.9	6.7	0.9
深圳	4208	11.1	37.3	32.7	11.2	6.5	1.2
成都	2011	7.3	27.4	33.7	20.3	9.2	2.1
重庆	2434	16.8	35.0	26.0	15.1	6.9	0.3
武汉	3160	5.9	22.8	40.1	16.2	13.0	2.0
西安	2088	3.4	22.7	42.7	17.8	11.1	2.2
沈阳	2830	3.0	37.3	31.2	17.3	10.7	0.3
南京	2439	10.1	29.4	38.6	11.7	8.5	1.7

4 职业构成

	人数（千人）	政府机关/党群组织负责人或中/高层官员	企事业单位管理人员	技术人员及专业人士	政府机关/企事业单位普通职工	技术工人	非技术工人
北京	6019	1.5	5.8	14.6	14.7	10.8	5.7
上海	7015	0.3	9.4	10.0	19.3	7.8	7.9
广州	3032	0.7	4.8	8.7	9.5	9.8	14.5
深圳	4191	1.0	10.5	9.9	18.1	6.1	3.2
成都	2012	1.6	8.3	12.0	13.1	9.6	9.5
重庆	2434	0.6	6.0	6.7	5.4	11.3	12.7
武汉	3160	0.8	6.4	10.1	13.0	10.3	10.9
西安	2089	0.7	7.0	11.5	14.6	10.3	4.9
沈阳	2832	1.2	8.9	9.3	8.8	11.3	11.3
南京	2438	0.2	4.6	8.6	16.9	6.3	16.4

续前表

	人数（千人）	农民/渔民/牧民	自由职业/个体从业者	学生	退休没有工作	没有工作	家庭主妇	其他
北京	6019	3.7	8.5	10.3	11.2	11.8	1.3	0.0
上海	7015	0.0	11.6	11.8	12.4	7.7	1.7	0.1
广州	3032	1.8	18.4	7.6	7.1	14.4	2.6	0.1
深圳	4191	0.5	23.8	1.9	2.2	7.8	15.1	0.0
成都	2012	3.4	19.3	4.6	7.0	8.3	3.2	0.1
重庆	2434	11.5	18.4	2.4	9.1	12.9	3.1	0.0
武汉	3160	1.6	12.4	10.3	10.8	12.3	1.0	0.0
西安	2089	8.6	11.3	10.8	7.8	11.3	1.1	0.0
沈阳	2832	2.4	14.8	8.6	10.2	11.8	1.3	0.0
南京	2438	9.8	12.8	6.1	6.4	11.6	0.3	0.0

5 婚姻状况

	人数（千人）	未婚	已婚/同居	鳏寡/分居/离婚
北京	6018	27.4	69.7	2.9
上海	7015	28.2	68.1	3.7
广州	3035	26.1	72.1	1.8
深圳	4209	16.8	82.8	0.4
成都	2011	18.9	75.5	5.6
重庆	2435	18.1	74.5	7.5
武汉	3162	30.0	67.3	2.7
西安	2088	25.3	71.5	3.2
沈阳	2830	22.5	73.3	4.2
南京	2438	17.0	80.5	2.5

6 家庭常住人口

	人数（千人）	一代户	二代户	三代及以上户
北京	6018	31.0	53.2	15.8
上海	7015	25.1	59.8	15.1
广州	3035	21.1	62.5	16.4
深圳	4209	40.3	49.9	9.8
成都	2011	36.8	50.3	12.9
重庆	2435	29.4	52.7	17.9
武汉	3161	23.6	57.1	19.4
西安	2088	23.8	57.1	19.4
沈阳	2832	27.6	60.2	16.0
南京	2438	24.4	59.9	12.5

7 个人月总收入

	人数（千人）	无收入	500 元以下	501～1000 元	1001～1500 元	1501～2000 元	2001～3000 元	3001 元以上
北京	5991	21.5	6.3	18.8	16.8	11.5	12.7	12.4
上海	7015	18.0	3.7	20.0	22.6	12.7	11.4	11.6
广州	3021	23.3	3.9	24.9	21.5	12.8	10.1	3.5
深圳	3938	24.8	0.6	12.4	17.7	9.8	14.2	20.4
成都	1997	15.2	10.9	25.6	27.8	10.0	8.5	2.2
重庆	2434	13.5	32.5	29.1	14.9	4.8	3.9	1.2
武汉	3107	20.3	17.7	30.8	16.4	7.5	4.8	2.5
西安	2073	21.9	14.1	31.0	18.3	6.8	5.7	2.3
沈阳	2816	19.4	21.4	33.0	16.2	5.1	3.5	1.4
南京	2408	16.2	16.4	30.8	22.5	8.0	3.6	2.4

8 家庭月总收入

	人数（千人）	500 元以下	501～1000 元	1001～1500 元	1501～2000 元	2001～3000 元	3001～5000 元	5001～8000 元	8001 元以上
北京	5926	2.8	7.3	10.2	11.5	22.3	27.8	13.4	4.6
上海	7016	0.5	4.6	7.5	10.3	26.7	30.6	15.0	4.7
广州	3000	1.8	10.4	11.1	16.3	24.1	25.1	9.3	1.8
深圳	3742	0.2	2.9	7.7	9.5	23.8	24.2	15.7	15.9
成都	1992	3.1	11.9	14.3	14.8	26.5	23.5	4.4	1.5
重庆	2435	11.9	22.3	19.2	14.5	18.0	11.3	2.2	0.6
武汉	3093	6.1	19.1	18.3	13.4	20.8	15.9	6.0	0.4
西安	2071	3.3	14.2	16.3	16.9	26.8	16.6	4.9	0.9
沈阳	2816	5.8	21.7	23.1	15.0	19.1	12.5	2.3	0.6
南京	2430	4.2	11.9	16.7	13.6	29.3	19.6	4.0	0.7

第二篇　消费者日常生活形态

- 电器及耐用消费品拥有情况
- 服务性产品消费情况
- 休闲活动

一、电器及耐用消费品拥有情况

1 家中现在拥有的电器及耐用消费品 注：本题为多选题，合计百分比可能超过100%

	北京	上海	广州	深圳	成都	重庆	武汉	西安	沈阳	南京
电视机	98.1	100.0	99.1	96.3	97.7	96.5	98.0	98.1	97.6	99.5
录像机	35.2	35.6	12.5	6.6	10.9	7.3	11.8	16.8	12.8	16.2
影碟机（VCD/DVD/LD/SVCD）	68.9	77.1	81.8	78.7	84.0	68.1	79.4	77.0	77.2	80.4
电子游戏机	20.5	28.1	21.2	8.3	11.4	8.2	9.9	18.1	15.2	9.6
音响（含家庭影院）	33.4	46.0	53.3	49.9	38.8	29.8	35.9	34.7	28.2	28.2
录音机	38.9	40.3	24.5	12.9	16.3	6.2	24.2	32.9	41.7	17.7
收音机	47.9	45.6	40.9	20.9	31.3	13.3	41.8	47.4	44.0	53.6
磁带随身听	33.9	26.2	8.6	6.7	14.4	10.5	29.1	32.5	26.0	19.3
CD 随身听	20.5	17.9	14.5	6.0	10.8	4.9	13.2	16.5	10.1	10.2
MD	4.0	4.9	2.8	1.1	2.0	0.3	0.6	1.6	1.9	0.9
MP3 机	28.1	24.2	19.8	16.4	19.2	9.3	21.0	20.1	10.3	15.3
数码照相机	23.8	18.0	16.5	18.8	16.6	7.2	10.3	12.1	6.1	8.4
普通照相机	56.9	47.6	39.8	41.9	39.4	22.0	38.8	44.7	42.4	46.1
数字摄影机	4.4	3.2	1.9	1.7	2.1	1.9	1.6	2.0	1.9	3.7
摄像机（普通）	5.4	2.6	1.4	1.9	2.1	0.5	0.6	2.3	2.1	0.7
小灵通	16.0	5.4	25.4	8.7	46.9	29.6	42.9	38.8	20.4	30.0
移动电话（不含小灵通）	87.9	89.2	89.9	84.8	84.0	70.3	69.1	78.4	76.4	80.3
家庭电话	92.3	92.0	84.6	50.8	64.9	63.0	75.6	69.4	77.9	85.8
寻呼机	3.6	3.1	0.6	0.4	1.4	0.2	2.8	1.5	1.8	1.0
PDA/掌上电脑	3.5	1.0	1.7	3.1	0.3	0.9	0.6	2.9	2.0	0.5
电脑	65.3	60.3	53.1	36.4	32.3	26.7	41.6	40.7	35.0	44.7
打印机	26.8	17.0	15.7	12.2	7.0	4.7	6.8	8.1	6.1	7.2
复印机	6.3	3.0	2.3	4.2	0.4	0.4	0.8	2.4	1.6	1.6
传真机	4.6	2.7	3.2	7.6	2.5	1.1	1.2	2.4	2.2	2.6
电冰箱	91.8	93.7	85.5	53.6	81.6	80.7	88.5	81.6	75.8	86.8
冰柜	7.2	1.1	1.6	5.7	2.6	2.6	3.6	3.0	2.1	0.6
洗碗机	0.5	0.5	0.8	1.7	0.9	0.3	0.9	0.7	0.5	0.3
消毒碗柜	2.1	3.4	64.9	45.0	3.7	5.2	12.9	4.9	3.4	4.4
饮水机	48.2	57.1	49.8	68.5	53.9	30.0	25.0	42.1	32.6	26.0
电热水壶	20.8	35.8	29.0	21.4	16.3	8.9	36.5	24.5	11.8	31.2
电饭煲	76.9	94.0	96.7	90.5	92.7	88.5	94.5	88.0	53.1	97.3
烤箱	6.6	7.7	1.4	2.0	2.4	1.6	3.9	5.6	2.7	0.9
微波炉	68.7	89.7	47.4	27.4	48.4	41.8	54.0	45.0	45.8	69.2
家庭食物加工机	9.1	12.0	9.1	6.3	8.9	13.4	8.0	7.7	5.6	6.5
抽油烟机	64.8	71.3	60.1	66.8	31.5	14.3	35.1	60.2	75.8	67.6
洗衣机	88.1	86.5	82.7	46.0	84.3	74.3	83.7	90.8	79.1	87.2
烘干机	0.3	1.5	2.8	1.9	2.5	2.3	0.6	0.6	0.4	0.4
空调	70.9	87.1	68.1	39.3	30.7	57.9	79.1	66.2	8.0	76.1
吸尘器	18.8	36.3	5.7	6.3	5.7	2.6	6.0	10.7	17.1	10.1
电暖器	20.7	52.6	6.4	5.5	27.1	24.4	44.1	28.0	18.1	31.5
电熨斗	55.9	68.7	52.9	33.2	49.5	32.7	51.4	67.2	61.3	50.1
电风扇	77.0	90.5	97.6	96.1	89.9	88.1	95.3	85.9	51.6	98.0
加湿器	14.8	1.6	0.1	1.4	2.0	0.1	1.0	10.2	6.0	0.2
空气净化器	4.0	2.7	1.4	1.3	1.5	0.7	2.4	2.6	1.8	0.4
热水器	64.8	76.2	88.6	81.7	84.7	67.9	69.3	44.7	59.5	78.7
热水供应	1.5	6.5	0.2	0.3	0.1	0.1	2.7	6.1	1.6	0.3
洗浴设施（浴霸、浴缸、淋浴房等）	6.8	70.2	9.9	23.9	10.9	20.1	27.8	34.2	5.0	41.1
电子琴	4.7	2.2	3.3	3.8	2.9	2.9	5.9	6.0	5.0	1.4
钢琴	1.3	1.4	1.4	1.3	0.9	0.8	2.0	0.8	1.2	0.6
摩托车	8.0	5.9	24.2	9.4	2.9	6.6	8.6	14.5	7.2	22.9
小轿车	14.0	2.8	4.7	12.1	7.7	1.8	2.4	5.5	4.6	5.2
一个也没有	0.0	0.0	0.0	0.0	0.0	0.3	0.0	0.0	0.0	0.0
人数（千人）	6018	7015	3035	4209	2011	2435	3161	2088	2831	2439

2 计划未来一年内购买的电器及耐用消费品

注：本题为多选题，合计百分比可能超过 100%

	北京	上海	广州	深圳	成都	重庆	武汉	西安	沈阳	南京
电视机	1.5	0.7	1.1	2.5	2.4	0.8	1.8	3.5	2.9	1.1
录像机	0.0	0.0	0.0	0.1	0.0	0.0	0.1	0.2	0.0	0.0
影碟机（VCD/DVD/LD/SVCD）	3.2	0.5	0.6	2.5	0.7	0.8	0.5	2.2	0.7	0.4
电子游戏机	0.1	0.1	0.0	0.1	0.0	0.1	0.9	0.0	0.0	0.0
音响（含家庭影院）	0.6	1.0	0.4	3.0	0.9	0.9	1.3	2.0	1.0	0.2
录音机	0.0	0.0	0.0	0.0	0.1	0.0	0.0	0.0	0.0	0.0
收音机	0.1	0.0	0.0	0.0	0.4	0.1	0.0	0.1	0.0	0.0
磁带随身听	0.1	0.0	0.0	0.0	0.0	0.0	0.0	0.5	0.0	0.4
CD 随身听	0.5	0.5	0.2	0.1	0.0	0.0	0.4	0.7	0.0	0.0
MD	0.2	0.3	0.2	0.1	0.1	0.0	0.3	0.0	0.0	0.0
MP3 机	2.5	5.9	3.4	1.6	2.7	1.2	5.4	4.1	1.8	0.7
数码照相机	4.7	8.6	6.6	5.0	3.3	1.2	6.7	7.8	2.0	1.5
普通照相机	0.2	0.1	0.1	0.7	0.0	0.0	0.1	0.6	0.7	0.8
数字摄影机	3.9	2.7	1.0	1.1	1.8	1.1	3.5	3.2	1.3	0.6
摄像机（普通）	1.4	0.3	0.1	0.7	0.3	0.1	0.5	0.6	0.1	0.4
小灵通	1.3	0.4	0.6	0.1	0.4	0.0	1.1	0.1	0.1	0.2
移动电话（不含小灵通）	0.6	5.3	0.9	4.0	0.5	0.1	1.3	1.0	0.2	0.5
家庭电话	0.1	0.3	0.2	3.4	0.1	0.1	0.7	0.6	0.5	0.3
寻呼机	0.0	0.0	0.0	0.0	0.0	0.0	0.0	0.0	0.0	0.0
PDA/掌上电脑	0.2	0.6	0.9	0.7	0.3	0.4	0.5	1.0	0.1	0.1
电脑	3.1	8.8	6.6	8.6	5.5	2.9	7.1	12.2	7.4	2.2
打印机	0.4	4.6	2.4	0.0	0.6	0.4	1.1	1.3	0.5	0.7
复印机	0.0	0.1	0.4	0.5	0.0	0.1	0.0	0.5	0.0	0.0
传真机	0.0	0.4	0.2	0.4	0.3	0.0	0.4	0.5	0.1	0.0
电冰箱	1.5	1.5	1.4	6.2	2.0	0.9	2.4	5.8	3.9	1.5
冰柜	0.1	0.0	0.0	0.9	0.0	0.0	0.0	0.2	0.0	0.0
洗碗机	0.2	0.2	0.7	0.2	0.6	0.1	0.4	0.9	0.2	0.0
消毒碗柜	0.7	1.4	1.1	3.6	0.1	0.0	0.8	1.5	0.6	0.3
饮水机	2.6	0.9	1.9	2.6	1.8	0.9	0.7	1.4	0.8	0.2
电热水壶	0.4	0.1	0.2	0.6	0.1	0.1	0.0	0.0	0.0	0.3
电饭煲	0.7	0.2	0.3	0.8	0.3	0.0	1.0	0.1	0.1	0.0
烤箱	0.3	0.8	0.1	0.4	0.3	0.2	0.0	0.4	0.1	0.0
微波炉	1.8	1.8	3.9	3.0	3.2	3.1	2.5	6.5	5.3	1.9
家庭食物加工机	0.2	0.9	0.1	0.0	0.3	0.0	0.2	0.2	0.0	0.0
抽油烟机	0.4	0.2	0.4	0.8	0.7	0.7	0.9	1.8	0.7	0.6
洗衣机	1.1	2.2	2.3	6.4	1.8	0.6	2.2	2.6	2.0	1.7
烘干机	0.0	0.0	1.0	0.2	0.2	0.1	0.0	0.1	0.2	0.0
空调	3.1	2.2	5.0	5.6	5.9	2.9	3.4	7.9	2.2	4.2
吸尘器	0.2	0.2	0.3	1.0	0.2	0.0	0.3	0.4	0.3	0.1
电暖器	0.3	0.2	0.2	0.1	0.0	0.0	0.1	0.4	0.0	0.0
电熨斗	0.4	0.0	0.4	0.7	0.4	0.2	0.1	0.2	0.0	0.0
电风扇	0.2	0.5	0.2	2.2	0.5	0.5	0.0	0.0	0.3	0.0
加湿器	0.7	0.1	0.1	0.3	0.1	0.1	0.0	0.5	0.0	0.0
空气净化器	0.6	0.3	0.2	0.1	0.2	0.0	0.6	0.8	0.2	0.0
热水器	0.6	2.6	0.7	2.2	0.3	0.3	3.6	1.3	1.9	1.3
热水供应	0.0	0.0	0.0	0.0	0.0	0.0	0.0	0.6	0.0	0.0
洗浴设施（浴霸、浴缸、淋浴房等）	1.0	0.3	0.3	0.2	0.8	0.5	1.7	1.8	0.2	0.3
电子琴	0.1	0.1	0.7	0.6	0.2	0.0	0.0	1.1	0.4	0.0
钢琴	0.9	1.1	0.4	1.8	0.1	0.1	0.4	0.4	0.4	0.2
摩托车	0.4	1.4	0.4	0.5	0.2	1.1	2.2	1.4	1.5	1.2
小轿车	8.1	2.3	4.6	4.4	3.8	1.2	6.0	4.2	4.5	2.1
一个也不计划购买	68.4	57.5	64.2	58.9	76.1	84.7	64.9	55.9	71.3	82.6
人数（千人）	**6018**	**7015**	**3035**	**4209**	**2011**	**2435**	**3161**	**2088**	**2831**	**2439**

二、服务性产品消费情况

1 最近一年内利用过的服务项目　注：本题为多选题，合计百分比可能超过 100%

	北京	上海	广州	深圳	成都	重庆	武汉	西安	沈阳	南京
国际长途电话	6.5	6.5	12.2	12.8	4.4	3.9	4.3	5.7	5.1	1.9
国内长途电话	53.2	51.5	65.3	93.5	54.9	49.5	52.5	64.4	51.7	57.6
电脑发传真	8.7	5.1	9.3	7.8	8.7	3.5	5.8	8.4	6.0	2.7
电子邮件	36.0	29.6	26.8	23.3	29.4	19.2	27.4	24.5	18.0	17.0
网上浏览	41.0	33.3	32.1	30.3	30.0	24.4	39.6	36.7	23.9	23.1
邮政速递	11.7	8.2	9.8	19.1	11.8	5.9	9.2	12.8	6.6	3.0
付费电话信息服务	5.8	4.4	3.5	8.1	3.2	1.6	3.5	6.8	2.8	4.5
电视购物	2.6	1.6	0.6	0.9	0.4	0.3	0.7	1.1	1.0	0.1
KTV 包厢	12.6	13.1	9.8	4.6	13.6	9.2	16.2	11.7	18.9	7.3
有线电视	92.9	98.9	98.0	88.4	93.4	90.7	92.0	89.5	80.1	86.6
高档餐厅就餐	31.7	48.8	50.0	38.8	25.5	15.3	33.8	39.5	26.3	18.8
美容厅院	12.9	12.8	18.1	15.6	10.6	6.9	12.8	8.6	7.7	6.2
体育场馆	12.7	9.1	9.9	5.7	8.7	11.0	9.0	16.3	6.7	3.6
租 VCD/DVD/录像带	6.8	17.1	5.3	24.2	61.1	38.9	45.7	31.3	26.6	9.7
小时工	2.6	2.2	1.4	2.3	5.3	2.2	1.9	2.2	1.5	0.8
汽车租赁	1.7	1.9	0.8	1.4	1.8	0.0	1.8	4.4	0.0	0.4
器械健身	23.3	6.2	4.7	2.9	2.5	1.8	6.5	8.3	6.6	1.8
IP 电话服务	12.6	8.5	10.3	39.2	13.8	5.7	8.2	12.6	12.3	5.3
VOD（影视讯宽带点播服务）	0.9	1.2	0.6	1.5	0.7	1.3	1.2	1.4	1.7	0.8
一个也没有利用	4.0	0.0	0.3	0.3	1.4	4.9	3.6	3.1	6.8	6.2
人数（千人）	6018	7015	3035	4209	2011	2435	3161	2088	2831	2439

2 计划未来一年内打算利用的服务项目　注：本题为多选题，合计百分比可能超过 100%

	北京	上海	广州	深圳	成都	重庆	武汉	西安	沈阳	南京
国际长途电话	0.9	0.2	1.3	0.9	0.3	0.0	0.2	0.3	0.7	0.0
国内长途电话	0.2	0.5	1.0	0.2	0.3	0.6	0.4	0.2	0.4	0.0
电脑发传真	1.7	0.4	1.2	1.1	0.6	0.9	0.8	2.3	1.4	0.0
电子邮件	1.5	1.1	1.6	1.3	0.7	0.6	1.3	3.2	1.3	0.0
网上浏览	1.9	2.1	2.6	2.9	0.9	0.4	2.5	4.4	2.2	0.0
邮政速递	0.8	1.1	1.1	1.3	0.5	0.2	0.9	0.1	0.0	0.0
付费电话信息服务	0.2	0.9	0.9	0.5	0.3	0.0	0.7	0.0	0.3	0.0
电视购物	1.4	2.5	0.9	0.1	0.6	0.0	2.0	2.3	1.5	0.0
KTV 包厢	0.8	0.7	1.5	0.4	0.4	0.1	0.5	1.1	0.2	0.3
有线电视	0.2	0.6	0.4	2.8	0.0	0.0	0.0	1.2	2.1	0.6
高档餐厅就餐	2.2	6.6	6.1	8.6	4.5	1.1	2.0	2	1.6	0.3
美容厅院	1.8	4.1	3.3	6.9	4.4	1.1	2.5	2.4	2.8	1.0
体育场馆	4.9	4.6	2.7	2.5	1.8	0.7	3.1	4.2	3.0	0.8
租 VCD/DVD/录像带	0.4	1.3	1.6	7.8	1.1	0.4	1.1	0.8	0.9	0.1
小时工	2.4	2.5	1.9	1.0	2.6	0.4	1.0	1.6	0.6	0.0
汽车租赁	1.6	1.8	1.4	1.6	1.8	0.7	2.4	2.8	1.6	0.4
器械健身	5.0	12.1	4.0	4.4	3.4	2.4	7.6	7.8	7.1	1.1
IP 电话服务	0.9	1.3	2.3	2.2	2.6	0.0	0.7	1.8	0.5	0.0
VOD（影视讯宽带点播服务）	1.3	2.1	0.6	0.8	1.3	0.3	2.2	2.6	0.8	0.1
一个也不计划利用	77.9	65.2	74.9	70.6	82.3	93.9	80.3	73.1	78.3	96.7
人数（千人）	6018	7015	3035	4209	2011	2435	3161	2088	2831	2439

三、休闲活动

1 常做的休闲活动

注：本题为多选题，合计百分比可能超过 100%

	北京	上海	广州	深圳	成都	重庆	武汉	西安	沈阳	南京
打羽毛球	31.3	22.1	31.0	19.7	15.1	13.3	25.5	29.1	14.9	22.5
打保龄球	5.4	5.6	2.0	1.4	1.9	2.0	3.9	2.1	3.5	2.7
踢足球	8.0	6.6	6.1	4.4	5.1	4.5	6.1	7.1	6.3	2.5
打篮球	10.6	8.5	11.2	10.3	7.8	5.2	9.7	12.2	6.8	6.0
打乒乓球	12.1	9.9	14.4	9.8	14.2	7.7	12.1	17.1	8.3	6.4
玩滑板	0.4	0.3	0.1	0.7	1.1	0.0	0.5	0.1	0.0	0.3
跳迪斯科	2.7	2.8	1.8	4.1	5.5	3.7	4.5	3.8	3.6	1.8
打麻将	16.8	25.8	36.1	27.2	61.1	42.8	36.8	37.5	33.0	20.8
游泳	16.1	10.0	12.6	10.9	8.8	7.8	11.7	7.8	19.8	4.9
滚轴溜冰	1.1	2.8	0.3	0.7	0.3	0.5	2.2	1.6	0.4	0.1
滑冰	1.9	2.9	1.3	1.4	1.3	0.8	1.2	2.5	4.0	0.1
登山	23.9	1.5	23.5	17.1	7.3	16.6	4.9	8.2	3.9	19.5
打电子游戏	14.8	21.0	11.6	10.1	17.8	11.9	18.7	19	14.9	11.1
种花盆栽	17.5	20.6	21.9	11.8	21.6	10.1	13.8	23.4	25.9	7.5
看休闲/消遣类书籍	32.2	46.7	38.0	31.7	46.4	24.7	37.7	47.9	29.7	22.3
绘画书法	2.7	2.4	3.3	1.2	4.0	2.3	3.9	5.7	3.9	1.0
乐器演奏	1.9	1.2	1.3	1.5	2.1	1.3	3.1	2.6	1.4	0.5
郊游露营	9.4	3.9	1.3	4.5	9.6	4.5	5.1	10.1	4.9	0.8
看展览会	5.0	12.6	6.3	3.9	7.7	2.3	7.6	5.1	4.3	2.8
听演唱会/音乐会	4.7	8.3	6.2	6.3	11.2	3.7	9.5	5.2	7.8	5.0
扭秧歌/木兰拳/交谊舞/打拳/舞剑	2.7	7.3	2.6	2.5	8.8	1.7	5.7	5.2	2.7	2.1
去动物园/公园	35.3	36.3	42.6	50.3	52.2	16.2	39.9	27.6	32.1	32.1
一个也不常做	18.1	12.4	10.3	19.9	4.8	25.9	12.5	11.4	15.5	22.3
人数（千人）	**6018**	**7015**	**3035**	**4209**	**2011**	**2435**	**3161**	**2088**	**2831**	**2439**

2 想做的休闲活动

注：本题为多选题，合计百分比可能超过 100%

	北京	上海	广州	深圳	成都	重庆	武汉	西安	沈阳	南京
打羽毛球	2.6	1.0	4.5	2.5	0.8	0.1	1.9	2.8	1.5	0.7
打保龄球	1.8	1.5	1.2	1.2	1.3	0.7	1.6	3.0	0.7	0.2
踢足球	1.1	0.7	0.6	1.1	0.6	0.5	2.0	0.5	1.1	0.2
打篮球	0.8	1.2	1.0	1.4	0.8	0.0	2.0	1.8	1.1	0.9
打乒乓球	1.3	0.7	1.8	1.9	1.0	0.3	2.1	2.1	1.5	0.2
玩滑板	0.5	0.8	0.3	0.2	0.3	0.4	0.0	1.0	0.6	0.0
跳迪斯科	0.8	0.3	0.7	0.7	0.4	0.0	1.4	0.3	0.5	0.2
打麻将	0.3	0.4	0.8	0.8	0.4	0.2	0.2	0.6	0.6	0.8
游泳	3.2	4.3	6.8	5.0	5.5	2.6	6.8	8.2	5.4	1.9
滚轴溜冰	1.1	0.6	0.5	0.3	0.0	0.0	1.1	1.0	0.4	0.0
滑冰	1.4	3.1	0.7	0.8	1.3	1.4	0.6	3.9	2.8	0.3
登山	11.2	9.0	7.1	7.5	13.3	4.3	10.5	21.5	8.0	5.0
打电子游戏	0.9	1.1	0.7	0.6	1.4	0.5	0.2	0.9	1.4	0.2
种花盆栽	1.7	3.7	2.5	5.5	3.1	1.1	2.2	4.1	1.3	1.2
看休闲/消遣类书籍	2.0	1.7	2.1	8.2	2.6	0.2	1.4	1.5	0.5	1.0
绘画书法	1.0	1.3	0.9	1.6	1.9	0.0	1.3	3.1	1.0	0.3
乐器演奏	1.5	1.0	1.0	0.6	1.9	0.3	1	3.3	1.3	0.4
郊游露营	10.2	15.2	8.2	5.3	16.9	5.3	14.2	20.4	16.1	2.5
看展览会	4.6	12.0	4.2	2.7	3.4	1.5	5.1	3.8	3.2	0.7
听演唱会/音乐会	8.2	19.0	7.7	8.2	8.0	5.0	12.3	14.7	5.3	3.8
扭秧歌/木兰拳/交谊舞/打拳/舞剑	2.5	3.2	1.0	1.1	1.5	0.8	2.0	2.5	0.9	0.4
去动物园/公园	6.1	9.3	6.2	6.7	5.1	3.4	7.2	7.2	4.8	2.9
一个也不想做	63.6	40.3	60.1	64.3	61.6	83.6	58.3	45.0	63.2	81.1
人数（千人）	**6018**	**7015**	**3035**	**4209**	**2011**	**2435**	**3161**	**2088**	**2831**	**2439**

3 男性各年龄层、女性各年龄层常做的休闲活动　注：本题为多选题，合计百分比可能超过100%

● 北京

	人数(千人)	打羽毛球	打保龄球	踢足球	打篮球	打乒乓球	玩滑板	跳迪斯科	打麻将
总人数	**6018**	**31.3**	**5.4**	**8.0**	**10.6**	**12.1**	**0.4**	**2.7**	**16.8**
男性	**3207**	**29.5**	**5.0**	**13.5**	**16.3**	**15.2**	**0.5**	**3.1**	**16.1**
16~24岁	620	37.4	7.6	38.6	56.2	32.2	0.0	5.4	13.3
25~34岁	859	26.8	3.4	15.1	13.2	10.3	1.7	5.2	14.9
35~44岁	857	35.3	4.6	6.2	4.9	12.1	0.0	2.3	19.9
45~54岁	594	24.1	5.6	1.1	2.0	10.9	0.0	0.0	15.7
55~60岁	277	14.1	3.5	1.7	1.7	11.0	0.0	0.0	15.6
女性	**2811**	**33.4**	**5.9**	**1.7**	**4.2**	**8.5**	**0.4**	**2.2**	**17.5**
16~24岁	543	53.1	4.3	3.8	19.2	9.0	1.9	4.7	10.5
25~34岁	694	30.0	10.7	2.6	0.0	12.6	0.0	2.9	18.2
35~44岁	725	39.8	6.9	0.0	1.0	8.7	0.0	0.9	28.0
45~54岁	606	20.8	2.5	1.4	1.3	6.0	0.0	1.1	13.8
55~60岁	243	11.8	1.5	0.0	0.0	1.5	0.0	1.6	8.8

续前表

	人数(千人)	游泳	滚轴溜冰	滑冰	登山	打电子游戏	种花盆栽	看休闲/消遣类书籍	绘画书法
总人数	**6018**	**16.1**	**1.1**	**1.9**	**23.9**	**14.8**	**17.5**	**32.2**	**2.7**
男性	**3207**	**16.2**	**1.3**	**2.0**	**23.2**	**18.8**	**13.7**	**29.6**	**3.1**
16~24岁	620	18.6	1.7	4.3	10.7	50.3	1.7	35.6	1.7
25~34岁	859	22.1	3.2	1.5	33.7	18.5	1.5	29.0	3.4
35~44岁	857	11.2	0.0	1.4	22.9	12.2	22.5	30.4	2.3
45~54岁	594	12.2	0.8	0.9	20.1	3.7	24.3	22.0	4.7
55~60岁	277	16.1	0.0	2.2	26.4	1.9	28.1	31.5	4.1
女性	**2811**	**16.0**	**0.8**	**1.9**	**24.7**	**10.3**	**21.8**	**35.3**	**2.2**
16~24岁	543	35.4	4.3	6.3	27.2	21.3	10.3	35.8	3.8
25~34岁	694	19.7	0.0	2.6	23.5	18.7	11.4	43.8	2.7
35~44岁	725	9.9	0.0	0.0	26.7	3.0	27.0	33.7	2.1
45~54岁	606	6.8	0.0	0.0	23.4	1.8	29.5	29.9	1.3
55~60岁	243	3.1	0.0	0.0	19.3	4.3	42.6	27.7	0.0

续前表

	人数（千人）	乐器演奏	郊游露营	看展览会	听演唱会/音乐会	扭秧歌/木兰拳/交谊舞/打拳/舞剑	去动物园/公园	一个也不常做
总人数	**6018**	**1.9**	**9.4**	**5.0**	**4.7**	**2.7**	**35.3**	**18.1**
男性	**3207**	**2.4**	**9.0**	**4.9**	**3.2**	**1.4**	**29.3**	**16.8**
16~24岁	620	7.1	5.5	1.8	6.0	1.7	28.7	7.5
25~34岁	859	1.7	10.1	9.7	1.7	0.0	26.3	17.4
35~44岁	857	0.0	9.4	2.4	1.4	1.1	30.8	17.9
45~54岁	594	0.9	11.4	3.6	2.8	2.5	27.9	24.3
55~60岁	277	4.1	7.5	7.6	8.0	3.5	37.8	16.1
女性	**2811**	**1.3**	**9.7**	**5.1**	**6.3**	**4.3**	**42.2**	**19.7**
16~24岁	543	2.1	12.3	0.0	10.6	0.0	33.1	21.3
25~34岁	694	2.5	12.1	9.3	8.0	3.9	49.7	14.7
35~44岁	725	1.0	12.0	6.1	4.3	1.9	42.3	20.2
45~54岁	606	0.0	3.5	3.6	5.1	10.7	38.7	24.7
55~60岁	243	0.0	5.8	5.5	1.5	5.8	50.1	16.4

● 上海

	人数(千人)	打羽毛球	打保龄球	踢足球	打篮球	打乒乓球	玩滑板	跳迪斯科	打麻将
总人数	**7015**	**22.1**	**5.6**	**6.6**	**8.5**	**9.9**	**0.3**	**2.8**	**25.8**
男性	**3716**	**20.5**	**6.7**	**12.4**	**13.2**	**13.2**	**0.3**	**2.5**	**28.5**
16~24 岁	653	31.3	8.0	48.2	60.8	26.8	1.5	3.3	13.2
25~34 岁	861	23.5	5.3	8.5	9.0	11.8	0.0	5.2	18.2
35~44 岁	893	16.1	12.7	4.8	0.0	6.4	0.0	3.1	45.0
45~54 岁	950	15.1	4.0	2.4	0.8	13.1	0.0	0.0	36.3
55~60 岁	359	18.4	0.0	1.8	1.8	8.9	0.0	0.0	19.3
女性	**3299**	**23.9**	**4.5**	**0.2**	**3.4**	**6.3**	**0.3**	**3.1**	**22.8**
16~24 岁	628	57.3	5.6	0.0	13.9	12.3	0.0	7.8	8.6
25~34 岁	749	29.5	10.6	0.0	1.3	7.7	1.5	3.3	27.7
35~44 岁	737	16.8	3.1	0.0	1.3	5.3	0.0	1.1	36.5
45~54 岁	860	7.1	0.5	0.6	0.4	2.4	0.0	1.6	20.4
55~60 岁	320	6.7	1.5	0.0	0.0	4.1	0.0	2.5	14.2

续前表

	人数(千人)	游泳	滚轴溜冰	滑冰	登山	打电子游戏	种花盆栽	看休闲/消遣类书籍	绘画书法
总人数	**7015**	**10.0**	**2.8**	**2.9**	**1.5**	**21.0**	**20.6**	**46.7**	**2.4**
男性	**3716**	**12.8**	**2.1**	**3.6**	**1.5**	**25.7**	**20.3**	**50.2**	**2.0**
16~24 岁	653	22.6	7.4	9.8	0.0	61.6	7.4	55.9	4.5
25~34 岁	861	18.3	1.6	6.4	3.5	40.1	15.0	55.2	0.0
35~44 岁	893	13.0	1.8	1.7	0.0	8.6	20.4	47.5	1.4
45~54 岁	950	4.8	0.0	0.0	2.8	12.3	27.4	40.9	0.0
55~60 岁	359	2.1	0.0	0.0	0.0	4.3	37.8	58.9	8.6
女性	**3299**	**6.8**	**3.7**	**2.1**	**1.6**	**15.7**	**21.0**	**42.9**	**3.0**
16~24 岁	628	9.7	10.5	6.1	4.5	25.7	13.5	63.7	8.7
25~34 岁	749	9.5	4.7	1.5	1.3	27.0	7.5	45.4	1.6
35~44 岁	737	10.2	2.8	2.9	0.0	13.0	24.2	43.6	2.4
45~54 岁	860	1.6	0.0	0.0	1.1	5.6	28.7	29.7	1.0
55~60 岁	320	1.3	0.0	0.0	1.5	2.8	38.9	30.2	1.5

续前表

	人数（千人）	乐器演奏	郊游露营	看展览会	听演唱会/音乐会	扭秧歌/木兰拳/交谊舞/打拳/舞剑	去动物园/公园	一个也不常做
总人数	**7015**	**1.2**	**3.9**	**12.6**	**8.3**	**7.3**	**36.3**	**12.4**
男性	**3716**	**0.4**	**4.0**	**12.8**	**6.5**	**5.2**	**32.7**	**11.4**
16~24 岁	653	0.0	1.5	12.9	6.9	2.8	25.0	0.0
25~34 岁	861	1.7	8.7	15.8	8.5	3.1	32.6	11.3
35~44 岁	893	0.0	1.7	12.9	4.7	1.7	42.3	15.9
45~54 岁	950	0.0	3.5	10.0	6.9	9.6	26.3	16.9
55~60 岁	359	0.0	4.4	13.2	4.3	11.8	40.3	6.8
女性	**3299**	**2.2**	**3.7**	**12.3**	**10.4**	**9.7**	**40.3**	**13.6**
16~24 岁	628	6.5	5.9	20.3	23.4	3.0	30.8	7.4
25~34 岁	749	1.6	5.1	15.3	10.9	5.8	54.6	3.2
35~44 岁	737	1.3	3.3	13.3	9.3	9.8	33.8	15.4
45~54 岁	860	0.5	2.7	4.6	3.1	12.9	38.4	24.3
55~60 岁	320	1.4	0.0	7.9	5.7	22.8	45.2	16.9

● 广州

	人数(千人)	打羽毛球	打保龄球	踢足球	打篮球	打乒乓球	玩滑板	跳迪斯科	打麻将
总人数	**3035**	**31.0**	**2.0**	**6.1**	**11.2**	**14.4**	**0.1**	**1.8**	**36.1**
男性	**1529**	**26.6**	**2.2**	**11.8**	**17.4**	**15.4**	**0.0**	**1.6**	**40.2**
16~24岁	245	48.3	1.4	31.7	54.7	23.9	0.0	3.0	40.2
25~34岁	402	36.3	3.2	16.7	18.6	22.4	0.0	3.2	41.6
35~44岁	451	18.0	3.8	5.9	10.1	8.6	0.0	0.9	43.6
45~54岁	310	14.5	0.0	2.8	4.0	11.6	0.0	0.0	35.0
55~60岁	122	13.1	0.0	0.0	0.0	9.8	0.0	0.0	36.3
女性	**1506**	**35.5**	**1.9**	**0.3**	**4.9**	**13.3**	**0.2**	**2.0**	**32.0**
16~24岁	234	54.9	2.8	1.1	15.8	25.7	1.1	1.4	24.9
25~34岁	432	37.7	1.3	0.6	2.0	11.3	0.0	3.9	30.7
35~44岁	417	36.1	2.0	0.0	4.0	12.5	0.0	1.3	37.6
45~54岁	325	25.1	2.4	0.0	3.3	11.4	0.0	1.6	35.7
55~60岁	97	10.8	0.0	0.0	0.0	2.6	0.0	0.0	18.2

续前表

	人数(千人)	游泳	滚轴溜冰	滑冰	登山	打电子游戏	种花盆栽	看休闲/消遣类书籍	绘画书法
总人数	**3035**	**12.6**	**0.3**	**1.3**	**23.5**	**11.6**	**21.9**	**38.0**	**3.3**
男性	**1529**	**17.1**	**0.0**	**1.1**	**20.4**	**15.4**	**17.7**	**38.8**	**3.9**
16~24岁	245	22.7	0.0	3.4	20.2	40.6	1.4	44.1	1.8
25~34岁	402	23.1	0.0	1.3	23.2	22.7	11.1	44.5	3.4
35~44岁	451	14.2	0.0	0.0	9.2	6.6	14.9	34.9	3.9
45~54岁	310	14.4	0.0	1.3	30.2	2.4	33.0	36.9	3.9
55~60岁	122	3.3	0.0	0.0	27.6	6.3	44.5	27.9	9.9
女性	**1506**	**8.0**	**0.5**	**1.5**	**26.7**	**7.7**	**26.1**	**37.2**	**2.6**
16~24岁	234	19.8	0.0	5.8	28.3	22.1	14.0	56.8	8.9
25~34岁	432	4.5	0.7	0.0	25.3	5.9	18.9	43.3	2.6
35~44岁	417	8.4	0.7	1.4	23.6	5.5	33.2	31.5	1.2
45~54岁	325	5.4	0.8	0.0	30.7	3.9	33.1	24.5	0.7
55~60岁	97	2.7	0.0	2.7	29.4	2.6	33.8	28.8	0.0

续前表

	人数（千人）	乐器演奏	郊游露营	看展览会	听演唱会/音乐会	扭秧歌/木兰拳/交谊舞/打拳/舞剑	去动物园/公园	一个也不常做
总人数	**3035**	**1.3**	**1.3**	**6.3**	**6.2**	**2.6**	**42.6**	**10.3**
男性	**1529**	**1.9**	**1.4**	**7.3**	**6.1**	**1.9**	**32.6**	**10.1**
16~24岁	245	3.6	1.8	8.1	4.7	1.6	18.0	1.7
25~34岁	402	2.3	1.1	10.2	7.7	1.1	36.6	6.6
35~44岁	451	1.0	1.8	5.0	6.8	2.9	34.1	15.1
45~54岁	310	0.0	1.5	6.8	5.3	2.6	34.4	14.1
55~60岁	122	6.0	0.0	6.6	3.3	0.0	38.9	9.4
女性	**1506**	**0.6**	**1.1**	**5.2**	**6.3**	**3.3**	**52.6**	**10.5**
16~24岁	234	1.4	1.3	3.6	6.3	2.6	37.1	2.6
25~34岁	432	1.4	1.9	8.8	6.1	0.6	55.4	13.6
35~44岁	417	0.0	0.8	4.8	5.6	0.8	43.6	12.6
45~54岁	325	0.0	0.7	3.8	7.0	7.9	63.9	10.2
55~60岁	97	0.0	0.0	0.0	7.8	12.7	79.0	7.9

● 深圳

	人数(千人)	打羽毛球	打保龄球	踢足球	打篮球	打乒乓球	玩滑板	跳迪斯科	打麻将
总人数	**4209**	**19.7**	**1.4**	**4.4**	**10.3**	**9.8**	**0.7**	**4.1**	**27.2**
男性	**2119**	**19.1**	**2.4**	**7.7**	**17.0**	**13.9**	**1.1**	**5.5**	**31.0**
16~24岁	263	20.7	0.0	15.4	35.7	19.3	6.8	12.1	23.4
25~34岁	788	22.9	3.3	9.4	19.7	17.7	0.0	4.9	34.0
35~44岁	729	20.2	2.4	5.6	12.2	11.3	0.8	6.3	28.8
45~54岁	221	4.8	0.0	3.4	8.6	6.6	0.0	0.0	35.3
55~60岁	117	9.8	6.5	0.0	3.2	6.4	0.0	0.0	32.2
女性	**2090**	**20.3**	**0.4**	**1.0**	**3.4**	**5.7**	**0.2**	**2.7**	**23.3**
16~24岁	267	25.8	1.4	2.8	6.9	5.5	1.4	8.0	16.5
25~34岁	931	20.6	0.0	0.9	3.2	5.5	0.0	2.3	30.6
35~44岁	602	23.3	0.8	0.0	3.9	6.3	0.0	2.3	22.4
45~54岁	216	8.8	0.0	0.0	0.0	6.9	0.0	0.0	11.2
55~60岁	73	6.7	0.0	6.7	0.0	0.0	0.0	0.0	0.0

续前表

	人数(千人)	游泳	滚轴溜冰	滑冰	登山	打电子游戏	种花盆栽	看休闲/消遣类书籍	绘画书法
总人数	**4209**	**10.9**	**0.7**	**1.4**	**17.1**	**10.1**	**11.8**	**31.7**	**1.2**
男性	**2119**	**14.3**	**1.2**	**2.2**	**14.5**	**14.0**	**10.3**	**31.3**	**2.1**
16~24岁	263	12.6	6.9	9.6	20.8	34.2	4.2	33.0	8.3
25~34岁	788	15.8	1.0	1.1	12.6	19.2	7.7	34.5	2.7
35~44岁	729	13.7	0.0	1.6	15.9	6.5	11.3	30.8	0.0
45~54岁	221	15.3	0.0	0.0	10.0	3.4	18.6	19.0	0.0
55~60岁	117	9.7	0.0	0.0	12.7	0.0	19.3	32.1	0.0
女性	**2090**	**7.5**	**0.2**	**0.5**	**19.8**	**6.2**	**13.3**	**32.1**	**0.4**
16~24岁	267	8.4	1.4	4.2	18.9	14.9	11.2	46.8	0.0
25~34岁	931	7.8	0.0	0.0	20.8	7.0	8.7	34.6	0.9
35~44岁	602	8.6	0.0	0.0	22.3	3.2	14.1	25.8	0.0
45~54岁	216	2.3	0.0	0.0	15.9	2.3	27.1	20.6	0.0
55~60岁	73	6.7	0.0	0.0	0.0	0.0	33.3	33.1	0.0

续前表

	人数(千人)	乐器演奏	郊游露营	看展览会	听演唱会/音乐会	扭秧歌/木兰拳/交谊舞/打拳/舞剑	去动物园/公园	一个也不常做
总人数	**4209**	**1.5**	**4.5**	**3.9**	**6.3**	**2.5**	**50.3**	**19.9**
男性	**2119**	**2.2**	**4.7**	**3.9**	**8.0**	**1.8**	**44.2**	**17.0**
16~24岁	263	2.7	5.6	0.0	12.7	1.3	40.6	5.7
25~34岁	788	2.7	5.5	5.5	9.9	1.6	36.3	16.5
35~44岁	729	2.4	4.1	2.3	4.9	2.4	46.0	21.8
45~54岁	221	0.0	3.3	8.4	8.5	0.0	54.2	18.8
55~60岁	117	0.0	3.3	3.2	3.3	3.2	74.1	13.0
女性	**2090**	**0.8**	**4.3**	**3.9**	**4.6**	**3.2**	**56.6**	**22.8**
16~24岁	267	2.6	5.3	5.5	15.0	5.6	46.7	23.5
25~34岁	931	0.0	4.6	3.7	4.5	0.5	60.9	18.1
35~44岁	602	1.6	5.5	3.7	2.4	3.9	51.6	28.5
45~54岁	216	0.0	0.0	4.3	0.0	11.2	58.7	27.5
55~60岁	73	0.0	0.0	0.0	0.0	0.0	73.4	19.8

● 成都

	人数(千人)	打羽毛球	打保龄球	踢足球	打篮球	打乒乓球	玩滑板	跳迪斯科	打麻将
总人数	**2011**	**15.1**	**1.9**	**5.1**	**7.8**	**14.2**	**1.1**	**5.5**	**61.1**
男性	**1059**	**13.4**	**2.1**	**9.0**	**12.0**	**16.5**	**1.2**	**4.7**	**62.4**
16~24岁	185	19.9	3.2	23.7	38.7	36.8	1.6	11.6	46.7
25~34岁	338	17.7	3.1	12.5	11.4	17.6	1.0	6.1	66.1
35~44岁	277	11.3	1.2	2.2	3.4	11.2	2.2	1.1	67.7
45~54岁	191	6.0	0.0	1.3	3.6	8.3	0.0	1.2	68.8
55~60岁	68	3.2	3.3	0.0	0.0	0.0	0.0	3.3	47.1
女性	**952**	**17.1**	**1.7**	**0.8**	**3.1**	**11.6**	**1.0**	**6.4**	**59.7**
16~24岁	177	37.3	1.6	3.4	11.4	22.6	1.6	14.8	43.2
25~34岁	295	13.8	2.5	0.0	2.5	11.5	1.6	5.6	64.9
35~44岁	237	17.1	2.6	0.8	0.8	9.3	0.8	1.7	67.8
45~54岁	156	7.9	0.0	0.0	0.0	8.0	0.0	8.1	63.3
55~60岁	89	3.9	0.0	0.0	0.0	2.1	0.0	2.0	47.0

续前表

	人数(千人)	游泳	滚轴溜冰	滑冰	登山	打电子游戏	种花盆栽	看休闲/消遣类书籍	绘画书法
总人数	**2011**	**8.8**	**0.3**	**1.3**	**7.3**	**17.8**	**21.6**	**46.4**	**4.0**
男性	**1059**	**10.1**	**0.3**	**1.2**	**8.0**	**23.6**	**17.4**	**48.4**	**4.8**
16~24岁	185	23.2	1.8	6.6	6.8	53.7	8.3	63.4	9.9
25~34岁	338	9.1	0.0	0.0	15.5	30.9	8.4	53.7	3.1
35~44岁	277	8.0	0.0	0.0	2.2	10.2	21.4	42.3	2.2
45~54岁	191	4.9	0.0	0.0	4.8	7.3	32.9	38.7	7.3
55~60岁	68	3.3	0.0	0.0	6.8	6.6	26.7	33.5	3.2
女性	**952**	**7.4**	**0.3**	**1.4**	**6.6**	**11.4**	**26.3**	**44.2**	**3.1**
16~24岁	177	13.1	0.0	4.8	14.5	20.9	13.1	59.8	11.3
25~34岁	295	8.9	0.8	1.7	3.3	15.5	16.5	55.5	0.9
35~44岁	237	5.9	0.0	0.0	9.3	8.6	33.1	39.8	1.7
45~54岁	156	4.5	0.0	0.0	2.3	3.5	42.5	27.8	2.2
55~60岁	89	0.0	0.0	0.0	2.0	0.0	39.0	16.3	0.0

续前表

	人数（千人）	乐器演奏	郊游露营	看展览会	听演唱会/音乐会	扭秧歌/木兰拳/交谊舞/打拳/舞剑	去动物园/公园	一个也不常做
总人数	**2011**	**2.1**	**9.6**	**7.7**	**11.2**	**8.8**	**52.2**	**4.8**
男性	**1059**	**2.3**	**10.2**	**8.6**	**10.2**	**7.4**	**47.5**	**4.2**
16~24岁	185	0.0	6.8	5.2	8.1	6.7	34.6	0.0
25~34岁	338	4.0	11.4	13.5	11.5	7.2	52.5	3.1
35~44岁	277	2.2	12.4	9.0	7.9	4.5	53.0	3.3
45~54岁	191	2.4	8.2	1.3	10.8	7.2	44.8	8.4
55~60岁	68	0.0	10.0	13.3	16.8	23.6	43.9	13.0
女性	**952**	**1.9**	**8.9**	**6.7**	**12.2**	**10.4**	**57.3**	**5.5**
16~24岁	177	3.1	12.6	4.8	14.3	4.8	61.2	3.2
25~34岁	295	1.6	5.6	6.5	10.8	7.4	60.2	4.0
35~44岁	237	2.5	11.0	6.8	16.1	11.0	51.7	3.4
45~54岁	156	1.1	10.3	5.8	10.3	16.1	56.1	4.6
55~60岁	89	0.0	4.0	12.1	6.2	20.4	57.5	22.2

● 重庆

	人数(千人)	打羽毛球	打保龄球	踢足球	打篮球	打乒乓球	玩滑板	跳迪斯科	打麻将
总人数	**2435**	**13.3**	**2.0**	**4.5**	**5.2**	**7.7**	**0.0**	**3.7**	**42.8**
男性	**1285**	**10.2**	**2.1**	**8.6**	**8.9**	**8.6**	**0.0**	**3.0**	**38.7**
16~24 岁	225	14.4	0.0	33.4	25.0	7.5	0.0	3.4	32.5
25~34 岁	335	15.9	1.9	8.2	11.8	16.2	0.0	6.0	28.6
35~44 岁	329	7.6	5.0	2.4	4.9	8.5	0.0	2.3	52.0
45~54 岁	275	3.5	1.7	0.0	0.0	2.6	0.0	0.0	42.4
55~60 岁	121	8.4	0.0	0.0	2.2	4.2	0.0	2.2	33.3
女性	**1150**	**16.8**	**1.9**	**0.0**	**1.1**	**6.6**	**0.0**	**4.5**	**47.5**
16~24 岁	210	39.6	4.3	0.0	4.3	8.5	0.0	12.6	56.2
25~34 岁	297	22.3	3.6	0.0	1.2	12.2	0.0	5.6	47.0
35~44 岁	291	9.2	0.8	0.0	0.0	4.1	0.0	0.9	46.3
45~54 岁	267	3.9	0.0	0.0	0.0	3.9	0.0	2.0	47.1
55~60 岁	84	8.3	0.0	0.0	0.0	0.0	0.0	0.0	32.3

续前表

	人数(千人)	游泳	滚轴溜冰	滑冰	登山	打电子游戏	种花盆栽	看休闲/消遣类书籍	绘画书法
总人数	**2435**	**7.8**	**0.5**	**0.8**	**16.6**	**11.9**	**10.1**	**24.7**	**2.3**
男性	**1285**	**10.3**	**0.0**	**0.9**	**15.4**	**18.7**	**8.0**	**25.3**	**2.3**
16~24 岁	225	21.9	0.0	3.4	11.6	47.3	0.0	29.1	3.7
25~34 岁	335	12.2	0.0	0.0	16.0	24.6	6.0	41.9	3.9
35~44 岁	329	9.9	0.0	1.2	12.5	11.0	9.1	16.4	1.3
45~54 岁	275	2.7	0.0	0.0	18.3	2.6	14.0	15.9	1.6
55~60 岁	121	2.0	0.0	0.0	22.5	6.4	12.0	18.1	0.0
女性	**1150**	**5.1**	**1.0**	**0.6**	**17.9**	**4.3**	**12.5**	**24.1**	**2.3**
16~24 岁	210	17.1	4.4	0.0	16.8	13.1	13.4	39.5	8.6
25~34 岁	297	4.8	0.0	2.3	21.2	4.8	6.4	31.8	1.1
35~44 岁	291	1.8	0.9	0.0	15.9	2.7	9.6	18.4	1.7
45~54 岁	267	1.3	0.0	0.0	19.6	0.0	18.7	15.0	0.0
55~60 岁	84	0.0	0.0	0.0	10.9	0.0	21.4	6.5	0.0

续前表

	人数（千人）	乐器演奏	郊游露营	看展览会	听演唱会/音乐会	扭秧歌/木兰拳/交谊舞/打拳/舞剑	去动物园/公园	一个也不常做
总人数	**2435**	**1.3**	**4.5**	**2.3**	**3.7**	**1.7**	**16.2**	**25.9**
男性	**1285**	**1.8**	**3.5**	**2.8**	**4.0**	**0.9**	**15.0**	**25.1**
16~24 岁	225	3.7	3.4	0.0	3.7	0.0	15.4	19.1
25~34 岁	335	0.0	1.9	3.7	5.8	0.0	25.7	23.1
35~44 岁	329	3.9	6.1	6.4	3.7	1.4	11.1	20.2
45~54 岁	275	0.8	4.2	0.8	4.4	1.8	7.7	31.5
55~60 岁	121	0.0	0.0	0.0	0.0	2.2	11.9	40.4
女性	**1150**	**0.8**	**5.7**	**1.7**	**3.4**	**2.5**	**17.6**	**26.9**
16~24 岁	210	4.4	13.1	0.0	7.9	0.0	17.5	17.4
25~34 岁	297	0.0	2.4	1.2	3.5	0.0	26.8	19.6
35~44 岁	291	0.0	6.7	4.2	3.4	1.7	12.6	37.5
45~54 岁	267	0.0	4.1	0.7	0.7	4.6	13.2	27.1
55~60 岁	84	0.0	0.0	2.1	0.0	13.0	16.3	38.5

● 武汉

	人数(千人)	打羽毛球	打保龄球	踢足球	打篮球	打乒乓球	玩滑板	跳迪斯科	打麻将
总人数	**3161**	**25.5**	**3.9**	**6.1**	**9.7**	**12.1**	**0.5**	**4.5**	**36.8**
男性	**1645**	**24.4**	**5.1**	**10.9**	**16.0**	**15.8**	**0.0**	**3.7**	**37.4**
16~24 岁	349	19.6	3.1	34.2	46.6	18.7	0.0	2.1	8.7
25~34 岁	418	40.5	11.6	12.4	12.8	24.8	0.0	9.0	40.2
35~44 岁	420	27.4	4.7	1.2	8.6	12.4	0.0	3.0	49.4
45~54 岁	308	12.1	1.7	0.8	1.7	8.8	0.0	0.9	48.7
55~60 岁	151	7.5	0.0	0.0	4.2	8.2	0.0	0.0	39.3
女性	**1516**	**26.7**	**2.6**	**0.9**	**2.8**	**8.1**	**1.1**	**5.3**	**36.2**
16~24 岁	334	50.3	2.7	0.0	8.0	11.0	5.0	13.9	28.1
25~34 岁	373	23.5	3.7	3.7	0.0	7.4	0.0	7.2	34.7
35~44 岁	376	27.7	3.6	0.0	4.1	10.4	0.0	1.5	41.9
45~54 岁	295	10.9	0.8	0.0	0.0	3.4	0.0	0.0	43.5
55~60 岁	137	9.7	0.0	0.0	0.0	6.2	0.0	1.5	28.8

续前表

	人数(千人)	游泳	滚轴溜冰	滑冰	登山	打电子游戏	种花盆栽	看休闲/消遣类书籍	绘画书法
总人数	**3161**	**11.7**	**2.2**	**1.2**	**4.9**	**18.7**	**13.8**	**37.7**	**3.9**
男性	**1645**	**14.7**	**1.5**	**0.3**	**2.5**	**24.6**	**11.4**	**34.9**	**3.2**
16~24 岁	349	28.3	4.4	0.0	0.0	39.0	2.1	42.9	4.3
25~34 岁	418	15.4	2.2	0.0	0.0	40.6	5.3	48.0	2.4
35~44 岁	420	12.6	0.0	1.2	6.2	17.7	14.2	29.5	2.4
45~54 岁	308	5.8	0.0	0.0	2.6	4.2	17.8	19.3	1.7
55~60 岁	151	5.2	0.0	0.0	4.5	7.7	29.2	27.1	8.0
女性	**1516**	**8.4**	**2.9**	**2.3**	**7.5**	**12.2**	**16.3**	**40.7**	**4.7**
16~24 岁	334	8.3	10.4	10.3	11.5	28.1	8.8	62.0	14.6
25~34 岁	373	11.1	1.7	0.0	7.7	7.4	7.5	44.2	3.9
35~44 岁	376	12.8	0.7	0.0	7.4	9.4	20.8	41.1	0.0
45~54 岁	295	2.8	0.0	0.0	5.6	4.1	16.6	19.6	1.4
55~60 岁	137	1.7	0.0	0.0	1.7	12.0	45.7	22.9	2.8

续前表

	人数(千人)	乐器演奏	郊游露营	看展览会	听演唱会/音乐会	扭秧歌/木兰拳/交谊舞/打拳/舞剑	去动物园/公园	一个也不常做
总人数	**3161**	**3.1**	**5.1**	**7.6**	**9.5**	**5.7**	**39.9**	**12.5**
男性	**1645**	**2.2**	**4.0**	**9.5**	**8.6**	**3.2**	**35.3**	**11.9**
16~24 岁	349	2.4	2.1	11.5	14.4	0.0	30.3	7.9
25~34 岁	418	0.0	3.8	11.3	10.7	0.0	36.1	5.3
35~44 岁	420	4.2	7.4	10.9	5.4	3.0	45.4	9.4
45~54 岁	308	1.8	2.4	3.4	4.9	5.2	20.9	25.9
55~60 岁	151	3.2	2.5	8.1	5.8	16.1	45.8	17.7
女性	**1516**	**4.1**	**6.4**	**5.5**	**10.5**	**8.3**	**44.9**	**13.1**
16~24 岁	334	7.9	9.0	2.7	21.1	0.0	41.0	2.7
25~34 岁	373	5.4	7.6	7.3	3.6	7.1	61.0	9.7
35~44 岁	376	1.5	7.1	7.6	15.7	6.1	43.7	14.0
45~54 岁	295	1.4	1.9	4.2	5.5	18.7	33.2	22.9
55~60 岁	137	3.9	4.6	4.8	0.0	16.0	39.3	23.7

● 西安

	人数(千人)	打羽毛球	打保龄球	踢足球	打篮球	打乒乓球	玩滑板	跳迪斯科	打麻将
总人数	**2088**	**29.1**	**2.1**	**7.1**	**12.2**	**17.1**	**0.1**	**3.8**	**37.5**
男性	**1100**	**26.4**	**2.2**	**12.9**	**20.2**	**20.2**	**0.0**	**2.3**	**42.3**
16~24 岁	245	39.5	0.0	45.0	61.9	41.0	0.0	5.9	30.6
25~34 岁	324	31.2	2.9	7.4	12.1	20.2	0.0	2.9	47.5
35~44 岁	273	18.0	3.4	1.3	8.7	14.8	0.0	0.0	46.4
45~54 岁	157	17.2	3.7	2.5	3.5	5.8	0.0	1.2	40.1
55~60 岁	102	15.8	0.0	0.0	2.3	6.5	0.0	0.0	46.2
女性	**988**	**32.1**	**1.9**	**0.7**	**3.3**	**13.7**	**0.2**	**5.5**	**32.3**
16~24 岁	222	52.3	0.0	3.3	10.9	23.8	0.0	7.2	21.3
25~34 岁	275	34.4	4.0	0.0	1.1	14.4	0.0	8.7	37.8
35~44 岁	239	33.9	2.7	0.0	0.7	14.9	0.8	4.5	38.5
45~54 岁	149	10.5	0.9	0.0	1.0	4.0	0.0	1.0	34.4
55~60 岁	102	8.8	0.0	0.0	1.7	1.7	0.0	1.7	23.5

续前表

	人数(千人)	游泳	滚轴溜冰	滑冰	登山	打电子游戏	种花盆栽	看休闲/消遣类书籍	绘画书法
总人数	**2088**	**7.8**	**1.6**	**2.5**	**8.2**	**19.0**	**23.4**	**47.9**	**5.7**
男性	**1100**	**8.8**	**2.0**	**2.4**	**10.1**	**23.9**	**21.9**	**49.1**	**4.7**
16~24 岁	245	5.9	6.9	10.7	9.2	50.0	10.4	70.5	2.9
25~34 岁	324	9.6	1.5	0.0	10.8	27.0	22.2	58.1	8.3
35~44 岁	273	11.9	0.0	0.0	12.6	17.9	21.4	35.8	4.2
45~54 岁	157	9.9	0.0	0.0	5.4	0.0	32.9	30.4	2.8
55~60 岁	102	3.9	0.0	0.0	10.9	3.9	32.8	33.5	2.0
女性	**988**	**6.7**	**1.3**	**2.7**	**6.1**	**13.6**	**25.0**	**46.5**	**6.7**
16~24 岁	222	3.9	3.9	10.5	12.2	26.7	18.8	59.3	17.4
25~34 岁	275	15.6	1.4	1.3	4.5	18.0	19.8	57.4	6.5
35~44 岁	239	3.5	0.0	0.0	6.2	8.4	26.2	44.5	2.6
45~54 岁	149	4.2	0.0	0.0	2.9	2.6	34.3	29.2	1.1
55~60 岁	102	0.0	0.0	0.0	1.7	1.5	36.1	19.1	1.7

续前表

	人数（千人）	乐器演奏	郊游露营	看展览会	听演唱会/音乐会	扭秧歌/木兰拳/交谊舞/打拳/舞剑	去动物园/公园	一个也不常做
总人数	**2088**	**2.6**	**10.1**	**5.1**	**5.2**	**5.2**	**27.6**	**11.4**
男性	**1100**	**4.0**	**10.9**	**6.4**	**4.2**	**2.5**	**25.5**	**8.2**
16~24 岁	245	6.9	9.8	0.0	2.9	0.0	26.2	0.0
25~34 岁	324	5.7	9.9	12.4	7.4	0.0	34.7	7.2
35~44 岁	273	1.1	10.0	4.2	2.6	2.3	22.6	8.2
45~54 岁	157	2.5	8.6	7.2	2.7	2.5	10.4	20.5
55~60 岁	102	1.8	22.6	6.8	4.1	16.7	25.2	11.7
女性	**988**	**1.0**	**9.1**	**3.7**	**6.2**	**8.1**	**29.9**	**15.1**
16~24 岁	222	2.9	4.3	0.0	11.1	0.0	25.2	13.6
25~34 岁	275	1.4	15.6	7.4	6.3	6.4	42.8	13.8
35~44 岁	239	0.0	9.5	6.0	4.4	8.4	24.8	10.4
45~54 岁	149	0.0	6.8	1.0	4.0	16.8	19.9	24.1
55~60 岁	102	0.0	4.8	0.0	3.1	17.4	32.1	19.5

● 沈阳

	人数(千人)	打羽毛球	打保龄球	踢足球	打篮球	打乒乓球	玩滑板	跳迪斯科	打麻将
总人数	**2831**	**14.9**	**3.5**	**6.3**	**6.8**	**8.3**	**0.0**	**3.6**	**33.0**
男性	**1444**	**14.7**	**4.7**	**11.8**	**11.9**	**11.7**	**0.0**	**3.8**	**37.9**
16~24岁	274	25.3	5.0	36.4	47.6	10.2	0.0	7.3	30.8
25~34岁	304	21.1	12.5	18.2	10.9	18.1	0.0	6.9	46.5
35~44岁	395	11.7	4.1	4.0	2.0	12.8	0.0	3.0	46.0
45~54岁	344	6.8	0.0	0.0	0.0	8.5	0.0	0.9	29.3
55~60岁	127	7.6	0.0	0.0	0.0	5.5	0.0	0.0	30.4
女性	**1387**	**15.1**	**2.3**	**0.4**	**1.6**	**4.6**	**0.0**	**3.4**	**28.0**
16~24岁	253	19.5	0.0	2.3	8.6	5.6	0.0	7.6	35.2
25~34岁	288	27.1	5.2	0.0	0.0	5.0	0.0	2.7	27.7
35~44岁	376	13.7	1.8	0.0	0.0	6.9	0.0	2.5	28.0
45~54岁	341	7.7	2.2	0.0	0.0	2.7	0.0	1.5	26.5
55~60岁	129	3.7	1.9	0.0	0.0	0.0	0.0	3.9	17.9

续前表

	人数(千人)	游泳	滚轴溜冰	滑冰	登山	打电子游戏	种花盆栽	看休闲/消遣类书籍	绘画书法
总人数	**2831**	**19.8**	**0.4**	**4.0**	**3.9**	**14.9**	**25.9**	**29.7**	**3.9**
男性	**1444**	**21.2**	**0.0**	**3.6**	**4.3**	**19.4**	**20.2**	**27.3**	**3.8**
16~24岁	274	37.9	0.0	5.2	4.6	37.0	2.3	44.4	9.2
25~34岁	304	29.6	0.0	7.2	12.4	38.5	13.5	41.0	8.6
35~44岁	395	16.5	0.0	4.0	2.2	10.6	24.2	18.6	0.0
45~54岁	344	11.7	0.0	0.0	1.0	4.7	27.5	11.3	1.0
55~60岁	127	5.0	0.0	0.0	0.0	2.7	42.8	28.4	0.0
女性	**1387**	**18.4**	**0.7**	**4.5**	**3.4**	**10.3**	**31.9**	**32.3**	**4.0**
16~24岁	253	30.0	3.0	10.7	2.8	34.3	10.5	62.6	13.7
25~34岁	288	24.4	0.0	6.1	5.1	9.9	24.0	43.6	3.6
35~44岁	376	14.0	0.0	4.5	4.2	5.3	38.8	24.6	0.9
45~54岁	341	14.8	0.7	0.0	2.8	1.5	41.7	13.3	2.1
55~60岁	129	5.2	0.0	0.0	0.0	1.7	45.9	20.0	0.0

续前表

	人数（千人）	乐器演奏	郊游露营	看展览会	听演唱会/音乐会	扭秧歌/木兰拳/交谊舞/打拳/舞剑	去动物园/公园	一个也不常做
总人数	**2831**	**1.4**	**4.9**	**4.3**	**7.8**	**2.7**	**32.1**	**15.5**
男性	**1444**	**1.4**	**5.0**	**4.6**	**6.2**	**1.1**	**30.2**	**13.0**
16~24岁	274	2.7	5.7	9.7	5.4	0.0	20.5	2.3
25~34岁	304	0.0	8.5	3.1	14.8	0.0	26.4	5.2
35~44岁	395	1.0	6.3	4.1	4.3	2.3	35.7	13.3
45~54岁	344	0.9	1.0	1.9	2.0	2.0	27.8	26.5
55~60岁	127	5.4	2.7	5.4	5.1	0.0	49.2	17.9
女性	**1387**	**1.5**	**4.7**	**4.0**	**9.4**	**4.3**	**34.1**	**18.1**
16~24岁	253	5.8	7.8	3.0	19.8	0.0	23.7	5.7
25~34岁	288	0.0	6.1	5.2	8.9	1.3	44.7	13.9
35~44岁	376	0.9	3.6	6.0	5.3	4.3	32.2	21.8
45~54岁	341	0.6	2.7	2.2	8.9	8.2	30.1	24.1
55~60岁	129	0.0	3.8	1.9	3.5	9.4	47.5	25.3

● 南京

	人数(千人)	打羽毛球	打保龄球	踢足球	打篮球	打乒乓球	玩滑板	跳迪斯科	打麻将
总人数	**2439**	**22.5**	**2.7**	**2.5**	**6.0**	**6.4**	**0.3**	**1.8**	**20.8**
男性	**1326**	**22.4**	**3.5**	**4.5**	**8.2**	**6.5**	**0.5**	**0.8**	**23.3**
16~24 岁	243	16.2	0.9	12.9	34.5	8.7	0.0	0.0	4.4
25~34 岁	370	49.2	3.9	5.6	5.5	5.2	1.7	1.2	37.1
35~44 岁	351	14.1	5.5	2.2	0.9	7.8	0.0	1.6	20.3
45~54 岁	245	7.5	4.0	0.0	0.3	6.4	0.0	0.0	27.8
55~60 岁	116	6.9	0.0	0.0	0.0	2.4	0.0	0.0	18.0
女性	**1113**	**22.7**	**1.7**	**0.0**	**3.4**	**6.2**	**0.1**	**3.0**	**17.8**
16~24 岁	210	46.3	3.0	0.0	18.0	19.9	0.0	0.0	6.7
25~34 岁	290	28.9	1.2	0.0	0.0	4.1	0.4	8.5	18.1
35~44 岁	286	18.3	2.8	0.0	0.0	3.7	0.0	0.5	24.1
45~54 岁	216	4.9	0.6	0.0	0.0	2.1	0.0	2.7	21.6
55~60 岁	111	7.7	0.0	0.0	0.0	0.0	0.0	1.5	14.1

续前表

	人数(千人)	游泳	滚轴溜冰	滑冰	登山	打电子游戏	种花盆栽	看休闲/消遣类书籍	绘画书法
总人数	**2439**	**4.9**	**0.1**	**0.1**	**19.5**	**11.1**	**7.5**	**22.3**	**1.0**
男性	**1326**	**6.2**	**0.0**	**0.0**	**19.8**	**16.2**	**5.1**	**24.2**	**1.7**
16~24 岁	243	12.6	0.0	0.0	43.4	50.5	0.0	26.3	4.6
25~34 岁	370	8.0	0.0	0.0	24.3	16.6	3.2	27.3	1.1
35~44 岁	351	2.7	0.0	0.0	9.5	7.5	6.2	26.4	0.9
45~54 岁	245	4.9	0.0	0.0	9.5	0.0	7.6	16.6	1.5
55~60 岁	116	0.6	0.0	0.0	8.5	3.3	12.8	19.8	0.0
女性	**1113**	**3.3**	**0.2**	**0.2**	**19.2**	**5.0**	**10.5**	**20.1**	**0.3**
16~24 岁	210	4.1	1.1	0.0	18.9	12.4	8.6	34.8	0.0
25~34 岁	290	3.8	0.0	0.7	22.6	3.4	5.2	23.1	1.1
35~44 岁	286	3.1	0.0	0.0	15.4	3.6	10.7	18.0	0.0
45~54 岁	216	3.1	0.0	0.0	23.4	3.8	11.7	10.8	0.0
55~60 岁	111	1.3	0.0	0.0	12.9	1.3	24.9	8.0	0.0

续前表

	人数（千人）	乐器演奏	郊游露营	看展览会	听演唱会/音乐会	扭秧歌/木兰拳/交谊舞/打拳/舞剑	去动物园/公园	一个也不常做
总人数	**2439**	**0.5**	**0.8**	**2.8**	**5.0**	**2.1**	**32.1**	**22.3**
男性	**1326**	**0.3**	**1.0**	**2.6**	**5.7**	**1.7**	**29.1**	**19.1**
16~24 岁	243	0.0	0.9	1.7	1.7	0.0	17.8	11.2
25~34 岁	370	1.1	2.2	1.1	14.1	0.0	44.3	8.3
35~44 岁	351	0.0	0.9	3.7	2.8	1.7	25.4	25.4
45~54 岁	245	0.0	0.0	1.8	2.2	2.5	26.7	28.9
55~60 岁	116	0.0	0.0	7.5	3.0	8.5	21.1	29.9
女性	**1113**	**0.7**	**0.6**	**3.1**	**4.2**	**2.5**	**35.7**	**26.2**
16~24 岁	210	2.0	2.4	2.0	7.9	0.0	34.1	18.3
25~34 岁	290	0.7	0.0	2.6	3.1	0.0	53.7	13.4
35~44 岁	286	0.0	0.0	4.2	4.6	0.5	28.4	24.6
45~54 岁	216	0.0	0.0	4.9	3.9	5.2	28.3	39.5
55~60 岁	111	1.9	1.5	0.4	0.0	13.8	24.9	52.8

4 男性各年龄层、女性各年龄层想做的休闲活动　注：本题为多选题，合计百分比可能超过100%

● 北京

	人数(千人)	打羽毛球	打保龄球	踢足球	打篮球	打乒乓球	玩滑板	跳迪斯科	打麻将
总人数	6018	2.6	1.8	1.1	0.8	1.3	0.5	0.8	0.3
男性	3207	2.3	2.5	1.9	1.3	1.4	0.6	0.9	0.6
16~24岁	620	1.7	3.6	3.6	1.7	1.7	1.7	1.7	1.7
25~34岁	859	4.9	5.3	0.0	1.7	0.0	0.0	1.7	0.0
35~44岁	857	1.1	1.0	4.5	1.3	4.2	1.1	0.0	1.0
45~54岁	594	1.1	0.0	0.0	0.0	0.0	0.0	0.0	0.0
55~60岁	277	1.9	1.7	0.0	1.7	0.0	0.0	1.9	0.0
女性	2811	3.0	1.1	0.3	0.3	1.2	0.4	0.7	0.0
16~24岁	543	2.1	0.0	0.0	0.0	0.0	2.1	0.0	0.0
25~34岁	694	7.8	3.7	1.2	1.2	1.2	0.0	2.6	0.0
35~44岁	725	1.0	0.0	0.0	0.0	2.1	0.0	0.0	0.0
45~54岁	606	1.9	0.0	0.0	0.0	0.6	0.0	0.0	0.0
55~60岁	243	0.0	1.6	0.0	0.0	2.9	0.0	0.0	0.0

续前表

	人数(千人)	游泳	滚轴溜冰	滑冰	登山	打电子游戏	种花盆栽	看休闲/消遣类书籍	绘画书法
总人数	6018	3.2	1.1	1.4	11.2	0.9	1.7	2.0	1.0
男性	3207	3.8	1.0	1.4	11.5	0.9	1.8	1.6	0.5
16~24岁	620	8.2	5.3	5.3	18.1	1.7	5.1	3.4	1.7
25~34岁	859	3.5	0.0	0.0	10.4	0.0	0.0	3.0	0.0
35~44岁	857	4.8	0.0	1.4	9.3	1.4	1.3	0.0	0.0
45~54岁	594	0.0	0.0	0.0	12.9	0.9	1.8	0.9	0.0
55~60岁	277	0.0	0.0	0.0	3.7	0.0	1.9	0.0	1.9
女性	2811	2.6	1.3	1.4	10.9	0.9	1.6	2.4	1.6
16~24岁	543	0.0	0.0	4.3	11.6	2.7	0.0	1.9	0.0
25~34岁	694	5.2	4.0	1.2	11.7	0.0	3.8	2.6	1.3
35~44岁	725	3.2	1.0	0.9	12.5	0.0	1.0	3.1	2.2
45~54岁	606	2.5	0.0	0.0	8.3	1.1	1.1	2.8	1.9
55~60岁	243	0.0	0.0	0.0	9.1	1.6	1.5	0.0	3.0

续前表

	人数（千人）	乐器演奏	郊游露营	看展览会	听演唱会/音乐会	扭秧歌/木兰拳/交谊舞/打拳/舞剑	去动物园/公园	一个也不常做
总人数	6018	1.5	10.2	4.6	8.2	2.5	6.1	63.6
男性	3207	1.3	12.6	4.6	6.9	1.3	6.5	64.5
16~24岁	620	3.4	20.1	6.9	15.8	5.3	3.8	48.7
25~34岁	859	0.0	15.1	3.3	8.4	0.0	7.2	64.2
35~44岁	857	1.0	10.4	4.9	4.7	0.0	6.7	63.4
45~54岁	594	1.9	7.6	4.6	1.7	0.0	8.2	74.6
55~60岁	277	0.0	5.6	1.9	0.0	3.7	6.0	83.0
女性	2811	1.8	7.5	4.7	9.8	3.9	5.7	62.6
16~24岁	543	4.3	8.9	6.2	19.3	2.1	2.1	56.9
25~34岁	694	2.5	10.0	5.0	12.0	2.8	5.1	54.4
35~44岁	725	0.9	9.9	5.7	8.4	5.1	8.5	64.7
45~54岁	606	0.7	2.9	3.5	3.7	5.2	6.2	68.6
55~60岁	243	0.0	1.5	0.0	1.3	4.3	5.7	78.0

● 上海

	人数(千人)	打羽毛球	打保龄球	踢足球	打篮球	打乒乓球	玩滑板	跳迪斯科	打麻将
总人数	**7015**	**1.0**	**1.5**	**0.7**	**1.2**	**0.7**	**0.8**	**0.3**	**0.4**
男性	**3716**	**1.2**	**1.9**	**1.2**	**2.0**	**0.7**	**1.1**	**0.0**	**0.2**
16~24 岁	653	0.0	6.1	6.0	4.5	0.0	6.1	0.0	0.0
25~34 岁	861	5.4	1.8	0.0	5.4	0.0	0.0	0.0	0.0
35~44 岁	893	0.0	1.7	0.0	0.0	0.0	0.0	0.0	0.0
45~54 岁	950	0.0	0.0	0.7	0.0	1.8	0.0	0.0	0.0
55~60 岁	359	0.0	0.0	0.0	0.0	2.2	0.0	0.0	2.1
女性	**3299**	**0.7**	**1.0**	**0.0**	**0.3**	**0.8**	**0.6**	**0.6**	**0.6**
16~24 岁	628	2.8	4.6	0.0	1.5	1.3	1.4	0.0	0.0
25~34 岁	749	0.0	0.0	0.0	0.0	1.6	0.0	0.0	0.0
35~44 岁	737	0.0	0.0	0.0	0.0	0.0	1.3	1.3	2.4
45~54 岁	866	0.5	0.5	0.0	0.0	0.0	0.0	0.6	0.4
55~60 岁	320	0.0	0.0	0.0	0.0	1.5	0.0	1.5	0.0

续前表

	人数(千人)	游泳	滚轴溜冰	滑冰	登山	打电子游戏	种花盆栽	看休闲/消遣类书籍	绘画书法
总人数	**7015**	**4.3**	**0.6**	**3.1**	**9.0**	**1.1**	**3.7**	**1.7**	**1.3**
男性	**3716**	**4.9**	**0.8**	**2.7**	**9.5**	**0.2**	**3.2**	**2.0**	**1.0**
16~24 岁	653	10.8	4.3	9.3	11.8	0.0	2.6	1.4	1.4
25~34 岁	861	5.5	0.0	3.4	16.2	0.0	1.5	1.6	1.7
35~44 岁	893	1.9	0.0	0.0	9.8	0.0	4.9	4.1	0.0
45~54 岁	950	3.3	0.0	1.0	4.2	0.7	3.6	1.5	1.5
55~60 岁	359	4.4	0.0	0.0	2.6	0.0	3.7	0.0	0.0
女性	**3299**	**3.7**	**0.4**	**3.5**	**8.4**	**2.1**	**4.2**	**1.4**	**1.5**
16~24 岁	628	9.8	1.5	9.0	14.3	6.4	2.8	4.6	4.6
25~34 岁	749	6.4	0.0	6.8	20.8	1.6	4.3	1.6	1.5
35~44 岁	737	0.0	0.0	1.3	2.5	2.2	4.2	0.0	0.0
45~54 岁	866	1.4	0.5	0.0	1.1	0.0	4.0	0.0	0.0
55~60 岁	320	0.0	0.0	0.0	1.3	0.0	7.5	1.3	3.0

续前表

	人数（千人）	乐器演奏	郊游露营	看展览会	听演唱会/音乐会	扭秧歌/木兰拳/交谊舞/打拳/舞剑	去动物园/公园	一个也不常做
总人数	**7015**	**1.0**	**15.2**	**12.0**	**19.0**	**3.2**	**9.3**	**40.3**
男性	**3716**	**0.6**	**15.9**	**12.7**	**18.3**	**1.9**	**9.3**	**39.7**
16~24 岁	653	0.0	21.1	8.2	17.6	1.4	10.4	25.2
25~34 岁	861	1.8	18.8	13.1	25.2	3.6	10.0	32.5
35~44 岁	893	0.0	17.3	10.8	20.7	0.0	6.1	47.0
45~54 岁	950	0.8	9.8	15.8	13.5	3.3	13.5	44.0
55~60 岁	359	0.0	12.1	17.0	9.8	0.0	2.5	53.5
女性	**3299**	**1.4**	**14.4**	**11.2**	**19.9**	**4.7**	**9.3**	**40.9**
16~24 岁	628	6.2	25.7	11.4	36.9	2.9	13.2	10.5
25~34 岁	749	0.0	22.0	7.9	17.9	1.6	6.1	36.2
35~44 岁	737	1.0	6.2	12.2	16.8	2.3	10.1	53.6
45~54 岁	866	0.0	9.4	12.5	16.0	8.7	6.7	53.8
55~60 岁	320	0.0	6.9	13.1	8.5	9.6	14.3	47.7

● 广州

	人数(千人)	打羽毛球	打保龄球	踢足球	打篮球	打乒乓球	玩滑板	跳迪斯科	打麻将
总人数	**3035**	**4.5**	**1.2**	**0.6**	**1.0**	**1.8**	**0.3**	**0.7**	**0.8**
男性	**1529**	**3.6**	**1.4**	**1.1**	**1.7**	**2.4**	**0.5**	**0.2**	**1.0**
16~24岁	245	4.8	1.6	3.5	3.4	5.0	1.8	0.0	0.0
25~34岁	402	3.5	2.3	0.0	1.1	3.3	0.0	0.0	3.0
35~44岁	451	3.0	0.8	0.8	0.9	0.8	0.8	0.8	0.8
45~54岁	310	5.1	1.3	1.3	2.7	1.3	0.0	0.0	0.0
55~60岁	122	0.0	0.0	0.0	0.0	3.3	0.0	0.0	0.0
女性	**1506**	**5.4**	**1.0**	**0.2**	**0.4**	**1.2**	**0.0**	**1.2**	**0.6**
16~24岁	234	5.3	3.8	0.0	1.1	1.3	0.0	3.7	0.0
25~34岁	432	7.2	0.6	0.6	0.6	1.3	0.0	0.0	0.6
35~44岁	417	6.3	0.7	0.0	0.0	0.0	0.0	1.4	0.8
45~54岁	325	3.2	0.0	0.0	0.0	3.1	0.0	0.9	0.8
55~60岁	97	0.0	0.0	0.0	0.0	0.0	0.0	0.0	0.0

续前表

	人数(千人)	游泳	滚轴溜冰	滑冰	登山	打电子游戏	种花盆栽	看休闲/消遣类书籍	绘画书法
总人数	**3035**	**6.8**	**0.5**	**0.7**	**7.1**	**0.7**	**2.5**	**2.1**	**0.9**
男性	**1529**	**6.6**	**0.5**	**0.5**	**7.9**	**0.8**	**2.8**	**1.8**	**1.3**
16~24岁	245	19.8	0.0	1.4	11.7	1.7	0.0	3.4	0.0
25~34岁	402	8.0	1.1	0.0	9.3	1.1	2.2	0.0	0.0
35~44岁	451	2.9	0.8	0.8	7.8	0.8	4.8	1.7	2.5
45~54岁	310	1.1	0.0	0.0	2.8	0.0	2.7	1.4	1.3
55~60岁	122	3.3	0.0	0.0	9.4	0.0	2.8	6.1	3.6
女性	**1506**	**7.0**	**0.4**	**1.0**	**6.3**	**0.6**	**2.1**	**2.3**	**0.4**
16~24岁	234	6.6	0.0	1.3	4.1	2.7	1.4	2.4	1.4
25~34岁	432	12.7	0.6	2.7	10.6	0.0	1.3	2.0	0.0
35~44岁	417	6.4	0.7	0.0	6.0	0.0	2.8	3.3	0.7
45~54岁	325	2.5	0.0	0.0	3.8	0.8	3.3	2.3	0.0
55~60岁	97	0.0	0.0	0.0	2.6	0.0	0.0	0.0	0.0

续前表

	人数(千人)	乐器演奏	郊游露营	看展览会	听演唱会/音乐会	扭秧歌/木兰拳/交谊舞/打拳/舞剑	去动物园/公园	一个也不常做
总人数	**3035**	**1.0**	**8.2**	**4.2**	**7.7**	**1.0**	**6.2**	**60.1**
男性	**1529**	**0.8**	**9.2**	**4.6**	**5.7**	**0.5**	**5.4**	**62.0**
16~24岁	245	1.8	12.5	5.1	16.2	0.0	10.1	39.1
25~34岁	402	0.0	15.6	4.8	8.0	0.0	4.4	57.2
35~44岁	451	1.7	5.4	4.5	2.7	0.8	4.6	70.4
45~54岁	310	0.0	6.1	4.9	0.0	0.0	0.0	76.9
55~60岁	122	0.0	3.3	3.3	2.8	2.8	16.1	55.5
女性	**1506**	**1.2**	**7.1**	**3.8**	**9.7**	**1.6**	**7.1**	**58.1**
16~24岁	234	6.4	13.9	1.5	20.2	0.0	5.0	44.9
25~34岁	432	0.6	8.1	6.6	16.2	0.7	7.4	47.1
35~44岁	417	0.0	4.7	3.4	4.6	2.7	10.6	60.6
45~54岁	325	0.0	6.3	2.4	3.1	2.3	5.7	69.1
55~60岁	97	0.0	0.0	2.9	0.0	2.3	0.0	92.2

● 深圳

	人数(千人)	打羽毛球	打保龄球	踢足球	打篮球	打乒乓球	玩滑板	跳迪斯科	打麻将
总人数	**4209**	**2.5**	**1.2**	**1.1**	**1.4**	**1.9**	**0.2**	**0.7**	**0.8**
男性	**2119**	**1.9**	**1.2**	**2.2**	**2.4**	**1.5**	**0.4**	**0.4**	**0.8**
16~24 岁	263	4.3	0.0	5.3	4.1	1.4	0.0	0.0	1.3
25~34 岁	788	1.7	2.7	3.8	4.3	1.6	1.1	1.1	1.6
35~44 岁	729	1.6	0.0	0.0	0.8	1.6	0.0	0.0	0.0
45~54 岁	221	0.0	1.7	0.0	0.0	0.0	0.0	0.0	0.0
55~60 岁	117	3.2	0.0	3.2	0.0	3.2	0.0	0.0	0.0
女性	**2090**	**3.1**	**1.3**	**0.0**	**0.4**	**2.3**	**0.0**	**1.0**	**0.9**
16~24 岁	267	2.8	1.4	0.0	1.4	1.4	0.0	1.4	0.0
25~34 岁	931	4.6	1.4	0.0	0.5	3.7	0.0	1.3	0.9
35~44 岁	602	1.6	1.6	0.0	0.0	1.6	0.0	0.0	0.8
45~54 岁	216	2.3	0.0	0.0	0.0	0.0	0.0	2.3	2.3
55~60 岁	73	0.0	0.0	0.0	0.0	0.0	0.0	0.0	0.0

续前表

	人数(千人)	游泳	滚轴溜冰	滑冰	登山	打电子游戏	种花盆栽	看休闲/消遣类书籍	绘画书法
总人数	**4209**	**5.0**	**0.3**	**0.8**	**7.5**	**0.6**	**5.5**	**8.2**	**1.6**
男性	**2119**	**3.6**	**0.4**	**1.0**	**9.4**	**1.2**	**5.7**	**7.9**	**1.7**
16~24 岁	263	4.2	0.0	2.8	11.3	0.0	7.0	9.9	0.0
25~34 岁	788	5.5	1.1	1.6	12.7	1.6	3.9	6.1	1.1
35~44 岁	729	2.4	0.0	0.0	8.1	1.6	5.7	9.7	3.2
45~54 岁	221	1.7	0.0	0.0	5.2	0.0	6.9	6.8	1.6
55~60 岁	117	0.0	0.0	0.0	0.0	0.0	13.0	6.5	0.0
女性	**2090**	**6.5**	**0.2**	**0.6**	**5.6**	**0.0**	**5.2**	**8.5**	**1.5**
16~24 岁	267	6.7	1.3	2.8	2.8	0.0	5.4	5.6	1.3
25~34 岁	931	8.6	0.0	0.5	6.8	0.0	5.1	8.7	0.9
35~44 岁	602	3.0	0.0	0.0	6.2	0.0	7.1	11.0	0.7
45~54 岁	216	6.6	0.0	0.0	4.3	0.0	2.3	0.0	6.7
55~60 岁	73	6.7	0.0	0.0	0.0	0.0	0.0	19.8	0.0

续前表

	人数（千人）	乐器演奏	郊游露营	看展览会	听演唱会/音乐会	扭秧歌/木兰拳/交谊舞/打拳/舞剑	去动物园/公园	一个也不常做
总人数	**4209**	**0.6**	**5.3**	**2.7**	**8.2**	**1.1**	**6.7**	**64.3**
男性	**2119**	**0.7**	**5.8**	**3.6**	**8.2**	**0.8**	**8.2**	**62.4**
16~24 岁	263	1.4	4.2	5.3	12.2	1.4	11.2	50.2
25~34 岁	788	0.6	9.3	3.3	11.5	0.5	10.5	53.5
35~44 岁	729	0.8	4.0	3.3	6.5	0.8	6.5	70.0
45~54 岁	221	0.0	3.4	3.3	1.7	1.7	6.9	76.1
55~60 岁	117	0.0	0.0	3.3	0.0	0.0	0.0	77.2
女性	**2090**	**0.4**	**4.8**	**1.9**	**8.2**	**1.3**	**5.2**	**66.2**
16~24 岁	267	0.0	5.5	1.4	13.6	1.4	5.4	63.4
25~34 岁	931	0.5	6.0	2.8	10.5	0.5	5.1	61.6
35~44 岁	602	0.0	2.4	1.6	4.7	2.4	5.4	68.8
45~54 岁	216	2.3	6.8	0.0	2.1	2.3	4.5	79.7
55~60 岁	73	0.0	0.0	0.0	6.1	0.0	6.8	73.5

● 成都

	人数(千人)	打羽毛球	打保龄球	踢足球	打篮球	打乒乓球	玩滑板	跳迪斯科	打麻将
总人数	**2011**	**0.8**	**1.3**	**0.6**	**0.8**	**1.0**	**0.3**	**0.4**	**0.4**
男性	**1059**	**0.6**	**1.4**	**1.1**	**1.0**	**1.6**	**0.3**	**0.0**	**0.3**
16~24岁	185	1.7	5.1	3.4	3.4	3.3	1.7	0.0	1.6
25~34岁	338	1.0	1.1	1.1	0.0	1.0	0.0	0.0	0.0
35~44岁	277	0.0	0.0	0.0	0.0	1.1	0.0	0.0	0.0
45~54岁	191	0.0	1.2	0.0	2.3	1.2	0.0	0.0	0.0
55~60岁	68	0.0	0.0	3.3	0.0	3.3	0.0	0.0	0.0
女性	**952**	**0.9**	**1.2**	**0.0**	**0.5**	**0.4**	**0.3**	**0.9**	**0.4**
16~24岁	177	1.6	3.2	0.0	1.6	0.0	1.6	1.7	0.0
25~34岁	295	0.8	0.0	0.0	0.8	0.0	0.0	0.0	0.8
35~44岁	237	0.8	1.7	0.0	0.0	1.7	0.0	0.0	0.0
45~54岁	156	1.1	1.1	0.0	0.0	0.0	0.0	1.1	1.1
55~60岁	89	0.0	0.0	0.0	0.0	0.0	0.0	4.1	0.0

续前表

	人数(千人)	游泳	滚轴溜冰	滑冰	登山	打电子游戏	种花盆栽	看休闲/消遣类书籍	绘画书法
总人数	**2011**	**5.5**	**0.0**	**1.3**	**13.3**	**1.4**	**3.1**	**2.6**	**1.9**
男性	**1059**	**7.1**	**0.0**	**1.2**	**12.1**	**1.9**	**2.1**	**3.0**	**1.1**
16~24岁	185	11.5	0.0	6.7	19.9	1.7	0.0	0.0	1.6
25~34岁	338	9.4	0.0	0.0	10.4	3.2	3.1	6.2	0.0
35~44岁	277	5.6	0.0	0.0	14.6	2.2	1.1	2.2	2.2
45~54岁	191	2.5	0.0	0.0	6.0	0.0	2.4	2.5	1.2
55~60岁	68	3.3	0.0	0.0	6.7	0.0	6.5	0.0	0.0
女性	**952**	**3.7**	**0.0**	**1.5**	**14.6**	**0.8**	**4.2**	**2.1**	**2.8**
16~24岁	177	6.4	0.0	1.6	21.1	3.3	9.7	8.0	4.9
25~34岁	295	4.9	0.0	2.5	17.9	0.0	4.1	0.0	0.8
35~44岁	237	2.5	0.0	1.7	17.0	0.8	0.8	1.7	3.4
45~54岁	156	2.3	0.0	0.0	5.7	0.0	1.1	1.1	1.2
55~60岁	89	0.0	0.0	0.0	0.0	0.0	8.1	0.0	6.2

续前表

	人数（千人）	乐器演奏	郊游露营	看展览会	听演唱会/音乐会	扭秧歌/木兰拳/交谊舞/打拳/舞剑	去动物园/公园	一个也不常做
总人数	**2011**	**1.9**	**16.9**	**3.4**	**8.0**	**1.5**	**5.1**	**61.6**
男性	**1059**	**1.5**	**16.1**	**3.6**	**8.6**	**1.3**	**3.6**	**63.2**
16~24岁	185	5.2	28.3	5.0	16.7	1.7	1.7	48.3
25~34岁	338	1.1	15.7	3.1	11.2	0.0	4.2	63.8
35~44岁	277	0.0	16.9	5.7	2.3	2.2	3.4	65.3
45~54岁	191	0.0	7.1	1.3	7.1	2.5	3.6	72.3
55~60岁	68	3.3	6.9	0.0	3.3	0.0	6.5	66.5
女性	**952**	**2.4**	**17.8**	**3.1**	**7.4**	**1.7**	**6.8**	**59.8**
16~24岁	177	6.4	37.2	1.6	13.0	0.0	1.5	40.2
25~34岁	295	0.8	18.9	4.1	8.1	0.8	8.2	59.2
35~44岁	237	2.5	13.6	1.7	6.1	3.5	8.5	61.7
45~54岁	156	1.1	8.0	3.4	4.6	3.5	6.9	69.1
55~60岁	89	2.1	4.1	6.2	2.1	0.0	7.9	79.6

● 重庆

	人数(千人)	打羽毛球	打保龄球	踢足球	打篮球	打乒乓球	玩滑板	跳迪斯科	打麻将
总人数	**2435**	**0.1**	**0.7**	**0.5**	**0.0**	**0.3**	**0.4**	**0.0**	**0.2**
男性	**1285**	**0.0**	**0.5**	**0.7**	**0.0**	**0.2**	**0.0**	**0.0**	**0.0**
16~24 岁	225	0.0	0.0	4.1	0.0	0.0	0.0	0.0	0.0
25~34 岁	335	0.0	2.0	0.0	0.0	0.0	0.0	0.0	0.0
35~44 岁	329	0.0	0.0	0.0	0.0	0.0	0.0	0.0	0.0
45~54 岁	275	0.0	0.0	0.0	0.0	0.8	0.0	0.0	0.0
55~60 岁	121	0.0	0.0	0.0	0.0	0.0	0.0	0.0	0.0
女性	**1150**	**0.1**	**0.9**	**0.3**	**0.0**	**0.4**	**0.8**	**0.0**	**0.3**
16~24 岁	210	0.0	0.0	0.0	0.0	0.0	4.4	0.0	0.0
25~34 岁	297	0.0	2.5	1.2	0.0	0.0	0.0	0.0	1.2
35~44 岁	291	0.0	0.9	0.0	0.0	0.9	0.0	0.0	0.0
45~54 岁	267	0.6	0.0	0.0	0.0	0.0	0.0	0.0	0.0
55~60 岁	84	0.0	0.0	0.0	0.0	2.3	0.0	0.0	0.0

续前表

	人数(千人)	游泳	滚轴溜冰	滑冰	登山	打电子游戏	种花盆栽	看休闲/消遣类书籍	绘画书法
总人数	**2435**	**2.6**	**0.0**	**1.4**	**4.3**	**0.5**	**1.1**	**0.2**	**0.0**
男性	**1285**	**1.7**	**0.0**	**0.5**	**3.8**	**0.3**	**0.3**	**0.0**	**0.0**
16~24 岁	225	3.4	0.0	0.0	3.7	0.0	0.0	0.0	0.0
25~34 岁	335	2.1	0.0	2.0	8.1	0.0	0.0	0.0	0.0
35~44 岁	329	0.0	0.0	0.0	2.7	1.4	1.4	0.0	0.0
45~54 岁	275	2.4	0.0	0.0	0.8	0.0	0.0	0.0	0.0
55~60 岁	121	0.0	0.0	0.0	2.2	0.0	0.0	0.0	0.0
女性	**1150**	**3.6**	**0.0**	**2.3**	**4.8**	**0.6**	**2.0**	**0.5**	**0.0**
16~24 岁	210	8.7	0.0	4.4	4.3	0.0	0.0	0.0	0.0
25~34 岁	297	4.9	0.0	5.1	8.8	0.0	3.8	0.0	0.0
35~44 岁	291	1.8	0.0	0.8	2.6	1.8	0.9	1.8	0.0
45~54 岁	267	1.3	0.0	0.0	3.8	0.7	2.8	0.0	0.0
55~60 岁	84	0.0	0.0	0.0	2.3	0.0	1.9	0.0	0.0

续前表

	人数（千人）	乐器演奏	郊游露营	看展览会	听演唱会/音乐会	扭秧歌/木兰拳/交谊舞/打拳/舞剑	去动物园/公园	一个也不常做
总人数	**2435**	**0.3**	**5.3**	**1.5**	**5.0**	**0.8**	**3.4**	**83.6**
男性	**1285**	**0.0**	**3.7**	**0.8**	**4.4**	**0.5**	**3.3**	**87.6**
16~24 岁	225	0.0	0.0	0.0	15.0	0.0	7.5	81.5
25~34 岁	335	0.0	8.0	2.0	4.1	1.9	3.9	81.9
35~44 岁	329	0.0	3.9	1.3	1.4	0.0	2.3	89.8
45~54 岁	275	0.0	1.8	0.0	0.8	0.0	0.8	95.0
55~60 岁	121	0.0	2.0	0.0	2.2	0.0	1.8	91.9
女性	**1150**	**0.6**	**7.2**	**2.2**	**5.7**	**1.2**	**3.5**	**79.1**
16~24 岁	210	0.0	12.9	0.0	13.1	0.0	8.8	69.5
25~34 岁	297	2.4	11.1	6.1	6.2	1.2	3.6	71.5
35~44 岁	291	0.0	3.5	1.8	6.2	0.9	0.9	85.9
45~54 岁	267	0.0	3.1	0.7	0.7	2.9	1.9	85.3
55~60 岁	84	0.0	4.4	0.0	0.0	0.0	4.2	87.2

● 武汉

	人数(千人)	打羽毛球	打保龄球	踢足球	打篮球	打乒乓球	玩滑板	跳迪斯科	打麻将
总人数	**3161**	**1.9**	**1.6**	**2.0**	**2.0**	**2.1**	**0.0**	**1.4**	**0.2**
男性	**1645**	**3.0**	**2.1**	**3.8**	**3.2**	**2.8**	**0.0**	**2.2**	**0.2**
16~24 岁	349	10.0	4.1	7.0	7.0	8.5	0.0	7.3	0.0
25~34 岁	418	0.0	0.0	4.3	4.8	0.0	0.0	2.4	0.0
35~44 岁	420	1.5	3.4	4.9	2.0	2.0	0.0	0.0	0.0
45~54 岁	308	2.7	1.9	0.0	0.0	2.7	0.0	0.0	0.9
55~60 岁	151	0.0	0.0	0.0	0.0	0.0	0.0	0.0	0.0
女性	**1516**	**0.8**	**1.1**	**0.0**	**0.6**	**1.4**	**0.0**	**0.5**	**0.2**
16~24 岁	334	0.0	2.4	0.0	0.0	0.0	0.0	2.3	0.0
25~34 岁	373	1.7	1.9	0.0	1.9	4.6	0.0	0.0	0.0
35~44 岁	376	0.9	0.0	0.0	0.0	1.1	0.0	0.0	0.8
45~54 岁	295	0.0	0.8	0.0	0.7	0.0	0.0	0.0	0.0
55~60 岁	137	1.5	0.0	0.0	0.0	0.0	0.0	0.0	0.0

续前表

	人数(千人)	游泳	滚轴溜冰	滑冰	登山	打电子游戏	种花盆栽	看休闲/消遣类书籍	绘画书法
总人数	**3161**	**6.8**	**1.1**	**0.6**	**10.5**	**0.2**	**2.2**	**1.4**	**1.3**
男性	**1645**	**6.4**	**1.1**	**0.9**	**11.7**	**0.3**	**1.6**	**1.7**	**0.8**
16~24 岁	349	16.2	2.4	1.9	21.3	0.0	4.4	2.3	0.0
25~34 岁	418	6.3	2.4	1.9	20.6	0.0	0.0	2.2	1.9
35~44 岁	420	2.4	0.0	0.0	5.4	1.2	0.0	1.4	0.0
45~54 岁	308	3.2	0.0	0.0	3.3	0.0	1.6	0.9	1.7
55~60 岁	151	1.7	0.0	0.0	0.0	0.0	3.4	1.5	0.0
女性	**1516**	**7.3**	**1.1**	**0.2**	**9.2**	**0.0**	**3.0**	**1.1**	**1.8**
16~24 岁	334	16.2	2.9	0.0	15.3	0.0	2.4	2.7	2.4
25~34 岁	373	11.2	1.9	0.0	15.2	0.0	4.3	0.0	1.9
35~44 岁	376	2.3	0.0	0.9	6.0	0.0	3.4	1.6	0.0
45~54 岁	295	2.0	0.0	0.0	2.1	0.0	1.5	0.0	3.7
55~60 岁	137	0.0	0.0	0.0	2.2	0.0	3.1	1.3	1.3

续前表

	人数（千人）	乐器演奏	郊游露营	看展览会	听演唱会/音乐会	扭秧歌/木兰拳/交谊舞/打拳/舞剑	去动物园/公园	一个也不常做
总人数	**3161**	**1.0**	**14.2**	**5.1**	**12.3**	**2.0**	**7.2**	**58.3**
男性	**1645**	**0.3**	**14.9**	**4.6**	**10.7**	**1.1**	**6.7**	**60.2**
16~24 岁	349	0.0	23.1	7.7	26.8	5.2	11.9	40.8
25~34 岁	418	0.0	22.3	2.2	12.8	0.0	8.8	48.2
35~44 岁	420	1.4	13.7	7.7	4.0	0.0	4.5	62.9
45~54 岁	308	0.0	1.7	1.7	2.4	0.0	2.6	80.5
55~60 岁	151	0.0	5.3	1.9	3.5	0.0	3.4	89.4
女性	**1516**	**1.7**	**13.6**	**5.6**	**14.1**	**3.0**	**7.7**	**56.3**
16~24 岁	334	5.1	24.0	14.8	22.8	0.0	15.0	23.5
25~34 岁	373	1.9	16.2	4.8	19.6	1.7	4.7	49.6
35~44 岁	376	0.0	7.1	3.0	12.7	6.2	6.4	67.7
45~54 岁	295	0.0	7.4	1.3	2.0	3.1	4.5	80.5
55~60 岁	137	1.3	12.2	1.5	7.6	4.4	8.4	70.7

● 西安

	人数(千人)	打羽毛球	打保龄球	踢足球	打篮球	打乒乓球	玩滑板	跳迪斯科	打麻将
总人数	**2088**	**2.8**	**3.0**	**0.5**	**1.8**	**2.1**	**1.0**	**0.3**	**0.6**
男性	**1100**	**1.9**	**3.2**	**1.0**	**2.3**	**1.8**	**0.7**	**0.0**	**0.0**
16~24 岁	245	0.0	4.0	2.9	0.0	0.0	2.9	0.0	0.0
25~34 岁	324	2.6	4.2	0.0	7.1	5.3	0.0	0.0	0.0
35~44 岁	273	3.6	3.5	1.0	0.0	0.0	0.0	0.0	0.0
45~54 岁	157	0.0	1.3	1.0	1.5	1.3	0.0	0.0	0.0
55~60 岁	102	2.3	0.0	0.0	0.0	0.0	0.0	0.0	0.0
女性	**988**	**3.8**	**2.7**	**0.0**	**1.3**	**2.4**	**1.4**	**0.7**	**1.2**
16~24 岁	222	0.0	6.6	0.0	2.9	0.0	6.2	0.0	0.0
25~34 岁	275	10.5	4.5	0.0	1.5	6.9	0.0	1.5	2.6
35~44 岁	239	3.1	0.0	0.0	0.9	2.2	0.0	1.3	1.5
45~54 岁	149	0.0	0.0	0.0	0.0	0.0	0.0	0.0	0.0
55~60 岁	102	1.3	0.0	0.0	0.0	0.0	0.0	0.0	1.4

续前表

	人数(千人)	游泳	滚轴溜冰	滑冰	登山	打电子游戏	种花盆栽	看休闲/消遣类书籍	绘画书法
总人数	**2088**	**8.2**	**1.0**	**3.9**	**21.5**	**0.9**	**4.1**	**1.5**	**3.1**
男性	**1100**	**8.3**	**1.2**	**4.2**	**19.7**	**1.3**	**2.1**	**1.5**	**4.3**
16~24 岁	245	11.7	3.3	11.3	32.0	4.4	0.0	3.8	6.7
25~34 岁	324	12.0	1.6	5.7	27.0	1.2	3.5	0.0	2.5
35~44 岁	273	7.9	0.0	0.0	13.3	0.0	0.0	1.9	4.2
45~54 岁	157	1.2	0.0	0.0	6.2	0.0	3.7	1.2	1.2
55~60 岁	102	0.0	0.0	0.0	4.9	0.0	5.7	0.0	8.9
女性	**988**	**8.2**	**0.7**	**3.6**	**23.5**	**0.4**	**6.2**	**1.5**	**1.7**
16~24 岁	222	18.2	0.0	10.1	31.6	0.0	3.3	0.0	0.0
25~34 岁	275	6.9	1.1	2.6	34.3	1.0	11.9	1.1	3.5
35~44 岁	239	7.3	1.4	2.0	16.9	0.7	5.4	1.2	2.0
45~54 岁	149	1.9	0.0	0.9	10.0	0.0	4.1	3.7	1.8
55~60 岁	102	1.5	0.0	0.0	12.0	0.0	2.5	2.8	0.0

续前表

	人数（千人）	乐器演奏	郊游露营	看展览会	听演唱会/音乐会	扭秧歌/木兰拳/交谊舞/打拳/舞剑	去动物园/公园	一个也不常做
总人数	**2088**	**3.3**	**20.4**	**3.8**	**14.7**	**2.5**	**7.2**	**45.0**
男性	**1100**	**2.7**	**19.4**	**5.1**	**14.3**	**1.4**	**5.2**	**48.3**
16~24 岁	245	3.3	20.3	6.3	29.5	0.0	0.0	28.9
25~34 岁	324	4.3	24.5	5.2	14.0	0.0	9.3	42.5
35~44 岁	273	0.0	18.9	4.5	10.4	3.2	5.7	55.8
45~54 岁	157	1.5	13.8	6.2	5.0	3.0	5.3	64.0
55~60 岁	102	4.7	10.9	1.6	3.3	2.3	3.3	68.9
女性	**988**	**4.1**	**21.5**	**2.4**	**15.2**	**3.7**	**9.3**	**41.3**
16~24 岁	222	13.0	26.1	3.3	36.4	0.0	10.1	17.8
25~34 岁	275	3.0	22.9	3.7	14.8	0.0	11.3	33.1
35~44 岁	239	1.3	23.7	1.4	9.1	4.9	10.6	49.1
45~54 岁	149	0.0	12.9	1.1	4.5	7.6	5.0	63.8
55~60 岁	102	0.0	15.2	1.3	0.0	12.9	5.7	63.5

● 沈阳

	人数(千人)	打羽毛球	打保龄球	踢足球	打篮球	打乒乓球	玩滑板	跳迪斯科	打麻将
总人数	**2831**	**1.5**	**0.7**	**1.1**	**1.1**	**1.5**	**0.6**	**0.5**	**0.6**
男性	**1444**	**1.6**	**0.4**	**1.5**	**1.7**	**2.1**	**0.4**	**0.3**	**0.4**
16~24岁	274	2.8	0.0	0.0	0.0	2.8	2.2	0.0	0.0
25~34岁	304	1.9	1.8	5.4	5.3	5.2	0.0	0.0	1.9
35~44岁	395	0.0	0.0	1.2	1.2	0.0	0.0	1.0	0.0
45~54岁	344	1.7	0.0	0.0	0.0	0.9	0.0	0.0	0.0
55~60岁	127	2.6	0.0	0.0	2.6	2.6	0.0	0.0	0.0
女性	**1387**	**1.3**	**1.1**	**0.8**	**0.5**	**0.8**	**0.8**	**0.8**	**0.9**
16~24岁	253	3.0	2.8	0.0	0.0	0.0	3.0	0.0	2.8
25~34岁	288	2.7	2.7	2.7	1.4	2.7	1.4	2.7	0.0
35~44岁	376	0.9	0.0	0.9	0.9	0.9	0.0	0.0	0.0
45~54岁	341	0.0	0.0	0.0	0.0	0.0	0.0	0.8	0.7
55~60岁	129	0.0	0.0	0.0	0.0	0.0	0.0	0.0	2.0

续前表

	人数(千人)	游泳	滚轴溜冰	滑冰	登山	打电子游戏	种花盆栽	看休闲/消遣类书籍	绘画书法
总人数	**2831**	**5.4**	**0.4**	**2.8**	**8.0**	**1.4**	**1.3**	**0.5**	**1.0**
男性	**1444**	**3.2**	**0.0**	**2.9**	**6.8**	**0.4**	**1.8**	**0.6**	**0.4**
16~24岁	274	2.8	0.0	13.9	18.2	0.0	0.0	0.0	0.0
25~34岁	304	5.2	0.0	0.0	3.3	1.8	5.7	0.0	1.8
35~44岁	395	3.0	0.0	1.1	6.5	0.0	0.0	1.2	0.0
45~54岁	344	1.0	0.0	0.0	2.6	0.0	2.7	1.0	0.0
55~60岁	127	5.6	0.0	0.0	2.6	0.0	0.0	0.0	0.0
女性	**1387**	**7.7**	**0.7**	**2.7**	**9.2**	**2.5**	**0.8**	**0.4**	**1.6**
16~24岁	253	17.0	2.4	10.4	21.6	5.8	0.0	0.0	2.7
25~34岁	288	12.7	1.4	3.8	15.1	5.1	1.1	0.0	1.4
35~44岁	376	6.0	0.0	0.0	4.0	0.7	0.9	0.0	1.8
45~54岁	341	1.5	0.0	0.0	3.6	0.7	1.2	0.8	0.6
55~60岁	129	0.0	0.0	0.0	1.9	0.0	0.0	1.9	1.9

续前表

	人数（千人）	乐器演奏	郊游露营	看展览会	听演唱会/音乐会	扭秧歌/木兰拳/交谊舞/打拳/舞剑	去动物园/公园	一个也不常做
总人数	**2831**	**1.3**	**16.1**	**3.2**	**5.3**	**0.9**	**4.8**	**63.2**
男性	**1444**	**0.7**	**14.1**	**3.4**	**3.9**	**0.7**	**3.5**	**66.3**
16~24岁	274	0.0	17.2	2.7	7.8	0.0	0.0	61.1
25~34岁	304	1.8	20.0	7.2	3.1	0.0	7.2	47.0
35~44岁	395	1.1	14.4	4.4	5.3	0.0	4.9	68.5
45~54岁	344	0.0	8.5	0.9	1.0	2.8	1.0	81.2
55~60岁	127	0.0	7.6	0.0	0.0	0.0	5.0	76.5
女性	**1387**	**2.0**	**18.2**	**2.9**	**6.8**	**1.2**	**6.1**	**59.9**
16~24岁	253	5.6	24.1	2.8	10.8	0.0	5.5	37.7
25~34岁	288	2.7	26.1	2.7	7.4	2.7	2.4	49.8
35~44岁	376	0.9	14.0	5.4	8.7	0.9	6.1	68.5
45~54岁	341	0.8	16.0	0.7	2.7	0.7	9.9	67.0
55~60岁	129	0.0	7.0	1.9	3.5	1.9	5.5	81.7

● 南京

	人数(千人)	打羽毛球	打保龄球	踢足球	打篮球	打乒乓球	玩滑板	跳迪斯科	打麻将
总人数	**2439**	**0.7**	**0.2**	**0.2**	**0.9**	**0.2**	**0.0**	**0.2**	**0.8**
男性	**1326**	**0.6**	**0.1**	**0.4**	**1.0**	**0.2**	**0.0**	**0.0**	**1.3**
16~24 岁	243	0.0	0.0	0.0	4.8	0.0	0.0	0.0	0.0
25~34 岁	370	1.2	0.0	0.0	0.0	0.0	0.0	0.0	0.0
35~44 岁	351	1.0	0.0	0.0	0.0	0.7	0.0	0.0	5.0
45~54 岁	245	0.0	0.6	2.2	0.8	0.0	0.0	0.0	0.0
55~60 岁	116	0.0	0.0	0.0	0.0	0.0	0.0	0.0	0.0
女性	**1113**	**0.8**	**0.2**	**0.0**	**0.6**	**0.2**	**0.0**	**0.5**	**0.1**
16~24 岁	210	0.0	0.0	0.0	3.4	0.0	0.0	2.4	0.0
25~34 岁	290	0.4	0.0	0.0	0.0	0.0	0.0	0.0	0.0
35~44 岁	286	0.0	0.8	0.0	0.0	0.8	0.0	0.0	0.0
45~54 岁	216	3.7	0.0	0.0	0.0	0.0	0.0	0.0	0.0
55~60 岁	111	0.0	0.0	0.0	0.0	0.0	0.0	0.0	1.2

续前表

	人数(千人)	游泳	滚轴溜冰	滑冰	登山	打电子游戏	种花盆栽	看休闲/消遣类书籍	绘画书法
总人数	**2439**	**1.9**	**0.0**	**0.3**	**5.0**	**0.2**	**1.2**	**1.0**	**0.3**
男性	**1326**	**0.0**	**0.0**	**0.0**	**4.2**	**0.1**	**1.3**	**1.4**	**0.4**
16~24 岁	243	0.0	0.0	0.0	0.9	0.0	0.0	7.5	0.0
25~34 岁	370	0.0	0.0	0.0	4.5	0.0	3.1	0.0	0.0
35~44 岁	351	0.0	0.0	0.0	3.7	0.0	0.0	0.0	1.0
45~54 岁	245	0.0	0.0	0.0	8.9	0.5	0.0	0.0	0.5
55~60 岁	116	0.0	0.0	0.0	1.7	0.0	4.7	0.0	0.0
女性	**1113**	**4.1**	**0.0**	**0.7**	**5.9**	**0.4**	**1.0**	**0.5**	**0.3**
16~24 岁	210	18.4	0.0	3.5	7.9	0.0	0.0	1.1	0.0
25~34 岁	290	2.4	0.0	0.0	9.0	0.9	0.9	0.9	0.7
35~44 岁	286	0.0	0.0	0.0	6.5	0.5	2.7	0.4	0.4
45~54 岁	216	0.0	0.0	0.0	2.0	0.0	0.5	0.0	0.0
55~60 岁	111	0.0	0.0	0.0	0.0	0.0	0.0	0.0	0.0

续前表

	人数（千人）	乐器演奏	郊游露营	看展览会	听演唱会/音乐会	扭秧歌/木兰拳/交谊舞/打拳/舞剑	去动物园/公园	一个也不常做
总人数	**2439**	**0.4**	**2.5**	**0.7**	**3.8**	**0.4**	**2.9**	**81.1**
男性	**1326**	**0.0**	**1.6**	**0.7**	**1.9**	**0.3**	**3.3**	**83.4**
16~24 岁	243	0.0	2.7	3.5	3.8	0.0	2.9	74.7
25~34 岁	370	0.0	1.0	0.0	3.4	0.0	1.7	88.5
35~44 岁	351	0.0	1.7	0.3	0.3	1.0	6.7	81.3
45~54 岁	245	0.0	1.4	0.0	1.1	0.0	1.7	82.9
55~60 岁	116	0.0	1.3	0.0	0.0	0.0	1.9	92.3
女性	**1113**	**0.8**	**3.6**	**0.7**	**5.9**	**0.6**	**2.4**	**78.4**
16~24 岁	210	1.1	1.1	0.0	19.2	0.0	2.1	61.4
25~34 岁	290	1.2	8.2	1.1	5.7	0.7	2.5	72.6
35~44 岁	286	0.7	3.5	1.6	2.8	0.8	2.4	83.4
45~54 岁	216	0.0	2.1	0.0	0.6	0.0	1.7	89.6
55~60 岁	111	1.3	0.0	0.4	0.0	2.0	4.2	91.0

第三篇　媒介分析

- 电视
- 广播
- 报纸
- 杂志
- 电影
- 体育赛事
- 交通工具
- 互联网

一、电视

1 各城市消费者过去半年内接触电视的频率

收视习惯	北京	上海	广州	深圳	成都	重庆	武汉	西安	沈阳	南京
每天	91.5	94.3	96.1	89.1	91.5	88.3	85.1	87.9	87.2	93.8
每周 3 次或以上	3.8	4.2	1.6	6.8	3.9	5.7	9.7	8.3	7.8	3.7
每周至少 1 次	2.6	1.3	1.0	2.0	2.2	2.0	3.4	1.9	2.5	1.4
每 2 周至少 1 次	0.0	0.1	0.2	0.4	0.5	0.0	0.5	0.4	0.1	0.0
每月至少 1 次	0.1	0.0	0.0	0.5	0.3	0.0	0.2	0.6	0.6	0.0
每季度至少 1 次	0.2	0.0	0.0	0.1	0.0	0.1	0.0	0.0	0.4	0.0
更少	0.2	0.0	0.4	0.3	0.3	0.1	0.3	0.4	0.4	0.6
半年内没有接触	1.6	0.0	0.7	0.8	1.2	3.8	0.8	0.5	1.1	0.5
人数（千人）	6019	7015	3035	4209	2012	2435	3161	2087	2832	2438

2 在过去半年内接触过电视媒介的消费者最近一周内收看电视的比例

	人数（千人）	看	不看
北京	5797	98.5	1.5
上海	6953	99.6	0.4
广州	2988	99.3	0.7
深圳	4076	98.8	1.2
成都	1911	99.3	0.7
重庆	2275	98.4	1.6
武汉	3065	97.9	2.1
西安	2002	98.4	1.6
沈阳	2728	98.8	1.2
南京	2404	98.5	1.5

3 最近一周内不同时间收看电视的时间长短

3-1 周一到周五

时间长度	北京	上海	广州	深圳	成都	重庆	武汉	西安	沈阳	南京
大约半小时或以下	2.6	3.7	0.8	1.9	1.6	3.6	5.9	3.0	3.0	2.1
大约 1 小时	8.9	10.2	5.0	9.6	9.6	9.2	10.6	11.6	8.4	7.4
大约 2 小时	15.7	20.6	11.0	20.7	17.9	15.6	23.0	14.4	14.6	18.9
大约 3 小时	22.7	22.1	17.5	20.2	18.7	18.5	17.5	23.7	18.8	19.9
大约 4 小时	18.6	16.0	26.9	17.9	19.3	17.8	17.3	15.8	20.0	22.4
大约 5 小时	10.7	11.3	18.8	11.5	12.4	13.1	9.4	14.2	10.2	11.6
大约 6 小时	6.5	7.6	8.8	7.6	7.4	7.9	4.4	6.2	6.6	8.2
大约 7 小时	2.4	0.9	3.0	1.7	3.2	4.3	1.8	3.2	2.7	1.1
大约 8 小时	4.2	3.1	3.5	3.8	3.3	5.2	2.7	1.5	4.9	3.4
大约 9 小时	1.1	0.6	1.0	0.5	1.4	1.1	1.1	1.3	0.7	0.6
大约 10 小时或以上	4.5	3.1	2.9	3.1	3.4	2.4	3.3	2.3	7.8	2.6
记不清/不知道	0.0	0.2	0.0	0.3	0.1	0.0	0.0	0.0	0.3	0.0
没有收看	2.1	0.6	0.8	1.2	1.8	1.3	3.0	2.6	2.1	1.8
人数（千人）	5919	7014	3014	4176	1986	2343	3136	2078	2798	2426

3-2 周六周日

时间长度	北京	上海	广州	深圳	成都	重庆	武汉	西安	沈阳	南京
大约半小时或以下	1.9	1.0	0.6	1.6	1.3	2.3	3.3	0.7	2.3	1.3
大约 1 小时	5.4	6.3	3.4	7.4	6.8	7.8	8.3	8.7	5.3	7.0
大约 2 小时	8.5	16.6	9.6	15.5	15.9	14.3	17.3	10.3	12.3	17.5
大约 3 小时	17.0	17.4	14.0	18.2	16.3	18.6	17.0	18.8	15.6	19.8
大约 4 小时	16.2	15.7	19.3	16.5	17.9	16.9	17.1	15.5	16.5	22.2
大约 5 小时	14.6	15.0	21.5	12.7	13.8	12.1	12.9	13.5	10.7	10.8
大约 6 小时	9.4	11.3	14.5	9.4	8.1	8.2	4.8	10.7	8.5	8.5
大约 7 小时	5.3	2.9	6.2	4.0	5.3	4.7	3.2	5.2	5.0	1.6
大约 8 小时	5.3	6.6	5.1	4.6	4.1	5.3	4.8	4.6	7.6	4.9
大约 9 小时	1.9	1.2	1.4	1.0	1.6	1.1	1.8	2.1	1.4	1.7
大约 10 小时或以上	11.5	5.6	3.4	5.8	4.6	5.9	7.3	4.9	11.1	3.1
记不清/不知道	0.0	0.2	0.1	0.7	0.1	0.0	0.0	0.0	0.0	0.0
没有收看	3.0	0.3	1.0	2.6	4.2	2.8	2.4	5.1	3.6	1.5
人数（千人）	5920	7015	3014	4174	1984	2343	3136	2078	2798	2426

4 经常收看的电视时段 注：本题为多选题，合计百分比超过 100%

4-1 周一到周五

时间段	北京	上海	广州	深圳	成都	重庆	武汉	西安	沈阳	南京
0:00~0:30	2.6	1.6	1.9	1.2	4.3	5.3	2.3	4.1	2.7	2.0
0:30~1:00	2.3	1.6	1.7	1.2	3.7	5.0	2.2	4.1	2.6	1.8
1:00~1:30	1.8	1.3	0.8	1.2	2.6	3.8	1.8	3.4	2.1	1.2
1:30~2:00	1.8	1.3	0.9	1.1	1.5	2.9	1.3	2.6	2.0	1.0
2:00~2:30	0.5	1.0	0.7	0.7	1.1	1.9	1.3	0.7	1.1	0.3
2:30~3:00	0.1	0.8	0.3	0.1	0.9	1.4	1.2	0.6	0.8	0.2
3:00~3:30	0.0	0.5	0.3	0.0	0.3	0.8	0.6	0.5	0.6	0.1
3:30~4:00	0.0	0.3	0.1	0.0	0.3	0.6	0.4	0.5	0.3	0.1
4:00~4:30	0.0	0.2	0.1	0.1	0.0	0.2	0.2	0.5	0.5	0.1
4:30~5:00	0.0	0.2	0.2	0.1	0.1	0.2	0.2	0.1	0.9	0.1
5:00~5:30	0.0	0.1	0.2	0.1	0.0	0.0	0.5	0.0	1.5	0.1
5:30~6:00	0.2	0.2	0.2	0.1	0.0	0.0	0.5	0.0	1.8	0.1
6:00~6:30	0.8	0.8	0.5	0.5	0.4	0.2	1.1	1.0	6.9	0.6
6:30~7:00	1.5	1.7	1.1	0.7	0.8	0.9	1.5	1.9	13.7	1.8
7:00~7:30	4.8	4.6	3.1	3.3	3.3	1.5	2.1	3.7	16.5	4.6
7:30~8:00	3.8	4.3	2.8	4.3	3.5	2.4	2.3	3.3	14.1	4.7
8:00~8:30	5.3	3.3	2.1	4.1	3.6	2.7	2.7	4.6	14.9	4.0
8:30~9:00	5.7	4.2	2.4	5.9	4.4	3.8	3.5	5.8	15.2	4.9
9:00~9:30	8.0	5.3	2.8	8.5	4.2	5.3	6.9	7.7	18.4	5.8
9:30~10:00	8.6	5.3	2.8	8.4	4.0	5.9	8.6	7.4	17.7	6.9
10:00~10:30	9.4	7.3	4.3	10.0	5.1	6.9	9.3	8.2	17.7	6.7
10:30~11:00	9.6	7.1	6.2	10.2	5.5	7.4	9.5	7.8	18.0	6.1
11:00~11:30	10.4	7.6	10.0	12.9	6.1	8.1	11.3	7.5	17.0	4.9
11:30~12:00	11.4	8.0	14.3	15.8	8.9	9.6	12.5	8.4	15.6	4.9
12:00~12:30	20.9	8.4	20.1	25.3	13.5	21.5	15.4	24.1	15.0	6.5
12:30~13:00	18.6	7.5	18.4	23.4	13.5	22.0	15.3	25.2	14.4	6.6
13:00~13:30	9.8	8.3	14.3	18.6	10.4	16.2	12.9	15.8	12.3	7.3
13:30~14:00	7.7	8.1	10.0	14.1	7.6	12.6	9.4	8.8	11.7	7.3
14:00~14:30	7.7	9.2	5.8	11.5	5.3	9.2	9.0	5.7	13.2	7.0
14:30~15:00	8.1	9.0	4.1	9.3	4.5	8.0	9.6	5.3	14.0	7.3
15:00~15:30	8.6	7.8	2.7	9.3	4.3	6.5	9.4	5.2	12.0	6.6
15:30~16:00	8.5	7.3	2.1	9.3	4.4	6.0	8.4	4.3	11.3	6.1
16:00~16:30	8.3	6.1	2.5	8.1	3.7	6.5	7.0	4.0	12.5	6.0
16:30~17:00	8.1	6.0	2.8	6.0	3.3	5.9	7.1	3.8	11.9	4.9
17:00~17:30	12.7	9.6	4.9	9.3	6.0	9.5	11.7	5.4	15.9	7.0
17:30~18:00	17.8	16.6	11.5	11.6	9.2	14.0	17.3	8.9	25.0	13.6
18:00~18:30	36.9	45.7	53.9	26.9	23.0	32.6	34.9	23.9	51.0	43.4
18:30~19:00	54.4	65.2	69.3	34.9	42.7	51.0	48.4	39.9	63.6	62.9
19:00~19:30	81.5	74.8	84.2	60.8	73.7	68.5	70.5	74.7	77.4	83.6
19:30~20:00	81.6	72.7	85.2	63.6	79.6	73.4	70.1	76.9	77.9	85.3
20:00~20:30	79.9	71.9	89.4	70.3	83.1	78.1	69.8	77.2	77.5	80.9
20:30~21:00	77.1	67.5	88.0	69.7	78.0	77.9	65.9	74.1	73.6	77.1
21:00~21:30	70.3	58.5	79.7	70.6	71.7	75.3	59.3	69.0	61.8	67.3
21:30~22:00	59.0	48.9	74.2	65.7	63.1	68.4	54.4	63.2	50.2	56.3
22:00~22:30	37.2	32.9	56.1	56.6	49.3	55.2	39.3	48.4	33.7	37.1
22:30~23:00	27.6	22.0	39.7	45.9	37.8	45.8	31.6	36.6	24.9	27.4
23:00~23:30	15.8	14.1	16.0	31.1	23.9	29.5	19.8	22.5	15.5	13.9
23:30~24:00	11.2	9.4	10.0	17.8	17.7	20.1	13.8	14.3	10.6	9.3
记不清/不知道	0.2	0.3	0.0	0.9	0.1	0.0	0.3	0.0	0.4	0.0
没有收看	2.1	0.6	0.8	1.2	1.8	1.3	3.0	2.6	2.1	1.8
人数（千人）	5920	7015	3015	4175	1986	2342	3136	2077	2799	2426

4-2 周六周日

时间段	北京	上海	广州	深圳	成都	重庆	武汉	西安	沈阳	南京
0:00~0:30	2.9	1.9	1.9	1.5	5.6	5.9	3.2	5.7	2.5	2.0
0:30~1:00	2.7	1.8	1.7	1.5	4.8	5.4	3.1	5.6	2.2	1.8
1:00~1:30	2.0	1.4	0.8	1.4	3.3	4.2	2.6	4.1	2.0	1.1
1:30~2:00	2.0	1.2	0.9	1.2	2.2	3.5	2.3	2.8	2.0	0.8
2:00~2:30	0.8	0.9	0.7	0.7	1.3	2.0	1.1	0.9	1.1	0.3
2:30~3:00	0.3	0.8	0.3	0.2	1.1	1.5	1.3	0.7	0.8	0.3
3:00~3:30	0.0	0.5	0.3	0.0	0.3	0.9	0.4	0.5	0.6	0.1
3:30~4:00	0.0	0.3	0.1	0.0	0.3	0.9	0.4	0.5	0.3	0.1
4:00~4:30	0.0	0.2	0.1	0.1	0.0	0.3	0.3	0.5	0.5	0.1
4:30~5:00	0.0	0.2	0.2	0.1	0.1	0.2	0.3	0.1	0.9	0.1
5:00~5:30	0.0	0.1	0.2	0.2	0.0	0.0	0.6	0.0	1.4	0.2
5:30~6:00	0.2	0.2	0.2	0.3	0.0	0.0	0.5	0.0	1.7	0.2
6:00~6:30	0.6	0.6	0.4	0.5	0.2	0.3	1.4	0.9	7.5	0.7
6:30~7:00	1.3	1.2	1.0	0.7	0.5	0.9	1.8	1.3	14.4	2.0
7:00~7:30	4.3	3.9	3.0	2.6	3.2	1.5	2.9	2.6	18.4	4.8
7:30~8:00	4.6	4.6	3.0	3.5	3.8	2.1	3.3	3.5	17.0	4.8
8:00~8:30	6.6	3.9	2.6	3.5	4.2	2.3	5.9	5.4	19.8	4.6
8:30~9:00	9.9	6.2	3.0	6.4	4.8	4.4	8.5	7.7	21.8	6.0
9:00~9:30	15.9	10.5	3.5	9.3	5.3	6.4	12.4	10.1	26.7	8.2
9:30~10:00	18.2	12.1	3.7	10.2	5.4	7.9	15.5	11.4	27.6	9.4
10:00~10:30	21.5	16.1	6.2	14.5	6.2	10.2	18.6	15.2	28.1	9.3
10:30~11:00	22.5	16.2	9.5	13.9	6.8	11.1	18.8	15.5	28.2	8.9
11:00~11:30	22.9	15.1	16.2	17.7	8.2	12.8	19.5	15.9	26.0	7.1
11:30~12:00	25.3	14.9	23.1	20.9	11.5	14.4	21.5	17.2	23.3	7.0
12:00~12:30	37.6	14.7	36.5	29.8	17.7	24.0	21.2	30.5	20.8	7.9
12:30~13:00	34.5	13.9	33.5	28.0	18.1	24.5	21.2	30.4	20.1	7.6
13:00~13:30	19.5	16.9	25.9	23.0	14.7	19.3	18.6	21.2	19.3	8.6
13:30~14:00	16.7	18.6	18.5	18.0	11.5	16.9	18.0	17.2	18.5	8.5
14:00~14:30	17.3	21.4	9.4	16.2	7.2	12.9	18.0	13.9	20.9	9.4
14:30~15:00	18.6	19.9	6.3	14.0	5.7	11.1	17.2	11.7	20.8	9.7
15:00~15:30	19.4	18.0	3.9	14.7	5.6	9.4	17.0	10.5	19.4	8.7
15:30~16:00	18.5	15.6	3.5	14.0	5.4	8.7	14.7	9.1	18.2	8.4
16:00~16:30	17.2	12.2	3.7	12.5	4.8	8.7	13.3	9.4	17.8	8.2
16:30~17:00	14.5	11.1	3.7	9.0	4.4	7.8	12.6	8.5	15.7	7.0
17:00~17:30	18.9	12.5	5.4	14.1	7.0	11.5	15.6	11.9	20.3	9.5
17:30~18:00	23.1	21.0	12.4	17.8	11.2	14.9	20.9	15.5	28.4	16.0
18:00~18:30	42.8	48.6	55.9	34.2	25.0	33.5	35.3	30.8	53.3	43.6
18:30~19:00	59.4	66.9	69.9	42.0	43.3	52.9	49.8	43.2	66.2	63.8
19:00~19:30	82.0	77.5	84.2	63.9	70.9	69.8	72.4	75.2	78.7	84.4
19:30~20:00	83.0	77.0	85.7	66.3	76.4	75.0	73.6	79.2	79.8	87.1
20:00~20:30	83.1	76.7	90.0	71.4	81.7	78.7	76.2	79.5	78.6	82.2
20:30~21:00	79.7	72.2	89.7	71.5	79.0	78.4	72.4	77.3	76.0	78.2
21:00~21:30	73.1	63.4	81.7	71.3	73.8	77.0	66.2	73.1	65.2	68.6
21:30~22:00	65.1	52.9	76.6	66.7	67.0	70.5	60.9	69.5	52.8	58.5
22:00~22:30	42.8	36.6	56.9	58.2	51.7	56.6	46.3	53.2	35.2	38.3
22:30~23:00	31.7	25.2	40.3	48.1	40.3	46.9	37.0	42.1	27.1	28.6
23:00~23:30	19.9	15.7	17.4	33.4	27.7	30.4	21.9	26.7	16.5	15.4
23:30~24:00	12.8	10.8	11.0	19.9	20.4	21.5	16.7	17.7	11.1	10.1
记不清/不知道	0.2	0.2	0.1	1.9	0.1	0.0	0.3	0.0	0.2	0.0
没有收看	3.0	0.5	1.0	2.6	4.2	2.8	2.2	5.1	3.6	1.5
人数（千人）	5920	7015	3015	4175	1986	2342	3136	2077	2799	2426

5 经常收看的电视频道排名 注：本题为多选题，合计百分比超过 100%

排名	北京		上海		广州		深圳		成都	
	电视频道	百分比	电视频道	百分比	电视频道	百分比	电视频道	百分比	电视频道	百分比
1	中央电视台综合频道	38.4	上海电视台新闻综合频道	60.3	市网翡翠台(中文)	46.5	深圳电视台二套(电视剧频道)	41.5	中央电视台综合频道	28.0
2	北京卫视	30.5	上海电视台电视剧频道	39.3	广州台	30.3	中央电视台综合频道	27.5	中央台三套	22.9
3	中央台五套	21.5	东方电视台新闻娱乐频道	37.8	省网翡翠台(中文)	27.8	深圳电视台一套(都市频道)	22.1	中央台五套	20.8
4	北京台四套	21.2	上海电视台体育频道	25.5	广东电视台珠江频道	22.9	凤凰卫视中文台	12.9	成都电视台新闻综合频道(一套)	19.6
5	中央台三套	19.9	上海东方电影频道	12.9	南方电视台影视频道	22.3	中央台三套	12.0	成都电视台公共频道(五套)	19.4
6	北京台三套	19.5	上海电视台纪实频道	12.3	市网本港台(中文)	21.4	中央台五套	9.5	成都电视台经济频道(二套)	14.8
7	中央台六套	18.6	中央电视台综合频道	12.0	省网本港台(中文)	13.7	翡翠台(中文)(其他有线台转播)	9.2	成都电视台影视文艺频道(四套)	13.7
8	中央台二套	15.8	上海电视台生活时尚频道	9.6	中央电视台综合频道	10.1	广东电视台珠江频道	8.4	中央台六套	13.6
9	北京台二套	13.8	东方电视台音乐频道	9.5	广东电视体育频道	9.9	翡翠台(中文)(深圳有线台转播)	7.5	中央台二套	12.9
10	中央台八套	10.3	中央台五套	8.9	星空卫视	8.6	本港台(中文)(其他有线台转播)	6.9	中央台八套	11.6
11	北京台六套	10.1	东方电视台文艺频道	8.7	中央台五套	8.3	湖南电视台卫星频道	5.9	四川电视台四套	10.1
12	北京台七套	9.5	中央台六套	7.3	广州电视台新闻频道	7.2	凤凰卫视电影台	5.4	四川电视台影视文艺频道(五套)	9.1
13	湖南电视台卫星频道	8.3	上海东方卫视	5.6	南方电视台经济频道	6.2	中央台四套	5.2	湖南电视台卫星频道	8.2
14	中央电视台新闻频道	6.7	中央台三套	4.7	凤凰卫视中文台(广州市有线网转播)	5.3	华娱卫视	5.2	成都电视台都市生活频道(三套)	6.5
15	中央台四套	4.1	第 1 财经	4.5	华娱卫视	5.1	中央台二套	5.1	中央台四套	6.2
16	北京台五套	4.0	湖南电视台卫星频道	4.1	广州电视台竞赛频道	5.1	中央台六套	4.6	中央电视台新闻频道	5.9
17	中央台十套	2.6	中央电视台新闻频道	3.6	凤凰卫视中文台(广东省有线网转播)	3.6	中央电视台新闻频道	4.5	四川电视台二套(文化旅游频道)	4.6
18	凤凰卫视中文台	2.5	中央台二套	2.5	中央台三套	3.3	深圳电视台四套(娱乐频道)	4.0	四川电视台公共频道	4.6
19	中央台十二套	2.2	中央台四套	2.5	中央台六套	2.9	本港台(中文)(深圳有线台转播)	3.8	四川电视台体育频道(六套)	3.6
20	山东卫视	1.9	中央台八套	2.2	广州电视台影视频道	2.8	星空卫视	3.7	四川卫视	3.4

续前表

排名	重庆		武汉		西安		沈阳		南京	
	电视频道	百分比	电视频道	百分比	电视频道	百分比	电视频道	百分比	电视频道	百分比
1	重庆电视台新闻频道(二套)	42.5	中央电视台综合频道	35.0	中央电视台综合频道	55.2	中央电视台综合频道	40.8	江苏电视台城市频道	49.1
2	中央电视台综合频道	33.6	中央台三套	28.5	中央台三套	27.7	辽宁电视台综合频道	24.5	南京电视台新闻综合频道(一套)	22.7
3	重庆电视台影视频道(一套)	28.2	湖北电视经济频道	26.3	陕西电视台都市青春频道(二套)	21.7	中央台五套	20.8	南京电视台教育科技频道(六套)	22.3
4	中央台三套	21.2	湖南电视台卫星频道	20.2	中央台五套	18.7	中央台三套	16.9	中央台五套	18.7
5	中央台五套	18.8	中央台五套	20.1	西安电视台二套(白鸽都市频道)	14.6	沈阳电视台一套(新闻频道)	16.7	中央电视台综合频道	18.2
6	中央台六套	18.1	中央台六套	16.4	中央台八套	13.0	中央台六套	16.1	中央台六套	17.8
7	重庆电视台都市频道(四套)	17.4	武汉电视台文艺频道	14.1	中央电视台新闻频道	11.7	中央台八套	15.7	中央台三套	17.1
8	重庆卫视	13.7	中央台八套	13.6	中央台二套	11.5	辽宁电视台影视频道	13.6	南京电视台影视频道(二套)	15.0
9	中央电视台新闻频道	8.5	中央台二套	11.7	中央台六套	11.1	沈阳电视台三套(影视频道)	12.9	南京电视台十八频道	13.1
10	中央台二套	8.4	武汉电视台影视频道	10.4	陕西电视台影视娱乐频道(四套)	11.0	辽宁电视台卫星频道	12.8	江苏电视台综艺频道	11.0
11	湖南电视台卫星频道	8.1	武汉教育台	8.8	西部电影频道	9.0	沈阳电视台二套(综合频道)	11.7	江苏电视台新闻综合频道	7.7
12	中央台八套	7.3	武汉电视台新闻综合频道	7.4	西安电视台一套(新闻综合频道)	8.7	中央台二套	10.3	江苏电视台教育频道	7.4
13	中央台四套	5.2	中央电视台新闻频道	7.4	凤凰卫视中文台	8.4	中央电视台新闻频道	8.8	中央台四套	6.7
14	中央台十套	3.9	中央台十套	5.3	西安电视台四套(文化影视频道)	7.2	湖南电视台卫星频道	8.0	中央台八套	6.5
15	重庆电视台公共频道(八套)	3.5	湖北电视台	4.8	陕西电视台新闻综合频道(一套)	7.1	辽宁电视台娱乐频道	5.2	中央电视台新闻频道	6.3
16	重庆电视台娱乐频道(五套)	3.3	凤凰卫视中文台	4.4	湖南电视台卫星频道	7.1	辽宁教育台	4.9	江苏电视台影视频道	6.1
17	重庆电视台喜剧频道(七套)	3.2	中央台四套	4.3	中央台十套	4.2	中央台四套	4.1	中央台二套	5.7
18	上海东方卫视	2.6	武汉电视台体育休闲频道	4.2	凤凰卫视电影台	3.8	中央台十套	3.7	中央台十套	3.0
19	中央台十二套	2.3	武汉电视台双语综合频道	3.5	凤凰卫视资讯台	3.0	上海东方卫视	3.0	南京电视台娱乐频道(四套)	2.6
20	安徽一套	2.0	湖北卫视	3.3	陕西电视台体育健康频道(七套)	2.3	沈阳电视台四套(体育频道)	2.2	南京电视台生活频道(三套)	2.3

6 男性各年龄层、女性各年龄层经常收看的电视频道 注：本题为多选题，合计百分比超过 100%

● 北京

	人数（千人）	中央电视台综合频道	北京卫视	中央台五套	北京台四套	中央台三套	北京台三套	中央台六套	中央台二套	北京台二套	中央台八套
总人数	**5913**	**38.4**	**30.5**	**21.5**	**21.2**	**19.9**	**19.5**	**18.6**	**15.8**	**13.8**	**10.3**
男性	**3155**	**38.2**	**26.9**	**34.4**	**15.2**	**20.0**	**16.3**	**22.4**	**18.6**	**10.7**	**7.0**
16~24 岁	620	32.0	21.9	44.8	21.9	22.1	9.0	20.5	13.0	10.9	7.6
25~34 岁	816	30.1	14.6	33.3	22.2	19.9	10.9	30.8	24.7	9.0	7.2
35~44 岁	848	48.7	34.2	26.0	11.1	18.8	17.3	19.0	22.0	14.6	7.9
45~54 岁	594	39.4	32.5	39.8	8.0	18.9	22.8	21.4	14.6	7.9	5.7
55~60 岁	277	41.4	39.6	28.3	7.3	22.0	31.5	13.9	11.4	9.2	5.4
女性	**2757**	**38.6**	**34.7**	**6.8**	**28.2**	**19.7**	**23.1**	**14.4**	**12.6**	**17.4**	**14.0**
16~24 岁	521	19.9	17.3	8.6	30.2	26.9	10.7	22.3	17.7	26.1	11.0
25~34 岁	677	46.5	32.8	5.1	34.9	14.8	24.7	13.4	12.0	14.6	18.8
35~44 岁	711	32.5	37.9	8.7	28.6	21.0	20.0	11.4	5.4	18.8	14.9
45~54 岁	606	47.7	44.8	5.4	22.5	17.7	34.9	14.7	15.9	12.9	11.5
55~60 岁	243	52.1	43.2	5.7	18.1	19.1	24.5	8.1	15.9	13.3	11.0

续前表

	人数（千人）	北京台六套	北京台七套	湖南电视台卫星频道	中央电视台新闻频道	中央台四套	北京台五套	中央台十套	凤凰卫视中文台	中央台十二套	山东卫视
总人数	**5913**	**10.1**	**9.5**	**8.3**	**6.7**	**4.1**	**4.0**	**2.6**	**2.5**	**2.2**	**1.9**
男性	**3155**	**17.9**	**4.1**	**6.2**	**9.5**	**4.8**	**5.4**	**3.2**	**2.6**	**2.9**	**1.5**
16~24 岁	620	27.4	3.4	11.5	3.6	0.0	5.7	0.0	0.0	1.9	3.7
25~34 岁	816	15.9	2.0	8.6	12.3	5.4	5.6	3.7	5.5	2.0	1.8
35~44 岁	848	14.9	2.5	6.4	9.1	4.5	4.6	4.9	1.1	2.4	0.0
45~54 岁	594	19.3	3.6	0.0	11.2	7.3	6.5	1.9	4.6	4.5	0.0
55~60 岁	277	8.9	17.6	0.0	11.9	9.6	4.1	6.5	0.0	5.8	3.6
女性	**2757**	**1.2**	**15.7**	**10.8**	**3.5**	**3.3**	**2.4**	**2.0**	**2.4**	**1.4**	**2.3**
16~24 岁	521	0.0	9.2	20.7	2.2	0.0	2.3	2.0	2.3	0.0	8.5
25~34 岁	677	1.4	13.0	14.6	2.7	3.9	1.3	2.7	4.1	1.4	1.4
35~44 岁	711	2.0	24.9	8.4	4.3	2.1	2.4	2.1	1.2	2.0	1.0
45~54 岁	606	1.1	15.1	4.5	3.5	5.8	1.7	1.2	1.9	1.7	0.6
55~60 岁	243	1.5	12.2	1.3	6.3	5.8	7.6	1.4	2.9	1.5	0.0

● 上海

	人数（千人）	上海电视台新闻综合频道	上海电视台电视剧频道	东方电视台新闻娱乐频道	上海电视台体育频道	上海东方电影频道	上海电视台纪实频道	中央电视台综合频道	上海电视台生活时尚频道	东方电视台音乐频道	中央台五套
总人数	**7015**	**60.3**	**39.3**	**37.8**	**25.5**	**12.9**	**12.3**	**12.0**	**9.6**	**9.5**	**8.9**
男性	**3716**	**58.7**	**28.2**	**37.3**	**40.7**	**13.4**	**15.2**	**13.0**	**4.8**	**6.9**	**15.7**
16~24 岁	653	27.6	30.8	35.3	60.0	15.5	5.6	0.0	5.4	25.0	20.4
25~34 岁	861	46.8	24.7	39.5	35.4	13.9	17.0	17.9	4.9	5.3	15.0
35~44 岁	893	67.9	23.2	38.7	38.2	22.2	17.5	15.1	4.0	2.9	12.7
45~54 岁	950	75.5	31.9	38.4	40.3	7.5	14.2	14.5	5.4	2.2	16.7
55~60 岁	359	76.8	34.3	29.2	26.0	2.1	25.3	15.5	4.3	0.0	13.3
女性	**3299**	**62.0**	**51.9**	**38.3**	**8.4**	**12.4**	**9.0**	**11.0**	**15.0**	**12.4**	**1.3**
16~24 岁	628	29.8	50.8	32.1	12.7	13.6	4.2	4.5	30.7	35.8	1.3
25~34 岁	749	59.6	53.4	29.7	6.2	14.3	12.1	6.5	16.0	14.3	1.5
35~44 岁	737	68.1	54.7	43.4	6.7	11.2	6.9	13.4	10.3	9.1	0.0
45~54 岁	866	77.8	49.9	45.4	9.2	12.7	8.9	11.8	11.7	1.1	1.7
55~60 岁	320	73.5	49.7	40.0	6.7	7.2	16.4	26.1	1.6	0.0	2.5

续前表

	人数（千人）	东方电视台文艺频道	中央台六套	上海东方卫视	中央台三套	第1财经	湖南电视台卫星频道	中央电视台新闻频道	中央台二套	中央台四套	中央台八套
总人数	**7015**	**8.7**	**7.3**	**5.6**	**4.7**	**4.5**	**4.1**	**3.6**	**2.5**	**2.5**	**2.2**
男性	**3716**	**6.3**	**8.7**	**4.1**	**3.9**	**5.9**	**2.8**	**3.3**	**2.8**	**2.4**	**2.0**
16~24岁	653	11.9	6.4	9.3	1.7	4.3	3.5	2.8	2.9	0.0	1.3
25~34岁	861	5.3	6.7	3.1	6.9	6.9	5.1	0.0	1.8	1.5	6.8
35~44岁	893	7.9	10.1	1.8	3.3	1.7	1.6	5.1	5.2	0.0	0.0
45~54岁	950	1.8	10.9	3.2	1.7	8.6	2.6	1.6	2.4	4.2	0.7
55~60岁	359	6.2	8.4	5.2	8.0	9.7	0.0	12.1	0.0	10.6	0.0
女性	**3299**	**11.4**	**5.8**	**7.4**	**5.6**	**3.0**	**5.5**	**3.9**	**2.2**	**2.6**	**2.4**
16~24岁	628	16.3	1.4	18.1	2.9	0.0	10.5	0.0	0.0	0.0	1.4
25~34岁	749	11.0	13.9	3.2	5.1	5.3	8.1	6.0	3.4	5.3	1.6
35~44岁	737	11.7	4.7	5.8	10.0	1.1	3.9	4.5	2.4	1.3	1.1
45~54岁	866	8.4	3.9	6.1	5.8	3.6	2.9	4.1	1.8	2.8	2.7
55~60岁	320	9.9	2.8	2.9	1.2	5.9	0.0	4.6	4.5	3.9	8.3

● 广州

	人数（千人）	市网翡翠台(中文)	广州台	省网翡翠台(中文)	广东电视台珠江频道	南方电视台影视频道	市网本港台(中文)	省网本港台(中文)	中央电视台综合频道	广东电视体育频道	星空卫视
总人数	**3012**	**46.5**	**30.3**	**27.8**	**22.9**	**22.3**	**21.4**	**13.7**	**10.1**	**9.9**	**8.6**
男性	**1520**	**44.0**	**26.2**	**25.0**	**21.5**	**19.2**	**22.6**	**12.0**	**10.4**	**17.2**	**5.5**
16~24岁	245	42.2	21.7	31.3	10.2	27.2	14.6	13.4	5.0	24.1	12.2
25~34岁	397	50.4	21.2	23.3	20.3	20.5	27.9	9.8	13.0	17.4	5.4
35~44岁	451	46.3	23.9	18.5	24.5	17.5	26.7	9.7	14.0	17.5	4.7
45~54岁	310	35.1	31.6	32.6	29.5	16.0	17.1	20.8	6.3	12.5	2.4
55~60岁	117	41.4	46.7	22.8	16.9	12.7	20.0	2.9	10.6	13.4	2.9
女性	**1492**	**48.9**	**34.4**	**30.6**	**24.3**	**25.4**	**20.2**	**15.4**	**9.7**	**2.4**	**11.8**
16~24岁	231	48.9	23.0	36.4	10.6	20.5	15.8	8.4	4.1	2.3	26.2
25~34岁	429	50.9	27.8	28.2	19.4	34.9	18.8	17.7	8.5	1.8	14.0
35~44岁	414	44.9	34.5	29.5	27.0	25.0	17.6	15.3	15.4	1.8	8.5
45~54岁	323	51.5	44.0	31.6	30.1	21.0	26.9	19.3	8.3	3.9	6.4
55~60岁	95	48.7	59.0	29.2	48.5	10.9	24.7	10.3	8.6	2.7	0.0

续前表

	人数（千人）	中央台五套	广州电视台新闻频道	南方电视台经济频道	凤凰卫视中文台(广州市有线网转播)	华娱卫视	广州电视台竞赛频道	凤凰卫视中文台(广东省有线网转播)	中央台三套	中央台六套	广州电视台影视频道
总人数	**3012**	**8.3**	**7.2**	**6.2**	**5.3**	**5.1**	**5.1**	**3.6**	**3.3**	**2.9**	**2.8**
男性	**1520**	**14.1**	**8.7**	**6.4**	**6.1**	**3.3**	**9.5**	**4.3**	**2.5**	**3.7**	**2.9**
16~24岁	245	15.7	3.5	1.6	3.6	14.6	12.6	5.0	1.7	1.4	3.0
25~34岁	397	16.9	7.9	4.5	8.0	3.4	6.8	5.6	2.4	4.5	1.2
35~44岁	451	14.5	8.8	11.1	2.6	0.0	11.4	3.2	2.9	3.5	4.4
45~54岁	310	8.5	9.3	8.0	8.2	0.0	7.4	5.5	2.6	6.3	2.5
55~60岁	117	13.9	20.3	0.0	13.4	0.0	10.5	0.0	3.0	0.0	3.4
女性	**1492**	**2.4**	**5.6**	**6.1**	**4.5**	**7.0**	**0.6**	**2.9**	**4.2**	**2.1**	**2.8**
16~24岁	231	2.3	1.3	5.3	6.5	27.4	2.7	3.9	2.7	0.0	1.4
25~34岁	429	2.7	4.1	6.5	5.3	7.8	0.0	1.3	3.9	2.5	4.1
35~44岁	414	3.9	6.9	5.4	2.5	0.0	0.0	5.0	5.0	2.0	4.4
45~54岁	323	0.9	9.1	6.5	4.3	2.2	0.7	2.5	3.2	3.8	0.8
55~60岁	95	0.0	5.7	7.9	5.7	0.0	0.0	0.0	8.6	0.0	0.0

● 深圳

	人数（千人）	深圳电视台二套(电视剧频道)	中央电视台综合频道	深圳电视台一套(都市频道)	凤凰卫视中文台	中央台三套	中央台五套	翡翠台(中文)(其他有线台转播)	广东电视台珠江频道	翡翠台(中文)(深圳有线台转播)	本港台(中文)(其他有线台转播)
总人数	**4168**	**41.5**	**27.5**	**22.1**	**12.9**	**12.0**	**9.5**	**9.2**	**8.4**	**7.5**	**6.9**
男性	**2104**	**36.6**	**30.9**	**20.7**	**14.8**	**10.3**	**14.6**	**7.8**	**8.9**	**6.2**	**4.5**
16~24 岁	260	37.1	28.3	14.2	10.0	5.7	8.4	5.7	14.3	10.6	1.4
25~34 岁	784	34.4	28.2	15.7	17.1	12.2	21.9	6.1	7.8	6.2	5.0
35~44 岁	729	42.2	28.9	29.1	14.6	7.9	12.0	9.7	8.1	7.0	4.0
45~54 岁	218	34.5	40.0	22.4	4.9	8.7	10.3	12.3	7.0	1.6	8.8
55~60 岁	114	19.8	50.1	13.0	29.8	26.5	3.3	3.4	13.5	0.0	3.3
女性	**2064**	**46.5**	**24.1**	**23.5**	**10.9**	**13.7**	**4.2**	**10.6**	**7.8**	**8.9**	**9.3**
16~24 岁	264	47.1	17.0	16.9	6.8	12.2	2.8	9.9	7.0	16.0	7.1
25~34 岁	914	49.6	20.1	26.3	7.6	13.1	5.0	9.4	5.6	9.8	9.5
35~44 岁	597	44.2	25.4	22.9	14.8	16.4	1.6	12.8	12.7	4.6	11.9
45~54 岁	216	45.6	36.4	18.0	20.4	13.4	6.8	9.1	6.9	6.8	4.6
55~60 岁	73	27.0	53.8	33.1	6.8	6.7	13.6	13.7	0.0	12.2	6.8

续前表

	人数（千人）	湖南电视台卫星频道	凤凰卫视电影台	中央台四套	华娱卫视	中央台二套	中央台六套	中央电视台新闻频道	深圳电视台四套(娱乐频道)	本港台(中文)(深圳有线台转播)	星空卫视
总人数	**4168**	**5.9**	**5.4**	**5.2**	**5.2**	**5.1**	**4.6**	**4.5**	**4.0**	**3.8**	**3.7**
男性	**2104**	**6.6**	**6.0**	**7.4**	**4.0**	**5.0**	**4.4**	**6.7**	**2.9**	**3.2**	**3.4**
16~24 岁	260	2.8	8.6	2.9	16.5	4.3	4.3	5.7	4.3	8.0	12.6
25~34 岁	784	7.2	6.7	6.6	4.8	5.4	4.4	7.3	3.8	1.6	3.8
35~44 岁	729	7.3	4.9	6.5	0.0	4.0	1.6	4.8	1.6	3.8	0.8
45~54 岁	218	8.5	5.2	14.0	1.6	5.3	15.7	8.7	3.3	1.6	1.7
55~60 岁	114	3.3	3.3	16.8	0.0	10.0	0.0	13.4	0.0	3.3	0.0
女性	**2064**	**5.2**	**4.7**	**2.9**	**6.4**	**5.1**	**4.8**	**2.2**	**5.1**	**4.4**	**4.0**
16~24 岁	264	5.5	7.0	1.4	23.5	8.2	2.8	1.4	1.4	5.3	6.7
25~34 岁	914	6.6	6.6	2.4	6.6	2.3	4.7	2.4	6.5	5.0	5.5
35~44 岁	597	3.9	2.4	3.2	1.6	7.1	4.8	0.8	3.8	2.2	2.4
45~54 岁	216	2.3	2.3	4.6	0.0	4.5	6.9	6.8	9.1	4.6	0.0
55~60 岁	73	6.7	0.0	6.8	0.0	13.7	6.8	0.0	0.0	12.2	0.0

● 成都

	人数（千人）	中央电视台综合频道	中央台三套	中央台五套	成都电视台新闻综合频道(一套)	成都电视台公共频道(五套)	成都电视台经济频道(二套)	成都电视台影视文艺频道(四套)	中央台六套	中央台二套	中央台八套
总人数	**1986**	**28.0**	**22.9**	**20.8**	**19.6**	**19.4**	**14.8**	**13.7**	**13.6**	**12.9**	**11.6**
男性	**1040**	**31.4**	**19.5**	**35.2**	**19.1**	**17.6**	**13.0**	**10.9**	**16.6**	**12.7**	**9.4**
16~24 岁	179	13.9	31.0	50.4	12.2	12.0	12.1	13.5	23.7	13.7	8.9
25~34 岁	328	34.3	22.1	37.5	15.1	16.0	5.3	10.7	10.5	13.7	8.5
35~44 岁	277	30.9	13.3	37.9	17.9	23.4	15.7	9.9	18.8	10.2	8.9
45~54 岁	188	35.6	13.3	18.2	31.8	21.1	22.1	10.8	21.9	9.8	9.8
55~60 岁	68	53.5	19.7	20.5	26.8	6.8	16.9	9.7	3.3	23.4	16.9
女性	**946**	**24.3**	**26.7**	**4.9**	**20.1**	**21.3**	**16.7**	**16.7**	**10.3**	**13.0**	**13.9**
16~24 岁	177	9.8	34.1	4.8	13.1	29.1	11.1	24.2	13.0	16.2	9.8
25~34 岁	292	25.5	32.0	3.3	15.5	14.6	18.7	19.0	11.5	10.8	15.6
35~44 岁	233	25.5	22.2	6.0	25.1	21.6	14.7	16.3	11.5	9.4	13.9
45~54 岁	156	29.9	21.7	6.9	23.0	29.9	23.2	5.9	4.5	19.4	14.0
55~60 岁	89	36.6	14.6	4.1	30.7	12.2	14.3	14.7	8.3	12.2	16.5

续前表

	人数（千人）	四川电视台四套	四川电视台影视文艺频道(五套)	湖南电视台卫星频道	成都电视台都市生活频道(三套)	中央台四套	中央电视台新闻频道	四川电视台二套(文化旅游频道)	四川电视台公共频道	四川电视台体育频道(六套)	四川卫视
总人数	**1986**	**10.1**	**9.1**	**8.2**	**6.5**	**6.2**	**5.9**	**4.6**	**4.6**	**3.6**	**3.4**
男性	**1040**	**10.5**	**5.3**	**5.5**	**3.7**	**9.1**	**7.1**	**4.3**	**2.8**	**6.3**	**4.9**
16~24岁	179	5.2	5.3	10.5	3.5	1.8	3.5	3.4	3.3	12.4	3.5
25~34岁	328	7.3	4.3	8.6	4.2	10.6	10.6	3.1	3.1	8.6	6.4
35~44岁	277	13.3	6.5	2.2	3.3	9.8	4.4	6.8	2.1	2.2	4.5
45~54岁	188	15.9	6.0	1.2	3.5	12.1	8.4	2.4	0.0	4.9	2.5
55~60岁	68	13.2	3.2	3.3	3.3	10.1	6.5	6.7	9.7	0.0	10.4
女性	**946**	**9.7**	**13.2**	**11.0**	**9.6**	**3.1**	**4.7**	**5.0**	**6.6**	**0.6**	**1.7**
16~24岁	177	4.7	7.9	25.7	8.2	3.2	1.6	1.7	6.4	3.1	0.0
25~34岁	292	6.5	18.1	9.8	7.2	4.1	4.2	5.8	5.8	0.0	1.7
35~44岁	233	13.0	14.9	8.6	13.0	2.6	2.6	4.2	8.6	0.0	3.5
45~54岁	156	13.7	9.2	4.5	8.1	0.0	9.2	5.7	6.8	0.0	2.4
55~60岁	89	14.3	10.5	4.1	14.1	5.9	10.3	10.0	4.0	0.0	0.0

● 重庆

	人数（千人）	重庆电视台新闻频道(二套)	中央电视台综合频道	重庆电视台影视频道(一套)	中央台三套	中央台五套	中央台六套	重庆电视台都市频道(四套)	重庆卫视	中央电视台新闻频道	中央台二套
总人数	**2342**	**42.5**	**33.6**	**28.2**	**21.2**	**18.8**	**18.1**	**17.4**	**13.7**	**8.5**	**8.4**
男性	**1230**	**35.8**	**38.8**	**26.0**	**16.2**	**32.6**	**21.0**	**14.4**	**12.7**	**12.0**	**7.0**
16~24岁	191	13.0	21.5	29.2	13.2	52.9	17.6	26.4	8.9	4.4	8.8
25~34岁	327	27.0	41.4	27.8	12.1	33.1	21.1	18.4	12.1	14.8	8.0
35~44岁	321	40.5	41.4	26.4	15.3	31.3	27.0	14.6	13.4	12.7	6.5
45~54岁	270	48.1	43.5	26.3	22.6	28.7	16.4	6.3	11.8	12.6	5.5
55~60岁	121	56.1	41.6	14.3	19.6	11.6	20.3	2.0	20.3	13.5	6.0
女性	**1112**	**49.8**	**27.9**	**30.6**	**26.7**	**3.4**	**14.9**	**20.8**	**14.8**	**4.7**	**10.0**
16~24岁	201	36.7	22.5	35.4	32.7	0.0	9.6	35.3	0.0	0.0	13.7
25~34岁	283	41.8	29.3	32.3	19.6	5.2	13.9	17.7	16.9	4.2	10.2
35~44岁	283	52.7	21.9	29.6	31.4	5.0	22.6	18.4	14.0	3.5	6.2
45~54岁	260	65.4	30.9	25.6	28.0	2.8	12.4	19.7	21.3	6.9	10.3
55~60岁	84	50.8	47.1	31.7	16.8	2.1	13.0	8.3	25.8	14.6	12.7

续前表

	人数（千人）	湖南电视台卫星频道	中央台八套	中央台四套	中央台十套	重庆电视台公共频道(八套)	重庆电视台娱乐频道(五套)	重庆电视台喜剧频道(七套)	上海东方卫视	中央台十二套	安徽一套
总人数	**2342**	**8.1**	**7.3**	**5.2**	**3.9**	**3.5**	**3.3**	**3.2**	**2.6**	**2.3**	**2.0**
男性	**1230**	**7.8**	**5.5**	**7.5**	**5.2**	**2.3**	**3.8**	**3.5**	**3.2**	**2.8**	**2.7**
16~24岁	191	21.1	0.0	9.6	4.4	4.5	13.3	4.0	8.9	4.0	8.6
25~34岁	327	8.0	8.4	4.3	10.6	2.1	4.4	3.8	1.9	2.1	0.0
35~44岁	321	4.0	1.2	10.3	5.1	2.6	0.0	2.7	2.5	3.8	2.4
45~54岁	270	3.6	8.1	5.2	1.7	0.9	2.8	3.6	1.8	1.7	1.8
55~60岁	121	6.0	12.1	10.5	0.0	1.8	0.0	3.8	2.2	2.0	3.8
女性	**1112**	**8.4**	**9.3**	**2.6**	**2.4**	**4.8**	**2.7**	**2.8**	**2.1**	**1.8**	**1.1**
16~24岁	201	4.1	9.5	0.0	5.0	9.0	4.6	0.0	8.6	0.0	0.0
25~34岁	283	14.1	9.3	2.6	1.3	5.0	2.6	1.3	1.3	0.0	2.6
35~44岁	283	10.5	5.9	4.5	0.9	2.6	3.5	4.4	0.9	2.5	1.8
45~54岁	260	5.4	13.3	3.4	4.3	4.7	1.4	3.9	0.0	2.7	0.0
55~60岁	84	2.2	8.5	0.0	0.0	1.9	0.0	6.1	0.0	6.7	0.0

● 武汉

	人数（千人）	中央电视台综合频道	中央台三套	湖北电视经济频道	湖南电视台卫星频道	中央台五套	中央台六套	武汉电视台文艺频道	中央台八套	中央台二套	武汉电视台影视频道
总人数	**3128**	**35.0**	**28.5**	**26.3**	**20.2**	**20.1**	**16.4**	**14.1**	**13.6**	**11.7**	**10.4**
男性	**1633**	**39.8**	**20.3**	**20.4**	**11.1**	**34.4**	**17.5**	**11.0**	**10.0**	**12.6**	**8.7**
16~24 岁	342	13.1	23.9	24.9	14.9	37.8	10.3	9.0	4.3	12.2	20.6
25~34 岁	418	40.0	17.2	25.9	16.0	34.6	11.8	9.4	12.1	16.0	4.1
35~44 岁	420	52.7	19.3	9.9	5.1	35.2	25.3	8.6	7.8	11.8	8.9
45~54 岁	308	46.5	19.7	24.3	10.1	29.3	25.1	17.7	12.7	10.1	5.3
55~60 岁	144	50.8	25.0	16.5	7.5	34.2	12.4	13.5	18.0	11.5	0.0
女性	**1495**	**29.7**	**37.4**	**32.7**	**30.2**	**4.4**	**15.2**	**17.5**	**17.5**	**10.8**	**12.4**
16~24 岁	327	9.5	29.0	48.9	52.0	8.5	5.5	17.1	10.7	2.7	27.3
25~34 岁	367	29.1	42.3	35.4	35.7	2.1	21.0	7.1	12.7	13.7	11.2
35~44 岁	373	36.0	41.2	22.1	21.9	5.6	18.6	17.5	22.8	11.1	9.7
45~54 岁	291	38.9	36.4	24.3	17.1	0.8	18.4	29.3	24.6	17.2	5.0
55~60 岁	137	42.9	36.3	32.9	13.5	5.4	6.3	20.9	17.1	7.6	3.1

续前表

	人数（千人）	武汉教育台	武汉电视台新闻综合频道	中央电视台新闻频道	中央台十套	湖北电视台	凤凰卫视中文台	中央台四套	武汉电视台体育休闲频道	武汉电视台双语综合频道	湖北卫视
总人数	**3128**	**8.8**	**7.4**	**7.4**	**5.3**	**4.8**	**4.4**	**4.3**	**4.2**	**3.5**	**3.3**
男性	**1633**	**10.3**	**7.3**	**11.3**	**5.8**	**4.4**	**4.8**	**7.0**	**7.6**	**4.7**	**3.9**
16~24 岁	342	17.8	5.5	13.1	4.1	7.9	2.2	5.1	16.3	9.7	9.4
25~34 岁	418	17.0	4.2	12.1	7.5	4.3	4.4	4.3	5.8	7.5	4.4
35~44 岁	420	5.7	9.4	8.4	8.2	2.9	9.3	3.8	6.7	1.2	1.2
45~54 岁	308	3.2	10.9	11.1	3.4	3.0	2.9	10.4	4.5	0.8	1.7
55~60 岁	144	1.8	7.0	13.6	2.6	3.8	3.6	21.2	1.8	3.6	1.8
女性	**1495**	**7.2**	**7.5**	**3.1**	**4.7**	**5.3**	**3.9**	**1.4**	**0.5**	**2.3**	**2.7**
16~24 岁	327	7.8	0.0	2.5	2.5	5.1	5.5	0.0	0.0	2.7	2.7
25~34 岁	367	14.2	6.1	6.5	1.9	4.8	7.8	0.0	2.0	3.6	0.0
35~44 岁	373	5.0	7.0	0.0	6.0	5.2	2.6	0.7	0.0	2.6	4.0
45~54 岁	291	3.4	17.1	1.6	6.5	6.9	0.0	3.9	0.0	0.7	2.5
55~60 岁	137	1.3	9.8	7.2	10.1	3.8	1.5	5.1	0.0	0.0	7.0

● 西安

	人数（千人）	中央电视台综合频道	中央台三套	陕西电视台都市青春频道(二套)	中央台五套	西安电视台二套(白鸽都市频道)	中央台八套	中央电视台新闻频道	中央台二套	中央台六套	陕西电视台影视娱乐频道(四套)
总人数	**2074**	**55.2**	**27.7**	**21.7**	**18.7**	**14.6**	**13.0**	**11.7**	**11.5**	**11.1**	**11.0**
男性	**1095**	**55.9**	**20.9**	**20.3**	**30.6**	**11.1**	**6.8**	**17.6**	**10.3**	**10.9**	**14.1**
16~24 岁	245	32.0	19.1	20.9	54.2	9.2	3.8	6.9	4.4	3.8	20.3
25~34 岁	319	55.1	18.4	16.9	24.5	12.2	4.5	20.9	9.3	14.5	20.6
35~44 岁	273	65.5	24.3	20.2	21.9	11.2	6.3	18.9	16.7	11.8	10.6
45~54 岁	157	64.5	22.5	25.2	29.5	8.6	9.9	20.4	11.4	15.7	4.8
55~60 岁	102	76.7	22.0	22.3	17.6	15.6	18.2	25.2	9.0	7.4	2.1
女性	**978**	**54.4**	**35.3**	**23.3**	**5.4**	**18.4**	**19.9**	**5.0**	**12.8**	**11.2**	**7.7**
16~24 岁	216	27.9	49.1	14.5	3.0	8.3	14.5	0.0	10.4	11.1	13.0
25~34 岁	272	51.6	39.1	20.6	5.8	15.7	18.4	1.3	12.4	16.6	9.9
35~44 岁	239	68.3	31.5	28.7	6.9	26.1	22.4	5.1	13.3	9.1	6.0
45~54 岁	149	64.6	18.8	33.2	7.2	24.2	20.6	14.1	15.5	7.4	3.8
55~60 岁	102	70.4	29.2	22.3	2.9	21.0	28.6	12.0	13.4	8.0	0.0

续前表

	人数（千人）	西部电影频道	西安电视台一套(新闻综合频道)	凤凰卫视中文台	西安电视台四套(文化影视频道)	陕西电视台新闻综合频道(一套)	湖南电视台卫星频道	中央台十套	凤凰卫视电影台	凤凰卫视资讯台	陕西电视台体育健康频道(七套)
总人数	**2074**	**9.0**	**8.7**	**8.4**	**7.2**	**7.1**	**7.1**	**4.2**	**3.8**	**3.0**	**2.3**
男性	**1095**	**9.9**	**9.0**	**10.4**	**7.2**	**6.5**	**4.6**	**3.7**	**4.8**	**3.2**	**4.1**
16~24 岁	245	14.6	10.7	11.1	14.0	0.0	2.9	0.0	10.2	3.8	10.7
25~34 岁	319	8.9	6.5	10.2	6.9	5.6	8.8	2.9	3.6	1.1	3.3
35~44 岁	273	9.9	9.7	14.2	5.2	9.2	3.8	4.7	4.3	5.4	0.0
45~54 岁	157	10.0	12.3	5.2	3.0	8.1	2.9	7.6	2.6	4.8	2.5
55~60 岁	102	1.6	5.2	7.2	3.6	15.5	0.0	6.6	0.0	0.0	3.8
女性	**978**	**7.9**	**8.3**	**6.2**	**7.2**	**7.7**	**9.9**	**4.7**	**2.6**	**2.8**	**0.3**
16~24 岁	216	16.4	4.5	11.5	11.1	7.5	17.9	0.0	6.4	4.0	0.0
25~34 岁	272	10.1	8.4	8.0	13.0	0.0	9.4	9.1	2.5	5.8	0.0
35~44 岁	239	3.5	6.9	4.4	2.7	9.8	8.9	5.3	1.5	0.0	0.0
45~54 岁	149	3.1	14.3	0.0	0.9	10.9	4.8	3.6	1.0	0.0	1.9
55~60 岁	102	1.3	10.8	3.2	3.1	19.0	3.9	3.3	0.0	3.3	0.0

● 沈阳

	人数（千人）	中央电视台综合频道	辽宁电视台综合频道	中央台五套	中央台三套	沈阳电视台一套(新闻频道)	中央台六套	中央台八套	辽宁电视台影视频道	沈阳电视台三套(影视频道)	辽宁电视台卫星频道
总人数	**2799**	**40.8**	**24.5**	**20.8**	**16.9**	**16.7**	**16.1**	**15.7**	**13.6**	**12.9**	**12.8**
男性	**1421**	**40.2**	**24.0**	**33.1**	**11.8**	**14.4**	**18.6**	**10.9**	**14.2**	**12.9**	**14.6**
16~24 岁	267	26.2	18.2	42.8	7.6	5.1	24.2	7.0	19.1	13.4	8.4
25~34 岁	298	32.4	12.0	47.9	15.8	12.5	19.5	9.0	11.9	13.8	19.7
35~44 岁	392	43.3	27.1	23.7	11.9	20.4	14.0	9.6	15.9	13.7	17.4
45~54 岁	337	47.4	38.9	23.0	12.1	14.2	18.0	13.2	12.7	12.9	11.2
55~60 岁	127	59.3	15.0	34.2	10.1	20.1	20.7	21.8	7.6	7.2	15.4
女性	**1377**	**41.5**	**25.1**	**8.1**	**22.1**	**19.2**	**13.5**	**20.6**	**13.0**	**12.9**	**11.1**
16~24 岁	246	24.8	2.5	8.2	14.2	5.8	14.4	18.5	17.0	11.2	8.2
25~34 岁	288	37.0	29.1	11.3	30.7	15.5	13.8	21.9	10.2	19.2	9.4
35~44 岁	376	42.5	31.1	4.0	21.2	22.9	13.9	18.9	11.9	14.3	12.6
45~54 岁	338	53.7	29.7	7.2	19.2	26.1	11.5	21.0	13.8	7.0	13.9
55~60 岁	129	48.7	30.0	14.9	28.6	23.5	15.6	25.8	12.6	12.9	8.1

续前表

	人数（千人）	沈阳电视台二套(综合频道)	中央台二套	中央电视台新闻频道	湖南电视台卫星频道	辽宁电视台娱乐频道	辽宁教育台	中央台四套	中央台十套	上海东方卫视	沈阳电视台四套(体育频道)
总人数	**2799**	**11.7**	**10.3**	**8.8**	**8.0**	**5.2**	**4.9**	**4.1**	**3.7**	**3.0**	**2.2**
男性	**1421**	**11.5**	**10.2**	**9.8**	**6.3**	**7.0**	**4.4**	**6.8**	**2.3**	**1.3**	**3.5**
16~24 岁	267	5.2	2.9	7.5	23.4	13.2	5.7	5.3	5.1	5.7	5.8
25~34 岁	298	8.8	7.3	5.4	1.9	10.6	7.2	8.8	1.9	0.0	5.4
35~44 岁	392	16.4	15.6	11.9	3.3	4.3	3.4	7.7	0.0	0.0	1.1
45~54 岁	337	16.4	11.4	11.9	1.9	3.0	2.9	5.7	1.0	0.9	3.0
55~60 岁	127	2.7	13.1	12.9	2.3	5.0	2.6	5.0	7.6	0.0	2.7
女性	**1377**	**12.0**	**10.3**	**7.8**	**9.7**	**3.2**	**5.4**	**1.3**	**5.1**	**4.8**	**0.9**
16~24 岁	246	8.5	8.1	8.7	27.6	7.8	8.4	0.0	8.9	24.1	2.5
25~34 岁	288	13.2	8.8	9.7	8.9	5.2	5.3	0.0	4.7	2.5	0.0
35~44 岁	376	12.5	9.7	4.2	6.7	0.9	6.7	0.9	3.5	0.0	0.9
45~54 岁	338	14.1	12.3	10.3	3.9	1.4	3.3	3.0	5.8	0.0	0.8
55~60 岁	129	9.0	14.8	5.5	1.6	1.9	1.9	3.9	1.9	0.0	0.0

● 南京

	人数（千人）	江苏电视台城市频道	南京电视台新闻综合频道(一套)	南京电视台教育科技频道(六套)	中央台五套	中央电视台综合频道	中央台六套	中央台三套	南京电视台影视频道(二套)	南京电视台十八频道	江苏电视台综艺频道
总人数	**2426**	**49.1**	**22.7**	**22.3**	**18.7**	**18.2**	**17.8**	**17.1**	**15.0**	**13.1**	**11.0**
男性	**1321**	**43.7**	**21.4**	**16.0**	**32.2**	**24.4**	**24.3**	**13.2**	**14.6**	**12.1**	**10.7**
16~24 岁	243	32.1	11.3	6.3	32.3	14.1	43.3	2.6	32.8	22.1	32.8
25~34 岁	370	47.0	9.3	5.2	34.3	25.2	29.4	27.1	9.4	14.2	9.1
35~44 岁	347	43.5	30.5	20.9	34.1	23.4	13.2	7.8	13.1	11.8	6.0
45~54 岁	245	58.3	23.2	28.1	34.5	24.6	18.4	11.4	8.1	4.8	2.0
55~60 岁	116	28.2	49.9	30.7	14.6	45.9	14.0	11.0	11.1	1.3	1.7
女性	**1105**	**55.5**	**24.3**	**29.8**	**2.5**	**10.8**	**10.0**	**21.8**	**15.4**	**14.3**	**11.4**
16~24 岁	208	42.6	16.6	5.9	1.1	2.4	7.0	20.7	30.1	5.7	19.0
25~34 岁	290	49.6	19.6	23.2	0.9	7.8	11.0	26.8	20.0	26.4	14.8
35~44 岁	286	58.8	24.6	33.0	4.3	11.8	14.3	19.9	11.0	14.9	9.3
45~54 岁	215	68.1	33.0	45.2	4.7	15.5	10.1	15.9	6.9	8.6	4.6
55~60 岁	107	62.3	33.9	54.3	0.8	22.8	1.7	27.3	3.3	8.5	6.8

续前表

	人数（千人）	江苏电视台新闻综合频道	江苏电视台教育频道	中央台四套	中央台八套	中央电视台新闻频道	江苏电视台影视频道	中央台二套	中央台十套	南京电视台娱乐频道(四套)	南京电视台生活频道(三套)
总人数	**2426**	**7.7**	**7.4**	**6.7**	**6.5**	**6.3**	**6.1**	**5.7**	**3.0**	**2.6**	**2.3**
男性	**1321**	**5.8**	**5.2**	**10.5**	**4.6**	**9.5**	**5.9**	**6.1**	**4.3**	**1.9**	**2.5**
16~24 岁	243	6.4	2.1	7.5	2.1	12.0	8.4	0.0	3.5	8.9	0.0
25~34 岁	370	7.7	4.2	9.2	5.6	6.9	4.6	4.0	5.4	0.0	6.9
35~44 岁	347	6.2	7.8	8.7	3.4	12.0	7.4	11.8	5.1	0.6	0.6
45~54 岁	245	2.6	4.1	12.3	6.6	10.2	5.5	8.2	4.5	0.6	2.2
55~60 岁	116	3.5	9.0	23.0	6.6	4.0	0.6	3.9	0.0	0.0	0.0
女性	**1105**	**9.9**	**10.1**	**2.0**	**8.8**	**2.4**	**6.4**	**5.3**	**1.3**	**3.4**	**2.0**
16~24 岁	208	17.8	10.3	0.0	12.6	5.7	23.4	0.0	1.1	13.9	2.2
25~34 岁	290	10.6	13.6	2.7	9.3	0.0	3.3	9.7	0.9	2.3	0.4
35~44 岁	286	8.0	12.2	2.2	7.5	0.2	3.5	4.3	2.0	0.2	2.8
45~54 岁	215	4.7	5.6	2.5	6.7	3.2	1.4	6.7	1.5	0.2	1.6
55~60 岁	107	8.6	3.9	2.9	7.4	6.6	0.0	3.1	0.8	0.4	4.6

7 经常收看的电视节目类型

注：本题为多选题，合计百分比可能超过 100%

节目类型	北京	上海	广州	深圳	成都	重庆	武汉	西安	沈阳	南京
综艺类节目	35.6	48.2	32.5	33.0	41.2	40.0	47.9	50.7	34.2	31.8
电视剧	57.3	54.3	86.9	73.6	62.5	67.5	58.7	53.6	61.1	45.5
新闻/时事	65.3	77.3	87.8	73.7	74.0	72.7	53.3	67.3	69.1	76.2
戏剧类节目	1.9	3.3	3.0	1.3	2.0	1.0	3.3	5.1	1.8	1.8
生活服务类节目	12.0	9.4	3.8	4.7	6.3	9.0	11.5	9.5	8.0	20.4
少儿节目	4.1	4.3	4.1	5.8	2.2	2.2	3.6	2.8	3.3	2.7
教学节目	0.4	0.2	0.2	0.4	0.2	0.5	0.6	0.8	1.0	1.0
电影	19.1	21.4	24.6	19.5	16.0	29.3	33.9	31.4	28.1	31.3
体育类节目	26.3	31.2	33.2	15.2	27.4	21.0	28.9	25.7	29.1	23.1
财经节目	4.2	5.6	1.6	3.8	4.7	1.8	3.5	4.1	3.4	1.8
专题类节目	6.9	2.0	2.3	5.4	4.9	4.5	4.6	5.5	5.7	5.7
法制类节目	34.7	21.9	2.4	11.6	22.0	14.3	7.6	22.0	23.5	29.7
外语类节目	0.2	1.5	0.2	0.5	0.3	0.4	0.3	0.9	1.2	0.2
音乐节目	10.5	12.6	4.1	7.0	11.6	7.2	13.1	13.4	11.8	4.4
其他	0.0	0.1	0.2	0.1	0.0	0.0	0.0	0.2	0.1	0.0
人数（千人）	**5920**	**7015**	**3015**	**4175**	**1986**	**2342**	**3136**	**2077**	**2799**	**2426**

8 经常收看的电视节目内容 注：本题为多选题，合计百分比可能超过100%

● 综艺类节目

节目内容	北京	上海	广州	深圳	成都	重庆	武汉	西安	沈阳	南京
综艺晚会类	81.2	81.7	86.9	69.2	82.0	80.8	62.4	87.7	83.0	70.8
单项艺术	13.6	18.4	24.6	7.3	15.1	11.8	5.6	7.4	19.4	7.9
互动/现场娱乐节目	67.2	61.6	77.8	40.1	66.5	58.1	54.3	58.6	61.3	45.8
综艺娱乐报道	54.4	68.6	68.4	52.3	49.2	31.4	46.7	53.7	51.3	65.8
综艺其他	0.0	2.7	0.3	0.3	0.0	3.0	1.6	0.2	0.7	0.1
人数（千人）	2109	3393	984	1385	820	938	1502	1056	955	772

● 电视剧

节目内容	北京	上海	广州	深圳	成都	重庆	武汉	西安	沈阳	南京
内地电视剧	94.6	79.8	91.0	90.2	82.6	86.3	75.9	86.3	89.3	89.3
港澳台电视剧	64.5	86.4	97.5	55.6	75.5	50.5	70.3	58.1	55.8	56.5
亚洲国家电视剧	13.4	29.2	49.6	26.7	31.3	7.6	18.1	23.6	20.6	22.5
欧美国家电视剧	7.9	25.8	9.8	7.2	14.3	7.2	6.0	10.7	5.6	11.9
其他国家电视剧	0.1	2.2	0.0	0.2	0.0	0.4	1.0	0.0	0.2	0.5
人数（千人）	3394	3792	2621	3067	1238	1580	1839	1114	1711	1100

● 新闻/时事

节目内容	北京	上海	广州	深圳	成都	重庆	武汉	西安	沈阳	南京
综合新闻	95.9	97.7	99.6	91.9	93.5	87.2	87.7	96.1	94.6	94.5
纪实报道	84.4	82.8	90.4	71.7	86.1	61.2	59.3	85.4	80.9	52.0
新闻/时事专题	0.0	0.0	0.0	0.0	0.0	0.1	0.0	0.0	0.0	0.0
新闻/时事其他	22.6	35.3	3.9	1.7	0.8	23.1	3.0	3.0	9.1	2.8
人数（千人）	3857	5423	2648	3072	1470	1702	1671	1398	1935	1848

● 戏剧类节目

节目内容	北京	上海	广州	深圳	成都	重庆	武汉	西安	沈阳	南京
地方戏	48.3	53.8	73.3	42.6	63.1	68.7	63.8	98.9	55.9	53.4
舞台剧	8.7	18.4	24.1	23.2	39.6	15.6	3.7	0.0	21.0	10.0
戏曲晚会	58.2	64.6	74.1	51.0	51.2	42.2	49.9	50.4	62.7	84.3
戏曲专题节目	42.1	65.8	56.0	16.5	35.8	10.9	33.0	17.3	36.4	32.8
戏剧其他	0.0	3.7	0.0	0.0	0.0	8.0	0.0	0.0	0.0	0.0
人数（千人）	113	233	91	55	40	24	102	104	49	44

● 生活服务类节目

节目内容	北京	上海	广州	深圳	成都	重庆	武汉	西安	沈阳	南京
电视导购/广告杂志	3.6	9.0	13.4	4.5	1.5	0.0	0.9	0.0	5.9	2.2
美容/服饰	27.6	38.4	24.8	26.4	25.5	12.8	24.6	15.0	29.6	4.4
家居/房产	13.4	26.7	12.6	11.6	15.5	10.0	11.9	9.6	12.3	3.4
旅游	21.1	42.3	42.0	21.4	41.3	39.2	18.2	16.1	24.4	8.2
饮食	43.8	35.0	58.0	38.9	64.6	37.4	35.8	36.5	54.2	9.6
汽车	4.6	14.5	6.4	2.3	4.7	8.9	5.5	4.6	3.9	3.9
健康	46.3	28.9	64.6	35.2	64.3	41.8	51.2	45.4	49.2	21.7
天气预报	58.7	38.1	49.5	34.3	23.8	35.5	64.3	67.8	47.6	88.7
生活常识	5.7	0.0	0.0	2.3	0.0	0.9	0.0	0.7	0.0	0.2
生活服其他	0.7	5.9	0.0	0.0	2.0	5.6	1.3	0.0	1.7	0.7
人数（千人）	709	659	115	195	125	211	359	198	223	494

● 少儿节目

节目内容	北京	上海	广州	深圳	成都	重庆	武汉	西安	沈阳	南京
动画类节目	94.2	86.5	97.7	62.3	85.6	87.0	92.8	76.1	89.6	67.2
儿童专题节目	46.4	37.6	69.5	51.7	45.0	23.5	18.7	61.8	40.4	54.9
少儿演出类	23.5	34.7	53.3	40.4	38.2	12.2	13.3	40.7	60.6	5.4
人数（千人）	241	299	123	241	43	51	112	57	92	65

● 教学节目

节目内容	北京	上海	广州	深圳	成都	重庆	武汉	西安	沈阳	南京
课堂讲座	100.0	100.0	100.0	75.4	100.0	100.0	71.6	58.6	100.0	94.9
教学专题	0.0	0.0	0.0	24.6	0.0	0.0	28.4	41.4	0.0	5.1
教学其他	0.0	44.0	0.0	0.0	0.0	0.0	0.0	0.0	0.0	0.0
人数（千人）	25	15	5	16	4	12	20	16	28	25

● 电影

节目内容	北京	上海	广州	深圳	成都	重庆	武汉	西安	沈阳	南京
内地电影	74.4	55.6	82.0	65.1	67.1	71.1	56.5	61.0	70.4	58.1
港澳台电影	69.1	77.7	97.3	58.3	75.9	54.3	67.8	71.6	65.0	73.8
亚洲国家电影	13.7	41.2	44.2	31.2	24.0	12.8	14.8	17.8	21.4	20.6
欧美国家电影	41.3	59.1	42.1	28.7	37.5	23.0	37.2	51.3	24.4	41.6
其他国家电影	0.0	6.1	0.0	0.0	0.0	1.3	0.0	0.0	0.3	0.0
人数（千人）	1127	1502	741	814	318	685	1057	653	786	758

● 体育类节目

节目内容	北京	上海	广州	深圳	成都	重庆	武汉	西安	沈阳	南京
足球	76.1	76.1	86.8	75.7	73.2	84.3	74.5	74.4	75.2	65.6
篮球	61.1	52.5	72.1	59.9	54.6	58.3	54.1	71.8	66.7	66.6
网球	3.2	3.7	9.0	7.6	9.5	7.6	2.6	4.1	3.6	1.5
排球	10.3	13.8	15.8	8.7	16.7	13.2	6.1	8.0	10.3	10.5
乒乓球	26.1	8.5	45.8	27.0	27.8	15.6	20.1	20.6	19.2	19.3
羽毛球	10.4	1.5	15.2	3.2	8.3	2.6	6.6	2.3	2.9	5.8
保龄球	1.9	0.2	1.2	0.0	0.4	0.0	0.0	0.0	0.0	0.0
台球	12.6	7.0	6.4	5.3	14.5	5.7	9.6	11.8	4.2	7.5
棋牌类	2.3	3.0	0.8	1.2	3.0	8.8	5.2	1.8	1.4	5.7
拳击	5.5	6.3	2.8	4.3	8.7	6.4	7.1	8.8	9.2	12.8
赛车	4.1	12.4	3.3	4.8	7.0	7.4	9.0	5.6	2.6	5.3
体育专题类节目	20.0	30.8	8.5	11.3	5.0	7.8	10.5	8.3	23.8	5.0
赛事特别报道	11.1	30.8	8.8	8.9	9.2	5.8	12.5	24.8	18.9	10.0
体育教学	0.3	0.6	0.0	0.7	0.4	0.0	0.0	0.0	2.2	0.0
体育新闻	12.5	19.2	5.5	10.7	16.2	14.0	17.0	19.2	19.1	9.8
体操	0.0	0.0	0.0	0.7	0.0	0.0	0.0	0.6	0.0	0.0
田径	0.0	0.0	0.0	0.0	0.0	0.4	0.0	0.0	0.0	0.0
溜冰	0.0	0.0	0.5	0.0	0.0	0.0	0.0	0.0	0.0	0.0
跳水	0.0	0.0	0.4	0.7	0.8	0.0	0.0	0.0	0.0	0.4
体育其他	0.0	0.9	0.0	0.0	0.0	0.0	0.0	0.0	0.0	0.0
人数（千人）	1557	2192	995	633	544	492	906	535	810	560

● 财经节目

节目内容	北京	上海	广州	深圳	成都	重庆	武汉	西安	沈阳	南京
财经类专题	74.0	70.1	73.9	53.4	72.7	36.5	68.3	77.1	52.6	59.5
实时股价行情	61.2	50.1	58.4	34.0	78.4	47.2	38.1	44.4	64.0	34.4
财经新闻	73.5	88.8	100.0	50.0	81.6	84.2	80.5	77.9	61.3	81.7
财经其他	0.0	1.9	0.0	2.7	0.0	0.0	0.0	0.0	0.0	0.0
人数（千人）	247	395	47	160	92	42	111	86	95	44

● 专题节目

节目内容	北京	上海	广州	深圳	成都	重庆	武汉	西安	沈阳	南京
专题片类	32.2	59.1	47.9	35.0	34.0	30.8	24.8	33.3	35.3	35.9
科普类	50.4	48.9	70.5	56.2	49.5	56.5	67.6	66.9	58.7	65.5
竞赛	5.4	9.4	31.0	0.0	17.4	5.2	5.5	19.5	6.2	10.8
谈话类	74.4	47.5	51.7	34.1	42.4	31.6	39.1	49.4	35.0	30.3
军事类	2.2	31.3	4.5	32.9	19.6	28.9	12.6	15.6	19.2	28.0
农业类	8.5	3.0	0.0	3.6	7.8	9.5	14.2	6.7	8.4	3.1
专题其他	2.3	3.4	0.0	0.0	0.0	0.0	0.0	0.0	0.0	0.0
人数（千人）	408	137	70	225	97	106	143	114	161	138

● 法制类节目

节目内容	北京	上海	广州	深圳	成都	重庆	武汉	西安	沈阳	南京
法制新闻	89.2	92.5	100.0	85.6	88.8	74.7	70.6	83.8	90.4	86.8
法制专题	90.0	94.1	100.0	77.9	94.7	86.4	81.0	91.6	89.3	73.7
法制其他	12.2	22.3	3.4	0.9	1.0	3.8	0.0	0.0	4.1	0.0
人数（千人）	2044	1525	71	479	437	336	238	453	658	720

● 外语类节目

节目内容	北京	上海	广州	深圳	成都	重庆	武汉	西安	沈阳	南京
外语新闻	100.0	81.2	61.6	36.8	49.0	0.0	70.8	100.0	90.1	100.0
外语教学	100.0	35.8	100.0	82.1	100.0	100.0	100.0	100.0	59.4	0.0
外语其他	0.0	11.3	0.0	0.0	0.0	0.0	0.0	0.0	0.0	0.0
人数（千人）	13	108	7	21	6	8	10	18	33	6

● 音乐节目

节目内容	北京	上海	广州	深圳	成都	重庆	武汉	西安	沈阳	南京
演唱会	94.1	93.1	96.4	83.2	94.2	97.5	83.7	87.7	93.2	92.6
音乐会	68.6	82.3	95.6	62.6	60.9	42.2	49.8	77.8	77.6	36.5
音乐其他	0.0	11.4	0.0	0.0	0.0	10.6	0.0	1.3	2.8	0.0
音乐电视 MTV	1.7	0.0	0.0	0.0	1.2	0.0	0.0	0.0	3.8	1.2
音乐排行榜	1.4	0.0	0.0	0.0	0.0	0.0	0.0	0.0	0.0	6.7
音乐点播	0.0	0.0	0.0	2.6	0.0	0.0	4.1	0.0	0.0	0.0
流行音乐	0.0	0.0	0.0	0.0	0.0	0.0	0.0	0.0	0.0	2.1
人数（千人）	621	884	125	294	230	169	388	279	330	108

● 其他

节目内容	北京	上海	广州	深圳	成都	重庆	武汉	西安	沈阳	南京
再见类	0.0	0.0	0.0	0.0	0.0	0.0	0.0	0.0	0.0	0.0
电视讲话	0.0	0.0	48.6	100.0	0.0	0.0	0.0	58.4	0.0	0.0
欣赏类	0.0	0.0	100.0	0.0	0.0	0.0	0.0	58.4	100.0	0.0
电视开奖	0.0	100.0	48.6	0.0	0.0	0.0	0.0	0.0	0.0	0.0
电视台包装	0.0	0.0	0.0	0.0	0.0	0.0	0.0	0.0	0.0	0.0
导视	0.0	0.0	0.0	0.0	0.0	0.0	0.0	0.0	100.0	0.0
其他	0.0	0.0	0.0	0.0	0.0	0.0	0.0	41.6	0.0	0.0
人数（千人）	0	5	6	4	0	0	0	3	3	0

9 男性各年龄层、女性各年龄层经常收看的电视节目 注：本题为多选题，合计百分比可能超过 100%

● 北京

	人数(千人)	综艺类节目	电视剧	新闻/时事	戏剧类节目	生活服务类节目	少儿节目	教学节目	电影
总人数	**5920**	**35.6**	**57.3**	**65.3**	**1.9**	**12.0**	**4.1**	**0.4**	**19.1**
男性	**3155**	**34.4**	**44.6**	**70.4**	**1.8**	**6.2**	**2.8**	**0.2**	**21.0**
16~24 岁	620	51.5	45.1	43.9	0.0	1.7	1.9	0.0	18.6
25~34 岁	816	34.2	46.0	65.8	0.0	3.6	3.4	0.0	36.2
35~44 岁	848	29.6	45.4	80.2	2.2	10.1	4.6	0.0	14.6
45~54 岁	594	27.0	42.3	85.5	3.1	7.0	1.8	0.0	16.2
55~60 岁	277	26.7	41.4	80.8	6.9	9.8	0.0	1.9	11.5
女性	**2764**	**37.1**	**71.9**	**59.4**	**2.0**	**18.6**	**5.5**	**0.7**	**17.0**
16~24 岁	521	40.2	79.4	35.0	0.0	15.4	6.5	0.0	35.8
25~34 岁	677	44.5	72.5	66.4	0.0	16.9	12.2	1.4	16.3
35~44 岁	718	42.3	70.5	59.4	1.0	19.6	3.3	0.9	10.2
45~54 岁	606	25.9	69.9	67.4	4.6	19.3	1.3	0.5	11.1
55~60 岁	243	22.2	63.5	72.0	8.7	25.8	1.5	0.0	14.2

续前表

	人数（千人）	体育类节目	财经节目	专题类节目	法制类节目	外语类节目	音乐节目	其他
总人数	**5920**	**26.3**	**4.2**	**6.9**	**34.7**	**0.2**	**10.5**	**0.0**
男性	**3155**	**43.0**	**6.2**	**7.0**	**30.3**	**0.0**	**9.6**	**0.0**
16~24 岁	620	52.3	3.8	1.9	23.7	0.0	25.0	0.0
25~34 岁	816	38.4	9.0	10.8	23.6	0.0	7.3	0.0
35~44 岁	848	38.8	7.2	7.3	29.9	0.0	5.8	0.0
45~54 岁	594	46.8	5.5	4.6	38.6	0.0	4.6	0.0
55~60 岁	277	40.9	1.9	11.9	48.0	0.0	4.5	0.0
女性	**2764**	**7.2**	**1.8**	**6.7**	**39.8**	**0.5**	**11.5**	**0.0**
16~24 岁	521	6.6	0.0	2.2	25.1	2.5	31.2	0.0
25~34 岁	677	9.3	1.3	10.6	24.6	0.0	8.0	0.0
35~44 岁	718	6.3	3.3	4.2	43.8	0.0	10.6	0.0
45~54 岁	606	7.2	1.2	8.5	59.7	0.0	3.4	0.0
55~60 岁	243	5.6	4.8	8.6	52.4	0.0	1.6	0.0

● 上海

	人数(千人)	综艺类节目	电视剧	新闻/时事	戏剧类节目	生活服务类节目	少儿节目	教学节目	电影
总人数	**7015**	**48.2**	**54.3**	**77.3**	**3.3**	**9.4**	**4.3**	**0.2**	**21.4**
男性	**3716**	**45.5**	**40.8**	**83.7**	**1.4**	**5.8**	**3.1**	**0.2**	**20.8**
16~24 岁	653	38.6	33.0	55.7	0.0	4.3	10.5	0.0	34.7
25~34 岁	861	42.3	41.4	80.9	1.6	11.5	2.1	0.0	25.9
35~44 岁	893	50.7	42.6	94.8	0.0	4.0	1.6	0.0	14.1
45~54 岁	950	44.9	37.2	90.5	0.8	4.6	0.7	0.7	16.6
55~60 岁	359	54.0	58.6	95.7	8.6	2.1	2.1	0.0	10.6
女性	**3299**	**51.3**	**69.4**	**70.1**	**5.5**	**13.5**	**5.6**	**0.3**	**22.1**
16~24 岁	628	55.8	65.6	34.3	1.4	18.8	13.2	0.0	35.3
25~34 岁	749	51.3	66.1	68.4	0.0	15.9	9.0	0.0	28.3
35~44 岁	737	47.8	72.8	82.0	3.6	11.8	3.3	0.0	15.3
45~54 岁	866	51.6	72.4	83.7	9.4	10.2	1.0	1.0	15.7
55~60 岁	320	49.6	69.1	79.9	20.1	10.2	0.0	0.0	15.0

续前表

	人数(千人)	体育类节目	财经节目	专题类节目	法制类节目	外语类节目	音乐节目	其他
总人数	**7015**	**31.2**	**5.6**	**2.0**	**21.9**	**1.5**	**12.6**	**0.1**
男性	**3716**	**50.2**	**8.1**	**2.6**	**20.0**	**1.6**	**7.2**	**0.0**
16~24 岁	653	69.4	1.4	0.0	10.0	4.4	24.7	0.0
25~34 岁	861	47.1	7.0	5.3	11.9	3.5	7.2	0.0
35~44 岁	893	40.9	9.9	3.0	22.7	0.0	3.3	0.0
45~54 岁	950	53.4	10.3	1.7	33.9	0.0	1.5	0.0
55~60 岁	359	37.1	12.3	2.2	14.6	0.0	0.0	0.0
女性	**3299**	**9.9**	**2.9**	**1.3**	**23.9**	**1.5**	**18.7**	**0.1**
16~24 岁	628	14.4	0.0	0.0	5.7	6.0	46.6	0.0
25~34 岁	749	8.0	3.4	0.0	25.3	1.6	18.0	0.0
35~44 岁	737	7.6	3.3	3.3	25.9	0.0	18.5	0.0
45~54 岁	866	10.4	3.7	1.5	30.5	0.0	4.6	0.5
55~60 岁	320	9.4	4.4	1.2	34.4	0.0	4.0	0.0

● 广州

	人数(千人)	综艺类节目	电视剧	新闻/时事	戏剧类节目	生活服务类节目	少儿节目	教学节目	电影
总人数	**3015**	**32.5**	**86.9**	**87.8**	**3.0**	**3.8**	**4.1**	**0.2**	**24.6**
男性	**1520**	**20.9**	**80.0**	**91.8**	**2.2**	**1.9**	**1.4**	**0.0**	**25.1**
16~24 岁	245	20.6	74.6	75.5	1.8	3.3	3.1	0.0	32.6
25~34 岁	397	23.5	76.2	92.2	0.0	0.0	1.1	0.0	27.2
35~44 岁	451	18.0	84.8	99.1	1.0	1.9	0.0	0.0	23.0
45~54 岁	310	21.0	83.1	94.7	6.5	2.6	1.5	0.0	26.3
55~60 岁	117	23.1	77.2	89.5	3.5	3.8	3.4	0.0	7.2
女性	**1495**	**44.4**	**94.0**	**83.8**	**3.9**	**5.8**	**6.8**	**0.3**	**24.1**
16~24 岁	234	51.4	94.7	67.8	0.0	5.6	4.1	0.0	27.4
25~34 岁	429	41.5	93.9	84.4	0.6	5.3	10.5	0.0	29.3
35~44 岁	414	45.1	94.3	86.9	1.3	5.4	10.2	0.7	21.1
45~54 岁	323	45.8	94.6	92.2	3.8	4.6	0.8	0.7	22.3
55~60 岁	95	32.6	89.3	77.9	39.8	13.9	2.7	0.0	10.8

续前表

	人数（千人）	体育类节目	财经节目	专题类节目	法制类节目	外语类节目	音乐节目	其他
总人数	**3015**	**33.2**	**1.6**	**2.3**	**2.4**	**0.2**	**4.1**	**0.2**
男性	**1520**	**53.8**	**2.3**	**3.4**	**2.9**	**0.3**	**2.8**	**0.0**
16~24 岁	245	60.0	3.4	1.7	1.4	1.8	6.8	0.0
25~34 岁	397	52.6	3.6	3.3	4.6	0.0	3.4	0.0
35~44 岁	451	55.9	2.0	0.9	3.9	0.0	0.9	0.0
45~54 岁	310	46.3	1.3	6.2	1.4	0.0	1.3	0.0
55~60 岁	117	56.1	0.0	9.3	0.0	0.0	3.7	0.0
女性	**1495**	**12.2**	**0.7**	**1.2**	**1.8**	**0.2**	**5.5**	**0.4**
16~24 岁	234	14.3	0.0	0.0	1.3	0.0	17.5	0.0
25~34 岁	429	7.0	0.7	2.7	0.6	0.6	5.1	0.7
35~44 岁	414	11.7	0.7	1.5	2.0	0.0	2.1	0.0
45~54 岁	323	19.4	0.8	0.0	2.5	0.0	3.3	0.0
55~60 岁	95	8.0	2.8	0.0	5.3	0.0	0.0	3.0

● **深圳**

	人数(千人)	综艺类节目	电视剧	新闻/时事	戏剧类节目	生活服务类节目	少儿节目	教学节目	电影
总人数	**4175**	**33.0**	**73.6**	**73.7**	**1.3**	**4.7**	**5.8**	**0.4**	**19.5**
男性	**2107**	**27.8**	**63.8**	**77.9**	**0.4**	**3.0**	**1.9**	**0.2**	**24.0**
16~24 岁	260	32.2	59.5	62.1	0.0	1.4	2.9	0.0	49.2
25~34 岁	784	33.9	59.9	77.3	0.6	3.4	2.3	0.5	27.5
35~44 岁	729	21.0	71.1	80.6	0.0	2.4	1.6	0.0	14.5
45~54 岁	221	22.2	62.6	81.2	1.7	6.9	1.7	0.0	20.3
55~60 岁	114	29.9	56.5	93.3	0.0	0.0	0.0	0.0	10.2
女性	**2068**	**38.4**	**83.6**	**69.4**	**2.2**	**6.4**	**9.7**	**0.6**	**14.9**
16~24 岁	267	35.9	95.8	49.2	0.0	4.2	3.9	1.4	24.5
25~34 岁	914	42.7	82.3	67.2	1.9	7.5	13.5	0.9	18.2
35~44 岁	597	32.6	79.5	75.4	2.3	7.1	10.2	0.0	7.1
45~54 岁	216	38.7	81.9	81.7	4.6	4.3	2.3	0.0	16.0
55~60 岁	73	40.2	93.2	86.4	6.8	0.0	0.0	0.0	0.0

续前表

	人数（千人）	体育类节目	财经节目	专题类节目	法制类节目	外语类节目	音乐节目	其他
总人数	**4175**	**15.2**	**3.8**	**5.4**	**11.6**	**0.5**	**7.0**	**0.1**
男性	**2107**	**25.1**	**4.6**	**7.2**	**11.0**	**1.0**	**5.8**	**0.0**
16~24 岁	260	30.8	2.9	2.9	6.7	1.4	17.0	0.0
25~34 岁	784	30.5	3.7	8.4	7.7	2.2	4.4	0.0
35~44 岁	729	21.5	3.2	8.1	14.5	0.0	4.9	0.0
45~54 岁	221	18.6	10.1	5.2	11.9	0.0	1.7	0.0
55~60 岁	114	10.0	13.4	6.7	20.2	0.0	3.3	0.0
女性	**2068**	**5.1**	**3.0**	**3.6**	**12.2**	**0.0**	**8.3**	**0.2**
16~24 岁	267	4.2	0.0	2.8	12.2	0.0	21.8	0.0
25~34 岁	914	5.1	2.8	0.9	12.1	0.0	8.8	0.5
35~44 岁	597	2.3	4.6	7.2	13.4	0.0	4.7	0.0
45~54 岁	216	6.8	4.4	6.9	9.0	0.0	2.3	0.0
55~60 岁	73	25.8	0.0	0.0	13.4	0.0	0.0	0.0

● 成都

	人数(千人)	综艺类节目	电视剧	新闻/时事	戏剧类节目	生活服务类节目	少儿节目	教学节目	电影
总人数	**1986**	**41.2**	**62.5**	**74.0**	**2.0**	**6.3**	**2.2**	**0.2**	**16.0**
男性	**1040**	**33.1**	**49.4**	**75.1**	**2.3**	**3.9**	**2.1**	**0.0**	**18.2**
16~24 岁	179	43.3	44.7	42.9	1.7	3.4	1.7	0.0	23.8
25~34 岁	328	41.2	48.8	74.7	2.1	4.3	2.1	0.0	16.9
35~44 岁	277	27.6	45.2	83.2	2.3	2.3	3.3	0.0	18.9
45~54 岁	188	23.1	55.3	86.5	2.5	6.1	0.0	0.0	20.7
55~60 岁	68	16.7	66.3	96.7	3.3	3.3	3.3	0.0	0.0
女性	**946**	**50.1**	**76.9**	**72.9**	**1.8**	**8.9**	**2.3**	**0.5**	**13.6**
16~24 岁	177	66.3	75.6	44.9	1.6	6.3	4.9	0.0	19.6
25~34 岁	292	54.0	77.0	76.3	0.8	4.9	3.2	0.8	13.9
35~44 岁	233	49.1	75.0	77.7	3.5	13.7	1.7	0.0	12.1
45~54 岁	156	39.1	75.8	83.7	0.0	6.9	0.0	1.2	11.3
55~60 岁	89	26.8	85.8	85.6	4.0	18.1	0.0	0.0	8.2

续前表

	人数（千人）	体育类节目	财经节目	专题类节目	法制类节目	外语类节目	音乐节目	其他
总人数	**1986**	**27.4**	**4.7**	**4.9**	**22.0**	**0.3**	**11.6**	**0.0**
男性	**1040**	**45.2**	**5.9**	**6.1**	**24.1**	**0.3**	**8.9**	**0.0**
16~24 岁	179	57.4	3.5	5.2	22.3	1.8	18.8	0.0
25~34 岁	328	47.1	7.3	7.5	14.8	0.0	7.4	0.0
35~44 岁	277	43.6	4.5	6.6	31.4	0.0	7.8	0.0
45~54 岁	188	36.6	6.2	2.4	28.9	0.0	6.0	0.0
55~60 岁	68	34.0	10.0	9.7	30.2	0.0	3.3	0.0
女性	**946**	**7.8**	**3.3**	**3.5**	**19.7**	**0.3**	**14.5**	**0.0**
16~24 岁	177	8.0	4.9	5.0	14.5	1.7	30.4	0.0
25~34 岁	292	5.7	0.0	4.0	19.8	0.0	15.6	0.0
35~44 岁	233	7.7	4.4	1.7	24.3	0.0	7.7	0.0
45~54 岁	156	13.9	5.7	3.5	20.5	0.0	11.7	0.0
55~60 岁	89	4.1	4.0	4.1	16.3	0.0	2.1	0.0

● 重庆

	人数(千人)	综艺类节目	电视剧	新闻/时事	戏剧类节目	生活服务类节目	少儿节目	教学节目	电影
总人数	**2342**	**40.0**	**67.5**	**72.7**	**1.0**	**9.0**	**2.2**	**0.5**	**29.3**
男性	**1230**	**33.8**	**56.4**	**80.0**	**1.0**	**6.6**	**0.7**	**1.0**	**33.2**
16~24 岁	191	44.3	51.9	60.6	0.0	8.8	0.0	4.0	43.2
25~34 岁	327	34.1	47.7	85.3	0.0	6.6	1.9	0.0	38.3
35~44 岁	321	31.0	65.0	82.8	0.0	5.2	0.0	0.0	33.8
45~54 岁	270	31.2	55.7	80.2	0.9	5.7	0.0	1.6	25.2
55~60 岁	121	29.5	66.0	88.1	7.9	8.3	2.0	0.0	20.1
女性	**1112**	**46.9**	**79.7**	**64.6**	**1.0**	**11.7**	**3.8**	**0.0**	**24.9**
16~24 岁	201	63.8	82.1	45.9	0.0	13.7	0.0	0.0	35.9
25~34 岁	283	48.4	73.6	63.4	0.0	13.4	8.0	0.0	23.3
35~44 岁	283	41.0	80.6	63.6	0.9	12.5	1.8	0.0	26.6
45~54 岁	260	39.9	83.7	77.1	2.8	7.5	2.1	0.0	20.2
55~60 岁	84	42.1	78.9	77.8	2.1	12.3	10.9	0.0	12.7

续前表

	人数（千人）	体育类节目	财经节目	专题类节目	法制类节目	外语类节目	音乐节目	其他
总人数	**2342**	**21.0**	**1.8**	**4.5**	**14.3**	**0.4**	**7.2**	**0.0**
男性	**1230**	**36.1**	**1.6**	**5.2**	**15.4**	**0.0**	**4.0**	**0.0**
16~24岁	191	52.9	0.0	0.0	8.1	0.0	9.0	0.0
25~34岁	327	33.3	0.0	10.8	14.7	0.0	4.2	0.0
35~44岁	321	33.9	1.3	3.7	14.2	0.0	4.0	0.0
45~54岁	270	35.9	3.3	4.5	22.4	0.0	1.8	0.0
55~60岁	121	23.8	5.9	3.8	16.2	0.0	0.0	0.0
女性	**1112**	**4.2**	**1.9**	**3.8**	**13.2**	**0.7**	**10.8**	**0.0**
16~24岁	201	4.5	4.5	0.0	9.1	4.1	17.8	0.0
25~34岁	283	3.8	0.0	5.2	8.7	0.0	11.7	0.0
35~44岁	283	5.3	1.8	1.8	13.3	0.0	12.3	0.0
45~54岁	260	3.4	1.3	8.4	17.7	0.0	6.2	0.0
55~60岁	84	4.1	4.4	0.0	23.7	0.0	0.0	0.0

● 武汉

	人数(千人)	综艺类节目	电视剧	新闻/时事	戏剧类节目	生活服务类节目	少儿节目	教学节目	电影
总人数	**3136**	**47.9**	**58.7**	**53.3**	**3.3**	**11.5**	**3.6**	**0.6**	**33.9**
男性	**1633**	**34.4**	**42.0**	**63.1**	**3.2**	**7.7**	**1.4**	**0.7**	**37.0**
16~24岁	342	27.7	32.3	37.9	2.3	7.3	0.0	0.0	54.0
25~34岁	418	39.7	26.8	56.2	0.0	8.5	5.5	2.2	51.2
35~44岁	420	35.7	50.3	77.7	2.6	8.3	0.0	0.0	21.2
45~54岁	308	33.0	58.1	69.4	3.9	3.8	0.0	0.8	32.1
55~60岁	144	34.1	50.3	86.7	15.0	12.7	0.0	0.0	12.2
女性	**1503**	**62.6**	**76.8**	**42.6**	**3.3**	**15.6**	**5.9**	**0.5**	**30.6**
16~24岁	334	78.3	79.8	26.7	0.0	9.9	13.7	0.0	28.2
25~34岁	367	70.6	77.8	30.3	0.0	13.0	8.4	0.0	49.6
35~44岁	373	58.2	69.3	50.3	3.2	22.3	0.8	1.6	23.1
45~54岁	291	54.2	85.0	55.8	5.0	12.1	0.7	0.7	28.7
55~60岁	137	32.1	69.4	65.3	16.9	25.2	5.3	0.0	9.4

续前表

	人数（千人）	体育类节目	财经节目	专题类节目	法制类节目	外语类节目	音乐节目	其他
总人数	**3136**	**28.9**	**3.5**	**4.6**	**7.6**	**0.3**	**13.1**	**0.0**
男性	**1633**	**49.3**	**5.8**	**5.6**	**8.2**	**0.0**	**8.6**	**0.0**
16~24岁	342	60.5	4.3	3.1	8.1	0.0	17.8	0.0
25~34岁	418	57.1	9.0	7.5	6.8	0.0	2.0	0.0
35~44岁	420	43.5	7.1	5.6	5.4	0.0	10.0	0.0
45~54岁	308	41.2	3.3	6.5	10.8	0.0	9.0	0.0
55~60岁	144	34.6	1.8	3.8	15.3	0.0	1.6	0.0
女性	**1503**	**6.7**	**1.1**	**3.5**	**6.9**	**0.7**	**17.9**	**0.0**
16~24岁	334	11.2	0.0	0.0	0.0	0.0	33.9	0.0
25~34岁	367	4.2	0.0	3.6	3.8	1.9	14.9	0.0
35~44岁	373	6.2	1.4	4.8	11.0	0.8	15.6	0.0
45~54岁	291	4.8	2.3	4.8	13.7	0.0	8.6	0.0
55~60岁	137	7.7	3.1	4.7	6.3	0.0	12.5	0.0

● 西安

	人数(千人)	综艺类节目	电视剧	新闻/时事	戏剧类节目	生活服务类节目	少儿节目	教学节目	电影
总人数	**2077**	**50.7**	**53.6**	**67.3**	**5.1**	**9.5**	**2.8**	**0.8**	**31.4**
男性	**1095**	**42.8**	**41.4**	**75.3**	**3.9**	**4.8**	**0.4**	**0.7**	**36.0**
16~24 岁	245	45.0	30.9	40.8	0.0	0.0	0.0	0.0	66.7
25~34 岁	319	48.8	39.5	83.5	0.0	8.2	1.5	0.0	34.2
35~44 岁	273	42.2	44.1	84.6	4.6	4.6	0.0	2.6	29.2
45~54 岁	157	34.9	53.5	87.7	8.1	3.9	0.0	0.0	21.9
55~60 岁	102	32.4	46.3	88.3	17.0	7.7	0.0	0.0	7.6
女性	**982**	**59.6**	**67.3**	**58.4**	**6.5**	**14.8**	**5.4**	**0.9**	**26.3**
16~24 岁	216	70.9	60.2	34.3	3.0	14.9	0.0	0.0	54.2
25~34 岁	275	61.3	62.5	55.6	1.1	6.4	13.7	2.1	29.2
35~44 岁	239	62.4	72.5	65.7	7.1	15.6	3.0	1.3	14.0
45~54 岁	149	39.5	72.0	79.1	10.9	27.4	1.9	0.0	12.6
55~60 岁	102	53.8	76.1	70.0	20.9	16.5	4.8	0.0	8.6

续前表

	人数(千人)	体育类节目	财经节目	专题类节目	法制类节目	外语类节目	音乐节目	其他
总人数	**2077**	**25.7**	**4.1**	**5.5**	**22.0**	**0.9**	**13.4**	**0.2**
男性	**1095**	**42.4**	**6.1**	**6.2**	**22.3**	**0.7**	**10.2**	**0.2**
16~24 岁	245	67.2	0.0	9.6	6.7	0.0	29.1	0.0
25~34 岁	319	36.9	3.8	3.4	18.6	1.5	9.6	0.0
35~44 岁	273	33.5	13.1	5.8	27.9	1.0	1.3	0.0
45~54 岁	157	39.6	6.2	7.8	28.4	0.0	2.7	1.3
55~60 岁	102	28.4	9.0	5.5	47.2	0.0	1.8	0.0
女性	**982**	**7.1**	**1.9**	**4.7**	**21.6**	**1.0**	**17.0**	**0.1**
16~24 岁	216	3.0	0.0	0.0	6.4	4.0	45.1	0.0
25~34 岁	275	8.3	1.4	6.4	28.4	0.0	16.5	0.0
35~44 岁	239	9.3	2.8	5.8	22.2	0.7	8.6	0.0
45~54 岁	149	10.3	3.6	4.4	24.9	0.0	1.9	1.0
55~60 岁	102	3.1	3.2	7.8	29.3	0.0	1.1	0.0

● 沈阳

	人数(千人)	综艺类节目	电视剧	新闻/时事	戏剧类节目	生活服务类节目	少儿节目	教学节目	电影
总人数	**2799**	**34.2**	**61.1**	**69.1**	**1.8**	**8.0**	**3.3**	**1.0**	**28.1**
男性	**1421**	**26.0**	**52.3**	**75.0**	**1.5**	**4.6**	**2.7**	**1.0**	**32.7**
16~24 岁	267	28.0	39.4	42.3	0.0	4.7	5.6	5.5	52.2
25~34 岁	298	22.1	43.4	68.4	5.1	5.1	6.6	0.0	39.3
35~44 岁	392	25.1	61.0	83.1	0.0	5.4	1.1	0.0	26.9
45~54 岁	337	31.3	57.8	90.6	1.9	3.8	0.0	0.0	21.0
55~60 岁	127	20.2	58.7	92.6	0.0	2.3	0.0	0.0	25.2
女性	**1377**	**42.7**	**70.3**	**63.1**	**2.0**	**11.5**	**3.8**	**0.9**	**23.3**
16~24 岁	246	54.7	65.7	25.8	2.9	14.5	0.0	0.0	47.2
25~34 岁	288	48.8	68.2	63.8	2.5	15.3	9.3	2.5	32.7
35~44 岁	376	33.7	66.7	67.2	0.0	10.9	5.9	0.8	17.8
45~54 岁	338	39.1	76.3	79.9	2.7	8.2	0.0	0.7	10.2
55~60 岁	129	41.9	77.9	76.5	3.5	7.3	3.2	0.0	7.3

续前表

	人数（千人）	体育类节目	财经节目	专题类节目	法制类节目	外语类节目	音乐节目	其他
总人数	**2799**	**29.1**	**3.4**	**5.7**	**23.5**	**1.2**	**11.8**	**0.1**
男性	**1421**	**46.1**	**4.6**	**5.1**	**21.8**	**0.4**	**6.6**	**0.0**
16~24 岁	267	59.1	2.4	2.8	8.0	2.4	18.2	0.0
25~34 岁	298	49.6	3.5	5.6	23.0	0.0	10.7	0.0
35~44 岁	392	41.8	6.6	6.7	24.3	0.0	0.9	0.0
45~54 岁	337	37.6	3.8	3.7	26.8	0.0	1.9	0.0
55~60 岁	127	46.5	7.6	8.0	26.7	0.0	2.2	0.0
女性	**1377**	**11.5**	**2.1**	**6.4**	**25.3**	**1.9**	**17.2**	**0.2**
16~24 岁	246	11.2	2.8	5.9	8.0	5.7	46.9	0.0
25~34 岁	288	11.3	0.0	2.4	13.5	2.3	15.9	0.0
35~44 岁	376	14.2	3.4	8.8	28.4	1.6	13.8	0.9
45~54 岁	338	8.1	2.2	5.5	38.2	0.0	5.6	0.0
55~60 岁	129	13.0	1.9	11.2	41.3	0.0	3.9	0.0

● 南京

	人数(千人)	综艺类节目	电视剧	新闻/时事	戏剧类节目	生活服务类节目	少儿节目	教学节目	电影
总人数	**2426**	**31.8**	**45.5**	**76.2**	**1.8**	**20.4**	**2.7**	**1.0**	**31.3**
男性	**1321**	**26.0**	**33.0**	**80.5**	**2.1**	**13.5**	**2.1**	**0.9**	**38.2**
16~24 岁	243	34.5	41.4	45.7	0.0	3.5	9.2	0.0	88.6
25~34 岁	370	32.3	35.4	87.8	0.0	9.4	1.5	0.0	40.1
35~44 岁	347	21.2	21.4	86.3	2.7	21.5	0.0	3.5	21.8
45~54 岁	245	24.0	31.1	89.1	3.7	12.8	0.0	0.0	21.4
55~60 岁	116	7.0	45.9	94.7	7.6	24.9	0.0	0.0	11.4
女性	**1105**	**38.7**	**60.6**	**71.0**	**1.5**	**28.6**	**3.4**	**1.2**	**22.9**
16~24 岁	208	55.7	64.8	45.7	0.0	30.9	9.0	4.4	34.9
25~34 岁	290	45.2	65.7	72.3	1.9	28.7	2.8	0.0	35.7
35~44 岁	286	34.6	51.0	74.7	0.0	31.9	3.7	1.2	14.5
45~54 岁	215	25.9	59.7	84.4	0.2	26.6	0.0	0.0	12.6
55~60 岁	107	24.8	65.8	80.1	10.4	18.8	0.0	0.4	8.0

续前表

	人数（千人）	体育类节目	财经节目	专题类节目	法制类节目	外语类节目	音乐节目	其他
总人数	**2426**	**23.1**	**1.8**	**5.7**	**29.7**	**0.2**	**4.4**	**0.0**
男性	**1321**	**39.2**	**1.8**	**7.7**	**26.5**	**0.2**	**2.3**	**0.0**
16~24 岁	243	33.1	0.0	6.8	4.6	0.9	2.6	0.0
25~34 岁	370	41.3	0.5	7.7	15.5	0.0	2.2	0.0
35~44 岁	347	42.0	3.9	10.8	40.1	0.0	0.6	0.0
45~54 岁	245	45.0	0.8	7.5	37.3	0.0	3.5	0.0
55~60 岁	116	24.6	5.8	1.0	44.4	0.0	4.7	0.0
女性	**1105**	**3.8**	**1.8**	**3.2**	**33.5**	**0.3**	**7.0**	**0.0**
16~24 岁	208	2.2	5.7	1.1	5.9	0.0	20.1	0.0
25~34 岁	290	2.1	0.0	2.2	24.4	1.2	3.2	0.0
35~44 岁	286	5.2	1.3	6.5	41.6	0.0	7.3	0.0
45~54 岁	215	7.1	1.9	4.1	48.7	0.0	1.8	0.0
55~60 岁	107	1.6	0.8	0.0	59.5	0.0	1.5	0.0

10 不同学历的观众收看电视节目的偏好 注：本题为多选题，合计百分比可能超过 100%

● 北京

	人数（千人）	综艺类节目	电视剧	新闻/时事	戏剧类节目	生活服务类节目	少儿节目	教学节目	电影
总人数	**5920**	**35.6**	**57.3**	**65.3**	**1.9**	**12.0**	**4.1**	**0.4**	**19.1**
小学及以下	290	32.2	67.5	61.3	7.3	10.9	1.2	0.0	18.0
初中	1464	28.3	68.0	60.4	2.6	11.4	6.9	0.0	21.1
高中/中专/技校	2324	38.0	58.4	63.7	2.0	11.0	3.9	0.8	19.3
大学专科	836	41.8	52.2	61.5	0.4	15.7	3.1	0.8	23.2
大学本科	870	39.7	42.2	79.3	0.4	11.5	2.3	0.0	12.8
研究生及以上	136	17.9	31.1	85.3	0.0	17.4	0.0	0.0	14.0

续前表

	人数（千人）	体育类节目	财经节目	专题类节目	法制类节目	外语类节目	音乐节目	其他
总人数	**5920**	**26.3**	**4.2**	**6.9**	**34.7**	**0.2**	**10.5**	**0.0**
小学及以下	290	7.4	0.0	0.0	44.3	0.0	17.1	0.0
初中	1464	17.0	1.7	3.3	51.9	0.0	4.6	0.0
高中/中专/技校	2324	27.9	2.3	5.0	32.9	0.6	14.3	0.0
大学专科	836	27.0	6.0	9.4	24.8	0.0	9.5	0.0
大学本科	870	40.6	13.5	16.3	20.9	0.0	9.1	0.0
研究生及以上	136	43.4	0.0	17.3	9.5	0.0	10.0	0.0

● 上海

	人数（千人）	综艺类节目	电视剧	新闻/时事	戏剧类节目	生活服务类节目	少儿节目	教学节目	电影
总人数	**7015**	**48.2**	**54.3**	**77.3**	**3.3**	**9.4**	**4.3**	**0.2**	**21.4**
小学及以下	129	42.6	80.5	75.7	18.6	6.9	0.0	0.0	16.4
初中	2057	47.6	64.9	84.1	5.3	7.3	2.8	0.0	20.0
高中/中专/技校	3215	49.8	51.7	76.0	2.3	7.7	4.3	0.2	21.6
大学专科	848	45.5	46.3	67.7	2.1	16.6	7.7	1.0	27.3
大学本科	683	49.2	40.8	75.6	1.3	14.4	5.2	0.0	21.0
研究生及以上	82	28.8	43.8	73.9	0.0	15.8	0.0	0.0	0.0

续前表

	人数（千人）	体育类节目	财经节目	专题类节目	法制类节目	外语类节目	音乐节目	其他
总人数	**7015**	**31.2**	**5.6**	**2.0**	**21.9**	**1.5**	**12.6**	**0.1**
小学及以下	129	0.0	0.0	0.0	27.9	0.0	15.4	0.0
初中	2057	22.4	3.6	1.3	29.6	0.0	6.4	0.2
高中/中专/技校	3215	36.2	6.5	1.7	20.9	0.9	14.0	0.0
大学专科	848	32.8	7.1	5.1	16.0	1.2	17.4	0.0
大学本科	683	37.6	1.1	2.0	11.6	7.9	17.9	0.0
研究生及以上	82	36.6	56.2	0.0	0.0	18.8	15.0	0.0

● 广州

	人数（千人）	综艺类节目	电视剧	新闻/时事	戏剧类节目	生活服务类节目	少儿节目	教学节目	电影
总人数	**3015**	**32.5**	**86.9**	**87.8**	**3.0**	**3.8**	**4.1**	**0.2**	**24.6**
小学及以下	197	36.2	88.0	82.8	10.8	6.2	2.8	0.0	24.3
初中	886	30.9	89.8	87.0	4.4	2.6	7.1	0.6	23.2
高中/中专/技校	1383	33.5	89.4	87.8	1.9	4.8	3.5	0.0	24.5
大学专科	323	35.1	73.7	90.3	0.0	3.1	1.7	0.0	30.7
大学本科	202	23.7	76.2	93.5	2.2	1.6	0.0	0.0	22.6
研究生及以上	23	49.0	100.0	80.2	0.0	0.0	0.0	0.0	19.8

续前表

	人数（千人）	体育类节目	财经节目	专题类节目	法制类节目	外语类节目	音乐节目	其他
总人数	**3015**	**33.2**	**1.6**	**2.3**	**2.4**	**0.2**	**4.1**	**0.2**
小学及以下	197	23.8	1.5	0.0	0.0	0.0	3.6	0.0
初中	886	28.6	1.7	0.7	1.9	0.5	3.8	0.0
高中/中专/技校	1383	34.1	1.1	2.4	2.3	0.2	4.1	0.2
大学专科	323	39.9	1.4	4.8	1.7	0.0	6.5	0.9
大学本科	202	47.6	0.0	7.2	8.4	0.0	3.3	0.0
研究生及以上	23	10.1	40.9	0.0	0.0	0.0	0.0	0.0

● 深圳

	人数（千人）	综艺类节目	电视剧	新闻/时事	戏剧类节目	生活服务类节目	少儿节目	教学节目	电影
总人数	**4175**	**33.0**	**73.6**	**73.7**	**1.3**	**4.7**	**5.8**	**0.4**	**19.5**
小学及以下	457	22.0	84.1	72.0	5.2	3.6	6.5	0.0	20.3
初中	1558	26.0	82.6	76.1	1.2	4.5	6.7	0.3	17.6
高中/中专/技校	1367	37.7	71.1	72.1	0.9	4.4	6.6	0.0	20.3
大学专科	466	42.2	60.3	75.4	0.0	5.1	1.8	0.8	20.4
大学本科	274	48.5	48.1	69.4	0.0	7.3	1.4	2.8	22.5
研究生及以上	52	55.6	30.7	64.1	0.0	8.2	8.2	0.0	25.0

续前表

	人数（千人）	体育类节目	财经节目	专题类节目	法制类节目	外语类节目	音乐节目	其他
总人数	**4175**	**15.2**	**3.8**	**5.4**	**11.6**	**0.5**	**7.0**	**0.1**
小学及以下	457	2.7	1.8	0.8	13.1	0.0	4.8	0.0
初中	1558	8.2	2.1	4.3	12.9	0.0	7.7	0.0
高中/中专/技校	1367	19.0	3.1	6.1	9.7	0.7	8.1	0.0
大学专科	466	26.6	8.8	7.0	11.8	1.8	5.5	0.0
大学本科	274	30.6	10.2	10.5	11.8	1.4	4.5	1.6
研究生及以上	52	47.2	16.4	19.6	8.4	0.0	8.2	0.0

● 成都

	人数（千人）	综艺类节目	电视剧	新闻/时事	戏剧类节目	生活服务类节目	少儿节目	教学节目	电影
总人数	**1986**	**41.2**	**62.5**	**74.0**	**2.0**	**6.3**	**2.2**	**0.2**	**16.0**
小学及以下	145	18.3	80.6	87.9	0.0	1.2	1.6	0.0	16.4
初中	544	33.9	69.4	80.0	3.1	7.4	2.9	0.0	15.8
高中/中专/技校	671	47.8	61.4	70.2	1.6	7.6	1.5	0.0	16.8
大学专科	400	47.2	57.2	67.6	3.2	6.1	2.9	0.5	13.8
大学本科	186	38.2	46.1	69.2	0.0	4.0	1.9	1.3	17.9
研究生及以上	42	63.3	52.6	92.2	0.0	0.0	0.0	0.0	15.8

续前表

	人数（千人）	体育类节目	财经节目	专题类节目	法制类节目	外语类节目	音乐节目	其他
总人数	**1986**	**27.4**	**4.7**	**4.9**	**22.0**	**0.3**	**11.6**	**0.0**
小学及以下	145	16.1	0.0	0.0	22.2	0.0	4.1	0.0
初中	544	21.7	4.1	3.8	25.1	0.0	5.7	0.0
高中/中专/技校	671	26.0	3.7	5.1	21.6	0.5	17.7	0.0
大学专科	400	33.9	7.7	7.3	21.1	0.0	13.0	0.0
大学本科	186	43.5	6.2	7.0	17.5	1.7	11.9	0.0
研究生及以上	42	28.6	7.3	0.0	15.1	0.0	0.0	0.0

● 重庆

	人数（千人）	综艺类节目	电视剧	新闻/时事	戏剧类节目	生活服务类节目	少儿节目	教学节目	电影
总人数	**2342**	**40.0**	**67.5**	**72.7**	**1.0**	**9.0**	**2.2**	**0.5**	**29.3**
小学及以下	389	30.9	82.5	69.9	1.7	4.2	2.5	0.0	26.4
初中	827	30.8	77.0	69.5	1.6	7.5	1.7	0.5	34.3
高中/中专/技校	631	45.2	63.1	74.0	0.7	11.8	0.9	1.2	28.0
大学专科	342	60.3	48.2	73.8	0.0	17.1	1.0	0.0	23.6
大学本科	146	47.9	40.6	88.6	0.0	0.0	12.2	0.0	23.8
研究生及以上	7	0.0	0.0	100.0	0.0	0.0	0.0	0.0	100.0

续前表

	人数（千人）	体育类节目	财经节目	专题类节目	法制类节目	外语类节目	音乐节目	其他
总人数	**2342**	**21.0**	**1.8**	**4.5**	**14.3**	**0.4**	**7.2**	**0.0**
小学及以下	389	5.3	0.6	4.1	8.6	2.1	5.5	0.0
初中	827	16.0	0.9	3.2	15.8	0.0	7.6	0.0
高中/中专/技校	631	29.2	4.3	2.5	16.7	0.0	8.5	0.0
大学专科	342	32.5	0.6	7.8	19.0	0.0	3.1	0.0
大学本科	146	30.0	1.7	9.8	1.2	0.0	13.4	0.0
研究生及以上	7	0.0	0.0	100.0	0.0	0.0	0.0	0.0

● 武汉

	人数（千人）	综艺类节目	电视剧	新闻/时事	戏剧类节目	生活服务类节目	少儿节目	教学节目	电影
总人数	**3136**	**47.9**	**58.7**	**53.3**	**3.3**	**11.5**	**3.6**	**0.6**	**33.9**
小学及以下	179	24.5	77.1	69.6	14.0	13.6	1.7	0.0	23.2
初中	706	47.7	68.0	55.2	3.7	12.4	0.6	0.0	36.3
高中/中专/技校	1266	52.2	60.2	49.7	3.4	10.5	4.3	0.8	36.9
大学专科	510	45.3	50.1	50.6	0.5	9.4	6.7	1.8	28.2
大学本科	412	51.7	43.8	56.7	0.9	11.9	4.1	0.0	34.5
研究生及以上	62	26.9	35.7	57.7	3.6	29.1	0.0	0.0	19.3

续前表

	人数（千人）	体育类节目	财经节目	专题类节目	法制类节目	外语类节目	音乐节目	其他
总人数	**3136**	**28.9**	**3.5**	**4.6**	**7.6**	**0.3**	**13.1**	**0.0**
小学及以下	179	15.7	0.0	4.1	6.5	0.0	5.2	0.0
初中	706	17.2	1.6	2.1	12.8	0.0	7.9	0.0
高中/中专/技校	1266	32.5	2.1	4.6	5.2	0.2	16.4	0.0
大学专科	510	38.5	3.8	6.6	7.3	0.0	14.7	0.0
大学本科	412	29.2	11.6	3.2	7.1	1.7	14.9	0.0
研究生及以上	62	46.0	9.1	23.9	6.7	0.0	0.0	0.0

● 西安

	人数（千人）	综艺类节目	电视剧	新闻/时事	戏剧类节目	生活服务类节目	少儿节目	教学节目	电影
总人数	**2077**	**50.7**	**53.6**	**67.3**	**5.1**	**9.5**	**2.8**	**0.8**	**31.4**
小学及以下	72	35.3	67.6	68.4	24.7	18.2	0.0	0.0	22.5
初中	468	43.7	74.3	60.8	11.0	13.8	5.2	0.0	30.7
高中/中专/技校	892	51.7	55.4	64.5	3.6	6.7	1.7	0.5	34.5
大学专科	367	50.6	36.4	73.1	0.4	14.5	2.3	1.8	30.5
大学本科	232	61.4	38.9	75.3	1.9	3.0	4.4	2.2	26.5
研究生及以上	46	74.7	0.0	100.0	0.0	0.0	0.0	0.0	27.0

续前表

	人数（千人）	体育类节目	财经节目	专题类节目	法制类节目	外语类节目	音乐节目	其他
总人数	**2077**	**25.7**	**4.1**	**5.5**	**22.0**	**0.9**	**13.4**	**0.2**
小学及以下	72	10.5	0.0	2.0	39.5	0.0	0.0	0.0
初中	468	12.2	0.3	4.5	21.1	0.0	13.9	0.0
高中/中专/技校	892	30.6	2.8	5.1	22.2	0.0	14.4	0.4
大学专科	367	29.3	9.2	8.9	25.7	0.7	14.9	0.0
大学本科	232	33.4	8.9	2.6	12.8	6.5	9.4	0.0
研究生及以上	46	26.9	10.8	15.0	17.0	0.0	18.3	0.0

● 沈阳

	人数（千人）	综艺类节目	电视剧	新闻/时事	戏剧类节目	生活服务类节目	少儿节目	教学节目	电影
总人数	**2799**	**34.2**	**61.1**	**69.1**	**1.8**	**8.0**	**3.3**	**1.0**	**28.1**
小学及以下	83	27.8	84.0	78.5	2.5	2.5	2.5	0.0	24.6
初中	1047	30.2	64.5	75.9	3.4	8.5	2.9	0.7	25.8
高中/中专/技校	877	38.5	60.6	62.6	1.3	6.9	2.9	2.0	32.3
大学专科	491	39.0	58.5	69.5	0.0	7.0	4.9	0.5	23.5
大学本科	291	29.4	50.5	60.4	0.0	12.3	3.3	0.0	30.2
研究生及以上	9	43.7	0.0	100.0	0.0	0.0	0.0	0.0	100.0

续前表

	人数（千人）	体育类节目	财经节目	专题类节目	法制类节目	外语类节目	音乐节目	其他
总人数	**2799**	**29.1**	**3.4**	**5.7**	**23.5**	**1.2**	**11.8**	**0.1**
小学及以下	83	7.0	0.0	12.0	28.1	0.0	8.9	0.0
初中	1047	22.0	2.1	6.8	30.1	0.0	8.3	0.0
高中/中专/技校	877	31.3	2.4	2.2	22.4	0.4	13.3	0.4
大学专科	491	28.7	4.8	9.7	17.9	2.1	15.3	0.0
大学本科	291	55.6	8.0	4.3	11.8	6.7	15.2	0.0
研究生及以上	9	0.0	56.3	0.0	0.0	0.0	0.0	0.0

● 南京

	人数（千人）	综艺类节目	电视剧	新闻/时事	戏剧类节目	生活服务类节目	少儿节目	教学节目	电影
总人数	**2426**	**31.8**	**45.5**	**76.2**	**1.8**	**20.4**	**2.7**	**1.0**	**31.3**
小学及以下	236	15.1	53.8	77.2	5.1	40.4	0.0	0.0	9.5
初中	718	27.3	48.5	80.4	3.0	22.0	1.2	2.5	21.5
高中/中专/技校	939	35.9	47.4	75.1	1.0	19.1	3.7	0.7	39.6
大学专科	285	45.8	43.2	61.3	0.4	13.8	1.4	0.0	39.5
大学本科	207	29.0	24.0	81.3	0.0	9.5	7.9	0.0	40.4
研究生及以上	42	29.8	28.3	98.3	0.0	4.7	4.7	1.7	32.1

续前表

	人数（千人）	体育类节目	财经节目	专题类节目	法制类节目	外语类节目	音乐节目	其他
总人数	**2426**	**23.1**	**1.8**	**5.7**	**29.7**	**0.2**	**4.4**	**0.0**
小学及以下	236	5.4	0.0	0.0	38.0	0.0	0.0	0.0
初中	718	20.5	0.2	4.3	46.5	0.0	4.0	0.0
高中/中专/技校	939	25.8	1.0	3.4	23.6	0.0	3.1	0.0
大学专科	285	27.1	4.9	15.9	20.5	0.0	8.0	0.0
大学本科	207	33.1	7.3	12.7	8.2	2.7	11.0	0.0
研究生及以上	42	30.7	9.7	7.6	0.0	0.0	10.5	0.0

二、广播

1 各城市消费者过去半年内接触广播的频率

收听习惯	北京	上海	广州	深圳	成都	重庆	武汉	西安	沈阳	南京
每天	23.9	32.0	16.7	10.4	10.8	4.8	14.4	13.3	27.2	20.7
每周 3 次或以上	7.9	6.5	9.5	5.9	6.5	3.1	6.1	7.7	8.2	6.6
每周至少 1 次	8.0	8.9	6.7	7.0	5.2	4.5	7.1	9.9	9.1	7.3
每 2 周至少 1 次	1.6	1.6	2.2	2.1	1.1	1.4	1.4	2.7	1.9	1.4
每月至少 1 次	1.9	1.4	3.4	2.8	3.1	1.3	4.5	4.2	3.0	0.5
每季度至少 1 次	0.3	0.1	1.3	2.1	1.2	0.3	2.2	1.5	1.7	0.0
更少	1.9	2.4	0.8	3.5	2.4	3.2	3.1	5.6	2.8	1.7
半年内没有接触	54.4	47.1	59.5	66.2	69.8	81.4	61.3	55.1	46.1	61.8
人数（千人）	6019	7016	3035	4208	2010	2435	3162	2088	2831	2438

2 在过去半年内接触过广播媒介的消费者最近一周内收听广播的比例

	人数（千人）	听	不听
北京	2741	95.0	5.0
上海	3711	93.8	6.2
广州	1229	93.1	6.9
深圳	1424	80.5	19.5
成都	608	83.4	16.6
重庆	452	83.6	16.4
武汉	1225	84.2	15.8
西安	938	79.2	20.8
沈阳	1525	85.3	14.7
南京	932	93.3	6.7

3 最近一周内不同时间收听广播的时间长短

3-1 周一到周五

时间长度	北京	上海	广州	深圳	成都	重庆	武汉	西安	沈阳	南京
大约 15 分钟	8.5	10.1	6.1	19.3	11.5	26.5	18.8	10.7	10.4	12.4
大约 30 分钟	24.9	29.7	22.2	24.8	32.5	11.1	20.4	19.7	18.9	22.3
大约 45 分钟	3.3	6.2	2.8	6.0	5.4	3.1	6.0	4.3	5.1	4.7
大约 1 小时	28.5	24.9	28.5	14.7	15.3	15.7	18.6	18.2	19.5	21.5
大约 1 个半小时	6.8	3.9	8.1	3.2	4.4	3.5	4.4	5.4	7.4	4.6
大约 2 小时	10.9	8.0	10.3	7.5	3.1	5.5	6.2	11.3	13.6	10.5
大约 3 小时	3.8	4.2	4.9	1.4	3.3	4.9	4.7	2.6	3.1	5.6
大约 4 小时	2.2	1.7	2.2	0.3	1.5	2.9	0.7	2.6	3.6	1.2
大约 5 小时	1.0	0.5	0.0	0.8	1.0	0.4	0.2	0.2	1.3	0.5
大约 6 小时或以上	2.9	1.9	2.1	0.6	1.0	4.0	2.0	1.5	0.8	5.1
记不清/不知道	0.4	0.4	0.8	1.3	1.0	2.0	2.2	1.7	0.3	0.3
没有收听	6.8	8.6	11.9	20.2	20.0	20.4	15.9	21.9	16.1	11.3
人数（千人）	2743	3711	1229	1424	609	452	1224	938	1524	930

3-2 周六周日

时间长度	北京	上海	广州	深圳	成都	重庆	武汉	西安	沈阳	南京
大约 15 分钟	5.9	6.1	4.6	16.5	11.3	23.2	12.1	4.6	6.6	8.9
大约 30 分钟	14.9	23.0	17.2	15.3	26.0	7.5	12.3	12.5	15.3	21.8
大约 45 分钟	2.4	4.7	1.4	3.4	3.8	1.6	3.4	2.0	3.5	3.1
大约 1 小时	22.5	22.2	25.1	13.6	14.7	9.9	11.4	8.0	16.5	19.6
大约 1 个半小时	8.8	4.8	8.9	3.9	4.8	2.9	2.5	3.2	7.3	4.5
大约 2 小时	8.7	6.8	12.9	5.7	4.3	3.3	6.4	8.0	12.2	12.9
大约 3 小时	3.5	3.6	4.5	1.2	1.8	2.9	4.0	1.0	2.3	4.6
大约 4 小时	3.7	1.7	2.6	0.8	1.8	1.8	0.8	0.6	4.0	1.6
大约 5 小时	0.4	0.5	0.0	0.8	0.5	0.4	0.3	1.2	1.3	3.3
大约 6 小时或以上	2.4	1.1	1.4	0.6	1.0	2.9	2.0	1.7	0.9	2.3
记不清/不知道	0.4	0.8	1.5	3.0	1.0	0.7	2.6	2.1	0.8	0.3
没有收听	26.6	24.7	20.0	35.3	29.1	43.1	42.2	55.1	29.2	17.1
人数（千人）	2742	3711	1229	1424	611	453	1225	937	1526	931

4 经常收听广播的时段 注：本题为多选题，合计百分比超过 100%

4-1 周一到周五

时间段	北京	上海	广州	深圳	成都	重庆	武汉	西安	沈阳	南京
0:00~0:30	1.6	0.2	2.8	1.8	1.2	3.8	1.0	1.7	0.2	1.5
0:30~1:00	0.2	0.2	1.7	0.9	0.4	3.8	0.7	1.4	0.2	1.5
1:00~1:30	0.7	0.0	1.8	0.5	0.8	3.8	0.3	1.3	0.2	1.6
1:30~2:00	0.7	0.0	1.2	0.5	0.4	3.8	0.3	1.1	0.3	1.6
2:00~2:30	0.0	0.0	0.6	0.0	0.4	3.8	1.0	1.1	0.3	0.4
2:30~3:00	0.0	0.0	0.6	0.0	0.0	3.8	0.7	1.1	0.3	0.4
3:00~3:30	0.0	0.0	0.6	0.3	0.0	3.0	1.0	0.0	0.3	0.0
3:30~4:00	0.0	0.0	0.8	0.3	0.0	3.0	0.7	0.0	0.3	0.0
4:00~4:30	0.3	0.4	0.6	0.3	0.0	3.0	0.0	0.0	0.5	0.1
4:30~5:00	0.3	0.2	0.6	0.3	0.0	2.1	0.0	0.0	0.6	0.3
5:00~5:30	0.0	0.6	0.6	0.3	0.0	2.1	0.2	0.0	3.3	0.7
5:30~6:00	0.8	2.3	1.4	0.3	0.5	2.1	1.7	0.0	6.9	3.8
6:00~6:30	4.9	18.7	4.3	0.9	2.0	3.9	6.0	1.0	15.9	13.5
6:30~7:00	12.8	23.1	6.4	1.5	4.8	6.5	9.9	3.5	20.9	20.8
7:00~7:30	26.5	24.9	16.1	5.5	16.4	9.9	11.6	8.2	23.2	28.0
7:30~8:00	24.4	18.9	13.5	8.3	7.6	8.4	12.6	8.0	18.2	17.3
8:00~8:30	16.2	15.2	12.8	14.4	10.1	6.8	9.9	6.7	12.6	18.4
8:30~9:00	10.2	12.8	12.6	13.0	9.5	9.9	8.8	5.2	9.0	12.2
9:00~9:30	9.6	8.7	11.7	8.4	10.1	6.2	11.0	5.7	9.5	12.3
9:30~10:00	8.7	6.9	8.8	5.3	8.0	7.3	8.4	5.2	7.2	9.0
10:00~10:30	7.6	6.3	9.7	5.6	5.9	11.0	8.3	4.5	4.9	9.8
10:30~11:00	5.1	5.7	10.0	4.6	5.3	7.8	6.5	3.9	4.9	9.4
11:00~11:30	5.0	6.3	7.8	4.5	4.5	3.2	6.9	2.5	4.9	10.4
11:30~12:00	5.6	7.6	10.6	5.6	3.7	4.5	7.5	3.7	5.0	7.0
12:00~12:30	8.8	7.0	19.0	11.1	7.4	6.6	8.8	11.6	5.0	8.0
12:30~13:00	8.1	4.4	12.1	8.1	5.5	6.6	9.2	9.9	3.7	5.5
13:00~13:30	5.4	4.5	8.9	4.7	4.5	5.0	8.2	5.7	2.7	4.0
13:30~14:00	4.2	3.8	6.6	2.8	3.6	3.5	6.0	3.5	3.1	3.0
14:00~14:30	5.0	4.2	6.2	4.5	3.9	9.0	3.7	5.2	3.9	4.2
14:30~15:00	4.3	4.2	4.8	5.1	2.8	11.3	4.3	5.6	3.1	8.0
15:00~15:30	4.7	3.4	3.9	4.2	5.3	7.5	3.2	3.2	3.7	5.6
15:30~16:00	4.8	3.0	4.2	3.1	3.5	3.4	3.2	2.6	2.7	5.0
16:00~16:30	5.6	4.2	7.0	2.3	4.0	7.6	2.8	3.4	2.9	5.0
16:30~17:00	6.0	4.9	7.1	3.1	2.8	4.6	3.3	5.2	2.3	5.1
17:00~17:30	8.5	3.1	8.1	8.8	2.4	3.8	8.0	5.2	7.5	7.1
17:30~18:00	5.4	5.6	9.3	7.3	4.4	2.8	7.5	5.1	7.5	4.4
18:00~18:30	5.0	6.0	7.8	6.0	5.4	4.0	7.6	5.9	7.6	3.9
18:30~19:00	4.2	4.4	4.2	4.9	3.2	3.1	5.6	4.1	6.4	2.6
19:00~19:30	3.1	3.4	3.1	5.6	3.4	6.3	4.6	4.1	6.0	2.6
19:30~20:00	2.3	3.3	2.3	3.6	3.0	8.3	3.8	4.4	8.4	1.8
20:00~20:30	2.1	4.1	2.5	1.9	2.9	8.5	5.4	5.1	9.4	3.2
20:30~21:00	2.9	3.9	2.6	2.3	2.6	6.1	5.8	6.0	11.9	4.6
21:00~21:30	4.3	3.8	2.0	3.1	3.3	8.4	7.8	8.2	11.8	5.3
21:30~22:00	8.3	2.6	2.1	4.1	3.7	8.6	5.9	12.3	11.5	6.2
22:00~22:30	11.4	3.4	4.5	7.9	5.5	8.6	6.3	19.8	11.5	7.1
22:30~23:00	8.8	2.3	6.1	8.6	5.2	6.1	6.9	18.2	6.4	4.3
23:00~23:30	8.7	1.2	7.0	9.1	6.0	6.5	6.1	9.9	3.6	7.5
23:30~24:00	5.7	1.0	6.2	6.5	4.9	6.0	1.7	6.3	2.7	5.2
记不清/不知道	4.0	0.0	1.3	3.6	1.4	1.5	1.8	6.4	0.4	0.4
没有收听	6.8	8.6	11.5	20.1	19.7	20.4	16.0	22.5	16.1	11.3
人数（千人）	2742	3711	1229	1423	609	452	1224	938	1525	931

4-2 周六周日

时间段	北京	上海	广州	深圳	成都	重庆	武汉	西安	沈阳	南京
0:00~0:30	0.7	0.5	2.2	1.8	1.8	1.8	1.7	1.2	0.2	1.5
0:30~1:00	0.2	0.2	1.0	0.9	1.3	1.8	1.4	0.8	0.2	1.5
1:00~1:30	0.7	0.0	1.6	0.5	0.8	1.8	0.3	1.3	0.0	1.6
1:30~2:00	0.7	0.0	0.7	0.5	0.4	1.8	0.3	1.1	0.2	1.6
2:00~2:30	0.0	0.0	0.0	0.0	0.4	1.8	1.0	1.1	0.2	0.4
2:30~3:00	0.0	0.0	0.0	0.4	0.0	1.8	0.7	1.1	0.2	0.4
3:00~3:30	0.0	0.0	0.0	0.3	0.0	1.0	1.0	0.0	0.2	0.0
3:30~4:00	0.0	0.0	0.0	0.3	0.0	1.0	0.7	0.0	0.2	0.0
4:00~4:30	0.0	0.4	0.0	0.3	0.0	1.0	0.0	0.0	0.3	0.1
4:30~5:00	0.0	0.2	0.0	0.3	0.0	0.0	0.0	0.0	0.6	0.3
5:00~5:30	0.0	0.6	0.0	0.3	0.0	0.0	0.2	0.0	3.3	0.7
5:30~6:00	0.3	2.1	0.5	0.3	0.5	0.0	0.6	0.0	6.6	3.0
6:00~6:30	2.8	15.7	3.3	0.6	2.0	1.5	5.0	1.0	13.6	11.8
6:30~7:00	10.0	19.0	5.3	1.2	4.8	3.8	9.1	1.9	18.2	18.6
7:00~7:30	17.0	18.8	11.9	3.8	14.4	7.5	8.3	5.2	20.1	25.7
7:30~8:00	13.5	10.8	9.6	6.4	6.4	3.8	7.4	3.6	14.6	15.2
8:00~8:30	10.6	10.2	9.4	7.4	6.4	5.5	10.2	3.9	10.8	17.2
8:30~9:00	8.0	8.3	8.5	7.8	7.1	7.4	8.2	1.9	10.1	12.6
9:00~9:30	8.2	9.1	11.9	6.4	8.1	7.2	8.7	1.7	11.1	12.5
9:30~10:00	8.1	8.0	10.4	4.8	7.7	9.8	7.4	2.1	7.2	9.6
10:00~10:30	5.2	6.8	13.3	5.6	6.9	7.5	6.7	3.0	3.7	10.0
10:30~11:00	4.1	5.6	13.1	4.0	6.4	7.4	4.7	2.7	4.2	10.3
11:00~11:30	5.9	6.4	9.6	3.9	4.1	4.3	4.9	2.2	4.0	10.6
11:30~12:00	6.6	7.5	10.9	2.7	4.3	2.8	6.0	2.4	4.2	9.4
12:00~12:30	6.1	5.4	14.7	7.0	4.8	4.6	7.0	6.9	4.0	8.7
12:30~13:00	5.3	3.4	9.6	5.4	3.5	3.2	7.2	6.4	3.1	5.6
13:00~13:30	4.9	3.8	6.9	4.4	3.0	1.1	6.0	4.4	2.7	3.7
13:30~14:00	4.0	3.3	5.2	3.2	3.0	1.5	4.8	3.9	2.6	3.3
14:00~14:30	5.0	3.8	5.9	4.7	5.1	3.4	2.7	3.2	3.8	4.4
14:30~15:00	3.8	3.8	5.0	4.3	3.3	4.0	2.5	2.4	3.1	4.7
15:00~15:30	4.8	2.9	3.3	4.8	4.8	3.0	2.5	1.4	3.7	2.3
15:30~16:00	4.4	2.4	3.6	4.0	4.6	3.4	2.5	1.6	3.6	2.3
16:00~16:30	4.9	1.9	6.3	2.4	3.4	4.7	2.0	2.3	2.9	1.5
16:30~17:00	4.6	2.5	7.2	2.4	1.7	3.8	2.8	3.7	2.1	1.6
17:00~17:30	5.0	2.9	7.7	6.4	1.8	3.8	4.8	3.9	6.3	3.3
17:30~18:00	4.4	4.6	9.2	4.9	3.5	3.4	5.5	3.6	6.5	3.7
18:00~18:30	5.1	5.4	7.9	4.0	4.4	5.4	6.4	3.2	6.8	4.4
18:30~19:00	5.0	3.6	3.9	4.0	4.5	3.9	5.5	2.7	5.6	3.0
19:00~19:30	3.5	3.9	2.8	4.8	4.3	5.3	3.6	2.0	5.1	2.6
19:30~20:00	2.5	3.6	1.7	3.0	3.6	7.2	2.7	2.7	6.9	2.3
20:00~20:30	2.1	3.5	1.8	1.9	2.9	7.1	4.6	5.5	8.0	3.4
20:30~21:00	3.1	3.4	2.0	2.5	3.0	4.7	3.5	6.0	10.5	4.8
21:00~21:30	5.7	4.1	1.0	3.6	3.3	4.2	4.3	6.1	11.5	4.5
21:30~22:00	8.8	2.9	1.8	3.5	3.7	5.0	3.5	9.6	11.5	6.1
22:00~22:30	15.2	1.9	4.2	5.9	4.1	5.5	4.3	13.1	11.3	7.7
22:30~23:00	13.0	1.4	6.1	7.5	4.2	6.2	4.8	11.6	7.5	3.8
23:00~23:30	10.5	1.0	7.0	6.6	5.9	7.4	4.2	6.2	4.4	7.1
23:30~24:00	5.6	0.4	6.0	6.3	5.4	6.0	1.6	3.5	3.1	4.8
记不清/不知道	3.8	0.4	0.9	5.0	1.4	2.8	2.1	4.9	0.9	0.4
没有收听	26.6	25.2	20.0	34.9	29.8	43.8	41.3	55.5	28.7	17.1
人数（千人）	**2742**	**3711**	**1229**	**1423**	**609**	**452**	**1224**	**938**	**1525**	**931**

5 经常收听的广播频道排名 注：本题为多选题，合计百分比超过100%

排名	北京		上海		广州		深圳		成都	
	广播频道	百分比	广播频道	百分比	广播频道	百分比	广播频道	百分比	广播频道	百分比
1	北京人民广播电台-交通广播 FM103.9	49.0	上海人民广播电台新闻频率 AM990/FM93.4	47.5	广东电台珠江经济广播电台 FM97.4	30.7	深圳飞扬音乐调频	50.3	四川人民广播电台岷江音乐台 FM102.6/FM95.5	42.5
2	北京人民广播电台-音乐广播 FM97.4	32.8	东广音乐动感101 (FM101.7)	34.1	广东电台音乐之声 FM99.3	27.6	深圳人民广播电台交通台	35.9	成都人民广播电台交通广播 FM91.4/AM1485	24.4
3	北京人民广播电台-文艺广播 FM87.6	22.3	东广音乐魅力103(FM103.7)	23.1	广州人民广播电台第二台金曲广播 FM102.7	21.8	深圳人民广播电台新闻频率	25.0	四川人民广播电台交通广播 FM101.7	21.0
4	中央人民广播电台三套音乐之声	19.6	上海人民广播电台文艺频率（开心调频）FM96.8	17.3	广东电台羊城交通广播台 FM105.2	21.0	中央人民广播电台一套（中国之声）	8.2	成都人民广播电台音乐广播 LOVE RADIO FM105.6	19.7
5	北京人民广播电台-新闻广播 AM828/FM100.6	12.9	东方人民广播电台都市792(AM792/FM89.9)	16.1	广州人民广播电台第一台调频广播（风云962）FM96.2	14.8	中央广播电台七套华夏之声普通话频率	7.2	成都人民广播电台新闻广播 FM99.8/AM792	15.7
6	中央人民广播电台一套（中国之声）	7.3	东广新闻台 AM1296/FM104.5	12.4	广东电台健康之声 FM93.6	12.5	广东电台南粤之声	4.6	四川人民广播电台经济频率大众广播 FM89.4	15.4
7	中国国际广播电台 FM88.7	6.3	上海人民广播电台交通频率 AM648/FM105.7	10.2	广东电台城市之声 FM103.6	12.0	中央人民广播电台第七套华夏之声双语频率	2.7	中央人民广播电台一套（中国之声）FM103.7/AM639	14.7
8	北京人民广播电台-体育广播 AM927	4.0	中央人民广播电台三套音乐之声 FM107.7	6.7	佛山人民广播电台-真爱频道 FM94.6	10.9	香港商业二台 FM90.3/FM90.7/FM91.2	2.6	四川人民广播电台经济频率时代广播 FM94.1	7.5
9	中央人民广播电台九套文艺之声	3.6	上海人民广播电台戏剧频率（海上戏剧）AM1197/FM92.4	6.5	佛山人民广播电台-千色频道 FM98.5	10.0	广东电台音乐之声	2.5	四川人民广播电台生活旅游都市广播 FM97.0	4.3
10	中央人民广播电台二套经济之声	3.2	第1财经 AM1422 (6:00-20:00)/FM97.7	6.0	广东电台卫星广播（新闻频道）FM91.4	4.7	香港新城娱乐	2.5	成都人民广播电台飞越调频 TOUCH RADIO FM94.6	3.4
11	北京人民广播电台-城市管理广播 AM1026/FM107.3	3.1	中央人民广播电台一套（中国之声）AM540/FM99	5.3	广东电台财经927 AM927/FM95.3	1.9	中国国际广播电台 FM91.5	2.0	四川人民广播电台新闻综合频率（卫星广播）FM98.1/AM1116	2.6
12	中国国际广播电台 FM91.5	2.3	上海体育广播 FM100.6	5.2	广东电台体育频道 FM107.6/AM603	1.7	中央人民广播电台三套音乐之声	1.9	中国国际广播电台 FM91.5	0.5

续前表

排名	重庆		武汉		西安		沈阳		南京	
	广播频道	百分比	广播频道	百分比	广播频道	百分比	广播频道	百分比	广播频道	百分比
1	重庆广播电视总台交通频道 FM95.5	71.1	楚天音乐台 FM105.8	34.9	西安人民广播电台音乐频率 FM93.1	45.7	辽宁人民广播电台交通台 FM97.5	36.9	南京人民广播电台音乐频率 FM105.8	46.9
2	重庆广播电视总台音乐频道 FM88.1	29.1	楚天交通体育台 FM92.7	21.3	西安人民广播电台交通旅游频率 FM104.3	29.5	沈阳广播电台交通频率 FM98.6	28.2	南京人民广播电台交通频率 AM1143	22.0
3	重庆广播电视总台经济频道 FM101.5	16.8	中央人民广播电台一套（中国之声）中波 639/中波 981/中波 1377	16.4	陕西人民广播电台音乐广播 FM98.8	28.9	沈阳广播电台文艺频率 FM92.1	14.6	南京人民广播电台经济频率 AM900	17.9
4	重庆广播电视总台都市频道 FM93.8	15.6	湖北人民广播电台交通音乐频道 FM107.8	12.1	陕西人民广播电台交通广播 AM1323/FM91.6	23.3	辽宁人民广播电台文艺台 FM95.9	14.5	江苏广播电视总台交通广播网 FM101.1	17.5
5	重庆广播电视总台新闻频道 FM96.8/AM1314	12.4	湖北人民广播电台音乐频道 FM103.8	10.0	陕西人民广播电台财富广播 AM603/FM89.6	17.7	沈阳广播电台经济频率 FM90.4/AM882	10.5	南京人民广播电台体育频率 FMF104.3	11.8
6	中央人民广播电台一套（中国之声）中波 639/中波 981/中波 1377	9.2	湖北人民广播电台 AM774/卫星 1404 千赫	7.6	陕西人民广播电台生活广播 FM101.8	13.1	沈阳广播电台新闻频率 FM103.4/AM792	9.4	南京人民广播电台交通频率 FM102.4	11.7
7	中国国际广播电台 FM91.5	2.3	武汉广播交通频率 FM89.6/AM603	7.4	中央人民广播电台一套（中国之声）中波 639/FM106.1/SW17.23/SW211.69	10.1	中央人民广播电台三套音乐之声 FM99.8	8.7	江苏广播电视总台音乐频率 FM89.7	10.2
8	美国之音	2.1	湖北人民广播电台生活频道 FM96.6	5.5	陕西人民广播电台新闻综合广播 AM693/FM106.6	8.1	辽宁人民广播电台生活娱乐台 FM102.9	7.6	南京人民广播电台新闻频率 AM1008	10.2
9	中央人民广播电台二套经济之声 FM102.9/中波 630	1.4	湖北人民广播电台经济频道 FM99.8	4.8	西安人民广播电台新闻频率 AM810	8.1	辽宁人民广播电台新闻台 FM88.8/AM1089	7.3	江苏广播电视总台文艺频率 FM97.5	6.8
10	中央人民广播电台三套音乐之声	0.8	武汉广播文艺频率 FM101.8	4.5	陕西人民广播电台文艺广播 AM747	5.4	中央人民广播电台一套（中国之声）FM94.8/AM540	6.4	江苏广播电视总台文艺频率 AM1053	5.6
11	四川人民广播电台新闻综合频率（卫星广播）FM103.9/AM1116	0.8	中央人民广播电台二套经济之声 FM102.9/中波 630	4.0	陕西人民广播电台农村广播 AM900	4.8	辽宁人民广播电台经济台 FM89.5/AM999	5.0	中央人民广播电台一套（中国之声）AM1359	3.9
12	中央人民广播电台六套神州之声	0.6	楚天新闻台 AM1179	3.8	中央人民广播电台二套经济之声 AM720/FM96.6/SW17.76/SW211.67	1.4	沈阳广播电台体育健康台 FM105.9/AM1341	2.5	江苏经济台商业频率 FM93.7	3.3

6 男性各年龄层、女性各年龄层经常收听的频道 注：本题为多选题，合计百分比超过 100%

● 北京

	人数（千人）	北京人民广播电台-交通广播 FM103.9	北京人民广播电台-音乐广播 FM97.4	北京人民广播电台-文艺广播 FM87.6	中央人民广播电台三套音乐之声	北京人民广播电台-新闻广播 AM828/FM100.6	中央人民广播电台一套（中国之声）
总人数	**2742**	**49.0**	**32.8**	**22.3**	**19.6**	**12.9**	**7.3**
男性	**1552**	**51.4**	**33.0**	**22.9**	**19.3**	**13.7**	**8.7**
16~24 岁	330	24.2	69.3	29.4	42.4	3.9	0.0
25~34 岁	391	65.9	29.4	18.9	22.9	0.0	14.1
35~44 岁	383	70.8	28.0	18.2	10.8	13.4	5.0
45~54 岁	310	45.8	15.0	23.1	5.8	25.5	15.8
55~60 岁	139	34.2	11.2	31.8	7.7	49.7	7.9
女性	**1189**	**45.8**	**32.6**	**21.6**	**20.1**	**11.8**	**5.4**
16~24 岁	314	40.2	43.2	24.3	41.8	3.8	3.7
25~34 岁	333	57.1	40.8	13.3	17.5	2.7	0.0
35~44 岁	255	43.3	28.3	23.1	15.3	12.4	3.0
45~54 岁	204	42.2	14.5	28.8	5.3	32.7	9.6
55~60 岁	83	38.8	16.5	21.8	0.0	25.7	31.0

续前表

	人数（千人）	中国国际广播电台 FM88.7	北京人民广播电台-体育广播 AM927	中央人民广播电台九套文艺之声	中央人民广播电台二套经济之声	北京人民广播电台-城市管理广播 AM1026/FM107.3	中国国际广播电台 FM91.5
总人数	**2742**	**6.3**	**4.0**	**3.6**	**3.2**	**3.1**	**2.3**
男性	**1552**	**4.4**	**5.7**	**5.0**	**2.6**	**2.3**	**1.0**
16~24 岁	330	7.1	3.1	3.1	6.7	0.0	0.0
25~34 岁	391	7.1	3.4	7.5	0.0	4.2	0.0
35~44 岁	383	0.0	2.4	2.3	0.0	0.0	2.4
45~54 岁	310	5.5	14.6	4.1	4.3	4.3	1.9
55~60 岁	139	0.0	7.3	12.1	3.9	3.9	0.0
女性	**1189**	**8.9**	**1.9**	**1.9**	**3.9**	**4.1**	**4.1**
16~24 岁	314	7.1	0.0	0.0	3.7	0.0	7.2
25~34 岁	333	13.6	0.0	0.0	0.0	0.0	8.0
35~44 岁	255	6.3	6.1	5.9	9.4	9.2	0.0
45~54 岁	204	8.7	1.6	3.4	5.2	10.7	0.0
55~60 岁	83	4.8	4.4	0.0	0.0	4.3	0.0

● 上海

	人数（千人）	上海人民广播电台新闻频率 AM990/FM93.4	东广音乐动感 101 (FM101.7)	东广音乐魅力 103(FM103.7)	上海人民广播电台文艺频率（开心调频）FM96.8	东方人民广播电台都市 792(AM792/FM89.9)	东广新闻台 AM1296/FM104.5
总人数	**3691**	**47.5**	**34.1**	**23.1**	**17.3**	**16.1**	**12.4**
男性	**2043**	**46.5**	**30.0**	**22.8**	**16.9**	**16.5**	**15.2**
16~24 岁	416	11.9	59.1	33.3	18.5	13.1	10.1
25~34 岁	438	41.7	54.5	44.6	3.2	16.9	8.2
35~44 岁	388	41.5	7.5	11.2	34.2	26.9	23.5
45~54 岁	574	64.3	16.0	13.8	12.1	14.3	16.1
55~60 岁	228	82.9	3.1	3.5	23.2	9.6	21.5
女性	**1648**	**48.8**	**39.3**	**23.4**	**17.8**	**15.6**	**9.0**
16~24 岁	416	24.1	76.1	49.9	5.1	4.1	4.5
25~34 岁	307	39.0	40.9	36.8	24.1	20.7	3.8
35~44 岁	370	61.4	39.3	11.7	16.8	20.9	9.8
45~54 岁	400	65.0	11.7	3.6	22.5	18.1	14.1
55~60 岁	155	62.8	8.3	5.3	29.6	17.4	17.0

续前表

	人数（千人）	上海人民广播电台交通频率 AM648/FM105.7	中央人民广播电台三套音乐之声 FM107.7	上海人民广播电台戏剧频率（海上戏剧）AM1197/FM92.4	第一财经 AM1422(6:00-20:00)/FM97.7	中央人民广播电台一套（中国之声）AM540/FM99	上海体育广播 FM100.6
总人数	**3691**	**10.2**	**6.7**	**6.5**	**6.0**	**5.3**	**5.2**
男性	**2043**	**14.0**	**7.2**	**5.4**	**6.2**	**6.6**	**7.8**
16~24 岁	416	7.5	22.0	2.1	2.2	2.2	19.7
25~34 岁	438	6.4	6.2	2.9	0.0	13.1	3.5
35~44 岁	388	29.1	3.6	4.0	4.1	0.0	3.7
45~54 岁	574	12.1	2.6	7.5	11.3	4.0	6.9
55~60 岁	228	19.4	0.0	13.0	16.2	20.1	3.5
女性	**1648**	**5.5**	**6.0**	**7.9**	**5.7**	**3.8**	**2.0**
16~24 岁	416	4.3	14.7	4.1	0.0	2.1	3.2
25~34 岁	307	12.1	8.5	3.6	4.5	0.0	0.0
35~44 岁	370	0.0	2.1	9.0	6.8	2.1	1.9
45~54 岁	400	8.0	1.1	10.3	10.5	5.8	2.3
55~60 岁	155	2.9	0.0	17.7	8.2	14.1	2.7

● 广州

	人数（千人）	广东电台珠江经济广播电台 FM97.4	广东电台音乐之声 FM99.3	广州人民广播电台第二台金曲广播 FM102.7	广东电台羊城交通广播台 FM105.2	广州人民广播电台第一台调频广播（风云962）FM96.2	广东电台健康之声 FM93.6
总人数	**1229**	**30.7**	**27.6**	**21.8**	**21.0**	**14.8**	**12.5**
男性	**624**	**26.7**	**26.8**	**22.6**	**26.2**	**16.1**	**9.9**
16~24 岁	106	26.3	28.6	14.9	3.7	11.1	3.7
25~34 岁	190	22.0	27.1	37.6	31.4	21.0	9.7
35~44 岁	138	30.5	15.7	12.2	34.9	0.0	12.9
45~54 岁	138	34.2	32.8	17.9	35.0	20.3	9.3
55~60 岁	52	14.4	36.0	23.4	6.7	40.1	16.6
女性	**605**	**34.8**	**28.4**	**20.9**	**15.7**	**13.5**	**15.3**
16~24 岁	120	27.8	35.4	27.2	10.1	14.9	12.7
25~34 岁	154	39.1	23.7	23.9	22.9	11.0	10.9
35~44 岁	159	30.3	25.4	23.2	15.4	12.1	14.2
45~54 岁	128	45.7	34.8	14.1	11.8	19.5	13.9
55~60 岁	44	23.7	18.0	5.0	17.9	5.9	45.9

续前表

	人数（千人）	广东电台城市之声 FM103.6	佛山人民广播电台-真爱频道 FM94.6	佛山人民广播电台-千色频道 FM98.5	广东电台卫星广播（新闻频道）FM91.4	广东电台财经927 AM927/FM95.3	广东电台体育频道 FM107.6/AM603
总人数	**1229**	**12.0**	**10.9**	**10.0**	**4.7**	**1.9**	**1.7**
男性	**624**	**14.1**	**11.3**	**9.3**	**4.1**	**2.1**	**2.7**
16~24 岁	106	14.9	15.4	18.2	3.2	0.0	7.5
25~34 岁	190	17.3	6.9	9.1	2.6	0.0	0.0
35~44 岁	138	9.8	21.3	9.4	3.5	9.7	3.4
45~54 岁	138	15.8	5.6	6.3	3.3	0.0	3.3
55~60 岁	52	8.4	7.7	0.0	15.4	0.0	0.0
女性	**605**	**9.8**	**10.5**	**10.6**	**5.4**	**1.7**	**0.5**
16~24 岁	120	12.3	9.6	14.3	8.2	0.0	2.8
25~34 岁	154	7.5	12.6	14.2	0.0	1.9	0.0
35~44 岁	159	8.9	12.4	5.0	5.9	0.0	0.0
45~54 岁	128	12.7	6.1	9.5	8.0	4.0	0.0
55~60 岁	44	5.9	11.7	11.7	6.5	5.7	0.0

● 深圳

	人数（千人）	深圳飞扬音乐调频	深圳人民广播电台交通台	深圳人民广播电台新闻频率	中央人民广播电台一套（中国之声）	中央广播电台七套华夏之声普通话频率	广东电台南粤之声
总人数	**1415**	**50.3**	**35.9**	**25.0**	**8.2**	**7.2**	**4.6**
男性	**830**	**49.5**	**39.9**	**25.6**	**8.7**	**7.1**	**5.4**
16~24 岁	116	53.4	21.8	12.1	6.1	0.0	9.0
25~34 岁	331	55.8	37.4	19.5	8.8	10.6	6.5
35~44 岁	292	42.1	52.1	34.0	10.1	8.0	2.0
45~54 岁	56	46.1	32.6	41.0	12.3	0.0	6.2
55~60 岁	34	44.4	33.2	33.4	0.0	0.0	11.3
女性	**585**	**51.3**	**30.2**	**24.1**	**7.5**	**7.4**	**3.4**
16~24 岁	96	58.1	11.4	23.4	11.9	11.6	7.8
25~34 岁	291	51.5	29.4	30.9	3.0	6.0	4.3
35~44 岁	161	49.8	44.1	17.7	11.9	5.9	0.0
45~54 岁	19	51.2	25.7	0.0	25.7	0.0	0.0
55~60 岁	19	26.4	23.6	0.0	0.0	26.4	0.0

续前表

	人数（千人）	中央人民广播电台第七套华夏之声双语频率	香港商业二台 FM90.3/FM90.7/FM91.2	广东电台音乐之声	香港新城娱乐	中国国际广播电台 FM91.5	中央人民广播电台三套音乐之声
总人数	**1415**	**2.7**	**2.6**	**2.5**	**2.5**	**2.0**	**1.9**
男性	**830**	**3.6**	**2.4**	**2.7**	**2.7**	**1.2**	**1.7**
16~24 岁	116	0.0	6.4	3.2	9.3	0.0	3.2
25~34 岁	331	4.9	2.7	2.7	0.0	1.3	1.3
35~44 岁	292	2.1	0.0	2.0	4.0	2.1	2.0
45~54 岁	56	6.9	6.7	6.8	0.0	0.0	0.0
55~60 岁	34	11.0	0.0	0.0	0.0	0.0	0.0
女性	**585**	**1.4**	**2.9**	**2.1**	**2.2**	**3.2**	**2.2**
16~24 岁	96	4.0	0.0	0.0	3.9	0.0	4.0
25~34 岁	291	1.5	4.2	4.3	1.5	1.5	1.5
35~44 岁	161	0.0	3.0	0.0	2.9	8.9	3.0
45~54 岁	19	0.0	0.0	0.0	0.0	0.0	0.0
55~60 岁	19	0.0	0.0	0.0	0.0	0.0	0.0

● 成都

	人数（千人）	四川人民广播电台岷江音乐台 FM102.6/FM95.5	成都人民广播电台交通广播 FM91.4/AM1485	四川人民广播电台交通广播 FM101.7	成都人民广播电台音乐广播 LOVE RADIO FM105.6	成都人民广播电台新闻广播 FM99.8/AM792	四川人民广播电台经济频率大众广播 FM89.4
总人数	**609**	**42.5**	**24.4**	**21.0**	**19.7**	**15.7**	**15.4**
男性	**398**	**37.1**	**27.3**	**21.6**	**22.1**	**18.4**	**16.5**
16~24 岁	71	56.5	8.6	30.1	30.7	17.3	17.7
25~34 岁	118	38.4	26.3	29.3	29.4	9.3	14.7
35~44 岁	95	22.6	39.2	19.5	16.3	16.3	16.2
45~54 岁	82	35.8	27.9	13.8	11.0	31.0	13.5
55~60 岁	32	36.0	35.5	0.0	21.3	28.6	28.7
女性	**210**	**52.6**	**19.0**	**19.8**	**15.1**	**10.6**	**13.3**
16~24 岁	74	61.3	11.5	15.6	23.0	3.7	11.8
25~34 岁	48	60.1	25.1	25.4	10.1	10.1	9.9
35~44 岁	51	36.3	27.8	28.1	16.0	4.0	11.5
45~54 岁	29	50.8	12.4	12.9	6.0	25.3	30.5
55~60 岁	9	39.4	18.9	0.0	0.0	59.8	0.0

续前表

	人数（千人）	中央人民广播电台一套（中国之声）FM103.7/AM639	四川人民广播电台经济频率时代广播 FM94.1	四川人民广播电台生活旅游都市广播 FM97.0	成都人民广播电台飞越调频 TOUCH RADIO FM94.6	四川人民广播电台新闻综合频率（卫星广播）FM98.1/AM1116	中国国际广播电台 FM91.5
总人数	**609**	**14.7**	**7.5**	**4.3**	**3.4**	**2.6**	**0.5**
男性	**398**	**19.2**	**7.3**	**4.5**	**4.1**	**2.8**	**0.8**
16~24 岁	71	8.7	0.0	0.0	4.3	0.0	0.0
25~34 岁	118	20.2	20.3	5.8	2.8	3.0	0.0
35~44 岁	95	21.9	3.2	6.8	3.4	3.3	3.2
45~54 岁	82	19.9	0.0	2.7	5.3	5.4	0.0
55~60 岁	32	28.9	6.8	7.1	7.1	0.0	0.0
女性	**210**	**6.3**	**7.7**	**3.9**	**2.3**	**2.2**	**0.0**
16~24 岁	74	0.0	15.0	7.8	3.7	0.0	0.0
25~34 岁	48	4.7	0.0	5.0	0.0	5.1	0.0
35~44 岁	51	7.8	0.0	0.0	4.0	4.2	0.0
45~54 岁	29	6.2	17.9	0.0	0.0	0.0	0.0
55~60 岁	9	59.2	0.0	0.0	0.0	0.0	0.0

● 重庆

	人数（千人）	重庆广播电视总台交通频道 FM95.5	重庆广播电视总台音乐频道 FM88.1	重庆广播电视总台经济频道 FM101.5	重庆广播电视总台都市频道 FM93.8	重庆广播电视总台新闻频道 FM96.8/AM1314	中央人民广播电台一套（中国之声）中波 639/中波 981/中波 1377
总人数	**452**	**71.1**	**29.1**	**16.8**	**15.6**	**12.4**	**9.2**
男性	**273**	**85.5**	**22.2**	**9.2**	**16.4**	**12.4**	**9.3**
16~24 岁	75	100.0	43.5	11.4	44.3	12.4	10.2
25~34 岁	81	90.7	25.3	8.3	7.7	8.7	0.0
35~44 岁	67	81.2	6.9	0.0	0.0	12.0	19.4
45~54 岁	32	62.0	8.3	22.2	7.8	22.8	7.5
55~60 岁	18	58.1	0.0	14.9	14.4	13.4	13.7
女性	**178**	**49.0**	**39.8**	**28.5**	**14.4**	**12.2**	**9.0**
16~24 岁	73	62.4	62.5	24.9	24.9	0.0	0.0
25~34 岁	25	56.1	27.7	42.5	14.7	27.5	0.0
35~44 岁	46	44.7	27.6	29.1	0.0	5.4	11.3
45~54 岁	25	27.8	21.3	27.6	7.7	35.0	35.8
55~60 岁	9	0.0	0.0	18.4	20.5	40.4	20.7

续前表

	人数（千人）	中国国际广播电台 FM91.5	美国之音	中央人民广播电台二套经济之声 FM102.9/中波 630	中央人民广播电台三套音乐之声	四川人民广播电台新闻综合频率（卫星广播）FM103.9/AM1116	中央人民广播电台六套神州之声
总人数	**452**	**2.3**	**2.1**	**1.4**	**0.8**	**0.8**	**0.6**
男性	**273**	**3.1**	**0.0**	**2.3**	**0.0**	**0.0**	**1.0**
16~24 岁	75	11.4	0.0	0.0	0.0	0.0	0.0
25~34 岁	81	0.0	0.0	0.0	0.0	0.0	0.0
35~44 岁	67	0.0	0.0	5.7	0.0	0.0	0.0
45~54 岁	32	0.0	0.0	0.0	0.0	0.0	8.3
55~60 岁	18	0.0	0.0	13.9	0.0	0.0	0.0
女性	**178**	**1.0**	**5.2**	**0.0**	**2.1**	**2.1**	**0.0**
16~24 岁	73	0.0	12.7	0.0	0.0	0.0	0.0
25~34 岁	25	0.0	0.0	0.0	14.5	14.5	0.0
35~44 岁	46	0.0	0.0	0.0	0.0	0.0	0.0
45~54 岁	25	0.0	0.0	0.0	0.0	0.0	0.0
55~60 岁	9	20.0	0.0	0.0	0.0	0.0	0.0

● 武汉

	人数（千人）	楚天音乐台 FM105.8	楚天交通体育台 FM92.7	中央人民广播电台一套（中国之声）中波 639/中波 981/中波 1377	湖北人民广播电台交通音乐频道 FM107.8	湖北人民广播电台音乐频道 FM103.8	湖北人民广播电台 AM774/卫星 1404 千赫
总人数	**1224**	**34.9**	**21.3**	**16.4**	**12.1**	**10.0**	**7.6**
男性	**626**	**28.6**	**28.8**	**21.8**	**10.0**	**9.0**	**10.0**
16~24 岁	153	40.8	14.9	17.7	8.6	22.1	5.4
25~34 岁	157	34.4	59.1	22.6	18.0	0.0	0.0
35~44 岁	150	22.2	22.2	18.3	3.8	7.6	15.4
45~54 岁	109	22.1	18.1	29.3	12.2	10.4	21.1
55~60 岁	57	9.0	20.5	25.2	3.9	0.0	15.0
女性	**598**	**41.5**	**13.5**	**10.8**	**14.2**	**11.0**	**5.0**
16~24 岁	203	51.7	13.8	0.0	13.4	21.8	0.0
25~34 岁	162	58.1	10.5	10.5	21.9	6.2	0.0
35~44 岁	116	29.1	20.2	20.5	7.4	2.5	5.2
45~54 岁	71	14.1	8.3	17.3	6.0	8.6	16.7
55~60 岁	46	11.7	13.6	24.8	19.9	4.6	25.4

续前表

	人数（千人）	武汉广播交通频率 FM89.6/AM603	湖北人民广播电台生活频道 FM96.6	湖北人民广播电台经济频道 FM99.8	武汉广播文艺频率 FM101.8	中央人民广播电台二套经济之声 FM102.9/中波 630	楚天新闻台 AM1179
总人数	**1224**	**7.4**	**5.5**	**4.8**	**4.5**	**4.0**	**3.8**
男性	**626**	**7.4**	**5.3**	**5.5**	**3.6**	**5.6**	**3.7**
16~24 岁	153	4.4	16.5	0.0	0.0	10.1	7.0
25~34 岁	157	5.3	0.0	0.0	0.0	5.8	0.0
35~44 岁	150	14.7	0.0	9.3	3.8	0.0	3.8
45~54 岁	109	8.5	2.6	6.7	6.1	5.2	4.4
55~60 岁	57	0.0	9.0	23.0	17.7	8.6	3.9
女性	**598**	**7.3**	**5.7**	**4.1**	**5.4**	**2.2**	**3.8**
16~24 岁	203	4.4	4.0	4.0	0.0	0.0	0.0
25~34 岁	162	4.3	8.6	4.3	9.1	4.3	3.9
35~44 岁	116	18.8	5.2	2.8	9.9	3.6	10.8
45~54 岁	71	2.6	5.6	6.1	5.4	3.2	5.8
55~60 岁	46	9.3	4.6	4.6	5.1	0.0	0.0

● 西安

	人数（千人）	西安人民广播电台音乐频率 FM93.1	西安人民广播电台交通旅游频率 FM104.3	陕西人民广播电台音乐广播 FM98.8	陕西人民广播电台交通广播 AM1323/FM91.6	陕西人民广播电台财富广播 AM603/FM89.6	陕西人民广播电台生活广播 FM101.8
总人数	**938**	**45.7**	**29.5**	**28.9**	**23.3**	**17.7**	**13.1**
男性	**547**	**45.6**	**31.2**	**22.2**	**24.4**	**22.4**	**9.9**
16~24 岁	136	65.3	21.9	27.2	24.5	51.7	6.8
25~34 岁	173	51.2	39.8	29.5	32.1	9.7	5.6
35~44 岁	130	39.6	30.9	15.1	23.1	15.1	9.8
45~54 岁	63	20.6	41.5	15.0	17.0	10.4	21.5
55~60 岁	45	17.5	12.7	10.0	9.0	21.4	20.0
女性	**391**	**45.8**	**27.0**	**38.2**	**21.8**	**11.2**	**17.6**
16~24 岁	139	43.6	15.5	60.7	30.0	10.9	16.2
25~34 岁	126	59.4	38.6	32.8	20.3	11.3	13.9
35~44 岁	69	47.7	29.9	18.1	13.2	14.7	18.4
45~54 岁	36	25.8	24.2	21.3	15.6	6.8	23.8
55~60 岁	21	8.1	29.1	14.9	14.9	8.1	36.4

续前表

	人数（千人）	中央人民广播电台一套（中国之声）中波639/FM106.1/SW17.23/SW211.69	陕西人民广播电台新闻综合广播 AM693/FM106.6	西安人民广播电台新闻频率 AM810	陕西人民广播电台文艺广播 AM747	陕西人民广播电台农村广播 AM900	中央人民广播电台二套经济之声 AM720/FM96.6/SW17.76/SW211.67
总人数	**938**	**10.1**	**8.1**	**8.1**	**5.4**	**4.8**	**1.4**
男性	**547**	**12.4**	**6.9**	**8.5**	**6.2**	**4.3**	**2.4**
16~24 岁	136	7.9	0.0	0.0	6.8	0.0	6.0
25~34 岁	173	10.4	3.0	7.7	7.4	0.0	2.7
35~44 岁	130	10.8	12.8	5.0	2.1	5.2	0.0
45~54 岁	63	12.9	5.7	20.4	2.9	7.9	0.0
55~60 岁	45	36.9	27.2	31.2	16.7	26.0	0.0
女性	**391**	**7.0**	**9.7**	**7.4**	**4.2**	**5.6**	**0.0**
16~24 岁	139	12.2	17.2	6.3	6.3	5.3	0.0
25~34 岁	126	3.3	2.5	8.4	3.3	0.0	0.0
35~44 岁	69	0.0	7.2	4.8	3.0	6.5	0.0
45~54 岁	36	12.9	9.1	8.4	4.3	15.2	0.0
55~60 岁	21	8.1	13.4	14.9	0.0	21.5	0.0

● 沈阳

	人数（千人）	辽宁人民广播电台交通台 FM97.5	沈阳广播电台交通频率 FM98.6	沈阳广播电台文艺频率 FM92.1	辽宁人民广播电台文艺台 FM95.9	沈阳广播电台经济频率 FM90.4/AM882	沈阳广播电台新闻频率 FM103.4/AM792
总人数	**1521**	**36.9**	**28.2**	**14.6**	**14.5**	**10.5**	**9.4**
男性	**804**	**40.4**	**32.0**	**13.9**	**11.4**	**8.1**	**10.1**
16~24 岁	163	47.5	26.4	21.8	7.8	0.0	8.7
25~34 岁	163	49.8	33.6	17.3	13.4	0.0	3.0
35~44 岁	230	33.4	33.4	15.0	14.9	10.9	9.4
45~54 岁	166	42.5	31.9	7.9	9.9	18.3	10.5
55~60 岁	81	22.8	35.9	0.0	7.8	11.8	28.7
女性	**718**	**33.0**	**24.0**	**15.5**	**18.0**	**13.1**	**8.5**
16~24 岁	159	43.3	22.8	31.6	30.5	8.2	0.0
25~34 岁	149	47.5	19.6	10.1	24.9	5.1	7.5
35~44 岁	199	27.4	24.4	14.5	14.5	11.0	8.4
45~54 岁	158	22.4	30.9	9.3	4.9	23.4	13.2
55~60 岁	53	13.5	18.4	4.6	13.8	27.4	23.2

续前表

	人数（千人）	中央人民广播电台三套音乐之声 FM99.8	辽宁人民广播电台生活娱乐台 FM102.9	辽宁人民广播电台新闻台 FM88.8/AM1089	中央人民广播电台一套（中国之声）FM94.8/AM540	辽宁人民广播电台经济台 FM89.5/AM999	沈阳广播电台体育健康台 FM105.9/AM1341
总人数	**1521**	**8.7**	**7.6**	**7.3**	**6.4**	**5.0**	**2.5**
男性	**804**	**10.7**	**7.1**	**7.5**	**6.7**	**4.7**	**4.1**
16~24 岁	163	17.8	21.7	0.0	3.9	0.0	4.8
25~34 岁	163	26.4	6.4	3.6	6.8	3.4	3.4
35~44 岁	230	1.9	3.6	9.2	5.9	5.3	7.2
45~54 岁	166	4.1	0.0	16.3	9.9	10.2	2.0
55~60 岁	81	3.6	4.1	7.6	7.7	4.2	0.0
女性	**718**	**6.5**	**8.1**	**7.0**	**6.2**	**5.3**	**0.7**
16~24 岁	159	12.8	17.2	0.0	3.7	0.0	0.0
25~34 岁	149	7.7	9.4	7.3	9.7	2.5	0.0
35~44 岁	199	6.2	3.0	5.9	5.0	6.3	0.0
45~54 岁	158	1.6	7.1	10.2	5.9	10.5	3.1
55~60 岁	53	0.0	0.0	21.6	8.5	9.5	0.0

南京

	人数（千人）	南京人民广播电台音乐频率 FM105.8	南京人民广播电台交通频率 AM1143	南京人民广播电台经济频率 AM900	江苏广播电视总台交通广播网 FM101.1	南京人民广播电台体育频率 FMF104.3	南京人民广播电台交通频率 FM102.4
总人数	**931**	**46.9**	**22.0**	**17.9**	**17.5**	**11.8**	**11.7**
男性	**570**	**45.7**	**24.5**	**12.5**	**19.2**	**14.8**	**14.4**
16~24 岁	81	45.5	22.6	8.7	2.7	17.1	0.0
25~34 岁	172	65.3	22.0	0.0	32.4	16.1	9.7
35~44 岁	148	54.3	29.8	15.2	14.2	21.2	31.3
45~54 岁	110	21.2	27.4	20.4	25.3	6.0	8.1
55~60 岁	58	12.9	15.5	32.6	4.2	8.1	17.5
女性	**362**	**48.8**	**18.1**	**26.5**	**14.7**	**7.2**	**7.4**
16~24 岁	88	66.5	13.4	9.9	13.1	13.1	2.6
25~34 岁	76	69.0	9.1	30.0	17.9	3.3	0.0
35~44 岁	87	47.0	16.2	17.1	13.0	6.3	22.3
45~54 岁	69	25.8	17.4	52.1	13.1	9.6	6.4
55~60 岁	42	16.1	49.3	32.0	18.8	0.0	1.9

续前表

	人数（千人）	江苏广播电视总台音乐频率 FM89.7	南京人民广播电台新闻频率 AM1008	江苏广播电视总台文艺频率 FM97.5	江苏广播电视总台文艺频率 AM1053	中央人民广播电台一套（中国之声）AM1359	江苏经济台商业频率 FM93.7
总人数	**931**	**10.2**	**10.2**	**6.8**	**5.6**	**3.9**	**3.3**
男性	**570**	**10.1**	**11.9**	**3.5**	**7.0**	**5.1**	**4.6**
16~24 岁	81	20.5	8.7	2.7	0.0	0.0	0.0
25~34 岁	172	10.6	10.5	0.0	19.3	0.0	8.1
35~44 岁	148	2.5	10.1	10.9	3.0	6.4	0.8
45~54 岁	110	11.0	19.0	1.4	1.9	1.8	4.9
55~60 岁	58	12.0	11.2	0.0	0.0	30.0	9.4
女性	**362**	**10.2**	**7.6**	**11.9**	**3.4**	**2.1**	**1.4**
16~24 岁	88	17.8	0.0	36.3	5.1	0.0	5.8
25~34 岁	76	8.8	1.5	10.2	1.5	0.0	0.0
35~44 岁	87	12.0	0.0	1.5	5.0	5.7	0.0
45~54 岁	69	0.0	28.3	2.1	0.0	2.5	0.0
55~60 岁	42	10.4	16.2	1.9	5.5	1.9	0.0

7 经常收听的广播节目类型 注：本题为多选题，合计百分比可能超过 100%

广播节目	北京	上海	广州	深圳	成都	重庆	武汉	西安	沈阳	南京
国内新闻	44.7	69.2	55.5	63.5	46.8	45.6	40.6	34.0	48.7	54.0
国际新闻	33.7	61.3	34.4	47.5	33.4	26.4	28.2	22.7	37.0	35.3
天气预报	27.4	64.1	24.2	7.2	12.3	18.3	37.9	14.0	43.4	43.2
经济信息	4.0	10.5	4.8	4.4	10.1	4.8	7.8	4.3	7.2	6.6
交通信息	36.9	14.5	24.7	29.1	31.1	35.0	14.5	21.5	26.2	33.2
教育节目	3.0	1.9	1.6	2.4	2.3	2.5	4.2	2.8	3.9	2.1
热点话题评说	13.6	12.8	18.2	30.9	12.1	11.2	9.1	22.9	33.1	14.8
外语教学	2.8	2.6	0.7	1.1	2.3	2.0	1.6	5.6	2.9	0.4
广播剧	1.8	5.1	12.0	2.6	3.1	4.3	2.3	2.3	2.9	1.8
古典音乐欣赏	3.1	7.2	5.2	3.7	9.9	2.0	7.5	5.8	3.6	0.8
欧美流行音乐	9.3	13.8	5.7	5.4	10.3	7.6	7.4	8.5	3.2	5.1
港台流行音乐	24.5	30.1	61.1	27.0	23.7	35.9	33.2	39.2	11.6	31.2
国内流行音乐	43.8	23.5	53.9	44.1	47.0	42.8	29.8	51.6	31.5	46.4
戏曲节目	2.6	6.2	6.6	0.0	1.6	0.0	1.9	4.8	1.7	0.9
曲艺相声	22.6	7.5	2.9	3.7	4.7	5.1	12.7	15.0	11.6	6.2
评书	10.7	0.2	0.9	2.2	2.9	1.1	3.3	5.1	15.5	2.3
医疗保健	8.1	10.2	10.1	6.2	8.9	8.6	16.0	12.5	11.8	12.6
点播节目	5.8	3.6	2.9	13.4	9.4	7.8	9.5	8.5	5.1	2.6
少儿节目	0.4	0.7	1.0	0.6	0.8	0.0	1.8	1.9	0.3	0.1
体育节目	8.3	13.9	7.0	5.2	5.8	5.8	10.2	5.0	11.4	8.9
有奖问答	0.8	0.7	0.9	2.0	0.4	0.0	3.0	1.4	1.5	0.0
股市信息	1.5	3.6	1.7	0.3	2.6	0.9	0.8	3.7	1.3	0.8
热线游戏节目	1.4	1.8	1.9	20.4	3.2	0.5	3.2	10.0	6.3	1.1
报纸摘要	0.0	0.0	0.0	0.0	0.0	0.0	0.2	0.0	0.0	0.0
法律	0.1	0.0	0.0	0.0	0.0	0.0	0.0	0.0	0.5	0.6
广告	0.0	0.0	0.0	0.0	0.0	0.0	0.0	0.0	0.0	0.3
文学类	1.3	0.0	4.0	0.0	0.0	0.0	0.0	2.5	0.0	0.2
女性节目	0.0	0.0	0.2	0.0	0.0	0.0	0.0	0.0	0.0	0.0
生活类	0.3	0.1	0.0	0.0	0.8	1.0	0.0	1.8	0.0	0.0
娱乐	0.9	0.0	0.0	0.3	0.0	0.0	0.0	0.0	0.0	1.3
情感类节目	0.7	0.0	0.0	0.0	0.4	0.0	0.0	0.1	0.0	0.5
访谈节目	0.4	0.0	0.0	0.0	0.0	0.0	0.6	0.0	0.0	0.0
不知道/不清楚	0.0	0.0	0.0	0.0	0.0	0.0	0.0	0.0	0.7	0.2
其他	0.9	1.3	0.0	0.0	0.0	0.0	0.0	0.0	0.7	0.0
人数（千人）	2742	3711	1229	1423	609	452	1224	938	1525	931

8 男性各年龄层、女性各年龄层经常收听的广播节目 注：本题为多选题，合计百分比可能超过100%

● 北京

	人数（千人）	国内新闻	国际新闻	天气预报	经济信息	交通信息	教育节目	热点话题评说	外语教学	广播剧	古典音乐欣赏	欧美流行音乐	港台流行音乐
总人数	**2742**	**44.7**	**33.7**	**27.4**	**4.0**	**36.9**	**3.0**	**13.6**	**2.8**	**1.8**	**3.1**	**9.3**	**24.5**
男性	**1552**	**53.3**	**37.0**	**27.4**	**4.6**	**40.5**	**0.9**	**15.1**	**4.2**	**1.4**	**4.0**	**9.7**	**17.2**
16~24岁	330	38.2	20.2	23.7	6.3	24.2	0.0	17.0	3.2	0.0	3.6	24.0	46.0
25~34岁	391	47.4	29.6	24.3	4.2	44.3	3.7	10.9	11.7	0.0	4.2	11.4	18.7
35~44岁	383	50.3	34.1	32.1	0.0	58.7	0.0	15.6	2.4	5.7	0.0	5.4	8.0
45~54岁	310	70.1	54.7	31.5	7.9	43.5	0.0	15.4	0.0	0.0	6.0	1.9	3.7
55~60岁	139	76.4	66.1	23.3	7.5	11.4	0.0	19.9	0.0	0.0	11.6	0.0	0.0
女性	**1189**	**33.6**	**29.5**	**27.3**	**3.1**	**32.3**	**5.6**	**11.6**	**1.0**	**2.3**	**2.0**	**8.9**	**34.0**
16~24岁	314	21.7	28.7	7.2	0.0	18.3	3.7	3.3	0.0	3.3	3.3	11.3	59.3
25~34岁	333	21.1	18.2	31.8	0.0	46.4	5.5	7.5	2.5	0.0	0.0	13.9	47.1
35~44岁	255	40.7	35.4	38.4	2.7	42.7	8.9	17.3	0.0	0.0	3.7	6.5	15.5
45~54岁	204	46.8	39.5	34.1	13.0	25.7	5.5	18.3	1.6	3.4	1.8	1.8	10.6
55~60岁	83	74.2	35.3	34.7	3.9	13.2	3.9	26.1	0.0	12.2	0.0	4.3	0.0

续前表

	人数（千人）	国内流行音乐	戏曲节目	曲艺相声	评书	医疗保健	点播节目	少儿节目	体育节目	有奖问答	股市信息	热线游戏节目	报纸摘要
总人数	**2742**	**43.8**	**2.6**	**22.6**	**10.7**	**8.1**	**5.8**	**0.4**	**8.3**	**0.8**	**1.5**	**1.4**	**0.0**
男性	**1552**	**37.5**	**3.7**	**26.5**	**12.4**	**3.3**	**4.7**	**0.0**	**13.5**	**0.0**	**1.2**	**1.1**	**0.0**
16~24岁	330	61.5	6.3	26.2	3.1	0.0	10.0	0.0	20.4	0.0	0.0	3.6	0.0
25~34岁	391	47.2	0.0	22.1	22.6	0.0	7.2	0.0	7.1	0.0	0.0	0.0	0.0
35~44岁	383	23.6	4.8	28.1	10.7	0.0	0.0	0.0	15.2	0.0	0.0	0.0	0.0
45~54岁	310	21.6	5.6	26.5	10.1	9.9	3.7	0.0	14.8	0.0	4.1	0.0	0.0
55~60岁	139	26.9	0.0	34.8	15.5	14.6	0.0	0.0	7.4	0.0	3.9	3.4	0.0
女性	**1189**	**52.0**	**1.2**	**17.5**	**8.5**	**14.4**	**7.3**	**1.0**	**1.6**	**1.7**	**2.0**	**1.7**	**0.0**
16~24岁	314	72.7	0.0	10.0	3.3	6.6	4.6	0.0	0.0	0.0	0.0	0.0	0.0
25~34岁	333	56.3	0.0	10.3	5.5	13.2	13.3	0.0	0.0	2.8	0.0	5.0	0.0
35~44岁	255	52.3	2.6	23.0	11.3	11.9	8.3	3.0	6.1	3.0	6.5	0.0	0.0
45~54岁	204	27.1	0.0	26.9	12.2	27.2	3.5	2.0	1.6	1.8	3.7	2.0	0.0
55~60岁	83	17.4	8.8	34.0	21.8	24.7	0.0	0.0	0.0	0.0	0.0	0.0	0.0

续前表

	人数（千人）	法律	广告	文学类	女性节目	生活类	娱乐	情感类节目	访谈节目	不知道/不清楚	其他
总人数	**2742**	**0.1**	**0.0**	**1.3**	**0.0**	**0.3**	**0.9**	**0.7**	**0.4**	**0.0**	**0.9**
男性	**1552**	**0.0**	**0.0**	**1.6**	**0.0**	**0.0**	**0.0**	**1.2**	**0.7**	**0.0**	**1.1**
16~24岁	330	0.0	0.0	0.0	0.0	0.0	0.0	3.6	0.0	0.0	0.0
25~34岁	391	0.0	0.0	3.8	0.0	0.0	0.0	0.0	0.0	0.0	0.0
35~44岁	383	0.0	0.0	2.6	0.0	0.0	0.0	0.0	2.8	0.0	2.8
45~54岁	310	0.0	0.0	0.0	0.0	0.0	0.0	2.1	0.0	0.0	1.9
55~60岁	139	0.0	0.0	0.0	0.0	0.0	0.0	0.0	0.0	0.0	0.0
女性	**1189**	**0.3**	**0.0**	**1.0**	**0.0**	**0.8**	**2.1**	**0.0**	**0.0**	**0.0**	**0.8**
16~24岁	314	0.0	0.0	3.7	0.0	0.0	3.8	0.0	0.0	0.0	0.0
25~34岁	333	0.0	0.0	0.0	0.0	2.8	2.7	0.0	0.0	0.0	2.7
35~44岁	255	0.0	0.0	0.0	0.0	0.0	0.0	0.0	0.0	0.0	0.0
45~54岁	204	1.8	0.0	0.0	0.0	0.0	1.8	0.0	0.0	0.0	0.0
55~60岁	83	0.0	0.0	0.0	0.0	0.0	0.0	0.0	0.0	0.0	0.0

● 上海

	人数（千人）	国内新闻	国际新闻	天气预报	经济信息	交通信息	教育节目	热点话题评说	外语教学	广播剧	古典音乐欣赏	欧美流行音乐	港台流行音乐
总人数	**3711**	**69.2**	**61.3**	**64.1**	**10.5**	**14.5**	**1.9**	**12.8**	**2.6**	**5.1**	**7.2**	**13.8**	**30.1**
男性	**2054**	**71.6**	**67.0**	**63.2**	**13.2**	**18.1**	**0.8**	**12.6**	**2.1**	**2.6**	**6.6**	**10.9**	**27.1**
16~24 岁	416	48.7	45.7	52.0	7.0	8.8	2.0	4.2	7.0	2.8	6.4	6.7	70.2
25~34 岁	438	54.6	61.0	40.1	10.4	16.6	0.0	6.7	3.3	6.4	14.3	34.3	41.3
35~44 岁	388	84.7	76.9	80.8	11.0	17.8	0.0	23.1	0.0	3.6	0.0	3.9	3.9
45~54 岁	585	83.5	71.2	69.1	19.0	21.4	1.5	14.6	0.0	0.0	6.5	5.4	10.7
55~60 岁	228	92.9	89.6	82.6	18.5	29.9	0.0	16.4	0.0	0.0	3.3	0.0	3.1
女性	**1657**	**66.2**	**54.2**	**65.2**	**7.2**	**10.0**	**3.3**	**13.1**	**3.2**	**8.1**	**7.9**	**17.3**	**33.8**
16~24 岁	425	40.3	21.5	37.7	1.9	10.3	4.3	8.2	6.6	11.2	17.6	30.0	69.8
25~34 岁	307	70.0	62.9	79.4	0.0	8.3	0.0	19.5	8.0	16.2	4.5	21.6	49.4
35~44 岁	370	70.2	64.6	60.5	12.5	10.3	4.6	10.0	0.0	4.7	4.1	19.0	21.4
45~54 岁	400	78.5	67.3	85.8	13.0	12.4	3.5	11.3	0.0	4.7	4.8	3.6	7.4
55~60 岁	155	88.5	68.2	70.9	7.8	5.9	3.4	25.9	0.0	0.0	5.4	5.4	2.6

续前表

	人数（千人）	国内流行音乐	戏曲节目	曲艺相声	评书	医疗保健	点播节目	少儿节目	体育节目	有奖问答	股市信息	热线游戏节目	报纸摘要
总人数	**3711**	**23.5**	**6.2**	**7.5**	**0.2**	**10.2**	**3.6**	**0.7**	**13.9**	**0.7**	**3.6**	**1.8**	**0.0**
男性	**2054**	**23.0**	**5.8**	**6.9**	**0.4**	**5.9**	**4.1**	**0.0**	**20.6**	**0.0**	**3.3**	**2.8**	**0.0**
16~24 岁	416	41.4	0.0	9.1	0.0	0.0	6.3	0.0	37.4	0.0	2.8	4.9	0.0
25~34 岁	438	41.9	6.5	6.5	0.0	6.2	3.3	0.0	17.2	0.0	0.0	0.0	0.0
35~44 岁	388	11.5	3.9	4.1	0.0	0.0	3.6	0.0	11.7	0.0	0.0	3.3	0.0
45~54 岁	585	11.2	8.8	8.8	0.0	8.4	5.1	0.0	17.7	0.0	6.8	4.2	0.0
55~60 岁	228	3.1	10.6	3.3	3.4	19.9	0.0	0.0	18.8	0.0	7.2	0.0	0.0
女性	**1657**	**24.2**	**6.7**	**8.3**	**0.0**	**15.4**	**2.9**	**1.7**	**5.6**	**1.5**	**4.0**	**0.6**	**0.0**
16~24 岁	425	52.2	2.5	4.5	0.0	6.4	1.9	4.3	7.5	0.0	0.0	0.0	0.0
25~34 岁	307	11.4	8.1	12.7	0.0	8.1	0.0	0.0	4.5	4.5	0.0	0.0	0.0
35~44 岁	370	23.5	2.6	6.6	0.0	17.2	4.4	2.6	4.5	0.0	8.6	0.0	0.0
45~54 岁	400	11.9	10.8	10.3	0.0	23.6	3.7	0.0	4.5	2.6	4.3	2.3	0.0
55~60 岁	155	5.6	15.0	9.1	0.0	29.7	5.6	0.0	8.1	0.0	10.7	0.0	0.0

续前表

	人数（千人）	法律	广告	文学类	女性节目	生活类	娱乐	情感类节目	访谈节目	不知道/不清楚	其他
总人数	**3711**	**0.0**	**0.0**	**0.0**	**0.0**	**0.1**	**0.0**	**0.0**	**0.0**	**0.0**	**1.3**
男性	**2054**	**0.0**	**0.0**	**0.0**	**0.0**	**0.0**	**0.0**	**0.0**	**0.0**	**0.0**	**2.4**
16~24 岁	416	0.0	0.0	0.0	0.0	0.0	0.0	0.0	0.0	0.0	0.0
25~34 岁	438	0.0	0.0	0.0	0.0	0.0	0.0	0.0	0.0	0.0	7.0
35~44 岁	388	0.0	0.0	0.0	0.0	0.0	0.0	0.0	0.0	0.0	0.0
45~54 岁	585	0.0	0.0	0.0	0.0	0.0	0.0	0.0	0.0	0.0	3.2
55~60 岁	228	0.0	0.0	0.0	0.0	0.0	0.0	0.0	0.0	0.0	0.0
女性	**1657**	**0.0**	**0.0**	**0.0**	**0.0**	**0.3**	**0.0**	**0.0**	**0.0**	**0.0**	**0.0**
16~24 岁	425	0.0	0.0	0.0	0.0	0.0	0.0	0.0	0.0	0.0	0.0
25~34 岁	307	0.0	0.0	0.0	0.0	0.0	0.0	0.0	0.0	0.0	0.0
35~44 岁	370	0.0	0.0	0.0	0.0	0.0	0.0	0.0	0.0	0.0	0.0
45~54 岁	400	0.0	0.0	0.0	0.0	1.1	0.0	0.0	0.0	0.0	0.0
55~60 岁	155	0.0	0.0	0.0	0.0	0.0	0.0	0.0	0.0	0.0	0.0

● **广州**

	人数（千人）	国内新闻	国际新闻	天气预报	经济信息	交通信息	教育节目	热点话题评说	外语教学	广播剧	古典音乐欣赏	欧美流行音乐	港台流行音乐
总人数	**1226**	**55.5**	**34.4**	**24.2**	**4.8**	**24.7**	**1.6**	**18.2**	**0.7**	**12.0**	**5.2**	**5.7**	**61.1**
男性	**624**	**60.2**	**42.8**	**24.8**	**6.9**	**30.0**	**1.4**	**16.8**	**0.5**	**8.2**	**6.6**	**5.7**	**61.2**
16~24 岁	106	37.3	18.6	0.0	4.2	7.6	0.0	22.5	3.2	14.9	3.2	10.2	84.1
25~34 岁	190	57.0	38.7	26.4	4.7	29.2	0.0	14.1	0.0	12.0	6.7	9.0	61.7
35~44 岁	138	62.4	53.1	37.9	10.0	41.1	0.0	21.5	0.0	6.6	0.0	0.0	62.4
45~54 岁	138	73.3	49.1	28.8	8.8	40.7	6.2	11.8	0.0	2.5	12.4	3.1	47.7
55~60 岁	52	77.3	62.8	23.6	6.7	20.9	0.0	16.6	0.0	0.0	15.1	6.7	45.7
女性	**602**	**50.8**	**25.6**	**23.7**	**2.6**	**19.1**	**1.8**	**19.5**	**0.9**	**16.0**	**3.7**	**5.6**	**61.0**
16~24 岁	120	42.1	14.8	17.0	0.0	12.3	0.0	28.3	2.9	20.7	5.4	16.2	79.8
25~34 岁	151	45.0	22.8	24.4	3.5	19.2	3.7	19.9	0.0	13.0	2.0	7.6	64.1
35~44 岁	159	54.8	26.4	22.9	3.5	22.7	1.8	14.3	0.0	18.1	3.3	0.0	65.1
45~54 岁	128	60.2	36.6	23.6	4.0	21.5	1.7	21.8	1.7	10.0	6.0	2.2	45.2
55~60 岁	44	52.2	29.8	41.9	0.0	17.9	0.0	6.5	0.0	23.7	0.0	0.0	30.0

续前表

	人数（千人）	国内流行音乐	戏曲节目	曲艺相声	评书	医疗保健	点播节目	少儿节目	体育节目	有奖问答	股市信息	热线游戏节目	报纸摘要
总人数	**1226**	**53.9**	**6.6**	**2.9**	**0.9**	**10.1**	**2.9**	**1.0**	**7.0**	**0.9**	**1.7**	**1.9**	**0.0**
男性	**624**	**55.3**	**5.9**	**2.6**	**0.0**	**4.2**	**2.1**	**0.5**	**11.8**	**0.0**	**2.9**	**1.3**	**0.0**
16~24 岁	106	70.6	4.2	7.1	0.0	0.0	0.0	3.2	18.2	0.0	0.0	3.7	0.0
25~34 岁	190	56.7	2.3	0.0	0.0	4.7	4.9	0.0	4.7	0.0	2.3	2.3	0.0
35~44 岁	138	59.3	0.0	3.5	0.0	5.9	2.7	0.0	12.6	0.0	6.6	0.0	0.0
45~54 岁	138	38.8	14.1	3.0	0.0	3.3	0.0	0.0	18.0	0.0	3.3	0.0	0.0
55~60 岁	52	51.7	16.3	0.0	0.0	8.7	0.0	0.0	6.7	0.0	0.0	0.0	0.0
女性	**602**	**52.5**	**7.4**	**3.1**	**1.8**	**16.3**	**3.8**	**1.5**	**1.9**	**1.9**	**0.5**	**2.4**	**0.0**
16~24 岁	120	53.0	0.0	2.8	0.0	12.6	7.8	2.8	0.0	0.0	0.0	2.8	0.0
25~34 岁	151	62.0	0.0	1.8	3.7	11.3	5.5	1.8	3.7	3.8	1.9	3.9	0.0
35~44 岁	159	62.7	6.8	0.0	0.0	18.0	1.5	1.8	2.0	1.7	0.0	2.0	0.0
45~54 岁	128	31.9	12.5	1.7	4.1	16.9	2.0	0.0	2.2	2.2	0.0	1.7	0.0
55~60 岁	44	41.2	40.2	23.7	0.0	36.3	0.0	0.0	0.0	0.0	0.0	0.0	0.0

续前表

	人数（千人）	法律	广告	文学类	女性节目	生活类	娱乐	情感类节目	访谈节目	不知道/不清楚	其他
总人数	**1226**	**0.0**	**0.0**	**4.0**	**0.2**	**0.0**	**0.0**	**0.0**	**0.0**	**0.0**	**0.0**
男性	**624**	**0.0**	**0.0**	**3.9**	**0.0**	**0.0**	**0.0**	**0.0**	**0.0**	**0.0**	**0.0**
16~24 岁	106	0.0	0.0	3.7	0.0	0.0	0.0	0.0	0.0	0.0	0.0
25~34 岁	190	0.0	0.0	4.7	0.0	0.0	0.0	0.0	0.0	0.0	0.0
35~44 岁	138	0.0	0.0	0.0	0.0	0.0	0.0	0.0	0.0	0.0	0.0
45~54 岁	138	0.0	0.0	5.6	0.0	0.0	0.0	0.0	0.0	0.0	0.0
55~60 岁	52	0.0	0.0	7.7	0.0	0.0	0.0	0.0	0.0	0.0	0.0
女性	**602**	**0.0**	**0.0**	**4.0**	**0.5**	**0.0**	**0.0**	**0.0**	**0.0**	**0.0**	**0.0**
16~24 岁	120	0.0	0.0	4.4	0.0	0.0	0.0	0.0	0.0	0.0	0.0
25~34 岁	151	0.0	0.0	0.0	1.8	0.0	0.0	0.0	0.0	0.0	0.0
35~44 岁	159	0.0	0.0	5.5	0.0	0.0	0.0	0.0	0.0	0.0	0.0
45~54 岁	128	0.0	0.0	7.9	0.0	0.0	0.0	0.0	0.0	0.0	0.0
55~60 岁	44	0.0	0.0	0.0	0.0	0.0	0.0	0.0	0.0	0.0	0.0

● 深圳

	人数（千人）	国内新闻	国际新闻	天气预报	经济信息	交通信息	教育节目	热点话题评说	外语教学	广播剧	古典音乐欣赏	欧美流行音乐	港台流行音乐
总人数	**1423**	**63.5**	**47.5**	**7.2**	**4.4**	**29.1**	**2.4**	**30.9**	**1.1**	**2.6**	**3.7**	**5.4**	**27.0**
男性	**838**	**68.0**	**52.0**	**7.4**	**4.8**	**34.1**	**2.6**	**29.2**	**1.0**	**1.9**	**3.7**	**4.2**	**25.6**
16~24 岁	120	55.1	37.0	6.1	0.0	12.1	0.0	15.3	3.1	3.1	0.0	5.9	54.3
25~34 岁	336	63.1	55.5	6.5	3.8	29.2	2.6	36.4	1.3	2.5	4.0	6.5	24.1
35~44 岁	292	70.3	48.2	10.0	8.1	54.1	2.0	24.3	0.0	0.0	6.0	2.0	22.0
45~54 岁	56	93.2	73.3	6.2	6.9	13.7	13.1	39.4	0.0	6.9	0.0	0.0	0.0
55~60 岁	34	100.0	66.7	0.0	0.0	22.3	0.0	33.5	0.0	0.0	0.0	0.0	11.1
女性	**585**	**57.0**	**41.2**	**6.8**	**3.8**	**22.0**	**2.0**	**33.4**	**1.3**	**3.6**	**3.8**	**7.3**	**29.0**
16~24 岁	96	46.4	34.7	4.0	0.0	11.3	4.0	46.9	3.5	4.0	3.9	11.4	38.6
25~34 岁	291	58.6	42.4	5.9	4.3	19.3	2.8	32.2	1.5	4.3	1.5	2.7	24.6
35~44 岁	161	56.2	44.1	11.8	3.0	32.6	0.0	29.5	0.0	3.0	8.8	14.8	38.2
45~54 岁	19	74.6	48.9	0.0	25.7	49.0	0.0	25.4	0.0	0.0	0.0	0.0	0.0
55~60 岁	19	73.6	23.6	0.0	0.0	0.0	0.0	26.4	0.0	0.0	0.0	0.0	0.0

续前表

	人数（千人）	国内流行音乐	戏曲节目	曲艺相声	评书	医疗保健	点播节目	少儿节目	体育节目	有奖问答	股市信息	热线游戏节目	报纸摘要
总人数	**1423**	**44.1**	**0.0**	**3.7**	**2.2**	**6.2**	**13.4**	**0.6**	**5.2**	**2.0**	**0.3**	**20.4**	**0.0**
男性	**838**	**42.7**	**0.0**	**5.1**	**1.1**	**4.0**	**16.3**	**0.0**	**8.3**	**1.9**	**0.4**	**22.0**	**0.0**
16~24 岁	120	38.9	0.0	3.1	3.1	0.0	21.5	0.0	14.6	3.1	0.0	24.8	0.0
25~34 岁	336	42.4	0.0	5.3	0.0	3.7	14.4	0.0	12.5	0.0	0.0	25.9	0.0
35~44 岁	292	46.1	0.0	6.1	2.0	5.9	20.3	0.0	2.0	4.1	0.0	14.2	0.0
45~54 岁	56	33.2	0.0	0.0	0.0	6.9	6.8	0.0	0.0	0.0	0.0	27.0	0.0
55~60 岁	34	44.6	0.0	11.2	0.0	0.0	0.0	0.0	11.2	0.0	11.0	33.5	0.0
女性	**585**	**46.2**	**0.0**	**1.5**	**3.8**	**9.4**	**9.1**	**1.5**	**0.7**	**2.1**	**0.0**	**18.0**	**0.0**
16~24 岁	96	46.4	0.0	0.0	4.0	7.4	11.7	0.0	0.0	7.8	0.0	11.7	0.0
25~34 岁	291	38.7	0.0	1.5	3.0	14.9	14.5	3.0	1.5	0.0	0.0	19.3	0.0
35~44 岁	161	61.9	0.0	2.9	3.0	2.9	0.0	0.0	0.0	3.0	0.0	17.7	0.0
45~54 岁	19	48.9	0.0	0.0	0.0	0.0	0.0	0.0	0.0	0.0	0.0	51.2	0.0
55~60 岁	19	23.6	0.0	0.0	26.4	0.0	0.0	0.0	0.0	0.0	0.0	0.0	0.0

续前表

	人数（千人）	法律	广告	文学类	女性节目	生活类	娱乐	情感类节目	访谈节目	不知道/不清楚	其他
总人数	**1423**	**0.0**	**0.0**	**0.0**	**0.0**	**0.0**	**0.3**	**0.0**	**0.0**	**0.0**	**0.0**
男性	**838**	**0.0**	**0.0**	**0.0**	**0.0**	**0.0**	**0.4**	**0.0**	**0.0**	**0.0**	**0.0**
16~24 岁	120	0.0	0.0	0.0	0.0	0.0	3.1	0.0	0.0	0.0	0.0
25~34 岁	336	0.0	0.0	0.0	0.0	0.0	0.0	0.0	0.0	0.0	0.0
35~44 岁	292	0.0	0.0	0.0	0.0	0.0	0.0	0.0	0.0	0.0	0.0
45~54 岁	56	0.0	0.0	0.0	0.0	0.0	0.0	0.0	0.0	0.0	0.0
55~60 岁	34	0.0	0.0	0.0	0.0	0.0	0.0	0.0	0.0	0.0	0.0
女性	**585**	**0.0**	**0.0**	**0.0**	**0.0**	**0.0**	**0.0**	**0.0**	**0.0**	**0.0**	**0.0**
16~24 岁	96	0.0	0.0	0.0	0.0	0.0	0.0	0.0	0.0	0.0	0.0
25~34 岁	291	0.0	0.0	0.0	0.0	0.0	0.0	0.0	0.0	0.0	0.0
35~44 岁	161	0.0	0.0	0.0	0.0	0.0	0.0	0.0	0.0	0.0	0.0
45~54 岁	19	0.0	0.0	0.0	0.0	0.0	0.0	0.0	0.0	0.0	0.0
55~60 岁	19	0.0	0.0	0.0	0.0	0.0	0.0	0.0	0.0	0.0	0.0

● 成都

	人数（千人）	国内新闻	国际新闻	天气预报	经济信息	交通信息	教育节目	热点话题评说	外语教学	广播剧	古典音乐欣赏	欧美流行音乐	港台流行音乐
总人数	**609**	**46.8**	**33.4**	**12.3**	**10.1**	**31.1**	**2.3**	**12.1**	**2.3**	**3.1**	**9.9**	**10.3**	**23.7**
男性	**398**	**51.1**	**38.1**	**12.5**	**12.9**	**33.0**	**2.5**	**13.0**	**3.1**	**3.6**	**10.2**	**8.4**	**22.2**
16~24岁	71	21.9	26.5	8.7	8.9	17.1	9.0	8.6	12.8	0.0	8.9	17.9	43.9
25~34岁	118	50.2	35.4	8.8	17.6	41.1	2.9	17.7	0.0	2.8	14.2	14.8	29.3
35~44岁	95	60.8	38.2	13.0	6.3	45.4	0.0	6.7	3.3	6.6	6.5	3.3	16.3
45~54岁	82	63.9	44.5	19.7	13.9	27.9	0.0	16.9	0.0	5.6	10.9	0.0	8.4
55~60岁	32	57.6	57.3	13.9	21.3	14.2	0.0	14.2	0.0	0.0	7.6	0.0	0.0
女性	**210**	**38.6**	**24.5**	**12.0**	**4.8**	**27.7**	**2.1**	**10.5**	**0.9**	**2.2**	**9.4**	**14.0**	**26.7**
16~24岁	74	26.9	11.6	15.2	11.3	27.3	0.0	7.7	0.0	3.7	4.0	19.3	38.3
25~34岁	48	45.3	35.2	9.9	0.0	30.2	5.0	14.8	0.0	0.0	9.9	10.1	24.9
35~44岁	51	39.5	19.9	4.0	0.0	32.1	4.0	8.1	3.9	0.0	20.2	20.2	24.1
45~54岁	29	43.2	42.9	19.1	6.0	25.3	0.0	18.4	0.0	0.0	6.2	0.0	12.4
55~60岁	9	79.4	40.8	18.9	0.0	0.0	0.0	0.0	0.0	20.6	0.0	0.0	0.0

续前表

	人数（千人）	国内流行音乐	戏曲节目	曲艺相声	评书	医疗保健	点播节目	少儿节目	体育节目	有奖问答	股市信息	热线游戏节目	报纸摘要
总人数	**609**	**47.0**	**1.6**	**4.7**	**2.9**	**8.9**	**9.4**	**0.8**	**5.8**	**0.4**	**2.6**	**3.2**	**0.0**
男性	**398**	**45.0**	**0.9**	**5.1**	**2.9**	**11.1**	**6.1**	**0.0**	**7.9**	**0.6**	**3.9**	**3.5**	**0.0**
16~24岁	71	65.1	0.0	8.4	0.0	4.3	12.7	0.0	26.1	0.0	0.0	4.3	0.0
25~34岁	118	50.2	2.9	3.0	3.0	11.5	2.9	0.0	6.0	0.0	2.9	2.9	0.0
35~44岁	95	39.3	0.0	6.7	3.3	0.0	3.2	0.0	3.3	0.0	3.2	3.3	0.0
45~54岁	82	38.7	0.0	0.0	2.9	19.5	8.2	0.0	2.9	0.0	5.7	2.6	0.0
55~60岁	32	13.9	0.0	13.9	7.4	35.6	6.8	0.0	0.0	7.4	14.2	7.1	0.0
女性	**210**	**50.7**	**2.9**	**4.0**	**3.0**	**4.8**	**15.5**	**2.4**	**1.8**	**0.0**	**0.0**	**2.6**	**0.0**
16~24岁	74	54.2	0.0	0.0	0.0	0.0	18.9	4.1	0.0	0.0	0.0	7.5	0.0
25~34岁	48	45.1	5.0	10.1	5.1	10.1	15.0	0.0	0.0	0.0	0.0	0.0	0.0
35~44岁	51	59.8	3.9	0.0	4.0	0.0	8.1	4.2	4.2	0.0	0.0	0.0	0.0
45~54岁	29	37.9	0.0	0.0	0.0	6.2	25.3	0.0	6.2	0.0	0.0	0.0	0.0
55~60岁	9	40.2	18.9	40.2	20.6	39.5	0.0	0.0	0.0	0.0	0.0	0.0	0.0

续前表

	人数（千人）	法律	广告	文学类	女性节目	生活类	娱乐	情感类节目	访谈节目	不知道/不清楚	其他
总人数	**609**	**0.0**	**0.0**	**0.0**	**0.0**	**0.8**	**0.0**	**0.4**	**0.0**	**0.0**	**0.0**
男性	**398**	**0.0**	**0.0**	**0.0**	**0.0**	**1.2**	**0.0**	**0.0**	**0.0**	**0.0**	**0.0**
16~24岁	71	0.0	0.0	0.0	0.0	0.0	0.0	0.0	0.0	0.0	0.0
25~34岁	118	0.0	0.0	0.0	0.0	0.0	0.0	0.0	0.0	0.0	0.0
35~44岁	95	0.0	0.0	0.0	0.0	0.0	0.0	0.0	0.0	0.0	0.0
45~54岁	82	0.0	0.0	0.0	0.0	2.9	0.0	0.0	0.0	0.0	0.0
55~60岁	32	0.0	0.0	0.0	0.0	7.1	0.0	0.0	0.0	0.0	0.0
女性	**210**	**0.0**	**0.0**	**0.0**	**0.0**	**0.0**	**0.0**	**1.3**	**0.0**	**0.0**	**0.0**
16~24岁	74	0.0	0.0	0.0	0.0	0.0	0.0	3.7	0.0	0.0	0.0
25~34岁	48	0.0	0.0	0.0	0.0	0.0	0.0	0.0	0.0	0.0	0.0
35~44岁	51	0.0	0.0	0.0	0.0	0.0	0.0	0.0	0.0	0.0	0.0
45~54岁	29	0.0	0.0	0.0	0.0	0.0	0.0	0.0	0.0	0.0	0.0
55~60岁	9	0.0	0.0	0.0	0.0	0.0	0.0	0.0	0.0	0.0	0.0

● 重庆

	人数（千人）	国内新闻	国际新闻	天气预报	经济信息	交通信息	教育节目	热点话题评说	外语教学	广播剧	古典音乐欣赏	欧美流行音乐	港台流行音乐
总人数	**452**	**45.6**	**26.4**	**18.3**	**4.8**	**35.0**	**2.5**	**11.2**	**2.0**	**4.3**	**2.0**	**7.6**	**35.9**
男性	**273**	**42.2**	**26.4**	**15.1**	**1.8**	**47.2**	**0.0**	**13.9**	**0.0**	**3.2**	**2.6**	**4.6**	**32.9**
16~24 岁	75	34.0	23.8	21.6	0.0	32.8	0.0	21.8	0.0	11.6	0.0	11.6	68.1
25~34 岁	81	41.0	17.3	0.0	0.0	57.2	0.0	0.0	0.0	0.0	8.7	0.0	42.3
35~44 岁	67	43.3	30.6	18.9	0.0	56.4	0.0	25.1	0.0	0.0	0.0	5.7	6.3
45~54 岁	32	46.6	45.6	31.3	7.7	38.3	0.0	15.1	0.0	0.0	0.0	0.0	0.0
55~60 岁	18	71.2	28.6	13.4	13.9	43.2	0.0	0.0	0.0	0.0	0.0	0.0	0.0
女性	**178**	**50.8**	**26.5**	**23.1**	**9.5**	**16.3**	**6.2**	**7.0**	**5.0**	**6.0**	**1.0**	**12.3**	**40.5**
16~24 岁	73	49.7	25.4	25.4	12.7	12.7	12.7	0.0	12.2	12.2	0.0	24.9	75.1
25~34 岁	25	57.7	41.4	29.2	13.0	13.0	0.0	0.0	0.0	0.0	0.0	14.7	27.5
35~44 岁	46	27.7	16.3	5.9	5.9	28.0	0.0	11.3	0.0	0.0	0.0	0.0	22.1
45~54 岁	25	78.5	21.3	28.3	6.4	14.4	7.1	22.0	0.0	6.9	7.2	0.0	0.0
55~60 岁	9	81.6	61.7	61.2	0.0	0.0	0.0	20.5	0.0	0.0	0.0	0.0	0.0

续前表

	人数（千人）	国内流行音乐	戏曲节目	曲艺相声	评书	医疗保健	点播节目	少儿节目	体育节目	有奖问答	股市信息	热线游戏节目	报纸摘要
总人数	**452**	**42.8**	**0.0**	**5.1**	**1.1**	**8.6**	**7.8**	**0.0**	**5.8**	**0.0**	**0.9**	**0.5**	**0.0**
男性	**273**	**41.2**	**0.0**	**5.8**	**1.8**	**5.4**	**6.9**	**0.0**	**8.3**	**0.0**	**0.9**	**0.9**	**0.0**
16~24 岁	75	54.7	0.0	11.4	0.0	0.0	10.2	0.0	21.6	0.0	0.0	0.0	0.0
25~34 岁	81	50.1	0.0	0.0	0.0	0.0	8.3	0.0	7.7	0.0	0.0	0.0	0.0
35~44 岁	67	18.9	0.0	6.9	0.0	0.0	6.7	0.0	0.0	0.0	0.0	0.0	0.0
45~54 岁	32	31.5	0.0	0.0	7.7	38.4	0.0	0.0	0.0	0.0	0.0	7.7	0.0
55~60 岁	18	44.6	0.0	14.9	13.7	13.9	0.0	0.0	0.0	0.0	13.9	0.0	0.0
女性	**178**	**45.4**	**0.0**	**4.1**	**0.0**	**13.6**	**9.1**	**0.0**	**2.0**	**0.0**	**0.9**	**0.0**	**0.0**
16~24 岁	73	50.3	0.0	0.0	0.0	0.0	0.0	0.0	0.0	0.0	0.0	0.0	0.0
25~34 岁	25	13.0	0.0	14.7	0.0	40.8	44.5	0.0	0.0	0.0	0.0	0.0	0.0
35~44 岁	46	61.1	0.0	0.0	0.0	22.5	10.8	0.0	0.0	0.0	0.0	0.0	0.0
45~54 岁	25	43.3	0.0	14.1	0.0	14.4	0.0	0.0	14.2	0.0	0.0	0.0	0.0
55~60 岁	9	20.5	0.0	0.0	0.0	0.0	0.0	0.0	0.0	0.0	18.4	0.0	0.0

续前表

	人数（千人）	法律	广告	文学类	女性节目	生活类	娱乐	情感类节目	访谈节目	不知道/不清楚	其他
总人数	**452**	**0.0**	**0.0**	**0.0**	**0.0**	**1.0**	**0.0**	**0.0**	**0.0**	**0.0**	**0.0**
男性	**273**	**0.0**	**0.0**	**0.0**	**0.0**	**1.6**	**0.0**	**0.0**	**0.0**	**0.0**	**0.0**
16~24 岁	75	0.0	0.0	0.0	0.0	0.0	0.0	0.0	0.0	0.0	0.0
25~34 岁	81	0.0	0.0	0.0	0.0	0.0	0.0	0.0	0.0	0.0	0.0
35~44 岁	67	0.0	0.0	0.0	0.0	6.4	0.0	0.0	0.0	0.0	0.0
45~54 岁	32	0.0	0.0	0.0	0.0	0.0	0.0	0.0	0.0	0.0	0.0
55~60 岁	18	0.0	0.0	0.0	0.0	0.0	0.0	0.0	0.0	0.0	0.0
女性	**178**	**0.0**	**0.0**	**0.0**	**0.0**	**0.0**	**0.0**	**0.0**	**0.0**	**0.0**	**0.0**
16~24 岁	73	0.0	0.0	0.0	0.0	0.0	0.0	0.0	0.0	0.0	0.0
25~34 岁	25	0.0	0.0	0.0	0.0	0.0	0.0	0.0	0.0	0.0	0.0
35~44 岁	46	0.0	0.0	0.0	0.0	0.0	0.0	0.0	0.0	0.0	0.0
45~54 岁	25	0.0	0.0	0.0	0.0	0.0	0.0	0.0	0.0	0.0	0.0
55~60 岁	9	0.0	0.0	0.0	0.0	0.0	0.0	0.0	0.0	0.0	0.0

● 武汉

	人数（千人）	国内新闻	国际新闻	天气预报	经济信息	交通信息	教育节目	热点话题评说	外语教学	广播剧	古典音乐欣赏	欧美流行音乐	港台流行音乐
总人数	**1224**	**40.6**	**28.2**	**37.9**	**7.8**	**14.5**	**4.2**	**9.1**	**1.6**	**2.3**	**7.5**	**7.4**	**33.2**
男性	**626**	**50.2**	**40.0**	**39.7**	**13.1**	**17.3**	**0.8**	**10.1**	**0.0**	**1.9**	**10.2**	**7.3**	**24.0**
16~24岁	153	25.8	33.4	23.7	17.1	5.2	0.0	0.0	0.0	4.2	16.9	19.3	51.3
25~34岁	157	54.5	26.4	39.2	13.0	20.7	0.0	18.3	0.0	0.0	0.0	6.5	17.3
35~44岁	150	58.7	41.9	44.4	11.9	28.7	3.5	14.5	0.0	3.5	13.1	3.8	18.7
45~54岁	109	62.0	54.7	53.5	9.1	17.8	0.0	4.5	0.0	0.0	8.5	0.0	11.9
55~60岁	57	58.5	62.2	44.7	13.4	9.4	0.0	13.4	0.0	0.0	15.6	0.0	6.6
女性	**598**	**30.5**	**15.8**	**36.0**	**2.2**	**11.6**	**7.8**	**8.2**	**3.3**	**2.8**	**4.7**	**7.6**	**42.9**
16~24岁	203	14.8	4.4	29.5	0.0	4.0	0.0	9.6	0.0	0.0	4.4	14.0	69.9
25~34岁	162	17.5	8.9	21.6	4.3	8.6	16.8	8.6	8.6	0.0	3.7	10.5	48.3
35~44岁	116	47.5	24.4	48.0	0.0	27.2	12.4	8.1	3.6	6.4	7.6	0.0	23.8
45~54岁	71	54.1	38.3	49.9	0.0	3.2	4.3	2.6	2.6	10.1	2.9	0.0	9.3
55~60岁	46	66.1	33.2	63.1	13.6	29.7	4.6	9.5	0.0	4.2	4.6	0.0	5.1

续前表

	人数（千人）	国内流行音乐	戏曲节目	曲艺相声	评书	医疗保健	点播节目	少儿节目	体育节目	有奖问答	股市信息	热线游戏节目	报纸摘要
总人数	**1224**	**29.8**	**1.9**	**12.7**	**3.3**	**16.0**	**9.5**	**1.8**	**10.2**	**3.0**	**0.8**	**3.2**	**0.2**
男性	**626**	**29.8**	**2.5**	**16.1**	**1.2**	**11.3**	**4.4**	**1.3**	**14.6**	**1.5**	**1.3**	**3.5**	**0.0**
16~24岁	153	39.2	7.0	13.9	0.0	5.2	7.0	0.0	21.7	0.0	0.0	0.0	0.0
25~34岁	157	28.1	0.0	16.8	0.0	5.0	0.0	5.3	15.6	5.8	0.0	8.4	0.0
35~44岁	150	31.3	0.0	16.9	0.0	9.3	7.6	0.0	12.5	0.0	0.0	4.1	0.0
45~54岁	109	25.7	0.0	15.6	2.4	15.9	2.6	0.0	11.2	0.0	5.0	2.2	0.0
55~60岁	57	12.8	8.5	18.8	8.6	40.7	4.9	0.0	4.5	0.0	4.5	0.0	0.0
女性	**598**	**29.9**	**1.3**	**9.1**	**5.5**	**20.8**	**14.9**	**2.4**	**5.6**	**4.7**	**0.4**	**3.0**	**0.4**
16~24岁	203	42.7	0.0	4.8	0.0	14.9	25.9	0.0	9.7	8.8	0.0	8.8	0.0
25~34岁	162	24.7	0.0	10.5	12.5	23.3	10.5	8.7	4.3	0.0	0.0	0.0	0.0
35~44岁	116	28.7	2.5	12.0	7.3	13.4	13.0	0.0	5.7	5.0	0.0	0.0	0.0
45~54岁	71	17.7	2.7	14.2	5.6	32.6	6.3	0.0	0.0	3.3	0.0	0.0	0.0
55~60岁	46	13.6	6.6	8.5	0.0	38.9	0.0	0.0	0.0	4.0	4.6	0.0	5.1

续前表

	人数（千人）	法律	广告	文学类	女性节目	生活类	娱乐	情感类节目	访谈节目	不知道/不清楚	其他
总人数	**1224**	**0.0**	**0.0**	**0.0**	**0.0**	**0.0**	**0.0**	**0.0**	**0.6**	**0.0**	**0.0**
男性	**626**	**0.0**	**0.0**	**0.0**	**0.0**	**0.0**	**0.0**	**0.0**	**0.0**	**0.0**	**0.0**
16~24岁	153	0.0	0.0	0.0	0.0	0.0	0.0	0.0	0.0	0.0	0.0
25~34岁	157	0.0	0.0	0.0	0.0	0.0	0.0	0.0	0.0	0.0	0.0
35~44岁	150	0.0	0.0	0.0	0.0	0.0	0.0	0.0	0.0	0.0	0.0
45~54岁	109	0.0	0.0	0.0	0.0	0.0	0.0	0.0	0.0	0.0	0.0
55~60岁	57	0.0	0.0	0.0	0.0	0.0	0.0	0.0	0.0	0.0	0.0
女性	**598**	**0.0**	**0.0**	**0.0**	**0.0**	**0.0**	**0.0**	**0.0**	**1.2**	**0.0**	**0.0**
16~24岁	203	0.0	0.0	0.0	0.0	0.0	0.0	0.0	0.0	0.0	0.0
25~34岁	162	0.0	0.0	0.0	0.0	0.0	0.0	0.0	4.3	0.0	0.0
35~44岁	116	0.0	0.0	0.0	0.0	0.0	0.0	0.0	0.0	0.0	0.0
45~54岁	71	0.0	0.0	0.0	0.0	0.0	0.0	0.0	0.0	0.0	0.0
55~60岁	46	0.0	0.0	0.0	0.0	0.0	0.0	0.0	0.0	0.0	0.0

● 西安

	人数（千人）	国内新闻	国际新闻	天气预报	经济信息	交通信息	教育节目	热点话题评说	外语教学	广播剧	古典音乐欣赏	欧美流行音乐	港台流行音乐
总人数	**938**	**34.0**	**22.7**	**14.0**	**4.3**	**21.5**	**2.8**	**22.9**	**5.6**	**2.3**	**5.8**	**8.5**	**39.2**
男性	**547**	**41.6**	**28.1**	**13.8**	**5.6**	**26.7**	**4.7**	**19.0**	**5.9**	**1.3**	**6.7**	**8.7**	**32.4**
16~24 岁	136	18.8	38.1	6.0	0.0	15.9	6.0	12.5	21.1	5.3	0.0	19.3	65.3
25~34 岁	173	50.7	25.8	16.2	5.1	34.0	3.0	17.9	0.0	0.0	11.1	12.4	27.9
35~44 岁	130	36.4	14.3	11.7	4.5	35.3	2.8	16.1	2.8	0.0	5.0	0.0	24.4
45~54 岁	63	43.1	17.9	18.3	15.4	25.6	10.9	26.1	0.0	0.0	11.3	0.0	14.1
55~60 岁	45	87.3	60.9	27.4	14.0	8.0	3.5	40.4	0.0	0.0	8.5	0.0	0.0
女性	**391**	**23.5**	**15.1**	**14.3**	**2.4**	**14.1**	**0.3**	**28.4**	**5.1**	**3.6**	**4.5**	**8.2**	**48.7**
16~24 岁	139	21.4	28.4	11.6	0.0	10.9	0.0	32.3	13.2	0.0	5.3	11.6	72.3
25~34 岁	126	22.5	3.3	12.5	2.2	9.1	0.0	24.4	0.0	3.0	2.5	10.9	57.5
35~44 岁	69	18.0	9.3	17.7	9.8	33.0	0.0	26.8	2.3	4.5	5.5	3.0	22.9
45~54 岁	36	33.3	15.6	19.9	0.0	16.7	3.2	26.0	0.0	11.1	8.8	0.0	4.1
55~60 岁	21	44.5	16.1	21.8	0.0	0.0	0.0	36.4	0.0	14.9	0.0	0.0	0.0

续前表

	人数（千人）	国内流行音乐	戏曲节目	曲艺相声	评书	医疗保健	点播节目	少儿节目	体育节目	有奖问答	股市信息	热线游戏节目	报纸摘要
总人数	**938**	**51.6**	**4.8**	**15.0**	**5.1**	**12.5**	**8.5**	**1.9**	**5.0**	**1.4**	**3.7**	**10.0**	**0.0**
男性	**547**	**47.4**	**5.7**	**15.6**	**4.9**	**9.1**	**6.5**	**0.0**	**6.8**	**0.3**	**5.5**	**8.1**	**0.0**
16~24 岁	136	54.7	0.0	12.5	6.8	0.0	7.2	0.0	21.1	0.0	0.0	6.0	0.0
25~34 岁	173	55.6	0.0	24.2	5.6	8.1	7.7	0.0	0.0	0.0	5.1	4.9	0.0
35~44 岁	130	48.7	12.3	8.8	2.1	12.6	7.7	0.0	2.5	0.0	11.7	11.7	0.0
45~54 岁	63	28.1	8.2	5.4	2.9	12.0	0.0	0.0	5.0	2.9	6.1	9.5	0.0
55~60 岁	45	17.5	22.5	26.4	7.5	25.7	5.2	0.0	4.5	0.0	4.7	13.7	0.0
女性	**391**	**57.4**	**3.5**	**14.1**	**5.3**	**17.4**	**11.3**	**4.5**	**2.5**	**3.0**	**1.2**	**12.7**	**0.0**
16~24 岁	139	65.3	0.0	9.9	4.6	10.9	20.1	4.6	4.6	4.6	0.0	4.6	0.0
25~34 岁	126	64.0	2.5	15.5	6.6	7.8	5.5	7.7	0.0	3.0	2.2	17.8	0.0
35~44 岁	69	51.2	2.7	12.7	2.5	32.2	10.2	2.0	2.7	2.0	2.5	17.7	0.0
45~54 岁	36	36.4	7.9	24.0	4.8	34.4	6.3	0.0	4.1	0.0	0.0	10.4	0.0
55~60 岁	21	21.1	28.4	21.8	12.3	40.6	0.0	0.0	0.0	0.0	0.0	23.0	0.0

续前表

	人数（千人）	法律	广告	文学类	女性节目	生活类	娱乐	情感类节目	访谈节目	不知道/不清楚	其他
总人数	**938**	**0.0**	**0.0**	**2.5**	**0.0**	**1.8**	**0.0**	**0.1**	**0.0**	**0.0**	**0.0**
男性	**547**	**0.0**	**0.0**	**3.8**	**0.0**	**2.5**	**0.0**	**0.0**	**0.0**	**0.0**	**0.0**
16~24 岁	136	0.0	0.0	6.8	0.0	0.0	0.0	0.0	0.0	0.0	0.0
25~34 岁	173	0.0	0.0	2.7	0.0	2.3	0.0	0.0	0.0	0.0	0.0
35~44 岁	130	0.0	0.0	2.4	0.0	4.8	0.0	0.0	0.0	0.0	0.0
45~54 岁	63	0.0	0.0	2.5	0.0	5.4	0.0	0.0	0.0	0.0	0.0
55~60 岁	45	0.0	0.0	4.7	0.0	0.0	0.0	0.0	0.0	0.0	0.0
女性	**391**	**0.0**	**0.0**	**0.8**	**0.0**	**0.8**	**0.0**	**0.4**	**0.0**	**0.0**	**0.0**
16~24 岁	139	0.0	0.0	0.0	0.0	0.0	0.0	0.0	0.0	0.0	0.0
25~34 岁	126	0.0	0.0	0.0	0.0	0.0	0.0	0.0	0.0	0.0	0.0
35~44 岁	69	0.0	0.0	0.0	0.0	2.3	0.0	2.0	0.0	0.0	0.0
45~54 岁	36	0.0	0.0	4.1	0.0	4.1	0.0	0.0	0.0	0.0	0.0
55~60 岁	21	0.0	0.0	8.1	0.0	0.0	0.0	0.0	0.0	0.0	0.0

● 沈阳

	人数（千人）	国内新闻	国际新闻	天气预报	经济信息	交通信息	教育节目	热点话题评说	外语教学	广播剧	古典音乐欣赏	欧美流行音乐	港台流行音乐
总人数	**1525**	**48.7**	**37.0**	**43.4**	**7.2**	**26.2**	**3.9**	**33.1**	**2.9**	**2.9**	**3.6**	**3.2**	**11.6**
男性	**807**	**54.0**	**43.3**	**46.0**	**6.2**	**25.9**	**1.8**	**32.0**	**1.0**	**1.3**	**2.2**	**2.2**	**6.8**
16~24 岁	163	39.5	21.6	39.3	3.9	25.8	0.0	26.5	4.8	4.4	4.8	8.7	16.2
25~34 岁	163	52.6	29.4	39.8	3.0	33.2	3.4	36.9	0.0	0.0	0.0	0.0	12.7
35~44 岁	230	56.0	51.6	45.7	7.4	19.2	4.0	35.7	0.0	0.0	1.7	0.0	2.0
45~54 岁	170	67.3	61.5	58.1	11.1	26.9	0.0	25.3	0.0	0.0	1.7	2.1	0.0
55~60 岁	81	52.6	52.8	47.2	3.6	28.3	0.0	37.3	0.0	4.4	4.4	0.0	3.6
女性	**718**	**42.7**	**29.9**	**40.5**	**8.4**	**26.6**	**6.3**	**34.3**	**5.1**	**4.6**	**5.1**	**4.3**	**16.9**
16~24 岁	159	22.9	4.4	34.6	0.0	21.1	8.2	22.7	16.8	8.6	12.1	12.6	38.9
25~34 岁	149	49.8	19.3	38.1	9.6	22.6	2.7	27.2	2.5	5.2	7.3	5.2	24.8
35~44 岁	199	42.1	41.6	43.1	14.6	32.1	9.5	34.5	3.2	3.4	3.3	1.4	7.8
45~54 岁	158	56.4	48.5	45.1	9.1	28.6	3.1	48.3	0.0	3.3	0.0	0.0	3.0
55~60 岁	53	44.3	36.4	40.9	4.6	27.7	7.9	46.0	0.0	0.0	0.0	0.0	4.6

续前表

	人数（千人）	国内流行音乐	戏曲节目	曲艺相声	评书	医疗保健	点播节目	少儿节目	体育节目	有奖问答	股市信息	热线游戏节目	报纸摘要
总人数	**1525**	**31.5**	**1.7**	**11.6**	**15.5**	**11.8**	**5.1**	**0.3**	**11.4**	**1.5**	**1.3**	**6.3**	**0.0**
男性	**807**	**26.7**	**0.5**	**10.8**	**16.8**	**6.6**	**4.7**	**0.0**	**18.7**	**1.0**	**1.2**	**4.9**	**0.0**
16~24 岁	163	47.2	0.0	3.9	7.8	0.0	4.4	0.0	22.4	0.0	0.0	4.8	0.0
25~34 岁	163	27.1	0.0	13.5	17.2	6.3	6.7	0.0	27.0	3.0	3.4	10.0	0.0
35~44 岁	230	28.7	1.9	11.5	14.7	8.9	5.7	0.0	16.4	0.0	1.7	5.4	0.0
45~54 岁	170	5.7	0.0	11.3	19.1	8.0	3.9	0.0	15.1	1.7	0.0	1.7	0.0
55~60 岁	81	23.7	0.0	16.0	35.5	11.3	0.0	0.0	8.3	0.0	0.0	0.0	0.0
女性	**718**	**36.9**	**3.1**	**12.6**	**13.9**	**17.7**	**5.6**	**0.6**	**3.3**	**2.1**	**1.5**	**7.9**	**0.0**
16~24 岁	159	43.5	0.0	17.5	16.9	12.8	8.2	0.0	8.4	0.0	3.9	17.1	0.0
25~34 岁	149	60.9	4.6	8.0	10.1	10.5	2.1	2.7	2.7	4.6	0.0	6.9	0.0
35~44 岁	199	30.0	1.7	13.2	14.5	21.8	6.2	0.0	3.2	1.6	0.0	3.3	0.0
45~54 岁	158	19.8	5.9	9.7	13.6	24.2	7.5	0.0	0.0	1.6	2.9	8.0	0.0
55~60 岁	53	27.0	4.9	17.4	13.8	17.9	0.0	0.0	0.0	4.5	0.0	0.0	0.0

续前表

	人数（千人）	法律	广告	文学类	女性节目	生活类	娱乐	情感类节目	访谈节目	不知道/不清楚	其他
总人数	**1525**	**0.5**	**0.0**	**0.0**	**0.0**	**0.0**	**0.0**	**0.0**	**0.0**	**0.7**	**0.7**
男性	**807**	**0.9**	**0.0**	**0.0**	**0.0**	**0.0**	**0.0**	**0.0**	**0.0**	**0.9**	**0.9**
16~24 岁	163	0.0	0.0	0.0	0.0	0.0	0.0	0.0	0.0	4.5	0.0
25~34 岁	163	0.0	0.0	0.0	0.0	0.0	0.0	0.0	0.0	0.0	0.0
35~44 岁	230	0.0	0.0	0.0	0.0	0.0	0.0	0.0	0.0	0.0	1.9
45~54 岁	170	4.1	0.0	0.0	0.0	0.0	0.0	0.0	0.0	0.0	2.0
55~60 岁	81	0.0	0.0	0.0	0.0	0.0	0.0	0.0	0.0	0.0	0.0
女性	**718**	**0.0**	**0.0**	**0.0**	**0.0**	**0.0**	**0.0**	**0.0**	**0.0**	**0.4**	**0.4**
16~24 岁	159	0.0	0.0	0.0	0.0	0.0	0.0	0.0	0.0	0.0	0.0
25~34 岁	149	0.0	0.0	0.0	0.0	0.0	0.0	0.0	0.0	0.0	0.0
35~44 岁	199	0.0	0.0	0.0	0.0	0.0	0.0	0.0	0.0	1.6	1.4
45~54 岁	158	0.0	0.0	0.0	0.0	0.0	0.0	0.0	0.0	0.0	0.0
55~60 岁	53	0.0	0.0	0.0	0.0	0.0	0.0	0.0	0.0	0.0	0.0

● 南京

	人数（千人）	国内新闻	国际新闻	天气预报	经济信息	交通信息	教育节目	热点话题评说	外语教学	广播剧	古典音乐欣赏	欧美流行音乐	港台流行音乐
总人数	**931**	**54.0**	**35.3**	**43.2**	**6.6**	**33.2**	**2.1**	**14.8**	**0.4**	**1.8**	**0.8**	**5.1**	**31.2**
男性	**570**	**55.9**	**45.2**	**39.0**	**6.5**	**38.7**	**1.8**	**13.0**	**0.0**	**0.0**	**0.0**	**6.6**	**29.3**
16~24 岁	81	34.1	20.2	31.3	0.0	45.6	0.0	23.0	0.0	0.0	0.0	11.6	76.9
25~34 岁	172	40.8	46.5	27.6	2.1	37.4	2.1	11.3	0.0	0.0	0.0	4.6	44.7
35~44 岁	148	61.1	41.9	38.2	12.7	49.5	3.9	14.5	0.0	0.0	0.0	13.7	8.6
45~54 岁	110	74.7	54.5	64.8	3.4	37.1	0.6	6.9	0.0	0.0	0.0	0.0	13.6
55~60 岁	58	82.0	66.9	37.1	18.9	7.9	0.0	11.7	0.0	0.0	0.0	0.0	0.0
女性	**362**	**51.1**	**19.9**	**49.8**	**6.8**	**24.7**	**2.6**	**17.7**	**1.1**	**4.6**	**2.2**	**2.7**	**34.3**
16~24 岁	88	26.3	0.0	20.2	0.0	13.4	2.6	23.4	4.7	5.1	7.3	7.7	53.7
25~34 岁	76	55.3	25.3	44.9	19.1	41.4	1.5	12.0	0.0	2.7	0.0	2.9	60.3
35~44 岁	87	57.0	26.2	64.9	3.0	20.5	3.0	21.0	0.0	0.0	0.8	0.0	32.9
45~54 岁	69	67.1	32.0	72.1	7.7	23.2	0.0	6.8	0.0	8.3	0.0	1.2	0.0
55~60 岁	42	56.4	18.2	52.7	5.1	28.9	8.7	27.4	0.0	10.7	1.9	0.0	5.5

续前表

	人数（千人）	国内流行音乐	戏曲节目	曲艺相声	评书	医疗保健	点播节目	少儿节目	体育节目	有奖问答	股市信息	热线游戏节目	报纸摘要
总人数	**931**	**46.4**	**0.9**	**6.2**	**2.3**	**12.6**	**2.6**	**0.1**	**8.9**	**0.0**	**0.8**	**1.1**	**0.0**
男性	**570**	**44.2**	**0.7**	**6.1**	**2.5**	**9.0**	**2.0**	**0.0**	**12.2**	**0.0**	**1.2**	**1.2**	**0.0**
16~24 岁	81	36.7	0.0	0.0	0.0	0.0	14.3	0.0	8.2	0.0	0.0	0.0	0.0
25~34 岁	172	66.8	0.0	14.9	6.0	3.6	0.0	0.0	10.4	0.0	0.0	0.0	0.0
35~44 岁	148	48.1	0.0	0.0	0.0	17.3	0.0	0.0	20.6	0.0	3.9	3.8	0.0
45~54 岁	110	22.9	0.0	4.9	1.1	9.6	0.0	0.0	8.7	0.0	1.1	0.0	0.0
55~60 岁	58	17.7	7.1	6.0	5.2	15.0	0.0	0.0	8.1	0.0	0.0	2.1	0.0
女性	**362**	**50.0**	**1.1**	**6.4**	**2.0**	**18.2**	**3.5**	**0.3**	**3.8**	**0.0**	**0.2**	**1.0**	**0.0**
16~24 岁	88	66.5	0.0	5.8	0.0	14.6	0.0	0.0	0.0	0.0	0.0	0.0	0.0
25~34 岁	76	46.6	0.0	6.6	0.0	7.4	4.1	1.5	6.0	0.0	0.0	4.6	0.0
35~44 岁	87	55.4	0.0	2.3	0.0	15.5	5.0	0.0	5.5	0.0	0.0	0.0	0.0
45~54 岁	69	36.6	3.2	5.2	9.5	31.2	5.2	0.0	5.2	0.0	0.0	0.0	0.0
55~60 岁	42	32.4	4.0	17.9	1.9	29.6	4.1	0.0	1.9	0.0	1.9	0.0	0.0

续前表

	人数（千人）	法律	广告	文学类	女性节目	生活类	娱乐	情感类节目	访谈节目	不知道/不清楚	其他
总人数	**931**	**0.6**	**0.3**	**0.2**	**0.0**	**0.0**	**1.3**	**0.5**	**0.0**	**0.2**	**0.0**
男性	**570**	**0.0**	**0.4**	**0.0**	**0.0**	**0.0**	**0.0**	**0.6**	**0.0**	**0.3**	**0.0**
16~24 岁	81	0.0	0.0	0.0	0.0	0.0	0.0	0.0	0.0	0.0	0.0
25~34 岁	172	0.0	0.0	0.0	0.0	0.0	0.0	0.0	0.0	0.0	0.0
35~44 岁	148	0.0	0.0	0.0	0.0	0.0	0.0	0.0	0.0	0.0	0.0
45~54 岁	110	0.0	2.3	0.0	0.0	0.0	0.0	3.1	0.0	1.4	0.0
55~60 岁	58	0.0	0.0	0.0	0.0	0.0	0.0	0.0	0.0	0.0	0.0
女性	**362**	**1.6**	**0.0**	**0.4**	**0.0**	**0.1**	**3.3**	**0.3**	**0.0**	**0.0**	**0.0**
16~24 岁	88	0.0	0.0	0.0	0.0	0.0	13.4	0.0	0.0	0.0	0.0
25~34 岁	76	0.0	0.0	0.0	0.0	0.0	0.0	1.5	0.0	0.0	0.0
35~44 岁	87	0.0	0.0	0.0	0.0	0.0	0.0	0.0	0.0	0.0	0.0
45~54 岁	69	8.3	0.0	2.0	0.0	0.6	0.0	0.0	0.0	0.0	0.0
55~60 岁	42	0.0	0.0	0.0	0.0	0.0	0.0	0.0	0.0	0.0	0.0

9 不同学历听众收听广播节目的偏好 注：本题为多选题，合计百分比可能超过100%

● 北京

	人数（千人）	国内新闻	国际新闻	天气预报	经济信息	交通信息	教育节目	热点话题评说	外语教学	广播剧	古典音乐欣赏	欧美流行音乐	港台流行音乐
总人数	**2742**	**44.7**	**33.7**	**27.4**	**4.0**	**36.9**	**3.0**	**13.6**	**2.8**	**1.8**	**3.1**	**9.3**	**24.5**
小学及以下	45	55.7	48.4	18.2	0.0	11.2	0.0	0.0	0.0	0.0	0.0	0.0	0.0
初中	444	54.7	41.6	39.3	2.9	29.1	6.2	14.9	0.0	1.6	5.5	2.9	7.4
高中/中专/技校	1036	40.8	29.4	25.4	2.3	40.7	1.5	9.4	0.3	1.3	3.1	10.1	27.6
大学专科	544	43.0	34.3	24.0	8.2	37.6	0.6	14.6	6.6	2.8	3.3	9.5	30.4
大学本科	579	46.7	38.6	25.9	4.6	39.2	6.1	20.9	5.1	2.4	2.1	14.9	28.2
研究生及以上	95	33.5	3.8	25.2	0.0	26.5	0.0	8.6	8.6	0.0	0.0	0.0	24.4

续前表

	人数（千人）	国内流行音乐	戏曲节目	曲艺相声	评书	医疗保健	点播节目	少儿节目	体育节目	有奖问答	股市信息	热线游戏节目	报纸摘要
总人数	**2742**	**43.8**	**2.6**	**22.6**	**10.7**	**8.1**	**5.8**	**0.4**	**8.3**	**0.8**	**1.5**	**1.4**	**0.0**
小学及以下	45	44.5	0.0	54.5	16.3	28.1	19.0	0.0	0.0	8.1	0.0	19.0	0.0
初中	444	36.1	4.8	29.1	15.2	7.2	3.8	1.7	7.6	0.0	2.1	1.1	0.0
高中/中专/技校	1036	44.4	3.8	25.7	9.3	9.4	3.6	0.4	9.5	1.6	1.0	1.1	0.0
大学专科	544	40.8	1.9	20.8	14.0	3.9	11.9	0.0	6.7	0.0	2.4	0.0	0.0
大学本科	579	50.4	0.0	14.9	8.1	8.6	4.2	0.0	10.2	0.0	1.5	0.7	0.0
研究生及以上	95	49.6	0.0	0.0	0.0	9.5	8.6	0.0	0.0	0.0	0.0	8.6	0.0

续前表

	人数（千人）	法律	广告	文学类	女性节目	生活类	娱乐	情感类节目	访谈节目	不知道/不清楚	其他
总人数	**2742**	**0.1**	**0.0**	**1.3**	**0.0**	**0.3**	**0.9**	**0.7**	**0.4**	**0.0**	**0.9**
小学及以下	45	0.0	0.0	0.0	0.0	0.0	0.0	0.0	0.0	0.0	0.0
初中	444	0.0	0.0	2.6	0.0	0.0	0.8	1.5	0.0	0.0	0.0
高中/中专/技校	1036	0.0	0.0	2.4	0.0	0.9	2.0	0.0	1.0	0.0	0.6
大学专科	544	0.7	0.0	0.0	0.0	0.0	0.0	0.0	0.0	0.0	0.0
大学本科	579	0.0	0.0	0.0	0.0	0.0	0.0	2.1	0.0	0.0	1.6
研究生及以上	95	0.0	0.0	0.0	0.0	0.0	0.0	0.0	0.0	0.0	11.5

● 上海

	人数（千人）	国内新闻	国际新闻	天气预报	经济信息	交通信息	教育节目	热点话题评说	外语教学	广播剧	古典音乐欣赏	欧美流行音乐	港台流行音乐
总人数	**3711**	**69.2**	**61.3**	**64.1**	**10.5**	**14.5**	**1.9**	**12.8**	**2.6**	**5.1**	**7.2**	**13.8**	**30.1**
小学及以下	37	81.2	72.1	72.1	39.3	0.0	0.0	0.0	0.0	0.0	0.0	0.0	27.9
初中	846	75.3	64.7	67.0	8.8	12.0	2.8	16.8	0.0	2.8	5.3	7.7	18.1
高中/中专/技校	1778	66.3	60.4	66.5	10.9	15.4	1.2	12.7	1.8	6.1	6.9	12.4	29.0
大学专科	580	63.5	53.2	56.5	7.3	13.2	4.7	13.9	5.1	5.3	6.2	17.5	45.4
大学本科	425	77.3	71.2	62.8	9.1	16.4	0.0	6.4	8.4	5.9	14.7	29.1	41.3
研究生及以上	46	52.5	33.7	18.8	53.7	33.7	0.0	0.0	0.0	0.0	0.0	0.0	0.0

续前表

	人数（千人）	国内流行音乐	戏曲节目	曲艺相声	评书	医疗保健	点播节目	少儿节目	体育节目	有奖问答	股市信息	热线游戏节目	报纸摘要
总人数	**3711**	**23.5**	**6.2**	**7.5**	**0.2**	**10.2**	**3.6**	**0.7**	**13.9**	**0.7**	**3.6**	**1.8**	**0.0**
小学及以下	37	27.9	11.9	11.9	0.0	39.3	0.0	0.0	0.0	0.0	0.0	0.0	0.0
初中	846	22.7	10.2	12.9	0.0	15.3	2.0	1.1	8.4	0.0	5.4	1.5	0.0
高中/中专/技校	1778	20.8	6.6	5.8	0.4	8.7	6.0	0.5	13.3	1.4	3.2	1.1	0.0
大学专科	580	32.6	2.2	7.9	0.0	5.3	0.0	1.7	23.5	0.0	2.0	4.6	0.0
大学本科	425	26.5	2.6	4.1	0.0	11.5	2.0	0.0	17.0	0.0	4.5	2.2	0.0
研究生及以上	46	0.0	0.0	0.0	0.0	0.0	0.0	0.0	0.0	0.0	0.0	0.0	0.0

续前表

	人数（千人）	法律	广告	文学类	女性节目	生活类	娱乐	情感类节目	访谈节目	不知道/不清楚	其他
总人数	**3711**	**0.0**	**0.0**	**0.0**	**0.0**	**0.1**	**0.0**	**0.0**	**0.0**	**0.0**	**1.3**
小学及以下	37	0.0	0.0	0.0	0.0	0.0	0.0	0.0	0.0	0.0	0.0
初中	846	0.0	0.0	0.0	0.0	0.0	0.0	0.0	0.0	0.0	0.8
高中/中专/技校	1778	0.0	0.0	0.0	0.0	0.3	0.0	0.0	0.0	0.0	0.6
大学专科	580	0.0	0.0	0.0	0.0	0.0	0.0	0.0	0.0	0.0	0.0
大学本科	425	0.0	0.0	0.0	0.0	0.0	0.0	0.0	0.0	0.0	4.2
研究生及以上	46	0.0	0.0	0.0	0.0	0.0	0.0	0.0	0.0	0.0	27.5

● 广州

	人数（千人）	国内新闻	国际新闻	天气预报	经济信息	交通信息	教育节目	热点话题评说	外语教学	广播剧	古典音乐欣赏	欧美流行音乐	港台流行音乐
总人数	**1226**	**55.5**	**34.4**	**24.2**	**4.8**	**24.7**	**1.6**	**18.2**	**0.7**	**12.0**	**5.2**	**5.7**	**61.1**
小学及以下	62	49.0	37.8	33.9	13.6	11.1	6.6	4.9	0.0	7.6	5.6	5.6	50.6
初中	330	68.1	42.0	24.0	5.0	21.7	0.0	17.6	0.7	16.5	0.8	1.0	55.6
高中/中专/技校	569	52.6	32.5	23.2	3.1	21.4	1.9	19.9	1.2	10.6	6.3	6.2	62.4
大学专科	167	49.3	29.3	21.8	8.1	38.0	2.7	10.1	0.0	13.0	5.0	8.1	73.5
大学本科	86	43.0	24.3	32.4	0.0	34.5	0.0	30.8	0.0	7.0	15.0	16.2	52.1
研究生及以上	11	59.7	38.5	0.0	21.2	78.8	0.0	40.3	0.0	0.0	0.0	0.0	100.0

续前表

	人数（千人）	国内流行音乐	戏曲节目	曲艺相声	评书	医疗保健	点播节目	少儿节目	体育节目	有奖问答	股市信息	热线游戏节目	报纸摘要
总人数	**1226**	**53.9**	**6.6**	**2.9**	**0.9**	**10.1**	**2.9**	**1.0**	**7.0**	**0.9**	**1.7**	**1.9**	**0.0**
小学及以下	62	59.4	19.2	8.6	4.5	24.8	0.0	0.0	0.0	0.0	0.0	3.5	0.0
初中	330	52.8	9.1	4.5	0.8	6.8	5.6	1.0	8.6	0.8	0.0	1.2	0.0
高中/中专/技校	569	50.6	5.3	2.1	0.9	11.9	2.0	1.6	6.6	0.5	3.7	0.6	0.0
大学专科	167	62.1	5.3	1.7	0.0	8.3	3.5	0.0	9.9	3.4	0.0	6.2	0.0
大学本科	86	56.6	0.0	0.0	0.0	5.2	0.0	0.0	3.2	0.0	0.0	3.7	0.0
研究生及以上	11	78.8	0.0	0.0	0.0	0.0	0.0	0.0	0.0	0.0	0.0	0.0	0.0

续前表

	人数（千人）	法律	广告	文学类	女性节目	生活类	娱乐	情感类节目	访谈节目	不知道/不清楚	其他
总人数	**1226**	**0.0**	**0.0**	**4.0**	**0.2**	**0.0**	**0.0**	**0.0**	**0.0**	**0.0**	**0.0**
小学及以下	62	0.0	0.0	0.0	0.0	0.0	0.0	0.0	0.0	0.0	0.0
初中	330	0.0	0.0	7.1	0.0	0.0	0.0	0.0	0.0	0.0	0.0
高中/中专/技校	569	0.0	0.0	4.0	0.5	0.0	0.0	0.0	0.0	0.0	0.0
大学专科	167	0.0	0.0	0.0	0.0	0.0	0.0	0.0	0.0	0.0	0.0
大学本科	86	0.0	0.0	3.1	0.0	0.0	0.0	0.0	0.0	0.0	0.0
研究生及以上	11	0.0	0.0	0.0	0.0	0.0	0.0	0.0	0.0	0.0	0.0

● 深圳

	人数（千人）	国内新闻	国际新闻	天气预报	经济信息	交通信息	教育节目	热点话题评说	外语教学	广播剧	古典音乐欣赏	欧美流行音乐	港台流行音乐
总人数	**1423**	**63.5**	**47.5**	**7.2**	**4.4**	**29.1**	**2.4**	**30.9**	**1.1**	**2.6**	**3.7**	**5.4**	**27.0**
小学及以下	71	79.2	48.7	8.3	0.0	29.0	0.0	48.5	0.0	0.0	0.0	0.0	26.6
初中	387	68.7	53.2	2.4	4.2	11.2	1.5	50.3	1.1	3.4	3.7	5.3	30.2
高中/中专/技校	548	59.8	47.0	9.1	2.4	29.6	4.3	30.2	1.5	3.6	2.4	1.6	23.6
大学专科	251	58.6	45.2	8.6	1.7	36.0	1.7	14.8	0.0	1.7	4.0	9.0	23.0
大学本科	122	68.8	48.3	12.6	18.8	55.6	0.0	6.9	2.8	0.0	7.8	13.5	32.4
研究生及以上	44	50.4	13.3	0.0	13.5	70.0	0.0	0.0	0.0	0.0	13.3	20.0	49.9

续前表

	人数（千人）	国内流行音乐	戏曲节目	曲艺相声	评书	医疗保健	点播节目	少儿节目	体育节目	有奖问答	股市信息	热线游戏节目	报纸摘要
总人数	**1423**	**44.1**	**0.0**	**3.7**	**2.2**	**6.2**	**13.4**	**0.6**	**5.2**	**2.0**	**0.3**	**20.4**	**0.0**
小学及以下	71	50.3	0.0	0.0	7.1	0.0	29.0	0.0	6.2	8.5	0.0	38.7	0.0
初中	387	61.8	0.0	3.3	3.7	4.9	20.4	0.0	1.9	1.5	0.0	27.5	0.0
高中/中专/技校	548	38.3	0.0	2.7	1.4	7.6	12.4	0.8	6.6	2.9	0.7	19.1	0.0
大学专科	251	28.8	0.0	2.4	0.0	7.2	9.1	1.7	7.0	0.0	0.0	16.9	0.0
大学本科	122	39.7	0.0	7.0	3.9	3.5	0.0	0.0	6.7	0.0	0.0	7.4	0.0
研究生及以上	44	50.1	0.0	23.4	0.0	13.5	0.0	0.0	0.0	0.0	0.0	0.0	0.0

续前表

	人数（千人）	法律	广告	文学类	女性节目	生活类	娱乐	情感类节目	访谈节目	不知道/不清楚	其他
总人数	**1423**	**0.0**	**0.0**	**0.0**	**0.0**	**0.0**	**0.3**	**0.0**	**0.0**	**0.0**	**0.0**
小学及以下	71	0.0	0.0	0.0	0.0	0.0	0.0	0.0	0.0	0.0	0.0
初中	387	0.0	0.0	0.0	0.0	0.0	0.0	0.0	0.0	0.0	0.0
高中/中专/技校	548	0.0	0.0	0.0	0.0	0.0	0.0	0.0	0.0	0.0	0.0
大学专科	251	0.0	0.0	0.0	0.0	0.0	1.5	0.0	0.0	0.0	0.0
大学本科	122	0.0	0.0	0.0	0.0	0.0	0.0	0.0	0.0	0.0	0.0
研究生及以上	44	0.0	0.0	0.0	0.0	0.0	0.0	0.0	0.0	0.0	0.0

● 成都

	人数（千人）	国内新闻	国际新闻	天气预报	经济信息	交通信息	教育节目	热点话题评说	外语教学	广播剧	古典音乐欣赏	欧美流行音乐	港台流行音乐
总人数	**609**	**46.8**	**33.4**	**12.3**	**10.1**	**31.1**	**2.3**	**12.1**	**2.3**	**3.1**	**9.9**	**10.3**	**23.7**
小学及以下	15	73.5	26.5	23.4	0.0	15.1	0.0	30.2	0.0	0.0	0.0	0.0	0.0
初中	114	55.3	34.2	19.5	4.0	35.8	1.8	9.4	1.7	3.6	16.8	6.3	15.0
高中/中专/技校	201	43.8	26.7	9.7	13.5	33.0	2.8	10.2	1.4	7.3	13.0	8.6	25.1
大学专科	159	46.8	39.1	11.3	9.1	31.6	0.0	11.1	3.8	0.0	9.5	14.2	20.2
大学本科	105	42.8	39.3	11.2	8.3	25.2	6.3	13.6	0.0	0.0	0.0	14.9	36.9
研究生及以上	15	20.8	20.8	0.0	44.2	23.5	0.0	42.9	22.3	0.0	0.0	0.0	41.7

续前表

	人数（千人）	国内流行音乐	戏曲节目	曲艺相声	评书	医疗保健	点播节目	少儿节目	体育节目	有奖问答	股市信息	热线游戏节目	报纸摘要
总人数	**609**	**47.0**	**1.6**	**4.7**	**2.9**	**8.9**	**9.4**	**0.8**	**5.8**	**0.4**	**2.6**	**3.2**	**0.0**
小学及以下	15	73.5	11.4	14.5	0.0	11.4	14.5	0.0	0.0	0.0	0.0	0.0	0.0
初中	114	42.9	1.7	3.2	3.7	10.5	6.4	0.0	0.0	0.0	2.0	1.9	0.0
高中/中专/技校	201	46.3	2.9	6.8	2.9	9.6	12.0	0.0	4.0	1.2	6.7	5.8	0.0
大学专科	159	46.3	0.0	4.3	4.8	11.7	2.7	1.3	8.6	0.0	0.0	0.0	0.0
大学本科	105	47.4	0.0	2.4	0.0	2.4	16.3	2.9	12.8	0.0	0.0	5.5	0.0
研究生及以上	15	65.2	0.0	0.0	0.0	0.0	14.0	0.0	0.0	0.0	0.0	0.0	0.0

续前表

	人数（千人）	法律	广告	文学类	女性节目	生活类	娱乐	情感类节目	访谈节目	不知道/不清楚	其他
总人数	**609**	**0.0**	**0.0**	**0.0**	**0.0**	**0.8**	**0.0**	**0.4**	**0.0**	**0.0**	**0.0**
小学及以下	15	0.0	0.0	0.0	0.0	0.0	0.0	0.0	0.0	0.0	0.0
初中	114	0.0	0.0	0.0	0.0	4.1	0.0	0.0	0.0	0.0	0.0
高中/中专/技校	201	0.0	0.0	0.0	0.0	0.0	0.0	1.4	0.0	0.0	0.0
大学专科	159	0.0	0.0	0.0	0.0	0.0	0.0	0.0	0.0	0.0	0.0
大学本科	105	0.0	0.0	0.0	0.0	0.0	0.0	0.0	0.0	0.0	0.0
研究生及以上	15	0.0	0.0	0.0	0.0	0.0	0.0	0.0	0.0	0.0	0.0

● 重庆

	人数（千人）	国内新闻	国际新闻	天气预报	经济信息	交通信息	教育节目	热点话题评说	外语教学	广播剧	古典音乐欣赏	欧美流行音乐	港台流行音乐
总人数	**452**	**45.6**	**26.4**	**18.3**	**4.8**	**35.0**	**2.5**	**11.2**	**2.0**	**4.3**	**2.0**	**7.6**	**35.9**
小学及以下	21	63.0	20.6	21.6	7.8	12.1	0.0	9.4	0.0	0.0	0.0	0.0	0.0
初中	107	34.1	13.8	20.7	2.3	45.1	0.0	7.9	0.0	1.6	0.0	0.0	35.5
高中/中专/技校	143	51.7	23.5	21.7	3.6	42.9	1.3	14.9	6.3	6.3	1.3	0.0	32.2
大学专科	138	49.1	37.9	8.5	6.8	25.2	6.8	12.3	0.0	6.3	5.1	25.0	37.4
大学本科	43	34.6	33.6	30.5	7.7	25.5	0.0	4.2	0.0	0.0	0.0	0.0	61.6
研究生及以上	0	0.0	0.0	0.0	0.0	0.0	0.0	0.0	0.0	0.0	0.0	0.0	0.0

续前表

	人数（千人）	国内流行音乐	戏曲节目	曲艺相声	评书	医疗保健	点播节目	少儿节目	体育节目	有奖问答	股市信息	热线游戏节目	报纸摘要
总人数	**452**	**42.8**	**0.0**	**5.1**	**1.1**	**8.6**	**7.8**	**0.0**	**5.8**	**0.0**	**0.9**	**0.5**	**0.0**
小学及以下	21	59.4	0.0	17.2	11.8	12.1	0.0	0.0	0.0	0.0	0.0	0.0	0.0
初中	107	52.4	0.0	11.5	2.3	20.6	13.2	0.0	0.0	0.0	3.8	2.3	0.0
高中/中专/技校	143	36.4	0.0	0.0	0.0	7.7	8.1	0.0	13.9	0.0	0.0	0.0	0.0
大学专科	138	39.2	0.0	5.2	0.0	0.0	6.8	0.0	0.0	0.0	0.0	0.0	0.0
大学本科	43	44.0	0.0	0.0	0.0	7.7	0.0	0.0	14.6	0.0	0.0	0.0	0.0
研究生及以上	0	0.0	0.0	0.0	0.0	0.0	0.0	0.0	0.0	0.0	0.0	0.0	0.0

续前表

	人数（千人）	法律	广告	文学类	女性节目	生活类	娱乐	情感类节目	访谈节目	不知道/不清楚	其他
总人数	**452**	**0.0**	**0.0**	**0.0**	**0.0**	**1.0**	**0.0**	**0.0**	**0.0**	**0.0**	**0.0**
小学及以下	21	0.0	0.0	0.0	0.0	0.0	0.0	0.0	0.0	0.0	0.0
初中	107	0.0	0.0	0.0	0.0	0.0	0.0	0.0	0.0	0.0	0.0
高中/中专/技校	143	0.0	0.0	0.0	0.0	0.0	0.0	0.0	0.0	0.0	0.0
大学专科	138	0.0	0.0	0.0	0.0	3.1	0.0	0.0	0.0	0.0	0.0
大学本科	43	0.0	0.0	0.0	0.0	0.0	0.0	0.0	0.0	0.0	0.0
研究生及以上	0	0.0	0.0	0.0	0.0	0.0	0.0	0.0	0.0	0.0	0.0

● 武汉

	人数（千人）	国内新闻	国际新闻	天气预报	经济信息	交通信息	教育节目	热点话题评说	外语教学	广播剧	古典音乐欣赏	欧美流行音乐	港台流行音乐
总人数	**1224**	**40.6**	**28.2**	**37.9**	**7.8**	**14.5**	**4.2**	**9.1**	**1.6**	**2.3**	**7.5**	**7.4**	**33.2**
小学及以下	25	71.0	54.9	92.3	0.0	16.1	0.0	0.0	0.0	0.0	8.4	0.0	15.2
初中	212	48.7	30.4	37.5	8.1	18.1	0.0	6.5	0.0	3.5	7.2	0.0	23.8
高中/中专/技校	515	33.6	24.0	32.2	7.2	11.7	5.0	6.6	0.0	1.9	6.7	9.9	33.9
大学专科	204	38.2	21.7	31.0	11.6	24.3	1.4	19.4	0.0	0.0	12.3	4.8	37.5
大学本科	228	46.1	40.0	43.7	7.7	11.3	10.2	10.8	6.9	4.6	6.6	13.3	37.4
研究生及以上	41	48.2	19.1	78.4	0.0	0.0	0.0	0.0	10.0	0.0	0.0	0.0	40.7

续前表

	人数（千人）	国内流行音乐	戏曲节目	曲艺相声	评书	医疗保健	点播节目	少儿节目	体育节目	有奖问答	股市信息	热线游戏节目	报纸摘要
总人数	**1224**	**29.8**	**1.9**	**12.7**	**3.3**	**16.0**	**9.5**	**1.8**	**10.2**	**3.0**	**0.8**	**3.2**	**0.2**
小学及以下	25	0.0	0.0	9.5	9.5	21.8	0.0	0.0	0.0	0.0	0.0	0.0	9.5
初中	212	30.6	4.0	14.8	5.2	20.0	10.3	0.0	9.5	4.3	0.0	1.1	0.0
高中/中专/技校	515	26.4	2.5	12.9	3.2	13.7	12.8	3.1	12.0	1.4	1.0	2.6	0.0
大学专科	204	41.8	0.0	11.7	0.0	14.9	11.8	3.1	9.2	5.7	1.3	7.4	0.0
大学本科	228	22.1	1.0	13.8	4.4	17.0	2.3	0.0	9.5	3.9	1.1	3.9	0.0
研究生及以上	41	70.9	0.0	0.0	0.0	19.1	0.0	0.0	5.5	0.0	0.0	0.0	0.0

续前表

	人数（千人）	法律	广告	文学类	女性节目	生活类	娱乐	情感类节目	访谈节目	不知道/不清楚	其他
总人数	**1224**	**0.0**	**0.0**	**0.0**	**0.0**	**0.0**	**0.0**	**0.0**	**0.6**	**0.0**	**0.0**
小学及以下	25	0.0	0.0	0.0	0.0	0.0	0.0	0.0	0.0	0.0	0.0
初中	212	0.0	0.0	0.0	0.0	0.0	0.0	0.0	3.3	0.0	0.0
高中/中专/技校	515	0.0	0.0	0.0	0.0	0.0	0.0	0.0	0.0	0.0	0.0
大学专科	204	0.0	0.0	0.0	0.0	0.0	0.0	0.0	0.0	0.0	0.0
大学本科	228	0.0	0.0	0.0	0.0	0.0	0.0	0.0	0.0	0.0	0.0
研究生及以上	41	0.0	0.0	0.0	0.0	0.0	0.0	0.0	0.0	0.0	0.0

● 西安

	人数（千人）	国内新闻	国际新闻	天气预报	经济信息	交通信息	教育节目	热点话题评说	外语教学	广播剧	古典音乐欣赏	欧美流行音乐	港台流行音乐
总人数	**938**	**34.0**	**22.7**	**14.0**	**4.3**	**21.5**	**2.8**	**22.9**	**5.6**	**2.3**	**5.8**	**8.5**	**39.2**
小学及以下	16	41.4	14.8	10.6	0.0	27.4	0.0	36.5	0.0	0.0	0.0	0.0	0.0
初中	188	39.7	20.7	23.0	4.7	25.3	2.1	29.4	0.0	2.0	9.1	0.0	34.7
高中/中专/技校	363	29.7	24.1	15.8	4.6	21.1	5.3	25.7	7.9	1.3	2.9	9.9	36.8
大学专科	217	26.3	21.2	11.8	3.4	26.5	0.0	18.6	4.5	5.8	10.4	15.4	40.0
大学本科	127	40.0	22.8	0.0	4.3	8.3	2.8	16.0	11.0	0.0	3.0	8.2	56.3
研究生及以上	27	82.4	34.3	11.5	6.4	17.6	0.0	0.0	0.0	0.0	0.0	0.0	40.0

续前表

	人数（千人）	国内流行音乐	戏曲节目	曲艺相声	评书	医疗保健	点播节目	少儿节目	体育节目	有奖问答	股市信息	热线游戏节目	报纸摘要
总人数	**938**	**51.6**	**4.8**	**15.0**	**5.1**	**12.5**	**8.5**	**1.9**	**5.0**	**1.4**	**3.7**	**10.0**	**0.0**
小学及以下	16	58.6	21.8	58.6	0.0	18.1	14.8	0.0	0.0	0.0	0.0	31.7	0.0
初中	188	45.9	11.9	21.6	5.6	20.5	12.3	5.6	0.0	0.7	2.4	8.3	0.0
高中/中专/技校	363	38.1	2.4	11.6	6.4	12.4	8.2	1.0	11.6	2.3	3.6	9.1	0.0
大学专科	217	63.5	1.4	11.4	2.1	9.7	8.5	1.4	2.2	1.7	6.1	10.9	0.0
大学本科	127	66.9	5.9	10.9	3.3	8.0	4.6	0.0	0.0	0.0	2.8	11.3	0.0
研究生及以上	27	100.0	0.0	36.6	19.2	0.0	0.0	0.0	0.0	0.0	0.0	6.4	0.0

续前表

	人数（千人）	法律	广告	文学类	女性节目	生活类	娱乐	情感类节目	访谈节目	不知道/不清楚	其他
总人数	**938**	**0.0**	**0.0**	**2.5**	**0.0**	**1.8**	**0.0**	**0.1**	**0.0**	**0.0**	**0.0**
小学及以下	16	0.0	0.0	0.0	0.0	9.0	0.0	0.0	0.0	0.0	0.0
初中	188	0.0	0.0	1.1	0.0	0.8	0.0	0.0	0.0	0.0	0.0
高中/中专/技校	363	0.0	0.0	3.8	0.0	0.4	0.0	0.4	0.0	0.0	0.0
大学专科	217	0.0	0.0	3.7	0.0	4.2	0.0	0.0	0.0	0.0	0.0
大学本科	127	0.0	0.0	0.0	0.0	2.4	0.0	0.0	0.0	0.0	0.0
研究生及以上	27	0.0	0.0	0.0	0.0	0.0	0.0	0.0	0.0	0.0	0.0

● 沈阳

	人数（千人）	国内新闻	国际新闻	天气预报	经济信息	交通信息	教育节目	热点话题评说	外语教学	广播剧	古典音乐欣赏	欧美流行音乐	港台流行音乐
总人数	**1525**	**48.7**	**37.0**	**43.4**	**7.2**	**26.2**	**3.9**	**33.1**	**2.9**	**2.9**	**3.6**	**3.2**	**11.6**
小学及以下	24	40.0	69.3	43.3	0.0	14.0	0.0	33.6	0.0	0.0	0.0	0.0	0.0
初中	518	50.3	43.1	48.0	7.8	26.2	4.1	31.0	0.6	3.1	1.2	1.2	7.7
高中/中专/技校	447	48.1	34.6	43.9	7.8	27.0	4.8	34.7	2.9	1.7	5.0	2.6	9.2
大学专科	321	44.7	28.5	40.8	7.5	24.6	3.5	34.5	5.2	6.4	5.3	5.2	20.3
大学本科	205	53.5	35.3	36.3	5.3	27.6	2.7	31.4	5.6	0.0	4.6	6.6	14.5
研究生及以上	9	43.7	56.3	0.0	0.0	43.7	0.0	56.3	0.0	0.0	0.0	0.0	0.0

续前表

	人数（千人）	国内流行音乐	戏曲节目	曲艺相声	评书	医疗保健	点播节目	少儿节目	体育节目	有奖问答	股市信息	热线游戏节目	报纸摘要
总人数	**1525**	**31.5**	**1.7**	**11.6**	**15.5**	**11.8**	**5.1**	**0.3**	**11.4**	**1.5**	**1.3**	**6.3**	**0.0**
小学及以下	24	0.0	8.5	0.0	63.4	15.3	0.0	0.0	0.0	0.0	0.0	0.0	0.0
初中	518	26.8	2.2	17.3	21.2	15.3	5.9	0.0	11.9	0.9	0.4	4.5	0.0
高中/中专/技校	447	36.4	2.0	6.4	11.0	9.7	2.7	0.0	10.3	1.9	0.5	8.1	0.0
大学专科	321	36.1	1.2	13.3	13.4	10.2	6.6	1.2	10.5	3.0	4.8	9.8	0.0
大学本科	205	30.8	0.0	8.1	8.8	8.6	7.1	0.0	16.2	0.0	0.0	2.7	0.0
研究生及以上	9	0.0	0.0	0.0	0.0	43.7	0.0	0.0	0.0	0.0	0.0	0.0	0.0

续前表

	人数（千人）	法律	广告	文学类	女性节目	生活类	娱乐	情感类节目	访谈节目	不知道/不清楚	其他
总人数	**1525**	**0.5**	**0.0**	**0.0**	**0.0**	**0.0**	**0.0**	**0.0**	**0.0**	**0.7**	**0.7**
小学及以下	24	0.0	0.0	0.0	0.0	0.0	0.0	0.0	0.0	0.0	0.0
初中	518	1.3	0.0	0.0	0.0	0.0	0.0	0.0	0.0	2.1	0.6
高中/中专/技校	447	0.0	0.0	0.0	0.0	0.0	0.0	0.0	0.0	0.0	1.0
大学专科	321	0.0	0.0	0.0	0.0	0.0	0.0	0.0	0.0	0.0	0.0
大学本科	205	0.0	0.0	0.0	0.0	0.0	0.0	0.0	0.0	0.0	1.4
研究生及以上	9	0.0	0.0	0.0	0.0	0.0	0.0	0.0	0.0	0.0	0.0

● 南京

	人数（千人）	国内新闻	国际新闻	天气预报	经济信息	交通信息	教育节目	热点话题评说	外语教学	广播剧	古典音乐欣赏	欧美流行音乐	港台流行音乐
总人数	**931**	**54.0**	**35.3**	**43.2**	**6.6**	**33.2**	**2.1**	**14.8**	**0.4**	**1.8**	**0.8**	**5.1**	**31.2**
小学及以下	38	54.3	18.3	52.5	14.4	22.6	0.0	6.1	0.0	24.8	0.0	0.0	0.0
初中	246	51.6	22.7	44.8	11.7	34.3	1.5	10.4	0.0	0.0	0.3	6.4	13.5
高中/中专/技校	389	46.8	41.5	45.6	2.4	35.1	2.3	10.5	1.1	0.8	1.8	3.1	40.0
大学专科	127	60.1	31.5	35.2	3.5	31.7	0.0	36.4	0.0	3.4	0.0	5.7	37.6
大学本科	103	72.5	42.0	34.2	13.3	36.3	6.6	11.5	0.0	0.0	0.0	11.8	40.8
研究生及以上	29	77.9	75.5	52.7	0.0	9.2	0.0	38.3	0.0	0.0	0.0	0.0	43.1

续前表

	人数（千人）	国内流行音乐	戏曲节目	曲艺相声	评书	医疗保健	点播节目	少儿节目	体育节目	有奖问答	股市信息	热线游戏节目	报纸摘要
总人数	**931**	**46.4**	**0.9**	**6.2**	**2.3**	**12.6**	**2.6**	**0.1**	**8.9**	**0.0**	**0.8**	**1.1**	**0.0**
小学及以下	38	26.8	0.0	9.6	19.1	0.0	4.5	0.0	0.0	0.0	0.0	0.0	0.0
初中	246	38.2	0.2	4.2	1.4	19.1	1.8	0.0	9.0	0.0	0.5	1.8	0.0
高中/中专/技校	389	55.0	1.8	10.6	2.8	14.7	0.9	0.0	13.8	0.0	0.0	1.2	0.0
大学专科	127	65.0	0.0	2.0	0.0	9.3	11.7	0.9	5.6	0.0	3.5	0.0	0.0
大学本科	103	19.0	0.6	0.0	0.0	1.1	0.0	0.0	0.0	0.0	2.0	1.1	0.0
研究生及以上	29	42.9	0.0	0.0	0.0	0.0	0.0	0.0	0.0	0.0	0.0	0.0	0.0

续前表

	人数（千人）	法律	广告	文学类	女性节目	生活类	娱乐	情感类节目	访谈节目	不知道/不清楚	其他
总人数	**931**	**0.6**	**0.3**	**0.2**	**0.0**	**0.0**	**1.3**	**0.5**	**0.0**	**0.2**	**0.0**
小学及以下	38	15.2	0.0	0.0	0.0	0.0	0.0	0.0	0.0	0.0	0.0
初中	246	0.0	1.0	0.0	0.0	0.0	0.0	1.4	0.0	0.6	0.0
高中/中专/技校	389	0.0	0.0	0.4	0.0	0.1	0.0	0.0	0.0	0.0	0.0
大学专科	127	0.0	0.0	0.0	0.0	0.0	9.3	0.0	0.0	0.0	0.0
大学本科	103	0.0	0.0	0.0	0.0	0.0	0.0	1.1	0.0	0.0	0.0
研究生及以上	29	0.0	0.0	0.0	0.0	0.0	0.0	0.0	0.0	0.0	0.0

10 各城市消费者通常在什么地方收听广播 注：本题为多选题，合计百分比超过 100%

	北京	上海	广州	深圳	成都	重庆	武汉	西安	沈阳	南京
在家中	72.5	85.1	76.9	43.9	55.5	57.2	65.1	66.1	74.9	78.0
在公园/小区/绿地	0.7	0.6	2.0	2.2	1.5	0.8	1.4	0.8	0.0	1.2
在商场等公共场所	0.1	0.4	2.2	2.4	0.6	22.8	0.9	1.2	0.9	0.4
在公共汽车上	4.3	11.1	8.7	36.5	2.7	23.7	11.2	3.9	4.3	2.6
在出租车上	6.8	1.6	2.3	6.2	10.6	30.7	11.4	14.4	17.9	1.6
在自己家的汽车上	18.8	1.8	5.0	17.4	19.2	6.6	4.6	8.5	5.5	5.2
在单位的汽车上	6.4	3.5	3.4	5.5	5.9	4.2	6.1	6.4	4.6	6.3
在地铁上	0.1	2.3	0.0	0.0	0.0	0.0	0.0	0.0	0.0	0.0
在骑自行车/步行过程中	1.3	3.6	2.9	0.3	2.6	4.3	5.5	1.1	0.0	1.2
在工作单位	5.8	6.7	9.1	6.1	8.9	15.2	15.5	10.6	5.2	13.3
在学校（学生）	1.2	1.8	1.2	0.2	0.5	0.0	5.9	3.1	0.5	0.8
亲戚家里	0.0	0.0	0.0	0.0	0.0	1.6	0.0	0.0	0.0	0.0
在别人家的车里	0.0	0.0	0.0	0.0	0.0	0.0	0.0	0.0	0.0	0.0
不固定	0.0	0.0	0.0	0.0	0.0	0.5	0.0	0.0	0.0	0.0
其他	0.0	0.2	0.0	0.0	0.0	0.0	0.0	0.0	0.2	0.0
人数（千人）	**2742**	**3711**	**1229**	**1423**	**609**	**452**	**1224**	**938**	**1525**	**931**

11 各城市消费者过去一年内有无通过下列方式参与广播节目 注：本题为多选题，合计百分比超过 100%

	人数（千人）	热线电话	短信	没有参加
北京	2742	1.1	9.6	89.3
上海	3711	1.7	3.4	95.2
广州	1229	0.7	2.7	96.9
深圳	1423	3.0	2.2	94.7
成都	609	3.4	3.4	93.7
重庆	452	4.1	7.5	89.1
武汉	1224	5.4	3.8	91.7
西安	938	11.4	5.8	85.3
沈阳	1525	7.1	4.5	90.6
南京	931	3.7	0.9	95.6

三、报纸

1 各城市消费者过去半年内接触报纸的频率

阅读习惯	北京	上海	广州	深圳	成都	重庆	武汉	西安	沈阳	南京
每天	56.8	55.1	58.5	32.8	66.3	43.4	69.0	55.3	58.0	62.8
每周3次或以上	10.0	14.5	16.3	11.8	10.5	11.8	11.4	15.6	11.1	9.8
每周至少1次	12.0	10.6	9.3	14.0	8.1	7.3	6.2	12.1	9.7	7.6
每2周至少1次	0.9	0.9	1.7	3.6	1.3	0.5	0.7	2.2	1.9	0.4
每月至少1次	1.5	0.9	2.2	3.4	0.5	1.2	0.8	1.9	1.4	0.5
每季度至少1次	0.3	0.5	0.1	0.8	0.0	0.2	0.3	0.8	0.6	0.1
更少	0.4	0.6	0.5	4.6	0.3	2.4	0.3	1.6	1.1	1.3
半年内没有接触	18.1	16.8	11.4	28.9	12.9	33.2	11.2	10.5	16.3	17.5
人数（千人）	**6019**	**7016**	**3035**	**4208**	**2011**	**2434**	**3159**	**2089**	**2830**	**2438**

2 各城市消费者平均每次阅读时长

时间长度	北京	上海	广州	深圳	成都	重庆	武汉	西安	沈阳	南京
大约15分钟	10.7	8.4	12.0	11.5	9.9	15.7	15.1	18.7	13.7	13.8
大约30分钟	37.9	39.4	40.0	37.1	49.9	42.3	39.3	41.3	41.0	41.5
大约45分钟	15.6	9.5	10.8	13.0	15.8	9.8	8.2	9.2	4.9	8.4
大约1小时	23.2	29.8	28.5	27.9	16.0	17.8	23.8	20.8	22.5	22.2
大约1个半小时	6.3	4.3	5.7	5.7	5.9	6.9	5.5	5.8	6.9	6.1
大约2小时	5.1	6.8	2.3	3.3	2.1	2.6	6.5	3.5	7.8	5.6
大约3小时	0.9	0.6	0.5	0.4	0.3	0.7	0.4	0.5	1.9	2.1
大约4小时	0.2	0.6	0.0	0.1	0.0	0.1	1.2	0.1	0.6	0.5
大约5小时或以上	0.1	0.0	0.0	0.0	0.0	0.1	0.1	0.1	0.0	0.0
记不清/不知道	0.0	0.8	0.2	1.0	0.0	3.9	0.0	0.0	0.8	0.0
人数（千人）	**4927**	**5838**	**2688**	**2990**	**1752**	**1625**	**2806**	**1869**	**2371**	**2011**

3 经常阅读的报纸排名

注：本题为多选题，合计百分比可能超过100%

排名	北京		上海		广州		深圳		成都	
	报纸	百分比	报纸	百分比	报纸	百分比	报纸	百分比	报纸	百分比
1	北京晚报	54.7	新民晚报	58.3	广州日报	83.0	深圳晶报	43.0	成都商报	75.5
2	京华时报	29.1	新闻晨报	36.6	羊城晚报	34.8	南方都市报	31.9	华西都市报	31.7
3	北京青年报	23.1	申江服务导报	8.7	南方都市报	28.5	深圳特区报	31.7	成都晚报	19.6
4	参考消息	12.0	新闻晚报	7.5	信息时报	12.3	深圳晚报	20.2	天府早报	10.5
5	信报	9.3	文汇报	7.3	南方日报	4.7	深圳商报	18.0	参考消息	7.7
6	北京晨报	8.2	参考消息	6.5	参考消息	2.8	参考消息	9.2	成都日报	3.5
7	北京广播电视报	7.5	环球时报	6.2	新快报	2.6	深圳都市报	7.5	文摘周报	1.9
8	北京日报	6.1	劳动报	5.9	足球报	1.9	深圳法制报	5.2	成都早报	1.5
9	精品购物指南	4.7	解放日报	5.2	文摘报	1.6	宝安日报	3.2	南方周末	1.4
10	北京法制报	4.7	报刊文摘	4.3	老人报	0.9	法制日报	2.1	体坛周报	1.3
11	新京报	4.7	解放报	4.3	舞台与银幕	0.7	体坛周报	1.9	足球报	1.0
12	法制晚报	4.7	中国青年报	4.0	人民日报	0.6	南方日报	1.8	电脑报	0.6
13	环球时报	3.5	每周广播电视报	4.0	体坛周报	0.6	香港商报	1.8	娱乐报	0.6
14	中国电视报	3.5	新民体育报	3.8	南方声屏报	0.6	蛇口消息报	1.3	四川日报	0.5
15	足球报	2.8	足球报	3.7	香港商报	0.6	足球报	1.1	环球时报	0.5

续前表

排名	重庆		武汉		西安		沈阳		南京	
	报纸	百分比	报纸	百分比	报纸	百分比	报纸	百分比	报纸	百分比
1	重庆晚报	45.7	楚天都市报	68.4	华商报	83.8	华商晨报	55.3	金陵晚报	51.9
2	重庆晨报	37.4	楚天金报	36.9	西安晚报	38.7	沈阳晚报	39.3	现代快报	50.2
3	重庆时报	27.6	武汉晚报	32.0	三秦都市报	17.6	辽沈晚报	31.9	扬子晚报	32.9
4	重庆商报	27.2	武汉晨报	17.9	参考消息	10.5	时代商报	20.0	南京晨报	27.9
5	新女报	11.8	长江日报	10.8	体坛周报	5.9	沈阳日报	16.6	南京日报	11.1
6	重庆青年报	10.6	参考消息	6.6	环球时报	3.5	沈阳今报	6.1	参考消息	3.2
7	重庆经济报	9.0	体坛周报	3.3	女报	1.9	参考消息	2.6	南京广播电视报	2.3
8	参考消息	4.7	环球时报	1.5	南方周末	1.7	辽宁广播电视报	2.4	动漫报	0.9
9	重庆法制报	4.4	南方周末	1.3	陕西日报	1.7	沈阳广播电视报	2.2	电脑报	0.8
10	重庆日报	3.7	大家文摘	1.3	电脑报	1.6	体坛周报	1.7	江苏广播电视报	0.8
11	体坛周报	3.1	电脑报	1.1	健康报	1.6	辽宁日报	1.6	服务导报	0.7
12	渝州导报	2.3	法制日报	0.9	二十一世纪报	1.2	环球时报	1.4	新华日报	0.6
13	重庆广播电视报	2.3	文摘报	0.8	人民日报	1.1	人民日报	1.2	光明日报	0.5
14	电脑报	1.9	湖北日报	0.6	中国青年报	1.1	法制日报	1.0	体坛周报	0.5
15	南方周末	1.7	体育周报	0.5	西安商报	1.0	电脑报	0.7	中国教育报	0.4

4 男性各年龄层、女性各年龄层经常阅读的报纸 注：本题为多选题，合计百分比可能超过 100%

● 北京

	人数(千人)	北京晚报	京华时报	北京青年报	参考消息	信报	北京晨报	北京广播电视报	北京日报
总人数	**4928**	**54.7**	**29.1**	**23.1**	**12.0**	**9.3**	**8.2**	**7.5**	**6.1**
男性	**2644**	**50.8**	**32.8**	**20.7**	**14.9**	**9.7**	**9.1**	**8.0**	**7.0**
16~24 岁	516	67.5	28.8	19.8	9.4	8.1	4.5	14.5	4.3
25~34 岁	711	34.8	34.9	21.6	18.2	10.2	5.8	10.6	2.1
35~44 岁	702	52.9	39.3	24.5	17.6	15.4	12.4	0.0	4.7
45~54 岁	476	55.5	27.7	18.3	14.8	4.7	16.9	4.6	13.6
55~60 岁	239	47.3	26.4	14.0	9.4	4.5	4.2	16.3	20.6
女性	**2284**	**59.2**	**24.9**	**25.9**	**8.7**	**8.8**	**7.1**	**6.9**	**5.2**
16~24 岁	486	52.7	16.9	32.5	9.1	11.9	13.8	2.2	0.0
25~34 岁	603	56.0	34.7	28.2	13.6	9.0	6.1	5.5	4.3
35~44 岁	586	67.5	28.7	19.2	7.9	7.8	4.2	6.8	4.9
45~54 岁	439	61.8	20.0	29.5	5.0	8.5	5.7	15.2	7.5
55~60 岁	171	53.3	12.8	12.9	2.1	3.8	5.9	4.2	17.6

续前表

	人数（千人）	精品购物指南	北京法制报	新京报	法制晚报	环球时报	中国电视报	足球报
总人数	**4928**	**4.7**	**4.7**	**4.7**	**4.7**	**3.5**	**3.5**	**2.8**
男性	**2644**	**3.5**	**4.8**	**4.6**	**4.1**	**4.7**	**2.5**	**4.7**
16~24 岁	516	10.7	6.3	2.3	2.3	6.8	2.0	7.1
25~34 岁	711	3.9	2.0	11.8	4.4	8.5	2.1	4.2
35~44 岁	702	1.4	6.9	1.4	7.1	2.6	1.4	6.5
45~54 岁	476	0.0	4.4	2.3	2.4	2.4	2.2	2.4
55~60 岁	239	0.0	4.9	2.5	2.0	0.0	8.7	0.0
女性	**2284**	**6.0**	**4.6**	**4.8**	**5.4**	**2.1**	**4.8**	**0.6**
16~24 岁	486	12.7	0.0	4.7	4.5	0.0	6.9	0.0
25~34 岁	603	8.9	7.3	8.9	3.1	6.3	1.7	1.5
35~44 岁	586	2.6	6.2	5.2	8.2	1.3	3.6	0.0
45~54 岁	439	1.6	4.9	0.8	5.9	0.7	5.9	0.8
55~60 岁	171	0.0	2.2	0.0	4.8	0.0	10.7	0.0

● 上海

	人数(千人)	新民晚报	新闻晨报	申江服务导报	新闻晚报	文汇报	参考消息	环球时报	劳动报
总人数	**5838**	**58.3**	**36.6**	**8.7**	**7.5**	**7.3**	**6.5**	**6.2**	**5.9**
男性	**3195**	**58.0**	**39.1**	**5.6**	**6.8**	**6.7**	**9.7**	**8.7**	**5.4**
16~24 岁	587	56.6	29.8	10.8	3.3	3.4	3.6	12.9	0.0
25~34 岁	734	62.9	30.9	7.6	5.4	6.3	8.0	11.5	0.0
35~44 岁	727	56.0	47.1	5.6	9.8	4.5	16.9	8.2	4.6
45~54 岁	866	52.4	43.7	2.0	9.3	9.4	6.9	5.9	12.9
55~60 岁	281	70.9	45.7	0.0	2.3	11.8	16.8	2.3	9.3
女性	**2643**	**58.7**	**33.5**	**12.4**	**8.4**	**8.1**	**2.7**	**3.2**	**6.4**
16~24 岁	524	43.1	21.0	21.3	10.9	11.9	0.0	3.7	1.6
25~34 岁	619	58.0	47.9	21.2	6.1	3.7	3.7	5.9	2.2
35~44 岁	620	61.6	33.8	8.0	9.8	14.1	3.8	2.7	9.7
45~54 岁	647	66.2	29.3	3.5	6.9	3.0	2.5	2.0	10.2
55~60 岁	233	66.9	34.1	5.6	9.8	9.1	3.6	0.0	9.6

续前表

	人数（千人）	解放日报	报刊文摘	解放报	中国青年报	每周广播电视报	新民体育报	足球报
总人数	**5838**	**5.2**	**4.3**	**4.3**	**4.0**	**4.0**	**3.8**	**3.7**
男性	**3195**	**6.6**	**4.6**	**4.8**	**3.4**	**2.7**	**5.9**	**5.8**
16~24 岁	587	0.0	1.7	0.0	5.9	1.7	9.5	9.0
25~34 岁	734	6.7	3.6	0.0	4.4	2.0	2.0	9.8
35~44 岁	727	2.1	3.7	9.9	0.0	2.0	5.6	4.1
45~54 岁	866	12.8	5.6	7.7	3.8	1.8	7.1	3.7
55~60 岁	281	12.3	12.3	5.6	2.8	11.0	5.4	0.0
女性	**2643**	**3.6**	**3.9**	**3.8**	**4.8**	**5.7**	**1.3**	**1.1**
16~24 岁	524	5.6	1.8	0.0	15.7	12.2	1.6	1.6
25~34 岁	619	0.0	2.0	6.4	1.8	2.3	0.0	1.8
35~44 岁	620	5.3	5.3	3.1	3.9	2.6	2.6	0.0
45~54 岁	647	4.9	6.2	4.2	1.3	6.5	0.7	0.0
55~60 岁	233	0.0	3.8	5.9	0.0	5.8	2.3	4.2

● 广州

	人数(千人)	广州日报	羊城晚报	南方都市报	信息时报	南方日报	参考消息	新快报	足球报
总人数	**2688**	**83.0**	**34.8**	**28.5**	**12.3**	**4.7**	**2.8**	**2.6**	**1.9**
男性	**1374**	**82.3**	**34.8**	**28.0**	**11.9**	**6.5**	**3.9**	**3.0**	**3.6**
16~24 岁	211	78.4	25.4	27.9	13.1	13.7	2.1	0.0	5.6
25~34 岁	379	75.9	30.0	40.8	13.1	2.5	6.0	6.3	3.4
35~44 岁	397	91.5	36.9	27.0	8.9	6.8	3.3	2.2	5.2
45~54 岁	280	77.9	45.3	14.3	14.0	7.0	4.5	2.8	1.6
55~60 岁	106	89.6	36.0	22.3	10.4	4.2	0.0	0.0	0.0
女性	**1314**	**83.8**	**34.7**	**29.0**	**12.8**	**2.8**	**1.7**	**2.2**	**0.0**
16~24 岁	206	67.0	26.8	29.4	9.7	3.2	0.0	3.3	0.0
25~34 岁	374	90.3	26.5	44.2	12.8	3.7	2.2	2.3	0.0
35~44 岁	373	84.0	42.2	27.8	16.7	2.3	2.3	0.0	0.0
45~54 岁	282	87.0	42.8	14.6	10.9	1.8	1.9	3.8	0.0
55~60 岁	79	84.3	28.8	12.7	9.3	3.2	0.0	3.2	0.0

续前表

	人数（千人）	文摘报	老人报	舞台与银幕	人民日报	体坛周报	南方声屏报	香港商报
总人数	**2688**	**1.6**	**0.9**	**0.7**	**0.6**	**0.6**	**0.6**	**0.6**
男性	**1374**	**1.3**	**0.7**	**0.0**	**0.9**	**1.2**	**0.3**	**0.9**
16~24 岁	211	1.9	0.0	0.0	0.0	1.9	1.9	1.9
25~34 岁	379	1.3	1.3	0.0	1.2	2.2	0.0	0.0
35~44 岁	397	1.1	0.0	0.0	0.0	1.1	0.0	2.1
45~54 岁	280	1.5	1.5	0.0	2.8	0.0	0.0	0.0
55~60 岁	106	0.0	0.0	0.0	0.0	0.0	0.0	0.0
女性	**1314**	**1.9**	**1.2**	**1.4**	**0.2**	**0.0**	**0.9**	**0.2**
16~24 岁	206	1.6	0.0	3.3	0.0	0.0	5.9	1.5
25~34 岁	374	2.3	0.0	2.2	0.7	0.0	0.0	0.0
35~44 岁	373	0.8	0.0	0.7	0.0	0.0	0.0	0.0
45~54 岁	282	3.5	2.9	0.0	0.0	0.0	0.0	0.0
55~60 岁	79	0.0	9.4	0.0	0.0	0.0	0.0	0.0

● 深圳

	人数(千人)	深圳晶报	南方都市报	深圳特区报	深圳晚报	深圳商报	参考消息	深圳都市报	深圳法制报
总人数	**2991**	**43.0**	**31.9**	**31.7**	**20.2**	**18.0**	**9.2**	**7.5**	**5.2**
男性	**1670**	**43.3**	**30.8**	**32.9**	**13.8**	**19.5**	**13.7**	**6.9**	**7.1**
16~24 岁	208	46.2	26.2	28.2	13.8	15.4	14.4	3.4	5.4
25~34 岁	687	43.6	33.8	33.8	11.2	12.5	14.6	5.6	8.1
35~44 岁	528	46.9	28.9	34.1	13.1	26.5	12.4	7.6	5.6
45~54 岁	153	34.4	29.1	34.0	26.4	31.6	12.0	12.2	12.3
55~60 岁	94	28.0	32.2	28.1	15.7	20.2	16.1	11.7	4.1
女性	**1321**	**42.6**	**33.3**	**30.2**	**28.2**	**16.1**	**3.6**	**8.3**	**2.8**
16~24 岁	175	44.2	37.7	39.1	27.0	12.3	8.6	12.2	0.0
25~34 岁	605	47.8	31.1	28.3	26.6	13.7	2.1	9.8	2.8
35~44 岁	365	36.2	32.0	25.2	33.1	20.3	2.6	5.1	2.6
45~54 岁	133	37.3	37.1	40.4	29.5	18.4	3.8	7.5	7.5
55~60 岁	43	33.2	44.6	33.2	11.6	21.7	11.4	0.0	0.0

续前表

	人数（千人）	宝安日报	法制日报	体坛周报	南方日报	香港商报	蛇口消息报	足球报
总人数	**2991**	**3.2**	**2.1**	**1.9**	**1.8**	**1.8**	**1.3**	**1.1**
男性	**1670**	**2.9**	**3.2**	**3.1**	**1.7**	**1.5**	**1.1**	**1.7**
16~24 岁	208	0.0	1.8	6.9	1.8	3.6	1.8	0.0
25~34 岁	687	2.6	2.6	5.0	2.5	1.3	0.6	2.5
35~44 岁	528	2.3	4.5	0.0	0.0	1.0	1.1	2.2
45~54 岁	153	5.0	2.5	0.0	0.0	2.5	2.5	0.0
55~60 岁	94	12.3	4.1	4.0	7.7	0.0	0.0	0.0
女性	**1321**	**3.6**	**0.7**	**0.4**	**2.0**	**2.1**	**1.7**	**0.4**
16~24 岁	175	0.0	2.2	0.0	0.0	0.0	0.0	0.0
25~34 岁	605	2.9	0.0	0.0	3.6	2.1	1.4	0.0
35~44 岁	365	5.3	1.3	0.0	0.0	3.9	3.9	1.3
45~54 岁	133	3.8	0.0	3.7	3.8	0.0	0.0	0.0
55~60 岁	43	11.6	0.0	0.0	0.0	0.0	0.0	0.0

● 成都

	人数(千人)	成都商报	华西都市报	成都晚报	天府早报	参考消息	成都日报	文摘周报	成都早报
总人数	**1752**	**75.5**	**31.7**	**19.6**	**10.5**	**7.7**	**3.5**	**1.9**	**1.5**
男性	**956**	**75.9**	**31.8**	**19.9**	**9.9**	**11.8**	**3.5**	**2.2**	**2.4**
16~24 岁	169	76.4	32.8	14.4	10.7	12.9	3.7	1.9	1.9
25~34 岁	324	77.5	32.4	21.4	2.2	17.1	2.2	1.1	1.1
35~44 岁	243	78.0	24.1	21.5	20.2	12.7	2.6	1.3	3.8
45~54 岁	168	74.0	39.6	23.5	11.1	1.4	4.2	2.8	4.1
55~60 岁	52	60.8	35.0	8.5	4.3	4.1	12.9	12.9	0.0
女性	**796**	**74.9**	**31.7**	**19.3**	**11.2**	**2.8**	**3.6**	**1.4**	**0.5**
16~24 岁	162	80.8	29.8	15.6	8.7	3.5	1.7	1.7	0.0
25~34 岁	262	74.5	40.2	14.5	12.8	2.7	0.9	1.9	0.9
35~44 岁	203	71.3	23.9	27.7	10.8	1.0	7.1	0.0	0.0
45~54 岁	117	75.2	30.7	21.5	15.4	3.0	6.0	0.0	1.6
55~60 岁	52	72.2	27.6	17.3	3.4	6.8	3.4	7.0	0.0

续前表

	人数（千人）	南方周末	体坛周报	足球报	电脑报	娱乐报	四川日报	环球时报
总人数	**1752**	**1.4**	**1.3**	**1.0**	**0.6**	**0.6**	**0.5**	**0.5**
男性	**956**	**1.4**	**2.4**	**1.3**	**1.0**	**0.3**	**0.3**	**0.7**
16~24 岁	169	1.9	5.6	3.6	1.9	1.7	0.0	0.0
25~34 岁	324	3.3	3.2	1.0	2.1	0.0	0.0	2.2
35~44 岁	243	0.0	1.3	1.3	0.0	0.0	1.3	0.0
45~54 岁	168	0.0	0.0	0.0	0.0	0.0	0.0	0.0
55~60 岁	52	0.0	0.0	0.0	0.0	0.0	0.0	0.0
女性	**796**	**1.2**	**0.0**	**0.6**	**0.0**	**1.0**	**0.8**	**0.3**
16~24 岁	162	0.0	0.0	1.7	0.0	3.6	0.0	0.0
25~34 岁	262	3.8	0.0	0.9	0.0	0.0	0.9	0.0
35~44 岁	203	0.0	0.0	0.0	0.0	1.0	1.0	1.0
45~54 岁	117	0.0	0.0	0.0	0.0	0.0	1.6	0.0
55~60 岁	52	0.0	0.0	0.0	0.0	0.0	0.0	0.0

● 重庆

	人数(千人)	重庆晚报	重庆晨报	重庆时报	重庆商报	新女报	重庆青年报	重庆经济报	参考消息
总人数	**1627**	**45.7**	**37.4**	**27.6**	**27.2**	**11.8**	**10.6**	**9.0**	**4.7**
男性	**934**	**42.5**	**43.1**	**28.6**	**27.2**	**4.8**	**9.9**	**9.9**	**8.0**
16~24 岁	173	71.2	52.1	19.1	15.4	14.3	13.8	9.3	0.0
25~34 岁	272	34.5	43.0	25.2	32.1	7.4	10.3	15.0	7.6
35~44 岁	233	32.6	42.0	39.6	32.0	0.0	9.1	5.4	14.1
45~54 岁	176	38.1	42.0	30.6	26.3	0.0	8.5	10.1	9.5
55~60 岁	80	45.7	29.8	24.3	24.2	0.0	6.0	6.2	5.7
女性	**692**	**50.0**	**29.7**	**26.2**	**27.1**	**21.4**	**11.5**	**7.8**	**0.3**
16~24 岁	176	58.2	20.7	26.1	20.8	47.1	10.9	5.2	0.0
25~34 岁	182	56.6	43.9	27.9	27.8	22.3	14.0	6.0	0.0
35~44 岁	153	48.3	32.3	22.4	24.5	9.9	11.3	4.9	0.0
45~54 岁	147	36.5	24.9	28.3	29.5	6.1	10.5	15.6	0.0
55~60 岁	34	37.0	9.5	26.6	58.2	0.0	5.3	11.1	5.3

续前表

	人数（千人）	重庆法制报	重庆日报	体坛周报	渝州导报	重庆广播电视报	电脑报	南方周末
总人数	**1627**	**4.4**	**3.7**	**3.1**	**2.3**	**2.3**	**1.9**	**1.7**
男性	**934**	**3.7**	**5.3**	**4.4**	**1.4**	**1.6**	**3.0**	**1.0**
16~24 岁	173	0.0	0.0	9.3	0.0	5.0	8.9	5.2
25~34 岁	272	5.4	5.1	2.6	4.8	2.5	4.6	0.0
35~44 岁	233	5.5	3.7	5.4	0.0	0.0	0.0	0.0
45~54 岁	176	2.7	9.5	2.8	0.0	0.0	0.0	0.0
55~60 岁	80	3.0	12.5	0.0	0.0	0.0	0.0	0.0
女性	**692**	**5.2**	**1.6**	**1.3**	**3.4**	**3.3**	**0.5**	**2.6**
16~24 岁	176	5.1	0.0	5.1	10.4	0.0	0.0	10.4
25~34 岁	182	0.0	0.0	0.0	1.8	2.1	0.0	0.0
35~44 岁	153	13.0	1.5	0.0	1.5	3.2	0.0	0.0
45~54 岁	147	3.8	4.8	0.0	0.0	7.3	2.4	0.0
55~60 岁	34	5.3	5.3	0.0	0.0	10.1	0.0	0.0

● 武汉

	人数(千人)	楚天都市报	楚天金报	武汉晚报	武汉晨报	长江日报	参考消息	体坛周报	环球时报
总人数	**2807**	**68.4**	**36.9**	**32.0**	**17.9**	**10.8**	**6.6**	**3.3**	**1.5**
男性	**1510**	**67.4**	**34.4**	**31.7**	**18.6**	**9.7**	**9.0**	**5.7**	**2.8**
16~24 岁	319	64.2	48.4	21.7	22.3	6.8	7.6	14.3	4.7
25~34 岁	409	69.7	36.0	38.5	19.9	10.5	7.4	6.2	2.5
35~44 岁	380	65.7	33.5	32.2	19.9	9.7	16.8	2.9	3.0
45~54 岁	266	70.3	20.9	37.1	13.6	14.6	2.9	0.0	1.9
55~60 岁	136	67.3	25.2	22.7	12.3	4.5	6.8	3.7	0.0
女性	**1297**	**69.5**	**40.0**	**32.4**	**17.1**	**12.1**	**3.9**	**0.5**	**0.0**
16~24 岁	299	75.4	56.3	37.8	15.2	9.7	3.0	0.0	0.0
25~34 岁	345	69.6	43.4	27.9	22.6	14.2	4.2	0.0	0.0
35~44 岁	345	67.1	33.4	33.4	20.0	11.8	3.6	2.0	0.0
45~54 岁	223	64.1	28.0	30.7	10.4	14.0	3.6	0.0	0.0
55~60 岁	85	72.4	26.8	32.5	7.0	7.7	8.6	0.0	0.0

续前表

	人数（千人）	南方周末	大家文摘	电脑报	法制日报	文摘报	湖北日报	体育周报
总人数	**2807**	**1.3**	**1.3**	**1.1**	**0.9**	**0.8**	**0.6**	**0.5**
男性	**1510**	**1.4**	**2.1**	**2.1**	**0.4**	**1.4**	**0.7**	**1.0**
16~24 岁	319	0.0	2.1	4.7	0.0	0.0	0.0	2.3
25~34 岁	409	4.4	4.5	4.1	0.0	1.9	0.0	1.9
35~44 岁	380	0.0	0.0	0.0	1.6	0.0	0.0	0.0
45~54 岁	266	0.9	1.7	0.0	0.0	2.0	2.5	0.0
55~60 岁	136	0.0	1.9	0.0	0.0	6.4	2.8	0.0
女性	**1297**	**1.2**	**0.3**	**0.0**	**1.4**	**0.0**	**0.5**	**0.0**
16~24 岁	299	0.0	0.0	0.0	0.0	0.0	0.0	0.0
25~34 岁	345	2.0	0.0	0.0	2.9	0.0	0.0	0.0
35~44 岁	345	2.5	1.2	0.0	0.0	0.0	0.0	0.0
45~54 岁	223	0.0	0.0	0.0	2.7	0.0	3.0	0.0
55~60 岁	85	0.0	0.0	0.0	2.5	0.0	0.0	0.0

● 西安

	人数(千人)	华商报	西安晚报	三秦都市报	参考消息	体坛周报	环球时报	女报	南方周末
总人数	**1868**	**83.8**	**38.7**	**17.6**	**10.5**	**5.9**	**3.5**	**1.9**	**1.7**
男性	**1020**	**85.3**	**39.0**	**18.9**	**16.0**	**10.0**	**5.5**	**0.6**	**2.3**
16~24 岁	218	86.1	29.6	8.0	13.2	25.4	11.5	0.0	0.0
25~34 岁	315	84.6	44.3	24.3	21.9	10.4	7.2	0.0	2.4
35~44 岁	258	87.4	38.7	16.6	15.3	4.7	2.3	2.4	3.8
45~54 岁	142	86.9	39.9	25.4	9.7	0.0	1.4	0.0	1.5
55~60 岁	88	76.5	43.2	22.2	13.7	2.1	0.0	0.0	4.8
女性	**849**	**81.9**	**38.2**	**16.2**	**4.0**	**1.0**	**1.1**	**3.4**	**0.9**
16~24 岁	201	83.1	32.0	3.2	0.0	0.0	4.8	9.1	0.0
25~34 岁	246	84.0	42.8	21.4	4.7	3.0	0.0	3.0	3.2
35~44 岁	213	86.5	37.0	24.1	5.1	0.6	0.0	1.6	0.0
45~54 岁	113	71.6	42.6	18.3	5.5	0.0	0.0	0.0	0.0
55~60 岁	76	74.7	36.8	7.7	6.7	0.0	0.0	0.0	0.0

续前表

	人数（千人）	陕西日报	电脑报	健康报	二十一世纪报	人民日报	中国青年报	西安商报
总人数	**1868**	**1.7**	**1.6**	**1.6**	**1.2**	**1.1**	**1.1**	**1.0**
男性	**1020**	**1.8**	**2.4**	**0.6**	**1.0**	**1.7**	**1.5**	**1.6**
16~24 岁	218	0.0	7.1	0.0	0.0	0.0	4.5	3.3
25~34 岁	315	2.6	2.8	0.0	1.7	3.0	0.0	1.5
35~44 岁	258	0.0	0.0	1.3	2.1	1.3	1.3	0.0
45~54 岁	142	2.6	0.0	0.0	0.0	1.5	1.5	3.0
55~60 岁	88	7.8	0.0	2.7	0.0	2.7	0.0	0.0
女性	**849**	**1.6**	**0.8**	**2.8**	**1.5**	**0.5**	**0.6**	**0.4**
16~24 岁	201	0.0	3.2	4.3	4.3	0.0	0.0	0.0
25~34 岁	246	2.8	0.0	3.0	1.5	1.7	1.5	0.0
35~44 岁	213	1.7	0.0	0.7	0.0	0.0	0.8	1.5
45~54 岁	113	2.7	0.0	3.8	0.0	0.0	0.0	0.0
55~60 岁	76	0.0	0.0	2.2	0.0	0.0	0.0	0.0

● 沈阳

	人数(千人)	华商晨报	沈阳晚报	辽沈晚报	时代商报	沈阳日报	沈阳今报	参考消息	辽宁广播电视报
总人数	**2371**	**55.3**	**39.3**	**31.9**	**20.0**	**16.6**	**6.1**	**2.6**	**2.4**
男性	**1256**	**56.3**	**39.9**	**32.6**	**20.7**	**16.9**	**5.8**	**3.5**	**1.4**
16~24 岁	255	58.6	26.4	37.2	22.2	8.3	2.8	0.0	2.5
25~34 岁	269	67.7	39.9	44.5	22.0	35.9	0.0	4.2	1.7
35~44 岁	347	51.0	44.0	24.4	25.5	10.1	10.2	6.5	1.1
45~54 岁	278	53.0	47.0	27.4	13.9	12.7	6.0	2.5	1.2
55~60 岁	108	48.2	40.2	31.7	15.6	21.9	12.5	3.1	0.0
女性	**1115**	**54.2**	**38.6**	**31.0**	**19.3**	**16.4**	**6.4**	**1.7**	**3.6**
16~24 岁	206	60.4	27.4	30.5	23.5	17.0	3.6	0.0	5.9
25~34 岁	236	52.3	37.5	33.0	28.1	15.9	4.7	1.6	3.3
35~44 岁	310	57.3	41.1	26.5	18.6	16.7	5.3	3.3	0.0
45~54 岁	263	51.8	44.2	33.1	10.7	16.8	10.9	0.0	4.6
55~60 岁	100	42.6	42.2	36.2	14.4	14.0	7.7	4.6	7.4

续前表

	人数（千人）	沈阳广播电视报	体坛周报	辽宁日报	环球时报	人民日报	法制日报	电脑报
总人数	**2371**	**2.2**	**1.7**	**1.6**	**1.4**	**1.2**	**1.0**	**0.7**
男性	**1256**	**1.3**	**2.9**	**1.8**	**2.7**	**1.6**	**1.2**	**0.6**
16~24 岁	255	2.5	6.1	0.0	0.0	0.0	0.0	3.1
25~34 岁	269	0.0	4.3	0.0	2.2	2.1	0.0	0.0
35~44 岁	347	0.0	2.6	3.7	5.2	2.4	2.7	0.0
45~54 岁	278	3.6	0.0	1.1	2.5	2.1	1.0	0.0
55~60 岁	108	0.0	0.0	5.9	3.1	0.0	2.6	0.0
女性	**1115**	**3.2**	**0.3**	**1.4**	**0.0**	**0.8**	**0.8**	**0.9**
16~24 岁	206	3.4	0.0	0.0	0.0	0.0	3.0	3.4
25~34 岁	236	4.8	0.0	3.2	0.0	2.9	0.0	0.0
35~44 岁	310	2.0	1.1	1.0	0.0	0.0	0.0	0.9
45~54 岁	263	2.4	0.0	1.9	0.0	0.9	0.9	0.0
55~60 岁	100	4.2	0.0	0.0	0.0	0.0	0.0	0.0

● 南京

	人数(千人)	金陵晚报	现代快报	扬子晚报	南京晨报	南京日报	参考消息	南京广播电视报	动漫报
总人数	**2012**	**51.9**	**50.2**	**32.9**	**27.9**	**11.1**	**3.2**	**2.3**	**0.9**
男性	**1213**	**51.6**	**51.5**	**30.8**	**30.3**	**14.2**	**4.7**	**1.3**	**0.0**
16~24 岁	226	45.1	63.2	17.6	45.0	6.9	1.8	3.1	0.0
25~34 岁	363	52.1	58.6	41.1	27.4	15.9	5.8	1.0	0.0
35~44 岁	324	63.6	44.3	26.2	30.5	12.7	2.3	0.0	0.0
45~54 岁	213	51.5	45.4	32.4	25.4	14.0	9.9	0.9	0.0
55~60 岁	87	22.4	32.6	34.8	15.9	32.1	4.0	3.7	0.0
女性	**799**	**52.4**	**48.4**	**36.1**	**24.1**	**6.4**	**0.9**	**3.7**	**2.3**
16~24 岁	163	57.9	52.2	39.0	15.6	3.1	0.0	8.6	11.4
25~34 岁	240	58.6	54.2	30.5	24.0	6.7	2.2	1.9	0.0
35~44 岁	210	53.1	39.7	36.8	29.2	6.6	0.9	1.7	0.0
45~54 岁	124	49.1	44.4	38.2	26.7	12.3	0.0	1.7	0.0
55~60 岁	63	18.0	52.9	43.4	24.6	2.0	0.0	8.6	0.0

续前表

	人数（千人）	电脑报	江苏广播电视报	服务导报	新华日报	光明日报	体坛周报	中国教育报
总人数	**2012**	**0.8**	**0.8**	**0.7**	**0.6**	**0.5**	**0.5**	**0.4**
男性	**1213**	**1.3**	**0.1**	**1.0**	**0.4**	**0.9**	**0.7**	**0.7**
16~24 岁	226	6.9	0.0	0.0	0.0	0.0	3.1	0.0
25~34 岁	363	0.0	0.0	0.0	0.5	0.0	0.0	0.0
35~44 岁	324	0.0	0.4	2.9	0.0	0.0	0.4	0.0
45~54 岁	213	0.0	0.3	1.2	0.7	5.1	0.0	4.1
55~60 岁	87	0.0	0.0	0.0	1.4	0.0	0.0	0.0
女性	**799**	**0.0**	**1.8**	**0.3**	**0.9**	**0.0**	**0.3**	**0.0**
16~24 岁	163	0.0	2.8	0.0	0.0	0.0	0.0	0.0
25~34 岁	240	0.0	0.0	0.9	0.0	0.0	0.9	0.0
35~44 岁	210	0.0	3.7	0.0	2.7	0.0	0.0	0.0
45~54 岁	124	0.0	0.7	0.0	0.0	0.0	0.0	0.0
55~60 岁	63	0.0	2.1	0.0	2.1	0.0	0.0	0.0

5 经常阅读的报纸的主要来源

● 北京

	人数（千人）	家中订阅	单位订阅	零购	赠阅	借阅	街头报栏
北京晚报	2695	11.0	5.5	80.8	0.8	1.7	0.2
京华时报	1436	7.0	14.0	76.0	0.6	2.0	0.4
北京青年报	1140	15.2	31.3	48.6	0.8	3.7	0.3
参考消息	592	4.1	32.1	61.3	1.6	0.0	0.9
信报	457	7.5	4.6	77.1	2.0	8.9	0.0
北京晨报	405	18.5	15.5	57.7	0.0	6.6	1.7
北京广播电视报	369	6.9	11.0	51.2	29.8	1.1	0.0
北京日报	302	11.2	54.6	30.5	0.0	3.7	0.0

● 上海

	人数（千人）	家中订阅	单位订阅	零购	赠阅	借阅	街头报栏
新民晚报	3404	37.1	6.8	53.6	0.0	2.6	0.0
新闻晨报	2136	13.8	13.3	69.0	0.7	3.3	0.0
申江服务导报	507	2.9	4.1	86.4	2.2	4.4	0.0
新闻晚报	440	21.5	6.4	62.9	1.0	8.2	0.0
文汇报	427	24.5	42.8	24.9	0.0	4.5	3.3
参考消息	381	11.0	15.5	69.8	0.0	3.6	0.0
环球时报	363	2.5	2.0	91.2	0.0	1.0	3.2
劳动报	342	14.0	55.2	11.4	0.0	16.3	3.1

● 广州

	人数（千人）	家中订阅	单位订阅	零购	赠阅	借阅	街头报栏
广州日报	2225	13.5	15.7	67.8	0.6	2.2	0.2
羊城晚报	931	21.6	6.7	69.4	0.5	1.8	0.0
南方都市报	765	4.8	13.7	79.0	0.0	2.5	0.0
信息时报	331	4.8	6.1	85.9	1.4	0.9	0.8
南方日报	126	8.2	16.7	68.8	0.0	3.1	3.2
参考消息	75	3.2	19.6	77.2	0.0	0.0	0.0
新快报	69	11.4	14.4	74.2	0.0	0.0	0.0
足球报	50	0.0	0.0	1.9	0.0	0.0	0.0

● 深圳

	人数（千人）	家中订阅	单位订阅	零购	赠阅	借阅	街头报栏
深圳晶报	1275	5.9	15.8	71.3	2.7	4.4	0.0
南方都市报	954	9.3	18.7	65.9	2.7	3.4	0.0
深圳特区报	949	15.7	26.3	50.9	3.1	3.7	0.4
深圳晚报	603	27.1	18.9	51.8	2.1	0.0	0.0
深圳商报	519	33.9	27.1	36.3	0.8	1.9	0.0
参考消息	276	7.4	8.1	81.4	1.6	1.6	0.0
深圳都市报	225	10.1	24.3	61.8	2.1	1.7	0.0
深圳法制报	150	12.9	23.7	57.6	0.0	5.8	0.0

● 成都

	人数（千人）	家中订阅	单位订阅	零购	赠阅	借阅	街头报栏
成都商报	1322	22.9	26.2	46.9	0.3	3.4	0.4
华西都市报	556	24.8	32.3	36.9	1.4	4.6	0.0
成都晚报	344	30.4	29.2	33.1	0.0	7.4	0.0
天府早报	184	50.9	11.8	34.2	0.0	3.1	0.0
参考消息	135	13.6	26.0	60.4	0.0	0.0	0.0
成都日报	62	21.7	42.1	21.5	2.9	8.1	3.7
文摘周报	33	26.6	18.1	55.2	0.0	0.0	0.0
成都早报	27	8.3	12.7	61.3	8.7	8.9	0.0

● 重庆

	人数（千人）	家中订阅	单位订阅	零购	赠阅	借阅	街头报栏
重庆晚报	743	6.3	17.7	68.0	0.5	6.9	0.6
重庆晨报	609	6.7	22.8	66.9	0.0	3.6	0.0
重庆时报	449	23.6	16.9	52.9	0.0	6.6	0.0
重庆商报	442	28.0	22.4	38.5	0.0	11.1	0.0
新女报	193	0.0	10.1	86.1	2.0	1.9	0.0
重庆青年报	172	39.3	24.0	26.3	1.0	9.5	0.0
重庆经济报	146	30.6	12.2	50.8	0.0	6.4	0.0
参考消息	77	3.4	40.3	49.9	0.0	6.4	0.0

● 武汉

	人数（千人）	家中订阅	单位订阅	零购	赠阅	借阅	街头报栏
楚天都市报	1919	41.0	11.9	40.2	0.2	6.7	0.0
楚天金报	1037	22.6	13.7	55.9	0.3	7.4	0.2
武汉晚报	899	29.7	28.6	32.2	2.9	6.3	0.2
武汉晨报	502	34.9	22.6	32.8	0.5	8.9	0.4
长江日报	303	8.4	73.8	12.1	2.6	3.0	0.0
参考消息	186	22.0	19.0	50.0	1.6	1.5	5.8
体坛周报	94	0.0	0.0	100.0	0.0	0.0	0.0
环球时报	42	6.2	24.5	69.3	0.0	0.0	0.0

● 西安

	人数（千人）	家中订阅	单位订阅	零购	赠阅	借阅	街头报栏
华商报	1565	30.3	24.5	32.4	0.4	11.8	0.6
西安晚报	723	25.6	38.5	22.4	0.9	11.7	0.8
三秦都市报	330	16.4	41.5	28.0	2.0	10.9	1.3
参考消息	196	9.2	35.3	53.6	0.0	1.9	0.0
体坛周报	111	0.0	0.0	93.5	0.0	6.5	0.0
环球时报	66	0.0	12.2	62.1	0.0	25.7	0.0
女报	35	0	9.1	90.9	0.0	0.0	0.0
南方周末	32	0.0	8.6	91.4	0.0	0.0	0.0

● 沈阳

	人数（千人）	家中订阅	单位订阅	零购	赠阅	借阅	街头报栏
华商晨报	1311	24.5	18.7	48.1	0.9	7.8	0.0
沈阳晚报	932	23.3	37.3	33.9	0.9	3.9	0.7
辽沈晚报	755	32.2	28.1	32.6	1.2	5.4	0.4
时代商报	475	19.3	14.3	57.8	1.7	6.9	0.0
沈阳日报	394	15.6	60.0	18.8	0.0	3.9	1.6
沈阳今报	144	45.6	9.8	30.3	7.8	6.5	0.0
参考消息	62	11.4	52.0	36.6	0.0	0.0	0.0
辽宁广播电视报	58	0.0	0.0	100.0	0.0	0.0	0.0

● 南京

	人数（千人）	家中订阅	单位订阅	零购	赠阅	借阅	街头报栏
金陵晚报	1044	14.3	17.2	65.9	0.4	2.2	0.0
现代快报	1010	21.9	7.6	68.2	0.3	2.0	0.0
扬子晚报	662	18.7	18.1	58.7	1.3	3.3	0.0
南京晨报	561	24.8	12.5	59.5	2.0	1.2	0.0
南京日报	224	26.8	64.8	6.5	0.0	1.8	0.0
参考消息	64	9.7	51.1	39.2	0.0	0.0	0.0
南京广播电视报	45	11.8	0.0	88.2	0.0	0.0	0.0
动漫报	19	0.0	0.0	100.0	0.0	0.0	0.0

6 各城市消费者经常阅读的报纸内容 注：本题为多选题，合计百分比可能超过100%

报纸内容	北京	上海	广州	深圳	成都	重庆	武汉	西安	沈阳	南京
头版要闻	52.9	67.1	86.6	68.1	37.2	55.8	57.6	69.8	54.3	64.9
国际新闻	47.0	66.3	50.2	60.4	41.6	51.4	45.1	42.4	43.7	46.6
国内新闻	56.8	65.4	68.7	63.1	57.5	56.5	40.1	51.9	51.8	49.5
港澳台新闻	2.0	4.3	30.7	10.0	4.0	4.8	5.0	5.2	10.0	5.8
本地新闻	28.6	32.6	63.6	37.3	60.8	45.0	26.4	48.8	40.5	62.5
经济信息	5.6	6.6	3.3	6.5	11.6	7.9	8.5	5.3	5.5	3.7
财政金融	4.0	8.2	2.0	6.5	8.9	2.7	4.4	2.9	1.9	4.0
股市报道	1.9	6.1	1.7	3.0	5.4	3.6	2.0	5.1	2.9	2.0
热点追踪	38.2	26.8	17.0	33.6	28.8	23.9	14.4	31.1	28.5	19.4
文化信息	8.8	8.0	2.9	4.0	9.7	2.2	3.8	9.3	4.5	3.0
体育报道	23.2	31.8	23.6	10.7	25.2	24.9	31.0	23.6	25.6	25.5
人物专访	12.9	11.4	2.1	10.9	10.4	7.0	8.9	8.0	7.3	6.1
军事知识	2.4	4.6	4.1	6.6	6.9	6.8	4.6	5.8	4.5	4.9
法制报道	42.6	21.8	18.8	12.9	23.2	29.4	17.4	27.5	30.6	40.1
海外见闻	4.6	4.9	3.0	4.5	7.1	3.1	4.7	3.6	3.9	3.7
科技知识	7.6	3.9	1.8	4.0	2.9	3.8	5.1	3.8	4.0	2.6
影视娱乐报道	18.0	20.0	42.9	26.9	31.1	24.1	36.9	32.3	25.7	26.6
服饰美容	7.4	5.4	4.0	5.0	8.6	5.9	6.3	10.2	9.2	3.3
休闲旅游	13.9	7.0	8.4	6.5	11.6	5.7	5.4	6.9	3.8	3.2
消费指南	6.6	2.9	4.0	2.8	6.7	6.1	4.0	4.4	3.3	3.1
电视节目预告	4.6	2.9	0.6	1.1	1.7	1.2	2.8	1.6	4.8	2.4
健康医疗	14.8	15.4	17.4	7.4	14.6	11.4	21.0	15.9	15.9	18.8
生活常识	12.5	11.9	5.5	5.9	10.6	12.3	16.7	16.2	23.4	15.0
书评	0.2	0.5	0.0	0.8	0.3	0.0	0.3	0.0	0.5	0.0
文艺评论	1.5	1.6	2.2	6.0	1.1	1.4	1.5	2.0	1.5	0.6
散文	3.9	2.6	1.4	3.4	2.3	3.5	2.8	3.9	4.0	3.2
小说	4.9	2.9	1.9	2.5	5.0	4.1	11.5	8.1	7.6	7.0
读者来信	0.9	1.1	3.3	1.7	0.3	0.4	1.5	1.2	1.8	0.5
广告	2.2	0.6	0.3	0.5	0.8	0.3	2.8	1.7	0.9	1.9
游戏	2.5	2.4	1.2	0.7	0.6	1.0	3.2	2.1	1.4	1.1
天气预报	7.7	8.0	2.1	6.0	3.7	6.5	19.4	4.3	11.3	9.1
招生招聘	0.4	0.2	0.3	0.0	0.0	0.0	0.0	1.0	0.0	0.5
房地产信息	0.3	0.0	0.0	0.0	0.2	0.5	0.2	0.0	0.0	0.2
汽车信息	0.3	0.0	0.2	0.3	0.1	0.0	0.0	0.0	0.0	0.0
教育类	0.3	0.1	0.0	0.0	0.2	0.0	0.1	0.5	0.0	0.0
情感类	0.0	0.0	0.0	0.0	0.0	0.0	0.2	0.3	0.0	0.0
彩票/博彩	0.3	0.0	0.2	0.0	0.0	0.0	0.0	0.0	0.0	0.0
幽默笑话	0.0	0.0	0.1	0.0	0.0	0.0	0.0	0.0	0.0	0.0
少儿话题	0.2	0.0	0.0	0.0	0.0	0.0	0.0	0.0	0.0	0.0
交通信息	0.0	0.1	0.0	0.0	0.0	0.0	0.0	0.0	0.0	0.0
不固定	0.0	0.0	0.0	0.0	0.0	0.1	0.2	0.0	0.0	0.0
其他	0.3	0.6	0.0	0.0	0.2	0.0	0.0	0.6	0.2	0.3
人数（千人）	4928	5838	2688	2991	1752	1627	2807	1868	2368	2012

7 男性各年龄层、女性各年龄层经常阅读的报纸内容 注：本题为多选题，合计百分比可能超过 100%

● 北京

	人数（千人）	头版要闻	国际新闻	国内新闻	港澳台新闻	本地新闻	经济信息	财政金融	股市报道	热点追踪	文化信息
总人数	**4928**	**52.9**	**47.0**	**56.8**	**2.0**	**28.6**	**5.6**	**4.0**	**1.9**	**38.2**	**8.8**
男性	**2644**	**54.3**	**55.6**	**58.2**	**1.6**	**26.8**	**8.1**	**6.1**	**2.7**	**36.2**	**6.1**
16~24 岁	516	45.5	47.2	53.1	4.3	25.3	6.5	2.3	0.0	29.5	8.6
25~34 岁	711	57.0	49.2	48.8	0.0	16.2	10.5	8.0	4.4	36.6	5.7
35~44 岁	702	58.2	63.6	66.5	1.2	34.4	7.4	8.3	1.7	30.5	2.9
45~54 岁	476	56.0	64.3	64.2	1.1	34.3	9.2	6.1	4.7	45.2	6.6
55~60 岁	239	50.3	52.4	61.1	2.5	24.8	4.3	2.2	2.2	48.3	10.8
女性	**2284**	**51.3**	**37.1**	**55.1**	**2.4**	**30.7**	**2.7**	**1.5**	**1.1**	**40.4**	**11.8**
16~24 岁	486	39.2	21.3	32.2	5.1	18.4	0.0	2.4	0.0	35.8	24.2
25~34 岁	603	57.0	46.1	62.1	1.5	33.4	6.0	0.0	0.0	47.8	10.1
35~44 岁	586	48.0	37.0	65.3	2.9	34.1	2.4	0.0	1.6	37.8	8.8
45~54 岁	439	55.9	40.9	61.8	0.0	36.0	1.6	1.6	2.6	43.0	6.7
55~60 岁	171	65.3	40.3	42.7	2.1	31.3	2.1	8.7	2.1	30.1	5.8

续前表

	人数（千人）	体育报道	人物专访	军事知识	法制报道	海外见闻	科技知识	影视娱乐报道	服饰美容	休闲旅游	消费指南
总人数	**4928**	**23.2**	**12.9**	**2.4**	**42.6**	**4.6**	**7.6**	**18.0**	**7.4**	**13.9**	**6.6**
男性	**2644**	**39.2**	**10.6**	**4.6**	**42.7**	**5.9**	**10.4**	**13.2**	**0.4**	**10.1**	**3.9**
16~24 岁	516	50.9	6.6	2.3	35.2	4.6	13.5	31.8	0.0	17.2	2.3
25~34 岁	711	44.5	7.9	10.3	35.4	6.0	14.7	18.3	0.0	14.0	4.1
35~44 岁	702	32.2	11.1	2.7	51.2	6.2	5.6	2.5	1.5	8.1	4.0
45~54 岁	476	34.2	17.2	2.2	44.8	8.6	8.3	3.3	0.0	3.3	3.4
55~60 岁	239	28.7	12.4	2.8	52.0	2.2	9.3	8.8	0.0	2.2	7.3
女性	**2284**	**4.7**	**15.7**	**0.0**	**42.3**	**3.2**	**4.5**	**23.5**	**15.5**	**18.3**	**9.7**
16~24 岁	486	2.2	24.7	0.0	21.6	0.0	4.7	38.0	38.6	26.3	14.1
25~34 岁	603	1.4	15.5	0.0	35.7	9.2	5.9	29.5	16.4	19.9	9.1
35~44 岁	586	6.2	8.1	0.0	57.1	1.2	1.3	19.9	10.2	20.2	8.8
45~54 岁	439	10.2	18.1	0.0	48.9	0.8	6.6	9.3	0.8	10.3	8.0
55~60 岁	171	4.1	10.8	0.0	57.1	4.0	4.2	9.8	2.1	3.8	6.1

续前表

	人数（千人）	电视节目预告	健康医疗	生活常识	书评	文艺评论	散文	小说	读者来信	广告	游戏	天气预报
总人数	**4928**	**4.6**	**14.8**	**12.5**	**0.2**	**1.5**	**3.9**	**4.9**	**0.9**	**2.2**	**2.5**	**7.7**
男性	**2644**	**3.7**	**6.9**	**6.1**	**0.0**	**1.7**	**3.0**	**2.2**	**0.5**	**2.7**	**4.0**	**7.4**
16~24 岁	516	6.2	4.1	4.1	0.0	2.3	6.7	4.4	2.3	6.3	13.1	4.0
25~34 岁	711	4.2	2.3	1.8	0.0	0.0	4.1	2.3	0.0	1.8	4.4	9.6
35~44 岁	702	2.9	6.6	6.8	0.0	1.4	1.4	1.4	0.0	2.7	0.0	8.8
45~54 岁	476	2.4	11.0	4.5	0.0	3.4	0.0	1.0	0.0	1.4	1.1	4.9
55~60 岁	239	2.2	19.9	24.5	0.0	2.8	2.8	2.5	0.0	0.0	0.0	9.0
女性	**2284**	**5.6**	**23.9**	**19.9**	**0.3**	**1.3**	**4.9**	**8.0**	**1.4**	**1.7**	**0.8**	**8.1**
16~24 岁	486	4.7	15.9	14.1	0.0	4.8	11.2	14.7	2.4	2.4	2.4	0.0
25~34 岁	603	2.8	18.1	15.3	0.0	0.0	4.4	11.0	0.0	1.5	0.0	7.2
35~44 岁	586	8.4	24.2	20.8	1.3	0.0	3.8	5.0	1.3	2.3	1.3	12.5
45~54 岁	439	6.7	30.7	26.5	0.0	1.6	1.7	2.6	1.9	0.8	0.0	12.1
55~60 岁	171	6.1	48.2	32.3	0.0	0.0	0.0	2.2	2.3	0.0	0.0	9.0

续前表

	人数（千人）	招生招聘	房地产信息	汽车信息	教育类	情感类	彩票/博彩	幽默笑话	少儿话题	交通信息	不固定	其他
总人数	**4928**	**0.4**	**0.3**	**0.3**	**0.3**	**0.0**	**0.3**	**0.0**	**0.2**	**0.0**	**0.0**	**0.3**
男性	**2644**	**0.5**	**0.0**	**0.4**	**0.4**	**0.0**	**0.6**	**0.0**	**0.0**	**0.0**	**0.0**	**0.5**
16~24 岁	516	0.0	0.0	0.0	0.0	0.0	0.0	0.0	0.0	0.0	0.0	0.0
25~34 岁	711	1.8	0.0	0.0	0.0	0.0	0.0	0.0	0.0	0.0	0.0	1.9
35~44 岁	702	0.0	0.0	1.4	1.4	0.0	1.4	0.0	0.0	0.0	0.0	0.0
45~54 岁	476	0.0	0.0	0.0	0.0	0.0	1.4	0.0	0.0	0.0	0.0	0.0
55~60 岁	239	0.0	0.0	0.0	0.0	0.0	0.0	0.0	0.0	0.0	0.0	0.0
女性	**2284**	**0.3**	**0.7**	**0.2**	**0.2**	**0.0**	**0.0**	**0.0**	**0.4**	**0.0**	**0.0**	**0.0**
16~24 岁	486	0.0	0.0	0.0	0.0	0.0	0.0	0.0	0.0	0.0	0.0	0.0
25~34 岁	603	0.0	1.5	0.0	0.0	0.0	0.0	0.0	0.0	0.0	0.0	0.0
35~44 岁	586	1.1	1.1	0.0	0.0	0.0	0.0	0.0	1.6	0.0	0.0	0.0
45~54 岁	439	0.0	0.0	0.0	0.0	0.0	0.0	0.0	0.0	0.0	0.0	0.0
55~60 岁	171	0.0	0.0	2.2	2.2	0.0	0.0	0.0	0.0	0.0	0.0	0.0

● 上海

	人数（千人）	头版要闻	国际新闻	国内新闻	港澳台新闻	本地新闻	经济信息	财政金融	股市报道	热点追踪	文化信息
总人数	**5838**	**67.1**	**66.3**	**65.4**	**4.3**	**32.6**	**6.6**	**8.2**	**6.1**	**26.8**	**8.0**
男性	**3195**	**65.9**	**74.4**	**67.7**	**2.2**	**31.2**	**7.6**	**10.9**	**6.6**	**24.3**	**5.3**
16~24 岁	587	58.0	64.7	54.6	3.3	24.4	3.1	3.2	1.4	22.3	9.3
25~34 岁	734	59.3	70.4	60.1	2.1	14.0	19.1	16.5	5.5	18.2	4.4
35~44 岁	727	66.8	77.5	79.2	1.9	33.0	4.0	7.6	3.9	26.7	4.1
45~54 岁	866	70.7	78.0	66.4	0.8	42.1	4.5	12.9	11.9	27.7	5.1
55~60 岁	281	82.7	86.2	88.7	4.9	52.5	6.4	14.3	10.6	27.5	2.8
女性	**2643**	**68.5**	**56.5**	**62.7**	**7.0**	**34.3**	**5.3**	**5.1**	**5.6**	**29.9**	**11.4**
16~24 岁	524	67.9	40.7	48.1	8.3	21.1	4.0	1.6	0.0	23.7	19.3
25~34 岁	619	70.4	59.6	56.3	14.1	37.2	4.1	5.6	9.8	29.1	7.7
35~44 岁	620	64.9	61.4	69.5	2.9	37.8	2.8	6.3	6.6	36.3	11.8
45~54 岁	647	68.9	60.7	69.7	4.1	39.5	8.2	5.9	5.1	31.2	9.0
55~60 岁	233	72.7	59.0	74.7	3.9	32.9	9.6	5.8	5.5	26.0	8.5

续前表

	人数（千人）	体育报道	人物专访	军事知识	法制报道	海外见闻	科技知识	影视娱乐报道	服饰美容	休闲旅游	消费指南
总人数	**5838**	**31.8**	**11.4**	**4.6**	**21.8**	**4.9**	**3.9**	**20.0**	**5.4**	**7.0**	**2.9**
男性	**3195**	**49.5**	**10.0**	**7.9**	**21.0**	**5.0**	**6.4**	**15.9**	**0.3**	**4.9**	**2.7**
16~24 岁	587	66.2	6.6	15.2	9.4	6.4	14.8	26.9	1.4	3.1	0.0
25~34 岁	734	51.8	18.9	9.8	7.6	5.6	7.9	31.3	0.0	9.8	4.4
35~44 岁	727	48.1	3.9	8.3	28.5	10.0	0.0	11.1	0.0	8.3	4.2
45~54 岁	866	40.7	10.4	2.8	37.2	1.0	6.0	3.6	0.0	0.8	2.7
55~60 岁	281	39.9	8.7	2.5	11.0	0.0	2.9	2.9	0.0	0.0	0.0
女性	**2643**	**10.3**	**13.1**	**0.6**	**22.8**	**4.8**	**0.9**	**24.9**	**11.7**	**9.4**	**3.1**
16~24 岁	524	15.9	21.4	0.0	8.2	5.3	3.1	52.3	22.7	14.4	1.7
25~34 岁	619	12.7	11.8	2.0	18.7	3.9	0.0	29.2	11.7	11.3	3.7
35~44 岁	620	4.2	13.2	0.0	25.2	2.9	0.0	16.5	14.0	11.5	1.6
45~54 岁	647	7.6	10.2	0.0	33.0	7.3	0.6	11.5	4.0	3.5	5.5
55~60 岁	233	14.9	5.6	1.8	31.2	3.8	1.7	11.8	1.8	4.0	2.0

续前表

	人数（千人）	电视节目预告	健康医疗	生活常识	书评	文艺评论	散文	小说	读者来信	广告	游戏	天气预报
总人数	**5838**	**2.9**	**15.4**	**11.9**	**0.5**	**1.6**	**2.6**	**2.9**	**1.1**	**0.6**	**2.4**	**8.0**
男性	**3195**	**1.3**	**9.7**	**6.8**	**0.3**	**1.4**	**1.6**	**1.7**	**1.0**	**1.1**	**3.1**	**7.3**
16~24 岁	587	0.0	4.8	3.0	1.9	1.6	3.3	1.6	0.0	3.3	17.1	8.7
25~34 岁	734	4.3	5.1	7.4	0.0	0.0	1.9	0.0	2.0	2.0	0.0	5.9
35~44 岁	727	0.0	13.9	8.1	0.0	2.5	2.5	4.1	0.0	0.0	0.0	6.1
45~54 岁	866	1.0	10.7	8.1	0.0	2.0	0.0	1.1	1.9	0.0	0.0	9.0
55~60 岁	281	0.0	18.3	5.9	0.0	0.0	0.0	2.7	0.0	0.0	0.0	5.8
女性	**2643**	**4.9**	**22.3**	**18.1**	**0.7**	**1.9**	**3.8**	**4.3**	**1.2**	**0.0**	**1.4**	**8.9**
16~24 岁	524	12.2	1.6	16.0	0.0	7.1	3.7	9.0	0.0	0.0	5.4	8.8
25~34 岁	619	5.3	22.2	15.0	2.0	0.0	7.5	4.0	0.0	0.0	0.0	5.5
35~44 岁	620	1.5	22.3	14.8	0.0	0.0	2.7	3.0	3.0	0.0	1.5	7.9
45~54 岁	647	2.8	33.0	22.2	0.8	2.0	2.8	3.5	2.0	0.0	0.0	14.6
55~60 岁	233	2.0	39.0	28.9	0.0	0.0	0.0	0.0	0.0	0.0	0.0	5.3

续前表

	人数（千人）	招生招聘	房地产信息	汽车信息	教育类	情感类	彩票/博彩	幽默笑话	少儿话题	交通信息	不固定	其他
总人数	**5838**	**0.2**	**0.0**	**0.0**	**0.1**	**0.0**	**0.0**	**0.0**	**0.0**	**0.1**	**0.0**	**0.6**
男性	**3195**	**0.0**	**0.0**	**0.0**	**0.0**	**0.0**	**0.0**	**0.0**	**0.0**	**0.2**	**0.0**	**0.9**
16~24 岁	587	0.0	0.0	0.0	0.0	0.0	0.0	0.0	0.0	0.0	0.0	3.2
25~34 岁	734	0.0	0.0	0.0	0.0	0.0	0.0	0.0	0.0	0.0	0.0	0.0
35~44 岁	727	0.0	0.0	0.0	0.0	0.0	0.0	0.0	0.0	0.0	0.0	0.0
45~54 岁	866	0.0	0.0	0.0	0.0	0.0	0.0	0.0	0.0	0.9	0.0	1.0
55~60 岁	281	0.0	0.0	0.0	0.0	0.0	0.0	0.0	0.0	0.0	0.0	0.0
女性	**2643**	**0.4**	**0.0**	**0.0**	**0.2**	**0.0**	**0.0**	**0.0**	**0.0**	**0.0**	**0.0**	**0.4**
16~24 岁	524	2.0	0.0	0.0	0.0	0.0	0.0	0.0	0.0	0.0	0.0	0.0
25~34 岁	619	0.0	0.0	0.0	0.0	0.0	0.0	0.0	0.0	0.0	0.0	0.0
35~44 岁	620	0.0	0.0	0.0	0.0	0.0	0.0	0.0	0.0	0.0	0.0	0.0
45~54 岁	647	0.0	0.0	0.0	0.7	0.0	0.0	0.0	0.0	0.0	0.0	0.7
55~60 岁	233	0.0	0.0	0.0	0.0	0.0	0.0	0.0	0.0	0.0	0.0	2.0

● 广州

	人数（千人）	头版要闻	国际新闻	国内新闻	港澳台新闻	本地新闻	经济信息	财政金融	股市报道	热点追踪	文化信息
总人数	**2688**	**86.6**	**50.2**	**68.7**	**30.7**	**63.6**	**3.3**	**2.0**	**1.7**	**17.0**	**2.9**
男性	**1374**	**88.0**	**56.7**	**73.3**	**33.0**	**67.8**	**3.3**	**2.8**	**2.5**	**13.4**	**2.6**
16~24 岁	211	77.4	43.4	54.5	14.7	67.0	3.9	1.6	0.0	13.0	7.6
25~34 岁	379	90.3	59.1	71.8	32.4	66.5	2.3	3.6	2.4	14.0	1.2
35~44 岁	397	92.6	57.5	76.7	48.1	68.0	4.1	0.9	5.2	14.4	1.1
45~54 岁	280	83.6	60.2	87.2	34.2	69.9	2.9	4.7	1.6	14.2	2.9
55~60 岁	106	95.9	62.7	66.7	12.0	68.1	3.9	3.9	0.0	7.0	3.2
女性	**1314**	**85.0**	**43.5**	**63.9**	**28.3**	**59.3**	**3.3**	**1.2**	**0.8**	**20.6**	**3.3**
16~24 岁	206	79.0	42.9	42.1	23.2	48.3	2.9	0.0	0.0	20.5	3.1
25~34 岁	374	82.3	41.4	68.4	23.6	55.5	6.2	1.6	2.3	24.3	4.0
35~44 岁	373	83.5	46.9	63.6	32.0	69.4	3.0	1.4	0.0	20.2	2.4
45~54 岁	282	94.4	49.0	74.2	33.0	58.3	1.0	1.8	0.9	17.6	3.7
55~60 岁	79	86.9	18.7	64.5	29.4	61.3	0.0	0.0	0.0	16.7	2.7

续前表

	人数（千人）	体育报道	人物专访	军事知识	法制报道	海外见闻	科技知识	影视娱乐报道	服饰美容	休闲旅游	消费指南
总人数	**2688**	**23.6**	**2.1**	**4.1**	**18.8**	**3.0**	**1.8**	**42.9**	**4.0**	**8.4**	**4.0**
男性	**1374**	**39.7**	**1.4**	**5.9**	**20.6**	**3.9**	**2.6**	**29.9**	**0.0**	**4.9**	**1.8**
16~24岁	211	40.3	1.9	5.8	24.7	7.7	3.5	55.6	0.0	12.6	0.0
25~34岁	379	39.4	1.0	9.3	20.3	2.5	2.3	34.7	0.0	4.8	1.0
35~44岁	397	44.2	2.1	5.7	19.0	3.2	1.1	21.4	0.0	1.1	0.0
45~54岁	280	34.5	0.0	1.2	22.6	3.9	4.4	16.2	0.0	2.5	6.3
55~60岁	106	36.6	3.3	7.0	14.6	3.2	3.3	29.8	0.0	11.0	3.3
女性	**1314**	**6.8**	**2.9**	**2.2**	**16.8**	**2.1**	**0.9**	**56.5**	**8.3**	**12.0**	**6.3**
16~24岁	206	8.9	8.7	5.0	13.8	4.5	1.6	79.1	22.6	16.4	3.1
25~34岁	374	7.0	2.1	2.3	19.0	0.8	2.4	59.6	8.3	12.1	7.8
35~44岁	373	4.5	0.0	1.9	17.8	1.6	0.0	54.7	6.8	12.2	6.0
45~54岁	282	9.1	4.4	0.8	15.0	0.9	0.0	43.4	2.0	10.9	5.2
55~60岁	79	3.2	0.0	0.0	16.2	8.7	0.0	38.1	0.0	3.5	12.8

续前表

	人数（千人）	电视节目预告	健康医疗	生活常识	书评	文艺评论	散文	小说	读者来信	广告	游戏	天气预报
总人数	**2688**	**0.6**	**17.4**	**5.5**	**0.0**	**2.2**	**1.4**	**1.9**	**3.3**	**0.3**	**1.2**	**2.1**
男性	**1374**	**0.9**	**6.8**	**2.6**	**0.0**	**1.9**	**0.7**	**1.6**	**2.7**	**0.6**	**1.5**	**1.5**
16~24岁	211	1.6	1.9	3.5	0.0	0.0	0.0	2.0	2.1	3.7	7.6	1.9
25~34岁	379	1.3	5.5	2.4	0.0	2.5	1.3	2.5	3.8	0.0	0.0	1.0
35~44岁	397	0.0	6.3	2.1	0.0	0.0	0.0	0.9	2.3	0.0	0.0	1.2
45~54岁	280	1.5	7.2	1.5	0.0	4.3	1.6	1.6	0.0	0.0	1.6	0.0
55~60岁	106	0.0	22.0	6.9	0.0	4.1	0.0	0.0	7.9	0.0	0.0	7.5
女性	**1314**	**0.2**	**28.4**	**8.4**	**0.0**	**2.6**	**2.1**	**2.2**	**4.1**	**0.0**	**0.9**	**2.7**
16~24岁	206	0.0	18.6	4.5	0.0	1.5	9.3	8.8	4.7	0.0	4.4	0.0
25~34岁	374	0.0	23.7	10.8	0.0	4.7	1.6	0.7	3.9	0.0	0.0	4.6
35~44岁	373	0.7	28.7	6.2	0.0	1.6	0.0	1.5	7.1	0.0	0.8	2.2
45~54岁	282	0.0	33.9	8.8	0.0	0.9	0.9	0.9	0.9	0.0	0.0	1.7
55~60岁	79	0.0	55.7	16.7	0.0	6.8	0.0	0.0	0.0	0.0	0.0	6.4

续前表

	人数（千人）	招生招聘	房地产信息	汽车信息	教育类	情感类	彩票/博彩	幽默笑话	少儿话题	交通信息	不固定	其他
总人数	**2688**	**0.3**	**0.0**	**0.2**	**0.0**	**0.0**	**0.2**	**0.1**	**0.0**	**0.0**	**0.0**	**0.0**
男性	**1374**	**0.4**	**0.0**	**0.3**	**0.0**	**0.0**	**0.4**	**0.3**	**0.0**	**0.0**	**0.0**	**0.0**
16~24岁	211	0.0	0.0	0.0	0.0	0.0	0.0	1.9	0.0	0.0	0.0	0.0
25~34岁	379	1.3	0.0	0.0	0.0	0.0	0.0	0.0	0.0	0.0	0.0	0.0
35~44岁	397	0.0	0.0	1.1	0.0	0.0	1.2	0.0	0.0	0.0	0.0	0.0
45~54岁	280	0.0	0.0	0.0	0.0	0.0	0.0	0.0	0.0	0.0	0.0	0.0
55~60岁	106	0.0	0.0	0.0	0.0	0.0	0.0	0.0	0.0	0.0	0.0	0.0
女性	**1314**	**0.3**	**0.0**	**0.0**	**0.0**	**0.0**	**0.0**	**0.0**	**0.0**	**0.0**	**0.0**	**0.0**
16~24岁	206	1.7	0.0	0.0	0.0	0.0	0.0	0.0	0.0	0.0	0.0	0.0
25~34岁	374	0.0	0.0	0.0	0.0	0.0	0.0	0.0	0.0	0.0	0.0	0.0
35~44岁	373	0.0	0.0	0.0	0.0	0.0	0.0	0.0	0.0	0.0	0.0	0.0
45~54岁	282	0.0	0.0	0.0	0.0	0.0	0.0	0.0	0.0	0.0	0.0	0.0
55~60岁	79	0.0	0.0	0.0	0.0	0.0	0.0	0.0	0.0	0.0	0.0	0.0

● 深圳

	人数（千人）	头版要闻	国际新闻	国内新闻	港澳台新闻	本地新闻	经济信息	财政金融	股市报道	热点追踪	文化信息
总人数	**2991**	**68.1**	**60.4**	**63.1**	**10.0**	**37.3**	**6.5**	**6.5**	**3.0**	**33.6**	**4.0**
男性	**1670**	**71.7**	**69.7**	**66.3**	**10.4**	**35.3**	**8.0**	**7.7**	**3.0**	**35.4**	**2.4**
16~24 岁	208	65.5	54.7	49.3	12.3	34.9	3.6	3.6	0.0	47.6	1.8
25~34 岁	687	70.0	71.8	69.0	10.1	33.7	9.3	6.8	1.3	33.7	1.3
35~44 岁	528	74.5	70.2	64.4	9.9	34.3	8.9	9.9	4.4	34.4	1.1
45~54 岁	153	78.2	78.0	80.8	9.8	36.3	5.0	7.2	7.3	37.2	9.7
55~60 岁	94	72.3	71.7	71.6	12.1	52.0	7.6	12.0	8.0	23.8	8.0
女性	**1321**	**63.5**	**48.6**	**59.0**	**9.6**	**39.8**	**4.7**	**4.9**	**2.9**	**31.2**	**5.9**
16~24 岁	175	60.6	48.2	58.0	3.9	35.3	1.9	0.0	0.0	39.7	4.3
25~34 岁	605	62.8	46.1	55.7	11.2	41.9	3.6	2.8	0.0	31.2	6.9
35~44 岁	365	60.5	55.4	63.9	8.9	39.1	8.8	7.7	6.5	27.4	6.5
45~54 岁	133	70.2	32.9	58.9	11.2	40.4	3.8	11.1	11.2	22.5	3.7
55~60 岁	43	89.7	76.9	67.8	10.3	32.2	0.0	11.4	0.0	56.6	0.0

续前表

	人数（千人）	体育报道	人物专访	军事知识	法制报道	海外见闻	科技知识	影视娱乐报道	服饰美容	休闲旅游	消费指南
总人数	**2991**	**10.7**	**10.9**	**6.6**	**12.9**	**4.5**	**4.0**	**26.9**	**5.0**	**6.5**	**2.8**
男性	**1670**	**16.0**	**9.2**	**7.3**	**12.8**	**4.6**	**4.3**	**19.7**	**0.9**	**5.7**	**2.0**
16~24 岁	208	22.4	10.8	14.1	10.4	3.6	3.5	24.9	0.0	5.2	3.4
25~34 岁	687	21.8	8.9	10.6	15.0	3.8	6.3	18.4	0.0	3.2	1.9
35~44 岁	528	9.9	9.0	2.3	8.9	4.5	3.3	20.1	2.2	11.2	1.1
45~54 岁	153	9.7	10.0	0.0	17.2	10.1	0.0	17.3	0.0	0.0	4.9
55~60 岁	94	4.0	8.2	8.1	16.2	4.1	4.1	20.1	4.0	4.0	0.0
女性	**1321**	**3.9**	**13.0**	**5.7**	**13.1**	**4.3**	**3.6**	**35.9**	**10.2**	**7.5**	**3.8**
16~24 岁	175	6.2	8.3	4.2	4.3	2.1	4.3	39.5	12.6	8.6	4.1
25~34 岁	605	2.8	14.9	6.4	14.0	5.7	4.3	40.9	9.1	8.4	0.7
35~44 岁	365	5.2	13.0	5.3	10.3	3.9	2.6	32.5	12.9	7.7	7.7
45~54 岁	133	3.7	11.3	3.8	25.6	0.0	0.0	22.4	7.5	3.8	3.8
55~60 岁	43	0.0	10.3	10.3	21.9	11.6	10.3	22.9	0.0	0.0	11.6

续前表

	人数（千人）	电视节目预告	健康医疗	生活常识	书评	文艺评论	散文	小说	读者来信	广告	游戏	天气预报
总人数	**2991**	**1.1**	**7.4**	**5.9**	**0.8**	**6.0**	**3.4**	**2.5**	**1.7**	**0.5**	**0.7**	**6.0**
男性	**1670**	**0.5**	**2.9**	**2.3**	**0.6**	**7.6**	**2.8**	**1.7**	**1.2**	**0.9**	**1.0**	**3.9**
16~24 岁	208	1.6	1.8	1.6	0.0	5.4	0.0	1.6	3.6	0.0	3.6	0.0
25~34 岁	687	0.6	1.8	1.8	0.6	6.4	3.2	1.3	0.0	1.3	1.3	1.9
35~44 岁	528	0.0	3.4	2.2	1.1	10.1	3.3	2.3	2.2	1.1	0.0	6.5
45~54 岁	153	0.0	7.5	2.3	0.0	10.0	4.7	2.5	0.0	0.0	0.0	7.0
55~60 岁	94	0.0	4.1	8.2	0.0	4.0	0.0	0.0	0.0	0.0	0.0	7.7
女性	**1321**	**1.9**	**13.1**	**10.4**	**1.0**	**3.9**	**4.1**	**3.6**	**2.3**	**0.0**	**0.3**	**8.7**
16~24 岁	175	4.2	6.4	10.2	0.0	12.6	8.3	6.2	2.2	0.0	0.0	2.1
25~34 岁	605	1.4	14.9	8.2	0.7	0.7	4.9	3.6	2.1	0.0	0.7	8.3
35~44 岁	365	1.3	12.7	11.2	2.6	2.6	1.3	2.6	2.5	0.0	0.0	11.2
45~54 岁	133	3.7	18.7	18.3	0.0	7.5	0.0	3.8	0.0	0.0	0.0	14.8
55~60 岁	43	0.0	0.0	11.6	0.0	11.6	11.3	0.0	11.3	0.0	0.0	0.0

续前表

	人数（千人）	招生招聘	房地产信息	汽车信息	教育类	情感类	彩票/博彩	幽默笑话	少儿话题	交通信息	不固定	其他
总人数	**2991**	**0.0**	**0.0**	**0.3**	**0.0**	**0.0**	**0.0**	**0.0**	**0.0**	**0.0**	**0.0**	**0.0**
男性	**1670**	**0.0**	**0.0**	**0.5**	**0.0**	**0.0**	**0.0**	**0.0**	**0.0**	**0.0**	**0.0**	**0.0**
16~24 岁	208	0.0	0.0	0.0	0.0	0.0	0.0	0.0	0.0	0.0	0.0	0.0
25~34 岁	687	0.0	0.0	1.3	0.0	0.0	0.0	0.0	0.0	0.0	0.0	0.0
35~44 岁	528	0.0	0.0	0.0	0.0	0.0	0.0	0.0	0.0	0.0	0.0	0.0
45~54 岁	153	0.0	0.0	0.0	0.0	0.0	0.0	0.0	0.0	0.0	0.0	0.0
55~60 岁	94	0.0	0.0	0.0	0.0	0.0	0.0	0.0	0.0	0.0	0.0	0.0
女性	**1321**	**0.0**	**0.0**	**0.0**	**0.0**	**0.0**	**0.0**	**0.0**	**0.0**	**0.0**	**0.0**	**0.0**
16~24 岁	175	0.0	0.0	0.0	0.0	0.0	0.0	0.0	0.0	0.0	0.0	0.0
25~34 岁	605	0.0	0.0	0.0	0.0	0.0	0.0	0.0	0.0	0.0	0.0	0.0
35~44 岁	365	0.0	0.0	0.0	0.0	0.0	0.0	0.0	0.0	0.0	0.0	0.0
45~54 岁	133	0.0	0.0	0.0	0.0	0.0	0.0	0.0	0.0	0.0	0.0	0.0
55~60 岁	43	0.0	0.0	0.0	0.0	0.0	0.0	0.0	0.0	0.0	0.0	0.0

● 成都

	人数（千人）	头版要闻	国际新闻	国内新闻	港澳台新闻	本地新闻	经济信息	财政金融	股市报道	热点追踪	文化信息
总人数	**1752**	**37.2**	**41.6**	**57.5**	**4.0**	**60.8**	**11.6**	**8.9**	**5.4**	**28.8**	**9.7**
男性	**956**	**39.1**	**51.5**	**64.5**	**5.1**	**59.8**	**13.0**	**10.7**	**6.9**	**22.6**	**7.2**
16~24 岁	169	25.4	42.3	49.9	0.0	37.9	14.7	7.2	3.4	28.8	9.0
25~34 岁	324	41.8	50.8	63.4	7.5	58.1	16.1	16.0	8.5	21.4	7.6
35~44 岁	243	46.6	51.8	61.9	6.2	67.1	12.8	12.7	11.4	20.3	6.4
45~54 岁	168	43.7	58.9	78.4	4.3	68.5	4.2	2.8	2.9	22.0	6.7
55~60 岁	52	17.4	60.5	86.6	4.1	78.4	17.0	4.3	0.0	22.0	4.5
女性	**796**	**35.0**	**29.8**	**49.1**	**2.7**	**62.0**	**10.0**	**6.9**	**3.7**	**36.2**	**12.7**
16~24 岁	162	22.8	17.2	31.4	5.4	54.6	5.5	3.4	1.7	43.7	12.6
25~34 岁	262	34.2	33.1	47.2	2.8	59.8	10.1	5.5	0.9	28.3	11.0
35~44 岁	203	38.5	31.7	61.4	1.0	69.4	12.0	10.1	3.0	39.6	15.7
45~54 岁	117	46.0	33.9	58.3	3.0	61.6	9.2	10.7	7.7	43.3	9.1
55~60 岁	52	38.1	34.8	45.3	0.0	69.1	17.3	3.4	17.0	24.0	17.9

续前表

	人数（千人）	体育报道	人物专访	军事知识	法制报道	海外见闻	科技知识	影视娱乐报道	服饰美容	休闲旅游	消费指南
总人数	**1752**	**25.2**	**10.4**	**6.9**	**23.2**	**7.1**	**2.9**	**31.1**	**8.6**	**11.6**	**6.7**
男性	**956**	**38.9**	**8.4**	**10.7**	**23.4**	**8.8**	**3.8**	**22.4**	**1.2**	**8.3**	**5.0**
16~24 岁	169	54.5	9.0	14.6	14.5	12.8	5.6	58.0	3.6	18.1	0.0
25~34 岁	324	40.1	7.5	10.7	18.0	7.4	3.3	25.8	1.0	5.4	7.4
35~44 岁	243	32.9	10.1	11.3	29.1	7.5	5.1	8.9	0.0	6.5	5.1
45~54 岁	168	33.0	9.5	6.7	38.1	8.0	1.3	4.1	0.0	8.3	4.1
55~60 岁	52	26.4	0.0	8.5	12.9	13.3	4.1	8.6	4.5	4.3	8.8
女性	**796**	**8.7**	**12.8**	**2.4**	**22.9**	**5.1**	**1.7**	**41.5**	**17.6**	**15.6**	**8.6**
16~24 岁	162	8.6	15.9	5.1	22.7	10.5	3.4	58.3	26.6	21.2	12.2
25~34 岁	262	8.1	15.7	2.7	24.8	4.6	1.8	41.1	17.8	13.6	9.0
35~44 岁	203	9.7	9.9	1.0	15.7	3.0	0.0	41.5	14.9	17.9	10.0
45~54 岁	117	9.2	6.3	0.0	23.1	3.1	1.5	32.5	15.2	12.1	4.4
55~60 岁	52	6.6	14.2	3.4	41.4	3.3	3.3	10.3	3.4	6.9	0.0

续前表

	人数（千人）	电视节目预告	健康医疗	生活常识	书评	文艺评论	散文	小说	读者来信	广告	游戏	天气预报
总人数	**1752**	**1.7**	**14.6**	**10.6**	**0.3**	**1.1**	**2.3**	**5.0**	**0.3**	**0.8**	**0.6**	**3.7**
男性	**956**	**1.5**	**8.4**	**6.9**	**0.0**	**1.6**	**1.2**	**3.6**	**0.5**	**0.3**	**1.0**	**2.4**
16~24 岁	169	1.8	5.6	5.4	0.0	5.4	0.0	7.4	0.0	1.7	5.4	0.0
25~34 岁	324	2.2	4.2	7.6	0.0	0.0	0.0	4.2	0.0	0.0	0.0	1.1
35~44 岁	243	0.0	3.8	7.6	0.0	2.5	3.7	2.5	0.0	0.0	0.0	2.5
45~54 岁	168	0.0	14.9	4.2	0.0	0.0	1.4	1.4	2.8	0.0	0.0	6.9
55~60 岁	52	8.5	44.0	13.1	0.0	0.0	0.0	0.0	0.0	0.0	0.0	4.5
女性	**796**	**1.9**	**22.1**	**15.1**	**0.6**	**0.4**	**3.6**	**6.6**	**0.0**	**1.3**	**0.2**	**5.3**
16~24 岁	162	0.0	6.7	12.1	1.7	0.0	6.9	10.6	0.0	5.3	0.0	3.5
25~34 岁	262	4.5	25.8	14.7	0.0	0.0	4.6	3.7	0.0	0.0	0.0	7.3
35~44 岁	203	0.0	17.9	12.9	0.0	0.0	1.9	9.0	0.0	0.0	1.0	5.0
45~54 岁	117	3.1	27.8	18.4	0.0	3.0	0.0	3.1	0.0	1.5	0.0	3.1
55~60 岁	52	0.0	55.1	26.9	3.3	0.0	3.3	7.2	0.0	0.0	0.0	6.9

续前表

	人数（千人）	招生招聘	房地产信息	汽车信息	教育类	情感类	彩票/博彩	幽默笑话	少儿话题	交通信息	不固定	其他
总人数	**1752**	**0.0**	**0.2**	**0.1**	**0.2**	**0.0**	**0.0**	**0.0**	**0.0**	**0.0**	**0.0**	**0.2**
男性	**956**	**0.0**	**0.3**	**0.2**	**0.3**	**0.0**	**0.0**	**0.0**	**0.0**	**0.0**	**0.0**	**0.4**
16~24 岁	169	0.0	0.0	0.0	0.0	0.0	0.0	0.0	0.0	0.0	0.0	0.0
25~34 岁	324	0.0	0.0	0.0	0.0	0.0	0.0	0.0	0.0	0.0	0.0	1.1
35~44 岁	243	0.0	1.3	0.0	1.3	0.0	0.0	0.0	0.0	0.0	0.0	0.0
45~54 岁	168	0.0	0.0	1.4	0.0	0.0	0.0	0.0	0.0	0.0	0.0	0.0
55~60 岁	52	0.0	0.0	0.0	0.0	0.0	0.0	0.0	0.0	0.0	0.0	0.0
女性	**796**	**0.0**	**0.0**	**0.0**	**0.0**	**0.0**	**0.0**	**0.0**	**0.0**	**0.0**	**0.0**	**0.0**
16~24 岁	162	0.0	0.0	0.0	0.0	0.0	0.0	0.0	0.0	0.0	0.0	0.0
25~34 岁	262	0.0	0.0	0.0	0.0	0.0	0.0	0.0	0.0	0.0	0.0	0.0
35~44 岁	203	0.0	0.0	0.0	0.0	0.0	0.0	0.0	0.0	0.0	0.0	0.0
45~54 岁	117	0.0	0.0	0.0	0.0	0.0	0.0	0.0	0.0	0.0	0.0	0.0
55~60 岁	52	0.0	0.0	0.0	0.0	0.0	0.0	0.0	0.0	0.0	0.0	0.0

● 重庆

	人数（千人）	头版要闻	国际新闻	国内新闻	港澳台新闻	本地新闻	经济信息	财政金融	股市报道	热点追踪	文化信息
总人数	**1627**	**55.8**	**51.4**	**56.5**	**4.8**	**45.0**	**7.9**	**2.7**	**3.6**	**23.9**	**2.2**
男性	**934**	**56.3**	**65.2**	**61.3**	**3.7**	**41.7**	**8.5**	**3.7**	**3.2**	**19.7**	**2.1**
16~24 岁	173	57.3	53.0	49.0	8.9	38.9	9.8	0.0	5.0	8.9	9.8
25~34 岁	272	56.4	73.1	55.0	4.9	32.5	4.8	0.0	0.0	22.6	0.0
35~44 岁	233	51.4	70.8	65.6	1.6	49.7	15.8	8.9	7.2	18.6	0.0
45~54 岁	176	60.2	59.2	71.9	1.2	46.3	4.1	6.8	0.0	25.9	1.4
55~60 岁	80	60.2	62.3	72.9	0.0	46.0	6.3	2.7	5.8	21.9	0.0
女性	**692**	**55.1**	**32.8**	**50.1**	**6.3**	**49.4**	**7.2**	**1.4**	**4.1**	**29.7**	**2.4**
16~24 岁	176	58.0	36.3	41.4	15.5	47.9	10.2	0.0	0.0	16.6	5.1
25~34 岁	182	49.8	35.8	53.9	3.6	50.0	7.7	0.0	2.2	30.6	0.0
35~44 岁	153	49.4	27.2	48.2	6.4	47.0	3.4	2.9	1.8	42.2	1.8
45~54 岁	147	62.4	31.1	56.4	0.0	50.8	6.1	2.3	9.6	29.6	2.3
55~60 岁	34	62.4	31.4	57.3	0.0	58.7	10.6	5.7	22.1	37.4	4.8

续前表

	人数（千人）	体育报道	人物专访	军事知识	法制报道	海外见闻	科技知识	影视娱乐报道	服饰美容	休闲旅游	消费指南
总人数	**1627**	**24.9**	**7.0**	**6.8**	**29.4**	**3.1**	**3.8**	**24.1**	**5.9**	**5.7**	**6.1**
男性	**934**	**39.2**	**4.5**	**10.2**	**27.8**	**5.0**	**6.0**	**15.8**	**0.9**	**3.8**	**5.8**
16~24 岁	173	47.7	9.7	4.5	18.3	0.0	4.5	37.8	0.0	9.3	9.4
25~34 岁	272	35.2	2.3	18.5	18.5	12.6	15.1	21.9	2.3	4.8	7.6
35~44 岁	233	41.1	5.3	10.3	36.1	0.0	0.0	3.4	0.0	1.8	5.2
45~54 岁	176	34.8	3.7	6.5	39.3	6.9	1.4	6.8	0.0	1.3	0.0
55~60 岁	80	38.7	0.0	3.0	30.6	0.0	6.2	2.7	3.0	0.0	6.2
女性	**692**	**5.6**	**10.3**	**2.1**	**31.6**	**0.6**	**0.8**	**35.3**	**12.5**	**8.3**	**6.6**
16~24 岁	176	5.1	20.9	0.0	21.2	0.0	0.0	58.1	21.2	10.6	10.4
25~34 岁	182	4.0	11.9	3.9	17.7	2.1	0.0	43.1	16.4	11.8	10.3
35~44 岁	153	4.7	1.5	1.6	44.0	0.0	1.7	26.9	8.2	6.6	1.8
45~54 岁	147	10.7	3.9	3.5	43.6	0.0	2.2	11.7	4.7	4.7	2.5
55~60 岁	34	0.0	15.4	0.0	53.0	0.0	0.0	14.8	0.0	0.0	5.3

续前表

	人数（千人）	电视节目预告	健康医疗	生活常识	书评	文艺评论	散文	小说	读者来信	广告	游戏	天气预报
总人数	**1627**	**1.2**	**11.4**	**12.3**	**0.0**	**1.4**	**3.5**	**4.1**	**0.4**	**0.3**	**1.0**	**6.5**
男性	**934**	**0.0**	**6.3**	**4.4**	**0.0**	**1.0**	**3.6**	**2.7**	**0.0**	**0.0**	**1.6**	**6.1**
16~24 岁	173	0.0	4.8	9.7	0.0	0.0	4.8	9.3	0.0	0.0	4.5	9.3
25~34 岁	272	0.0	4.9	2.3	0.0	2.5	5.2	2.6	0.0	0.0	2.5	4.6
35~44 岁	233	0.0	5.5	1.8	0.0	0.0	1.8	0.0	0.0	0.0	0.0	5.1
45~54 岁	176	0.0	6.8	5.4	0.0	0.0	3.8	1.2	0.0	0.0	0.0	7.9
55~60 岁	80	0.0	15.5	5.9	0.0	3.0	0.0	0.0	0.0	0.0	0.0	3.0
女性	**692**	**2.9**	**18.2**	**23.0**	**0.0**	**2.0**	**3.3**	**6.0**	**0.9**	**0.8**	**0.4**	**7.1**
16~24 岁	176	5.3	10.5	21.4	0.0	5.2	5.2	15.6	0.0	0.0	0.0	5.2
25~34 岁	182	3.9	22.1	26.2	0.0	0.0	2.1	3.9	0.0	2.0	0.0	4.2
35~44 岁	153	1.5	12.8	19.3	0.0	3.2	6.4	3.3	3.0	0.0	1.6	7.7
45~54 岁	147	1.1	21.7	25.4	0.0	0.0	0.0	1.3	1.2	1.2	0.0	9.4
55~60 岁	34	0.0	47.1	21.2	0.0	0.0	0.0	0.0	0.0	0.0	0.0	20.1

续前表

	人数（千人）	招生招聘	房地产信息	汽车信息	教育类	情感类	彩票/博彩	幽默笑话	少儿话题	交通信息	不固定	其他
总人数	**1627**	**0.0**	**0.5**	**0.0**	**0.0**	**0.0**	**0.0**	**0.0**	**0.0**	**0.0**	**0.1**	**0.0**
男性	**934**	**0.0**	**0.8**	**0.0**	**0.0**	**0.0**	**0.0**	**0.0**	**0.0**	**0.0**	**0.0**	**0.0**
16~24 岁	173	0.0	0.0	0.0	0.0	0.0	0.0	0.0	0.0	0.0	0.0	0.0
25~34 岁	272	0.0	2.6	0.0	0.0	0.0	0.0	0.0	0.0	0.0	0.0	0.0
35~44 岁	233	0.0	0.0	0.0	0.0	0.0	0.0	0.0	0.0	0.0	0.0	0.0
45~54 岁	176	0.0	0.0	0.0	0.0	0.0	0.0	0.0	0.0	0.0	0.0	0.0
55~60 岁	80	0.0	0.0	0.0	0.0	0.0	0.0	0.0	0.0	0.0	0.0	0.0
女性	**692**	**0.0**	**0.3**	**0.0**	**0.0**	**0.0**	**0.0**	**0.0**	**0.0**	**0.0**	**0.3**	**0.0**
16~24 岁	176	0.0	0.0	0.0	0.0	0.0	0.0	0.0	0.0	0.0	0.0	0.0
25~34 岁	182	0.0	0.0	0.0	0.0	0.0	0.0	0.0	0.0	0.0	0.0	0.0
35~44 岁	153	0.0	0.0	0.0	0.0	0.0	0.0	0.0	0.0	0.0	0.0	0.0
45~54 岁	147	0.0	0.0	0.0	0.0	0.0	0.0	0.0	0.0	0.0	1.3	0.0
55~60 岁	34	0.0	5.3	0.0	0.0	0.0	0.0	0.0	0.0	0.0	0.0	0.0

● 武汉

	人数（千人）	头版要闻	国际新闻	国内新闻	港澳台新闻	本地新闻	经济信息	财政金融	股市报道	热点追踪	文化信息
总人数	**2807**	**57.6**	**45.1**	**40.1**	**5.0**	**26.4**	**8.5**	**4.4**	**2.0**	**14.4**	**3.8**
男性	**1510**	**59.7**	**56.7**	**44.3**	**7.0**	**26.6**	**10.5**	**6.1**	**1.4**	**13.6**	**2.2**
16~24 岁	319	55.2	47.1	34.2	6.6	16.3	10.3	0.0	0.0	6.9	2.1
25~34 岁	409	64.8	54.8	38.2	6.6	30.2	13.9	6.9	0.0	18.1	0.0
35~44 岁	380	54.1	54.5	41.1	7.3	29.4	9.0	12.6	2.8	15.0	6.4
45~54 岁	266	59.7	73.4	61.5	5.1	35.4	5.8	3.6	2.0	12.4	1.1
55~60 岁	136	69.9	57.9	61.3	12.4	14.8	14.0	4.0	3.8	14.3	0.0
女性	**1297**	**55.3**	**31.6**	**35.3**	**2.6**	**26.3**	**6.1**	**2.4**	**2.6**	**15.3**	**5.6**
16~24 岁	299	51.2	27.8	27.6	5.4	14.7	0.0	0.0	0.0	13.8	7.4
25~34 岁	345	44.3	27.8	22.9	0.0	21.3	8.1	4.0	2.2	15.7	5.9
35~44 岁	345	61.0	31.7	44.2	2.6	33.9	7.3	3.1	3.5	17.8	6.1
45~54 岁	223	64.3	39.3	43.8	1.8	32.9	8.7	1.9	4.6	12.6	3.1
55~60 岁	85	67.3	38.9	54.4	5.2	39.2	8.4	2.5	5.3	15.6	2.7

续前表

	人数（千人）	体育报道	人物专访	军事知识	法制报道	海外见闻	科技知识	影视娱乐报道	服饰美容	休闲旅游	消费指南
总人数	**2807**	**31.0**	**8.9**	**4.6**	**17.4**	**4.7**	**5.1**	**36.9**	**6.3**	**5.4**	**4.0**
男性	**1510**	**46.2**	**5.4**	**8.5**	**18.5**	**5.5**	**7.0**	**24.5**	**1.2**	**5.1**	**3.5**
16~24 岁	319	52.8	9.0	10.2	14.2	4.6	10.1	54.9	5.9	10.4	2.0
25~34 岁	409	51.0	3.2	8.6	8.5	5.5	5.7	27.4	0.0	6.7	5.7
35~44 岁	380	44.0	3.7	7.4	17.8	5.8	6.1	15.7	0.0	2.9	4.6
45~54 岁	266	42.8	6.1	9.4	32.9	4.9	4.8	7.7	0.0	1.0	1.0
55~60 岁	136	28.7	6.5	6.0	32.3	8.4	10.0	1.9	0.0	2.2	2.2
女性	**1297**	**13.4**	**12.9**	**0.0**	**16.2**	**3.6**	**2.8**	**51.3**	**12.1**	**5.7**	**4.5**
16~24 岁	299	19.5	15.0	0.0	5.9	0.0	0.0	94.1	16.6	8.6	0.0
25~34 岁	345	13.1	17.0	0.0	14.9	6.9	4.9	52.7	21.5	6.0	6.2
35~44 岁	345	10.8	10.3	0.0	20.0	4.8	2.4	38.7	8.0	6.6	5.5
45~54 岁	223	11.1	10.2	0.0	23.4	2.8	2.0	29.3	2.8	1.8	4.8
55~60 岁	85	9.0	7.0	0.0	23.5	0.0	8.0	4.4	0.0	0.0	8.9

续前表

	人数（千人）	电视节目预告	健康医疗	生活常识	书评	文艺评论	散文	小说	读者来信	广告	游戏	天气预报
总人数	**2807**	**2.8**	**21.0**	**16.7**	**0.3**	**1.5**	**2.8**	**11.5**	**1.5**	**2.8**	**3.2**	**19.4**
男性	**1510**	**1.5**	**15.3**	**11.7**	**0.5**	**1.9**	**1.8**	**7.3**	**0.8**	**3.1**	**5.8**	**16.9**
16~24 岁	319	0.0	4.5	4.6	2.6	3.4	0.0	8.0	0.0	8.4	18.9	17.2
25~34 岁	409	3.2	14.5	14.9	0.0	0.0	2.0	4.2	2.4	4.7	6.7	9.7
35~44 岁	380	1.4	19.9	11.8	0.0	3.0	1.5	12.4	0.0	0.0	0.0	18.6
45~54 岁	266	1.4	10.7	9.1	0.0	1.1	3.3	5.1	0.0	0.0	0.0	23.4
55~60 岁	136	0.0	38.7	23.0	0.0	2.2	2.8	4.7	2.2	0.0	0.0	20.4
女性	**1297**	**4.3**	**27.6**	**22.6**	**0.0**	**1.1**	**4.1**	**16.4**	**2.3**	**2.5**	**0.2**	**22.2**
16~24 岁	299	9.7	5.6	12.6	0.0	0.0	0.0	18.3	0.0	3.3	0.0	14.4
25~34 岁	345	4.0	30.3	24.1	0.0	0.0	9.4	24.7	3.8	5.7	0.0	24.2
35~44 岁	345	0.8	34.0	23.5	0.0	0.8	3.7	10.6	1.7	0.8	0.8	26.8
45~54 岁	223	2.6	39.4	31.3	0.0	4.0	2.4	13.0	3.8	0.0	0.0	17.4
55~60 岁	85	4.6	36.2	25.2	0.0	2.8	2.2	8.9	2.7	0.0	0.0	35.7

续前表

	人数（千人）	招生招聘	房地产信息	汽车信息	教育类	情感类	彩票/博彩	幽默笑话	少儿话题	交通信息	不固定	其他
总人数	**2807**	**0.0**	**0.2**	**0.0**	**0.1**	**0.2**	**0.0**	**0.0**	**0.0**	**0.0**	**0.2**	**0.0**
男性	**1510**	**0.0**	**0.0**	**0.0**	**0.0**	**0.0**	**0.0**	**0.0**	**0.0**	**0.0**	**0.0**	**0.0**
16~24岁	319	0.0	0.0	0.0	0.0	0.0	0.0	0.0	0.0	0.0	0.0	0.0
25~34岁	409	0.0	0.0	0.0	0.0	0.0	0.0	0.0	0.0	0.0	0.0	0.0
35~44岁	380	0.0	0.0	0.0	0.0	0.0	0.0	0.0	0.0	0.0	0.0	0.0
45~54岁	266	0.0	0.0	0.0	0.0	0.0	0.0	0.0	0.0	0.0	0.0	0.0
55~60岁	136	0.0	0.0	0.0	0.0	0.0	0.0	0.0	0.0	0.0	0.0	0.0
女性	**1297**	**0.0**	**0.5**	**0.0**	**0.2**	**0.5**	**0.0**	**0.0**	**0.0**	**0.0**	**0.3**	**0.0**
16~24岁	299	0.0	0.0	0.0	0.0	0.0	0.0	0.0	0.0	0.0	0.0	0.0
25~34岁	345	0.0	2.0	0.0	0.0	0.0	0.0	0.0	0.0	0.0	0.0	0.0
35~44岁	345	0.0	0.0	0.0	0.8	0.0	0.0	0.0	0.0	0.0	0.8	0.0
45~54岁	223	0.0	0.0	0.0	0.0	2.0	0.0	0.0	0.0	0.0	0.8	0.0
55~60岁	85	0.0	0.0	0.0	0.0	2.2	0.0	0.0	0.0	0.0	0.0	0.0

● 西安

	人数（千人）	头版要闻	国际新闻	国内新闻	港澳台新闻	本地新闻	经济信息	财政金融	股市报道	热点追踪	文化信息
总人数	**1868**	**69.8**	**42.4**	**51.9**	**5.2**	**48.8**	**5.3**	**2.9**	**5.1**	**31.1**	**9.3**
男性	**1020**	**68.5**	**56.2**	**57.1**	**5.2**	**48.7**	**6.2**	**3.6**	**7.0**	**31.1**	**8.7**
16~24岁	218	35.8	55.5	47.1	3.8	28.0	0.0	0.0	0.0	27.5	13.2
25~34岁	315	79.6	55.4	53.5	7.9	53.4	2.4	3.8	10.6	28.2	9.2
35~44岁	258	71.9	54.0	59.5	3.6	53.5	12.6	4.8	10.8	35.1	8.7
45~54岁	142	83.2	58.6	68.9	2.8	58.6	12.5	4.5	5.3	38.3	3.0
55~60岁	88	76.1	62.8	68.4	7.2	53.1	6.2	7.1	3.6	27.5	5.4
女性	**849**	**71.3**	**25.8**	**45.7**	**5.2**	**48.9**	**4.3**	**2.0**	**2.7**	**31.0**	**10.1**
16~24岁	201	75.3	21.5	37.2	10.5	39.3	0.0	0.0	0.0	18.7	18.7
25~34岁	246	73.3	22.2	40.8	5.8	49.5	4.7	2.9	1.4	28.5	6.2
35~44岁	213	65.3	27.2	46.6	2.2	48.5	3.4	2.6	4.0	42.5	8.9
45~54岁	113	75.2	31.3	59.0	2.6	65.1	10.1	2.4	8.5	38.2	9.2
55~60岁	76	65.2	37.2	61.4	1.7	49.1	7.8	1.7	2.0	28.6	4.1

续前表

	人数（千人）	体育报道	人物专访	军事知识	法制报道	海外见闻	科技知识	影视娱乐报道	服饰美容	休闲旅游	消费指南
总人数	**1868**	**23.6**	**8.0**	**5.8**	**27.5**	**3.6**	**3.8**	**32.3**	**10.2**	**6.9**	**4.4**
男性	**1020**	**38.6**	**5.4**	**10.4**	**32.1**	**4.5**	**4.1**	**20.9**	**0.6**	**5.3**	**3.0**
16~24岁	218	64.7	3.8	24.5	14.6	4.5	3.8	47.3	0.0	6.6	0.0
25~34岁	315	29.8	5.7	6.2	34.6	7.3	4.4	17.1	0.0	6.7	5.5
35~44岁	258	29.1	6.1	8.2	33.6	2.3	3.8	15.3	2.4	5.7	3.5
45~54岁	142	43.1	6.1	3.0	39.0	2.5	3.9	8.6	0.0	1.4	1.5
55~60岁	88	25.7	4.8	9.5	50.4	3.9	5.1	4.8	0.0	1.8	2.3
女性	**849**	**5.6**	**11.2**	**0.2**	**22.1**	**2.6**	**3.5**	**46.1**	**21.7**	**8.9**	**6.2**
16~24岁	201	6.4	12.3	0.0	8.0	0.0	4.3	64.8	34.0	8.7	9.1
25~34岁	246	4.6	14.8	0.0	23.2	4.1	4.3	55.2	30.9	13.1	8.8
35~44岁	213	7.3	8.6	0.0	26.5	4.2	1.5	42.5	16.8	8.5	3.1
45~54岁	113	3.7	11.0	1.1	27.9	1.1	3.4	17.1	2.6	4.9	3.8
55~60岁	76	4.5	4.3	0.0	34.8	2.2	4.3	20.4	1.7	3.4	1.7

续前表

	人数（千人）	电视节目预告	健康医疗	生活常识	书评	文艺评论	散文	小说	读者来信	广告	游戏	天气预报
总人数	**1868**	**1.6**	**15.9**	**16.2**	**0.0**	**2.0**	**3.9**	**8.1**	**1.2**	**1.7**	**2.1**	**4.3**
男性	**1020**	**1.0**	**9.4**	**9.0**	**0.0**	**2.2**	**3.6**	**4.4**	**0.0**	**1.2**	**2.2**	**2.5**
16~24 岁	218	3.3	8.2	8.2	0.0	3.8	8.7	8.7	0.0	0.0	8.2	0.0
25~34 岁	315	0.0	11.1	9.3	0.0	3.1	4.1	3.9	0.0	0.0	1.3	2.5
35~44 岁	258	1.1	7.7	11.6	0.0	0.0	1.2	3.4	0.0	4.8	0.0	3.6
45~54 岁	142	0.0	5.0	8.0	0.0	0.0	0.0	3.5	0.0	0.0	0.0	1.1
55~60 岁	88	0.0	18.6	3.6	0.0	5.0	2.3	0.0	0.0	0.0	0.0	8.1
女性	**849**	**2.3**	**23.6**	**24.8**	**0.0**	**1.8**	**4.2**	**12.5**	**2.7**	**2.2**	**1.9**	**6.5**
16~24 岁	201	4.8	12.8	11.9	0.0	4.8	7.3	17.1	3.2	4.8	4.3	4.3
25~34 岁	246	1.7	24.4	27.9	0.0	0.0	4.2	11.1	3.0	0.0	3.1	4.2
35~44 岁	213	1.6	22.0	31.3	0.0	1.8	3.1	16.0	2.1	3.1	0.0	7.3
45~54 岁	113	0.0	25.7	24.6	0.0	1.3	1.4	8.8	2.6	2.4	0.0	5.7
55~60 岁	76	3.2	51.0	30.9	0.0	0.0	3.7	0.0	2.0	0.0	0.0	18.4

续前表

	人数（千人）	招生招聘	房地产信息	汽车信息	教育类	情感类	彩票/博彩	幽默笑话	少儿话题	交通信息	不固定	其他
总人数	**1868**	**1.0**	**0.0**	**0.0**	**0.5**	**0.3**	**0.0**	**0.0**	**0.0**	**0.0**	**0.0**	**0.6**
男性	**1020**	**0.7**	**0.0**	**0.0**	**0.8**	**0.0**	**0.0**	**0.0**	**0.0**	**0.0**	**0.0**	**0.9**
16~24 岁	218	0.0	0.0	0.0	3.8	0.0	0.0	0.0	0.0	0.0	0.0	0.0
25~34 岁	315	1.5	0.0	0.0	0.0	0.0	0.0	0.0	0.0	0.0	0.0	1.1
35~44 岁	258	0.9	0.0	0.0	0.0	0.0	0.0	0.0	0.0	0.0	0.0	1.4
45~54 岁	142	0.0	0.0	0.0	0.0	0.0	0.0	0.0	0.0	0.0	0.0	1.4
55~60 岁	88	0.0	0.0	0.0	0.0	0.0	0.0	0.0	0.0	0.0	0.0	0.0
女性	**849**	**1.3**	**0.0**	**0.0**	**0.2**	**0.8**	**0.0**	**0.0**	**0.0**	**0.0**	**0.0**	**0.2**
16~24 岁	201	4.8	0.0	0.0	0.0	3.2	0.0	0.0	0.0	0.0	0.0	0.0
25~34 岁	246	0.0	0.0	0.0	0.0	0.0	0.0	0.0	0.0	0.0	0.0	0.0
35~44 岁	213	0.0	0.0	0.0	0.9	0.0	0.0	0.0	0.0	0.0	0.0	0.0
45~54 岁	113	1.5	0.0	0.0	0.0	0.0	0.0	0.0	0.0	0.0	0.0	1.1
55~60 岁	76	0.0	0.0	0.0	0.0	0.0	0.0	0.0	0.0	0.0	0.0	0.0

● 沈阳

	人数（千人）	头版要闻	国际新闻	国内新闻	港澳台新闻	本地新闻	经济信息	财政金融	股市报道	热点追踪	文化信息
总人数	**2368**	**54.3**	**43.7**	**51.8**	**10.0**	**40.5**	**5.5**	**1.9**	**2.9**	**28.5**	**4.5**
男性	**1256**	**63.0**	**53.4**	**56.7**	**9.6**	**42.3**	**6.5**	**2.3**	**4.1**	**24.7**	**2.6**
16~24 岁	255	69.8	39.5	44.7	7.9	32.7	5.4	0.0	0.0	19.0	2.5
25~34 岁	269	54.1	51.8	58.1	17.6	38.9	11.7	5.9	3.8	20.0	0.0
35~44 岁	347	63.0	54.5	48.8	8.7	40.9	6.6	1.1	6.2	24.6	4.7
45~54 岁	278	60.6	58.8	70.3	4.7	55.1	4.7	2.3	4.5	31.3	2.1
55~60 岁	108	75.4	72.0	72.2	9.3	45.1	0.0	2.7	6.5	34.0	3.2
女性	**1113**	**44.5**	**32.8**	**46.2**	**10.3**	**38.6**	**4.4**	**1.4**	**1.6**	**32.7**	**6.7**
16~24 岁	206	33.2	17.1	26.4	12.4	30.0	3.4	3.4	0.0	30.1	7.2
25~34 岁	236	47.2	33.4	56.6	8.2	43.5	2.9	1.6	1.6	28.4	9.4
35~44 岁	310	42.1	39.1	45.0	13.4	34.0	8.4	0.0	1.1	33.8	8.3
45~54 岁	260	51.8	38.2	49.8	5.4	45.0	3.6	0.9	2.6	33.2	3.7
55~60 岁	100	50.3	30.1	57.1	14.6	41.7	0.0	2.4	4.6	43.5	2.5

续前表

	人数（千人）	体育报道	人物专访	军事知识	法制报道	海外见闻	科技知识	影视娱乐报道	服饰美容	休闲旅游	消费指南
总人数	**2368**	**25.6**	**7.3**	**4.5**	**30.6**	**3.9**	**4.0**	**25.7**	**9.2**	**3.8**	**3.3**
男性	**1256**	**44.5**	**4.0**	**7.7**	**32.5**	**4.9**	**5.3**	**18.2**	**0.4**	**2.1**	**2.3**
16~24岁	255	56.2	0.0	11.1	23.0	7.8	6.0	33.7	0.0	5.8	2.5
25~34岁	269	59.5	6.0	8.1	21.5	2.1	7.9	24.4	2.1	0.0	2.1
35~44岁	347	37.0	6.2	10.8	43.0	5.8	6.0	12.9	0.0	2.2	4.9
45~54岁	278	32.0	4.8	1.1	39.6	4.9	3.4	9.3	0.0	0.0	0.0
55~60岁	108	36.5	0.0	5.5	30.5	2.7	0.0	6.3	0.0	3.3	0.0
女性	**1113**	**4.1**	**11.0**	**0.9**	**28.4**	**2.7**	**2.6**	**34.1**	**19.2**	**5.9**	**4.4**
16~24岁	206	3.4	6.4	0.0	17.0	3.6	0.0	53.5	43.8	20.5	3.4
25~34岁	236	2.8	12.2	0.0	17.2	1.4	4.5	44.2	20.5	3.1	7.9
35~44岁	310	6.1	12.4	0.0	31.0	2.1	3.0	32.4	15.7	4.2	4.0
45~54岁	260	3.4	13.1	3.8	39.1	3.8	2.7	17.2	8.1	0.9	4.4
55~60岁	100	4.6	7.6	0.0	42.7	2.4	2.4	19.0	4.9	0.0	0.0

续前表

	人数（千人）	电视节目预告	健康医疗	生活常识	书评	文艺评论	散文	小说	读者来信	广告	游戏	天气预报
总人数	**2368**	**4.8**	**15.9**	**23.4**	**0.5**	**1.5**	**4.0**	**7.6**	**1.8**	**0.9**	**1.4**	**11.3**
男性	**1256**	**4.0**	**6.6**	**12.5**	**0.8**	**1.4**	**3.0**	**4.4**	**0.8**	**0.9**	**1.4**	**10.1**
16~24岁	255	8.1	0.0	5.6	2.5	0.0	5.5	8.5	0.0	0.0	3.1	7.9
25~34岁	269	3.9	3.5	15.6	0.0	2.2	6.0	1.7	0.0	0.0	2.2	6.3
35~44岁	347	2.5	11.2	13.6	0.0	1.3	1.3	4.6	0.0	2.2	0.0	13.7
45~54岁	278	3.6	9.1	15.8	0.0	2.6	0.0	2.6	0.0	0.0	1.2	8.3
55~60岁	108	0.0	9.4	9.0	3.1	0.0	3.1	5.8	9.5	3.1	0.0	18.1
女性	**1113**	**5.8**	**26.3**	**35.8**	**0.2**	**1.5**	**5.1**	**11.2**	**2.8**	**1.0**	**1.5**	**12.7**
16~24岁	206	16.0	12.6	29.6	0.0	3.4	6.5	19.8	6.6	0.0	7.0	9.9
25~34岁	236	3.2	24.9	41.9	0.0	3.2	6.3	11.4	0.0	1.7	0.0	11.9
35~44岁	310	1.1	24.7	38.1	0.0	0.0	4.4	8.4	2.1	0.0	0.0	15.6
45~54岁	260	5.2	42.1	36.8	0.0	1.0	4.6	10.0	2.6	1.8	0.9	11.6
55~60岁	100	7.1	21.6	23.8	2.1	0.0	2.6	5.1	4.6	2.1	0.0	14.0

续前表

	人数（千人）	招生招聘	房地产信息	汽车信息	教育类	情感类	彩票/博彩	幽默笑话	少儿话题	交通信息	不固定	其他
总人数	**2368**	**0.0**	**0.0**	**0.0**	**0.0**	**0.0**	**0.0**	**0.0**	**0.0**	**0.0**	**0.0**	**0.2**
男性	**1256**	**0.0**	**0.0**	**0.0**	**0.0**	**0.0**	**0.0**	**0.0**	**0.0**	**0.0**	**0.0**	**0.0**
16~24岁	255	0.0	0.0	0.0	0.0	0.0	0.0	0.0	0.0	0.0	0.0	0.0
25~34岁	269	0.0	0.0	0.0	0.0	0.0	0.0	0.0	0.0	0.0	0.0	0.0
35~44岁	347	0.0	0.0	0.0	0.0	0.0	0.0	0.0	0.0	0.0	0.0	0.0
45~54岁	278	0.0	0.0	0.0	0.0	0.0	0.0	0.0	0.0	0.0	0.0	0.0
55~60岁	108	0.0	0.0	0.0	0.0	0.0	0.0	0.0	0.0	0.0	0.0	0.0
女性	**1113**	**0.0**	**0.0**	**0.0**	**0.0**	**0.0**	**0.0**	**0.0**	**0.0**	**0.0**	**0.0**	**0.4**
16~24岁	206	0.0	0.0	0.0	0.0	0.0	0.0	0.0	0.0	0.0	0.0	0.0
25~34岁	236	0.0	0.0	0.0	0.0	0.0	0.0	0.0	0.0	0.0	0.0	1.7
35~44岁	310	0.0	0.0	0.0	0.0	0.0	0.0	0.0	0.0	0.0	0.0	0.0
45~54岁	260	0.0	0.0	0.0	0.0	0.0	0.0	0.0	0.0	0.0	0.0	0.0
55~60岁	100	0.0	0.0	0.0	0.0	0.0	0.0	0.0	0.0	0.0	0.0	0.0

● 南京

	人数（千人）	头版要闻	国际新闻	国内新闻	港澳台新闻	本地新闻	经济信息	财政金融	股市报道	热点追踪	文化信息
总人数	**2012**	**64.9**	**46.6**	**49.5**	**5.8**	**62.5**	**3.7**	**4.0**	**2.0**	**19.4**	**3.0**
男性	**1213**	**68.3**	**58.3**	**59.9**	**7.0**	**60.9**	**4.5**	**5.3**	**2.3**	**17.7**	**1.5**
16~24 岁	226	55.5	44.5	54.7	14.7	69.3	0.0	5.1	0.0	9.0	0.0
25~34 岁	363	69.2	65.0	59.6	9.1	53.3	10.5	3.3	2.1	20.9	2.2
35~44 岁	324	62.2	57.2	57.7	0.4	57.3	2.1	6.2	4.2	17.0	0.6
45~54 岁	213	84.9	60.8	67.4	7.3	70.9	1.8	5.9	2.6	25.8	1.0
55~60 岁	87	79.2	64.6	64.6	2.3	60.1	7.7	9.0	1.4	9.3	6.4
女性	**799**	**59.7**	**28.9**	**33.8**	**3.9**	**65.0**	**2.4**	**2.1**	**1.6**	**22.1**	**5.4**
16~24 岁	163	48.9	19.1	23.4	0.0	54.4	0.0	7.3	0.0	30.2	7.9
25~34 岁	240	62.2	33.3	35.7	13.0	60.9	2.3	0.0	0.0	27.0	6.1
35~44 岁	210	59.1	25.2	33.8	0.0	68.2	4.5	1.2	2.0	14.1	2.9
45~54 岁	124	65.3	34.5	43.4	0.0	79.4	2.5	1.0	5.1	17.2	5.6
55~60 岁	63	68.8	38.4	34.2	0.0	68.6	2.1	1.3	3.3	19.3	4.7

续前表

	人数（千人）	体育报道	人物专访	军事知识	法制报道	海外见闻	科技知识	影视娱乐报道	服饰美容	休闲旅游	消费指南
总人数	**2012**	**25.5**	**6.1**	**4.9**	**40.1**	**3.7**	**2.6**	**26.6**	**3.3**	**3.2**	**3.1**
男性	**1213**	**38.5**	**6.9**	**7.7**	**37.0**	**3.0**	**3.3**	**17.7**	**0.0**	**1.1**	**1.7**
16~24 岁	226	49.0	8.0	3.1	23.1	3.2	3.1	53.0	0.0	0.0	0.0
25~34 岁	363	35.4	5.3	7.7	41.5	4.5	3.2	15.2	0.0	1.7	1.0
35~44 岁	324	36.1	8.9	12.9	36.6	3.8	2.8	8.3	0.0	1.1	4.6
45~54 岁	213	44.6	6.1	5.3	39.3	0.0	0.9	3.8	0.0	0.7	0.0
55~60 岁	87	18.3	4.7	6.6	50.9	0.0	11.7	5.1	0.0	2.9	2.3
女性	**799**	**5.7**	**4.9**	**0.7**	**44.6**	**4.9**	**1.5**	**40.1**	**8.2**	**6.4**	**5.1**
16~24 岁	163	1.4	0.0	0.0	20.0	5.8	0.0	45.2	19.8	8.7	2.5
25~34 岁	240	2.9	2.5	1.3	44.4	8.6	3.8	43.7	6.5	10.0	9.9
35~44 岁	210	11.7	7.1	1.0	51.7	3.4	0.0	52.0	6.7	1.8	3.8
45~54 岁	124	8.8	6.2	0.0	55.5	0.4	2.2	21.1	3.2	4.3	2.9
55~60 岁	63	0.7	16.7	0.0	64.1	2.2	0.0	10.8	0.0	6.5	2.2

续前表

	人数（千人）	电视节目预告	健康医疗	生活常识	书评	文艺评论	散文	小说	读者来信	广告	游戏	天气预报
总人数	**2012**	**2.4**	**18.8**	**15.0**	**0.0**	**0.6**	**3.2**	**7.0**	**0.5**	**1.9**	**1.1**	**9.1**
男性	**1213**	**2.4**	**11.4**	**7.0**	**0.0**	**0.0**	**1.9**	**4.9**	**0.1**	**2.1**	**0.8**	**6.0**
16~24 岁	226	13.0	1.8	0.0	0.0	0.0	5.1	17.3	0.0	3.1	4.1	0.0
25~34 岁	363	0.0	3.8	5.8	0.0	0.0	2.3	0.5	0.0	3.8	0.0	7.1
35~44 岁	324	0.0	18.2	12.3	0.0	0.0	1.1	3.0	0.0	1.1	0.0	8.9
45~54 岁	213	0.0	18.9	4.4	0.0	0.0	0.0	3.8	0.7	0.3	0.0	6.0
55~60 岁	87	0.0	24.5	16.7	0.0	0.0	0.0	0.0	0.0	0.0	0.0	6.8
女性	**799**	**2.4**	**29.9**	**27.2**	**0.0**	**1.6**	**5.1**	**10.3**	**1.0**	**1.7**	**1.6**	**13.8**
16~24 岁	163	1.4	17.4	37.4	0.0	3.9	21.1	29.6	0.0	7.3	6.9	1.4
25~34 岁	240	2.5	28.8	22.2	0.0	1.9	0.5	1.7	1.9	0.0	0.0	19.9
35~44 岁	210	3.4	32.3	25.1	0.0	0.0	1.7	8.8	1.7	0.6	0.6	17.4
45~54 岁	124	1.4	39.5	29.9	0.0	1.1	0.0	2.9	0.0	0.7	0.0	9.5
55~60 岁	63	2.7	39.6	21.8	0.0	1.3	2.6	13.2	0.0	0.0	0.0	19.4

续前表

	人数（千人）	招生招聘	房地产信息	汽车信息	教育类	情感类	彩票/博彩	幽默笑话	少儿话题	交通信息	不固定	其他
总人数	**2012**	**0.5**	**0.2**	**0.0**	**0.0**	**0.0**	**0.0**	**0.0**	**0.0**	**0.0**	**0.0**	**0.3**
男性	**1213**	**0.8**	**0.3**	**0.0**	**0.1**	**0.0**	**0.0**	**0.0**	**0.0**	**0.0**	**0.0**	**0.3**
16~24岁	226	0.0	0.0	0.0	0.0	0.0	0.0	0.0	0.0	0.0	0.0	0.0
25~34岁	363	2.8	0.0	0.0	0.0	0.0	0.0	0.0	0.0	0.0	0.0	1.0
35~44岁	324	0.0	0.0	0.0	0.0	0.0	0.0	0.0	0.0	0.0	0.0	0.0
45~54岁	213	0.0	1.0	0.0	0.0	0.0	0.0	0.0	0.0	0.0	0.0	0.0
55~60岁	87	0.0	1.4	0.0	0.8	0.0	0.0	0.0	0.0	0.0	0.0	0.0
女性	**799**	**0.0**	**0.0**	**0.0**	**0.0**	**0.0**	**0.0**	**0.0**	**0.0**	**0.0**	**0.0**	**0.4**
16~24岁	163	0.0	0.0	0.0	0.0	0.0	0.0	0.0	0.0	0.0	0.0	0.0
25~34岁	240	0.0	0.0	0.0	0.0	0.0	0.0	0.0	0.0	0.0	0.0	1.0
35~44岁	210	0.0	0.0	0.0	0.0	0.0	0.0	0.0	0.0	0.0	0.0	0.3
45~54岁	124	0.0	0.0	0.0	0.0	0.0	0.0	0.0	0.0	0.0	0.0	0.0
55~60岁	63	0.0	0.0	0.0	0.0	0.0	0.0	0.0	0.0	0.0	0.0	0.0

8 不同学历的读者阅读报纸内容的偏好

注：本题为多选题，合计百分比可能超过100%

● 北京

	人数（千人）	头版要闻	国际新闻	国内新闻	港澳台新闻	本地新闻	经济信息	财政金融	股市报道	热点追踪	文化信息
总人数	**4928**	**52.9**	**47.0**	**56.8**	**2.0**	**28.6**	**5.6**	**4.0**	**1.9**	**38.2**	**8.8**
小学及以下	83	43.1	42.7	52.8	0.0	24.6	0.0	0.0	0.0	22.5	0.0
初中	1083	59.1	48.0	55.8	0.5	28.2	2.1	1.0	1.9	31.5	5.7
高中/中专/技校	2030	49.8	48.9	58.5	3.5	28.2	4.1	3.6	1.4	35.5	7.8
大学专科	792	54.5	41.2	54.3	1.3	26.3	7.3	6.5	2.8	41.6	14.8
大学本科	804	52.7	45.8	54.1	1.2	32.8	10.4	7.0	3.0	47.8	11.6
研究生或以上	136	48.1	55.5	70.9	0.0	30.5	21.6	2.7	0.0	63.7	0.0

续前表

	人数（千人）	体育报道	人物专访	军事知识	法制报道	海外见闻	科技知识	影视娱乐报道	服饰美容	休闲旅游	消费指南
总人数	**4928**	**23.2**	**12.9**	**2.4**	**42.6**	**4.6**	**7.6**	**18.0**	**7.4**	**13.9**	**6.6**
小学及以下	83	22.2	0.0	8.0	55.0	8.0	0.0	10.3	9.9	9.9	6.5
初中	1083	17.0	9.4	2.8	50.3	2.7	2.2	13.8	2.6	8.6	4.8
高中/中专/技校	2030	24.2	17.4	2.5	44.4	2.3	5.0	19.8	9.1	13.4	5.5
大学专科	792	20.2	14.0	2.7	39.1	6.9	9.1	18.9	7.3	17.7	5.7
大学本科	804	33.0	7.4	1.5	30.1	9.4	17.2	20.8	8.3	16.4	11.8
研究生或以上	136	18.2	10.0	0.0	39.1	12.4	30.2	6.0	14.0	27.8	11.0

续前表

	人数（千人）	电视节目预告	健康医疗	生活常识	书评	文艺评论	散文	小说	读者来信	广告	游戏	天气预报
总人数	**4928**	**4.6**	**14.8**	**12.5**	**0.2**	**1.5**	**3.9**	**4.9**	**0.9**	**2.2**	**2.5**	**7.7**
小学及以下	83	10.3	4.4	10.8	0.0	0.0	9.9	10.0	0.0	0.0	0.0	30.5
初中	1083	6.2	16.3	15.2	0.7	1.8	3.9	4.7	0.4	4.8	0.7	11.3
高中/中专/技校	2030	5.0	14.6	9.5	0.0	1.6	5.8	6.2	1.5	0.8	3.1	7.2
大学专科	792	1.7	16.7	17.1	0.0	1.5	1.7	3.3	0.0	3.8	3.5	8.1
大学本科	804	4.6	14.4	12.6	0.0	1.3	1.3	3.9	1.0	1.4	3.3	2.9
研究生或以上	136	0.0	2.7	9.6	0.0	0.0	0.0	0.0	0.0	0.0	0.0	0.0

续前表

	人数（千人）	招生招聘	房地产信息	汽车信息	教育类	情感类	彩票/博彩	幽默笑话	少儿话题	交通信息	不固定	其他
总人数	**4928**	**0.4**	**0.3**	**0.3**	**0.3**	**0.0**	**0.3**	**0.0**	**0.2**	**0.0**	**0.0**	**0.3**
小学及以下	83	0.0	0.0	0.0	0.0	0.0	0.0	0.0	0.0	0.0	0.0	0.0
初中	1083	1.2	0.0	0.3	0.3	0.0	1.5	0.0	0.9	0.0	0.0	0.0
高中/中专/技校	2030	0.3	0.8	0.5	0.5	0.0	0.0	0.0	0.0	0.0	0.0	0.7
大学专科	792	0.0	0.0	0.0	0.0	0.0	0.0	0.0	0.0	0.0	0.0	0.0
大学本科	804	0.0	0.0	0.0	0.0	0.0	0.0	0.0	0.0	0.0	0.0	0.0
研究生或以上	136	0.0	0.0	0.0	0.0	0.0	0.0	0.0	0.0	0.0	0.0	0.0

● 上海

	人数（千人）	头版要闻	国际新闻	国内新闻	港澳台新闻	本地新闻	经济信息	财政金融	股市报道	热点追踪	文化信息
总人数	**5838**	**67.1**	**66.3**	**65.4**	**4.3**	**32.6**	**6.6**	**8.2**	**6.1**	**26.8**	**8.0**
小学及以下	46	51.2	34.3	34.3	0.0	0.0	22.6	15.2	0.0	36.0	0.0
初中	1491	67.8	65.4	69.6	2.9	40.7	2.9	3.4	4.4	26.5	6.1
高中/中专/技校	2869	67.2	68.0	65.0	4.1	32.6	6.6	7.4	6.8	27.4	9.0
大学专科	753	72.3	69.0	63.7	8.7	27.2	4.5	13.0	5.3	25.8	6.8
大学本科	597	57.4	57.1	60.4	3.0	22.0	17.8	11.2	9.3	29.5	11.3
研究生或以上	82	81.2	85.0	71.5	10.5	32.3	0.0	56.2	0.0	0.0	0.0

续前表

	人数（千人）	体育报道	人物专访	军事知识	法制报道	海外见闻	科技知识	影视娱乐报道	服饰美容	休闲旅游	消费指南
总人数	**5838**	**31.8**	**11.4**	**4.6**	**21.8**	**4.9**	**3.9**	**20.0**	**5.4**	**7.0**	**2.9**
小学及以下	46	0.0	26.2	26.2	16.9	0.0	0.0	16.9	0.0	26.2	0.0
初中	1491	22.9	8.8	3.2	32.0	4.7	3.6	11.2	2.9	4.2	4.0
高中/中专/技校	2869	36.9	10.8	5.2	20.5	5.3	4.4	20.8	4.9	6.5	1.8
大学专科	753	31.1	11.3	6.4	11.9	1.9	6.5	23.9	10.7	13.0	4.8
大学本科	597	31.5	19.6	0.0	18.5	8.2	0.0	31.9	8.8	8.2	3.4
研究生或以上	82	39.7	15.0	15.3	0.0	0.0	0.0	28.5	0.0	0.0	0.0

续前表

	人数（千人）	电视节目预告	健康医疗	生活常识	书评	文艺评论	散文	小说	读者来信	广告	游戏	天气预报
总人数	**5838**	**2.9**	**15.4**	**11.9**	**0.5**	**1.6**	**2.6**	**2.9**	**1.1**	**0.6**	**2.4**	**8.0**
小学及以下	46	0.0	15.2	26.2	0.0	0.0	0.0	0.0	0.0	0.0	0.0	19.1
初中	1491	3.4	26.2	15.2	0.3	0.3	0.7	3.5	2.6	0.0	0.0	8.5
高中/中专/技校	2869	2.2	11.1	11.7	0.4	2.2	2.5	3.3	0.7	0.3	3.8	8.4
大学专科	753	5.8	16.3	10.9	0.0	0.0	6.3	0.5	0.5	1.9	3.7	3.4
大学本科	597	1.9	8.2	6.5	2.1	4.6	3.6	3.0	0.0	1.6	0.0	8.8
研究生或以上	82	0.0	15.8	0.0	0.0	0.0	0.0	0.0	0.0	0.0	0.0	15.3

续前表

	人数（千人）	招生招聘	房地产信息	汽车信息	教育类	情感类	彩票/博彩	幽默笑话	少儿话题	交通信息	不固定	其他
总人数	**5838**	**0.2**	**0.0**	**0.0**	**0.1**	**0.0**	**0.0**	**0.0**	**0.0**	**0.1**	**0.0**	**0.6**
小学及以下	46	22.6	0.0	0.0	0.0	0.0	0.0	0.0	0.0	0.0	0.0	0.0
初中	1491	0.0	0.0	0.0	0.0	0.0	0.0	0.0	0.0	0.0	0.0	0.0
高中/中专/技校	2869	0.0	0.0	0.0	0.0	0.0	0.0	0.0	0.0	0.3	0.0	1.1
大学专科	753	0.0	0.0	0.0	0.6	0.0	0.0	0.0	0.0	0.0	0.0	0.6
大学本科	597	0.0	0.0	0.0	0.0	0.0	0.0	0.0	0.0	0.0	0.0	0.0
研究生或以上	82	0.0	0.0	0.0	0.0	0.0	0.0	0.0	0.0	0.0	0.0	0.0

● 广州

	人数（千人）	头版要闻	国际新闻	国内新闻	港澳台新闻	本地新闻	经济信息	财政金融	股市报道	热点追踪	文化信息
总人数	**2688**	**86.6**	**50.2**	**68.7**	**30.7**	**63.6**	**3.3**	**2.0**	**1.7**	**17.0**	**2.9**
小学及以下	125	89.1	50.2	65.4	25.4	65.2	0.0	0.0	0.0	18.9	5.3
初中	744	86.2	47.2	69.3	31.2	65.4	2.9	2.1	1.1	13.7	2.2
高中/中专/技校	1271	85.6	50.0	70.3	28.8	61.4	3.4	2.0	1.9	18.3	2.9
大学专科	323	88.2	52.4	67.1	35.9	65.8	3.5	1.3	0.0	18.7	3.1
大学本科	199	88.1	60.6	59.0	33.8	65.6	6.3	2.0	5.6	16.3	4.7
研究生或以上	26	100.0	42.4	80.9	46.6	72.0	0.0	19.1	9.2	17.4	0.0

续前表

	人数（千人）	体育报道	人物专访	军事知识	法制报道	海外见闻	科技知识	影视娱乐报道	服饰美容	休闲旅游	消费指南
总人数	**2688**	**23.6**	**2.1**	**4.1**	**18.8**	**3.0**	**1.8**	**42.9**	**4.0**	**8.4**	**4.0**
小学及以下	125	14.3	0.0	3.1	21.6	1.7	3.1	41.0	0.0	7.8	1.8
初中	744	23.7	3.2	2.2	21.6	4.5	2.7	42.8	1.2	7.9	4.3
高中/中专/技校	1271	22.6	2.1	4.0	17.5	2.6	1.2	44.3	5.5	8.2	4.6
大学专科	323	26.7	1.8	2.6	16.3	3.9	3.1	48.5	7.4	11.0	2.6
大学本科	199	34.1	1.2	12.7	20.1	0.0	0.0	29.8	3.2	6.0	3.1
研究生或以上	26	0.0	0.0	17.4	8.9	0.0	0.0	19.1	0.0	19.1	0.0

续前表

	人数（千人）	电视节目预告	健康医疗	生活常识	书评	文艺评论	散文	小说	读者来信	广告	游戏	天气预报
总人数	**2688**	**0.6**	**17.4**	**5.5**	**0.0**	**2.2**	**1.4**	**1.9**	**3.3**	**0.3**	**1.2**	**2.1**
小学及以下	125	2.2	16.6	3.2	0.0	9.5	0.0	0.0	0.0	0.0	0.0	5.1
初中	744	0.7	18.5	7.3	0.0	2.2	0.9	1.4	3.5	0.6	1.0	1.7
高中/中专/技校	1271	0.6	18.3	4.7	0.0	1.0	1.9	1.6	3.9	0.3	1.8	2.4
大学专科	323	0.0	15.2	3.6	0.0	2.7	1.8	3.6	0.9	0.0	1.0	0.9
大学本科	199	0.0	11.7	8.9	0.0	5.5	0.0	4.4	5.4	0.0	0.0	1.6
研究生或以上	26	0.0	11.9	0.0	0.0	0.0	0.0	0.0	0.0	0.0	0.0	0.0

续前表

	人数（千人）	招生招聘	房地产信息	汽车信息	教育类	情感类	彩票/博彩	幽默笑话	少儿话题	交通信息	不固定	其他
总人数	**2688**	**0.3**	**0.0**	**0.2**	**0.0**	**0.0**	**0.2**	**0.1**	**0.0**	**0.0**	**0.0**	**0.0**
小学及以下	125	0.0	0.0	0.0	0.0	0.0	0.0	0.0	0.0	0.0	0.0	0.0
初中	744	0.5	0.0	0.6	0.0	0.0	0.6	0.5	0.0	0.0	0.0	0.0
高中/中专/技校	1271	0.4	0.0	0.0	0.0	0.0	0.0	0.0	0.0	0.0	0.0	0.0
大学专科	323	0.0	0.0	0.0	0.0	0.0	0.0	0.0	0.0	0.0	0.0	0.0
大学本科	199	0.0	0.0	0.0	0.0	0.0	0.0	0.0	0.0	0.0	0.0	0.0
研究生或以上	26	0.0	0.0	0.0	0.0	0.0	0.0	0.0	0.0	0.0	0.0	0.0

● 深圳

	人数（千人）	头版要闻	国际新闻	国内新闻	港澳台新闻	本地新闻	经济信息	财政金融	股市报道	热点追踪	文化信息
总人数	**2991**	**68.1**	**60.4**	**63.1**	**10.0**	**37.3**	**6.5**	**6.5**	**3.0**	**33.6**	**4.0**
小学及以下	182	72.3	60.6	68.0	6.9	39.5	2.4	2.4	2.6	50.5	0.0
初中	920	78.1	68.9	62.6	8.8	27.6	3.1	3.0	0.5	48.5	2.6
高中/中专/技校	1145	63.5	56.0	61.9	11.1	41.3	4.3	3.3	3.1	30.6	4.5
大学专科	440	55.4	57.8	69.2	10.4	37.6	12.0	16.7	4.7	16.6	5.2
大学本科	252	70.2	55.3	55.7	9.9	48.1	18.6	14.6	9.3	16.8	6.8
研究生或以上	52	75.2	52.7	64.1	16.8	58.8	24.8	27.7	0.0	0.0	8.2

续前表

	人数（千人）	体育报道	人物专访	军事知识	法制报道	海外见闻	科技知识	影视娱乐报道	服饰美容	休闲旅游	消费指南
总人数	**2991**	**10.7**	**10.9**	**6.6**	**12.9**	**4.5**	**4.0**	**26.9**	**5.0**	**6.5**	**2.8**
小学及以下	182	2.6	12.4	2.2	13.6	8.2	0.0	21.7	0.0	0.0	2.4
初中	920	4.5	14.6	9.2	17.5	6.8	5.0	21.8	2.9	5.0	1.9
高中/中专/技校	1145	11.0	11.1	5.5	9.5	3.5	3.0	30.1	6.2	5.5	1.9
大学专科	440	21.4	6.7	5.5	11.4	0.9	4.1	28.5	2.0	8.0	4.7
大学本科	252	19.3	3.2	8.3	13.1	5.1	6.7	26.9	13.2	18.6	3.2
研究生或以上	52	8.3	8.2	0.0	16.6	0.0	8.2	50.1	19.5	8.2	19.5

续前表

	人数（千人）	电视节目预告	健康医疗	生活常识	书评	文艺评论	散文	小说	读者来信	广告	游戏	天气预报
总人数	**2991**	**1.1**	**7.4**	**5.9**	**0.8**	**6.0**	**3.4**	**2.5**	**1.7**	**0.5**	**0.7**	**6.0**
小学及以下	182	0.0	4.8	6.7	4.9	10.2	0.0	0.0	0.0	0.0	0.0	6.9
初中	920	1.2	6.6	7.4	1.7	7.0	3.8	3.7	2.1	0.5	0.8	3.8
高中/中专/技校	1145	1.9	8.4	5.8	0.0	7.1	3.5	2.0	2.7	0.9	0.8	7.2
大学专科	440	0.0	6.4	5.7	0.0	2.2	2.9	4.1	0.0	0.0	0.0	10.1
大学本科	252	0.0	9.5	1.8	0.0	1.8	3.3	0.0	0.0	0.0	1.7	1.9
研究生或以上	52	0.0	8.2	0.0	0.0	0.0	8.2	0.0	0.0	0.0	0.0	0.0

续前表

	人数（千人）	招生招聘	房地产信息	汽车信息	教育类	情感类	彩票/博彩	幽默笑话	少儿话题	交通信息	不固定	其他
总人数	**2991**	**0.0**	**0.0**	**0.3**	**0.0**	**0.0**	**0.0**	**0.0**	**0.0**	**0.0**	**0.0**	**0.0**
小学及以下	182	0.0	0.0	0.0	0.0	0.0	0.0	0.0	0.0	0.0	0.0	0.0
初中	920	0.0	0.0	0.5	0.0	0.0	0.0	0.0	0.0	0.0	0.0	0.0
高中/中专/技校	1145	0.0	0.0	0.4	0.0	0.0	0.0	0.0	0.0	0.0	0.0	0.0
大学专科	440	0.0	0.0	0.0	0.0	0.0	0.0	0.0	0.0	0.0	0.0	0.0
大学本科	252	0.0	0.0	0.0	0.0	0.0	0.0	0.0	0.0	0.0	0.0	0.0
研究生或以上	52	0.0	0.0	0.0	0.0	0.0	0.0	0.0	0.0	0.0	0.0	0.0

● 成都

	人数（千人）	头版要闻	国际新闻	国内新闻	港澳台新闻	本地新闻	经济信息	财政金融	股市报道	热点追踪	文化信息
总人数	**1752**	**37.2**	**41.6**	**57.5**	**4.0**	**60.8**	**11.6**	**8.9**	**5.4**	**28.8**	**9.7**
小学及以下	63	44.7	32.2	46.5	0.0	76.7	10.4	0.0	2.9	37.3	2.9
初中	438	38.1	32.7	63.5	2.3	66.5	11.0	5.9	5.3	32.6	6.3
高中/中专/技校	627	32.6	36.6	51.4	5.3	62.5	8.6	8.1	7.1	26.2	11.6
大学专科	402	38.7	50.1	60.1	2.7	58.2	15.0	13.5	6.4	24.4	12.3
大学本科	183	38.7	62.4	59.4	6.7	44.2	13.3	11.0	0.0	33.6	7.1
研究生或以上	38	67.9	53.8	71.2	9.3	48.5	26.8	14.3	0.0	36.4	13.8

续前表

	人数（千人）	体育报道	人物专访	军事知识	法制报道	海外见闻	科技知识	影视娱乐报道	服饰美容	休闲旅游	消费指南
总人数	**1752**	**25.2**	**10.4**	**6.9**	**23.2**	**7.1**	**2.9**	**31.1**	**8.6**	**11.6**	**6.7**
小学及以下	63	8.2	11.3	4.8	26.1	5.8	0.0	30.7	10.3	3.6	7.3
初中	438	22.2	9.6	5.4	26.9	4.6	2.1	27.4	5.1	9.5	6.4
高中/中专/技校	627	24.5	10.6	6.8	25.3	9.1	3.7	36.1	9.5	13.4	7.2
大学专科	402	26.1	9.5	7.3	21.9	5.7	1.9	29.5	12.5	15.6	7.0
大学本科	183	37.0	12.3	12.6	10.5	11.4	3.5	31.0	7.1	6.1	4.7
研究生或以上	38	31.7	14.1	0.0	16.4	0.0	9.6	8.5	0.0	5.3	5.3

续前表

	人数（千人）	电视节目预告	健康医疗	生活常识	书评	文艺评论	散文	小说	读者来信	广告	游戏	天气预报
总人数	**1752**	**1.7**	**14.6**	**10.6**	**0.3**	**1.1**	**2.3**	**5.0**	**0.3**	**0.8**	**0.6**	**3.7**
小学及以下	63	3.6	15.4	25.0	2.7	0.0	7.5	2.9	0.0	0.0	0.0	10.2
初中	438	1.4	16.7	14.9	0.0	0.7	3.3	4.8	0.5	0.0	0.0	5.1
高中/中专/技校	627	3.4	15.5	9.9	0.4	1.3	1.7	6.8	0.4	1.2	1.3	2.0
大学专科	402	0.0	14.7	6.0	0.0	2.0	1.8	1.7	0.0	0.7	0.8	5.2
大学本科	183	0.0	6.3	10.4	0.0	0.0	1.6	5.9	0.0	1.6	0.0	0.0
研究生或以上	38	0.0	13.6	0.0	0.0	0.0	0.0	8.5	0.0	0.0	0.0	8.9

续前表

	人数（千人）	招生招聘	房地产信息	汽车信息	教育类	情感类	彩票/博彩	幽默笑话	少儿话题	交通信息	不固定	其他
总人数	**1752**	**0.0**	**0.2**	**0.1**	**0.2**	**0.0**	**0.0**	**0.0**	**0.0**	**0.0**	**0.0**	**0.2**
小学及以下	63	0.0	0.0	0.0	0.0	0.0	0.0	0.0	0.0	0.0	0.0	0.0
初中	438	0.0	0.7	0.0	0.0	0.0	0.0	0.0	0.0	0.0	0.0	0.0
高中/中专/技校	627	0.0	0.0	0.0	0.0	0.0	0.0	0.0	0.0	0.0	0.0	0.6
大学专科	402	0.0	0.0	0.0	0.8	0.0	0.0	0.0	0.0	0.0	0.0	0.0
大学本科	183	0.0	0.0	1.3	0.0	0.0	0.0	0.0	0.0	0.0	0.0	0.0
研究生或以上	38	0.0	0.0	0.0	0.0	0.0	0.0	0.0	0.0	0.0	0.0	0.0

● 重庆

	人数（千人）	头版要闻	国际新闻	国内新闻	港澳台新闻	本地新闻	经济信息	财政金融	股市报道	热点追踪	文化信息
总人数	**1627**	**55.8**	**51.4**	**56.5**	**4.8**	**45.0**	**7.9**	**2.7**	**3.6**	**23.9**	**2.2**
小学及以下	85	61.1	48.5	72.4	0.0	59.9	0.0	2.9	0.0	21.6	2.9
初中	493	55.2	43.5	54.1	3.9	47.9	3.4	0.8	2.6	26.2	0.7
高中/中专/技校	544	55.5	49.8	52.8	4.7	45.4	10.6	3.8	4.5	28.5	2.1
大学专科	331	54.4	62.4	62.0	7.4	41.7	6.9	1.9	2.6	14.3	3.0
大学本科	167	60.9	58.1	59.1	5.6	35.7	18.9	6.5	7.4	24.0	5.4
研究生或以上	7	0.0	100.0	0.0	0.0	0.0	0.0	0.0	0.0	0.0	0.0

续前表

	人数（千人）	体育报道	人物专访	军事知识	法制报道	海外见闻	科技知识	影视娱乐报道	服饰美容	休闲旅游	消费指南
总人数	**1627**	**24.9**	**7.0**	**6.8**	**29.4**	**3.1**	**3.8**	**24.1**	**5.9**	**5.7**	**6.1**
小学及以下	85	21.3	7.3	1.9	49.7	2.9	2.9	17.8	0.0	0.0	0.0
初中	493	20.3	4.5	8.0	42.4	1.9	0.5	19.7	3.5	1.2	2.9
高中/中专/技校	544	27.6	9.0	5.1	26.8	1.1	2.0	26.4	9.2	5.6	7.1
大学专科	331	23.0	10.5	5.5	19.5	7.8	7.0	25.3	6.3	15.0	8.3
大学本科	167	32.6	1.1	14.0	10.2	3.7	13.8	31.1	4.6	4.2	11.4
研究生或以上	7	100.0	0.0	0.0	0.0	0.0	0.0	0.0	0.0	0.0	0.0

续前表

	人数（千人）	电视节目预告	健康医疗	生活常识	书评	文艺评论	散文	小说	读者来信	广告	游戏	天气预报
总人数	**1627**	**1.2**	**11.4**	**12.3**	**0.0**	**1.4**	**3.5**	**4.1**	**0.4**	**0.3**	**1.0**	**6.5**
小学及以下	85	0.0	13.5	11.0	0.0	0.0	0.0	0.0	0.0	0.0	0.0	5.0
初中	493	2.6	14.9	15.6	0.0	0.5	1.4	3.6	0.4	0.4	0.0	7.1
高中/中专/技校	544	0.3	9.8	16.6	0.0	0.9	2.9	7.8	0.9	0.0	1.9	7.4
大学专科	331	1.7	11.2	6.1	0.0	2.8	8.3	2.1	0.0	1.1	2.1	4.8
大学本科	167	0.0	5.6	2.4	0.0	4.1	4.0	0.0	0.0	0.0	0.0	6.3
研究生或以上	7	0.0	0.0	0.0	0.0	0.0	0.0	0.0	0.0	0.0	0.0	0.0

续前表

	人数（千人）	招生招聘	房地产信息	汽车信息	教育类	情感类	彩票/博彩	幽默笑话	少儿话题	交通信息	不固定	其他
总人数	**1627**	**0.0**	**0.5**	**0.0**	**0.0**	**0.0**	**0.0**	**0.0**	**0.0**	**0.0**	**0.1**	**0.0**
小学及以下	85	0.0	0.0	0.0	0.0	0.0	0.0	0.0	0.0	0.0	0.0	0.0
初中	493	0.0	0.4	0.0	0.0	0.0	0.0	0.0	0.0	0.0	0.4	0.0
高中/中专/技校	544	0.0	0.0	0.0	0.0	0.0	0.0	0.0	0.0	0.0	0.0	0.0
大学专科	331	0.0	2.1	0.0	0.0	0.0	0.0	0.0	0.0	0.0	0.0	0.0
大学本科	167	0.0	0.0	0.0	0.0	0.0	0.0	0.0	0.0	0.0	0.0	0.0
研究生或以上	7	0.0	0.0	0.0	0.0	0.0	0.0	0.0	0.0	0.0	0.0	0.0

● 武汉

	人数（千人）	头版要闻	国际新闻	国内新闻	港澳台新闻	本地新闻	经济信息	财政金融	股市报道	热点追踪	文化信息
总人数	**2807**	**57.6**	**45.1**	**40.1**	**5.0**	**26.4**	**8.5**	**4.4**	**2.0**	**14.4**	**3.8**
小学及以下	83	64.3	55.0	49.9	11.9	31.4	13.6	0.0	9.0	12.9	0.0
初中	573	52.1	37.1	46.5	4.2	36.2	7.7	2.4	1.6	13.9	1.0
高中/中专/技校	1180	56.4	45.6	38.4	5.4	24.0	5.9	4.0	2.1	13.2	5.2
大学专科	503	62.2	50.0	39.7	4.3	19.8	9.9	3.6	1.5	19.9	3.2
大学本科	405	63.3	43.1	30.7	5.0	25.8	14.8	9.1	1.5	11.8	5.0
研究生或以上	62	49.0	67.0	67.0	0.0	33.7	4.6	9.1	0.0	16.4	4.6

续前表

	人数（千人）	体育报道	人物专访	军事知识	法制报道	海外见闻	科技知识	影视娱乐报道	服饰美容	休闲旅游	消费指南
总人数	**2807**	**31.0**	**8.9**	**4.6**	**17.4**	**4.7**	**5.1**	**36.9**	**6.3**	**5.4**	**4.0**
小学及以下	83	20.8	0.0	3.1	29.0	0.0	0.0	8.0	3.1	0.0	0.0
初中	573	21.5	9.0	4.1	27.7	7.5	4.2	26.9	1.9	2.3	5.5
高中/中专/技校	1180	36.7	7.5	5.5	17.7	2.2	6.3	40.3	6.2	4.1	5.2
大学专科	503	36.0	9.9	4.1	10.1	3.7	6.2	39.4	9.9	7.1	2.4
大学本科	405	23.9	14.5	4.2	11.4	8.1	0.6	43.9	9.8	10.8	1.0
研究生或以上	62	29.6	0.0	0.0	0.0	17.9	16.4	36.2	0.0	14.4	4.6

续前表

	人数（千人）	电视节目预告	健康医疗	生活常识	书评	文艺评论	散文	小说	读者来信	广告	游戏	天气预报
总人数	**2807**	**2.8**	**21.0**	**16.7**	**0.3**	**1.5**	**2.8**	**11.5**	**1.5**	**2.8**	**3.2**	**19.4**
小学及以下	83	2.5	27.3	9.6	0.0	0.0	0.0	7.1	0.0	0.0	0.0	24.6
初中	573	4.0	19.5	19.7	0.0	0.0	2.3	14.2	1.7	1.1	1.2	28.0
高中/中专/技校	1180	2.7	18.8	16.4	0.7	2.2	2.4	10.3	1.9	2.6	5.2	21.3
大学专科	503	4.0	23.9	15.3	0.0	0.6	1.3	8.1	2.0	5.3	1.8	8.6
大学本科	405	0.0	22.5	17.5	0.0	3.2	7.8	17.2	0.0	3.5	3.2	14.2
研究生或以上	62	0.0	32.0	12.7	0.0	0.0	0.0	6.7	0.0	0.0	0.0	16.3

续前表

	人数（千人）	招生招聘	房地产信息	汽车信息	教育类	情感类	彩票/博彩	幽默笑话	少儿话题	交通信息	不固定	其他
总人数	**2807**	**0.0**	**0.2**	**0.0**	**0.1**	**0.2**	**0.0**	**0.0**	**0.0**	**0.0**	**0.2**	**0.0**
小学及以下	83	0.0	0.0	0.0	0.0	0.0	0.0	0.0	0.0	0.0	0.0	0.0
初中	573	0.0	0.0	0.0	0.5	1.1	0.0	0.0	0.0	0.0	0.8	0.0
高中/中专/技校	1180	0.0	0.0	0.0	0.0	0.0	0.0	0.0	0.0	0.0	0.0	0.0
大学专科	503	0.0	0.0	0.0	0.0	0.0	0.0	0.0	0.0	0.0	0.0	0.0
大学本科	405	0.0	1.7	0.0	0.0	0.0	0.0	0.0	0.0	0.0	0.0	0.0
研究生或以上	62	0.0	0.0	0.0	0.0	0.0	0.0	0.0	0.0	0.0	0.0	0.0

● 西安

	人数（千人）	头版要闻	国际新闻	国内新闻	港澳台新闻	本地新闻	经济信息	财政金融	股市报道	热点追踪	文化信息
总人数	**1868**	**69.8**	**42.4**	**51.9**	**5.2**	**48.8**	**5.3**	**2.9**	**5.1**	**31.1**	**9.3**
小学及以下	22	80.2	81.8	63.7	0.0	59.5	0.0	0.0	14.1	30.7	0.0
初中	386	74.0	34.5	48.7	2.2	44.4	4.2	1.9	1.2	34.4	7.8
高中/中专/技校	823	65.5	39.7	54.0	3.0	48.2	4.5	1.3	5.2	32.3	10.0
大学专科	365	72.7	52.0	47.9	10.8	49.6	4.7	6.4	7.5	28.2	9.0
大学本科	226	70.1	43.4	56.7	9.4	54.4	10.4	5.7	6.8	27.4	9.4
研究生或以上	46	80.6	55.5	44.4	7.0	57.3	10.4	0.0	3.8	23.3	17.0

续前表

	人数（千人）	体育报道	人物专访	军事知识	法制报道	海外见闻	科技知识	影视娱乐报道	服饰美容	休闲旅游	消费指南
总人数	**1868**	**23.6**	**8.0**	**5.8**	**27.5**	**3.6**	**3.8**	**32.3**	**10.2**	**6.9**	**4.4**
小学及以下	22	0.0	0.0	14.1	54.9	0.0	0.0	0.0	0.0	0.0	0.0
初中	386	11.9	2.2	4.7	42.6	3.9	3.3	33.3	10.2	4.1	4.8
高中/中专/技校	823	25.6	8.9	8.3	26.5	3.8	3.1	37.1	7.8	6.4	3.2
大学专科	365	27.4	13.0	3.6	20.4	5.3	4.1	31.8	14.1	9.9	8.5
大学本科	226	33.4	7.7	0.0	13.9	0.9	8.2	18.0	14.5	9.2	3.2
研究生或以上	46	18.0	8.1	11.4	29.7	0.0	0.0	29.5	6.8	8.1	0.0

续前表

	人数（千人）	电视节目预告	健康医疗	生活常识	书评	文艺评论	散文	小说	读者来信	广告	游戏	天气预报
总人数	**1868**	**1.6**	**15.9**	**16.2**	**0.0**	**2.0**	**3.9**	**8.1**	**1.2**	**1.7**	**2.1**	**4.3**
小学及以下	22	0.0	6.7	7.3	0.0	0.0	0.0	0.0	0.0	0.0	0.0	0.0
初中	386	1.9	23.5	19.8	0.0	0.4	3.0	6.7	2.1	3.3	0.0	6.0
高中/中专/技校	823	1.0	16.0	15.1	0.0	2.1	5.6	10.7	1.3	1.2	2.0	3.7
大学专科	365	2.6	10.8	15.3	0.0	3.9	1.9	7.1	0.0	0.8	3.1	3.9
大学本科	226	1.8	13.1	16.9	0.0	2.0	3.6	4.8	0.0	2.8	4.8	5.6
研究生或以上	46	0.0	8.1	11.4	0.0	0.0	0.0	0.0	8.1	0.0	0.0	0.0

续前表

	人数（千人）	招生招聘	房地产信息	汽车信息	教育类	情感类	彩票/博彩	幽默笑话	少儿话题	交通信息	不固定	其他
总人数	**1868**	**1.0**	**0.0**	**0.0**	**0.5**	**0.3**	**0.0**	**0.0**	**0.0**	**0.0**	**0.0**	**0.6**
小学及以下	22	0.0	0.0	0.0	0.0	0.0	0.0	0.0	0.0	0.0	0.0	0.0
初中	386	1.1	0.0	0.0	0.0	1.7	0.0	0.0	0.0	0.0	0.0	1.3
高中/中专/技校	823	1.2	0.0	0.0	1.0	0.0	0.0	0.0	0.0	0.0	0.0	0.7
大学专科	365	1.3	0.0	0.0	0.5	0.0	0.0	0.0	0.0	0.0	0.0	0.0
大学本科	226	0.0	0.0	0.0	0.0	0.0	0.0	0.0	0.0	0.0	0.0	0.0
研究生或以上	46	0.0	0.0	0.0	0.0	0.0	0.0	0.0	0.0	0.0	0.0	0.0

● 沈阳

	人数（千人）	头版要闻	国际新闻	国内新闻	港澳台新闻	本地新闻	经济信息	财政金融	股市报道	热点追踪	文化信息
总人数	**2368**	**54.3**	**43.7**	**51.8**	**10.0**	**40.5**	**5.5**	**1.9**	**2.9**	**28.5**	**4.5**
小学及以下	20	28.7	33.4	74.6	0.0	76.9	0.0	0.0	0.0	26.4	0.0
初中	826	54.2	48.5	57.7	10.1	41.6	5.0	0.7	4.4	32.8	3.7
高中/中专/技校	784	53.6	40.2	46.0	12.4	39.0	4.2	2.1	2.3	31.5	2.5
大学专科	456	56.1	39.3	48.5	4.8	37.8	7.0	3.2	1.7	19.9	9.7
大学本科	275	54.3	47.0	54.0	12.0	43.6	7.1	1.1	2.7	20.9	3.4
研究生或以上	9	100.0	56.3	56.3	0.0	43.7	56.3	56.3	0.0	43.7	43.7

续前表

	人数（千人）	体育报道	人物专访	军事知识	法制报道	海外见闻	科技知识	影视娱乐报道	服饰美容	休闲旅游	消费指南
总人数	**2368**	**25.6**	**7.3**	**4.5**	**30.6**	**3.9**	**4.0**	**25.7**	**9.2**	**3.8**	**3.3**
小学及以下	20	0.0	13.2	0.0	26.4	0.0	0.0	33.6	0.0	0.0	0.0
初中	826	16.2	7.9	2.9	36.4	2.9	2.1	18.9	5.0	0.4	2.6
高中/中专/技校	784	24.3	7.2	4.9	31.2	3.6	2.6	29.3	10.4	3.0	3.3
大学专科	456	34.5	6.9	5.7	22.1	6.4	5.0	30.4	15.0	9.3	3.6
大学本科	275	45.0	6.1	6.5	26.7	3.7	12.8	27.9	10.0	7.7	5.3
研究生或以上	9	0.0	0.0	0.0	0.0	0.0	0.0	0.0	0.0	0.0	0.0

续前表

	人数（千人）	电视节目预告	健康医疗	生活常识	书评	文艺评论	散文	小说	读者来信	广告	游戏	天气预报
总人数	**2368**	**4.8**	**15.9**	**23.4**	**0.5**	**1.5**	**4.0**	**7.6**	**1.8**	**0.9**	**1.4**	**11.3**
小学及以下	20	17.1	13.2	0.0	0.0	0.0	0.0	0.0	0.0	0.0	0.0	17.1
初中	826	5.0	17.8	27.4	0.3	1.2	1.3	7.4	1.9	0.6	1.6	12.0
高中/中专/技校	784	5.9	18.1	23.2	0.0	1.0	5.6	7.1	2.9	0.5	0.0	13.8
大学专科	456	2.8	13.9	20.8	2.1	3.8	8.9	13.2	0.7	1.9	4.4	8.4
大学本科	275	4.0	7.7	19.1	0.0	0.0	0.0	1.4	0.0	1.4	0.0	6.9
研究生或以上	9	0.0	0.0	0.0	0.0	0.0	0.0	0.0	0.0	0.0	0.0	0.0

续前表

	人数（千人）	招生招聘	房地产信息	汽车信息	教育类	情感类	彩票/博彩	幽默笑话	少儿话题	交通信息	不固定	其他
总人数	**2368**	**0.0**	**0.0**	**0.0**	**0.0**	**0.0**	**0.0**	**0.0**	**0.0**	**0.0**	**0.0**	**0.2**
小学及以下	20	0.0	0.0	0.0	0.0	0.0	0.0	0.0	0.0	0.0	0.0	0.0
初中	826	0.0	0.0	0.0	0.0	0.0	0.0	0.0	0.0	0.0	0.0	0.0
高中/中专/技校	784	0.0	0.0	0.0	0.0	0.0	0.0	0.0	0.0	0.0	0.0	0.6
大学专科	456	0.0	0.0	0.0	0.0	0.0	0.0	0.0	0.0	0.0	0.0	0.0
大学本科	275	0.0	0.0	0.0	0.0	0.0	0.0	0.0	0.0	0.0	0.0	0.0
研究生或以上	9	0.0	0.0	0.0	0.0	0.0	0.0	0.0	0.0	0.0	0.0	0.0

● 南京

	人数（千人）	头版要闻	国际新闻	国内新闻	港澳台新闻	本地新闻	经济信息	财政金融	股市报道	热点追踪	文化信息
总人数	**2012**	**64.9**	**46.6**	**49.5**	**5.8**	**62.5**	**3.7**	**4.0**	**2.0**	**19.4**	**3.0**
小学及以下	35	59.9	39.9	32.5	0.0	79.9	0.0	3.4	3.4	15.5	0.0
初中	558	58.9	43.5	46.7	5.1	64.5	0.5	0.2	0.2	21.7	2.7
高中/中专/技校	892	67.4	47.2	47.5	7.3	62.1	3.6	2.9	3.0	15.3	1.7
大学专科	281	59.5	31.8	49.0	3.1	62.8	2.5	7.4	1.2	24.2	4.6
大学本科	205	72.2	67.6	61.8	1.0	60.6	12.7	14.4	3.7	22.0	6.5
研究生或以上	41	94.8	79.1	89.6	30.3	38.7	15.7	5.2	0.0	36.2	10.0

续前表

	人数（千人）	体育报道	人物专访	军事知识	法制报道	海外见闻	科技知识	影视娱乐报道	服饰美容	休闲旅游	消费指南
总人数	**2012**	**25.5**	**6.1**	**4.9**	**40.1**	**3.7**	**2.6**	**26.6**	**3.3**	**3.2**	**3.1**
小学及以下	35	15.5	14.1	7.2	68.8	0.0	4.2	13.9	0.0	0.0	0.0
初中	558	14.1	7.1	3.6	42.0	5.4	0.7	21.6	2.1	1.9	4.4
高中/中专/技校	892	31.1	6.5	6.2	44.5	3.7	2.3	30.1	2.7	3.9	2.9
大学专科	281	31.1	3.8	5.8	39.5	2.3	4.5	37.8	9.5	4.1	3.8
大学本科	205	22.3	3.5	1.0	16.4	2.1	6.5	15.9	0.6	2.9	0.0
研究生或以上	41	44.8	5.2	5.2	14.8	2.8	0.0	3.2	5.0	5.0	0.0

续前表

	人数（千人）	电视节目预告	健康医疗	生活常识	书评	文艺评论	散文	小说	读者来信	广告	游戏	天气预报
总人数	**2012**	**2.4**	**18.8**	**15.0**	**0.0**	**0.6**	**3.2**	**7.0**	**0.5**	**1.9**	**1.1**	**9.1**
小学及以下	35	0.0	27.2	15.5	0.0	0.0	0.0	0.0	0.0	0.0	0.0	10.6
初中	558	2.4	26.2	19.8	0.0	1.0	1.4	5.7	0.7	0.3	1.2	14.9
高中/中专/技校	892	3.7	17.3	11.6	0.0	0.5	2.6	6.1	0.2	0.8	1.7	9.2
大学专科	281	0.0	20.6	23.8	0.0	1.2	10.8	13.0	1.3	5.5	0.0	1.3
大学本科	205	0.6	4.4	7.7	0.0	0.0	1.6	9.3	0.5	7.4	0.0	3.7
研究生或以上	41	0.0	0.0	0.0	0.0	0.0	0.0	0.0	0.0	0.0	0.0	8.3

续前表

	人数（千人）	招生招聘	房地产信息	汽车信息	教育类	情感类	彩票/博彩	幽默笑话	少儿话题	交通信息	不固定	其他
总人数	**2012**	**0.5**	**0.2**	**0.0**	**0.0**	**0.0**	**0.0**	**0.0**	**0.0**	**0.0**	**0.0**	**0.3**
小学及以下	35	0.0	0.0	0.0	0.0	0.0	0.0	0.0	0.0	0.0	0.0	0.0
初中	558	0.0	0.6	0.0	0.0	0.0	0.0	0.0	0.0	0.0	0.0	0.0
高中/中专/技校	892	0.0	0.0	0.0	0.0	0.0	0.0	0.0	0.0	0.0	0.0	0.0
大学专科	281	0.0	0.0	0.0	0.0	0.0	0.0	0.0	0.0	0.0	0.0	0.0
大学本科	205	5.0	0.0	0.0	0.3	0.0	0.0	0.0	0.0	0.0	0.0	2.1
研究生或以上	41	0.0	0.0	0.0	0.0	0.0	0.0	0.0	0.0	0.0	0.0	6.2

四、杂志

1 各城市消费者过去半年内接触杂志的频率

阅读习惯	北京	上海	广州	深圳	成都	重庆	武汉	西安	沈阳	南京
每天	9.3	9.0	5.2	5.1	7.2	6.5	9.0	7.9	7.8	5.1
每周 3 次或以上	6.0	9.3	5.0	4.0	4.8	6.1	5.9	6.0	3.2	3.8
每周至少 1 次	20.8	19.2	12.5	10.0	15.3	10.6	13.9	15.2	10.5	10.5
每 2 周至少 1 次	5.4	9.7	6.4	4.6	8.4	3.9	6.5	9.1	4.8	2.7
每月至少 1 次	8.6	7.0	9.9	8.1	10.4	5.4	13.9	14.3	9.3	6.8
每季度至少 1 次	1.5	1.1	1.8	2.8	1.5	1.4	3.0	2.8	2.2	0.6
更少	1.6	2.0	3.3	6.9	3.8	4.4	2.9	4.5	3.2	6.2
半年内没有接触	46.8	42.7	55.9	58.6	48.7	61.6	44.9	40.1	59.0	64.1
人数（千人）	6020	7014	3037	4209	2012	2435	3162	2088	2830	2439

2 经常阅读的杂志排名　注：本题为多选题，合计百分比可能超过 100%

排名	北京		上海		广州		深圳		成都	
	杂志	百分比	杂志	百分比	杂志	百分比	杂志	百分比	杂志	百分比
1	读者	37.5	上海电视	29.6	家庭医生	24.7	读者	43.8	读者	33.8
2	青年文摘	18.8	读者	28.5	家庭	23.7	知音	20.6	知音	20.6
3	知音	12.2	知音	15.5	读者	23.2	家庭	15.2	家庭	11.8
4	时尚	7.1	现代家庭	8.3	知音	13.5	家庭医生	13.8	青年文摘	10.9
5	大众软件	6.7	故事会	7.3	人之初	6.4	故事会	10.7	故事会	10.8
6	家庭	6.1	体育杂志	6.1	青年文摘	5.8	女报	6.6	女友	8.5
7	健康之友	5.4	家庭	5.9	时尚	5.3	青年文摘	6.4	家庭医生	7.6
8	女友	4.9	电子游戏软件	5.7	YES	4.8	女友	6.2	爱人	5.5
9	瑞丽服饰美容	4.8	都市丽人	5.6	故事会	4.7	深圳青年	6.0	健康之友	4.3
10	故事会	4.6	大众医学	5.2	佛山文艺	4.7	人之初	5.3	电脑爱好者	3.9
11	家庭医生	4.5	时尚	4.8	汽车	4.7	佛山文艺	5.3	生活	3.9
12	当代歌坛	3.4	瑞丽服饰美容	4.7	少男少女	3.6	财经	4.1	都市丽人	3.7
13	大众电影	3.4	青年一代	4.5	时装	3.3	时尚	3.9	时尚	3.6
14	北京电视周刊	3.2	电脑爱好者	4.2	大周刊	3.2	法制周刊	3.9	大众软件	3.5
15	足球	2.6	民主与法制	4.0	足球	3.0	娱乐周刊	3.7	新潮	3.4

续前表

排名	重庆		武汉		西安		沈阳		南京	
	杂志	百分比	杂志	百分比	杂志	百分比	杂志	百分比	杂志	百分比
1	知音	34.1	读者	31.1	读者	49.4	读者	36.2	读者	29.9
2	家庭	21.3	特别关注	25.6	家庭	20.2	青年文摘	14.7	东方	10.5
3	读者	20.1	知音	17.2	青年文摘	17.8	知音	12.1	家庭医生	9.6
4	家庭医生	11.1	青年文摘	11.8	女友	11.7	家庭	9.5	青年文摘	9.6
5	故事会	8.3	故事会	9.0	故事会	8.0	时尚	7.7	知音	8.5
6	女报	7.1	家庭医生	8.0	知音	7.5	女友	7.3	瑞丽服饰美容	8.5
7	时尚	6.5	家庭	7.3	家庭医生	7.3	当代工人	7.1	故事会	7.6
8	青年文摘	6.4	幸福	6.6	小说月报	5.8	爱人	6.5	电脑爱好者	7.1
9	海外文摘	4.9	瑞丽服饰美容	6.2	瑞丽服饰美容	4.3	共产党员	6.2	大众软件	7.0
10	瑞丽伊人风尚	4.9	当代歌坛	5.9	爱人	3.8	故事会	5.3	女友	6.8
11	党员文摘	4.8	爱情婚姻家庭	4.9	上海服饰	3.3	辽宁青年	5.2	莫愁	5.2
12	大众软件	4.6	大众软件	4.6	商界	2.9	妇女	4.7	半月谈	5.1
13	女友	4.4	小说月报	4.3	时尚	2.4	瑞丽服饰美容	4.6	时尚	4.5
14	商界	3.0	体育杂志	3.5	当代歌坛	2.4	人生十六七	3.7	家庭	4.0
15	新体育	2.8	女友	3.2	海外文摘	2.3	大众软件	2.9	瑞丽伊人风尚	3.2

3 男性各年龄层、女性各年龄层经常阅读的杂志 注：本题为多选题，合计百分比可能超过 100%

● 北京

	人数（千人）	读者	青年文摘	知音	时尚	大众软件	家庭	健康之友	女友
总人数	**3178**	**37.5**	**18.8**	**12.2**	**7.1**	**6.7**	**6.1**	**5.4**	**4.9**
男性	**1587**	**36.6**	**13.8**	**7.1**	**5.8**	**10.1**	**3.1**	**3.1**	**0.9**
16~24 岁	469	34.0	19.7	4.7	7.2	23.8	2.2	2.5	0.0
25~34 岁	379	45.9	15.0	11.2	7.7	11.4	0.0	0.0	3.9
35~44 岁	422	37.2	13.9	9.0	4.5	0.0	6.7	4.7	0.0
45~54 岁	231	29.2	4.7	0.0	2.3	0.0	2.3	5.2	0.0
55~60 岁	87	26.7	0.0	12.3	6.2	5.8	6.2	5.5	0.0
女性	**1590**	**38.4**	**23.8**	**17.3**	**8.3**	**3.3**	**9.0**	**7.7**	**8.8**
16~24 岁	462	42.1	40.4	15.1	8.2	7.2	0.0	2.6	9.8
25~34 岁	460	29.2	15.4	17.7	12.2	4.0	13.9	5.8	13.5
35~44 岁	345	46.4	20.1	22.3	6.8	0.0	12.5	12.8	6.3
45~54 岁	247	40.0	19.6	11.5	6.2	0.0	13.1	13.2	4.4
55~60 岁	75	30.1	4.8	24.2	0.0	0.0	4.9	9.7	0.0

续前表

	人数（千人）	瑞丽服饰美容	故事会	家庭医生	当代歌坛	大众电影	北京电视周刊	足球
总人数	**3178**	**4.8**	**4.6**	**4.5**	**3.4**	**3.4**	**3.2**	**2.6**
男性	**1587**	**0.0**	**3.9**	**2.9**	**3.8**	**6.0**	**0.3**	**5.0**
16~24 岁	469	0.0	6.9	0.0	13.0	7.3	0.0	4.8
25~34 岁	379	0.0	3.8	0.0	0.0	7.5	0.0	7.8
35~44 岁	422	0.0	0.0	6.9	0.0	0.0	0.0	6.5
45~54 岁	231	0.0	2.1	4.9	0.0	9.2	2.4	0.0
55~60 岁	87	0.0	12.3	6.9	0.0	13.0	0.0	0.0
女性	**1590**	**9.6**	**5.2**	**6.1**	**3.0**	**0.9**	**6.1**	**0.2**
16~24 岁	462	12.9	5.1	2.3	9.7	0.0	2.3	0.0
25~34 岁	460	13.6	8.2	4.0	0.0	0.0	7.8	0.0
35~44 岁	345	6.6	4.3	8.8	0.0	0.0	8.3	0.0
45~54 岁	247	1.6	2.8	11.7	1.3	4.2	8.7	1.4
55~60 岁	75	4.8	0.0	10.8	0.0	4.5	0.0	0.0

● 上海

	人数（千人）	上海电视	读者	知音	现代家庭	故事会	体育杂志	家庭	电子游戏软件
总人数	**4020**	**29.6**	**28.5**	**15.5**	**8.3**	**7.3**	**6.1**	**5.9**	**5.7**
男性	**2007**	**26.7**	**27.3**	**12.5**	**7.3**	**6.3**	**10.7**	**5.0**	**10.4**
16~24 岁	465	31.9	18.5	1.8	2.0	4.0	18.5	2.1	33.9
25~34 岁	528	18.5	41.1	18.5	5.1	8.7	11.0	2.7	8.2
35~44 岁	394	25.4	28.4	18.7	15.4	11.7	4.0	11.9	0.0
45~54 岁	461	32.0	23.9	11.6	8.8	3.2	8.2	5.1	1.7
55~60 岁	158	27.0	13.9	11.1	5.6	0.0	10.4	4.2	0.0
女性	**2013**	**32.5**	**29.8**	**18.5**	**9.3**	**8.4**	**1.5**	**6.9**	**1.0**
16~24 岁	572	32.8	28.4	10.9	1.8	11.1	3.0	0.0	1.4
25~34 岁	582	33.6	32.1	21.8	11.6	5.8	0.0	10.2	1.9
35~44 岁	376	30.5	33.1	23.2	14.0	8.6	0.0	14.9	0.0
45~54 岁	370	33.8	27.1	18.8	7.9	9.3	2.4	3.6	0.0
55~60 岁	113	27.9	22.9	24.3	24.7	4.1	3.8	8.8	0.0

续前表

	人数（千人）	都市丽人	大众医学	时尚	瑞丽服饰美容	青年一代	电脑爱好者	民主与法制
总人数	**4020**	**5.6**	**5.2**	**4.8**	**4.7**	**4.5**	**4.2**	**4.0**
男性	**2007**	**0.8**	**5.0**	**3.6**	**0.0**	**4.1**	**7.8**	**5.0**
16~24 岁	465	1.8	2.2	5.8	0.0	0.0	12.5	2.2
25~34 岁	528	0.0	0.0	6.1	0.0	8.3	11.1	2.9
35~44 岁	394	0.0	3.8	3.3	0.0	3.8	0.0	7.9
45~54 岁	461	1.7	13.1	0.0	0.0	3.3	5.2	7.9
55~60 岁	158	0.0	9.1	0.0	0.0	4.6	10.1	4.9
女性	**2013**	**10.4**	**5.5**	**5.9**	**9.4**	**4.9**	**0.6**	**2.9**
16~24 岁	572	7.8	0.0	7.1	16.0	1.8	0.0	1.6
25~34 岁	582	22.8	8.3	7.6	12.3	6.2	2.1	1.9
35~44 岁	376	2.0	6.7	4.4	4.5	4.5	0.0	2.1
45~54 岁	370	6.5	9.0	4.7	2.3	8.2	0.0	7.2
55~60 岁	113	0.0	3.9	0.0	0.0	4.1	0.0	3.4

● 广州

	人数（千人）	家庭医生	家庭	读者	知音	人之初	青年文摘	时尚	YES
总人数	**1338**	**24.7**	**23.7**	**23.2**	**13.5**	**6.4**	**5.8**	**5.3**	**4.8**
男性	**611**	**18.1**	**14.9**	**23.0**	**9.3**	**4.3**	**6.4**	**3.6**	**6.0**
16~24 岁	147	2.7	8.5	25.5	7.9	2.7	2.7	6.1	21.9
25~34 岁	205	19.3	20.1	27.9	13.9	9.1	9.3	4.7	2.2
35~44 岁	159	16.4	20.8	18.8	5.0	2.3	2.7	0.0	0.0
45~54 岁	68	30.3	6.6	11.9	6.6	0.0	6.6	5.1	0.0
55~60 岁	32	63.8	0.0	25.2	12.6	0.0	23.3	0.0	0.0
女性	**728**	**30.3**	**31.0**	**23.3**	**17.0**	**8.2**	**5.2**	**6.7**	**3.7**
16~24 岁	183	3.5	8.0	25.2	13.4	6.8	8.3	16.1	11.7
25~34 岁	245	38.4	43.5	18.9	18.1	14.8	5.8	4.6	1.2
35~44 岁	190	40.3	44.2	25.8	19.8	4.6	4.6	3.1	1.5
45~54 岁	90	45.1	22.7	29.0	16.4	2.9	0.0	2.9	0.0
55~60 岁	20	14.0	0.0	12.4	12.3	0.0	0.0	0.0	0.0

续前表

	人数（千人）	故事会	佛山文艺	汽车	少男少女	时装	大周刊	足球
总人数	**1338**	**4.7**	**4.7**	**4.7**	**3.6**	**3.3**	**3.2**	**3.0**
男性	**611**	**3.2**	**5.0**	**9.8**	**1.3**	**1.3**	**3.0**	**5.7**
16~24 岁	147	10.4	0.0	16.4	5.4	5.4	0.0	12.3
25~34 岁	205	2.2	4.6	13.2	0.0	0.0	4.6	4.4
35~44 岁	159	0.0	8.3	5.6	0.0	0.0	5.4	2.8
45~54 岁	68	0.0	5.8	0.0	0.0	0.0	0.0	5.1
55~60 岁	32	0.0	12.6	0.0	0.0	0.0	0.0	0.0
女性	**728**	**6.0**	**4.4**	**0.4**	**5.6**	**5.0**	**3.3**	**0.8**
16~24 岁	183	8.9	5.0	0.0	14.9	10.6	7.1	0.0
25~34 岁	245	6.8	5.9	1.3	3.4	5.7	3.4	0.0
35~44 岁	190	3.1	1.6	0.0	0.0	1.6	0.0	2.9
45~54 岁	90	5.2	5.7	0.0	5.6	0.0	0.0	0.0
55~60 岁	20	0.0	0.0	0.0	0.0	0.0	14.0	0.0

● 深圳

	人数（千人）	读者	知音	家庭	家庭医生	故事会	女报	青年文摘	女友
总人数	**1741**	**43.8**	**20.6**	**15.2**	**13.8**	**10.7**	**6.6**	**6.4**	**6.2**
男性	**853**	**48.3**	**14.3**	**9.4**	**7.6**	**13.1**	**2.9**	**9.3**	**2.2**
16~24 岁	138	42.4	13.0	8.2	7.7	16.0	2.6	10.8	2.7
25~34 岁	377	49.9	15.8	6.9	5.8	11.5	3.5	11.5	2.3
35~44 岁	252	49.2	11.7	14.1	7.1	13.8	0.0	6.8	2.3
45~54 岁	56	33.9	13.8	6.7	13.0	6.8	6.7	6.8	0.0
55~60 岁	30	75.2	25.1	12.7	24.8	24.9	12.5	0.0	0.0
女性	**887**	**39.4**	**26.6**	**20.9**	**19.7**	**8.4**	**10.2**	**3.6**	**10.1**
16~24 岁	164	44.6	26.8	9.2	15.4	4.6	4.4	2.1	15.1
25~34 岁	435	37.3	24.7	20.5	22.6	7.8	11.7	2.0	12.8
35~44 岁	215	37.5	28.3	28.3	23.8	10.9	12.8	4.4	4.3
45~54 岁	50	39.7	29.8	10.1	0.0	0.0	0.0	20.2	0.0
55~60 岁	24	58.8	39.0	61.4	0.0	40.4	20.2	0.0	0.0

续前表

	人数（千人）	深圳青年	人之初	佛山文艺	财经	时尚	法制周刊	娱乐周刊
总人数	**1741**	**6.0**	**5.3**	**5.3**	**4.1**	**3.9**	**3.9**	**3.7**
男性	**853**	**6.1**	**3.8**	**7.4**	**6.3**	**0.4**	**5.8**	**2.8**
16~24 岁	138	5.3	2.7	4.9	7.8	0.0	5.4	7.8
25~34 岁	377	10.3	4.5	5.8	7.8	0.0	4.5	3.5
35~44 岁	252	2.3	4.5	13.8	2.3	0.0	7.1	0.0
45~54 岁	56	0.0	0.0	0.0	6.8	6.8	12.9	0.0
55~60 岁	30	0.0	0.0	0.0	12.5	0.0	0.0	0.0
女性	**887**	**5.9**	**6.7**	**3.3**	**2.0**	**7.2**	**2.1**	**4.6**
16~24 岁	164	4.5	6.6	2.3	0.0	17.6	0.0	8.8
25~34 岁	435	4.9	6.8	5.9	2.0	5.9	2.0	3.8
35~44 岁	215	10.9	4.3	0.0	4.4	4.4	4.5	4.4
45~54 岁	50	0.0	9.9	0.0	0.0	0.0	0.0	0.0
55~60 岁	24	0.0	20.6	0.0	0.0	0.0	0.0	0.0

● 成都

	人数（千人）	读者	知音	家庭	青年文摘	故事会	女友	家庭医生	爱人
总人数	**1032**	**33.8**	**20.6**	**11.8**	**10.9**	**10.8**	**8.5**	**7.6**	**5.5**
男性	**549**	**30.6**	**18.0**	**9.8**	**8.6**	**11.3**	**5.5**	**6.5**	**3.0**
16~24 岁	129	31.0	16.7	9.8	9.3	19.3	7.1	2.3	4.8
25~34 岁	213	34.6	23.1	6.5	9.6	11.4	8.4	3.4	3.4
35~44 岁	108	28.6	17.3	8.3	11.6	5.8	2.9	8.6	2.8
45~54 岁	69	34.1	6.8	26.7	3.3	10.0	0.0	13.2	0.0
55~60 岁	30	0.0	15.8	0.0	0.0	0.0	0.0	23.3	0.0
女性	**483**	**37.3**	**23.6**	**14.0**	**13.5**	**10.2**	**11.9**	**9.0**	**8.3**
16~24 岁	142	38.0	22.2	4.0	22.0	8.0	16.2	0.0	10.0
25~34 岁	176	30.0	23.3	16.5	12.4	9.4	13.7	10.8	13.6
35~44 岁	106	41.3	28.5	20.7	7.6	11.4	9.6	13.0	0.0
45~54 岁	40	55.0	18.1	13.8	9.3	18.5	0.0	13.1	4.5
55~60 岁	18	39.8	20.4	29.8	0.0	10.2	0.0	30.0	0.0

续前表

	人数（千人）	健康之友	电脑爱好者	生活	都市丽人	时尚	大众软件	新潮
总人数	**1032**	**4.3**	**3.9**	**3.9**	**3.7**	**3.6**	**3.5**	**3.4**
男性	**549**	**4.2**	**6.3**	**3.0**	**1.7**	**2.9**	**5.8**	**4.0**
16~24 岁	129	2.3	14.5	5.0	0.0	4.8	9.7	4.8
25~34 岁	213	3.3	4.9	1.7	3.3	3.2	8.1	3.4
35~44 岁	108	5.8	2.8	5.8	0.0	2.9	0.0	5.6
45~54 岁	69	3.3	3.5	0.0	3.5	0.0	0.0	0.0
55~60 岁	30	15.0	0.0	0.0	0.0	0.0	7.3	7.7
女性	**483**	**4.4**	**1.2**	**5.0**	**5.9**	**4.3**	**0.9**	**2.6**
16~24 岁	142	4.0	2.1	6.0	14.0	10.0	0.0	3.9
25~34 岁	176	2.7	1.4	5.4	2.6	1.4	1.4	4.1
35~44 岁	106	3.8	0.0	5.6	3.9	3.6	0.0	0.0
45~54 岁	40	13.1	0.0	0.0	0.0	0.0	4.7	0.0
55~60 岁	18	9.8	0.0	0.0	0.0	0.0	0.0	0.0

● 重庆

	人数（千人）	知音	家庭	读者	家庭医生	故事会	女报	时尚	青年文摘
总人数	**935**	**34.1**	**21.3**	**20.1**	**11.1**	**8.3**	**7.1**	**6.5**	**6.4**
男性	**469**	**21.1**	**15.4**	**25.0**	**7.0**	**10.6**	**3.3**	**4.4**	**8.6**
16~24 岁	98	8.8	0.0	17.1	0.0	34.0	8.6	7.9	8.6
25~34 岁	176	15.6	22.7	22.8	3.6	3.9	4.0	7.4	15.9
35~44 岁	100	29.3	8.1	33.5	8.8	4.1	0.0	0.0	4.2
45~54 岁	61	43.0	27.8	32.6	20.6	4.3	0.0	0.0	0.0
55~60 岁	34	21.8	21.7	20.7	14.8	7.7	0.0	0.0	0.0
女性	**466**	**47.2**	**27.1**	**15.2**	**15.3**	**6.0**	**11.0**	**8.7**	**4.1**
16~24 岁	146	30.9	19.4	6.2	6.2	6.4	6.2	18.9	6.2
25~34 岁	123	50.0	27.1	26.1	20.7	5.8	14.3	8.4	6.0
35~44 岁	108	63.0	29.1	16.0	22.8	4.4	18.2	2.3	2.4
45~54 岁	64	54.4	32.7	19.4	13.5	10.3	7.8	0.0	0.0
55~60 岁	25	43.1	49.0	0.0	14.2	0.0	0.0	0.0	0.0

续前表

	人数（千人）	海外文摘	瑞丽伊人风尚	党员文摘	大众软件	女友	商界	新体育
总人数	**935**	**4.9**	**4.9**	**4.8**	**4.6**	**4.4**	**3.0**	**2.8**
男性	**469**	**5.9**	**0.0**	**6.8**	**9.2**	**0.9**	**5.2**	**5.5**
16~24 岁	98	0.0	0.0	0.0	24.5	0.0	0.0	15.8
25~34 岁	176	11.9	0.0	3.9	11.0	0.0	7.6	3.6
35~44 岁	100	4.3	0.0	12.7	0.0	4.3	8.3	4.1
45~54 岁	61	0.0	0.0	12.4	0.0	0.0	4.3	0.0
55~60 岁	34	6.9	0.0	14.0	0.0	0.0	0.0	0.0
女性	**466**	**3.9**	**9.8**	**2.7**	**0.0**	**7.9**	**0.8**	**0.0**
16~24 岁	146	6.4	25.1	0.0	0.0	12.8	0.0	0.0
25~34 岁	123	3.1	5.7	3.2	0.0	6.4	2.9	0.0
35~44 岁	108	4.7	0.0	4.6	0.0	9.4	0.0	0.0
45~54 岁	64	0.0	2.8	5.8	0.0	0.0	0.0	0.0
55~60 岁	25	0.0	0.0	0.0	0.0	0.0	0.0	0.0

● 武汉

	人数（千人）	读者	特别关注	知音	青年文摘	故事会	家庭医生	家庭	幸福
总人数	**1740**	**31.1**	**25.6**	**17.2**	**11.8**	**9.0**	**8.0**	**7.3**	**6.6**
男性	**902**	**31.0**	**26.5**	**13.3**	**13.9**	**9.8**	**6.3**	**5.3**	**5.4**
16~24 岁	242	34.0	36.4	9.9	22.5	5.7	3.3	0.0	10.8
25~34 岁	294	27.4	22.8	16.9	14.0	9.8	0.0	0.0	7.6
35~44 岁	236	35.7	24.4	11.9	9.6	17.0	14.8	10.1	0.0
45~54 岁	73	20.9	24.0	20.9	9.4	3.5	7.1	18.1	0.0
55~60 岁	56	30.3	15.5	5.0	0.0	5.2	14.8	18.6	0.0
女性	**838**	**31.3**	**24.7**	**21.4**	**9.6**	**8.2**	**9.9**	**9.5**	**8.0**
16~24 岁	261	25.1	21.4	9.3	13.4	6.7	0.0	0.0	3.0
25~34 岁	253	31.4	37.4	27.5	2.5	7.7	18.9	12.0	10.7
35~44 岁	194	44.6	21.4	23.6	15.9	9.5	12.1	9.9	12.0
45~54 岁	85	21.7	6.8	31.7	9.3	11.0	5.3	20.5	5.2
55~60 岁	44	26.5	19.4	28.1	0.0	9.3	16.6	27.3	9.9

续前表

	人数（千人）	瑞丽服饰美容	当代歌坛	爱情婚姻家庭	大众软件	小说月报	体育杂志	女友
总人数	**1740**	**6.2**	**5.9**	**4.9**	**4.6**	**4.3**	**3.5**	**3.2**
男性	**902**	**0.0**	**3.0**	**6.4**	**8.8**	**2.5**	**6.4**	**0.0**
16~24 岁	242	0.0	11.2	0.0	16.5	0.0	14.8	0.0
25~34 岁	294	0.0	0.0	7.6	13.4	0.0	5.8	0.0
35~44 岁	236	0.0	0.0	14.9	0.0	7.8	2.2	0.0
45~54 岁	73	0.0	0.0	0.0	0.0	0.0	0.0	0.0
55~60 岁	56	0.0	0.0	0.0	0.0	6.7	0.0	0.0
女性	**838**	**12.8**	**9.0**	**3.3**	**0.0**	**6.3**	**0.4**	**6.7**
16~24 岁	261	26.4	24.6	0.0	0.0	9.9	0.0	15.8
25~34 岁	253	11.6	0.0	2.5	0.0	2.7	0.0	2.7
35~44 岁	194	1.5	4.5	6.2	0.0	9.2	1.7	4.1
45~54 岁	85	7.2	2.8	6.4	0.0	2.5	0.0	0.0
55~60 岁	44	0.0	0.0	8.9	0.0	0.0	0.0	0.0

● 西安

	人数（千人）	读者	家庭	青年文摘	女友	故事会	知音	家庭医生	小说月报
总人数	**1242**	**49.4**	**20.2**	**17.8**	**11.7**	**8**	**7.5**	**7.3**	**5.8**
男性	**646**	**55.2**	**14.4**	**17.4**	**3.8**	**9.9**	**3.9**	**5.1**	**7.0**
16~24 岁	184	63.3	0.0	29.7	3.9	18.1	3.9	0.0	5.0
25~34 岁	216	53.9	20.9	14.6	4.0	9.7	2.1	10.8	8.6
35~44 岁	131	56.2	19.8	12.1	3.9	2.3	4.8	2.7	7.5
45~54 岁	61	42.1	22.0	9.4	2.6	3.5	9.1	6.8	9.1
55~60 岁	53	44.7	15.2	8.5	3.4	8.0	3.4	3.0	3.8
女性	**596**	**43.2**	**26.5**	**18.3**	**20.3**	**6.0**	**11.4**	**9.7**	**4.5**
16~24 岁	147	40.3	4.4	33.1	35.3	5.0	9.4	0.0	0.0
25~34 岁	213	48.4	28.8	16.4	19.5	5.4	12.4	13.6	6.4
35~44 岁	152	38.3	43.2	12.9	14.3	10.2	12.5	15.1	5.0
45~54 岁	56	48.4	32.6	7.9	10.6	2.7	10.6	2.3	10.2
55~60 岁	29	34.2	21.2	4.5	0.0	0.0	10.2	16.4	0.0

续前表

	人数（千人）	瑞丽服饰美容	爱人	上海服饰	商界	时尚	当代歌坛	海外文摘
总人数	**1242**	**4.3**	**3.8**	**3.3**	**2.9**	**2.4**	**2.4**	**2.3**
男性	**646**	**0.0**	**2.6**	**1.0**	**4.5**	**1.2**	**2.4**	**2.6**
16~24岁	184	0.0	4.4	0.0	3.9	0.0	8.3	3.9
25~34岁	216	0.0	4.0	0.0	7.2	2.4	0.0	4.4
35~44岁	131	0.0	0.0	5.1	4.8	2.1	0.0	0.0
45~54岁	61	0.0	0.0	0.0	0.0	0.0	0.0	0.0
55~60岁	53	0.0	0.0	0.0	0.0	0.0	0.0	0.0
女性	**596**	**8.9**	**5.1**	**5.7**	**1.2**	**3.7**	**2.5**	**2.0**
16~24岁	147	6.6	6.6	11.6	5.0	0.0	8.8	0.0
25~34岁	213	15.9	6.5	5.7	0.0	10.4	0.0	1.9
35~44岁	152	4.2	3.4	1.2	0.0	0.0	1.2	2.3
45~54岁	56	6.0	2.7	3.0	0.0	0.0	0.0	7.3
55~60岁	29	0.0	0.0	5.4	0.0	0.0	0.0	0.0

● 沈阳

	人数（千人）	读者	青年文摘	知音	家庭	时尚	女友	当代工人	爱人
总人数	**1160**	**36.2**	**14.7**	**12.1**	**9.5**	**7.7**	**7.3**	**7.1**	**6.5**
男性	**565**	**35.8**	**12.4**	**6.9**	**6.8**	**7.2**	**2.4**	**11.3**	**3.0**
16~24岁	171	36.8	16.6	0.0	0.0	4.2	4.5	4.3	0.0
25~34岁	170	48.1	12.7	16.4	6.1	15.5	3.5	12.4	10.0
35~44岁	113	27.3	12.1	3.9	7.3	0.0	0.0	19.9	0.0
45~54岁	64	20.9	10.5	5.2	21.8	11.3	0.0	10.0	0.0
55~60岁	47	28.7	0.0	7.2	12.5	0.0	0.0	13.5	0.0
女性	**595**	**36.5**	**16.8**	**17.1**	**12.1**	**8.2**	**11.9**	**3.1**	**9.9**
16~24岁	172	40.8	20.8	15.6	0.0	11.7	12.6	0.0	24.4
25~34岁	153	33.9	19.2	31.5	19.3	7.1	21.7	2.1	4.6
35~44岁	144	29.4	17.4	8.7	18.2	11.0	9.4	7.0	2.2
45~54岁	90	47.5	8.3	8.2	15.5	2.4	0.0	5.4	5.1
55~60岁	36	27.8	6.9	19.2	6.0	0.0	6.8	0.0	6.0

续前表

	人数（千人）	共产党员	故事会	辽宁青年	妇女	瑞丽服饰美容	人生十六七	大众软件
总人数	**1160**	**6.2**	**5.3**	**5.2**	**4.7**	**4.6**	**3.7**	**2.9**
男性	**565**	**9.3**	**7.4**	**8.9**	**2.1**	**1.7**	**5.6**	**5.9**
16~24岁	171	0.0	12.9	8.1	0.0	0.0	13.0	13.1
25~34岁	170	3.3	3.3	9.4	2.7	3.3	3.3	6.5
35~44岁	113	15.0	3.2	12.1	3.8	3.4	0.0	0.0
45~54岁	64	15.5	5.6	10.7	4.5	0.0	5.6	0.0
55~60岁	47	43.0	14.7	0.0	0.0	0.0	0.0	0.0
女性	**595**	**3.2**	**3.2**	**1.6**	**7.2**	**7.4**	**2.0**	**0.0**
16~24岁	172	0.0	0.0	3.6	3.6	8.5	4.1	0.0
25~34岁	153	0.0	5.0	2.4	0.0	7.4	0.0	0.0
35~44岁	144	0.0	4.5	0.0	15.9	11.0	0.0	0.0
45~54岁	90	11.1	2.9	0.0	15.5	2.4	5.2	0.0
55~60岁	36	25.7	6.8	0.0	0.0	0.0	0.0	0.0

● 南京

	人数（千人）	读者	东方	家庭医生	青年文摘	知音	瑞丽服饰美容	故事会	电脑爱好者
总人数	**871**	**29.9**	**10.5**	**9.6**	**9.6**	**8.5**	**8.5**	**7.6**	**7.1**
男性	**471**	**25.6**	**12.0**	**6.3**	**6.5**	**5.3**	**0.3**	**7.9**	**12.4**
16~24岁	88	5.7	0.0	0.0	0.0	2.5	0.0	0.0	15.7
25~34岁	200	27.6	23.2	5.6	15.4	10.3	0.0	16.9	20.6
35~44岁	95	42.2	5.0	8.6	0.0	1.2	0.0	3.8	3.6
45~54岁	68	29.5	8.1	14.9	0.0	1.8	1.8	0.0	0.0
55~60岁	20	0.0	0.0	0.0	0.0	0.0	0.0	0.0	0.0
女性	**400**	**34.9**	**8.8**	**13.5**	**13.2**	**12.3**	**18.3**	**7.2**	**0.8**
16~24岁	136	44.6	21.4	6.8	25.7	3.7	29.4	1.6	0.0
25~34岁	126	24.7	2.8	12.6	11.2	21.9	22.3	10.3	2.6
35~44岁	68	41.3	0.0	20.9	5.1	15.5	3.8	6.5	0.0
45~54岁	52	29.1	4.5	20.6	0.0	6.3	2.7	17.9	0.0
55~60岁	17	25.4	0.0	23.3	0.0	15.2	5.0	0.0	0.0

续前表

	人数（千人）	大众软件	女友	莫愁	半月谈	时尚	家庭	瑞丽伊人风尚
总人数	**871**	**7.0**	**6.8**	**5.2**	**5.1**	**4.5**	**4.0**	**3.2**
男性	**471**	**13.0**	**2.6**	**3.8**	**8.6**	**1.9**	**3.5**	**0.0**
16~24 岁	88	28.9	0.0	0.0	0.0	8.0	0.0	0.0
25~34 岁	200	18.0	6.1	3.8	15.1	0.0	3.0	0.0
35~44 岁	95	0.0	0.0	9.9	6.1	2.2	9.0	0.0
45~54 岁	68	0.0	0.0	1.0	5.3	0.0	0.0	0.0
55~60 岁	20	0.0	0.0	0.0	6.0	0.0	9.9	0.0
女性	**400**	**0.0**	**11.8**	**6.8**	**1.0**	**7.4**	**4.6**	**7.1**
16~24 岁	136	0.0	18.6	3.7	0.0	8.7	0.0	3.3
25~34 岁	126	0.0	14.5	2.8	0.0	13.2	3.7	18.4
35~44 岁	68	0.0	0.0	21.3	0.0	0.0	4.2	0.0
45~54 岁	52	0.0	0.0	8.1	5.0	2.6	18.1	0.0
55~60 岁	17	0.0	20.9	0.0	7.6	0.0	8.1	2.5

4 不同学历的读者经常阅读的杂志　注：本题为多选题，合计百分比可能超过 100%

● 北京

	人数（千人）	读者	青年文摘	知音	时尚	大众软件	家庭	健康之友	女友
总人数	**3178**	**37.5**	**18.8**	**12.2**	**7.1**	**6.7**	**6.1**	**5.4**	**4.9**
小学及以下	12	69.4	69.4	0.0	0.0	0.0	0.0	0.0	0.0
初中	410	25.9	7.9	19.2	2.2	0.0	11.5	5.8	4.0
高中/中专/技校	1360	36.7	20.1	12.4	4.8	7.4	5.7	7.7	5.6
大学专科	571	22.7	14.3	10.5	19.6	6.0	4.6	3.8	5.8
大学本科	726	54.1	25.5	11.2	3.6	9.1	4.0	2.9	4.0
研究生或以上	98	56.5	18.2	0.0	13.2	11.1	12.8	0.0	0.0

续前表

	人数（千人）	瑞丽服饰美容	故事会	家庭医生	当代歌坛	大众电影	北京电视周刊	足球
总人数	**3178**	**4.8**	**4.6**	**4.5**	**3.4**	**3.4**	**3.2**	**2.6**
小学及以下	12	0.0	0.0	30.6	0.0	0.0	0.0	0.0
初中	410	1.7	5.0	4.5	2.7	2.1	5.0	0.0
高中/中专/技校	1360	3.4	6.2	5.7	6.3	3.8	3.2	3.6
大学专科	571	5.2	5.1	4.1	0.0	2.8	2.0	1.8
大学本科	726	8.1	1.6	2.8	1.6	4.5	3.7	3.3
研究生或以上	98	11.1	0.0	0.0	0.0	0.0	0.0	0.0

● 上海

	人数（千人）	上海电视	读者	知音	现代家庭	故事会	体育杂志	家庭	电子游戏软件
总人数	**4020**	**29.6**	**28.5**	**15.5**	**8.3**	**7.3**	**6.1**	**5.9**	**5.7**
小学及以下	12	0.0	0.0	0.0	0.0	0.0	0.0	0.0	0.0
初中	728	24.8	17.5	22.1	8.7	11.4	3.9	7.5	3.5
高中/中专/技校	2009	36.2	28.3	17.4	9.9	8.2	7.5	7.4	6.2
大学专科	658	24.4	32.1	9.9	9.5	2.6	6.1	4.5	7.1
大学本科	542	17.6	37.9	6.7	1.7	5.4	3.1	1.2	5.6
研究生或以上	71	39.4	47.9	17.7	0.0	0.0	12.9	0.0	0.0

续前表

	人数（千人）	都市丽人	大众医学	时尚	瑞丽服饰美容	青年一代	电脑爱好者	民主与法制
总人数	**4020**	**5.6**	**5.2**	**4.8**	**4.7**	**4.5**	**4.2**	**4.0**
小学及以下	12	100.0	0.0	0.0	0.0	0.0	0.0	0.0
初中	728	3.2	5.4	3.4	0.6	5.8	2.9	7.4
高中/中专/技校	2009	5.6	6.2	3.2	3.1	5.2	4.4	4.2
大学专科	658	9.0	6.0	6.2	15.6	1.9	4.9	0.0
大学本科	542	3.1	1.3	8.8	3.4	3.9	4.9	3.9
研究生或以上	71	0.0	0.0	18.3	0.0	0.0	0.0	0.0

● 广州

	人数（千人）	家庭医生	家庭	读者	知音	人之初	青年文摘	时尚	YES
总人数	**1338**	**24.7**	**23.7**	**23.2**	**13.5**	**6.4**	**5.8**	**5.3**	**4.8**
小学及以下	24	54.7	0.0	0.0	0.0	0.0	0.0	0.0	0.0
初中	240	31.9	24.9	10.6	12.1	6.7	1.9	1.3	2.8
高中/中专/技校	659	26.6	23.2	25.0	14.3	7.7	4.7	5.3	6.3
大学专科	232	15.6	31.9	30.3	17.1	5.8	7.4	5.8	6.6
大学本科	158	16.9	19.3	29.0	11.0	4.0	15.7	5.1	0.0
研究生或以上	26	11.9	0.0	16.9	0.0	0.0	0.0	45.2	0.0

续前表

	人数（千人）	故事会	佛山文艺	汽车	少男少女	时装	大周刊	足球
总人数	1338	4.7	4.7	4.7	3.6	3.3	3.2	3.0
小学及以下	24	0.0	11.6	0.0	12.7	0.0	0.0	0.0
初中	240	5.1	6.4	1.4	6.7	2.6	7.3	1.0
高中/中专/技校	659	6.4	4.7	5.1	3.5	2.7	1.4	4.5
大学专科	232	3.7	2.5	5.6	1.4	6.0	3.2	3.6
大学本科	158	0.0	4.6	2.7	1.8	3.9	5.0	0.0
研究生或以上	26	0.0	0.0	34.3	0.0	0.0	0.0	0.0

● 深圳

	人数（千人）	读者	知音	家庭	家庭医生	故事会	女报	青年文摘	女友
总人数	1741	43.8	20.6	15.2	13.8	10.7	6.6	6.4	6.2
小学及以下	61	20.5	27.6	35.7	21.1	15.4	0.0	0.0	7.1
初中	488	36.0	23.0	13.7	14.4	13.7	7.2	5.7	6.3
高中/中专/技校	658	42.2	22.8	17.6	16.1	9.5	7.2	3.3	8.0
大学专科	271	59.5	24.7	15.5	10.4	9.1	6.0	14.7	4.7
大学本科	219	50.1	5.9	8.8	10.4	5.9	7.4	9.9	3.4
研究生或以上	44	56.9	0.0	0.0	0.0	23.4	0.0	0.0	0.0

续前表

	人数（千人）	深圳青年	人之初	佛山文艺	财经	时尚	法制周刊	娱乐周刊
总人数	1741	6.0	5.3	5.3	4.1	3.9	3.9	3.7
小学及以下	61	13.6	8.1	7.2	0.0	0.0	0.0	0.0
初中	488	3.5	5.9	10.6	0.9	4.4	4.8	4.2
高中/中专/技校	658	4.8	5.6	3.5	2.6	4.6	4.2	6.0
大学专科	271	7.8	4.7	2.8	5.5	2.7	2.9	0.0
大学本科	219	9.8	3.9	0.0	16.1	3.9	3.9	2.2
研究生或以上	44	10.2	0.0	13.5	0.0	0.0	0.0	0.0

● 成都

	人数（千人）	读者	知音	家庭	青年文摘	故事会	女友	家庭医生	爱人
总人数	1032	33.8	20.6	11.8	10.9	10.8	8.5	7.6	5.5
小学及以下	14	0.0	59.6	0.0	0.0	0.0	0.0	0.0	13.2
初中	149	20.0	23.8	17.2	7.4	16.2	4.3	11.7	4.7
高中/中专/技校	367	33.3	24.9	16.2	8.0	16.5	6.6	8.2	2.9
大学专科	316	35.2	21.2	7.2	12.6	5.2	11.8	8.9	9.6
大学本科	159	45.3	6.8	6.7	14.8	6.6	10.7	1.9	4.3
研究生或以上	28	46.4	0.0	11.8	30.2	0.0	8.9	0.0	0.0

续前表

	人数（千人）	健康之友	电脑爱好者	生活	都市丽人	时尚	大众软件	新潮
总人数	1032	4.3	3.9	3.9	3.7	3.6	3.5	3.4
小学及以下	14	27.2	0.0	0.0	0.0	0.0	0.0	0.0
初中	149	4.8	0.0	3.7	0.0	0.0	0.0	3.6
高中/中专/技校	367	3.7	3.3	2.4	3.8	3.1	1.8	4.3
大学专科	316	4.4	7.0	5.4	5.4	4.3	6.1	2.1
大学本科	159	3.8	3.9	3.5	4.6	7.3	6.5	4.2
研究生或以上	28	0.0	0.0	11.8	0.0	0.0	0.0	0.0

● 重庆

	人数（千人）	知音	家庭	读者	家庭医生	故事会	女报	时尚	青年文摘
总人数	935	34.1	21.3	20.1	11.1	8.3	7.1	6.5	6.4
小学及以下	33	40.4	19.3	0.0	7.9	12.7	0.0	0.0	0.0
初中	191	56.9	32.4	6.4	15.9	5.0	14.7	0.0	0.0
高中/中专/技校	322	38.7	17.9	21.7	10.3	14.0	5.3	7.3	7.0
大学专科	250	21.1	23.4	20.9	9.8	4.6	7.1	15.0	5.9
大学本科	132	14.9	10.9	41.0	10.0	0.0	2.8	0.0	16.8
研究生或以上	7	0.0	0.0	0.0	0.0	100.0	0.0	0.0	0.0

续前表

	人数（千人）	海外文摘	瑞丽伊人风尚	党员文摘	大众软件	女友	商界	新体育
总人数	**935**	**4.9**	**4.9**	**4.8**	**4.6**	**4.4**	**3.0**	**2.8**
小学及以下	33	0.0	0.0	7.3	0.0	0.0	0.0	0.0
初中	191	1.2	5.8	2.2	0.0	7.5	1.4	0.0
高中/中专/技校	322	2.8	2.8	0.8	4.8	3.8	1.3	8.0
大学专科	250	11.1	6.4	9.4	8.6	2.1	5.9	0.0
大学本科	132	5.1	7.1	8.8	4.7	7.1	4.7	0.0
研究生或以上	7	0.0	0.0	0.0	0.0	0.0	0.0	0.0

● 武汉

	人数（千人）	读者	特别关注	知音	青年文摘	故事会	家庭医生	家庭	幸福
总人数	**1740**	**31.1**	**25.6**	**17.2**	**11.8**	**9.0**	**8.0**	**7.3**	**6.6**
小学及以下	19	0.0	58.6	9.5	0.0	9.5	0.0	51.5	0.0
初中	213	29.0	13.8	33.3	3.7	12.8	20.2	9.6	9.9
高中/中专/技校	755	29.2	25.2	22.2	11.4	11.6	7.5	9.7	7.2
大学专科	358	26.8	24.3	11.1	5.3	9.2	5.2	4.6	8.1
大学本科	338	39.1	32.4	5.6	26.2	2.2	6.2	2.0	3.2
研究生或以上	57	55.0	32.0	0.0	7.3	0.0	0.0	0.0	0.0

续前表

	人数（千人）	瑞丽服饰美容	当代歌坛	爱情婚姻家庭	大众软件	小说月报	体育杂志	女友
总人数	**1740**	**6.2**	**5.9**	**4.9**	**4.6**	**4.3**	**3.5**	**3.2**
小学及以下	19	0.0	0.0	0.0	0.0	0.0	0.0	0.0
初中	213	8.3	1.5	8.2	0.0	0.0	5.3	5.1
高中/中专/技校	755	3.2	9.1	4.2	5.1	2.6	1.7	0.3
大学专科	358	8.5	5.4	4.7	2.2	6.0	3.0	7.3
大学本科	338	10.3	3.2	5.8	9.8	6.2	7.8	5.0
研究生或以上	57	0.0	0.0	0.0	0.0	23.1	0.0	0.0

● 西安

	人数（千人）	读者	家庭	青年文摘	女友	故事会	知音	家庭医生	小说月报
总人数	**1242**	**49.4**	**20.2**	**17.8**	**11.7**	**8.0**	**7.5**	**7.3**	**5.8**
小学及以下	0	0.0	0.0	0.0	0.0	0.0	0.0	0.0	0.0
初中	167	22.4	22.4	3.1	20.7	15.7	12.4	0.8	3.0
高中/中专/技校	530	50.5	27.7	23.9	13.1	10.0	10.3	10.2	4.2
大学专科	305	54.8	16.2	14.8	13.1	5.6	5.9	8.8	9.6
大学本科	203	61.1	5.8	15.6	0.9	1.8	0.0	4.1	3.6
研究生或以上	38	47.0	13.9	33.1	0.0	0.0	0.0	0.0	22.2

续前表

	人数（千人）	瑞丽服饰美容	爱人	上海服饰	商界	时尚	当代歌坛	海外文摘
总人数	**1242**	**4.3**	**3.8**	**3.3**	**2.9**	**2.4**	**2.4**	**2.3**
小学及以下	0	0.0	0.0	0.0	0.0	0.0	0.0	0.0
初中	167	2.0	2.0	1.9	0.0	0.0	0.0	6.8
高中/中专/技校	530	3.4	2.5	1.9	0.5	0.0	4.3	1.9
大学专科	305	6.8	6.0	6.7	8.6	3.8	2.4	0.0
大学本科	203	5.6	5.9	3.6	3.6	6.5	0.0	3.4
研究生或以上	38	0.0	0.0	0.0	0.0	13.9	0.0	0.0

● 沈阳

	人数（千人）	读者	青年文摘	知音	家庭	时尚	女友	当代工人	爱人
总人数	**1160**	**36.2**	**14.7**	**12.1**	**9.5**	**7.7**	**7.3**	**7.1**	**6.5**
小学及以下	8	0.0	0.0	0.0	0.0	0.0	0.0	0.0	0.0
初中	204	31.6	6.1	7.1	11.2	1.8	0.0	7.9	2.1
高中/中专/技校	424	32.2	9.0	18.5	9.5	7.3	9.1	10.4	6.2
大学专科	295	42.3	18.1	7.3	12.5	8.8	11.0	3.1	6.8
大学本科	220	40.5	28.0	12.0	4.6	11.0	4.4	5.7	11.6
研究生或以上	9	56.3	56.3	0.0	0.0	56.3	43.7	0.0	0.0

续前表

	人数（千人）	共产党员	故事会	辽宁青年	妇女	瑞丽服饰美容	人生十六七	大众软件
总人数	**1160**	**6.2**	**5.3**	**5.2**	**4.7**	**4.6**	**3.7**	**2.9**
小学及以下	8	31.5	0.0	0.0	31.5	0.0	0.0	0.0
初中	204	13.9	7.5	7.6	5.9	1.0	6.6	0.0
高中/中专/技校	424	3.6	8.3	2.9	5.7	9.5	5.7	3.0
大学专科	295	3.1	3.5	5.2	4.3	0.0	0.0	4.4
大学本科	220	7.5	0.0	7.7	1.5	5.0	2.5	3.5
研究生或以上	9	0.0	0.0	0.0	0.0	0.0	0.0	0.0

● 南京

	人数（千人）	读者	东方	家庭医生	青年文摘	知音	瑞丽服饰美容	故事会	电脑爱好者
总人数	**871**	**29.9**	**10.5**	**9.6**	**9.6**	**8.5**	**8.5**	**7.6**	**7.1**
小学及以下	11	0.0	0.0	12.2	0.0	4.0	0.0	83.8	0.0
初中	96	22.0	0.0	7.0	0.0	15.8	9.0	9.8	0.0
高中/中专/技校	387	24.2	14.5	8.9	7.6	6.7	6.0	9.6	9.1
大学专科	208	44.2	10.5	13.5	15.6	1.7	17.3	3.3	5.6
大学本科	135	30.7	6.8	8.7	16.1	21.6	3.3	0.0	6.8
研究生或以上	34	34.9	13.1	3.4	0.0	0.0	6.0	10.6	16.4

续前表

	人数（千人）	大众软件	女友	莫愁	半月谈	时尚	家庭	瑞丽伊人风尚
总人数	**871**	**7.0**	**6.8**	**5.2**	**5.1**	**4.5**	**4.0**	**3.2**
小学及以下	11	0.0	0.0	0.0	0.0	0.0	53.1	0.0
初中	96	0.0	11.6	16.8	2.6	1.4	5.2	0.0
高中/中专/技校	387	13.2	2.7	5.7	7.9	5.6	4.5	1.3
大学专科	208	0.0	7.9	3.0	0.2	5.7	0.6	2.6
大学本科	135	7.6	16.0	0.3	6.7	1.6	2.4	13.3
研究生或以上	34	0.0	0.0	0.0	6.2	6.0	6.2	0.0

5 经常阅读的杂志的主要来源

● 北京

	人数	家中订阅	单位订阅	零购	赠阅	借阅
读者	1192	3.1	7.7	82.7	0.9	5.6
青年文摘	598	2.6	7.8	85.0	0.0	4.5
知音	388	2.0	1.4	88.0	3.2	5.4
时尚	225	0.0	7.4	86.1	6.5	0.0
大众软件	211	4.4	11.2	68.7	0.0	15.7
家庭	192	4.0	1.7	92.4	0.0	1.9
健康之友	171	0.0	20.1	75.9	0.0	4.0
女友	155	0.0	5.9	94.1	0.0	0.0

● 上海

	人数	家中订阅	单位订阅	零购	赠阅	借阅
上海电视	1192	3.6	0.0	91.6	0.0	4.8
读者	1148	2.6	5.8	88.1	0.0	3.5
知音	624	3.8	0.0	91.7	0.0	4.6
现代家庭	334	7.3	5.5	82.0	1.1	4.0
故事会	294	2.8	5.4	85.8	3.0	3.0
体育杂志	245	0.0	3.6	94.5	0.0	1.9
家庭	239	2.8	3.7	93.6	0.0	0.0
电子游戏软件	228	0.0	0.0	88.9	3.6	7.4

● 广州

	人数	家中订阅	单位订阅	零购	赠阅	借阅
家庭医生	331	2.6	7.9	84.5	3.3	1.7
家庭	317	2.0	0.9	87.3	2.4	7.4
读者	310	5.2	4.3	79.9	0.8	9.9
知音	180	1.2	3.3	80.5	7.3	7.6
人之初	86	0.0	11.1	80.1	0.0	8.8
青年文摘	77	0.0	3.6	83.0	4.5	9.0
时尚	71	4.0	10.7	73.8	0.0	11.5
YES	64	0.0	0.0	76.8	4.5	18.7

● 深圳

	人数	家中订阅	单位订阅	零购	赠阅	借阅
读者	762	2.7	0.6	93.2	0.6	3.0
知音	359	1.1	3.7	89.0	4.1	2.1
家庭	265	3.5	3.2	88.5	1.6	3.1
家庭医生	240	5.0	5.6	85.8	0.0	3.6
故事会	186	0.0	0.0	91.4	0.0	8.6
女报	115	0.0	11.8	73.0	0.0	15.2
青年文摘	111	3.4	11.6	85.0	0.0	0.0
女友	108	4.1	0.0	95.9	0.0	0.0

● 成都

	人数	家中订阅	单位订阅	零购	赠阅	借阅
读者	348	5.0	0.9	80.4	1.5	12.2
知音	213	0.8	3.3	79.3	1.1	15.4
家庭	122	2.5	3.6	85.3	2.4	6.2
青年文摘	112	2.1	6.5	86.2	0.0	5.1
故事会	111	3.9	2.0	83.6	2.9	7.5
女友	88	4.1	3.9	62.9	4.6	24.5
家庭医生	79	5.9	5.5	86.2	0.0	2.4
爱人	57	0.0	0.0	83.9	3.1	12.9

● 重庆

	人数	家中订阅	单位订阅	零购	赠阅	借阅
知音	319	1.4	4.3	77.6	0.0	16.7
家庭	199	0.9	8.8	69.9	0.0	20.4
读者	188	6.0	7.9	72.7	0.9	12.5
家庭医生	104	6.0	10.9	57.9	0.0	25.2
故事会	77	0.0	0.0	79.2	0.0	20.8
女报	67	0.0	0.0	96.3	0.0	3.7
时尚	61	0.0	5.4	89.2	0.0	5.4
青年文摘	60	0.0	0.0	92.9	0.0	7.1

● 武汉

	人数	家中订阅	单位订阅	零购	赠阅	借阅
读者	541	6.7	4.4	80.0	0.5	8.4
特别关注	446	5.3	2.5	79.2	2.0	11.0
知音	299	6.2	6.0	71.2	1.0	15.6
青年文摘	206	7.5	5.4	71.2	0.0	15.8
故事会	157	5.5	5.3	74.3	0.0	14.9
家庭医生	140	5.9	7.6	58.6	1.6	26.2
家庭	127	3.6	7.8	73.6	0.0	15.1
幸福	115	4.2	19.5	54.4	0.0	21.8

● 西安

	人数	家中订阅	单位订阅	零购	赠阅	借阅
读者	614	3.6	5.6	80.0	0.2	10.7
家庭	250	1.6	7.3	73.8	0.0	17.2
青年文摘	221	0.7	7.8	90.1	0.0	1.4
女友	146	0.0	1.0	87.0	2.7	9.3
故事会	100	0.0	0.0	83.3	0.0	16.7
知音	93	1.9	6.1	84.9	0.0	7.1
家庭医生	90	2.0	3.5	71.5	0.0	23.0
小说月报	72	3.8	5.0	91.3	0.0	0.0

● 沈阳

	人数	家中订阅	单位订阅	零购	赠阅	借阅
读者	420	4.3	7.2	69.0	3.5	16.0
青年文摘	170	2.7	13.9	66.4	0.0	17.0
知音	141	3.9	12.8	62.4	5.8	15.1
家庭	110	0.0	23.8	59.3	0.0	16.9
时尚	90	6.8	7.2	62.3	8.0	15.6
女友	85	0.0	4.1	74.8	0.0	21.2
当代工人	82	0.0	92.8	4.2	0.0	3.0
爱人	76	0.0	0.0	85.6	2.8	11.6

● 南京

	人数	家中订阅	单位订阅	零购	赠阅	借阅
读者	260	6.8	4.7	73.8	0.7	14.0
东方	92	34.0	7.9	39.0	3.9	15.2
家庭医生	84	7.9	9.9	73.7	0.0	8.5
青年文摘	84	2.7	12.3	70.6	0.0	14.4
知音	74	0.0	13.8	75.3	0.0	10.9
瑞丽服饰美容	74	0.0	0.0	91.3	0.0	8.7
故事会	66	38.8	8.7	47.4	0.0	5.0
电脑爱好者	62	0.0	50.2	49.8	0.0	0.0

五、电影

1 各城市消费者最近一年去电影院的频率

	人数（千人）	一周 1 次以上	每月 2～3 次	每月 1 次	2～3 个月 1 次	半年 1 次左右	1 年 1 次或以下	没去过
北京	6019	0.0	0.7	2.1	6.1	8.2	5.2	77.8
上海	7015	0.2	1.0	1.5	5.5	9.5	5.9	76.5
广州	3035	0.3	0.7	2.1	3.2	5.4	3.4	84.8
深圳	4210	0.4	0.5	0.7	2.1	3.8	2.7	89.7
成都	2010	0.8	2.3	2.2	5.6	9.5	3.6	75.9
重庆	2435	0.0	0.7	1.1	3.2	5.4	3.2	86.4
武汉	3161	0.2	0.9	1.5	4.3	8.5	8.6	76.1
西安	2088	0.0	1.1	2.0	6.8	8.2	5.4	76.4
沈阳	2830	0.1	0.5	1.6	3.9	4.9	2.5	86.4
南京	2438	0.0	2.2	0.3	1.5	4.0	2.2	89.8

2 男性各年龄层、女性各年龄层喜欢看的电影类型 注：本题为多选题，合计百分比可能超过 100%

	人数（千人）	内地电影	港澳台电影	亚洲国家电影	欧美国家电影	其他国家电影
北京	**1338**	**56.5**	**44.1**	**5.3**	**55.2**	**0.0**
男性	**790**	**49.3**	**41.4**	**0.7**	**69.7**	**0.0**
16~24 岁	226	24.2	61.5	0.0	69.4	0.0
25~34 岁	320	49.2	36.1	0.0	82.6	0.0
35~44 岁	149	67.2	34.4	0.0	52.5	0.0
45~54 岁	68	82.4	7.8	7.8	51.6	0.0
55~60 岁	26	79.5	59.1	0.0	61.4	0.0
女性	**548**	**66.9**	**48.0**	**11.9**	**34.3**	**0.0**
16~24 岁	232	60.1	57.2	13.9	23.9	0.0
25~34 岁	160	60.9	44.1	11.5	55.3	0.0
35~44 岁	87	83.5	42.8	7.8	33.3	0.0
45~54 岁	48	75.6	23.9	16.0	23.5	0.0
55~60 岁	21	100.0	50.6	0.0	16.8	0.0
上海	**1652**	**24.7**	**56.2**	**10.0**	**61.1**	**2.2**
男性	**833**	**21.5**	**53.7**	**8.1**	**65.8**	**1.5**
16~24 岁	344	11.6	65.0	6.7	63.3	0.0
25~34 岁	233	14.0	50.2	6.6	74.6	5.4
35~44 岁	149	38.6	45.5	15.1	72.9	0.0
45~54 岁	74	47.0	39.0	0.0	52.0	0.0
55~60 岁	33	43.5	28.8	20.2	27.7	0.0
女性	**820**	**27.9**	**58.9**	**11.9**	**56.3**	**2.9**
16~24 岁	355	24.1	68.3	24.3	46.5	0.0
25~34 岁	270	20.9	47.7	4.1	74.8	8.9
35~44 岁	111	35.7	70.4	0.0	56.1	0.0
45~54 岁	57	50.4	42.9	0.0	33.6	0.0
55~60 岁	27	68.9	31.9	0.0	49.7	0.0
广州	**460**	**20.6**	**75.2**	**14.7**	**48.2**	**0.0**
男性	**216**	**13.9**	**77.3**	**16.4**	**55.6**	**0.0**
16~24 岁	86	5.2	85.5	14.5	56.9	0.0
25~34 岁	101	9.0	76.0	18.6	63.2	0.0
35~44 岁	22	40.2	59.8	19.6	19.5	0.0
45~54 岁	8	0.0	54.2	0.0	45.8	0.0
55~60 岁	0	0.0	0.0	0.0	0.0	0.0
女性	**243**	**26.6**	**73.3**	**13.2**	**41.6**	**0.0**
16~24 岁	107	14.4	82.8	13.8	55.1	0.0
25~34 岁	76	19.3	77.6	22.5	40.1	0.0
35~44 岁	36	50.6	57.3	0.0	25.5	0.0
45~54 岁	24	69.1	40.2	0.0	9.3	0.0
55~60 岁	0	0.0	0.0	0.0	0.0	0.0

续前表

	人数（千人）	内地电影	港澳台电影	亚洲国家电影	欧美国家电影	其他国家电影
深圳	**432**	**48.0**	**53.0**	**6.1**	**32.7**	**0.0**
男性	**235**	**43.6**	**56.8**	**5.9**	**33.6**	**0.0**
16~24 岁	68	37.0	73.3	5.3	31.0	0.0
25~34 岁	108	28.4	51.8	4.0	48.1	0.0
35~44 岁	47	74.9	50.0	12.5	12.4	0.0
45~54 岁	7	100.0	47.7	0.0	0.0	0.0
55~60 岁	4	100.0	0.0	0.0	0.0	0.0
女性	**198**	**53.1**	**48.5**	**6.2**	**31.7**	**0.0**
16~24 岁	43	57.5	49.8	8.6	42.5	0.0
25~34 岁	94	45.1	44.8	9.2	32.1	0.0
35~44 岁	47	50.9	69.5	0.0	30.3	0.0
45~54 岁	14	100.0	0.0	0.0	0.0	0.0
55~60 岁	0	0.0	0.0	0.0	0.0	0.0
成都	**485**	**32.0**	**53.3**	**7.5**	**55.3**	**0.0**
男性	**291**	**28.3**	**55.7**	**7.6**	**62.2**	**0.0**
16~24 岁	84	18.2	66.1	3.9	63.4	0.0
25~34 岁	139	25.0	62.8	7.4	62.3	0.0
35~44 岁	41	45.8	30.0	15.5	62.0	0.0
45~54 岁	25	54.7	27.8	9.3	54.6	0.0
55~60 岁	2	0.0	0.0	0.0	100.0	0.0
女性	**194**	**37.6**	**49.7**	**7.3**	**44.8**	**0.0**
16~24 岁	83	30.7	55.4	6.6	48.7	0.0
25~34 岁	62	42.1	50.3	7.6	42.6	0.0
35~44 岁	38	36.7	36.7	10.6	52.7	0.0
45~54 岁	5	67.4	32.6	0.0	0.0	0.0
55~60 岁	5	67.5	65.1	0.0	0.0	0.0
重庆	**331**	**45.8**	**51.4**	**4.9**	**44.9**	**0.0**
男性	**153**	**55.6**	**36.3**	**4.4**	**51.7**	**0.0**
16~24 岁	57	56.8	55.6	0.0	43.2	0.0
25~34 岁	73	45.5	27.8	9.3	64.0	0.0
35~44 岁	17	77.0	23.0	0.0	48.0	0.0
45~54 岁	5	100.0	0.0	0.0	0.0	0.0
55~60 岁	2	100.0	0.0	0.0	0.0	0.0
女性	**177**	**37.4**	**64.4**	**5.3**	**39.1**	**0.0**
16~24 岁	99	18.3	100.0	9.4	36.2	0.0
25~34 岁	43	52.0	8.7	0.0	64.4	0.0
35~44 岁	27	64.5	36.5	0.0	9.0	0.0
45~54 岁	5	100.0	32.0	0.0	36.1	0.0
55~60 岁	4	100.0	0.0	0.0	50.0	0.0
武汉	**756**	**24.3**	**28.7**	**7.0**	**68.4**	**0.0**
男性	**403**	**21.1**	**32.5**	**8.6**	**68.9**	**0.0**
16~24 岁	123	17.6	37.8	6.7	82.4	0.0
25~34 岁	161	11.3	42.6	11.3	68.7	0.0
35~44 岁	92	24.8	17.3	9.0	64.1	0.0
45~54 岁	17	72.5	0.0	0.0	41.0	0.0
55~60 岁	10	100.0	0.0	0.0	0.0	0.0
女性	**353**	**28.0**	**24.4**	**5.1**	**67.8**	**0.0**
16~24 岁	147	19.8	28.6	6.1	68.0	0.0
25~34 岁	135	22.5	15.5	4.7	82.2	0.0
35~44 岁	48	51.2	30.8	5.4	41.6	0.0
45~54 岁	19	67.6	31.5	0.0	32.4	0.0
55~60 岁	4	45.7	54.3	0.0	54.3	0.0

续前表

	人数（千人）	内地电影	港澳台电影	亚洲国家电影	欧美国家电影	其他国家电影
西安	**493**	**50.7**	**48.8**	**12.8**	**54.4**	**0.0**
男性	**267**	**44.6**	**53.3**	**12.6**	**66.7**	**0.0**
16~24 岁	122	18.5	71.4	16.8	73.5	0.0
25~34 岁	92	64.1	55.5	10.3	61.4	0.0
35~44 岁	24	73.4	11.5	0.0	61.9	0.0
45~54 岁	18	57.2	0.0	20.8	78.0	0.0
55~60 岁	12	84.6	15.4	0.0	28.8	0.0
女性	**226**	**58.1**	**43.4**	**13.1**	**39.8**	**0.0**
16~24 岁	99	57.0	50.9	25.9	26.0	0.0
25~34 岁	88	53.5	38.7	4.2	57.0	0.0
35~44 岁	23	79.8	37.1	0.0	26.6	0.0
45~54 岁	9	65.8	49.6	0.0	50.4	0.0
55~60 岁	6	47.2	0.0	0.0	52.8	0.0
沈阳	**385**	**57.9**	**50.0**	**8.1**	**30.4**	**0.0**
男性	**228**	**55.3**	**59.2**	**4.1**	**32.2**	**0.0**
16~24 岁	95	62.0	62.3	0.0	37.7	0.0
25~34 岁	100	50.6	55.2	5.6	33.3	0.0
35~44 岁	30	44.4	70.1	12.7	14.7	0.0
45~54 岁	0	0.0	0.0	0.0	0.0	0.0
55~60 岁	4	100.0	0.0	0.0	0.0	0.0
女性	**156**	**61.8**	**36.4**	**13.9**	**27.8**	**0.0**
16~24 岁	55	25.5	61.6	12.9	36.6	0.0
25~34 岁	70	84.5	26.3	20.9	20.3	0.0
35~44 岁	10	67.7	0.0	0.0	66.1	0.0
45~54 岁	15	83.3	16.7	0.0	16.7	0.0
55~60 岁	7	68.2	31.8	0.0	0.0	0.0
南京	**249**	**23.7**	**36.7**	**6.0**	**60.8**	**0.0**
男性	**139**	**29.3**	**19.0**	**3.6**	**64.5**	**0.0**
16~24 岁	71	6.2	10.0	7.1	89.8	0.0
25~34 岁	35	18.3	45.3	0.0	52.4	0.0
35~44 岁	11	67.8	32.2	0.0	60.9	0.0
45~54 岁	19	100.0	0.0	0.0	6.3	0.0
55~60 岁	3	100.0	0.0	0.0	0.0	0.0
女性	**109**	**16.5**	**59.3**	**9.0**	**56.0**	**0.0**
16~24 岁	48	0.0	81.0	15.1	62.4	0.0
25~34 岁	45	25.2	49.9	4.5	45.4	0.0
35~44 岁	10	32.2	26.4	0.0	67.8	0.0
45~54 岁	2	64.8	0.0	17.6	35.2	0.0
55~60 岁	3	56.8	13.5	0.0	86.5	0.0

3 不同学历的观众对电影片类型的偏好

注：本题为多选题，合计百分比可能超过 100%

	人数（千人）	内地电影	港澳台电影	亚洲国家电影	欧美国家电影	其他国家电影
北京	**1338**	**56.5**	**44.1**	**5.3**	**55.2**	**0.0**
小学及以下	0	0.0	0.0	0.0	0.0	0.0
初中	78	82.8	73.6	4.6	21.8	0.0
高中/中专/技校	409	42.5	53.8	5.5	52.0	0.0
大学专科	376	54.2	39.4	4.1	54.2	0.0
大学本科	411	62.8	35.6	7.0	61.9	0.0
研究生或以上	64	87.3	28.1	0.0	78.9	0.0
上海	**1652**	**24.7**	**56.2**	**10.0**	**61.1**	**2.2**
小学及以下	18	42.9	100.0	0.0	57.1	0.0
初中	133	58.6	28.7	17.0	29.8	0.0
高中/中专/技校	793	29.1	60.0	12.7	57.9	0.0
大学专科	433	8.0	66.5	2.5	64.5	5.6
大学本科	238	14.7	45.8	6.5	77.4	5.2
研究生或以上	38	58.9	0.0	41.1	100.0	0.0

续前表

	人数（千人）	内地电影	港澳台电影	亚洲国家电影	欧美国家电影	其他国家电影
广州	**460**	**20.6**	**75.2**	**14.7**	**48.2**	**0.0**
小学及以下	6	0.0	100.0	49.8	0.0	0.0
初中	41	30.1	69.9	8.5	27.2	0.0
高中/中专/技校	207	18.9	74.3	10.3	47.0	0.0
大学专科	107	16.3	89.3	13.2	66.3	0.0
大学本科	79	26.9	62.4	32.3	39.5	0.0
研究生或以上	20	23.5	61.9	0.0	54.1	0.0
深圳	**432**	**48.0**	**53.0**	**6.1**	**32.7**	**0.0**
小学及以下	14	100.0	31.0	0.0	26.3	0.0
初中	76	79.6	28.9	7.8	5.8	0.0
高中/中专/技校	185	48.3	61.7	4.0	22.0	0.0
大学专科	59	37.4	57.3	0.0	55.1	0.0
大学本科	76	22.0	54.6	11.3	62.0	0.0
研究生或以上	22	20.3	60.3	19.7	59.7	0.0
成都	**485**	**32.0**	**53.3**	**7.5**	**55.3**	**0.0**
小学及以下	3	0.0	0.0	0.0	100.0	0.0
初中	50	37.2	75.2	21.6	18.0	0.0
高中/中专/技校	142	30.1	51.9	5.5	54.8	0.0
大学专科	149	38.9	56.1	3.4	60.1	0.0
大学本科	116	25.6	46.7	5.3	63.7	0.0
研究生或以上	25	26.3	38.9	27.2	57.9	0.0
重庆	**331**	**45.8**	**51.4**	**4.9**	**44.9**	**0.0**
小学及以下	12	22.7	77.3	0.0	0.0	0.0
初中	21	72.6	12.9	0.0	44.7	0.0
高中/中专/技校	102	58.6	59.0	0.0	42.4	0.0
大学专科	128	30.5	69.5	7.3	42.9	0.0
大学本科	69	51.2	13.6	9.9	60.3	0.0
研究生或以上	0	0.0	0.0	0.0	0.0	0.0
武汉	**756**	**24.3**	**28.7**	**7.0**	**68.4**	**0.0**
小学及以下	0	0.0	0.0	0.0	0.0	0.0
初中	53	48.0	20.8	0.0	47.1	0.0
高中/中专/技校	292	26.0	35.0	10.9	58.4	0.0
大学专科	186	21.6	23.6	6.9	74.6	0.0
大学本科	205	19.4	25.5	0.0	84.4	0.0
研究生或以上	21	13.6	37.8	37.8	48.6	0.0
西安	**493**	**50.7**	**48.8**	**12.8**	**54.4**	**0.0**
小学及以下	1	100.0	0.0	0.0	0.0	0.0
初中	38	51.4	55.7	0.0	0.0	0.0
高中/中专/技校	192	57.6	57.8	10.4	44.8	0.0
大学专科	129	60.8	39.2	6.6	60.1	0.0
大学本科	111	29.9	42.2	31.2	75.1	0.0
研究生或以上	21	31.9	50.3	0.0	100.0	0.0
沈阳	**385**	**57.9**	**50.0**	**8.1**	**30.4**	**0.0**
小学及以下	3	100.0	0.0	0.0	0.0	0.0
初中	46	59.6	58.0	0.0	29.7	0.0
高中/中专/技校	113	69.8	59.4	3.4	21.7	0.0
大学专科	121	50.6	54.4	5.8	30.7	0.0
大学本科	101	51.6	31.7	20.0	40.9	0.0
研究生或以上	0	0.0	0.0	0.0	0.0	0.0
南京	**249**	**23.7**	**36.7**	**6.0**	**60.8**	**0.0**
小学及以下	0	0.0	0.0	0.0	0.0	0.0
初中	13	100.0	0.0	0.0	0.0	0.0
高中/中专/技校	96	17.8	29.3	2.8	74.3	0.0
大学专科	67	15.7	43.7	18.2	70.0	0.0
大学本科	70	24.3	49.2	0.0	43.1	0.0
研究生或以上	4	31.3	0.0	0.0	0.0	0.0

六、体育赛事

1 各城市消费者通过电视观看的体育比赛 注：本题为多选题，合计百分比可能超过 100%

	北京	上海	广州	深圳	成都	重庆	武汉	西安	沈阳	南京
足球	57.7	66.6	65.2	53.6	53.6	47.3	59.4	67.9	62.8	44.0
篮球	50.1	56.8	59.1	47.5	40.0	37.2	44.5	56.8	55.8	40.4
排球	37.4	39.4	49.1	25.9	29.6	29.2	31.3	40.7	42.2	25.9
网球	18.9	19.2	26.1	9.0	17.9	9.9	12.8	20.6	18.5	6.6
保龄球	12.4	10.5	13.7	3.5	6.9	5.0	6.0	10.9	12.8	4.2
羽毛球	31.3	24.1	44.1	20.4	19.6	13.5	19.9	29.8	24.1	11.8
乒乓球	42.5	39.3	58.6	35.2	34.9	33.5	39.9	49.8	40.3	24.2
台球	26.3	18.6	15.7	12.5	16.5	9.6	20.7	23.0	17.4	7.3
马拉松	15.6	12.3	14.4	8.0	6.1	5.0	5.0	12.2	11.3	2.5
滑雪	9.3	8.7	10.8	8.0	7.3	5.0	5.6	13.5	12.4	2.4
滑冰	13.7	12.4	13.3	7.1	11.8	10.1	10.3	19.6	18.2	5.4
摩托车赛	9.9	16.3	16.0	5.6	12.4	7.5	6.0	16.7	11.6	3.4
汽车拉力赛	17.8	26.3	18.3	8.9	16.0	11.0	17.6	24.4	16.5	5.0
棋类比赛	10.4	9.3	8.3	4.9	7.4	4.7	9.8	15.4	11.6	5.3
拳击	17.9	24.5	15.9	10.3	13.3	14.3	17.0	28.5	24.0	12.2
没看	22.2	19.0	19.6	27.8	28.2	37.3	25.4	15.2	19.4	34.1
人数（千人）	6018	7015	3035	4209	2011	2435	3161	2088	2831	2439

2 通过现场观看的体育比赛的比例 注：本题为多选题，合计百分比可能超过 100%

	北京	上海	广州	深圳	成都	重庆	武汉	西安	沈阳	南京
足球	7.7	9.4	3.0	5.5	8.4	10.7	9.2	12.6	6.8	2.6
篮球	2.5	2.3	0.6	3.2	1.5	0.9	0.9	3.2	0.9	2.3
排球	0.6	0.4	0.1	0.3	0.2	0.0	0.0	0.2	0.2	0.4
网球	0.3	0.2	0.0	0.3	0.3	0.0	0.0	0.2	0.0	0.0
保龄球	0.3	0.0	0.0	0.1	0.2	0.0	0.3	0.0	0.1	0.2
羽毛球	0.4	0.1	0.1	0.2	0.3	0.0	0.0	0.2	0.2	0.0
乒乓球	1.0	0.2	0.3	0.5	0.4	0.0	0.6	0.6	0.1	0.7
台球	0.2	0.3	0.1	0.4	0.2	0.1	0.2	0.3	0.2	0.0
马拉松	0.8	0.0	0.0	0.2	2.0	0.0	0.2	0.0	0.4	0.0
滑雪	0.0	0.0	0.0	0.1	0.0	0.0	0.0	0.0	0.0	0.0
滑冰	0.5	0.0	0.0	0.1	0.2	0.0	0.0	0.0	0.1	0.0
摩托车赛	0.0	0.0	0.0	0.1	0.1	0.0	0.0	0.2	0.0	0.0
汽车拉力赛	0.0	0.6	0.1	0.2	0.0	0.0	0.0	0.0	0.2	0.0
棋类比赛	0.2	0.2	0.1	0.2	0.3	0.0	0.0	0.0	0.0	0.0
拳击	0.0	0.0	0.0	0.0	0.2	0.0	0.1	0.4	0.1	0.0
没看	88.8	89.1	96.0	91.0	88.3	89.2	89.6	85.8	92.1	94.4
人数（千人）	6018	7015	3035	4209	2011	2435	3161	2088	2831	2439

七、交通工具

1 最常使用的交通工具

	北京	上海	广州	深圳	成都	重庆	武汉	西安	沈阳	南京
出租车	4.1	1.6	0.8	2.6	2.2	0.2	4.3	6.8	4.1	1.0
公共汽车	40.1	49.3	63.7	43.0	28.5	55.2	63.8	52.5	40.0	42.1
自行车/三轮车	35.7	24.0	13.4	8.4	44.9	0.5	20.1	30.1	42.9	35.5
电动自行车	0.5	6.1	0.5	1.4	12.0	0.0	1.0	1.4	1.1	3.2
汽车	10.8	3.3	3.3	8.6	8.4	1.6	2.8	3.6	4.2	4.5
火车	0.2	0.0	0.0	0.0	0.0	0.0	0.0	0.0	0.1	0.0
摩托车	2.5	3.0	14.2	7.8	2.0	4.1	2.4	4.3	3.1	9.1
单位班车	1.9	3.8	1.5	1.7	0.7	2.2	2.9	0.7	2.9	2.7
地铁	2.7	1.8	1.0	0.4	0.0	0.0	0.0	0.0	0.0	0.0
仅步行	1.4	6.3	1.5	26.0	1.3	36.2	2.6	0.6	1.7	1.6
其他	0.1	0.8	0.0	0.0	0.0	0.1	0.1	0.0	0.0	0.2
人数（千人）	6017	7016	3035	4209	2011	2433	3162	2089	2832	2439

八、互联网

1 各城市消费者过去半年内接触互联网的频率

阅读习惯	北京	上海	广州	深圳	成都	重庆	武汉	西安	沈阳	南京
每天	30.1	25.0	18.9	18.3	19.0	12.8	24.3	17.8	14.6	18.6
每周 3 次或以上	5.4	5.9	6.3	5.3	4.9	3.5	8.6	5.8	5.3	3.8
每周至少 1 次	5.3	5.7	5.6	5.2	8.2	5.2	6.4	10.9	6.6	5.9
每 2 周至少 1 次	1.1	1.1	1.2	1.1	2.5	1.1	1.5	1.8	1.2	0.7
每月至少 1 次	1.0	0.8	1.4	1.6	1.4	1.1	2.0	2.3	0.8	0.4
每季度至少 1 次	0.3	0.4	0.5	0.7	0.3	0.5	0.1	0.8	0.2	0.7
更少	0.8	0.7	0.1	1.3	0.9	0.3	0.9	1.2	1.0	0.5
半年内没有接触	55.9	60.4	66.1	66.4	62.7	75.6	56.3	59.4	70.3	69.3
人数（千人）	6019	7016	3034	4210	2010	2435	3162	2088	2832	2438

2 在过去半年内接触过互联网的消费者最近三个月上网的比例

	人数（千人）	是	否
北京	2654	99.6	0.4
上海	2777	98.6	1.4
广州	1030	99.1	0.9
深圳	1415	96.2	3.8
成都	749	98.5	1.5
重庆	595	99.3	0.7
武汉	1382	99.5	0.5
西安	848	97.6	2.4
沈阳	839	98.7	1.3
南京	748	100.0	0.0

3 男性各年龄层、女性各年龄层最近一个月上网的频率

	人数（千人）	天天上网	一周 3 次或以上	一周 1～2 次	一个月 2～3 次	一个月 1 次	最近一月没有上网
北京	**2645**	**60.2**	**19.4**	**14.9**	**3.9**	**0.8**	**0.8**
男性	**1641**	**65.4**	**18.2**	**10.1**	**4.1**	**1.1**	**1.1**
16~24 岁	516	60.9	11.0	16.5	6.8	2.3	2.5
25~34 岁	586	71.2	24.2	4.6	0.0	0.0	0.0
35~44 岁	318	62.6	21.4	12.9	3.1	0.0	0.0
45~54 岁	155	60.0	17.4	7.7	11.0	3.9	0.0
55~60 岁	66	75.8	7.6	0.0	9.1	0.0	7.6
女性	**1004**	**51.5**	**21.5**	**22.8**	**3.5**	**0.3**	**0.4**
16~24 岁	392	47.2	20.9	29.1	2.8	0.0	0.0
25~34 岁	362	63.0	24.6	9.9	2.5	0.0	0.0
35~44 岁	114	27.2	13.2	46.5	13.2	0.0	0.0
45~54 岁	100	55.0	26.0	15.0	0.0	0.0	4.0
55~60 岁	36	50.0	11.1	30.6	0.0	8.3	0.0
上海	**2736**	**58.5**	**16.6**	**16.3**	**3.7**	**3.7**	**1.2**
男性	**1646**	**62.9**	**15.7**	**15.6**	**2.2**	**1.5**	**2.1**
16~24 岁	560	57.0	16.4	23.2	0.0	0.0	3.4
25~34 岁	577	67.4	17.5	7.6	2.3	2.6	2.6
35~44 岁	208	72.1	13.9	13.9	0.0	0.0	0.0
45~54 岁	244	55.3	11.9	19.3	9.8	3.7	0.0
55~60 岁	57	75.4	12.3	12.3	0.0	0.0	0.0
女性	**1090**	**51.8**	**18.1**	**17.2**	**5.7**	**7.2**	**0.0**
16~24 岁	443	51.9	11.1	21.4	6.8	8.8	0.0
25~34 岁	354	57.9	26.3	3.1	6.5	6.2	0.0
35~44 岁	172	51.7	19.2	19.2	5.2	4.7	0.0
45~54 岁	99	28.3	17.2	45.5	0.0	9.1	0.0
55~60 岁	22	59.1	22.7	18.2	0.0	0.0	0.0

续前表

	人数（千人）	天天上网	一周3次或以上	一周1～2次	一个月2～3次	一个月1次	最近一月没有上网
广州	**1018**	**54.4**	**22.2**	**16.7**	**4.5**	**2.2**	**0.0**
男性	**539**	**54.9**	**23.4**	**17.1**	**3.9**	**0.7**	**0.0**
16~24岁	178	53.9	14.0	25.3	6.7	0.0	0.0
25~34岁	210	57.1	31.9	8.6	2.4	0.0	0.0
35~44岁	95	54.7	23.2	13.7	4.2	4.2	0.0
45~54岁	45	55.6	8.9	35.6	0.0	0.0	0.0
55~60岁	11	27.3	72.7	0.0	0.0	0.0	0.0
女性	**483**	**53.6**	**20.7**	**16.4**	**5.6**	**3.7**	**0.0**
16~24岁	161	49.1	14.9	21.7	8.1	6.2	0.0
25~34岁	155	57.4	28.4	9.0	3.9	1.3	0.0
35~44岁	108	57.4	19.4	17.6	2.8	2.8	0.0
45~54岁	53	54.7	20.8	15.1	9.4	0.0	0.0
55~60岁	6	0.0	0.0	50.0	0.0	50.0	0.0
深圳	**1362**	**53.7**	**21.7**	**14.5**	**6.1**	**2.8**	**1.2**
男性	**833**	**55.6**	**22.6**	**12.2**	**6.0**	**2.0**	**1.6**
16~24岁	167	40.7	30.5	15.0	11.4	2.4	0.0
25~34岁	419	64.4	14.6	10.5	7.4	1.0	2.1
35~44岁	187	47.1	34.2	15.5	0.0	3.2	0.0
45~54岁	45	57.8	17.8	8.9	0.0	6.7	8.9
55~60岁	15	73.3	26.7	0.0	0.0	0.0	0.0
女性	**531**	**50.8**	**20.3**	**17.9**	**6.2**	**4.0**	**0.8**
16~24岁	124	46.8	17.7	21.0	8.9	5.6	0.0
25~34岁	247	53.8	17.4	18.6	4.9	3.6	1.6
35~44岁	141	52.5	27.0	13.5	3.5	3.5	0.0
45~54岁	19	26.3	26.3	21.1	26.3	0.0	0.0
55~60岁	0	0.0	0.0	0.0	0.0	0.0	0.0
成都	**739**	**46.8**	**15.8**	**23.4**	**7.2**	**2.4**	**4.3**
男性	**447**	**49.4**	**13.4**	**25.3**	**6.7**	**2.2**	**2.9**
16~24岁	157	45.9	15.3	35.0	0.0	3.8	0.0
25~34岁	204	53.4	11.8	17.2	12.3	2.0	3.4
35~44岁	54	35.2	18.5	29.6	5.6	0.0	11.1
45~54岁	25	64.0	8.0	20.0	8.0	0.0	0.0
55~60岁	7	71.4	0.0	28.6	0.0	0.0	0.0
女性	**292**	**43.2**	**19.2**	**20.5**	**7.9**	**2.7**	**6.5**
16~24岁	137	33.6	22.6	22.6	6.6	4.4	10.2
25~34岁	105	50.5	18.1	16.2	11.4	1.9	1.9
35~44岁	38	52.6	10.5	31.6	5.3	0.0	0.0
45~54岁	10	50.0	20.0	0.0	0.0	0.0	30.0
55~60岁	2	100.0	0.0	0.0	0.0	0.0	0.0
重庆	**594**	**50.3**	**15.5**	**22.2**	**5.1**	**5.4**	**1.5**
男性	**389**	**59.1**	**13.9**	**21.3**	**3.3**	**1.0**	**1.3**
16~24岁	157	58.6	10.2	31.2	0.0	0.0	0.0
25~34岁	147	63.3	18.4	14.3	4.1	0.0	0.0
35~44岁	57	43.9	14.0	19.3	7.0	7.0	8.8
45~54岁	20	60.0	15.0	10.0	15.0	0.0	0.0
55~60岁	8	100.0	0.0	0.0	0.0	0.0	0.0
女性	**200**	**33.5**	**19.0**	**24.0**	**7.5**	**14.0**	**2.0**
16~24岁	109	33.9	23.9	16.5	9.2	16.5	0.0
25~34岁	61	29.5	11.5	36.1	4.9	11.5	6.6
35~44岁	22	31.8	22.7	22.7	9.1	13.6	0.0
45~54岁	8	62.5	0.0	37.5	0.0	0.0	0.0
55~60岁	0	0.0	0.0	0.0	0.0	0.0	0.0

续前表

	人数（千人）	天天上网	一周3次或以上	一周1～2次	一个月2～3次	一个月1次	最近一月没有上网
武汉	**1375**	**51.1**	**19.5**	**18.8**	**4.9**	**2.9**	**2.7**
男性	**842**	**52.4**	**15.7**	**20.1**	**5.5**	**4.4**	**2.0**
16~24岁	302	42.4	23.5	14.6	7.9	11.6	0.0
25~34岁	315	60.3	8.9	25.1	2.9	0.0	2.9
35~44岁	152	52.0	10.5	23.7	8.6	0.0	5.3
45~54岁	50	60.0	20.0	16.0	0.0	4.0	0.0
55~60岁	23	60.9	30.4	8.7	0.0	0.0	0.0
女性	**532**	**49.1**	**25.6**	**16.9**	**4.3**	**0.6**	**3.6**
16~24岁	261	38.3	26.1	25.7	6.5	0.0	3.4
25~34岁	133	74.4	25.6	0.0	0.0	0.0	0.0
35~44岁	104	40.4	23.1	18.3	5.8	2.9	9.6
45~54岁	26	46.2	38.5	15.4	0.0	0.0	0.0
55~60岁	8	100.0	0.0	0.0	0.0	0.0	0.0
西安	**827**	**41.7**	**19.3**	**26.4**	**5.0**	**6.5**	**1.1**
男性	**512**	**41.0**	**19.9**	**27.7**	**6.3**	**3.5**	**1.6**
16~24岁	227	30.8	15.9	43.2	7.0	3.1	0.0
25~34岁	150	54.7	24.7	8.7	5.3	3.3	3.3
35~44岁	105	41.9	21.9	23.8	3.8	5.7	2.9
45~54岁	22	54.5	27.3	9.1	9.1	0.0	0.0
55~60岁	8	25.0	0.0	50.0	25.0	0.0	0.0
女性	**315**	**42.9**	**17.8**	**24.4**	**2.9**	**11.7**	**0.3**
16~24岁	134	34.3	17.2	28.4	0.0	20.1	0.0
25~34岁	116	56.0	18.1	19.8	2.6	3.4	0.0
35~44岁	48	39.6	18.8	27.1	4.2	8.3	2.1
45~54岁	11	27.3	27.3	9.1	36.4	0.0	0.0
55~60岁	6	33.3	0.0	33.3	0.0	33.3	0.0
沈阳	**827**	**45.2**	**22.7**	**24.7**	**1.5**	**4.5**	**1.5**
男性	**488**	**49.4**	**23.2**	**20.9**	**0.8**	**4.7**	**1.0**
16~24岁	212	43.4	25.9	30.7	0.0	0.0	0.0
25~34岁	174	52.9	24.7	12.6	0.0	9.8	0.0
35~44岁	66	50.0	18.2	18.2	6.1	0.0	7.6
45~54岁	26	53.8	11.5	11.5	0.0	23.1	0.0
55~60岁	10	100.0	0.0	0.0	0.0	0.0	0.0
女性	**341**	**39.6**	**22.0**	**30.2**	**2.3**	**3.8**	**2.1**
16~24岁	178	31.5	20.2	40.4	0.0	3.9	3.9
25~34岁	100	51.0	18.0	19.0	8.0	4.0	0.0
35~44岁	35	25.7	45.7	28.6	0.0	0.0	0.0
45~54岁	26	65.4	19.2	7.7	0.0	7.7	0.0
55~60岁	2	100.0	0.0	0.0	0.0	0.0	0.0
南京	**748**	**55.2**	**16.6**	**19.1**	**2.9**	**4.7**	**1.5**
男性	**514**	**62.5**	**18.3**	**16.7**	**2.3**	**0.2**	**0.0**
16~24岁	194	76.8	18.6	4.6	0.0	0.0	0.0
25~34岁	186	51.1	16.1	26.3	6.5	0.0	0.0
35~44岁	77	41.6	32.5	26.0	0.0	0.0	0.0
45~54岁	43	88.4	7.0	2.3	0.0	2.3	0.0
55~60岁	14	50.0	0.0	50.0	0.0	0.0	0.0
女性	**235**	**39.6**	**13.6**	**23.8**	**4.3**	**14.0**	**4.7**
16~24岁	119	37.8	7.6	17.6	7.6	23.5	5.9
25~34岁	74	36.5	20.3	33.8	0.0	5.4	4.1
35~44岁	24	45.8	12.5	33.3	4.2	0.0	4.2
45~54岁	14	50.0	35.7	7.1	0.0	7.1	0.0
55~60岁	4	75.0	0.0	25.0	0.0	0.0	0.0

4 各城市消费者最近一周平均每天上网的时间

	人数（千人）	30分钟以下	31～60分钟	61～120分钟	120分钟以上	最近一周没上网
北京	2621	7.3	23.3	26.1	43.1	0.2
上海	2704	5.3	18.8	29.3	46.3	0.3
广州	1023	16.1	27.3	29.3	26.1	1.2
深圳	1343	9.4	20.7	34.9	33.6	1.4
成都	705	7.1	18.7	27.9	46.2	0.0
重庆	583	6.9	22.8	34.3	32.8	3.3
武汉	1339	8.0	19.6	27.7	42.6	2.1
西安	819	7.9	26.3	30.8	33.7	1.3
沈阳	817	11.1	22.0	28.5	38.3	0.0
南京	737	5.6	19.9	23.7	48.3	2.4

5 各城市消费者平均每月的上网费用

	人数（千人）	50元以下	51～100元	101～150元	151～200元	200元以上	没有花钱
北京	2644	26.7	19.4	28.9	1.4	1.5	22.1
上海	2739	22.7	20.9	41.3	2.1	1.5	11.6
广州	1022	18.3	34.5	23.3	9.4	1.6	12.9
深圳	1360	14.6	35.7	18.3	5.4	3.9	22.1
成都	739	27.3	35.3	13.7	2.0	1.2	20.4
重庆	589	29.2	40.7	10.2	1.5	0.0	18.3
武汉	1375	29.9	21.9	22.0	5.4	1.8	19.0
西安	828	29.2	40.7	1.7	1.3	0.8	26.2
沈阳	828	33.6	39.5	8.2	3.0	1.3	14.4
南京	748	26.6	40.5	12.3	0.5	1.6	18.4

6 男性各年龄层、女性各年龄层最近三个月的上网场所

注：本题为多选题，合计百分比可能超过100%

	人数（千人）	家里	办公室	网吧	学校	亲戚朋友家	其他
北京	**2644**	**72.4**	**40.7**	**7.5**	**3.6**	**0.0**	**0.0**
男性	**1639**	**72.0**	**42.5**	**7.5**	**3.7**	**0.0**	**0.0**
16~24岁	516	71.6	20.0	20.7	8.9	0.0	0.0
25~34岁	586	65.3	56.6	2.8	2.5	0.0	0.0
35~44岁	317	77.8	56.6	0.0	0.0	0.0	0.0
45~54岁	154	89.2	32.2	0.0	0.0	0.0	0.0
55~60岁	65	66.3	51.0	0.0	0.0	0.0	0.0
女性	**1005**	**73.0**	**37.7**	**7.5**	**3.5**	**0.0**	**0.0**
16~24岁	392	73.0	19.8	14.6	6.7	0.0	0.0
25~34岁	363	73.0	49.9	5.0	2.6	0.0	0.0
35~44岁	114	66.7	54.7	0.0	0.0	0.0	0.0
45~54岁	99	74.0	47.6	0.0	0.0	0.0	0.0
55~60岁	36	91.0	29.1	0.0	0.0	0.0	0.0
上海	**2738**	**77.1**	**25.5**	**14.0**	**2.6**	**0.7**	**0.0**
男性	**1647**	**75.1**	**24.5**	**16.8**	**1.8**	**0.0**	**0.0**
16~24岁	561	84.3	8.7	17.7	5.3	0.0	0.0
25~34岁	578	55.2	34.2	26.3	0.0	0.0	0.0
35~44岁	207	84.8	49.2	12.9	0.0	0.0	0.0
45~54岁	245	90.8	15.3	0.0	0.0	0.0	0.0
55~60岁	57	83.5	29.3	0.0	0.0	0.0	0.0
女性	**1091**	**80.0**	**27.1**	**9.6**	**3.9**	**1.8**	**0.0**
16~24岁	443	78.5	14.4	13.1	6.5	4.4	0.0
25~34岁	354	80.4	40.9	10.6	3.9	0.0	0.0
35~44岁	173	76.8	40.7	0.0	0.0	0.0	0.0
45~54岁	99	86.6	17.1	9.1	0.0	0.0	0.0
55~60岁	22	100.0	0.0	0.0	0.0	0.0	0.0

续前表

	人数（千人）	家里	办公室	网吧	学校	亲戚朋友家	其他
广州	**1018**	**77.7**	**31.6**	**10.7**	**1.7**	**0.0**	**0.0**
男性	**538**	**76.0**	**32.6**	**12.8**	**1.4**	**0.0**	**0.0**
16~24 岁	178	79.4	11.0	25.5	4.1	0.0	0.0
25~34 岁	210	73.9	40.2	9.1	0.0	0.0	0.0
35~44 岁	94	72.9	45.6	4.5	0.0	0.0	0.0
45~54 岁	44	81.9	55.4	0.0	0.0	0.0	0.0
55~60 岁	12	66.3	33.7	0.0	0.0	0.0	0.0
女性	**480**	**79.6**	**30.4**	**8.3**	**2.0**	**0.0**	**0.0**
16~24 岁	157	75.2	17.5	18.7	6.2	0.0	0.0
25~34 岁	156	76.4	37.1	6.7	0.0	0.0	0.0
35~44 岁	109	92.4	40.3	0.0	0.0	0.0	0.0
45~54 岁	53	73.7	31.7	0.0	0.0	0.0	0.0
55~60 岁	5	100.0	0.0	0.0	0.0	0.0	0.0
深圳	**1361**	**60.4**	**45.4**	**20.4**	**1.9**	**0.3**	**0.0**
男性	**831**	**56.7**	**49.6**	**22.0**	**3.1**	**0.5**	**0.0**
16~24 岁	167	34.4	19.6	48.2	15.3	0.0	0.0
25~34 岁	418	54.3	59.7	21.7	0.0	1.1	0.0
35~44 岁	187	78.2	53.4	6.0	0.0	0.0	0.0
45~54 岁	44	74.9	50.0	0.0	0.0	0.0	0.0
55~60 岁	15	49.9	50.1	0.0	0.0	0.0	0.0
女性	**530**	**66.1**	**38.8**	**17.8**	**0.0**	**0.0**	**0.0**
16~24 岁	123	46.8	25.8	38.6	0.0	0.0	0.0
25~34 岁	247	67.3	39.6	17.1	0.0	0.0	0.0
35~44 岁	140	86.5	47.4	0.0	0.0	0.0	0.0
45~54 岁	19	25.6	48.9	25.4	0.0	0.0	0.0
55~60 岁	0	0.0	0.0	0.0	0.0	0.0	0.0
成都	**738**	**40.2**	**38.2**	**39.3**	**2.1**	**0.0**	**0.0**
男性	**445**	**45.7**	**38.7**	**38.4**	**3.6**	**0.0**	**0.0**
16~24 岁	157	31.3	21.6	61.0	7.9	0.0	0.0
25~34 岁	202	46.7	52.0	29.3	1.7	0.0	0.0
35~44 岁	53	59.5	40.6	29.5	0.0	0.0	0.0
45~54 岁	25	91.5	36.3	0.0	0.0	0.0	0.0
55~60 岁	7	68.5	31.5	0.0	0.0	0.0	0.0
女性	**293**	**31.8**	**37.4**	**40.7**	**0.0**	**0.0**	**0.0**
16~24 岁	137	21.0	25.0	60.4	0.0	0.0	0.0
25~34 岁	106	31.8	54.5	27.5	0.0	0.0	0.0
35~44 岁	38	52.8	37.0	15.6	0.0	0.0	0.0
45~54 岁	10	83.7	33.3	16.3	0.0	0.0	0.0
55~60 岁	2	100.0	0.0	0.0	0.0	0.0	0.0
重庆	**591**	**63.0**	**30.3**	**23.7**	**2.8**	**0.0**	**0.0**
男性	**390**	**63.2**	**31.2**	**25.7**	**2.0**	**0.0**	**0.0**
16~24 岁	157	47.7	15.8	41.5	4.9	0.0	0.0
25~34 岁	147	72.8	40.6	23.8	0.0	0.0	0.0
35~44 岁	58	71.0	51.2	0.0	0.0	0.0	0.0
45~54 岁	20	89.1	24.1	0.0	0.0	0.0	0.0
55~60 岁	8	68.1	31.9	0.0	0.0	0.0	0.0
女性	**201**	**62.7**	**28.4**	**19.8**	**4.5**	**0.0**	**0.0**
16~24 岁	109	50.9	15.8	33.6	8.2	0.0	0.0
25~34 岁	61	64.8	53.6	5.4	0.0	0.0	0.0
35~44 岁	22	100.0	23.4	0.0	0.0	0.0	0.0
45~54 岁	9	100.0	22.0	0.0	0.0	0.0	0.0
55~60 岁	0	0.0	0.0	0.0	0.0	0.0	0.0

续前表

	人数（千人）	家里	办公室	网吧	学校	亲戚朋友家	其他
武汉	**1375**	**46.7**	**32.2**	**36.9**	**2.7**	**2.0**	**0.0**
男性	**843**	**42.7**	**33.0**	**39.1**	**4.5**	**3.2**	**0.0**
16~24 岁	302	25.2	15.2	67.4	9.0	2.7	0.0
25~34 岁	315	41.6	38.6	38.2	3.3	4.2	0.0
35~44 岁	154	60.8	59.1	3.4	0.0	3.7	0.0
45~54 岁	50	86.6	28.2	0.0	0.0	0.0	0.0
55~60 岁	22	73.0	27.0	0.0	0.0	0.0	0.0
女性	**532**	**53.1**	**31.0**	**33.4**	**0.0**	**0.0**	**0.0**
16~24 岁	261	47.9	14.6	55.8	0.0	0.0	0.0
25~34 岁	133	40.8	59.7	20.4	0.0	0.0	0.0
35~44 岁	104	70.1	39.8	4.9	0.0	0.0	0.0
45~54 岁	26	85.1	21.8	0.0	0.0	0.0	0.0
55~60 岁	8	100.0	0.0	0.0	0.0	0.0	0.0
西安	**828**	**57.4**	**29.0**	**27.0**	**9.5**	**0.0**	**0.0**
男性	**513**	**51.7**	**32.3**	**35.1**	**11.2**	**0.0**	**0.0**
16~24 岁	228	47.4	7.9	62.9	21.4	0.0	0.0
25~34 岁	151	57.5	48.4	15.4	5.8	0.0	0.0
35~44 岁	103	44.6	57.8	12.7	0.0	0.0	0.0
45~54 岁	23	80.1	38.3	0.0	0.0	0.0	0.0
55~60 岁	8	71.6	78.4	0.0	0.0	0.0	0.0
女性	**315**	**66.6**	**23.5**	**13.8**	**6.9**	**0.0**	**0.0**
16~24 岁	133	73.5	0.0	22.4	16.2	0.0	0.0
25~34 岁	117	61.8	41.9	8.9	0.0	0.0	0.0
35~44 岁	48	56.9	42.9	6.9	0.0	0.0	0.0
45~54 岁	12	61.5	38.5	0.0	0.0	0.0	0.0
55~60 岁	5	100.0	0.0	0.0	0.0	0.0	0.0
沈阳	**828**	**59.9**	**23.5**	**29**	**5.3**	**0.5**	**0.6**
男性	**487**	**60.2**	**20.5**	**34.2**	**7.6**	**0.0**	**1.0**
16~24 岁	212	50.1	6.9	53.7	13.0	0.0	0.0
25~34 岁	173	65.2	31.0	30.5	3.4	0.0	0.0
35~44 岁	67	68.0	37.6	0.0	5.5	0.0	6.9
45~54 岁	26	100.0	0.0	0.0	0.0	0.0	0.0
55~60 岁	10	30.7	69.3	0.0	0.0	0.0	0.0
女性	**341**	**59.5**	**27.8**	**21.5**	**1.9**	**1.1**	**0.0**
16~24 岁	178	51.1	19.4	37.0	0.0	0.0	0.0
25~34 岁	99	63.8	40.2	7.5	3.7	3.8	0.0
35~44 岁	35	63.5	44.5	0.0	7.7	0.0	0.0
45~54 岁	26	91.9	18.0	0.0	0.0	0.0	0.0
55~60 岁	2	100.0	0.0	0.0	0.0	0.0	0.0
南京	**748**	**71.6**	**25.6**	**14.4**	**2.0**	**0.0**	**0.0**
男性	**513**	**72.8**	**25.7**	**14.8**	**1.1**	**0.0**	**0.0**
16~24 岁	194	82.7	13.7	16.6	1.1	0.0	0.0
25~34 岁	187	60.4	32.7	21.0	0.0	0.0	0.0
35~44 岁	77	67.9	32.6	6.2	4.7	0.0	0.0
45~54 岁	42	88.5	38.5	0.0	0.0	0.0	0.0
55~60 岁	13	79.9	20.1	0.0	0.0	0.0	0.0
女性	**235**	**69.0**	**25.5**	**13.5**	**3.9**	**0.0**	**0.0**
16~24 岁	120	62.2	13.9	21.6	7.7	0.0	0.0
25~34 岁	73	74.9	37.6	6.4	0.0	0.0	0.0
35~44 岁	24	77.8	38.6	5.3	0.0	0.0	0.0
45~54 岁	15	72.5	45.6	0.0	0.0	0.0	0.0
55~60 岁	4	100.0	0.0	0.0	0.0	0.0	0.0

7 男性各年龄层、女性各年龄层上网的接入方式

	人数(千人)	普通电话拨号	ADSL	ISDN	宽带	无线上网	手机上网	不知道	其他
北京	**2644**	**11.9**	**43.9**	**0.9**	**40.7**	**1.6**	**0.0**	**0.9**	**0.0**
男性	**1640**	**11.5**	**42.4**	**0.9**	**43.5**	**1.7**	**0.0**	**0.0**	**0.0**
16~24 岁	516	11.2	53.5	0.0	35.3	0.0	0.0	0.0	0.0
25~34 岁	587	4.9	37.8	2.6	52.0	2.7	0.0	0.0	0.0
35~44 岁	317	21.5	39.4	0.0	35.3	3.8	0.0	0.0	0.0
45~54 岁	154	11.0	33.8	0.0	55.2	0.0	0.0	0.0	0.0
55~60 岁	66	25.8	30.3	0.0	43.9	0.0	0.0	0.0	0.0
女性	**1005**	**12.6**	**46.5**	**0.8**	**36.3**	**1.3**	**0.0**	**2.5**	**0.0**
16~24 岁	392	14.3	47.2	0.0	38.5	0.0	0.0	0.0	0.0
25~34 岁	362	10.2	45.0	0.0	37.3	2.5	0.0	5.0	0.0
35~44 岁	115	7.0	59.1	7.0	27.0	0.0	0.0	0.0	0.0
45~54 岁	99	15.2	33.3	0.0	44.4	0.0	0.0	7.1	0.0
55~60 岁	37	29.7	48.6	0.0	10.8	10.8	0.0	0.0	0.0
上海	**2737**	**19.9**	**37.6**	**2.3**	**38.8**	**1.0**	**0.0**	**0.5**	**0.0**
男性	**1646**	**14.1**	**39.5**	**3.2**	**41.0**	**1.6**	**0.0**	**0.5**	**0.0**
16~24 岁	561	17.8	43.9	3.7	33.0	0.0	0.0	1.6	0.0
25~34 岁	578	12.3	38.4	5.5	43.8	0.0	0.0	0.0	0.0
35~44 岁	207	7.7	34.3	0.0	49.3	8.7	0.0	0.0	0.0
45~54 岁	244	15.6	39.3	0.0	45.1	0.0	0.0	0.0	0.0
55~60 岁	56	12.5	26.8	0.0	44.6	16.1	0.0	0.0	0.0
女性	**1090**	**28.5**	**34.5**	**1.0**	**35.6**	**0.0**	**0.0**	**0.4**	**0.0**
16~24 岁	443	28.9	37.9	2.5	30.7	0.0	0.0	0.0	0.0
25~34 岁	354	26.8	33.3	0.0	39.8	0.0	0.0	0.0	0.0
35~44 岁	173	40.5	29.5	0.0	30.1	0.0	0.0	0.0	0.0
45~54 岁	98	18.4	26.5	0.0	51.0	0.0	0.0	4.1	0.0
55~60 岁	22	0.0	59.1	0.0	40.9	0.0	0.0	0.0	0.0
广州	**1021**	**11.9**	**35.7**	**0.4**	**49.0**	**0.3**	**1.1**	**1.7**	**0.0**
男性	**537**	**12.8**	**37.2**	**0.7**	**46.2**	**0.0**	**2.0**	**0.9**	**0.0**
16~24 岁	177	13.6	50.3	2.3	32.2	0.0	1.7	0.0	0.0
25~34 岁	209	3.8	34.9	0.0	56.9	0.0	1.9	2.4	0.0
35~44 岁	95	30.5	23.2	0.0	42.1	0.0	4.2	0.0	0.0
45~54 岁	45	17.8	26.7	0.0	55.6	0.0	0.0	0.0	0.0
55~60 岁	11	0.0	36.4	0.0	63.6	0.0	0.0	0.0	0.0
女性	**482**	**10.6**	**34.4**	**0.0**	**51.9**	**0.6**	**0.0**	**2.5**	**0.0**
16~24 岁	160	11.3	36.9	0.0	47.5	0.0	0.0	4.4	0.0
25~34 岁	155	9.0	38.7	0.0	49.0	1.9	0.0	1.3	0.0
35~44 岁	109	12.8	31.2	0.0	56.0	0.0	0.0	0.0	0.0
45~54 岁	53	9.4	24.5	0.0	60.4	0.0	0.0	5.7	0.0
55~60 岁	5	0.0	0.0	0.0	100.0	0.0	0.0	0.0	0.0
深圳	**1361**	**6.7**	**33.4**	**0.0**	**54.7**	**0.3**	**0.0**	**4.9**	**0.0**
男性	**832**	**6.5**	**38.7**	**0.0**	**50.6**	**0.5**	**0.0**	**3.7**	**0.0**
16~24 岁	167	0.0	46.1	0.0	49.7	0.0	0.0	4.2	0.0
25~34 岁	418	8.4	36.1	0.0	50.2	1.0	0.0	4.3	0.0
35~44 岁	187	6.4	34.2	0.0	56.1	0.0	0.0	3.2	0.0
45~54 岁	44	15.9	50.0	0.0	34.1	0.0	0.0	0.0	0.0
55~60 岁	16	0.0	50.0	0.0	50.0	0.0	0.0	0.0	0.0
女性	**529**	**7.0**	**25.1**	**0.0**	**60.9**	**0.0**	**0.0**	**7.0**	**0.0**
16~24 岁	123	11.4	11.4	0.0	65.0	0.0	0.0	12.2	0.0
25~34 岁	247	3.6	29.1	0.0	61.9	0.0	0.0	5.3	0.0
35~44 岁	140	10.0	33.6	0.0	50.0	0.0	0.0	6.4	0.0
45~54 岁	19	0.0	0.0	0.0	100.0	0.0	0.0	0.0	0.0
55~60 岁	0	0.0	0.0	0.0	0.0	0.0	0.0	0.0	0.0

续前表

	人数(千人)	普通电话拨号	ADSL	ISDN	宽带	无线上网	手机上网	不知道	其他
成都	**737**	**3.3**	**42.1**	**0.7**	**53.6**	**0.4**	**0.0**	**0.0**	**0.0**
男性	**445**	**4.5**	**43.4**	**0.7**	**50.8**	**0.7**	**0.0**	**0.0**	**0.0**
16~24 岁	158	1.9	43.0	0.0	53.2	1.9	0.0	0.0	0.0
25~34 岁	202	3.5	48.0	0.0	48.5	0.0	0.0	0.0	0.0
35~44 岁	53	5.7	35.8	5.7	52.8	0.0	0.0	0.0	0.0
45~54 岁	25	8.0	36.0	0.0	56.0	0.0	0.0	0.0	0.0
55~60 岁	7	71.4	0.0	0.0	28.6	0.0	0.0	0.0	0.0
女性	**293**	**1.4**	**40.3**	**0.7**	**57.7**	**0.0**	**0.0**	**0.0**	**0.0**
16~24 岁	137	0.0	40.1	0.0	59.9	0.0	0.0	0.0	0.0
25~34 岁	106	1.9	43.4	1.9	52.8	0.0	0.0	0.0	0.0
35~44 岁	38	5.3	26.3	. 0.0	68.4	0.0	0.0	0.0	0.0
45~54 岁	10	0.0	70.0	0.0	30.0	0.0	0.0	0.0	0.0
55~60 岁	2	0.0	0.0	0.0	100.0	0.0	0.0	0.0	0.0
重庆	**590**	**6.1**	**19.5**	**0.5**	**72.0**	**1.0**	**0.0**	**0.8**	**0.0**
男性	**390**	**4.9**	**26.2**	**0.8**	**66.7**	**1.5**	**0.0**	**0.0**	**0.0**
16~24 岁	156	5.1	21.8	0.0	73.1	0.0	0.0	0.0	0.0
25~34 岁	148	4.7	31.1	0.0	60.1	4.1	0.0	0.0	0.0
35~44 岁	58	6.9	20.7	0.0	72.4	0.0	0.0	0.0	0.0
45~54 岁	20	0.0	50.0	15.0	35.0	0.0	0.0	0.0	0.0
55~60 岁	8	0.0	0.0	0.0	100.0	0.0	0.0	0.0	0.0
女性	**200**	**8.0**	**7.0**	**0.0**	**82.5**	**0.0**	**0.0**	**2.5**	**0.0**
16~24 岁	109	8.3	0.0	0.0	91.7	0.0	0.0	0.0	0.0
25~34 岁	61	0.0	19.7	0.0	75.4	0.0	0.0	4.9	0.0
35~44 岁	21	33.3	0.0	0.0	57.1	0.0	0.0	9.5	0.0
45~54 岁	9	0.0	22.2	0.0	77.8	0.0	0.0	0.0	0.0
55~60 岁	0	0.0	0.0	0.0	0.0	0.0	0.0	0.0	0.0
武汉	**1375**	**1.5**	**19.7**	**0.0**	**75.2**	**0.5**	**0.0**	**3.1**	**0.0**
男性	**844**	**0.4**	**20.6**	**0.0**	**74.4**	**0.8**	**0.0**	**3.8**	**0.0**
16~24 岁	303	0.0	15.2	0.0	76.2	2.3	0.0	6.3	0.0
25~34 岁	315	0.0	28.3	0.0	67.6	0.0	0.0	4.1	0.0
35~44 岁	153	0.0	20.3	0.0	79.7	0.0	0.0	0.0	0.0
45~54 岁	51	5.9	5.9	0.0	88.2	0.0	0.0	0.0	0.0
55~60 岁	22	0.0	22.7	0.0	77.3	0.0	0.0	0.0	0.0
女性	**531**	**3.4**	**18.3**	**0.0**	**76.5**	**0.0**	**0.0**	**1.9**	**0.0**
16~24 岁	261	3.1	26.8	0.0	67.0	0.0	0.0	3.1	0.0
25~34 岁	133	0.0	9.8	0.0	90.2	0.0	0.0	0.0	0.0
35~44 岁	104	5.8	13.5	0.0	78.8	0.0	0.0	1.9	0.0
45~54 岁	26	7.7	0.0	0.0	92.3	0.0	0.0	0.0	0.0
55~60 岁	7	28.6	0.0	0.0	71.4	0.0	0.0	0.0	0.0
西安	**826**	**2.8**	**22.2**	**0.0**	**73.7**	**0.5**	**0.0**	**0.8**	**0.0**
男性	**513**	**1.4**	**27.9**	**0.0**	**70.0**	**0.8**	**0.0**	**0.0**	**0.0**
16~24 岁	228	0.0	28.1	0.0	71.9	0.0	0.0	0.0	0.0
25~34 岁	151	0.0	31.1	0.0	66.2	2.6	0.0	0.0	0.0
35~44 岁	102	4.9	22.5	0.0	72.5	0.0	0.0	0.0	0.0
45~54 岁	23	0.0	17.4	0.0	82.6	0.0	0.0	0.0	0.0
55~60 岁	9	22.2	55.6	0.0	22.2	0.0	0.0	0.0	0.0
女性	**318**	**5.3**	**12.9**	**0.0**	**79.6**	**0.0**	**0.0**	**2.2**	**0.0**
16~24 岁	134	7.5	12.7	0.0	79.9	0.0	0.0	0.0	0.0
25~34 岁	118	0.0	13.6	0.0	80.5	0.0	0.0	5.9	0.0
35~44 岁	48	4.2	12.5	0.0	83.3	0.0	0.0	0.0	0.0
45~54 岁	12	25.0	0.0	0.0	75.0	0.0	0.0	0.0	0.0
55~60 岁	6	33.3	33.3	0.0	33.3	0.0	0.0	0.0	0.0

续前表

	人数(千人)	普通电话拨号	ADSL	ISDN	宽带	无线上网	手机上网	不知道	其他
沈阳	**829**	**12.7**	**7.0**	**2.2**	**77.3**	**0.0**	**0.0**	**0.4**	**0.5**
男性	**486**	**11.5**	**8.6**	**3.7**	**76.1**	**0.0**	**0.0**	**0.0**	**0.0**
16~24 岁	213	6.6	14.1	3.8	75.6	0.0	0.0	0.0	0.0
25~34 岁	172	15.7	3.5	5.8	75.0	0.0	0.0	0.0	0.0
35~44 岁	67	13.4	0.0	0.0	86.6	0.0	0.0	0.0	0.0
45~54 岁	25	24.0	12.0	0.0	64.0	0.0	0.0	0.0	0.0
55~60 岁	9	0.0	33.3	0.0	66.7	0.0	0.0	0.0	0.0
女性	**343**	**14.6**	**4.7**	**0.0**	**78.7**	**0.0**	**0.0**	**0.9**	**1.2**
16~24 岁	178	10.7	3.9	0.0	85.4	0.0	0.0	0.0	0.0
25~34 岁	100	19.0	4.0	0.0	73.0	0.0	0.0	0.0	4.0
35~44 岁	36	19.4	0.0	0.0	72.2	0.0	0.0	8.3	0.0
45~54 岁	27	18.5	18.5	0.0	63.0	0.0	0.0	0.0	0.0
55~60 岁	2	0.0	0.0	0.0	100.0	0.0	0.0	0.0	0.0
南京	**748**	**17.8**	**29.8**	**0.3**	**52.1**	**0.0**	**0.0**	**0.0**	**0.0**
男性	**512**	**10.9**	**35.0**	**0.4**	**53.7**	**0.0**	**0.0**	**0.0**	**0.0**
16~24 岁	193	3.6	45.6	1.0	49.7	0.0	0.0	0.0	0.0
25~34 岁	187	11.8	34.2	0.0	54.0	0.0	0.0	0.0	0.0
35~44 岁	77	16.9	18.2	0.0	64.9	0.0	0.0	0.0	0.0
45~54 岁	42	21.4	28.6	0.0	50.0	0.0	0.0	0.0	0.0
55~60 岁	13	38.5	7.7	0.0	53.8	0.0	0.0	0.0	0.0
女性	**234**	**32.5**	**18.8**	**0.0**	**48.7**	**0.0**	**0.0**	**0.0**	**0.0**
16~24 岁	120	31.7	25.0	0.0	43.3	0.0	0.0	0.0	0.0
25~34 岁	72	41.7	9.7	0.0	48.6	0.0	0.0	0.0	0.0
35~44 岁	24	16.7	16.7	0.0	66.7	0.0	0.0	0.0	0.0
45~54 岁	15	20.0	13.3	0.0	66.7	0.0	0.0	0.0	0.0
55~60 岁	3	33.3	33.3	0.0	33.3	0.0	0.0	0.0	0.0

8 最常访问的网站排名

注：本题为多选题，合计百分比可能超过 100%

排名	北京		上海		广州		深圳		成都	
	网站	百分比	网站	百分比	网站	百分比	网站	百分比	网站	百分比
1	新浪网	67.9	新浪网	62.0	新浪网	46.5	新浪网	48.5	新浪网	58.7
2	搜狐	59.8	搜狐	35.3	网易	46.2	搜狐	43.6	搜狐	38.2
3	百度	21.1	百度	26.0	搜狐	36.2	网易	25.1	网易	28.5
4	网易	17.9	腾讯	23.5	百度	26.6	腾讯	22.7	腾讯	25.5
5	雅虎	14.5	网易	21.2	雅虎	18.0	百度	19.4	百度	18.5
6	腾讯	9.6	上海在线	20.1	腾讯	13.2	雅虎	12.4	雅虎	17.5
7	Google	8.4	Google	15.8	广州视窗	11.8	Google	5.6	联众	8.5
8	TOM	3.7	雅虎	12.4	21cn	9.4	深圳之窗	3.9	天府热线	6.3
9	263 在线	2.9	联众	6.5	太平洋电脑网	8.6	中华网	3.3	中央电视台	5.4
10	太平洋电脑网	2.9	易趣	5.6	Google	7.5	中文雅虎	3.2	Google	4.9

续前表

排名	重庆		武汉		西安		沈阳		南京	
	网站	百分比	网站	百分比	网站	百分比	网站	百分比	网站	百分比
1	新浪网	54.9	新浪网	49.2	新浪网	49.5	新浪网	48.8	新浪网	56.2
2	百度	32.9	搜狐	32.8	搜狐	41.1	网易	46.3	搜狐	44.7
3	搜狐	29.3	腾讯	25.2	百度	32.8	搜狐	41.5	百度	29.4
4	网易	27.1	网易	24.5	网易	26.8	百度	24.4	网易	17.6
5	腾讯	25.6	百度	23.8	腾讯	19.0	雅虎	12.8	西祠胡同	15.3
6	Google	10.7	Google	13.6	Google	9.1	腾讯	11.1	雅虎	14.6
7	雅虎	8.5	雅虎	8.8	联众	7.8	联众	8.1	腾讯	13.1
8	联众	7.1	联众	6.1	雅虎	7.7	中央电视台	4.0	联众	11.9
9	中央电视台	4.5	武汉热线	3.9	中央电视台	5.6	Google	3.3	Google	7.1
10	中国人	4.0	中央电视台	3.8	古城热线	4.2	Hotmail	2.4	TOM	6.2

9 经常使用的网络服务 注：本题为多选题，合计百分比可能超过100%

网络服务	北京	上海	广州	深圳	成都	重庆	武汉	西安	沈阳	南京
电子邮箱	56.0	48.6	51.3	43.2	52.9	53.2	41.4	30.6	36.7	40.4
搜索引擎	23.3	35.7	25.0	25.0	29.2	25.6	31.0	23.3	19.5	38.7
软件上传或下载服务	17.1	19.8	21.8	11.4	22.8	26.9	17.4	19.2	15.9	24.6
各类信息查询	48.0	28.2	54.4	48.2	37.4	20.1	27.6	40.1	40.1	43.5
网上聊天室	26.6	27.8	32.7	32.9	36.3	30.9	30.0	27.7	34.8	22.3
新闻组	25.3	25.7	29.3	19.6	16.5	22.4	9.8	23.9	26.2	17.0
远程教育（如网络授课）	2.4	1.3	4.9	1.2	1.6	1.4	2.1	4.3	2.0	2.6
BBS电子公告板	2.8	3.2	0.7	0.9	2.8	1.1	2.9	2.2	0.4	1.2
网上游戏娱乐	23.7	35.2	28.7	28.7	36.7	39.9	40.6	40.2	39.3	23.3
网上炒股	3.3	2.4	2.0	3.2	0.9	2.1	2.6	1.5	2.1	2.3
即时通讯	3.9	8.0	12.0	2.1	1.3	2.3	5.8	5.9	1.6	2.2
个人免费主页空间	0.5	0.2	1.8	0.2	0.0	2.3	1.3	0.4	2.3	0.0
网上购物或商务活动	1.1	5.1	1.9	1.2	2.9	7.1	2.5	0.2	1.3	2.3
网络电话	0.9	0.0	0.9	0.0	0.7	1.1	0.4	0.0	0.4	0.0
网上支付	0.9	0.9	0.6	0.0	0.0	0.0	0.3	0.9	0.7	0.9
论坛	6.9	5.7	0.3	4.6	3.3	5.6	8.8	11.8	4.0	3.3
校友录	7.8	9.3	3.1	3.3	3.2	12.5	12.0	6.7	10.2	4.8
其他	0.0	0.0	0.0	0.0	0.0	0.0	0.0	0.0	0.0	0.6
人数（千人）	2644	2738	1021	1361	738	591	1375	828	828	748

10 男性各年龄层、女性各年龄层最经常使用的网络服务 注：本题为多选题，合计百分比可能超过100%

● **北京**

	人数（千人）	电子邮箱	搜索引擎	软件上传或下载服务	各类信息查询	网上聊天室	新闻组	远程教育（如网络授课）	BBS电子公告板	网上游戏娱乐
总人数	**2644**	**56.0**	**23.3**	**17.1**	**48.0**	**26.6**	**25.3**	**2.4**	**2.8**	**23.7**
男性	**1639**	**58.0**	**25.5**	**20.0**	**43.2**	**21.6**	**26.2**	**1.9**	**3.2**	**25.1**
16~24岁	516	51.2	24.4	13.4	24.1	26.5	13.3	4.3	6.3	41.6
25~34岁	586	74.9	32.0	30.5	49.3	22.7	22.6	0.0	2.5	13.1
35~44岁	317	44.7	24.4	21.8	52.8	21.2	41.6	2.9	0.0	24.4
45~54岁	154	46.6	17.1	3.5	56.6	6.9	44.9	0.0	3.9	21.4
55~60岁	65	51.9	0.0	7.3	61.0	9.1	41.0	0.0	0.0	15.3
女性	**1005**	**52.7**	**19.9**	**12.3**	**55.7**	**34.7**	**23.7**	**3.2**	**2.0**	**21.5**
16~24岁	392	54.6	27.1	5.8	45.1	55.9	5.9	3.0	2.8	28.6
25~34岁	363	65.3	12.4	19.7	59.6	27.3	22.5	2.3	2.6	23.3
35~44岁	114	26.4	26.3	6.6	66.3	13.4	53.3	6.6	0.0	13.6
45~54岁	99	37.4	7.4	18.2	66.3	11.4	51.5	0.0	0.0	3.6
55~60岁	36	30.3	30.5	10.0	69.3	10.2	60.8	11.2	0.0	0.0

续前表

	人数（千人）	网上炒股	即时通讯	个人免费主页空间	网上购物或商务活动	网络电话	网上支付	论坛	校友录	其他
总人数	**2644**	**3.3**	**3.9**	**0.5**	**1.1**	**0.9**	**0.9**	**6.9**	**7.8**	**0.0**
男性	**1639**	**4.3**	**3.0**	**0.8**	**1.8**	**1.4**	**0.9**	**7.4**	**6.4**	**0.0**
16~24岁	516	0.0	8.3	0.0	2.1	2.0	0.0	11.0	14.6	0.0
25~34岁	586	2.5	0.0	2.2	2.2	0.0	2.5	10.1	5.0	0.0
35~44岁	317	10.1	0.0	0.0	0.0	3.8	0.0	0.0	0.0	0.0
45~54岁	154	8.6	3.9	0.0	0.0	0.0	0.0	0.0	0.0	0.0
55~60岁	65	15.8	0.0	0.0	9.1	0.0	0.0	8.2	0.0	0.0
女性	**1005**	**1.6**	**5.5**	**0.0**	**0.0**	**0.0**	**0.8**	**6.0**	**10.0**	**0.0**
16~24岁	392	0.0	0.0	0.0	0.0	0.0	0.0	11.0	17.9	0.0
25~34岁	363	2.5	7.6	0.0	0.0	0.0	2.3	2.6	7.4	0.0
35~44岁	114	0.0	14.1	0.0	0.0	0.0	0.0	0.0	0.0	0.0
45~54岁	99	7.3	7.4	0.0	0.0	0.0	0.0	7.7	4.0	0.0
55~60岁	36	0.0	11.2	0.0	0.0	0.0	0.0	0.0	0.0	0.0

● 上海

	人数（千人）	电子邮箱	搜索引擎	软件上传或下载服务	各类信息查询	网上聊天室	新闻组	远程教育（如网络授课）	BBS 电子公告板	网上游戏娱乐
总人数	**2738**	**48.6**	**35.7**	**19.8**	**28.2**	**27.8**	**25.7**	**1.3**	**3.2**	**35.2**
男性	**1647**	**47.3**	**40.6**	**20.4**	**27.6**	**22.9**	**27.4**	**2.2**	**4.7**	**36.7**
16~24 岁	561	40.2	47.8	27.6	10.2	31.4	12.9	0.0	7.5	51.5
25~34 岁	578	70.3	51.7	22.5	23.0	15.5	18.3	4.8	5.1	22.8
35~44 岁	207	51.7	15.3	14.3	56.4	26.7	50.0	0.0	0.0	35.9
45~54 岁	245	13.2	22.3	9.2	47.3	23.2	55.8	0.0	2.9	34.0
55~60 岁	57	13.4	28.0	0.0	56.6	0.0	57.3	13.4	0.0	45.8
女性	**1091**	**50.7**	**28.2**	**19.0**	**29.0**	**35.3**	**23.1**	**0.0**	**0.7**	**33.0**
16~24 岁	443	46.0	23.5	19.1	30.4	48.7	8.5	0.0	1.8	39.3
25~34 岁	354	66.6	39.9	29.2	9.0	41.0	29.8	0.0	0.0	27.3
35~44 岁	173	49.3	26.0	5.4	49.0	4.7	36.3	0.0	0.0	24.5
45~54 岁	99	19.3	17.7	9.6	57.1	15.7	33.0	0.0	0.0	38.0
55~60 岁	22	39.3	0.0	0.0	38.5	0.0	60.7	0.0	0.0	41.5

续前表

	人数（千人）	网上炒股	即时通讯	个人免费主页空间	网上购物或商务活动	网络电话	网上支付	论坛	校友录	其他
总人数	**2738**	**2.4**	**8**	**0.2**	**5.1**	**0.0**	**0.9**	**5.7**	**9.3**	**0.0**
男性	**1647**	**2.9**	**9.5**	**0.0**	**3.6**	**0.0**	**0.0**	**6.1**	**8.3**	**0.0**
16~24 岁	561	0.0	5.4	0.0	0.0	0.0	0.0	15.4	22.0	0.0
25~34 岁	578	2.3	15.7	0.0	7.5	0.0	0.0	2.4	2.3	0.0
35~44 岁	207	0.0	14.2	0.0	0.0	0.0	0.0	0.0	0.0	0.0
45~54 岁	245	7.5	2.7	0.0	6.3	0.0	0.0	0.0	0.0	0.0
55~60 岁	57	29.3	0.0	0.0	0.0	0.0	0.0	0.0	0.0	0.0
女性	**1091**	**1.6**	**5.6**	**0.4**	**7.3**	**0.0**	**2.1**	**5.2**	**10.8**	**0.0**
16~24 岁	443	0.0	6.5	0.0	2.0	0.0	0.0	10.4	23.0	0.0
25~34 岁	354	0.0	6.8	0.0	13.8	0.0	6.6	3.1	3.3	0.0
35~44 岁	173	7.1	4.5	0.0	10.4	0.0	0.0	0.0	0.0	0.0
45~54 岁	99	5.3	0.0	0.0	4.3	0.0	0.0	0.0	0.0	0.0
55~60 岁	22	0.0	0.0	20.1	0.0	0.0	0.0	0.0	19.3	0.0

● 广州

	人数（千人）	电子邮箱	搜索引擎	软件上传或下载服务	各类信息查询	网上聊天室	新闻组	远程教育（如网络授课）	BBS 电子公告板	网上游戏娱乐
总人数	**1021**	**51.3**	**25.0**	**21.8**	**54.4**	**32.7**	**29.3**	**4.9**	**0.7**	**28.7**
男性	**538**	**50.4**	**22.7**	**24.9**	**60.3**	**28.9**	**25.9**	**1.8**	**1.4**	**32.7**
16~24 岁	178	38.1	22.6	20.4	47.9	47.0	4.1	2.5	1.9	52.1
25~34 岁	210	61.9	21.0	33.0	65.4	24.2	38.6	2.4	1.9	23.0
35~44 岁	94	35.8	35.8	21.9	64.3	22.8	28.0	0.0	0.0	23.7
45~54 岁	44	73.5	8.9	17.9	66.3	0.0	36.9	0.0	0.0	19.0
55~60 岁	12	63.2	0.0	0.0	100.0	0.0	70.5	0.0	0.0	36.8
女性	**483**	**52.2**	**27.5**	**18.4**	**47.8**	**37.0**	**33.1**	**8.5**	**0.0**	**24.3**
16~24 岁	161	53.1	30.3	21.7	38.3	56.9	18.9	9.7	0.0	29.3
25~34 岁	156	51.5	32.9	20.5	48.4	33.1	35.7	9.4	0.0	21.9
35~44 岁	109	52.8	22.4	17.7	58.6	24.0	48.3	4.9	0.0	15.7
45~54 岁	53	55.5	10.8	5.4	52.1	18.2	30.2	10.2	0.0	30.9
55~60 岁	5	0.0	52.1	0.0	52.1	0.0	100.0	0.0	0.0	47.9

续前表

	人数（千人）	网上炒股	即时通讯	个人免费主页空间	网上购物或商务活动	网络电话	网上支付	论坛	校友录	其他
总人数	**1021**	**2.0**	**12.0**	**1.8**	**1.9**	**0.9**	**0.6**	**0.3**	**3.1**	**0.0**
男性	**538**	**2.3**	**10.4**	**3.3**	**3.0**	**1.6**	**0.0**	**0.0**	**2.2**	**0.0**
16~24 岁	178	0.0	18.7	2.4	0.0	2.2	0.0	0.0	4.5	0.0
25~34 岁	210	0.0	8.9	4.6	0.0	2.3	0.0	0.0	1.9	0.0
35~44 岁	94	4.5	0.0	0.0	9.0	0.0	0.0	0.0	0.0	0.0
45~54 岁	44	10.1	8.9	9.2	17.0	0.0	0.0	0.0	0.0	0.0
55~60 岁	12	29.5	0.0	0.0	0.0	0.0	0.0	0.0	0.0	0.0
女性	**483**	**1.6**	**13.9**	**0.0**	**0.6**	**0.0**	**1.3**	**0.6**	**4.2**	**0.0**
16~24 岁	161	0.0	9.6	0.0	0.0	0.0	3.8	1.9	7.3	0.0
25~34 岁	156	1.9	14.8	0.0	0.0	0.0	0.0	0.0	5.4	0.0
35~44 岁	109	0.0	21.7	0.0	2.6	0.0	0.0	0.0	0.0	0.0
45~54 岁	53	8.9	9.7	0.0	0.0	0.0	0.0	0.0	0.0	0.0
55~60 岁	5	0.0	0.0	0.0	0.0	0.0	0.0	0.0	0.0	0.0

● 深圳

	人数（千人）	电子邮箱	搜索引擎	软件上传或下载服务	各类信息查询	网上聊天室	新闻组	远程教育（如网络授课）	BBS 电子公告板	网上游戏娱乐
总人数	**1361**	**43.2**	**25.0**	**11.4**	**48.2**	**32.9**	**19.6**	**1.2**	**0.9**	**28.7**
男性	**831**	**40.9**	**29.3**	**13.5**	**45.2**	**29.8**	**20.0**	**1.4**	**0.9**	**29.7**
16~24 岁	167	36.7	14.8	17.4	21.6	61.4	8.8	2.3	2.0	41.5
25~34 岁	418	42.0	33.2	14.3	45.5	27.4	23.9	1.0	1.0	32.8
35~44 岁	187	47.0	34.7	12.6	59.7	12.1	21.5	0.0	0.0	15.7
45~54 岁	44	16.4	17.2	0.0	50.8	16.6	17.2	7.8	0.0	24.4
55~60 岁	15	50.1	50.2	0.0	100.0	0.0	24.8	0.0	0.0	0.0
女性	**530**	**46.9**	**18.4**	**8.1**	**52.8**	**38.0**	**19.0**	**0.9**	**0.8**	**27.3**
16~24 岁	123	50.0	22.8	5.7	35.5	59.1	3.1	0.0	0.0	32.9
25~34 岁	247	43.1	22.4	8.8	56.9	32.6	22.3	0.0	1.7	29.0
35~44 岁	140	50.2	9.8	10.2	54.3	30.6	29.8	3.4	0.0	23.0
45~54 岁	19	51.1	0.0	0.0	100.0	25.6	0.0	0.0	0.0	0.0
55~60 岁	831	40.9	29.3	13.5	45.2	29.8	20.0	1.4	0.9	29.7

续前表

	人数（千人）	网上炒股	即时通讯	个人免费主页空间	网上购物或商务活动	网络电话	网上支付	论坛	校友录	其他
总人数	**1361**	**3.2**	**2.1**	**0.2**	**1.2**	**0.0**	**0.0**	**4.6**	**3.3**	**0.0**
男性	**831**	**3.6**	**3.4**	**0.4**	**1.1**	**0.0**	**0.0**	**4.0**	**3.9**	**0.0**
16~24 岁	167	0.0	4.4	2.0	0.0	0.0	0.0	8.4	6.4	0.0
25~34 岁	418	1.0	4.2	0.0	2.1	0.0	0.0	3.1	5.2	0.0
35~44 岁	187	9.5	0.0	0.0	0.0	0.0	0.0	3.1	0.0	0.0
45~54 岁	44	8.5	8.6	0.0	0.0	0.0	0.0	0.0	0.0	0.0
55~60 岁	15	25.1	0.0	0.0	0.0	0.0	0.0	0.0	0.0	0.0
女性	**530**	**2.6**	**0.0**	**0.0**	**1.5**	**0.0**	**0.0**	**5.5**	**2.2**	**0.0**
16~24 岁	123	0.0	0.0	0.0	2.7	0.0	0.0	8.8	5.7	0.0
25~34 岁	247	0.0	0.0	0.0	1.8	0.0	0.0	3.5	0.0	0.0
35~44 岁	140	6.4	0.0	0.0	0.0	0.0	0.0	3.3	3.4	0.0
45~54 岁	19	25.6	0.0	0.0	0.0	0.0	0.0	25.4	0.0	0.0
55~60 岁	831	3.6	3.4	0.4	1.1	0.0	0.0	4.0	3.9	0.0

● 成都

	人数（千人）	电子邮箱	搜索引擎	软件上传或下载服务	各类信息查询	网上聊天室	新闻组	远程教育（如网络授课）	BBS 电子公告板	网上游戏娱乐
总人数	**738**	**52.9**	**29.2**	**22.8**	**37.4**	**36.3**	**16.5**	**1.6**	**2.8**	**36.7**
男性	**445**	**54.0**	**32.3**	**23.9**	**35.3**	**28.2**	**20.5**	**1.9**	**2.2**	**39.2**
16~24 岁	157	55.1	31.5	29.1	25.8	35.3	11.5	0.0	4.0	45.2
25~34 岁	202	60.3	34.2	22.3	41.9	27.6	24.5	0.0	1.7	31.3
35~44 岁	53	29.3	29.3	11.7	47.1	17.9	17.7	11.9	0.0	53.5
45~54 岁	25	45.5	27.5	27.8	18.5	18.6	55.0	8.9	0.0	36.3
55~60 岁	7	65.8	34.2	31.5	31.5	0.0	0.0	0.0	0.0	34.2
女性	**293**	**51.2**	**24.6**	**21.2**	**40.6**	**48.6**	**10.4**	**1.0**	**3.7**	**33.0**
16~24 岁	137	45.7	26.8	18.8	31.5	58.4	6.2	2.2	6.2	33.3
25~34 岁	106	65.8	20.2	23.1	48.1	52.1	11.6	0.0	2.2	33.8
35~44 岁	38	37.7	31.6	26.8	47.7	10.5	16.2	0.0	0.0	26.2
45~54 岁	10	33.3	17.7	16.3	66.0	33.3	32.6	0.0	0.0	32.6
55~60 岁	2	0.0	0.0	0.0	0.0	0.0	0.0	0.0	0.0	100.0

续前表

	人数（千人）	网上炒股	即时通讯	个人免费主页空间	网上购物或商务活动	网络电话	网上支付	论坛	校友录	其他
总人数	**738**	**0.9**	**1.3**	**0.0**	**2.9**	**0.7**	**0.0**	**3.3**	**3.2**	**0.0**
男性	**445**	**1.4**	**1.2**	**0.0**	**3.0**	**0.0**	**0.0**	**3.7**	**2.2**	**0.0**
16~24 岁	157	0.0	2.1	0.0	2.0	0.0	0.0	5.9	6.1	0.0
25~34 岁	202	0.0	0.0	0.0	5.1	0.0	0.0	3.5	0.0	0.0
35~44 岁	53	12.1	0.0	0.0	0.0	0.0	0.0	0.0	0.0	0.0
45~54 岁	25	0.0	8.9	0.0	0.0	0.0	0.0	0.0	0.0	0.0
55~60 岁	7	0.0	0.0	0.0	0.0	0.0	0.0	0.0	0.0	0.0
女性	**293**	**0.0**	**1.5**	**0.0**	**2.6**	**1.8**	**0.0**	**2.6**	**4.8**	**0.0**
16~24 岁	137	0.0	0.0	0.0	2.1	2.2	0.0	2.1	10.3	0.0
25~34 岁	106	0.0	2.2	0.0	4.5	2.2	0.0	4.6	0.0	0.0
35~44 岁	38	0.0	5.2	0.0	0.0	0.0	0.0	0.0	0.0	0.0
45~54 岁	10	0.0	0.0	0.0	0.0	0.0	0.0	0.0	0.0	0.0
55~60 岁	2	0.0	0.0	0.0	0.0	0.0	0.0	0.0	0.0	0.0

● 重庆

	人数（千人）	电子邮箱	搜索引擎	软件上传或下载服务	各类信息查询	网上聊天室	新闻组	远程教育（如网络授课）	BBS 电子公告板	网上游戏娱乐
总人数	**591**	**53.2**	**25.6**	**26.9**	**20.1**	**30.9**	**22.4**	**1.4**	**1.1**	**39.9**
男性	**390**	**52.6**	**33.5**	**33.1**	**17.7**	**21.8**	**21.4**	**1.2**	**1.6**	**36.7**
16~24 岁	157	52.6	42.9	41.7	5.4	40.7	10.4	0.0	0.0	43.1
25~34 岁	147	58.3	35.5	31.0	27.1	14.3	14.0	0.0	4.2	32.3
35~44 岁	58	49.9	14.9	22.3	35.6	0.0	49.5	7.9	0.0	27.0
45~54 岁	20	25.5	12.3	0.0	0.0	0.0	63.5	0.0	0.0	48.2
55~60 岁	8	34.1	0.0	65.9	0.0	0.0	65.9	0.0	0.0	34.1
女性	**201**	**54.5**	**10.2**	**14.8**	**24.7**	**48.5**	**24.3**	**1.9**	**0.0**	**46.0**
16~24 岁	109	58.0	8.6	16.5	25.6	65.8	17.7	0.0	0.0	50.6
25~34 岁	61	65.5	6.1	11.7	28.6	23.9	36.9	6.1	0.0	39.2
35~44 岁	22	21.1	33.2	21.1	11.2	43.3	22.3	0.0	0.0	45.4
45~54 岁	9	18.2	0.0	0.0	20.3	18.2	22.0	0.0	0.0	38.0
55~60 岁	0	0.0	0.0	0.0	0.0	0.0	0.0	0.0	0.0	0.0

续前表

	人数（千人）	网上炒股	即时通讯	个人免费主页空间	网上购物或商务活动	网络电话	网上支付	论坛	校友录	其他
总人数	591	2.1	2.3	2.3	7.1	1.1	0.0	5.6	12.5	0.0
男性	390	1.7	3.5	2.9	4.9	1.6	0.0	6.8	9.5	0.0
16~24岁	157	0.0	0.0	0.0	4.9	0.0	0.0	10.3	15.4	0.0
25~34岁	147	0.0	9.4	4.6	4.8	4.2	0.0	4.2	8.8	0.0
35~44岁	58	6.6	0.0	7.9	7.3	0.0	0.0	7.1	0.0	0.0
45~54岁	20	13.2	0.0	0.0	0.0	0.0	0.0	0.0	0.0	0.0
55~60岁	8	0.0	0.0	0.0	0.0	0.0	0.0	0.0	0.0	0.0
女性	201	3.1	0.0	1.1	11.4	0.0	0.0	3.4	18.2	0.0
16~24岁	109	0.0	0.0	0.0	16.2	0.0	0.0	0.0	25.3	0.0
25~34岁	61	0.0	0.0	0.0	5.9	0.0	0.0	11.3	11.3	0.0
35~44岁	22	12.2	0.0	10.1	0.0	0.0	0.0	0.0	10.1	0.0
45~54岁	9	40.0	0.0	0.0	19.8	0.0	0.0	0.0	0.0	0.0
55~60岁	0	0.0	0.0	0.0	0.0	0.0	0.0	0.0	0.0	0.0

● 武汉

	人数（千人）	电子邮箱	搜索引擎	软件上传或下载服务	各类信息查询	网上聊天室	新闻组	远程教育（如网络授课）	BBS电子公告板	网上游戏娱乐
总人数	1375	41.4	31	17.4	27.6	30	9.8	2.1	2.9	40.6
男性	843	39.1	32.3	19.8	28.7	23.3	10.4	1.1	3.8	36.2
16~24岁	302	34.8	27.7	9.5	16.0	37.1	0.0	0.0	7.8	45.4
25~34岁	315	53.1	40.8	30.3	32.9	20.5	10.3	2.9	2.6	28.7
35~44岁	154	31.0	32.8	23.3	40.2	11.6	21.6	0.0	0.0	26.5
45~54岁	50	14.9	15.5	5.2	41.8	4.5	25.9	0.0	0.0	43.3
55~60岁	22	10.1	10.1	20.2	31.8	0.0	40.1	0.0	0.0	69.7
女性	532	45.1	28.9	13.5	25.9	40.5	8.9	3.7	1.6	47.5
16~24岁	261	33.0	28.3	13.8	20.6	56.9	3.4	3.7	0.0	54.9
25~34岁	133	79.6	38.4	18.0	26.5	30.8	10.9	5.2	0.0	30.8
35~44岁	104	41.9	27.8	7.9	37.8	18.6	15.3	2.7	8.0	43.7
45~54岁	26	6.9	0.0	6.9	23.9	17.9	30.1	0.0	0.0	76.1
55~60岁	8	27.9	0.0	27.9	40.7	27.9	0.0	0.0	0.0	40.7

续前表

	人数（千人）	网上炒股	即时通讯	个人免费主页空间	网上购物或商务活动	网络电话	网上支付	论坛	校友录	其他
总人数	1375	2.6	5.8	1.3	2.5	0.4	0.3	8.8	12.0	0.0
男性	843	2.6	6.1	1.9	0.9	0.7	0.0	11.5	11.8	0.0
16~24岁	302	0.0	10.7	5.2	2.4	0.0	0.0	20.2	20.7	0.0
25~34岁	315	0.0	6.1	0.0	0.0	0.0	0.0	7.1	11.7	0.0
35~44岁	154	12.3	0.0	0.0	0.0	3.7	0.0	8.8	0.0	0.0
45~54岁	50	5.6	0.0	0.0	0.0	0.0	0.0	0.0	0.0	0.0
55~60岁	22	0.0	0.0	0.0	0.0	0.0	0.0	0.0	0.0	0.0
女性	532	2.6	5.2	0.5	5.2	0.0	0.8	4.5	12.4	0.0
16~24岁	261	0.0	6.9	0.0	8.1	0.0	0.0	6.4	20.3	0.0
25~34岁	133	0.0	5.2	0.0	4.8	0.0	0.0	0.0	10.0	0.0
35~44岁	104	9.1	0.0	2.4	0.0	0.0	4.0	6.7	0.0	0.0
45~54岁	26	7.9	0.0	0.0	0.0	0.0	0.0	0.0	0.0	0.0
55~60岁	8	31.4	40.7	0.0	0.0	0.0	0.0	0.0	0.0	0.0

● 西安

	人数（千人）	电子邮箱	搜索引擎	软件上传或下载服务	各类信息查询	网上聊天室	新闻组	远程教育（如网络授课）	BBS 电子公告板	网上游戏娱乐
总人数	**828**	**30.6**	**23.3**	**19.2**	**40.1**	**27.7**	**23.9**	**4.3**	**2.2**	**40.2**
男性	**513**	**29.9**	**24.7**	**24.3**	**40.4**	**21.9**	**29.4**	**2.9**	**1.6**	**42.6**
16~24 岁	228	23.6	21.4	37.5	26.3	37.1	11.5	3.6	0.0	57.3
25~34 岁	151	45.9	23.2	15.6	51.7	14.3	40.8	3.1	0.0	34.0
35~44 岁	103	21.2	35.9	12.6	45.3	6.1	43.3	0.0	7.9	31.6
45~54 岁	23	38.3	18.4	10.5	70.6	0.0	72.6	0.0	0.0	9.4
55~60 岁	8	0.0	21.6	0.0	78.4	0.0	21.6	21.6	0.0	21.6
女性	**315**	**31.8**	**21.1**	**11.0**	**39.7**	**37.3**	**15.0**	**6.7**	**3.2**	**36.3**
16~24 岁	133	34.1	19.3	10.3	25.2	61.4	0.0	7.3	4.8	33.1
25~34 岁	117	37.9	28.6	15.2	43.4	22.8	22.3	6.7	3.0	41.2
35~44 岁	48	15.5	11.4	6.5	62.6	15.8	30.9	7.5	0.0	39.6
45~54 岁	12	24.5	13.3	0.0	77.6	11.2	27.3	0.0	0.0	23.8
55~60 岁	5	0.0	0.0	0.0	34.5	0.0	65.5	0.0	0.0	0.0

续前表

	人数（千人）	网上炒股	即时通讯	个人免费主页空间	网上购物或商务活动	网络电话	网上支付	论坛	校友录	其他
总人数	**828**	**1.5**	**5.9**	**0.4**	**0.2**	**0.0**	**0.9**	**11.8**	**6.7**	**0.0**
男性	**513**	**1.0**	**4.4**	**0.0**	**0.0**	**0.0**	**1.4**	**11.6**	**5.0**	**0.0**
16~24 岁	228	0.0	3.6	0.0	0.0	0.0	3.1	16.2	7.2	0.0
25~34 岁	151	3.5	3.1	0.0	0.0	0.0	0.0	9.6	6.1	0.0
35~44 岁	103	0.0	9.3	0.0	0.0	0.0	0.0	7.9	0.0	0.0
45~54 岁	23	0.0	0.0	0.0	0.0	0.0	0.0	0.0	0.0	0.0
55~60 岁	8	0.0	0.0	0.0	0.0	0.0	0.0	0.0	0.0	0.0
女性	**315**	**2.3**	**8.4**	**1.0**	**0.5**	**0.0**	**0.0**	**12.0**	**9.4**	**0.0**
16~24 岁	133	0.0	14.5	0.0	0.0	0.0	0.0	20.3	10.3	0.0
25~34 岁	117	2.3	6.2	2.7	0.0	0.0	0.0	9.2	13.4	0.0
35~44 岁	48	6.9	0.0	0.0	3.2	0.0	0.0	0.0	0.0	0.0
45~54 岁	12	11.2	0.0	0.0	0.0	0.0	0.0	0.0	0.0	0.0
55~60 岁	5	0.0	0.0	0.0	0.0	0.0	0.0	0.0	0.0	0.0

● 沈阳

	人数（千人）	电子邮箱	搜索引擎	软件上传或下载服务	各类信息查询	网上聊天室	新闻组	远程教育（如网络授课）	BBS 电子公告板	网上游戏娱乐
总人数	**828**	**36.7**	**19.5**	**15.9**	**40.1**	**34.8**	**26.2**	**2.0**	**0.4**	**39.3**
男性	**487**	**34.6**	**18.5**	**18.6**	**38.2**	**31.2**	**27.5**	**2.0**	**0.0**	**42.3**
16~24 岁	212	36.4	18.6	22.4	23.8	23.0	29.6	2.9	0.0	47.8
25~34 岁	173	44.3	24.5	22.3	40.8	41.4	18.0	0.0	0.0	39.3
35~44 岁	67	12.1	12.3	6.6	68.8	37.5	36.0	5.5	0.0	44.6
45~54 岁	26	26.5	0.0	0.0	49.5	13.8	36.8	0.0	0.0	25.8
55~60 岁	10	0.0	0.0	0.0	65.4	30.7	69.3	0.0	0.0	0.0
女性	**341**	**39.7**	**21.0**	**12.1**	**42.9**	**40.0**	**24.2**	**2.0**	**1.0**	**35.0**
16~24 岁	178	47.0	16.2	11.6	26.6	60.2	15.7	0.0	0.0	49.0
25~34 岁	99	40.0	33.0	14.6	56.8	14.6	30.7	3.7	3.3	18.8
35~44 岁	35	26.8	7.7	17.3	81.0	28.2	28.1	9.1	0.0	9.7
45~54 岁	26	9.9	19.8	0.0	53.7	18.0	54.7	0.0	0.0	28.4
55~60 岁	2	0.0	100.0	0.0	0.0	0.0	0.0	0.0	0.0	100.0

续前表

	人数（千人）	网上炒股	即时通讯	个人免费主页空间	网上购物或商务活动	网络电话	网上支付	论坛	校友录	其他
总人数	**828**	**2.1**	**1.6**	**2.3**	**1.3**	**0.4**	**0.7**	**4.0**	**10.2**	**0.0**
男性	**487**	**2.8**	**2.8**	**0.0**	**0.0**	**0.0**	**0.0**	**5.6**	**10.3**	**0.0**
16~24 岁	212	3.4	6.3	0.0	0.0	0.0	0.0	7.3	16.5	0.0
25~34 岁	173	0.0	0.0	0.0	0.0	0.0	0.0	6.7	6.6	0.0
35~44 岁	67	0.0	0.0	0.0	0.0	0.0	0.0	0.0	0.0	0.0
45~54 岁	26	10.9	0.0	0.0	0.0	0.0	0.0	0.0	13.8	0.0
55~60 岁	10	34.6	0.0	0.0	0.0	0.0	0.0	0.0	0.0	0.0
女性	**341**	**1.1**	**0.0**	**5.6**	**3.2**	**1.0**	**1.8**	**1.8**	**10.2**	**0.0**
16~24 岁	178	0.0	0.0	6.8	4.2	0.0	3.4	3.4	15.6	0.0
25~34 岁	99	3.7	0.0	7.3	0.0	3.3	0.0	0.0	7.0	0.0
35~44 岁	35	0.0	0.0	0.0	9.7	0.0	0.0	0.0	0.0	0.0
45~54 岁	26	0.0	0.0	0.0	0.0	0.0	0.0	0.0	0.0	0.0
55~60 岁	2	0.0	0.0	0.0	0.0	0.0	0.0	0.0	0.0	0.0

● 南京

	人数（千人）	电子邮箱	搜索引擎	软件上传或下载服务	各类信息查询	网上聊天室	新闻组	远程教育（如网络授课）	BBS 电子公告板	网上游戏娱乐
总人数	**748**	**40.4**	**38.7**	**24.6**	**43.5**	**22.3**	**17.0**	**2.6**	**1.2**	**23.3**
男性	**513**	**36.2**	**46.3**	**24.2**	**45.7**	**16.8**	**17.5**	**0.0**	**1.7**	**26.1**
16~24 岁	194	43.3	47.9	45.9	36.6	27.8	0.0	0.0	0.0	28.2
25~34 岁	187	30.9	48.3	11.9	54.8	8.8	25.4	0.0	0.0	34.9
35~44 岁	77	38.3	49.5	16.7	57.1	9.3	31.0	0.0	4.5	8.1
45~54 岁	42	20.9	36.4	0.0	29.9	20.5	38.4	0.0	0.0	13.2
55~60 岁	13	46.4	5.0	0.0	34.3	0.0	18.4	0.0	41.4	15.1
女性	**235**	**49.3**	**22.2**	**25.7**	**38.8**	**34.3**	**15.8**	**8.2**	**0.0**	**17.3**
16~24 岁	120	56.8	9.6	39.3	24.4	33.5	7.7	15.6	0.0	23.4
25~34 岁	73	42.2	31.6	8.0	52.9	46.1	28.3	0.0	0.0	1.5
35~44 岁	24	52.1	30.9	11.1	62.3	10.6	30.4	2.9	0.0	19.4
45~54 岁	15	23.4	62.5	33.2	54.1	26.3	0.0	0.0	0.0	31.7
55~60 岁	4	34.6	20.0	0.0	10.8	20.0	0.0	0.0	0.0	54.6

续前表

	人数（千人）	网上炒股	即时通讯	个人免费主页空间	网上购物或商务活动	网络电话	网上支付	论坛	校友录	其他
总人数	**748**	**2.3**	**2.2**	**0.0**	**2.3**	**0.0**	**0.9**	**3.3**	**4.8**	**0.6**
男性	**513**	**2.4**	**3.0**	**0.0**	**2.0**	**0.0**	**1.4**	**3.9**	**2.0**	**0.0**
16~24 岁	194	0.0	6.0	0.0	3.5	0.0	3.6	9.2	3.5	0.0
25~34 岁	187	0.0	1.9	0.0	1.9	0.0	0.0	0.0	0.0	0.0
35~44 岁	77	4.7	0.0	0.0	0.0	0.0	0.0	0.0	4.7	0.0
45~54 岁	42	20.5	0.0	0.0	0.0	0.0	0.0	0.0	0.0	0.0
55~60 岁	13	0.0	0.0	0.0	0.0	0.0	0.0	15.1	0.0	0.0
女性	**235**	**2.1**	**0.5**	**0.0**	**3.0**	**0.0**	**0.0**	**2.0**	**10.9**	**1.8**
16~24 岁	120	0.0	0.0	0.0	3.5	0.0	0.0	0.0	15.5	3.5
25~34 岁	73	0.0	1.5	0.0	2.8	0.0	0.0	2.8	9.8	0.0
35~44 岁	24	14.0	0.0	0.0	0.0	0.0	0.0	10.6	0.0	0.0
45~54 岁	15	10.7	0.0	0.0	6.5	0.0	0.0	0.0	0.0	0.0
55~60 岁	4	0.0	0.0	0.0	0.0	0.0	0.0	0.0	0.0	0.0

11 经常从网上获取的信息 注：本题为多选题，合计百分比可能超过 100%

网上获取的信息	北京	上海	广州	深圳	成都	重庆	武汉	西安	沈阳	南京
新闻	67.3	68.7	70.3	65.9	53.8	69.8	49.5	60.0	61.7	54.6
财经	16.4	12.2	16.7	19.8	20.3	10.5	12.8	12.3	6.6	14.7
休闲娱乐	58.8	71.6	65.1	57.0	58.1	63.6	68.6	61.7	63.3	54.1
房地产	8.6	8.8	4.7	3.5	8.7	13.3	11.8	5.6	5.9	9.5
求职招聘	8.6	16.3	6.7	12.4	10.2	5.1	10.9	9.5	16.2	6.3
科教	12.8	11.1	16.3	6.7	12.6	10.5	11.3	24.5	12.1	9.6
旅游	11.2	7.0	11.2	6.3	13.9	10.1	4.9	6.5	7.1	4.1
商贸信息	10.2	12.0	26.1	15.0	18.2	4.1	6.4	9.0	6.5	10.9
电子书籍	10.9	15.5	9.2	8.7	10.8	22.0	12.8	13.3	13.5	14.0
医疗保健	5.8	8.1	8.8	5.1	5.8	6.3	8.3	7.1	6.5	5.9
汽车	11.9	4.6	3.4	4.6	6.4	3.1	3.5	7.2	5.5	1.5
各类广告	3.0	2.4	3.0	2.1	3.2	4.3	5.2	3.0	3.0	3.0
体育信息	0.5	0.0	0.0	0.6	1.6	0.0	0.0	0.0	0.0	0.0
专业信息/资料	1.7	0.5	0.3	0.0	0.0	0.0	1.2	0.5	0.0	0.0
法律信息	0.8	0.0	0.0	0.0	0.0	0.0	0.0	0.4	0.0	0.0
婚姻家庭	0.0	0.0	0.0	0.4	0.0	0.0	0.0	0.0	0.0	0.0
生活信息	0.0	0.0	0.0	0.0	0.0	0.0	0.0	0.2	0.0	0.0
军事信息	0.0	0.0	0.0	0.0	0.8	0.0	0.0	0.4	0.0	0.0
其他	0.4	1.3	0.0	0.0	0.0	0.0	0.0	0.0	1.6	0.6
人数（千人）	2644	2738	1021	1361	738	591	1375	828	828	748

12 网费结算方式

	人数（千人）	预付费	时时付费	包月	其他
北京	2058	9.5	28.6	62.0	0.0
上海	2420	14.3	37.5	48.2	0.0
广州	890	3.7	24.3	72.0	0.0
深圳	1059	8.9	32.0	59.1	0.0
成都	588	4.1	47.4	48.5	0.0
重庆	482	5.2	39.2	55.6	0.0
武汉	1115	7.6	39.6	52.8	0.0
西安	612	22.2	21.4	56.4	0.0
沈阳	709	6.2	38.8	55.0	0.0
南京	610	1.3	35.7	62.8	0.2

13 最近一年是否参与网上购物的比例

	人数（千人）	是	否
北京	2644	20.2	79.8
上海	2738	24.4	75.6
广州	1021	8.6	91.4
深圳	1360	7.6	92.4
成都	738	8.1	91.9
重庆	591	7.1	92.9
武汉	1375	7.6	92.4
西安	827	10.2	89.8
沈阳	828	5.7	94.3
南京	749	5.7	94.3

14 网上购物主要购买的商品 注：本题为多选题，合计百分比可能超过 100%

网上所购商品	北京	上海	广州	深圳	成都	重庆	武汉	西安	沈阳	南京
软件	17.5	10.2	31.9	7.7	22.0	36.5	21.4	19.0	29.3	56.4
日常生活用品	14.5	36.1	18.7	4.3	5.5	36.5	18.4	7.4	26.9	7.2
化妆品	13.5	12.7	6.0	20.5	3.9	0.0	19.1	3.7	30.1	4.9
服装鞋帽饰品	10.4	18.6	18.4	11.5	23.8	25.4	39.1	19.6	8.0	5.2
家用电器	1.7	11.3	7.1	0.0	0.0	18.4	10.2	0.0	0.0	0.0
交通工具	0.0	0.0	3.3	4.2	0.0	0.0	0.0	0.0	0.0	0.0
电脑/通讯产品	18.9	32.2	2.9	18.1	31.1	31.1	23.2	23.7	15.8	31.4
食品、饮料	0.0	2.2	3.4	0.0	0.0	0.0	0.0	0.0	0.0	0.0
书籍、音像制品	46.9	36.2	59.4	54.5	23.0	8.5	30.4	41.4	28.0	37.4
体育、健身用品	2.7	0.0	3.4	0.0	0.0	0.0	4.0	0.0	0.0	0.0
药品、保健品	2.7	1.6	8.3	4.6	3.1	0.0	0.0	0.0	7.8	0.0
订票	6.2	7.3	0.0	0.0	8.1	0.0	0.0	0.0	0.0	0.0
鲜花	5.7	0.0	0.0	4.2	5.1	0.0	8.7	4.9	0.0	0.0
宠物	0.0	1.4	0.0	0.0	0.0	0.0	0.0	0.0	0.0	0.0
学习卡	0.0	0.0	0.0	0.0	0.0	0.0	6.0	0.0	0.0	0.0
乐器	0.0	0.0	0.0	4.2	0.0	0.0	2.9	0.0	0.0	0.0
收藏品	0.0	0.0	0.0	3.7	5.3	0.0	0.0	0.0	0.0	0.0
玩具	2.7	0.0	0.0	0.0	0.0	0.0	0.0	10.3	0.0	0.0
其他	0.0	0.0	0.0	0.0	3.4	0.0	0.0	0.0	0.0	0.0
人数（千人）	533	669	85	103	60	42	105	84	47	43

15 网上购物的支付方式

	人数（千人）	货到付款	邮寄付款	网上支付	银行转账
北京	534	73.0	14.6	12.4	0.0
上海	669	71.9	7.3	20.8	0.0
广州	87	60.9	8.0	31.0	0.0
深圳	103	56.3	13.6	30.1	0.0
成都	60	23.3	30.0	38.3	8.3
重庆	42	4.8	38.1	47.6	9.5
武汉	105	12.4	40.0	47.6	0.0
西安	84	9.5	25.0	65.5	0.0
沈阳	47	27.7	31.9	40.4	0.0
南京	43	30.2	44.2	25.6	0.0

16 最近一年网上购物的总金额

	人数（千人）	100 元以下	101～300 元	301～500 元	501～1000 元	1001～3000 元	3001 元以上
北京	533	20.6	28.3	11.4	23.5	12.4	3.8
上海	670	16.3	21.2	14.8	20.3	19.9	7.6
广州	88	26.1	33.0	12.5	5.7	19.3	3.4
深圳	103	12.6	16.5	29.1	19.4	11.7	10.7
成都	60	18.3	28.3	26.7	15.0	3.3	8.3
重庆	42	33.3	35.7	11.9	0.0	19.0	0.0
武汉	105	21.0	41.9	0.0	15.2	21.9	0.0
西安	83	42.2	13.3	19.3	14.5	6.0	4.8
沈阳	47	25.5	44.7	0.0	29.8	0.0	0.0
南京	42	40.5	19.0	21.4	0.0	14.3	4.8

下卷

第四篇　深度访谈与电话调查样本构成
第五篇　消费观念与广告态度
第六篇　教育、储蓄、投资、旅游
第七篇　消费品

第四篇　深度访谈与电话调查样本构成

● 深度访谈对象基本情况

北　京	上　海	广　州

● 10城市电话调查样本构成

北　京	上　海	广　州
深　圳	成　都	重　庆
武　汉	西　安	沈　阳
南　京		

一、深度访谈对象基本情况

1 北京

小骆

- 女，20岁，职高学历，与父母同住，家里还住着其男友。
- 父亲是某公司普通职工，母亲开理发店。家里有两套平房，其中一套现在出租。
- 从18岁开始曾经有过一些临时性的工作经历，做过文职、进出口之类的工作。
- 现在北京某大学上成人高考培训班，父母每月给2000元左右零用钱，基本都花光，没有储蓄。

小李

- 男，23岁，北京某大学在读硕士。
- 父亲是驻外记者，家境较好，有3处房产。
- 现在北京某医院实习，月收入1500元。
- 性格偏内向，学生气较重，比较有耐心。
- 有女友，研究生毕业后会马上结婚。

梁先生

- 男，24岁，未婚，在事业单位宣传部门工作，月收入5000~6000元。
- 2003年来北京，老家在河北农村。在北京跟哥哥租房，住一套两室一厅70平方米左右的房子。
- 打算2年后结婚。打算在买房之后买车，家庭型轿车。

李小姐

- 女，26岁，未婚，大学本科学历，在北京某国企单位做管理工作已经3年，月收入7000~8000元，辽宁人。
- 暂时合租房住，明年打算买房，把父母接来。

梁先生

- 男，26 岁，2002 年从北京某高校经济类专业本科毕业后到上海工作，2004 年因女友在北京工作又回到北京找工作，现在某电视栏目做业务。月收入 2901~3000 元。
- 与女友刚买了 100 平方米的新房，准备结婚。现租住北京四环附近某小区一室一厅，月租 2000 多元，居住条件一般。
- 家里曾经养过宠物老鼠。

钟先生

- 男，28 岁，未婚，大学毕业已经 8 年，从事计算机软件开发工作，月均收入 8000~9000 元。湖南人，来北京 3 年多并有留京打算。
- 现租房居住，月租近千元。女友不在北京，目前还未有结婚的日程安排。

臧女士

- 女，30 岁，在某建筑公司做资料方面的工作。丈夫是出租车司机。两人工作比较忙。
- 2001 年结婚，孩子 3 岁多。家庭月收入 3000 多元，月开支 2000 元左右。
- 居住在南四环以外，比较偏僻，交通不便。小区没有物业管理，较凌乱。小区周围有地摊集市。

高女士

- 女，32 岁，高中学历，家庭主妇，没有工作，也没有收入。丈夫为电工。两人均为北京人。没有孩子，家庭月收入近 2000 元。
- 居住在靠近城市的郊区的平房，为继承父辈所得，屋内家具和物品摆放凌乱。

吕先生

- 男，34 岁，1997 年开始从事市政路矿工作。现在与朋友共同经营一家公司。
- 1999 年结婚，爱人在某商场工作。
- 原来念某技校学习汽车修理之类，2001 年读某校大专经济管理专业，一年前升为大学本科。
- 居住公房（属于北京当地人以前的老房子，大概年底准备拆迁），现在开公车。
- 准备拆迁后买房买车。不打算使用分期付款。

李女士

- 女，35 岁，高中学历，已经结婚 10 年，家庭主妇，没有收入。
- 丈夫 40 岁，私企老板；儿子 8 岁，上小学二年级。
- 有商品房，100 平方米左右；有车，北京现代索纳塔，一次性付款。
- 性格外向，开朗直率，感觉很有活力，比实际年龄看起来年轻。

李先生

- 男，35 岁，大学专科学历，单身。2001 年以前在新疆工作，2001 年以后因为工作原因来到北京。在某国企工作。个人月收入 3800~4000 元。
- 2004 年购买一三居商品房，100 平方米左右，60 万元，银行按揭 20 年，装修完毕后出租，月租收入 3000 元。现在单位附近租一套一居室自己居住。
- 准备买一辆经济型轿车，如桑塔纳或捷达。

董先生

- 男，40 岁，初中学历，早年做贸易，现在没有工作，在家专职炒股，个人收入不定，家庭固定每月收入 3000~4000 元。
- 爱人有固定工作，儿子 12 岁，上小学五年级。
- 居住的平房为祖上继承，面积 200 多平方米，并部分出租，出租房每月收入 2000 多元。另有一处自己十几年前购买的楼房，面积 80 平方米。

李先生

- 男，42 岁，大学专科学历，自由职业，月收入 6001~7000 元。离异，带着 13 岁的女儿一起过。
- 居住地附近多是国家厅级单位。有公房，60 平方米。一次性付清。同时还在供房，100 平方米，是商业贷款。

蔡先生

- 男，45 岁，高中学历，职业为出租车司机，月收入 2300 元，已结婚 20 年。
- 女儿 19 岁，在某大学读二年级。妻子是普通工人，单位条件较好。
- 居住在老城区，周围有一些已经拆迁。蔡先生家属于准备拆迁的范围，21 平方米平房。

卢女士

- 女，47 岁，1978 届大学生，职业为编辑，月收入 4000 元，家庭月均收入近万元，东北人。
- 丈夫与其在同一单位工作。
- 儿子 17 岁，即将考大学，身体状况欠佳。
- 有两处房产，均为公房。曾经有过私家车，后又卖掉。

胡女士

- 女，47 岁，初中学历，原来在单位做保洁和杂工，现已退休 2 年。月收入 601~900 元。
- 丈夫在建筑机械厂工作，现已办病退，两人皆为北京本地人，且身体多病，女儿即将上大学。
- 家庭月总收入约 1300 元，住房约 40 平方米，继承父辈所得。所住的筒子楼已有 50 多年历史，每层住户近 30 家。

张女士

- 女，47 岁，高中学历，职业为某公司话务员，月收入约 3000 元。
- 丈夫在事业单位工作，收入较低。儿子 21 岁，职高毕业，已经工作，收入不高，家庭支出主要靠张女士的收入。
- 居住地为传统的北京胡同，房子较老，为平房，约 40 多平方米。信佛，平时在家或到寺庙烧香拜佛，对人热情爱做善事。

刘先生

- 男，48 岁，高中学历，北京某商厦保卫人员，月薪 3000 元。
- 结婚 19 年。妻子也从事商业工作，月薪 2000 多元。儿子 18 岁，在北京某大学读大学二年级。
- 有自己的房子，平房，130 平方米左右。拥有私家车，夏利，1997 年购买。

于先生

- 男，48 岁，职业为北京某小学厨师，月收入 2300 元，山东人。
- 离异，女儿 23 岁，随母亲。
- 居住在仅有 12 平方米的平房。

朱女士

- 女，50 岁，患病，坐轮椅。原来为某事业单位工作人员，现已病休。月收入 2000 多元。
- 丈夫为北京某大学教授，月收入 5000 多元。儿子 25 岁。

李女士

- 女，50 岁，退休在家，患有气管炎。老伴病退，患有高血压、胆结石；儿子 23 岁，2002 年参军两年退伍回来，已分配工作。
- 李女士每月固定退休金 900 元左右，另有给别人代看孩子的收入；老伴每月领取 300 元最低生活保障金；儿子月工资 530 元，另有 200~300 元的奖金。

于女士

- 女，52 岁，内科住院医生，已结婚 26 年，月收入 2300 元。
- 两地分居，丈夫一直在外地工作。儿子 22 岁，未婚，已上班，同时攻读成人大学。
- 所居住的房子是于女士父母留下，为两居室。

周女士

- 女，54 岁，初中学历，已结婚 26 年，退休 3 年，月收入 1000 元，退休前月收入 1500 元。
- 有两个女儿，大女儿 23 岁，刚参加工作，未婚；小女儿 16 岁，高中一年级学生。丈夫是工厂工人，月收入 400 元。
- 有两套平房，位于东南三环，2004 年女儿按揭买了一辆福莱尔经济型轿车。

2 上海

小章

- 女，16 岁，高中一年级学生。
- 家里住的是公房，60 平方米。

小李

- 女，23岁，大学本科四年级在读，少数民族。
- 2002年来到上海某大学新闻专业学习，现跟男友在离学校不远的居民小区内租房居住。
- 父母10年前去韩国做生意，把李小姐和妹妹留在国内，因此李小姐比同龄女孩更独立。
- 妹妹今年已经到日本留学，李小姐希望大学毕业后进入韩资企业。

刘先生

- 男，24 岁，初中学历，江苏淮安人，现和父母、姐姐、姐夫一起在上海。
- 因为有亲戚在上海，初中毕业后于 1998 年来到上海，现开有一家摩托车修理店，租的店面，楼下经营，楼上休息，共约 24 平方米，月租金 2000 元。
- 另租有一房，离店面不远，约 25 平方米，与父母合住。父母另有自己的生意。

郁先生

- 男，24岁，大学本科学历，职业为技术人员，月收入2901~3000元。
- 现在和同学合租一套房子，每月租金为1200元，每人600元，郁先生自己那间有20多平方米。
- 大学毕业后就开始工作，以便尽快减轻家里的负担，现在每月都要给家里寄钱。

魏先生

- 男，24 岁，出生后就在上海，刚刚从上海某大学法律专业毕业。
- 现在从事保险行业。月收入为 3000~4000 元。

刘小姐

- 女，25岁，高中学历，未婚，湖南人，来上海已经半年。月收入3500元左右。
- 在大学上了一年的设计培训班，毕业后先在武汉做销售，后做设计，现在又改行做电子产品销售。
- 独自租住一套房子，离工作地点较近。

李先生

- 男，24 岁，中专学历，未婚，职业为司机，月收入 1501~1700 元。
- 2000 年由亲戚介绍在上海某台资公司开车，家在湖北一个小镇，住集体宿舍，每月由单位出钱付房租。

肖女士

- 女，26岁，安徽人，1997年来到上海务工，做过饭店服务员、配菜等工作。
- 2002年初在老家结婚，婚后夫妻俩回到上海。
- 丈夫做煤气维修工作，肖女士现在为家庭主妇，照看两岁半的儿子。
- 丈夫平均每月收入接近3000元，全家每月必需的消费支出在2000元左右。

李先生

- 男，27 岁，大学本科学历，沈阳人。
- 2000 年本科毕业后出国留学，2004 年来到上海某公司做财务工作。月收入 3201~3500 元。
- 现在租住的房子为 60 平方米，月租金 1000 元。

钱女士

- 女，27岁，经商，浙江人。
- 1998~2001年在杭州上本科，学服装有关的专业。2001年按揭买房，76平方米。2003年结婚。
- 丈夫是上海公务员，同时还帮父母的公司做事，属于家族企业。两人还没有孩子。

张先生

- 男，29岁，最早是某职校电梯专业毕业，毕业后从1994年开始做了2年电梯安装、维修工作。月收入3201~3500元。
- 2000年到某德资公司工作，开始以技术支持为主，销售为辅。现在全部负责销售。
- 土生土长的上海人，现在仍和父母居住。自己买的房子大约100平方米，现在出租。

王先生

- 男，30岁，未婚，职业为管理人员，大学本科学历，月收入4001~4100元。
- 在上海读完大学，在一家高校教了几年计算机后技术移民到加拿大，目前已经在加拿大生活了6年，已经入加拿大籍，2005年年初被公司派回上海工作。
- 目前与父母同住。有商品房，没有贷款。有别克经济型二手轿车。

黄先生

- 男，32岁，湖南人，曾经在江苏、海南工作过，后来到上海，已经有3年的时间。
- 研究生毕业，本硕连读通风专业，现在从事的行业为手机通信技术，月收入在2000~2300元。
- 3年前在上海较繁华地区购买了商品房，80平方米，有银行按揭。

王先生

- 男，33岁，已结婚5年，大学本科学历。
- 籍贯是东北，1994年开始去深圳工作，两年前被公司派驻上海从事营销工作，职业为管理人员，月收入为5001~5300元。
- 儿子2岁，和妈妈在深圳生活，王先生有在上海长远发展的想法。

苏先生

- 男，34岁，初中学历，江苏人。1987年在河南亲戚家学徒服装剪裁，1990年来到上海，开始在裁缝铺做来料加工，2004年在上海开设了自己的服装店。
- 1996年与同乡结婚，儿子9岁。现在的服装店是夫妻俩共同经营，平均月收入4000~5000元。

钱先生

- 男，35岁，已结婚10年，职业为技术工人，高中学历，月收入1201~1400元。
- 典型的上海男人，家里大大小小的东西都是他去购买。
- 与父母、妻子、儿子同住在自家盖的私房（平房），约100平方米。

高先生

- 男，36 岁，已结婚 5 年，职业为技术人员，大学专科学历，月收入 4701~5000 元，现在和父母、妻子、儿子生活在一起。儿子 5 岁。
- 中学毕业后先是在一家国营企业上班，并利用业余时间攻读了计算机专业的大专学历。后到北京外国语大学自费进修 3 年。回来之后应聘到某软件公司工作。
- 2003 年买了第一辆车，为奇瑞 QQ，今年换了一辆大众高尔，花了 8 万多元。现在的住房是父母按工龄分的，1989 年父母买下产权。

戴先生

- 男，38岁，大学本科学历，土生土长的上海人，出生于知识分子家庭。
- 曾做过帆船运动员，1995年左右来到中学当体育老师，现月收入3000多元。
- 1994年结婚，妻子是同校老师，儿子现在11岁。典型的上海男人，时常把老婆挂在嘴边。
- 房子是父母买下的公房。

冯女士

- 女，40 岁，已婚，个体老板，大学本科学历，月收入 5001~5300 元。
- 本科专业为医学，在医院工作几年后辞职，开了现在的婚庆公司。
- 丈夫也是自己做生意，家里经济条件很优越。儿子今年 14 岁，从小就在贵族学校念书。
- 有商品房，100 平方米不到，一次性付清房款。有车，帕萨特。

帅女士

- 女，45岁，土生土长的上海人，高中学历，曾在某公司担任部门经理，后买断工龄，在家照顾儿子（19岁）和持家。
- 2002年家里买了东南得利卡面包车，一次性付清，让丈夫辞职搞起了个体旅游，现在经营良好，月收入7000~8000元。
- 现在的房子有两室一厅，是1989年拆迁分到的，公房没买产权。

杜先生

- 男，49 岁，离异 10 年，职业为技术人员，高中学历，月收入 1401~1500 元。
- 与 19 岁的儿子同住，儿子 2004 年去北京当兵，2006 年复员。
- 上海老城区的动迁户，现在住房是 83.51 平方米，但地段很偏远，交通不便利。

吕女士

- 女，54岁，高中学历，退休，月收入1001~1200元。、
- 有一个女儿，刚毕业开始工作。
- 现在的住房是单位的公房，已买下产权，打算等女儿结婚时再买新房。

周先生

- 男，56 岁，初中学历，上海人。
- 2002 年内退，之前在工厂做政工工作。妻子下岗后几乎靠周先生一个人的收入供养一家三口，还要支付女儿上学的费用，比较“艰苦”。
- 女儿 2000 年毕业，现在某公司工作，收入颇丰。
- 有两处房子，有使用权没有产权。

金先生

- 男，56岁，退休，有一女儿已出嫁。爱人也已退休，两人每月退休金共2500元。女儿女婿还会经常给家里买东西，日子过得很顺心。
- 有一宠物小狗。打麻将是他的主要消遣项目。
- 女儿是做装潢设计的，收入较高，白领；女婿家庭条件较好，收入也较高。

3 广州

小冯

- 男，19 岁，大专一年级学生，无收入，利用假期做过兼职。
- 和父母住在一室一厅的房子。父母的收入都不高，母亲在居委会工作，月收入 1000 多元。父亲开了一个五金小铺面。家里生活基本上是靠母亲的收入维持。

周小姐

- 女，22岁，中专学历，海南人。
- 2002年中专护理专业毕业后开始做医药代表（销售），被公司派到沈阳工作一年后来到广州。现在做某化妆品美容顾问。
- 现在其日常开支大部分都是男朋友出钱。

邹先生

- 男，23岁，未婚，职业为技术工人，高中学历。月收入为2001~2300元，湖南人。
- 高中毕业后先去深圳工作3年，后回到老家开了半年“网吧”，2004年来广州工作。
- 现在租住在广州老城区的一所房子里，80 平方米，房租上千元。

叶先生

- 男，24 岁，高中毕业后从事卖场中的家电零售。月收入 1701~2000 元。
- 现跟奶奶、父母居住在老城区的一座三层老屋里。

胡先生

- 男，25岁，大学专科学历，在某香港公司内从事计算机软件开发方面的工作，月薪5000元左右。
- 与父母同住在单位分的宿舍房内，36平方米，已经买下产权。
- 2004 年买了一辆重庆长安、7 座的小面包车，10 万元，一次付清，有家里的资助。

温先生

- 男，26 岁，大学专科学历，专业是商务类。
- 家里原有工厂，在 1998 年金融风暴中倒闭了，后来自己做海鲜生意，月收入在 7 万~10 万间。
- 2001年买的房子，31万元，一次付清。

陈女士

- 女，26 岁，广西人，和丈夫做医药生意，2004 年结婚，孩子 1 岁。
- 1999 年中专毕业，2000 年来广州打工。2004 年开始经商。全家收入每月 7000~9000 元。
- 打算 3 到 5 年内买车，然后再买房。

陈小姐

- 女，26岁，未婚，大学专科学历。
- 毕业后分到邮局工作，做了4年后因为不甘平庸来到某房地产经纪公司做文员。典型的年轻女白领。
- 1998年跟哥哥嫂子合资买了房子。

谭小姐

- 女，26 岁，高中学历，在某酒店做文员，月收入为 1000 元。广州本地人。
- 同父母一直住在 10 多平方米的平房里。父母两人退休金每月共 1500 元左右。
- 谭小姐每月工资给家里 500 元，母亲都会帮她存起来。

孙女士

- 女，27岁，大学专科学历，月收入2001~2300元，江苏人。2002年底结婚。
- 丈夫在广州做生意，她本人在公司上班，来广州已有4年。在江苏老家有100多平方米的房子，已经装修。
- 现在广州租房，60多平方米，每月房租1000多元。

严先生

- 男，27 岁，未婚，大学本科学历。
- 2001 年毕业于广东某大学数学系。毕业后在广州某通信公司工作，2004 年和朋友一起开了自己的电脑装机公司。
- 现在仍属于自己的创业期，每个月按工作量拿自己的 2000~3000 元收入外，盈余都投入到公司的发展上。
- 现在和朋友合租了一套 70 多平方米的房子，未来打算买 101~120 平方米的房子。

陈先生

- 男，27岁，大学专科学历，月收入1500~2000元。
- 大专时专业为会计，现在会计师事务所工作，工作已有两三年。
- 现在住的是家里的房子。

冯先生

- 男，29岁，初中学历，自由职业，收入不稳定。
- 刚买了一辆车二手车，12座的金杯，花了5万多元。
- 现在的房子是母亲单位分的。

江先生

- 男，30 岁，高中学历，已婚，儿子 2 岁。广州本地人
- 在某快递公司工作，开摩托车送快递。月薪 1000~1200 元，妻子收入低于他本人，两人每月合计收入 2000 元。
- 和家人一起住郊区自己盖的平房里，80平方米。1998年左右买的本田摩托车。

冯女士

- 女，35 岁，已婚，自由职业，大学专科学历，月收入 2301~2500 元。湖北人，到广州生活有七八年了。
- 刚刚在郊区买房，80 平方米，23 万元，有按揭。
- 有一个 12 岁的儿子。

吴先生

- 男，40岁，高中学历，职业为技术人员，月收入 5901~6000元。
- 现在住的是公房，已经买下来。未来打算买个更大一点的房子，会考虑贷款。

林先生

- 男，51 岁，已婚，初中学历，在环卫部门工作，普通职工，月收入 2301~2500 元，土生土长的广州人。
- 有一双儿女，女儿 2002 年商专毕业后在某商场工作了 2 年，目前在美容学校学习，儿子 16 岁，刚刚初中毕业。
- 住的楼房是 1992 年盖起的乔迁房。

二、10 城市电话调查样本构成

1 性别构成

	人数（人）	男性	女性
北京	211	53.1	46.9
上海	211	53.1	46.9
广州	208	50.5	49.5
深圳	153	50.3	49.7
成都	221	52.5	47.5
重庆	209	52.6	47.4
武汉	230	52.2	47.8
西安	219	52.5	47.5
沈阳	247	51.0	49.0
南京	225	54.2	45.8

2 年龄构成

	人数（人）	16～24 岁	25～34 岁	35～44 岁	45～54 岁	55～60 岁
北京	210	19.5	25.7	26.2	20.0	8.6
上海	211	18.5	22.7	23.2	26.1	9.5
广州	208	15.9	27.4	28.4	21.2	7.2
深圳	153	12.4	41.2	31.4	10.5	4.6
成都	220	18.2	31.4	25.5	17.3	7.7
重庆	209	17.7	25.8	25.4	22.5	8.6
武汉	231	21.6	25.1	25.1	19.0	9.1
西安	219	22.4	28.8	24.7	14.6	9.6
沈阳	247	18.6	21.1	27.1	24.3	8.9
南京	226	18.6	27.0	26.1	19.0	9.3

3 学历构成

	人数（人）	小学及以下	初中	高中/中专/职高/技校	大学专科	大学本科	研究生及以上
北京	211	1.9	18.5	45.0	16.1	16.1	2.4
上海	212	1.4	23.1	46.7	14.2	11.3	3.3
广州	207	7.2	23.2	48.8	9.7	10.1	1.0
深圳	152	6.6	33.6	39.5	13.8	5.3	1.3
成都	220	6.4	27.3	33.6	24.5	5.5	2.7
重庆	209	7.7	29.2	26.3	26.8	10.0	0.0
武汉	229	5.2	23.1	44.1	17.0	10.0	0.4
西安	219	2.3	22.4	45.7	18.3	9.1	2.3
沈阳	247	3.2	33.2	33.2	19.0	11.3	0.0
南京	225	6.7	30.7	37.8	14.2	7.6	3.1

4 职业构成

	人数（人）	政府机关/党群组织负责人或中/高层官员	企事业单位管理人员	技术人员及专业人士	政府机关/企事业单位普通职工	技术工人	非技术工人
北京	212	1.4	7.1	13.7	16.5	9.0	9.9
上海	212	0.5	12.7	12.7	15.6	9.4	4.7
广州	208	1.0	4.3	11.5	8.7	7.2	16.8
深圳	152	0.0	13.2	5.9	15.8	2.6	3.3
成都	222	1.8	10.4	9.9	14.9	8.6	7.7
重庆	210	0.0	8.6	9.0	5.7	13.8	9.0
武汉	231	1.3	4.8	11.3	9.1	13.4	12.6
西安	218	0.5	4.6	6.4	15.1	14.2	7.8
沈阳	246	0.0	8.1	10.2	12.2	13.8	9.8
南京	226	0.0	2.2	12.8	13.7	6.2	17.3

续前表

	人数（人）	农民/渔民/牧民	自由职业/个体从业者	学生	退休没有工作	没有工作	家庭主妇	其他
北京	212	0.5	9.9	13.2	12.3	6.1	0.5	0.0
上海	212	0.0	6.6	13.2	13.2	8.0	2.8	0.5
广州	208	0.0	17.3	7.2	7.2	14.9	3.8	0.0
深圳	152	0.0	23.0	2.6	3.9	13.2	16.4	0.0
成都	222	1.8	20.3	5.0	7.7	9.0	3.2	0.0
重庆	210	9.0	13.3	3.8	10.0	16.2	1.4	0.0
武汉	231	2.2	10.4	13.9	11.3	9.5	0.4	0.0
西安	218	5.5	8.7	10.6	8.7	16.5	1.4	0.0
沈阳	246	2.4	11.4	8.5	10.6	12.2	0.8	0.0
南京	226	7.5	9.7	9.7	8.8	11.5	0.4	0.0

5 婚姻状况

	人数（人）	未婚	已婚/同居	鳏寡/分居/离婚
北京	211	29.9	67.8	2.4
上海	211	27.5	70.1	2.4
广州	208	27.4	70.7	1.9
深圳	153	14.4	85.0	0.7
成都	221	20.4	75.1	4.5
重庆	209	20.1	74.6	5.3
武汉	230	31.3	67.0	1.7
西安	219	26.9	70.8	2.3
沈阳	247	21.1	74.9	4.0
南京	225	21.3	75.6	3.1

6 家庭常住人口

	人数（人）	一代户	二代户	三代及以上户
北京	210	32.9	55.2	11.9
上海	212	20.8	59.4	19.8
广州	208	15.4	71.2	13.5
深圳	152	34.2	56.6	9.2
成都	221	29.0	55.2	15.8
重庆	209	25.8	53.1	21.1
武汉	230	21.7	58.3	20.0
西安	219	18.3	64.8	16.9
沈阳	247	27.9	57.1	15.0
南京	225	23.1	58.7	18.2

7 个人月总收入

	人数（人）	无收入	500 元以下	501～1000 元	1001～1500 元	1501～2000 元	2001～3000 元	3001 元以上
北京	210	19.0	5.7	20.0	16.7	11.4	11.0	16.2
上海	211	22.3	2.8	14.7	15.6	15.6	11.8	17.1
广州	206	23.3	3.9	18.9	25.2	11.7	10.7	6.3
深圳	148	31.8	0.7	4.1	12.2	7.4	20.3	23.6
成都	220	15.5	11.8	24.1	26.8	7.7	11.8	2.3
重庆	208	18.8	23.1	27.4	16.8	7.7	5.3	1.0
武汉	227	21.6	18.1	28.2	17.2	7.0	5.3	2.6
西安	214	26.2	12.6	32.2	15.4	7.9	5.1	0.5
沈阳	247	18.6	21.1	33.2	15.0	6.1	5.7	0.4
南京	224	17.0	15.2	31.3	20.1	5.8	7.6	3.1

8 家庭月总收入

	人数（人）	500 元以下	501～1000 元	1001～1500 元	1501～2000 元	2001～3000 元	3001～5000 元	5001～8000 元	8001 元以上
北京	209	1.0	3.3	10.5	9.6	23.9	33.0	12.0	6.7
上海	212	0.5	4.2	4.2	10.8	25.5	31.1	14.6	9.0
广州	206	1.9	9.7	9.7	16.0	23.3	27.2	8.7	3.4
深圳	141	0.7	0.0	4.3	9.2	18.4	20.6	27.0	19.9
成都	220	1.4	13.2	12.7	12.3	28.2	24.1	6.4	1.8
重庆	209	5.3	18.7	22.0	14.8	17.2	17.2	2.4	2.4
武汉	227	5.3	18.1	17.6	13.7	23.8	14.1	7.5	0.0
西安	215	2.8	12.1	19.1	17.2	32.1	12.6	4.2	0.0
沈阳	247	4.0	21.5	20.2	15.8	21.9	14.6	2.0	0.0
南京	224	2.7	8.5	14.3	16.1	31.7	17.4	7.1	2.2

第五篇　消费观念与广告态度

- 品牌
- 价格
- 时尚
- 信息
- 广告态度
- 维权意识
- 绿色消费
- 适度消费

一、品牌

品牌，含义丰富的字眼。何为品牌？有专家认为，品牌是一种与客户的关系，关键是品牌要给消费者留下什么。还有专家指出，品牌的核心内涵是要传递给消费者的核心利益，品牌是企业针对消费者的市场承诺，即品牌究竟要带给消费者什么……这是一个众说纷纭、莫衷一是的概念。那么在普通消费者心中品牌的内涵究竟是什么？因此关于品牌，我们从四个方面对消费者进行了询问：一是消费者在购买商品或服务时是否更关注品牌，原因是什么；二是消费者品牌使用和态度转变的经历；三是消费者心目中“品牌”的概念；四是消费者认为的“品牌”与“名牌”的关系。因此，对于访谈结果的整理和总结也从这四方面进行。

（一）城市居民关注品牌消费的状况

这里我们关心的是消费者关注品牌的情况，以及品牌在实际的消费过程中产生的作用，我们暂且把这种消费观和消费行为称为品牌消费。在接受访谈的64位被访者中，28人表示关注品牌，24人表示对部分商品关注品牌，12人表示不关注品牌。也就是说，完全不关注商品品牌的被访者仅占此次访谈人数的18.8%，比例不足1/5。

从收入方面来看，月收入在3000元以下的被访者对于品牌关注的情况比较均衡，不是盲目追从，而是根据商品的类型来评判品牌在购买时的重要性。无论收入高低，关注或部分关注品牌的被访者都认为自己比较注重品牌消费，但通过对被访者具体消费情况的了解，我们发现收入较低的被访者关注品牌的商品往往停留在部分日常生活用品和大件耐用品方面，如食品、洗护用品、家电产品等，并且所消费的品牌多是价位在中低档的大众品牌。

从年龄方面来看，我们发现被访者中25岁以下的年轻人，对品牌消费的认可度最高。在我们访谈的14个16~25岁的样本中，不关注品牌的人数为零。以学历为自变量，访谈资料显示高中及以上学历的被访者相对更关注品牌，初中以下学历的被访者受经济条件限制，对品牌的关注度较低。就关注品牌的被访者的职业分布来看，不论家庭经济条件的好坏，学生群体都比较关注品牌，但家庭主妇注重品牌的程度往往和其家庭经济状况密切相关。自由职业者作为一个特殊的群体，其收入有高有低，所以对于品牌的关注程度也因其收入差异表现各异。

在本次访谈分析的诸多自变量中，城市差异相对显著。从北京、上海、广州3个城市样本的访谈情况来看，城市消费文化差异是影响市民品牌观念的一个重要变量。相对来说，广州被访者整体上关注或比较关注品牌消费，广州的17位被访者中，仅有1人表示不关注品牌；而上海被访者对待品牌的态度分化较大，24位被访者中持关注、部分关注和不关注品牌三种观点的人数相近，分别为9人、9人和6人；北京被访者对待品牌消费的态度则相对集中，对于商品类别不加区分关注品牌的人数相对较多。北京的23位被访者中，有12人非常关注品牌。

从以上总体状况的描述来看，在我们所访谈的3个城市64位被访者中，综合性别、年龄、收入、职业、家庭环境和城市差异的情况，持三种不同品牌观念的居民分别有如下明显特征：

1. 关注品牌和对部分产品关注品牌的消费者表现

从被访者的性别状况（男性 38 人，女性 26 人）来看，关注和部分关注品牌的男性被访者数量略多于女性被访者。28 人表示关注品牌，其中男性 18 人，女性 10 人；24 人表示部分关注品牌，其中男性 15 人，女性 9 人。

收入在 3000 元以上的被访者接受和实践品牌消费观念的比例相对较高，但并不是说收入越高，对品牌的关注程度也越高，其品牌关注度与个体的职业及成长环境有很大关系。

相对来说，对部分商品关注品牌的消费者特征更为突出，年龄主要集中在 26~35 岁，收入集中在 1500~3000 元。从访谈资料来看，他们会以商品价值的大小、使用时间的长短，以及自己的喜爱程度作为判定是否购买品牌商品的标准。由于经济条件的限制，这部分消费者在追求品牌消费时表现比较理性，但在大件家电类商品的品牌关注和消费时，会有迷信国外品牌的倾向。

总的来说，不同消费者群体关注品牌的情况有明显差异，具体情况和分析如下。

（1）学生群体

在 64 位被访者中，有 5 位为学生，他们的家庭经济条件贫富差距较大，但均表示关注或部分关注商品的品牌。以下是他们品牌消费的具体表现。

【个案一】小骆，北京，女，20 岁，职高学历，正在北京某大学读成人高考培训班。父亲是普通职工，母亲开理发店。她从 18 岁开始工作，做过文职、访员等。目前没有收入，靠父母每月给的 2000 元钱生活，自称是“月光族”。由于家里可以供应其生活开支，她衣食无忧，对自己目前的生活状态比较满意。在讲述自己的消费经历和消费观念时提到：“(对品牌）一般关注吧，没有身边那些很关注品牌的人厉害。有些商品我挺关注品牌，像化妆品和食品，但另外一些不太关注。”

【个案二】小李，北京，男，23 岁，北京某大学在读硕士。家庭条件比较优越，有 3 套住房。家中有 3 台同时使用的电视机，都是日韩品牌，现在最常使用的是三星背投。自己的很多用品也是以日韩品牌为主，例如索尼的 MD，康柏的笔记本电脑，佳能的数码相机。他平时喜欢读书、看报、听交响乐和看话剧。在提到品牌的关注情况时说：“因为家里的影响。一般大件商品比较重视品牌。”他在访谈中还提到，“由于专业的关系，非常注意食品的品牌，……服装买的不多，也不太在意牌子……在医院里穿的有限制，上身穿衬衫，外要穿白大褂”。谈到品牌忠诚度，他认为自己感觉不错就不会轻易换牌子。

【个案三】小章，上海，女，16 岁，高一学生。父母都是普通职工，家庭月收入不到 3000 元。她房间里集中了家里最新的数码产品，DVD 和联想电脑。去年要求父母给她买了一个带摄像头的海尔手机，并且称自己班里的大多数同学都有。谈到买衣服，她肯定地回答：“会看牌子，特别是衣服，比如班尼路、真维斯、美特斯·邦威。” 在洗化用品方面，她也很有讲究，例如“洗面奶一般用可伶可俐、蝻婷，美白面膜用东洋之花的，沐浴液一般会用六神或者是舒肤佳，洗发水会用海飞丝或者是诗芬”。而且颇为自豪地说，这些一般都是自己推荐给妈妈的。她对自己品牌消费观念的总结是：“看牌子好、用着也好就一直买。我对穿的比较注意。买菜一般会去市场，熟食会去超市，肉、日化用品、零食都会去超市，这些都比较重视品牌。”

【个案四】小李，上海，女，少数民族，23 岁，就读于上海某大学新闻系，即将上大学四年级。父母 10 年前就去了国外做生意，家庭经济条件一直很好。基本上从上大学开始，她就跟男友租住在离学校不远的居民小区内，“两年多单租房就花了有六七万”。小李的男友与她在同校就读不同专业，两人同龄，也是同乡，两家的家境相当。小李平时的消费水平较高，身边有很多品牌用品，如700元一套的玉兰油护肤品，自己买的小天鹅全自动洗衣机，和男友一起去买的尼康数码相机、新款的三星E808手机（这已经是她换的第5个手机）。她已经看好了一台SONY超薄笔记本电脑，打算明年参加工作后买。在问及她的品牌消费观念时，她回答的不是非常明确，而是由自己的三星手机维修的事儿带出来的，“原来挺注重，我的三星手机要修，来回两次光打车花了60多，从那以后我觉得连三星都是这样，别的……要是我再换手机就换一个MOTO的吧，专门做手机的，应该比三星的好多了”。

【个案五】小冯，广州，男，19岁，大专一年级学生。父亲开着一间基本赔钱的五金小店，家里的开支基本上都是由母亲1000多元的收入支撑着。他以前读的是旅游中专，后来曾工作过1年，现在又回到学校读计算机专业。他从小就有自己的储蓄，从中专开始，他就常利用周末和假期做兼职。他自己的物品里，有品牌的要算是自己初中就开始用的摩托罗拉手机了。2004年因为款式太老，计划很久之后，换成了索爱T238彩屏手机，这些都是用自己的零用钱和打工挣的钱买的。目前小冯正计划着和妈妈一起去香港购物，自己最想买的是3000元左右的韩国数码相机，说自己为买数码相机和妈妈已经磨了2年多了，还说“她已经被我改变思想很多了，她对这方面不懂，我就给她讲，改变她的思想。给她一种感觉是这不是追潮流，而是年代变了，不买会是落后了。”在他的观念里，买东西还是要看品牌的，主要是因为“每个人都有，所以自己也要买。不要的话会被别人笑老土，……年轻人都很注重衣服，你不注重，人家就会给你脸色”，并且提到了一个在广州特有的现象——“广东人很势利，很多人都金钱唯上。所以穿衣服不好，人家就当你是外省的来看，以前班里有一个很穷的，就常被人欺负。所以买手机啊，这种潮流的用品，你不想买，社会都会逼你买。这里的潮流转的很快，香港很快，我这里追香港，一半个月都会换（潮流）。”

从以上个案我们可以看出，不论家庭经济条件如何，被访的5位学生在日常生活中都不同程度地表现出对品牌消费的认同。比如个案三中的小章，仅仅是一个16岁的高中生，但她对服装、护肤用品、手机等商品的品牌都有自己的偏好。

◆ 关注品牌的原因

综合64位被访者的访谈情况来看，不同年龄、职业的被访者中，对品牌认同率最高的是学生群体。品牌尤其是国内外的名牌产品在他们的日常生活中频频出现。我们认为，导致这种现象产生的原因主要有三点：一是由于中国特殊的人口制度，使孩子几乎成为每个家庭的中心，他们的日常开支直接来自于父母或祖父母，极少有挣钱不易的体会。即使是大学生，也很少依靠勤工俭学来支撑自己的开销；二是家长出于补偿心理会尽量满足子女的消费欲望。他们认为自己曾经经历过物质贫乏和经济拮据的年代，所以不希望子女再有类似的体验。这在很大程度上影响了学生群体对价格的敏感度；第三，攀比风气在学校盛行，致使很多学生产生通过购买名牌产品来获得同伴认同的心理。

◆ 关注品牌的产品

通过以上个案，我们了解到学生群体关注品牌的商品大多集中在服装、食品、手机和数码产品方面。女生相对更注重化妆品和食品中的知名品牌，如个案三中的上海女中学生小章，“我对穿的比较注意。买菜一般会去市场，熟食会去超市，肉、日化用品、零食都会去超市，这些都比较重视品牌。但MP3不在乎牌子”。男生则更推崇运动类服装和数码产品的品牌消费。

在具体的品牌消费过程中，性别差异也会带来选择偏好的不同。同档次商品中，女生看重品牌的款式；男生更看重品牌的技术含量。如个案四中的小李说“我都是先看样子，再看性能，性能不好就再转。……但（购物时）我考虑最多的还是时尚，性能再好，样子不好我也不要，拿出来好看是最重要的，谁管你性能好不好？”

从被访学生的手机使用情况来看，他们的品牌忠诚度较低，每次换手机大多都会更换品牌。如个案五中的小冯，第一部手机是摩托罗拉的，第二部就换成了索爱；上海的小李“一年换 1 个，到现在换了四五个手机”，用过国产的、摩托罗拉的，现在用的是三星的，因为“样子太喜欢了，滑盖的”等等，这些既与年轻人普遍的求新求异的特性有关，同时又与个体的性别、性格有关。小李在谈自己购买影碟的场所时，也不讳言自己性格的多变性。她在多处提到“我天性容易腻，今天喜欢的，过两天就不喜欢了”，“我这个人善变，（偶然）想到大润发（上海的一家超市）门口那里去买（影碟），那里还要便宜些”。

◆ **对品牌的界定**

在问到“在您心中品牌的概念是什么？”时，女生对品牌的认知比较模糊，除了有过工作经验的小骆提到“去工商局注册的应该都算品牌吧，跟知名度应该没有关系”，上海的小李心中的品牌就是那些可以“叫得上口的”，“人们经常用的”就被她称作好品牌了。再如，个案三中的小章仅仅能罗列出几个日常接触的品牌名称，却无法为心中的品牌下一个明确的定义。与女生对品牌的界定相对模糊不同，男生则能相对清晰地指出品牌和品质、质量、售后服务的关系，认为品牌“与品质有关，质量应该较好，出现次品的几率低，售后服务也不错”。总之，在追求品牌消费的过程中，大部分学生对品牌的内涵并不十分清晰。

◆ **相关品牌信息的来源**

在信息来源方面，学生群体品牌认知的渠道依次为：广告和时尚信息、同学朋友间的交流、消费体验、家庭。在人们对广告的认同度越来越低的时代，广告宣传却依然是学生群体形成品牌认知的一个重要渠道。他们对品牌知名与否的判断大多来自影视广告和户外广告，他们提及的几个品牌，如耐克、玉兰油等都是我们耳熟能详的影视和户外广告大户。而个案五中广州的小冯则认为，朋友的评价更可信，“广告就不可信，比如手机，会看会收集那些资料，还看有没有朋友在用，用后感受是什么”，广告“主要是他认识新产品的渠道，如果有新产品就会留意一下”。

家庭也潜移默化地影响着学生群体对品牌的感知。如个案二中的在读硕士小李，从小家庭环境比较好，父母的一些消费经历和习惯都直接影响着他的品牌观。自他记事以来，家里换过 2 台电视机，分别是 29 吋的松下和 50 吋的三星背投，加上他出生前买的 21 吋的索尼，这几台电视机现在都在同时使用，很少出毛病，所以他说“自己比较看重品牌，比如我家电视质量好、寿命长，买这样的也较方便，它不出毛病”。

◆ **城市差异影响品牌观念**

城市差异带来不同的品牌观念也反映在学生群体当中，这主要体现在对品牌是主动追捧还是被动接受。广州是我国市场经济发育最早的城市之一，它浓郁的商业特质也深深地烙印在青年学生的消费观念和行为上。如个案五中广州的小冯，一个看起来非常朴实憨厚的大一男生，初中时就有了自己的第一部手机。问及原因，他说：“通信方便，而且每个人都有，所以自己也要买，不要的话会被别人笑老土”。他还提到，“广东人很势利，很多人都金钱唯上。所以穿衣服不好，人家就当你是外省的来看，以前班里有一个很穷的，就常被人欺负。所以买手机啊，这种潮流的用品，你不想买，社会都会逼你买。”广州地理位置靠近香港，受香港时尚变化的影响很大。小冯说，“这里的潮流转得很快，因为香港很快，我这里追香港，一半个月都会换（潮流）。”这也就不难理解广州的中学生会有这么强烈的品牌消费意识。

个案四中上海的小李还介绍说自己曾经受吉林老家消费观念的影响，“我们延吉有钱都往外面打扮出来了，有钱没钱都穿个貂，后来有人说‘穷穿貂，富穿棉，大款穿休闲’”，“来到上海后，受上海人的影响，在小处也会仔细算计了”。可见，城市氛围对学生的品牌消费也有很大影响。

◆ **学生群体内部品牌消费的差异**

学生对流行的敏感度较高，吸纳新知识、接受新观念的能力较强，品牌观念比较容易形成，但限于其无收入或收入低（兼职）的现实条件，其品牌消费行为会滞后于其品牌观。如出生在中低收入家庭的学生在品牌消费中普遍存在着一种“消费焦虑”现象，在品牌消费的体验中往往受制于经济条件，与其说是在体验品牌带来的消费快感，不如说是以品牌为工具来得到他人的认同。个案五中的小冯提到的，“买手机这种潮流的用品，你不想买社会都会逼你买”，如果你不买的话，“就会被别人笑老土”，而且“年轻人都很注重衣服，你不注重，人家就会给你脸色”等。

另一方面，也正是这类家庭的学生会成为带动家庭其他成员消费新观念的“品牌先锋”。 无论是广州的小冯还是上海的小章，他们在家庭购物决策方面都扮演了很重要的角色。小章不无得意地说，家里的各种洗护用品的牌子都是自己推荐给妈妈的。而小冯则会利用平时陪母亲看电视剧的机会给妈妈“洗脑”，和妈妈交流电视剧里传递出的消费信息。如买数码相机时，他就会非常有技巧地说服妈妈，“给她一种感觉是这不是追潮流，而是年代变了，不买会是落后了”。

而对于家庭经济条件比较优越的学生，他们的品牌消费更多的是一种“炫耀式”消费。如个案四中上海的小李，由于父母一直在国外做生意，家庭条件优越，日常生活中几乎充满了各类名牌产品。总之，学生群体在品牌的观念上有很多相似性，但在品牌消费中却不能一概而论，群体内部的差别依然显著。

从以上对学生群体的描述和分析，我们可以做出以下小结：

他们对品牌的认同度较高；关注品牌的商品大多集中在服装、食品、手机和数码产品方面；他们对于品牌的忠诚度较低；在品牌认知方面有明显的性别差异；广告和时尚信息、同学朋友间交流、个人和家庭的消费体验等是他们认知品牌的重要渠道，同时城市文化差异也是影响他们品牌观念的重要因素；在消费过程中，他们的品牌消费行为相对滞后于他们的品牌观念。与此同时，家庭经济条件等方面的差异会导致学生群体的进一步分化。

（2）中低收入的工薪阶层

在 39 位月收入在 3000 元以下的被访者中，15 人表示关注品牌，16 人表示对部分商品关注品牌。他们关注品牌的商品主要集中在电器和服装消费方面。以下是这一阶层消费者品牌消费的典型代表。

【个案一】钱先生，上海，35 岁，高中学历，月收入 1201-1400 元，技工。祖辈三代一直生活在上海弄堂里。一直在一家电信电缆公司工作，现在单位面临破产。夫妇两人的月收入不到 3000 元，而他现在又处于上有父母，下有孩子的阶段，基本没有储蓄，挣多少都用完，甚至近几个月还处于透支状态。家里现在已经换了 3

台电视机，第一台是索尼的，现在正用的这台是东芝的，当时花了 6800 元。“本来就觉得进口的电视好，就是觉得日本货比较好，因为第一台电视就是索尼的，所以买东芝的时候也没有受别人的影响。”当时没有考虑索尼的原因是，“当时索尼更贵，得 8000 多元”。自己平时除了因为体态较胖，买衣服“一般会去‘尚地广场’（音）一个外贸店买特大号的”，其他的都很重视品牌。“特别是家电大件东西。其他方面就是小孩吃的东西，因为要有安全保障。我一般也就是报纸上看来的，基因啊什么的，一般买自己熟悉的品牌。”

【个案二】陈先生，广州，27 岁，大学专科学历，月收入 1001~1200 元，非技术工人（会计）。大专学的是会计专业，现在会计师事务所工作，参加工作已有两三年。对于日化用品他“不太挑牌子，父母买什么用什么”。家里的很多东西都不是自己参与买的，而且他的意见在家里起不到决定性左右作用。关于是否关注品牌，他回答说“都看重，电器更重，但是衣服不讲究”。

【个案三】周小姐，广州，22 岁，中专学历，月收入 901~1000 元，自由职业（美容顾问）。老家在海南，2002 年中专护理专业毕业后就开始做医药代表（销售），被公司派到沈阳工作 1 年后来到广州。因为认识了现在的男友，消费观念也发生了变化。如她提到“注重品牌，我以前对品牌没什么意识的。他已经是这个层次，我跟他出去不想丢他的脸。他每年都会出国，衣服都是从国外买好带回来的，在国内偶尔添一点。他一件衬衣就要几千块的，我一套衣服才几百块，没法比的。一般都是他给我挑，他会说这个牌子‘还可以’或者‘听都没听过’。我以前是打工一族，不敢进大商场，现在他都带我去天河或者是番禺友谊公司，因为那里买的人多，逛的人少（购物环境好）”。她使用的日常洗护用品牌子比较固定，“洗发水我用飘柔，沐浴露用强生（给他用）。我自己用玫琳凯”。至于饮食，她“买零食的时候有一些会看牌子，薯片我就只吃一个牌子的，新出来的牌子可能会尝试一下，牌子经常会换”。

【个案四】董先生，北京，40 岁，高中学历，月收入 1501~1700 元，自由职业（专职炒股）。以前做买卖要经常出去跑，全国各地都去过。现在不做那行了，在家炒股，出去的也少了。因为以前是给“国美”送货，所以家里的电视机换过好几台。一说起以前买电视，他就掩饰不住自己以往的优越感，“第一台是东芝的，10 年前索尼、日立、松下都买过，那时我拿美元买东西，免税买东西，……我买的东西都是原装进口的，街坊四邻都知道”。由于以前做生意，家里的电器更换地很频繁，“当初大哥大都用过，一拿出来别人都羡慕，BP 机都 1000 块一个”。买食品和服装也都很注意品牌，“服装特别喜欢登喜路的，以前喜欢去赛特、国贸买衣服”，“光 T 恤有 20 多件，1000 多一件……”，说话间总掩饰不住他对自己以往生活的一种眷恋。说是收入中等，其实以前他的收入应该还不错，在消费时很注意面子问题。问及品牌的态度，他非常肯定地说，“对，注重品牌，买肉都上牛街买（他家离牛街很近），像什么天竺的熟食，天源的咸菜等，几年前一个什么东芝、爱琴号都是品牌，现在国产货都很好，又便宜”。

【个案五】朱女士，北京，50 岁，大学本科学历，月收入 2000 多元，政府官员。目前有两套房子，刚买的一套是为了孩子将来结婚用，主要是赶上了（丈夫）学校团购才买的。因为买房，她以前不接受贷款的消费观念悄悄地发生了转变。家里买的第一台电视机还是在 1986 年，是松下 16 吋的彩电，这在当时算是比较超前的，“在我们同事中（我算是）比较早有彩电的。别人都挺羡慕的。我当时就想一步到位，要买就买个彩电，所以我们就没买过黑白的，直接就买了彩电。”当时买电视机前她就先买了电冰箱，不少同事还觉得是他们年轻人很超前，但自己却觉得当时主要是为了孩子吃饭方便考虑的，“别人好像觉得我们能花钱什么的，其实我们是很有计划性的"。2000年，她觉得以前的电视太小了，刚好赶上海尔搞活动就换了台海尔25吋的。除了第二台海尔空调是在隆福大厦买的，家里的大部分电器都是在西单商场买的。她解释说，"(当时)多跑了两家，发现那边比这边便宜100块。你说这也没跑几站地，就省了100块。"她觉得买家电其实"不是非得换牌子，主要还是得买可靠的。你比如新房买空调吧，我就说那种1000多的，肯定不能买。那么便宜，肯定都是积压产品，而且耗电量高，质量也不保证，用两年就淘汰了。最近我在报纸上看见，海尔新出了个什么双新风，说是双流的，保证室内空气流通，无污染什么的，虽然新产品贵了点，要四五千，比普通的贵2000多，但至少能用10年，而且很省电。这么算下来，还是这个合算，一定不能只图便宜"。等到了新房装修好后，朱女士打算家电全部换新的，说起买空调，她会"分等级，根据每个房间的用途安不同的空调"。由于丈夫的职业，家里很早就买了电脑。第一台是在20世纪90年代初，到现在前后算上已经买了5台电脑了。她觉得买电脑"该用的就一定要买，而且要买好的，……他(丈夫)一直都是用电脑的，而且能挣回来何必不买？……与儿子的纯消费不同，他能挣回来啊，你像他写一本书，稿费就10000多，所以这也是一种投资。"不过，日常饮食她不会买特别贵的，她觉得"没必要，除了生活条件特别好的人，普通人没必要"。洗护用品她都比较看重牌子，用惯了一般不会换。朱女士的品牌概念一般是来自于排行榜和口碑，另外她觉得商场的东西也大都是可以信赖的品牌。

【个案六】李先生，上海，24岁，中专学历，月收入1501~1700元，普通职工。老家在湖北的一个小镇，2000年来上海打工。来上海后，生活发生了很多变化，尤其是观念上，从对品牌的一无所知到开始注意品牌，虽然买不起贵的牌子，但会买一些大众化品牌。对吃的方面他没有过多苛求，一般会把注意力放在直观的外在消费方面，比如洗发用品、啫喱水、衣服等，举例子时常会提到购买服装等。他相信广告和品牌，也喜欢去逛街，关注时尚的信息，时刻用心去吸收城市的消费文化。由于收入有限，所以价格仍然是他购物考虑的一个重要因素，但"假如我买家电会认牌子的。如果买电视，国内的我就买TCL和长虹的，它们已经被认可了；如果买国外的，我就买飞利浦和索尼的——要是有能力的话，我肯定买索尼的。冰箱买海尔就可以了。……买衣服主要是休闲的小品牌和一些大众化的品牌"。

【个案七】高女士，北京，32岁，高中学历，家庭主妇。丈夫是电工，没有孩子，家庭月收入在2000元左右，夫妇两人住在城郊父辈留下的一套平房里。家电都是1996年结婚时买的，近10年基本上没有更换，只是在2001年添置了一台品牌电脑。食品和日用品平时都会去超市购买，而且会买家庭装，因为"那实惠点"。买食品一般"不想牌子，看着哪个好了就买哪个，无所谓的"，但"买电脑什么的这些大件比较看重品牌，像那些小东西吃的什么的就都无所谓了"。

【个案八】吕女士，上海，54岁，高中学历，月收入1001-1200元，退休。因为2000年生过一场大病，所以人生观发生了很大改变。谈起买彩票的事，她就说："像我生病的时候就中了4000。我觉得心态很重要，该你的就是你的，有得就有失，俗话说的就是这个道理：鱼和熊掌不可兼得，塞翁失马焉知非福嘛。不要拼命想发财嘛。我现在就很随意，也不计较多少。"她现在的住房比较小，就等着女儿买房时，也一起换一套大的，所以家电她都不考虑买太好的，觉得反正到时还要换。比如买电视，"就想着能看就行了。等换房的时候还得换"。说起品牌消费，她挺有自己的一套想法，"我还可以，现在的小男孩特别看重品牌。女孩反而不那么看重品牌了。……我女儿起先也讲究品牌，后来发现不合算。因为女孩子买衣服一般都是看重款式，而且上海冒牌货也多，所以她就不怎么买牌子货了。……我也同意，主要是要淘衣服嘛。……吃的东西我都买正规的。像猪肉我都到超市里买上市牌的。连调味品我都很注重牌子，我都买‘味好美’的。芥末我都吃‘好侍’的，日本的。我觉得贵就贵一点嘛，吃的放心、好吃，而小贩手里的不正宗。……买电器不怎么注重品牌，因为总要换的啊，现在更新换代那么快，买的太好了到时候又不舍得扔了。……吃的会关注，饮料这方面。因为品牌和非品牌价位差不多，但口味却差很多。”

【个案九】严先生，广州，27岁，大学本科学历，月收入2000~3000元，技术人员（自己做电脑公司）。老家在贵州，2001年毕业于广州某大学数学系，毕业后曾在广州某通信公司工作，2004年辞职和朋友一起开了自己的电脑装机公司，现在还在创业期。从上大学开始，近10年的消费变化体现在严先生身上主要是在买衣服和饮食方面：从以前注意一些外在的东西，并容易受到同学和流行的影响，现在更务实，并不因为收入的提高增加了很多开支，买东西常常是在需要的基础上，才会受促销的影响。他对品牌的理解比较全面，会提到定位，而且还会常常思考虚假广告的漏洞。他是我们遇到的惟一一个把国产品牌比作朋友的人，“我把国产的比作朋友，比如说朋友在做，我买就买他的，这样能帮朋友多做一些，我就去买”。他评价自己“不是那种积极的消费者，不会怎样刻意的消费，都是买一些必要的东西，实用始终是第一位的”。甚至时刻以朋友父亲的一句话“可买可不买的东西不要买”来提醒自己，并笑称自己是百毒不侵的消费者。他最看重品牌的产品类别是电器，“电器我就看重品牌”。

在被访对象中，有39位中低收入的工薪阶层被访者，他们的职业分布比较广泛，既有退休、技工、非技术工人、技术人员、自由职业者等，同时也有政府官员；另外，他们的年龄跨度也比较大，因此很难形成一个单纯紧凑的团体。他们的品牌消费观念和行为形形色色，但仍会表现出如下共同特征：

◆ 注重大件耐用消费品的品牌

这一群体非常注重大件耐用消费品的品牌，尤其是家用电器，如电视机、电冰箱、电脑等。很多被访者都提到，像家电等大件商品会非常注重品牌。尤其是电视机消费方面，拥有日韩品牌的比例相对较高，如松下、索尼、三星等电视品牌都已“飞入寻常百姓家”。 很多工薪阶层家庭对日本品牌的好感度较高，如个案一中上海的钱先生，自己的收入虽然不高，但在电视机消费上一直都很信赖日本的牌子。他家里换的4台电视机都是日本产的，第一台是索尼黑白的，现在正在使用的是1996年结婚时买的29吋东芝的，当年买的时候花了6800元，“本来想买索尼的，但是价钱更贵，得8000多。现在这台也不好用了，打算换台索尼纯平的，现在才3000多”。总之，他“就是觉得日本货比较好”。在电视消费方面，国产品牌也已逐步得到了大家的认可，并且表现出很强的地域性，如北京消费者拥有国产电视机的品牌主要是长虹，上海是金星，广州是康佳。

◆ 忽视食品品牌

在这一群体中，还有一部分人会忽视或是无视食品品牌。这不仅与人们的健康意识有关，同时也受经济条件的限制。在收入有限的条件下，很多人首先考虑的还是那些价格高的“大件”。如个案七中北京的高小姐提到，“（买食品）不想牌子，看着哪个好了就买哪个，无所谓的。”在问到对哪些商品比较关注品牌时，她认为如“买电脑什么的这些大件的比较看重品牌，像那些小东西吃的什么的就都无所谓了”。

◆ 购买品牌商品的心理因素

中低收入人群购买品牌商品的心理主要有两个方面：一是出于成本因素的考虑，他们比较信赖大品牌的质量和售后服务，认为虽然买一个品牌的大件商品在价格上会有更多付出，但可以一步到位，减少更新换代的二次开销和不必要的维修费用，这样所获得的边际收益远远超出额外支出。例如已经退休的周女士，前后买过3台电视机，在当时还都算是比较超前的消费，除了因为“别人有买大的自己也想买”以外，另一个盘算就是“我当时想着老买那不好的，老坏老坏的。坏多了不也是投资吗？”

二是受制于“面子”的影响。这部分人主要是以前自己的社会地位和经济收入曾经相对较高。他们往往有留恋自己过去辉煌时代的心理倾向，因而容易为维持以往的形象而优先选择品牌商品。个案四中以前做贸易的董先生，虽说现在专职在家炒股，少了很多外面的应酬，但还是非常喜欢各种名牌产品，上个月又刚刚买了登喜路的品牌服装。再如广州的周小姐，她购买品牌的一个原因是考虑到男友的面子问题，如“我跟他（男友）出去不想丢他的脸”等。

◆ **对品牌的认知**

中低收入人群对品牌认知的分化较大，学历的高低是导致分化的一个重要因素。在中低收入的人群中，低收入低学历人群对于品牌的概念相对肤浅和模糊，他们对品牌的认知更多停留在品牌的价格或宣传等表层因素上，认为品牌“就是广告上有的”、“就是广告做得比较多的”、“很多人用就好点的”、“品牌太贵了”等等。但中等收入的高学历人群对于品牌的看法则相对深刻，他们看到了品牌物质层面之外的多个元素，如形象、知名度、诚信、义务等。例如北京的梁先生觉得，“品牌是商品在消费者中建立的整体形象和知名度。好牌子价格一定高。品质只能通过认证给消费者一些安慰。品牌产品的售后服务会更好，比如说我们这个春兰空调好多年了，坏了打个电话就会来修。”广州的冯小姐认为，“品牌就是一种用户对它的信任”。个案九中广州的严先生认为，“品牌有了一定的规模，一定的知名度，一定的社会推广。品牌应该是一种义务，责任的许诺。”北京的吕先生认为“作为品牌，肯定是大家都认可的，相对来说对用户的承诺比较能够落实”。严先生对品牌的评价和判断不是觉得价格高或者价格低，而是提出了颇为专业的看法——定位。他补充道：“品牌有很多种，若定位高端的就会价格高一些，若定位低端的就不一定。我觉得‘内在的品质’是主要的，质量要过关。”

以上我们列举的是一些典型的中低收入消费者的品牌观念和品牌消费行为。但由于这一阶层的内部构成较为复杂，不同职业、社会地位、个性、家庭环境和所处城市的文化，以及不同的消费经历和消费体验都必然带来这一阶层消费者千差万别的品牌态度。但就这个阶层消费者所共有的品牌消费特征分析来看，我们做出以下小结：

他们比较注重家电等大件商品的品牌消费，有部分人会忽视食品品牌。他们对于品牌的认知程度与其文化程度呈正比，低收入、低学历的人群对于品牌的认知停留在价格、宣传等表层因素方面；学历较高的中低收入消费者对于品牌的认知更深刻，看到了品牌的形象价值、诚信价值等。成本意识和面子消费心理是中低收入者品牌消费的主要动因。

（3）中高收入的工薪阶层

访谈对象中，收入在3001~5000元之间的被访者有10位，其中5位表示关注品牌，3位表示会关注部分商品的品牌。以下是这一阶层消费者品牌消费的典型代表。

【个案一】李先生，北京，35岁，大学专科学历，月收入3800~4000元，普通职工。2001年前在新疆工作，2001年后，因为工作关系来北京发展，并且已经买了房子。2001年买了一台长虹电视机，一是因为自己买了房子需要买家电，二是因为自己“比较爱国，一般都是买国货”，而长虹广告以“振兴民族工业”为诉求恰恰符合了他的爱国情怀，“最初长虹做的广告比较振奋人心，什么‘振兴民族工业’啊之类的。我这个人比较传统。2001 年以前，长虹做的广告还是比较多的。广告对我的影响较大。”他提到如果买数字电视，还会买长虹的。买食品很注意品牌，“肯定都是电视上见到过的，听到过的。比如一个东西放在那里，我肯定买我听过的那个。而且我一直都是这样。”对于服装，品牌和非品牌他都会购买。提到买车，他认为自己不会买新型号，因为“一般新型车没有保障，……买大众品牌比较放心”。总体来讲，他买东西会“有些东西先看品牌，再看品牌中价格可以接受的”。

【个案二】卢女士，北京，45 岁，大学本科学历，月收入 4000 元，编辑。东北人，1978 届的大学生，早年留学日本，视野较开阔。丈夫和她在同一单位，有一个 17 岁即将考大学的儿子。食品和家电消费都很注重品牌，但因为体型的原因，在服装上不是很在意牌子。谈到品牌观念，她觉得自己“比较看重（品牌），品牌的东西信得过，像海尔，老在电视上看到他们的访谈，觉得实力强。可能与我们在日本待过有关，日本的质量就是好，那些各大厂商我们都去参观过，感觉他们的质量管理很好，非常信赖日本产品。现在中日合资的也较多，国产品牌也多，质量还都可以，也没必要刻意选。”

【个案三】周先生，上海，55 岁，初中学历，月收入 3001～3200 元。2002 年内退，之前一直在工厂做政工工作，喜欢读书和收藏。几年前妻子下岗每月收入 170 元，靠他一个人的收入供养一家三口，同时还要支付女儿上大学的费用，当时的日子的确“比较艰苦”。2000 年女儿毕业，现在上海某知名广告公司工作，收入颇丰。他有藏书的习惯，“喜欢毛泽东的时代，人人平均得不得了，现在有些东西看不惯”。家里换过三台电视机都是日本品牌，最早的是 14 吋的日立，后来是 14 吋的索尼，1998 年花了七八千元买了台 29 吋的东芝。“我买的都要日本的，还要原装的”，原因是“日本原装的色彩调和、频道多。我喜欢看新闻和体育，就想一步到位，再困难我也要买好的，花钱就花大价钱，索尼和东芝的我都是借钱买的。”自己在饮食和服装各方面都很注意，受女儿影响很大，他笑着说：“差的东西我不要，从女儿那里学来的，她工作以后我们品位也上去很多。我们心情蛮开朗，生活有规律，吃上的搭配很讲究。”周先生非常注重品牌，用他自己的总结就是“我喜欢比较好的，什么产品都比较讲究，我的性格就是这样。”

【个案四】高先生，上海，36 岁，大学专科学历，月收入 4701～5000 元，技术人员。他在自己教育上的投资一直比较大，从开始在国营企业到现在某外资软件公司工作，他都很努力，上夜大，去北京外国语大学进修，其后去考“Oracle”资格认证。从喜欢德国的教育到喜欢“德系”汽车，这与他稳重踏实的性格有关。在消费时，他非常理智谨慎，相信自己的判断力，并且会用具体的参数评判商品的价值。家里用的几台电视机都是国外品牌，前两台是索尼和松下的，后来因为抵制日货，买了韩国的 LG 冠军彩电。他受广告的影响比较小，洗衣粉“广告上说‘奥妙’好，但也没有换”，即使是喜欢用的“雕牌”，它的广告是什么也不记得。对品牌比较忠诚，酱油一直用“老蔡”，很少换牌子。买车也是“受广告的影响小，受品牌影响比较大”。问及购物时的品牌观念，他说“也会看重。比如说买自己喜欢的运动款，耐克和阿迪达斯都喜欢，但我会选阿迪达斯，觉得阿迪达斯的好，因为现在的耐克很多都是广东出的，还有越南和泰国产的，阿迪达斯则是纯进口的，就算有广东的，质量也更好。……有品牌的，价格贵点也可以接受。”

【个案五】张先生，上海，28 岁，大学专科学历，月收入 3201～3500 元，技术人员。最早是职校毕业，

1994年毕业后做了2年电梯安装、维修方面的工作，之后转到大厦物业部门，负责楼宇制控工作，2000年开始转到目前的德资公司负责销售。自己参与家里购买的电器是康佳电视，自己认为“这个我肯定比我妈妈懂。我觉得长虹在1995、1996年已经打出低价优质的民族品牌了，感觉国货质量已经比较过关了，就没打算买进口的了。最后考虑到价格、款式、功能，综合决定就买了康佳，而且我对这个品牌一直比较有好感。”他买电视有一个细致的比较过程，比如“先前有个框框，有几个牌子还行，比如长虹、康佳、创维，当时康佳刚好在搞促销，又比较了一下，感觉长虹的有些功能不太适合我，就选了康佳”。电视是在永乐（家电卖场）买的，因为“大卖场品种不太多，而且价格也不便宜”。谈起家里1985、1986年就买了的冰箱，他的观点很有趣，“其实电视是可买可不买的，是满足精神方面的，而冰箱是物质上的满足更多一些”。自己一般不会在产品一上市就买，而是“会在成熟期才买”，再比如说彩信，到很普及的时候他才会接受。至于买食品、洗护用品他会在意品牌，但服装就不会非常挑剔。张先生以前曾有过疯狂迷恋音乐的发烧时期，“1998年挣1500块的时候，差不多每个月都买一张进口VCD，一般都要120块左右，便宜的也是七八十。最贵的还不是进口的，是《阿姐鼓》，158块。”他现在已经“退烧”，并笑称“再不退成‘非典’了”。他的品牌观是“会关注（品牌）。也要看东西。比如数码相机这种技术含量比较高的东西会考虑的更多些。但不会买最好的品牌，因为价格的关系。”

【个案六】王先生，上海，男，30岁，大学本科学历，月收入4001~4100元，外资公司管理人员（已入加拿大籍）。父母都是普通职工，他在上海读完大学，在某高校执教几年后技术移民到加拿大，目前已在加拿大生活了6年，2005年初被公司派回上海工作。应该说，在国外生活的经历改变了他的不少消费观念，他对事物的评价融入很多西方的理性思维方式，如引入“指标模式”等，而且他会在购物前“先做homework”，搞清楚产品的很多细节。例如买保险，就是他先考了证书才买的。这方面显然要比国内大部分人更精。他在其他消费方面也受西方观念的影响比较多，如不盲目购车和使用手机，他会考虑消费对社会环境及社会发展的影响等等。不过，说到底骨子里还是中国人，固化于内心的中国传统观念还是会影响他的为人处世和消费观念。关于品牌消费，他这样认为，“大件的比如说耐用品，价值比较大的，如车、家用电器，首先考虑的是品牌，不希望以后整天去修。在北美售后服务是很好的，一旦有了消费者投诉，就会一塌糊涂。所以他们一般都会千方百计地满足你的要求。在我看来，质量是和品牌是挂钩的。其次考虑的是价格，小件的就会先考虑价钱。……我们不可能花很多时间去看产品的工艺、营养成分，这个品牌实际上已经包含了这些。”

中高收入的被访者学历普遍较高，年纪较轻，且更具理性。他们的经济条件略好于中低收入阶层，但在品牌观念和行为上与中低收入阶层有很多相似点，如有选择地区别对待各类产品的品牌消费，并且对大件耐用品的品牌关注度更高。

◆ 购买品牌商品的驱动因素

驱动他们关注品牌的内在因素少了一些顾及面子的成分，并且在选择品牌时，商品的贵贱不再是取舍的主要标准，就像个案四中的高先生说的那样“有品牌的，价格贵点也可以接受”。因此，他们购买品牌相对更加理性，是以质量为基准，推崇“性价比”综合考评的品牌消费观。如广州的冯女士，“考虑它的经济价值是不是实用，与同类产品比并不是所有贵的东西都好。适用我的才是好的，我是实用主义者。……像买手机，比较喜欢看牌子。前后买过四五部，一直都是摩托罗拉和诺基亚的，就觉得性价比比较合适。”

◆ **对品牌的认知**

中高收入人群对品牌的理解主要集中在品牌的质量层面。例如卢女士认为"品牌就是优良商品的代名词"、"质量和品牌挂钩"、"品牌能打响说明质量上有一定优势，质量、形象，要广告打出来都不容易，我相信大的品牌，大的品牌不可能做出不好的东西"。也有上海的张先生对品牌的认知相对全面，并且从技术含量角度对品牌进行了界定，如"品牌是指社会知名度、口碑、性能、参数、技术含量等方面。比较好的品牌有这个能力去研发，品牌肯定是和技术含量相关。比如 NOKIA 如果没有技术含量、款式，光广告也不行的。"

针对以上中高收入的消费者的品牌消费特征，可以归纳如下：

> **他们非常关注大件商品的品牌消费。在考虑品牌购买的标准中，质量是衡量的首要因素，其次才会关注品牌价格的高低。在日常消费中，推崇以"性价比"进行综合考评的品牌消费观。他们对品牌的认知较为集中，大多认为质量是品牌的关键。**

（4）高收入阶层

访谈对象中共有 9 位月收入 5000 元以上的被访者。其中私营业主 3 位，技术人员 3 位，管理人员 1 位，普通职工 1 位，还有一位丈夫是私营企业主的家庭主妇。他们中间关注所有商品品牌的有 5 位，仅关注部分商品品牌的有 3 位，还有 1 位表示"在意的是内在质量"而不是品牌。以下是这一阶层消费者品牌消费的典型代表。

【个案一】李小姐，北京，26 岁，大学本科学历，未婚，月收入 7000～8000 元，在通讯行业的国企单位做技术管理人员。老家在辽宁的一个县城，家境较好，来北京工作已经 3 年，她打算在 3 年内结婚，目前的主要消费目标是买房。李小姐看起来不太爱打扮化妆，比较朴素，对自己的评价是："我也不是很新潮，看需要时再买，……买东西比较冲动。不说质量特别好，碰到差不多的就买了。"她去美容院的次数不多，但每年也会在这方面花一两千元。化妆品她一般会买欧珀莱和欧莱雅，因为抵制日货，现在用倩碧。当问到食品消费时，李小姐认为自己"还较注重（品牌），一般都到超市买"。

【个案二】梁先生，北京，24 岁，大学本科学历，月收入 5000～6000 元，是事业单位宣传部门的普通职工。老家在河北农村，2003 年来到北京。现在跟哥哥租住了一套 70 平方米左右、两室一厅的房子。打算 2 年后结婚，在服装和食品上的支出不太大，每个月会拿出一半以上的钱储蓄，主要目的是买房。他现在消费还是比较注重价格，会留意商场的促销信息。他平时消费非常精打细算，即使很想换手机，还是会等到正在使用的手机坏掉后再考虑。他买东西很在意自己的喜好和感受，很少受其他人的影响，不相信广告，甚至特别反感广告。对于自我再教育方面他不是很关注，喜爱游玩，特别是爱运动，在这些自己感兴趣的消费方面不会过于计较价格，算是比较随心所欲。他在访谈时，挺羡慕有房有车的人，并流露出对自己目前消费水平的不满，所以买房和买车是他目前努力争取的目标。对于品牌消费他的观点是，"看什么东西吧，一般日用品什么的都看重牌子，吃的不看重，想吃什么就吃什么，觉得什么好就买什么。"

【个案三】李小姐，北京，35 岁，高中学历，家庭主妇，丈夫是私企老板。出身于军人家庭，访谈那天她穿着浅灰卡通图案的 T 恤和深蓝色休闲短裤，眉宇间透着一股英气，给人的第一印象是很有活力，比实际年龄看起来年轻。从 1995 年开始，每年她都会和家人去海外旅游一次。家里虽然比较富裕，但她却不是"那种喜新厌旧的人”，结婚时买的松下29吋画中画电视机现在还在用，而且她对这台电视机的评价很高。洗衣机因为坏了，才先后换过两台松下的。父母家离得很近，一家三口都去父母那里吃饭，所以她基本不做饭，也不大有吃零食的习惯。随着年龄增长，特别是后来有了孩子之后，她在服装方面的消费发生了一些变化，她说：“我现在年龄大了，有些就不能买了。不过我还是喜欢休闲衣服。现在要买有品牌的了，结婚那时还不太在意，只看样子，现在比较看重品牌。从小孩上幼儿园开始注意的，有5年了。”她提到自己重视品牌的原因还是受丈夫及丈夫朋友的影响。她对自己的品牌消费观这样总结：“特重视，因为年龄增长吧。买日用品更重视，特别是吃穿。”

【个案四】王先生，上海，33岁，大学本科学历，月收入5001～5300元，管理人员。老家在东北，1994年毕业去深圳发展，现在驻上海刚刚两年，妻子带着2岁的儿子在深圳生活，他现在常常往返于两地。大学时的品牌使用经历现在还会影响他对一些品牌的看法和选择。例如选择索尼贵翔电视机就是因为学生时代一直用索尼随身听的原因。不过他在访谈时感慨当年买索尼电视机花了近6000元，“可能再买电视机就买1000元的就行了，目的性没有那么强了”。他是我们接触到的更换手机最频繁的一个人，从1995年开始到现在，他已经换了十几部手机，而且更换频率越来越快。根据使用经验，几个大的手机品牌在他看来各有长处和不足。总体来说，他非常信赖品牌，主要是“因为职业关系，接触的企业挺多的，企业能做成品牌的过程也是挺难的，所以更信赖。当然广告炒作也有，但还是挺相信（品牌），也愿意多花20%的钱去买，特别是食品”。

【个案五】冯女士，上海，40岁，大学本科学历，月收入5001-5300元，私营公司老板。大学时学的是内科，毕业在医院工作了几年，后来辞职下海，开了一家与自己专业不相关的礼仪婚庆公司。丈夫也在经营自己的公司。冯女士家庭条件一向优越，所以消费方面显得非常自信，有很强烈的个人意识，买东西的原因常常很简单——“就是喜欢”。购买家电商品一直非常超前，2003年等离子电视机刚上市不久，她就买了一台松下的。在服装品牌方面她比较偏好Esprit休闲装，但在个人护肤方面她不盲从品牌，会根据自己的情况进行购买，喜欢用旁氏、妮维雅、小护士等品牌。遇到产品质量问题时，非常注意维护自己的消费权益。访谈中，我们发现她的健康意识较弱，身体几乎每天都在透支，却不太注重保养。至于是否注重品牌观念，她只是很简单地说了一句“广告听过一两次的就会买”。

【个案六】温先生，广州，26岁，大学专科学历，月收入在7万～10万元，海鲜店老板。家里以前开过工厂，1998年金融风暴时倒闭了。大学的专业是商务，上学时就开始倒卖盗版CD和仿名牌服装，挣得了自己的第一桶金，现在做海鲜生意。他先后换过4台电视机，第一台是上学时买的二手的，后来的3台品牌分别是三星、日立和索尼。当时买索尼液晶电视只是因为“逛着看到喜欢的就买了”。他经常去酒吧和卡拉OK，“30天里去27天”，一般都是他埋单。他一周平均去超市2～3次，每次开销几百元。每个月这样用在食品上的支出就有五六万。在服装方面开支相对较少，一般3个月会去买一次，一次花七八千元，品牌偏好SY、佐丹奴、堡狮龙。对于品牌的态度是，“有一点（关注），衣服、吃的……电器、手机都看牌子的。衣服我就喜欢班尼路、佐丹奴，其他的不喜欢。”

访谈发现，多数高收入阶层被访者的日常消费行为是一种对“原始消费”的皈依。他们中的大多数人能够从提高生活品质出发，让商品真正服务于人本身，而不是让人成为商品的奴隶。从访谈来看，并不是收入越高消费的品牌就一定越贵。在日常消费中，他们较少出现“炫耀性”品牌消费行为，购买品牌商品主要看重的是品牌带来的身心享受。具体来看，他们的品牌消费呈现出以下特征。

◆ 成长环境对品牌消费的影响

个案三、个案四、个案五代表了大多数从小成长环境优越的高收入阶层的品牌消费观念。他们注重品牌消费的商品类型最宽泛，从日常衣食住行的快速消费品到耐用消费品，都有不同程度的关注。如果说中国已经进入了品牌消费的时代，那么最明显的体现之一就是中高收入人群消费的全面升级。他们不仅关注大件商品的品牌消费，而且品牌消费已经渗透到他们生活中的各个方面，日常生活的每一件物品都能显示出他们对高品质生活的追求。品牌已经成为引导他们消费的一个重要指针。

访谈也显示出，曾经生活艰苦或者是出生于普通家庭的高收入消费者仍保留了以前生活艰苦时的消费习惯，因而表现出与中低收入阶层相似的品牌消费特征——关注“大件”，忽视“小件”，不太关注食品等琐细的日常消费。个案一中的和个案二中的李小姐、梁先生，他们都是来自县城或农村，虽然现在收入可观，但品牌观念还不成熟，品牌消费水平比较低。梁先生消费时主要还是“看什么东西吧，一般日用品什么的都看重牌子，吃的不看重，想吃什么就吃什么，觉得什么好就买什么”。李小姐也持同样的观点，认为自己“还较看重（品牌），但一般吃的东西就不看重了”。

◆ 职业影响品牌观念的形成

高收入阶层关注品牌的习惯和目前的家庭、职业状况也都有着密切关系。他们并不会完全盲从和追捧品牌，而是对不同品牌有了一定的理性判断之后才进行选择。如个案四中的王先生，就受他的职业影响较大，对品牌的认可程度较高。他目前从事的是营销管理工作，对企业运作有较深入的了解，他提到“企业能做成品牌的过程也是挺难的，所以更信赖品牌”。有鉴于此，他会从技术的角度来看待品牌，并且认为“还是大牌公司的积累不同，比如手机”，同时他对品牌的广告宣传的态度也较为宽容，认为“当然广告炒作也有，但还是挺相信（品牌），也愿意多花 20%的钱去买，特别是食品”。

◆ 关注品牌的产品

从个案来看，来自不同家庭成长环境的高收入被访者关注品牌的产品有所不同，但总体来说他们关注品牌的商品范畴逐渐拓宽，不再只强调对“大件”消费品的关注，而是从食品、服装等日常快速消费品到家电、住房、汽车等耐用消费品都比较关注。由于收入丰厚，他们关注的品牌层次也较其他群体有所提高。例如电视机等家电产品，他们不只关注进口品牌，而且关注进口品牌的高端产品，液晶电视、等离子电视一经上市就成为他们首选对象。

◆ 品牌忠诚度较高

高收入阶层被访者对品牌的忠诚度相对较高。每个人几乎都有自己始终偏爱的品牌，并且很少更换。个案三中的李小姐钟爱于 10 年前买的索尼电视机，而且一直不愿意更换。另外，她与个案五中的冯女士一样，也一直对 Esprit 休闲装青睐有加。个案六中的温先生也曾提到“衣服我就喜欢班尼路、佐丹奴，其他的不喜欢。”

◆ 对品牌的认知

访谈显示，高收入阶层的被访者学历也相对较高，10 位接受访谈的高收入被访者中，大学专科以上学历的有 7 位。他们在品牌认知方面提出了不少精辟的见解，这与一定的文化涵养有很大关系。他们对品牌的认知不局限于品牌的物质属性，还看到了“品牌是一种象征”、“品牌有它的含金量”等附加价值。个案四中做营销的王先生对品牌的界定角度相对独特，他从制造成本切入，认为“我对品牌的商业价值不注重，主要还是制造成本决定了直接成本”。他提到“品牌完全是一种行业的规则和技巧，像我在上海赚钱就赚得很舒服。本来是3000元每件，现在是6000元每件。你告诉上海人说这是深圳某某企业产的，他们就很相信，宁可买6000的，也不买3000的。当然我也只能给他们灌输到这种程度。这是一种顺应，该谁赚就是谁赚，是游戏规则。但我买菜就不会去想那么多，算那个有用吗？”他最后总结说对于品牌来说关键还是一个认可度。

从以上访谈结果来看，高收入被访者对品牌的观念可总结如下：

驱动他们关注品牌消费的动机在于享受高品质生活。他们注重品牌带来的身心享受，较少出现炫耀性的品牌消费行为。在日常消费中，他们关注品牌的产品范围有所拓展，层次也有了较大提高。家庭出身和职业差异导致高收入消费者品牌消费观念和行为的分化，总体来说，他们对品牌的认知度相对较高，比较认可品牌的含金量、象征性等附加价值。他们对品牌的忠诚度也相对较高。

2. 不关注品牌的消费者表现

访谈的64位被访者中表示不关注品牌的有12位，其中男性5位，女性7位。

【个案一】肖女士，上海，26岁，初中学历，家庭主妇。老家在安徽黄山，1997年来上海务工，做过饭店服务员、配菜等工作。2002年初回老家结婚，婚后夫妻俩回到上海。丈夫做煤气维修工作，自己则在家照看两岁半的儿子。来上海近10年，她的生活方式和消费习惯已逐渐向城市居民转变，但由于学历和经济条件等方面的制约，她的消费观念变化不大，消费时价格仍是她考虑的决定因素。她对品牌、时尚、信息等敏感度很低。除了在老家买的第一台创维电视机外，后来买的三洋和熊猫电视机都是二手的。三洋电视机花了300元，后来又100元卖掉了。说起这种购物原因，她解释道：“我们不用很好的，放在家里能看，色彩什么的都挺好的就行了”，“我们不考虑牌子的，牌子好的价格也上去了”。家里只有电视机和冰箱，没有洗衣机，一般衣物都是自己手洗。说起变化最大的应该是食品方面，“在这跟农村不一样，荤的素的什么都吃，开销就大了。现在一个月用在吃上的消费有1000多元。吃饭买菜也就五六百，可我上次去超市就花了300呢。牛奶啊、果汁啊都在超市买，去一次就要花100多元”。谈及品牌观念，她说，“我们也就在超市买些酱油啊什么的。我一般不大注重牌子。觉得可以就行了。每个人都不一样，我自己觉得什么好就买什么”。

【个案二】张女士，北京，47岁，高中学历，月收入3000元，普通职工。张女士是一家公司的话务员，对人非常热情，爱做善事。她的收入处于中高水平，但丈夫收入偏低。他们有一个21岁的儿子，职高毕业已经工作，收入也不高，所以全家开支主要靠她的收入。张女士一家三口住在北京市中心的胡同里，目前房子面临拆迁，购房成为她现阶段的主要目标。离市中心较近是她买房的一个重要考虑因素，但房价也会随之上升，所以她的收入中为买房储蓄的比例颇高，这就制约了其他日常消费。家里的家电等耐用消费品已基本齐全，只是近几年较少更新，即使更换也是旧的不去新的不来，不会为追求新产品而主动更新。她非常注重营养保健，对食品要求较高，其支出所占比例较高。至于其他消费，张女士一直都不太看重品牌，甚至排斥广告，认为“我不受广告影响。因为买广告上的东西花额外的钱，现在做广告多贵啊，我们买他们的东西，就等于帮他们出广告费。所以，我不追品牌，追品牌太贵”。

【个案三】蔡先生，北京，45岁，高中学历，月收入2300元，技术工人。以前在外贸公司做司机时，家庭经济条件较好，消费也比较超前，非常推崇日本商品和品牌。8年前单位解体，他买断工龄出来开出租。虽然经济收入和社会地位都相对下滑，但以前的观念还在影响他目前的消费观念和行为。说起电视，别人还只是买 9 吋的时候，他们一结婚就买了台上海牌 18 吋的。1986 年换彩电，他又花了 4000 多元换了台日本原装三菱电视。当时虽然是凭票购买，但他说自己买这台电视很容易，因为“搁在柜台上没人买”，“大家伙都不愿意花那么多钱去买”。蔡先生买这台三菱电视主要是“我觉得还是日本的东西好，那时候也有一个社会风气，就说有钱人，或者说稍微富裕点儿的都买日本东西，……不是原装的都让人瞧不起”，加上当时他在外贸公司上班，大家对“三菱重工”、“三菱株式会社”提得比较多。现在给孩子买电脑他也基本上是“一步到位”，一开始就配了推出不久的液晶显示屏。虽然一向消费都比较积极，但谈到品牌消费观念时，张先生却说：“我不看，一般买东西实用就行。以前物质少啊，都才挣几百块钱，都买得起。”不过他也补充了不注重品牌的一个普遍存在的原因，“说是不看，但买东西时还是挺在意的。因为现在牌子多了，反而更不注重了。”

【个案四】黄先生，上海，32 岁，硕士学历，月收入 2001～2300 元，技术人员。虽然只有 30 岁出头，但黄先生的经历却挺多。他的老家在湖南，大学毕业后在江苏、海南都分别工作过三四年，现在来上海发展也有 3 年了，还在上海买了房子。他以前的专业是通风，现在在手机行业作项目跟踪管理。因为工作城市的变化，先后也换过 3 台冰箱，都是新飞的，因为“我喜欢新飞冰箱，没有坏过、噪音小”。每次买冰箱都越换越小，他自己解释说“因为以前觉得大的好看，现在更理性了”。他评价自己是“不属于培养欲望的人，没有条件，也不会太喜欢，比较现实，不属于享受型的人，不论买了什么都不会改变”。买家电，他“一般会先考虑大小，颜色，因为要和房间整体的感觉搭配，然后挑选大的有信誉的公司，就是框定某几个品牌的范围，最后看价格哪个能接受，但是价格一般不太在乎，因为都差不多，当然要定一个大概的范围，比如说我觉得洗衣机就在 800～1500 之内”。他是一个挺矛盾的人。虽然他说不在乎品牌，而且是“任何东西都不关注”，甚至认为“品牌很重要，能骗钱。附加值都是骗人的”，但他的生活却被各种品牌商品包围着，比如索尼的笔记本电脑、卡西欧的数码相机、长虹变频空调，买洗护用品时会“固定买宝洁” 等等。他不相信广告，尤其是产品广告，但又认为“品牌一定要依赖广告，但要看广告形式”。

【个案五】帅女士，上海，44 岁，高中学历，月收入 3201～3500 元，管理人员。原来所在的公司做 BP 机，后来转做会务，帅女士担任部门经理。2005 年初，因为单位搬得离家很远，帅不愿去上班就买断了工龄，现在在家照顾 19 岁的儿子和持家。2002 年，家里买了辆面包车，帅女士让丈夫辞职搞起了个体旅游，现在经营良好，目前家庭月收入 7000～8000 元。家里先后换过 3 台电视机，都是国外的品牌，第一台日立 18 吋彩电，是 1986 年别人从国外带回来送给他们结婚的礼物。第二台是 1996 年买的 21 吋索尼，当时花了 8500 元，觉得“要买就买好一点的”，后来为了两个房间看电视方便又买了现在用的飞利浦。总是买进口电视，是因为“彩电国产的色彩上粗一些”。其实除了电视机，家里的很多家电都是一些知名品牌。很大一部分原因还在于“有名气”。在日常生活方面，帅女士还特别注意保健，一直在用安利的保健品。而且护肤洗护等用品也用安利。她非常重视营养和女性饮食，例如“买肉我都是去超市”、“女人喝酸奶补钙养颜”等等，“牛奶我只喝光明，……促销什么的跟我没关系的”。结婚前喜欢听音乐会，结婚后宁可不装帅康名牌抽油烟机，也要花 2000 多元装现在这个全自动清洗的抽油烟机，因为自己“清洁方面我特注意，要省力的”，从这些生活细节看，帅女士是一个很讲求品牌和生活品质的人，但问到观念上是否注重品牌时，她却回答说“都不注意的，品牌（是什么）也说不清的”。

【个案六】李先生，北京，42 岁，大学专科学历，月收入 6001～7000 元，自由职业（经营一家美容院）。

自己在北京土生土长，但在广州和深圳做过10年童装生意，1995年左右回到北京。因为离异，所以家电更换比较频繁。1993年换的第二台29吋飞利浦电视花了七八千元，只是因为“那时候29吋的刚出来，也是一高兴就买了”。说起是否会考虑买智能家电时，他无意透露了自己“不会去做先锋”的想法。食品上“不怎么看重品牌”，服装上也“不讲求牌子”。可能和他一直做生意有关，他提到“钱主要花在人情开支上”，如看电影、请人唱歌等。对于品牌只是“一般般，不是特别在意，在意的是内在质量。”

在表示不关注品牌消费的被访者中，有一个比较矛盾的现象——他们的品牌观念和消费行为相“脱节”。如上面个案中的黄先生、帅女士、李先生，虽然他们明确表示“不注重品牌”，但在日常消费行为中，他们却都比较在意品牌，而且购买的都是知名品牌的消费品。如果说帅女士可能是因为对品牌的称谓有些模糊，所以才在消费时考虑了品牌因素，但却不自知，那么李先生的原因则可以说明一个情况，就是目前的品牌还远未达到品质优秀的保障，因为他觉得“只要注册的都叫品牌”，而“自己更在意质量”。

根据访谈的资料，将被访者不关注品牌的理由归纳如下：

（1）个人喜好和体验在商品选择中占据更重要的位置

如个案一中的肖小姐认为“对于品牌的喜好因人而异，自己则更注重个人的喜好，而不是品牌。”

（2）品牌广告宣传增加了购买商品的费用

如个案二中的张女士提出“我不受广告影响。因为买广告上的东西花额外的钱，现在做广告多贵啊，我们买他们的东西，就等于帮他们出广告费。所以，我不追品牌，追品牌太贵”。

（3）对品牌附加价值的否定，导致对品牌排斥

如个案四中的黄先生干脆认为所谓品牌附加值是骗人的，品牌的作用是骗钱。

（4）牌子太多良莠不齐，这反而影响品牌的选择

如个案三中的蔡先生认为，“现在牌子多了，反而更不注重了”。

（5）更在意商品的内在品质，而不是品牌

在一部分消费者心中，品牌还远未达到品牌就是品质保证的要求，这是制约品牌消费发展的一大障碍。

不关注品牌消费的人群大体可以分为两类：一是品牌消费行为和品牌消费观念一致的消费者。由于经济条件限制、个性化需求等原因导致他们无论是观念还是行为都不关注品牌商品；二是品牌消费行为和品牌消费观念脱节的消费者。他们有品牌消费能力，同时也在大量消费各种品牌商品，但在他们的观念中却并不认可品牌。从整体来看，导致这些消费者不关注品牌消费的原因有：个性化要求、品牌良莠不齐、广告增加了品牌的费用、品牌还未达到“品牌就是品质保障”的要求等。

（二）品牌观念的形成

20 年前，品牌还是一个陌生的名词。10 年前，品牌也只是专家使用的行话，但是现在它却已经渗透到人们的日常生活中。品牌在每个人的心中都有其独特的“内涵”。当我们问及被访对象品牌观念的形成和转变时，他们大多认为自己的想法一贯如此，仅有少数被访者谈出了他们近 10 年来品牌观念的变化，或是从无到有，或是从对某些品牌的迷恋到冷静。导致这些变化的原因主要有以下方面：

1. 经济条件的改善和生活水平的提高是品牌观念形成和转变的物质基础

随着中国改革的深化和市场经济的稳步发展，人们的生活水平普遍提高。收入多了，商品丰富了，这都促使人们对内在生活品质的不断追求。最典型的体现就是品牌概念从无到有，对品牌的关注从个别到普遍的发展过程。从调查的整体情况来看，人们对品牌的认可程度越来越高，关注的范围越来越广，这些都渗透在每一个消费者的生活细节中。

2. 生活环境的变化是城市移民品牌观念形成和转变的重要原因

北京、上海和广州是我国最大的三个移民城市。根据第五次全国人口普查的统计数据，三个城市中的外来人口已经分别占到了 20%、19.4%、30%[①]，这在我们访谈的样本中也有所体现。64 位被访者中，城市移民比例占到了访谈人数的 21.8%[②]。他们多来自于内地的中小城市或偏远地区，生活环境的变化也相应带来了消费观念的变化。如 24 岁的李先生，老家在湖北的一个小镇，2000 年到上海打工，他讲述说“从来上海第一年就开始注意品牌了。比如说和同事一起去逛街，人家说啊，我自己也感觉，自己摸摸也可以感觉出来。……以前在家没有这个概念的，有也是一点点，很模糊的。觉得可以就行了，我们那边是镇上，根本没有什么品牌可谈，都是小店，没什么门面。”因此对于广告和品牌，他都非常信任，也喜欢去逛街，喜欢关注时尚信息，时刻用心吸取着城市的消费文化。

3. 家庭中某个成员经济条件的改变引发其他成员品牌消费观念的变化

从访谈资料来看，家庭中某个成员经济条件的改善也会带来其他家庭成员消费观念的变化。例如上海的金先生，他和老伴每个月的退休金加起来有 2500 元，但日子过得很顺心。金先生觉得自女儿独立后，家庭经济负担少了很多，加上女儿装潢设计专业毕业后发展不错，月薪有 8000 元，女婿的月薪也有 7000 元，两个孩子常给家里添置物品，所以全家的消费水平都有所提升。无独有偶的是，上海的周先生也因为女儿的关系，消费品位提高了很多，他骄傲得谈起自己的消费观：“差的东西我不要，从女儿那里学来的，她工作以后我们品位也上去很多。我们心情蛮开朗、生活有规律，吃上的搭配很讲究。”

4. 年龄增长带来的品牌观念的变化

随着年龄的增加，阅历丰富，一些人的消费观念日趋成熟和理性。如上海的张先生，曾经是典型的音乐发烧友，买 CD 一定会选择正版，即使是空白磁带也会买最好的。但随着年龄的成长，昔日的高温开始退烧，他自己也笑称“如果再不退烧就成‘非典’啦”。例如广州的冯女士说，“护肤方面发生很大变化，年轻的时候也不懂得保养，没有这方面的观念，顶多是冬天抹些。现在 30 多了，开始用面膜，而且面膜也都是用品牌的。”

---

① 2000 年第五次全国人口普查数据。

② 本次调查中，居住或停留在北京、上海、广州境内，但户口不在三城市的外来人口共有 14 人，分别为 1 人、8 人、5 人。

5. 所处生活阶段的变化带来品牌观念的变化

结婚、生子、孩子成家，这些都是人生重要的转折点。结婚改变了很多人的生活，生活水平随着配偶的情况或升或降，或者持平，婚前的观念相应也会随之改变。如上海家庭主妇李女士现在“特重视”品牌，就是受丈夫及丈夫身边朋友的影响。再如广州的冯女士，她的很多变化都发生在1999年。当我们追问原因时，她说：“有朋友的影响，还有年龄的因素，觉得自己的心态也比较成熟了。1999年的时候快30岁了，还有孩子也6岁了……”但也有例外，个别被访者的现实物质等条件虽然发生了很大改变，但内心观念却不受影响。比如上海的钱小姐，老家在浙江瑞安，嫁给丈夫后，经济条件有了很大飞跃，但在日常消费时她还是保留着生活条件艰苦时的消费观念和习惯。

（三）消费者心中的“品牌”

即使在学界关于品牌的定义也不一而足，如品牌是一种与客户的关系，品牌的核心内涵是要传递给消费者的核心利益，品牌是企业针对消费者的市场承诺等等。那么在普通消费者心中品牌的内涵又是怎样的呢？本次访谈的64位被访者，只有5人既不关注品牌，也无法说清自己心中的品牌是什么，其他人则对心中的品牌各抒己见。总的来看，可以形成以下代表性的观点。

1. 品牌代表着形象和知名度

有5位被访者认为品牌代表着形象和知名度。北京的梁先生这样定义品牌，“品牌是商品在消费者中建立的整体形象和知名度；好牌子价格一定高。品质只能通过认证给消费者一些安慰；品牌产品的售后服务会更好，比如说我们这个春兰空调好多年了，坏了打个电话就会来修。”上海的李先生虽然自称自己不太注重品牌，但给出的品牌概念却也别有一番见解，“品牌代表企业的形象，代表企业在市场上的地位，是一种无形资产，具有一定的价值，商家把品牌的价值加给消费者，消费者也从品牌中得到一定的价值，如自尊，荣誉感这些都是品牌加在消费者身上的，质量、性能、寿命长短都有关系，用起来舒服。”

2. 品牌是质量的象征

“品牌=质量”是被访者对品牌最多的评价，持这种观点的人有 21 人。北京的李先生认为：“品牌我感觉还是与品质有关，质量应该较好，出现次品的几率低，售后服务也不错。”在国外生活多年的王先生对品牌的认识简单明了，就是“质量和品牌挂钩的”。还有的被访者干脆给品牌的要素排了位次，并且把质量放到第一位，最后还不忘强调质量的重要性，如“质量应该第一，其次外观上、服务上也都很好。……前期应该做宣传，后期还是要从质量、服务开始抓”。“品牌能打响，质量上肯定没有问题”，这也可能就是一些消费者对品牌义无反顾的情结所在。

3. 品牌往往价格很高

谈到品牌有些人的第一反应就是“贵”，访谈中有5位被访者都有这样的同感。例如北京的高女士概括品牌为“品牌太贵了，质量应该没问题”。而海外回来的王先生认为有品牌的商品会比较贵，但却贵得有道理。他说：“我觉得品牌70%~80%会是贵的，它是有含金量的，比如说可口可乐的品牌就很有含金量。就是质量没有问题，服务让人满意，合理地贵一些。”广州的孙小姐干脆就认为品牌商品的质量、价格一定要高，如果价格太低就觉得是假的。

4. 品牌与使用人数和口碑有关

不管能不能说出品牌的定义，谁都能说出几个品牌的名称，所以有 5 位被访者认为大家能叫得出来的都是品牌。上海学生小李觉得“能叫得上口的，大家经常用的就是好品牌了”。再如工作多年的于先生也认为“作为品牌，肯定是大家都认可的，相对来说对用户的承诺比较能够落实”，不过他在谈话间透露出对中国目前品牌的不满，“质量不见得大牌子就好。知名度只是人吹出来的，现在假的太多，咱也分不清真假。牌子响的，广告就在黄金时段或者版面大、显眼。广告之前肯定有一部分产品挺信得过，等老百姓都认了，厂家的质量就容易下来了。”

5. 品牌与广告宣传有关

直接将广告和品牌相联系的被访者也有 5 人。“品牌就是广告做得比较多的”，广州的陈先生非常肯定地得出了这个结论。家境一直不错的冯女士也提到“品牌就是广告上能看见的东西，人们嘴里能提出来的东西”。再如上海的黄先生提到，“品牌和品质、价格之间没有必然关系，品牌一定要依赖广告，但要看广告形式”。广州的陈先生也认为打广告多是因为“品牌和价格都有很密切的关系。它质量得有保证才敢打广告的嘛，因为现在很容易投诉它啊”。

6. 品牌是一个注册商标

提出这种观点的被访者有 2 人，如北京做生意的李先生和爱看商业书籍的小骆。李先生提到了一个很少提及的名词“商标”，他觉得“只要注册的都叫品牌”。小骆的界定也非常相似，如“去工商局注册的应该都算品牌吧，跟知名度应该没有关系”。

7. 品牌与制造成本、技术含量有关

有着这样专业视角的被访者不多，仅有 2 人。如做营销管理的王先生认为品牌与制造成本有关，是一种顺应原则，而且关键还在于能够被认可。他这样描述品牌“我对品牌商业价值不太侧重，主要还是制造成本决定了直接成本，所以也更信任品牌。……说起品牌，我觉得完全是一种行业的规则和技巧，像我在上海赚钱就赚得很舒服。本来是 3000 元每件，现在是 6000 元每件。你告诉上海人说这是深圳某某企业产的，他们就很相信，宁可买 6000 的，也不买 3000 的。当然我也只能给他们灌输到这种程度。这是一种顺应，该谁赚就是谁赚，是游戏规则。但我买菜就不会去想那么多，算那个有用吗？关键还是一个认可度。”同样的，从技术转型做销售的张先生也认为：“品牌是指社会知名度、口碑、性能、参数、技术含量等方面。比较好的品牌有这个能力去研发，品牌肯定和技术含量相关的。比如诺基亚，如果没有技术含量、款式，光广告也不行的。”

8. 其他说法

品牌意味着保障、厂家的信用度。上海的李先生认为品牌“对我来说就是信用度吧。我觉得品牌就是可以信任的，售后服务和质量都好的”。上海的刘先生也觉得“品牌是一个公司的信誉，包括质量方面，关系到公司的利益和信誉。必须质量好了，才能打出牌子啊”。品牌是身份的象征。如广州的林先生提到“品牌是一个身份的象征。品牌好，应该比人家贵一点，各方面都比人家好”。

在众多的界定中，有个别被访者对品牌的考虑较深入，如广州的严先生从责任和义务的角度出发谈了很多关于品牌的看法，“品牌是有了一定的规模，一定的知名度，有了一定的向社会的推广度。品牌应该是一种义务、责任的许诺，……品牌有很多种，若定位高端的就会价格高一些。若定位低端的就不一定。我觉得‘内在的品质’是主要的，质量要过关。”

上海的刘小姐对品牌的思考也较为全面，她既提到了大众认可、质量、服务、广告等品牌元素，同时还提到了品牌与企业文化的关系，以及她对中国品牌的看法。例如“在厂家来看和消费者来看品牌是不一样的。在消费者来看可能大家都认可的就是品牌。其实从质量到服务，这是一种长期的过程，是不能靠打广告打出来。品牌还跟企业文化有关。中国一些品牌做产品太多了。这些品牌都是广告打响的，像安利做的都是环保性质的，要考虑到长久性、环保性，对消费者的实用性。”

总的来看，消费者对品牌的认知基本停留在品牌的价格、质量等物质本体层面，对于品牌的附加价值关注较少。有一些消费者虽然在具体消费过程中会关注品牌，但却无法说清自己心中的品牌究竟是什么，如“品牌就是在大商场买的东西”，“排行榜和大家公认的产品都是品牌”的观点。仅有少数消费者能抛开品牌的质量、价格等物质元素谈品牌所包含的精神价值，如满足感、成就感等。这也在一定程度上反映了我国还处在“品牌消费”表面繁荣的初级阶段，“以品牌引导消费”仍然还是一种需努力追求的目标。

（四）消费者心中的“品牌”和“名牌”

为了进一步挖掘消费者的品牌消费动机，了解他们对品牌的真实想法，我们在访谈中设定了“品牌与名牌是否一致，为什么？”的题目，以下是访谈整理的结果。

1. 品牌与名牌概念一致

被访者中有 17 人认为品牌和名牌的概念差不多，约占访谈人数的 1/4。代表性的观点如下。

（1）品牌和名牌只是不同时代的不同称谓而已

- ◆ 广州的吴先生认为“两个概念实际都差不多，只不过目前潮流是讲品牌，原来叫名牌”。

（2）两者本身没有差异，只有海内外的差异

- ◆ 广州的小冯提到，“在这里（广州）没有区别。我们这里区别的主要是国产和国外的产品。像波导、海尔再好，也不比国外的中档产品”。
- ◆ 北京的李小姐也是这样认为，“两个差不多，但名牌可能更多的是国外进来的”。

（3）没有必要区别，他们同样都是一种承诺

- ◆ 在广州自己开电脑公司的严先生“觉得完全可以当作一样的。你（产品）要推向社会，你就要对人家承诺。例如我卖东西，厂家不保修，我都会保。品牌和名牌都要有同样的责任。名牌可能是知名度高一些，但所有的东西都是平等的”。

2. 品牌与名牌概念有区别，且品牌好于名牌

持这一观点的被访者有 11 位，他们大多认为名牌只注重知名度，而品牌却更注重美誉度。如北京的梁先生指出：“名牌只要有名就可以了，做几个月广告就有名了，但口碑不好大家还是不会买的。也就是说名牌可以通过广告打出来，但品牌要靠长期打造。”具体来看，被访者认为品牌好于名牌的说法如下。

（1）使用人数的多少

◆ 它俩不一样吧，品牌用的人多，名牌买的人少，它们的质量都差不多。

（2）大众排行榜与个体认可度

◆ 名牌可能是经过大众统计排行而得到的，品牌就是你认为的对你来说认可的。

◆ 应该算有区别。可能品牌的意义更深一些，要求的层次更高些。名牌可能更大众一些。

（3）广告宣传的程度

◆ 名牌不代表品牌，名牌好像是捧出来的，名牌的广告更多。

◆ 名牌是有种媒体炒作的可能，品牌是经过积累的。

◆ 我自己倒是更喜欢品牌一些。名牌就是电视里那些，重复三次，就让人记住的就算名牌了，品牌有的也不打广告，靠口碑传出来的，有个化妆品好像叫羽西吧，就不怎么打广告，但是牌子也很响。

◆ 品牌好啊，很硬，像苹果电脑就是好品牌。而名牌说不出来，有点虚。要看有名到什么程度，要根据厂家的诚信，像美的的小家电就特别好，我买过好几个电饭煲了，美的的就是不坏，质量好。美的在小家电里也有一定地位，但人家也不怎么做广告，像这种实打实的就是品牌吧，就算不怎么打广告还是很好，而且现在广告水分很多，真正过硬的产品不宣传也会买。

◆ 名牌是卖广告卖出来的，品牌需要有一定的口碑才能创出来。

◆ 品牌更重个性，更有历史。名牌以后也可能成为品牌。

（4）行业内的认同度

◆ 品牌在行业内更被认同，名牌就不一定了。品牌是企业多少年积累下来的。名牌是打造出来的，水分大过了实际的。耐克是名牌，但不一定很好，有很多都是国内生产的，所以名牌我不一定相信。但品牌更相信，能让老百姓接受的，奢侈品我们接触不到，比如名表，给我我也不知道它的价值在哪里。再比如汽车，你给我一个二三十万的，我能说出个一二，但要是给我一辆上百万的，我也说不来了。……奢侈品也不一定是名牌，名牌也有高中低档的。我个人感觉，除了自身品质外，名牌在商业上、广告上投入都超过同类产品。

3. 品牌与名牌概念有所区别，且名牌胜于品牌

持有这种看法的被访者有 19 人，主要的观点如下。

（1）被消费者接受程度

◆ 在国外，名牌是通过质量和服务来取得“名”的，当然价格也会偏贵一些。品牌和名牌是有区别的，区别在不同的档次上，名牌是被大家接受的，在精品店；品牌是中档的，大众的。

（2）知名度

◆ 名牌的知名度高啊，可信，而且效果好、广告多。品牌可能都没做过广告，跟知名度没有关系。……潜意识里觉得广告多，品质就会好，广告多了，我会去关注。

（3）综合品质

◆ 品牌是一种商品，名牌是品牌中的一部分精华。

◆ 我觉得名牌是品牌中比较好的，名牌这个概念快没了，八九十年代说名牌，现在说品牌，可能是因为选择

多了。

- ◆ 名牌是建立在品牌基础上的，品牌有可能成为名牌。
- ◆ 好的品牌相当于名牌。
- ◆ 当然有区别了。品牌是这个产品专门搞这个，名牌是它在这方面响当当的，不怕不识货，就怕货比货。就像电视图像清晰不清晰那样。名牌比品牌更好。
- ◆ 名牌给消费者的信心更大，更耐用一点。
- ◆ 品牌不一定是产品，名牌一定是产品……现在品牌太重要了，跟品质肯定有关系。比如从质量上说，品牌名气大，质量肯定会高点，价格也会高点。生产商为什么生产品牌？就是为了创造名牌。
- ◆ 名牌比品牌还要高一个层次。不只是价格，各方面都有。如果买烟什么东西肯定要看名牌的，只要价格承受得起。

（4）美誉度

- ◆ 名牌有美誉度，只要注册的都叫品牌。

（5）因商品类别而异

- ◆ 衣服的话还是名牌的好吧。……80 年代衣服都是金利来。

（6）价格更高

- ◆ 名牌应该更高档，比品牌好一些。
- ◆ 品牌是老百姓可以接受的，名牌价格相对更高。
- ◆ 名牌的价格就不一样了（指的是更贵了），有名的牌子是一个无形资产，特别是服装。
- ◆ 名牌肯定牌价高啊。同样的质量，牌子不一样，价格也不一样。

（7）历史性

- ◆ 名牌应该有一定的历史。品牌只是打一下广告，吹久一点。

（8）产地

- ◆ 名牌的公信比较强，质量高，价格比品牌要贵，像玉兰油、SK-II 都是品牌，SK-II 是国际名牌。名牌要国际认可，品牌可能是中国的。

4. 牌与名牌概念有所区别，但没有好坏之分

赞同这一说法的被访者有 8 位，典型的说法如下。

- ◆ 品牌就是优良商品的代名词，名牌，老百姓的口碑挺好的，像海尔这样的都是名牌。
- ◆ 品牌是个广义的概念吧。前面指的品牌还是一个狭义的概念，指有名的牌子。区别肯定是有的，只要注册了就是一个品牌。名牌还需要一个品质评比、机构认证的过程，达到一定标准后再阶段性参加一些评比、获奖，达到一定品质才能算达到名牌了。
- ◆ 名牌在我印象中品质好，但价格贵，品牌的价格不一定贵，品牌是一个大众的，大家对产品的认可。
- ◆ 品牌做出名气了就是名牌，名牌一定是品牌。
- ◆ 名牌是品牌的一部分，品牌是从市场角度考虑，名牌是从产品角度考虑。
- ◆ 应该有区别，如果我相信就认它，不相信的话人家说好也白搭。名牌追求的人多一些，但品牌的品质也可能很好。

◆ 名牌是时代性的，品牌呢，85%以上的人都是公认的，比如说农夫山泉，我们认可它，买水就买它。名牌要高一点，大款、白领用的都是名牌，名牌的质量肯定不会低于品牌，但价格也高。对我来说买品牌就可以了，没必要买名牌。在名牌和品牌之下就是杂牌了。

5. 说不清楚，没有思考过，或者表述模糊

这类被访者共有 5 个人。还有 3 个被访者没有回答这个问题。

以上是被访者对品牌概念和名牌概念的区分情况，使我们对于人们心中品牌的界定有了更深入的理解。他们能够从产品的知名度、美誉度、公信力、广告宣传度、行业认同度等多方面对两者（品牌和名牌）进行思考和比较，提出了不少有待于企业关注的品牌观点，使我们可以从中得到一些启示。

在一些消费者心中“名牌”是一种时代的产物、“过时”的称谓，而且人们在经济条件和品牌观念的共同作用下，不会盲目追求名牌，但又会优先选择品牌。所以品牌才是企业以后应该努力追求的目标。企业不要盲目追求名牌效应，而应设定长远的品牌目标，通过加强自身综合品质来塑造产品品牌。无论是品牌好于名牌，还是名牌好于品牌，消费者对于单纯依靠广告宣传“捧”出来的都持怀疑态度。正如被访者所言，“名牌一定要依赖广告，但要看广告形式”，“品牌可以通过广告打出来，但还是要靠长期打造才行”。

（五）品牌消费的趋势探索

结合访谈分析，我们了解到中国品牌消费所处的具体阶段，以及消费者品牌消费过程中的观念和态度，在此基础上总结出品牌消费的几大趋势：

1. 品牌消费从少数人转向大多数人，成为普及性消费行为

从访谈结果来看，中国城市居民关注品牌消费的人数越来越多，这一点除了与企业越来越重视开发大众化品牌有关外，还与不断增长的收入、日渐丰富的商品以及媒介的宣传等因素密切相关。

2. 品牌消费从观念层面落实到行为层面，形成消费行为和消费观念的统一

人们在观念上基本已经认可品牌的价值，但是由于经济条件、产品质量、企业诚信等多方面因素的影响，导致了部分消费者不能真正按照自己的想法进行消费。但可以预期，随着人们生活水平的不断提高，以及信用制度的建立和完善，品牌消费观念与品牌消费行为最终会达成统一。

3. 品牌消费从“炫耀性和非理性”消费转向“务实性和理性”消费

早期“品牌”商品基本上是奢侈品的代名词，人们对于品牌与名牌的消费往往局限于社会的一小部分人群中，他们对于品牌的消费多出于炫耀和区别于大众的心理。从被访者讲述他们品牌消费变迁的故事时，我们可以看到不少消费者的消费行为都逐渐趋于理性，如从电视一定买日本品牌，到接受性价比合适的国产品牌；从实际需要出发，电冰箱越换越小；从对音乐的狂热，到逐渐退烧等等，不一而足。这些都预示着消费者趋于理性和务实的品牌消费倾向。

4. 品牌消费从耐用品市场转向快速消费品市场，最终覆盖所有商品品类

中等收入以下的消费者即使是考虑品牌消费，也多数是考虑一些价格较高、使用较久的耐用商品，他们还很少考虑其他消费品品牌，例如食品、服装等。但从访谈中我们可以看到，高收入群体注重品牌的范围越来越宽，从日常饮食到耐用家电，他们都投以不同程度的关注。这可以反映出当人们的收入水平提高之后，对生活品质的内在要求有必然提高，而品牌作为保证品质的一个重要衡量指标，必然会覆盖所有消费品类。

5. 品牌消费从高端辐射到低端，从单一走向多元，形成多元多极化的发展

正如时尚的传播一样，品牌消费首先会在高端人群中发展，随着不断的渗透，终将蔓延到低端人群。同样，品牌消费也在人们的内心从高端向低端不断蔓延，人们从关注“大件”，到在意“小件”，从只关注部分商品到关注所有商品。商家在顺应消费心理的基础上，也在努力满足人们的这种需求。这样互为促进，就会形成多元多极的市场全新格局。

小 结

- 人们对品牌的认知度越来越高，品牌价值得到了城市居民的基本认可，关注品牌和对部分产品关注品牌的被访者在总样本中占绝大多数。品牌成为人们购买商品时的重要参考指标之一。
- 不同消费群体表现出不同的品牌消费观念和行为。品牌消费在青年学生群体中成为时尚。中等收入阶层消费者主要依据商品的价格、在生活中的重要性程度和自己喜欢的程度有选择的进行品牌消费。在消费过程中，购买家电、食品类商品时注重品牌的现象更为突出。
- 品牌观念的形成和转变的因素是：国民经济的发展和居民生活水平的提高、生活环境的变化、家庭成员经济条件的改变、年龄的增长和所处生活阶段的变化。
- 消费者对于品牌的理解复杂多样，认为“品牌就是品质象征”的被访者占绝大多数。其他依次为“品牌代表着企业形象、知名度”，“品牌往往价格很高”，“品牌与使用的人数和口碑有关”。
- 消费者对于“品牌”与“名牌”关系的分析，可以对企业有所启示。企业不要盲目追求名牌效应，通过加强自身综合品质来塑造产品品牌。无论是品牌好于名牌，还是名牌好于品牌，消费者对于单纯依靠广告宣传“捧”出来的都持怀疑态度。
- 随着“品牌消费时代”的到来，衡量消费者品牌消费观念的标准已不仅限于关注品牌与否的问题，而是提升到关注品牌的范围、品牌消费的档次和品牌消费的动机。
- 品牌消费的未来趋势是：从少数人转向多数人、从观念层面落实到行为层面、从“炫耀性和非理性”消费转向“务实性和理性”消费、从耐用品市场转向快速消费品市场、从高端辐射到低端，从单一走向多元，形成多元多极化的发展。

二、价格

价格一直以来都是左右人们购物的重要指标，但随着人们生活水平的提高，今天它是否还是人们购物时考虑的首要因素？为了考察中国城市居民关于价格的态度和观念，我们从两个方面对被访者进行访谈：一是消费者在购买商品或服务时价格是否是主要考虑因素，当价格与品质有所取舍时会更关注哪一方面，原因是什么；消费者对哪些商品的价格非常敏感；二是消费者价格观念发生了怎样的变化。对于访谈结果的整理和总结也基本从这两方面进行。

（一）城市居民关注价格消费的状况

当问及“在购买商品时，价格会不会是考虑的主要因素”时，64 位被访者中有 36 位表示价格不是影响购买决策的最主要因素，而是其他如品质、实用性等等。在价格可以接受的范围内，他们会尽可能选择更优质或时尚的产品。有 19 位被访者表示自己会根据具体的产品属性来区别对待，对不同类别的产品会有不同的价格敏感度。其余 9 位被访者表示无论在什么情况下都会将价格作为购物时考虑的首要因素。

从性别来看，37 位男性被访者中，购物时根据产品情况而定的为 12 人，在 27 位女性被访者中，持这种购物态度的为 7 人。另外，分别有 4 位男性被访者和 5 位女性被访者认为自己购物时价格是主要考虑因素。

从年龄来看，35~54 岁的被访者中认为价格不是购物主要考虑因素的人数较多，25~34 岁的被访者根据产品情况而定的人数较多。

从学历来看，高学历被访者对价格的关注度较低，而低学历被访者对价格的关注度相对较高。30 位大专以上学历的被访者中有 19 位认为价格不是购物时的主要考虑因素，认为价格是主要考虑因素的仅为 1 人。而对于高中及以下学历的被访者，34 人中有 17 人认为价格不是主要考虑因素，8 人认为价格是主要考虑因素。

从收入来看，无收入的学生群体和月收入在 5000 元以上的高收入群体倾向于价格不是购物时的主要考虑因素。访谈的 5 位学生均表示在购买时不会主要考虑价格因素，他们虽然还没有经济能力，但消费观念比较超前。其中有 2 人与父母的消费观念截然不同，并且与他们的家庭经济状况也不相匹配。高收入群体在购物时将商品品质作为主要考虑因素，价格只要可以接受就不是问题。

具体来看，持三种不同价格观念的居民分别有如下特征。

1. 购物时将价格作为首要考虑因素的消费者

将价格作为购物时考虑的主要因素的被访者主要分布在高中以下学历的人群中。9 位持此观点的被访者中，高中以下学历的被访者有 8 位。从被访者的性别状况（男性 38 人，女性 26 人）来看，认为价格是首要因素的女性相对多于男性，其中男性 4 人，女性 5 人。

以年龄为自变量来看，将价格作为重点考虑因素的被访者在 16~34 岁、45~54 岁的人群中都有分布。16~24 岁的人群基本上是刚参加工作不久的年轻人，他们中的大多数收入相对偏低，这在很大程度上影响了他们目前的经济能力，因此，在购买商品时价格成为他们考虑的主要因素。而 45~54 岁的消费者，一方面是因为他们曾经历过计划经济的年代，大多体验过清贫生活，因此更倾向于保留优先考虑价格的传统消费习惯。另一方面，这个群体正处于人生最紧迫的阶段之一，有的下岗，有的临近退休，但子女一般尚未独立，这些都会导致他们目前的经济实力明显受限，从而促使他们购物时首要考虑价格。相对来说，55~60 岁的消费者大多子女独立，经济又开始宽松，质量成为他们购物时首要考虑的因素。如访谈中有 2 位被访者，他们虽然退休在家，但女儿工作后，收入颇丰，从经济上给家庭消费添色不少。

从收入来看，以价格作为首要考虑因素的被访者集中在中低收入阶层。9 位持此观点的被访者，8 人来自中低收入阶层，另有 1 人月收入在 5000 元左右，属于中高收入阶层。由此可见，是否将价格作为购买商品考虑的首要因素与消费者的收入水平呈负相关，收入越低越倾向于将价格作为主要考虑因素。

（1）中低收入阶层

【个案一】于女士，北京，52 岁，大学本科学历，个人月收入 2300 元，内科住院医生。于女士现在和丈夫两地分居，有一个 22 岁的儿子，因为家境不好没上高中就工作了。于女士家居住地附近多是较好的国家厅级单位，她家所住的房子是其父母留下的 50 多平方米的两居室。访谈时所在的房间家具非常简单，单人板床，老式高低柜，旧书架。一台彩电、一台 VCD 机和一个壁挂空调。于女士的妹夫和母亲都是 2004 年刚去世，家里还有债要还，目前储蓄主要是为了儿子结婚和以备急用。于女士原来的经济条件很好，但是因为家庭成员长期卧病，用她自己的话说她是“黄鼠狼下老鼠，一代不如一代了”，家境就下来了。她一直以来都买价格低廉的衣服，认为舒适实惠就行，自己没有虚荣心，“我们医院的院长一双皮鞋花了 8000 多，我没看出多好来。”但是在对孩子的消费上，于女士还是很舍得，虽然首先还是要看价格能否接受，但是不会专挑价格最便宜的。“我给我儿子买过一双李宁鞋，就是结实，贵我也买，而我不会花 8000 块钱去买双皮鞋。”“价格太不合理我绝对不会去买它。”由此可以看出，于女士所谓的重视价格是指价格一定要在自己接受的范围内。对于有些商品，如自己的服装等她是会挑便宜的买，因为她觉得这些东西贵与不贵在品质上没有太大差异，她也承认这是因为经济条件有限，其实自己也有爱美之心。而对于孩子的东西她又希望尽量买性价比最高的。

【个案二】于先生，北京，48 岁，初中学历，个人月收入 2300 元，小学食堂厨师，老家在山东，离异单身，女儿 23 岁，随母亲。于先生热心随和，语速中等偏慢，谈话时，总是不时地把一些实物拿出来做说明，比如会出示当年旅游时填写的表单、会拿出酱油来说明自己买的品牌等等。于先生的家在北京的胡同，胡同位于中外游客喜欢转悠的同仁堂、瑞蚨祥等老字号聚集的大栅栏老商业集市深处。因此，胡同虽杂乱，政府也还未有拆迁规划。胡同区内基本是坑洼的棚户区，每户里都住了很多人家。像于先生居住的胡同内，就居住了 31 户人家。于先生的房子仅有 12 平方米。其中住宿占 9.7 平方米，其余是厨房。于先生买东西一般会选“价格低点儿的，品质差不多就行”。问到他是否有哪些商品会不太考虑价格，是不是一直这样，他回答说：“所有商品在买时都得考虑（价格），我也一直如此。以前学校也常买便宜的。有一次学校处理快过期的罐头，便宜我就买了。反正瓶盖还没有鼓起来就可以。”

【个案三】谭小姐，广州，20 岁，职高学历，月收入 1000 元，酒店文员。广州本地人，家庭经济不太好，父母两人退休金每月一共 1500 元左右。谭小姐买任何东西都很看重价格，而且有些东西她只买特价产品。往往家里堆了一大堆她买的特价产品。“看见特价都会买，所以家里一柜子都是面膜……（东西）一般都是特价时才会买。”在问到买哪些商品会忽略价格时，她说：“都会考虑价格的，买吃的也是买特价的。”她还经常性透支信用卡，属于超前消费一类。但是每次不会透支很多，只是一两百。500 元的生活费对她来说实在不够花。对于谭小姐来说，现在的低消费和价格唯上是因为低收入造成的，但她的消费潜力还很大，一旦收入增加，她的消费水平将会迅速提高。

【个案四】李先生，上海，24 岁，中专学历，个人月收入 1501-1700 元，老家在湖北。2000 年来到上海，在一家台资公司开车，现在住集体宿舍。李先生对吃穿方面都不太重视，一个月买水果零食也就几十块钱，衣服一般听朋友说哪里打折了才会去买，日用品也都买家庭装的，他觉得这样更加合算。"(我) 一般是先定价位，如果太贵的，就消费不了。基本上也都是买牌子的，维修方便点，一般首先考虑的还是价位。"

从以上个案可以看出，持此观点的被访者主要集中在中低收入群，虽然他们都认为价格是购物时的主要因素，但这 8 位被访者还可再细分为两种类型：

◆ **在价格承受的范围内，实用是购买商品的主要驱动力**

这类消费者在购物时首先考虑价格能否在自己的接受范围内，其次根据自己的需要，再仔细挑选实用性和性价比高的商品，他们较少受到打折促销的影响，不会因为东西便宜就去购买。

◆ **在价格承受的范围内，打折是购买商品的主要驱动力**

这类消费者一般受打折促销影响较大，甚至不管目前需要与否，只要打折就去购买。他们对所有的商品基本都是根据价格来选购，便宜是购买的主要决定因素，品质则相对考虑较少。

从访谈资料发现，这两类被访者的家庭经济水平都比较低，个人月收入大多数在 3000 元以下。这样的收入水平在北京、上海和广州等城市基本只能维持日常生活。因而他们重视价格因素在很大程度上是由生活状况造成的，并非是他们理想的消费状态。比如广州的谭小姐、北京的于女士都表示，在生活条件改善的时候也会考虑购买价格虽贵但品质更好的商品，购物时不再过于注重价格。对于个案中的谭小姐、李先生这样的年轻低收入者来说，他们价格观念的可变性最强，一旦收入增加，环境变好，他们内心潜在的消费欲望会很快迸发。

（2）中高收入阶层

【个案】刘先生，上海，24 岁，个人月收入 3501 ~ 3800 元。老家在江苏，现和父母、姐姐、姐夫一起在上海。1998 年来上海，开有一家摩托车修理店，店面和住房都是租的。从访问中我们了解到，刘先生在电视消费方面主要以二手消费为主。他在消费时比较看重价格，不会买太贵的东西。在买家电的时候，他"比较了其他国产机子的价格，就打听了几个品牌，也没打听进口的，太贵"。比如他之所以选购 LG 空调，就是"因为价格合适嘛，进口的太贵。而且这个压缩机保修 5 年，主机保修 3 年"。在手机消费上，他认为"有个二手的就可以了，几百块钱。坏了虽然损失一点，不过还能卖了"。在价格和质量的取舍问题上，他说："先看价格，看我能不能接受，再看质量。"

个案中的刘先生是惟一关注价格的中高收入被访者，虽然是一个月收入 3500 元以上的个体小老板，但各方面的消费还是比较节俭。分析其中的原因，首先不能排除家庭背景和消费习惯的影响。刘先生来自江苏的农村，家里的饮食基本上靠自家种的菜和粮食，一家四口现在都在上海，摩托车修理店是他和姐姐、姐夫一起开的，现在他还和父母合住在一间 25 平方米的租房里。可见刘先生一家属于来上海的"淘金族"，原来的家庭环境并不理想。因此，虽然他现在的月收入达到了中高水平，但由于受到以前节俭消费习惯的影响，现在消费他仍然会首先考虑价格。另外，刘先生初中毕业后就没再念书了，较低的学历也是影响他消费观念的重要因素，与同龄的高学历青年相比，他对时尚流行、品质品位的接受和注重程度明显较低。可见，价格观念是在多方面因素影响下形成的，而收入高低并不是影响价格观念的决定性因素。

2. 购物时价格不是首要考虑因素的消费者

从年龄上来看，25~44 岁的被访者更倾向于价格不是购物主要考虑的因素。从学历来看，持这种观点的被访者主要是高中、大专以上学历，而初中以下学历的被访者相对较少。10 名初中学历的被访者中，仅有 4 人认为购物时价格不是考虑的主要因素。从收入方面来看，持有这种观点的 36 位被访者中，中等收入者有 22 位，学生 5 位，高收入者 9 位。

总体来看，不同消费者群体的情况各异，具体特征分析如下。

（1）学生群体

在 64 位被访者中，有 5 位为学生，他们的家庭经济条件差距较大，但都表示价格不是购物时考虑的主要因素。

【个案一】小骆，北京，女，20 岁，职高学历，正在北京某大学读成人高考培训班。她现在每月花在打车上的钱就要 1000 多元，吃饭大概也要 1000 元。小骆比较关注化妆品品牌，对价格不太在意，她提到："(化妆品)以前买的很便宜，现在买贵的，我觉得贵的好……自己特喜欢的东西……不管花多少钱，就去买了。"在购买有些商品的时候有特别关注价格，"日用品吧，比如纸巾啊什么的。我就特别注意价格。"

【个案二】小李，北京，男，23 岁，北京某大学在读硕士。在上大学一年级的时候（2000 年），用自己的压岁钱和积攒的零花钱瞒着父母买了一台 2000 元的游戏机，到现在家里人还不知道。他现在每月总花费有 1000 元，因为现在医院实习，每个月还能拿到 1500 元的实习费。他说："(我购物)以质量为主，另外还必须在能承受的范围内……是最看重质量，然后是外观和性能，最后是价格。"

【个案三】小章，上海，女，16 岁，高中一年级学生。父母都是普通职工，每个月给她 20-30 元的零花钱。经常和同学去肯德基或麦当劳吃东西，每次都在十几块。从初二开始小章就懂得给自己护肤了。虽然没有收入，但谈到对价格的关注情况时，小章还挺有自己的想法："(购物时我)重视质量，如果价格高，但真正好，也会买，对价格一般般，父母蛮重视价格……打折和促销对父母的购物会有影响，但对我没有。"

【个案四】小李，上海，女，少数民族，23 岁，就读于上海某大学新闻系，即将上大学四年级。其父母 10 年前去了国外做生意，家境优越。她现在用的是三星 E808 手机，这是她 2004 年 10 月花 4280 元钱买的，问她当初购买这款手机时对价格是怎么考虑的，她回答说："价钱上没考虑。父母不能从小很好地照顾我，一般我提的要求只要不过分，他们都同意。……考虑最多的还是时尚，性能再好，样子不好我也不要，拿出来好看是最重要的，谁管你性能好不好？"

【个案五】小冯，广州，男，19 岁，计算机大专一年级学生。他现在用的手机是 2004 年买的，彩屏索爱 T238，1500 元，这钱是他打工一年攒下的。虽然家境不宽松，但是从 2000 年到现在已经换过一台电脑，小冯还打算 3 年后再配一台新的。他谈到："我这个人比较看重质量，同等价格的就买国外的，国产的是最后考虑，宁可买国外二手的。因为广州这边可能开放的早，老一辈和我们这一辈都喜欢外国的东西，因为近香港吧。"谈到下个月去香港购物，小冯很开心，似乎已经计划了很久："下个月去香港 shopping，因为那里的东西真的好便宜。比如这里的 MP3 报 1200，但香港才卖 500 元，就算去香港的交通费、吃、住算下来还会便宜 200 元，而且那里的东西有的牌子也多。广东人去那里一般是购买日用品，其他省的人都是去买大件。一般 80 元的车费，去两天。有些人去香港 10 瓶 10 瓶地购买洗发水，便宜才买的。……我已看中了很多东西。数码相机、MP3、衣服……MP3 那里有韩国的牌子……韩国的比较实用，考虑到质量也比较好。”另外，小冯去香港还打算买一台 3000 元左右奥林巴斯数码相机，这对于家庭经济收入不是很高的小冯来说已经是一笔不小的开支了。

◆ **在价格能够接受的范围内考虑的首要因素**

从以上个案来看，在价格承受的范围之内，男生和女生购物时考虑的首要因素有所不同。男生更重视性能和质量，女生则更重视外观和款式。上海的小李不论是买电脑、数码相机还是手机，都是先挑外观和款式，再去看性能、质量和价格。而广州的小冯则对数码相机的专业性能颇有研究，希望买一个价格在自己承受范围内的专业相机。对 MP3、手机的要求他也都是从性能和质量出发的，他会从同学那儿借手机用，感受不同品牌手机的性能，然后再做选择。

◆ **价格不作为首要考虑因素的原因**

如果仅从生活条件来看，5 位学生的家庭背景各不相同，差异悬殊。北京的小李、上海的小李都从小生活在良好的家庭环境中，接触的都是高档名牌家电，而其他 3 位学生则生活在工薪阶层家庭，父母收入中等偏低。父母在购物时会更多考虑价格因素。然而，这 5 位学生对价格的看法却颇为一致。学生群体不把价格作为购物考虑的首要因素，主要有两方面的原因：

首先，不可否认的是生活条件的改善。从 20 世纪 80 年代以来，中国社会的经济环境发生了翻天覆地的变化，计划经济和同质化商品的时代逐渐过去，琳琅满目的商品丰富了人们的生活。在物质生活条件上，学生群体确实比父母一辈有了明显的提高，吃穿不愁，消费观念从求量向求质飞跃。

其次，是群体氛围的影响。高科技新产品不断涌现，时尚、个性成为很多消费品的必备因素。与物欲复苏时代同步成长起来的年轻人变得早熟和现实，攀比和叛逆的风气在他们当中弥漫。他们有一点与生俱来的“嚣张”，崇尚“不舍不得，不得不舍”的人生态度。在消费过程中也多少带有一些炫耀性，这种炫耀性使他们不甘落后于时尚潮流，从而忽视或无视价格的存在。20 世纪六七十年代流行的一句穿衣民谣“新老大，旧老二，缝缝补补给老三”，在独生子女时代开始的瞬间，就被划为了历史。

从这两方面来看，影响学生群体价格观念的因素已经超出了家庭和传统的范畴，扩大至整个社会。群体氛围的影响在家庭经济条件很好的学生群体中表现并不鲜明，但演绎在那些普通工薪阶层的学生身上就颇具戏剧性，于是有了像小冯这样，利用陪父母看电视的时间给他们“洗脑”的场面。

针对以上对学生群体的描述和分析，可以小结如下：

不同家庭经济条件环境中的学生，都认为价格不是购物考虑的主要因素。这主要有两个方面的原因：一是家庭生活水平普遍提高，二是群体氛围的影响。

（2）中等收入阶层

在 36 位持“价格不是购物时的主要考虑因素”观点的被访者中，个人月收入在 5000 元以下的有 22 人（不包括无收入者）。

【个案一】刘小姐，上海，25 岁，高中学历，个人月收入在 3500 元左右，湖南人，来上海半年，现在做电子产品销售。“我一般买东西第一看它的实用性，也就是我用它时间的长短，然后看品牌，最后看价格……（价格）基本上没怎么考虑。”“（当质量和价格必须有所取舍时）我可能会暂时先不买，等有钱以后再买质量好的。”“如果比较大件的东西……价格低点的其他服务也是打了折扣的。”

【个案二】陈小姐，广州，26岁，大学专科学历，月收入2000元，广州本地人，在某房地产经纪公司营业部做文员。“第一质量，第二价格……耐用品要买好的，热水器也是，用煤气的，质量不好容易出危险的。”

【个案三】李女士，北京，35岁，高中学历，全职太太，丈夫是私企老板，儿子8岁。“主要是看牌子值不值这个价格。比如鞋子，爱步就值那个价。”“价格无所谓。吃的，只要好，贵也得承认。还有小孩子的鞋子都是最好的，都是正品，尤其是鞋子。我老公认为，小孩鞋一定得买舒适的。”

【个案四】朱女士，北京，50岁，大学本科学历，现已病退，月收入2000元，之前在国家机关工作，丈夫是大学教授，家庭月收入7000元以上。“主要还是得买可靠的……一定不能只图便宜。该用的就一定要买，而且要买好的。”“（价格）不是最主要因素，不会为了几毛钱而跑。”“大件上好的产品价格差的也不太多，而且一分价钱一分货嘛。总的来说，我们对涨价、降价不太敏感，无所谓了……比如煤气灶，现在都买镶嵌式的，老板的，一套就1500呢。再比如高压锅，现在出了电高压锅，我就买了一个，比普通的多花了200多，但是特别好用。我还买了无烟炒锅，虽然他觉得贵，但是方便，健康啊。”

【个案五】胡先生，广州，25岁，大学专科学历，月收入约5000元，现在一家香港公司从事计算机软件开发方面的工作。半年前购买了一辆重庆长安7座面包车自用，“买好一点啦，不然以后出问题什么的又麻烦。”“降价没好东西，用得不好。”“像耐克800块的鞋啦，我肯定不会买啊，买一些三四百的就不错。不过我有朋友就会买，1000多他也买，因为他就认那个牌子，特别喜欢。就像我喜欢车一样，我说我买一辆车能买他多少双鞋啊，就是各有所好啦。”“能接受的价格越来越高了啊，但是不可能买最好的。而且现在知道了一个真理，那就是价格越高，质量越高。”

【个案六】蔡先生，北京，45岁，高中学历，月收入2300元，出租车司机。“2001年配的电脑。用了12000，当时也刚实行那种薄的，那种液晶屏，多舒坦啊，占地少啊。当时就想，得了，就一步到位吧。打印机、扫描仪当时都配了……打买我就知道要贬值，我也听说电脑两三个月升一级，那时也知道，就想着既然想要，想那么多干吗呀？”“当然心理上是越便宜越好，可买便宜东西就怕质量不好，是次品，用着用着就废了。我的标准就是口碑好。”“我注重品质，但价格上也有个极限。”

【个案七】林先生，广州，51岁，初中学历，月收入2301~2500元，现在环卫部门工作，妻子退休，有一儿一女。女儿22岁，现在学美容；儿子16岁，刚上高中。“如果大家价钱都差不多，肯定考虑品牌，毕竟有保障”，“价格摆在第二位考虑，第一看牌子和这个企业我对你是否有信心。”“小东西，像洗发水、沐浴露要特别讲牌子。”

【个案八】周先生，上海，56岁，初中学历。几年前妻子下岗每月收入170元，要靠周先生一个人的收入供养一家三口，还要支付女儿上学的费用，按周先生自己的话说过得比较“艰苦”。现年24岁的女儿2000年大学毕业，现在上海某知名广告公司工作，收入颇丰。周先生于是内退在家颐养天年，谈话间对自己现在的生活相当满意，并颇以女儿为荣。“日本原装的（电视机）色彩调和、频道多。我喜欢看新闻和体育，就想一步到位，再困难我也要买好的，花钱就花大价钱。索尼和东芝我都是借钱买的，从想买到把电视抱回家要花三五年攒钱。……10 年前没钱，都是借了先用，用了再还。我有一个观点：钱放着不是你的，花了才是你的，我喜欢就买。”“一个东西它是 10 块钱，用一个月，我买的 30 块钱，用三年，你说哪个合算？我讲究的是质量，一分价钱一分货，到大的商店去买没错，大店有保证，小店讨个公道都讨不到。”

【个案九】金先生，上海，56 岁，他和爱人都已经退休，两人一个月退休金共 2500 元。金先生性格积极开朗，有一个 28 岁的女儿，已经结婚，职业是装潢设计，月收入在 7000～9000 元；女婿家庭条件较好，收入也较高。女儿女婿还会经常给家里买东西，所以日子过得很顺心，打麻将是他的主要消遣项目，此外他还有买彩票的习惯。在价格这一问题上，金先生说：“质量和价格我更看重质量……我们家经济条件不算很好。有多余的钱能承受得起就行，不会不吃不喝省下来买什么东西，浴室龙头 1500 元两个，我女儿买的。浴室装修花了 6000，我女儿出了 4000。”

◆ **购物时考虑的主要因素**

访谈结果显示，22 位将价格不作首要考虑因素的中等收入被访者中，认为“品质”是考虑的首要因素的有 17 人，认为是“品牌”的有 8 人，认为是“实用性”、“款式”和“时尚性”的分别有 3 人，认为是“性能”、“性价比”和“产地”的分别有 2 人（注：有的被访者不止将一项作为首要考虑因素，因此人数总和会超过 22）。由此可知，他们考虑的首要因素主要有：品质、品牌、实用性等。

◆ **以品质作为首要因素的消费者特征**

强调品质作为首要考虑因素的被访者的特征为：学历较高、男性偏多、集中在 25~34 岁之间。从以上个案来看，教育程度高的年轻人往往对自己的生活品质更加关注。尽管在购物时，价格会是考虑的一个重要方面，但他们乐意为自己喜欢的商品多付出一部分钱，从而换来心理上的满足。如果说老一辈人购物只是为获取商品的使用价值，那么这些年轻人则更多地是为了满足对生活品质的追求。这种对比还反映在年轻人将款式、时尚以及产地（是否进口）作为首要考虑因素，考虑这些因素的无一例外都是 25~34 岁的年轻人。以品牌为首要考虑因素的 8 人中，有 6 人年龄在 25~34 岁之间。44 岁以上的被访者考虑的首要因素则集中在性能、性价比以及实用性等物质层面。因此，我们不能从消费者对价格重视程度的逐步降低这一现象而笼统地得出结论，认为消费者生活和消费态度已经发生改变。对于中老年人来说，价格重视度的降低只是一种量变，实际上他们的生活和消费态度仍然没有发生多大的变化。对于年轻人来说，则是一种质变，他们对价格敏感度降低主要源于他们在生活和消费态度上与上一代人有巨大差异。

◆ **以品牌作为首要因素的消费者特征**

认为品牌是首要考虑因素的 8 位被访者中，有 5 人认为好的品牌意味着好的品质，首选品牌也就是首选品质。如上海的高先生就说：“以前大家都是物美价廉，但其实物美并不价廉，有时价格低的产品，质量并不好。有品牌的，价格贵点也可以接受。”广州的严先生也明确表示：“（质量）应该放在第一位，然后才是其他，品牌和质量是放在一起的。”上海的王先生也说：“首先考虑的是品牌，质量和品牌挂钩，其次考虑的是价格。”

从以上分析来看，可以做出以下小结：

在价格可以承受的范围内，中等收入阶层的消费者购物时考虑的首要因素是：品质、品牌、实用性。强调品质的被访者，往往学历较高，以男性居多，年龄集中在 25～34 岁之间。强调品牌的被访者往往认为品牌等于品质。

（3）高收入阶层

【个案一】李小姐，北京，26岁，大学本科学历，月收入7000-8000元，做管理工作。老家在辽宁，在北京工作3年，“我买东西比较冲动，不说质量特别好，碰到差不多的就买了。”“（我）买东西时先看质量，如果价格能接受就行，价格在第二位……（如果经济条件更好之后）就不会考虑价格了，只要看上的一般会买。”

【个案二】李先生，北京，42岁，大学专科学历，离异，有一个13岁的女儿和自己过，月收入6001～7000元。“（价格和品质冲突时）肯定选择品质，觉得好就买。”“吃的东西（尤其不在意价格），也不会花几个钱。”

【个案三】钟先生，北京，28岁，大学本科学历，老家在湖南，从事计算机软件开发工作，月收入8000～9000元。女友不在北京，现在还没有结婚的日程安排。“牌子大，品质好，宁愿价格贵些。”“（价格）也是考虑的因素，肯定（产品）不能超出我的范围，不能太离谱，我较注重性价比……很小的东西，比如买菜，比较来、比较去也差不了几块钱，那就没必要在意价格。”“以后经济条件更好的话，对价格的态度也不会变。”

【个案四】温先生，广州，27岁，大学专科学历，未婚，现在做海鲜生意，月收入7万～10万。“看自己喜欢，第一是质量，价钱一般都可以接受。”

【个案五】吴先生，广州，40岁，高中学历，月收入6000元左右，老家在福建。“如果价格比较接近，一般都会买品牌产品啦。如果超出30%，就不一定会买名牌了，我们不是非名牌不买。”“以前更看重价格啦。”

【个案六】冯女士，上海，40岁，大学本科学历，开了一家婚庆公司，个人月收入5001～5300元。夫妻两人各自都在做生意，儿子14岁，在贵族学校上小学，家里2003年时买了松下等离子彩电。她说：“一出新的就会买，比方说别人家还没有空调的时候，我就会想方设法地、钻着脑筋去买。第一台空调还是八几年吧，那时很多人都没有，是老公从国外带的，1万多。我是什么流行就买什么。”“一分东西一分价钱，好东西就是好价钱。我不太欣赏那种购物（买物美价廉的）。要自己分析，我觉得质量是主要的，价格不是主打的位置。”

【个案七】帅女士，上海，45岁，高中学历，原来担任部门经理，2005年初买断了工龄，在家照顾儿子（19岁）。丈夫辞职搞起了个体旅游，现在经营良好，月收入七八千元。“没钱就不买，有钱就买好的。”“要买就买好一点的。”“价格最好适中，也不要太贵，但便宜没好货，那些买什么送什么的不会有什么好东西。”“先看质量，质量好的话就一次性投资，贵点就贵点。”

【个案八】王先生，上海，33岁，大学本科学历，老家在哈尔滨，来上海2年，从事营销工作。妻子带着2岁的儿子在深圳生活。“有些牌子虽然贵点儿，但挺值的，的确是有些品牌的价值。”“（食品）主要还是看东西，是不是陈米。青菜也不是很看重价钱。”“挺相信（品牌），也愿意多花20%的钱去买，特别是食品。哪怕是瓜子啊、果冻，不过是块儿八毛钱的，怕万一出事什么的，所以只能更相信一些上规模的企业。”但“前提是也有个底线，在自己承受范围内买最好的，比如我只带了200元，我就不会去看250元的，不会差太多。价格能承受的范围内更看重品质……我总觉得打折的东西，要么是过时的，要么是库存的，实际上是等值的，不可能无缘无故降价。”

从以上个案可以看出，高收入被访者虽然表明自己购物时不会以价格作为考虑的首要因素，但是他们并非完全忽略价格，相反，他们购物时会在潜意识里设定一个价格底线，太“离谱”的价格他们也不会接受。目前，我国的收入差距越来越大，商品的层次也越来越多，购物想要完全忽略价格基本不可能。

但是对于高收入的人群来说，他们关注价格的原因和中低收入人群不尽相同。对于中等收入人群来说，关注价格更多地是受经济能力所限，不得不在价格承受范围内的商品里挑选质量过得去的产品。但是高收入人群之所以也关注价格，更多是出于性价比的考虑，处于对投入和回报是否成正比的考虑。因此，不能偏颇地认为越是富有就越会对价格忽视。不同收入的人群都有他们承受的心理价格底线，高收入人群也不例外，只不过他们的价格承受底线更高。

以上是对高收入阶层消费者价格态度的描述和分析，可以做出以下小结：

价格不是他们考虑的首要因素，但依然会是他们考虑的因素之一。他们关注价格的主要原因是出于对投入与回报的考虑。并且依然会有一个心理价格底线来限定他们购买商品。

3. 购物时根据商品的类别考虑价格因素的消费者

在接受访谈的 64 位被访者中，有 19 人在购物时会根据商品的类别考虑价格因素的重要性。

从性别来看，持这种观点的被访者男性相对多于女性。

从学历来看，大专以上学历的被访者比例略高，但差异并不显著。从年龄上看，可以发现 16~34 岁的被访者更倾向于根据商品类别区别对待价格在购物时的重要性。

从收入来看，持这种观点的被访者主要分布在中高收入阶层。16 个中高收入的被访者中有一半人认为会根据商品类别区别看待价格因素的重要性。学生群体和高收入群体持这种观点的相对较少。学生生活阅历少，缺乏对日常消费的直接感受，这导致他们在对待此类问题时缺乏全面考虑，以至于做出全盘肯定或否定的表述。从另一个角度看，这也反映出当代学生群体的生活状态。无论家庭条件的好坏，被访的学生都有父母做坚实的经济后盾，使得他们衣食无忧，不用花太多精力考虑价格问题，因此他们对价格观念很难做出一个全面描述。

【个案一】李女士，北京，50 岁，高中学历，每月固定退休金 900 元，儿子未婚，月工资 530 元，老伴病退。"吃的我要好的。一般选牌子，贵点认。摆摊的不相信。""(洗发水)一般用飘柔，力士就不用，太贵。""(卫生纸）都是促销的时候买的，反正都用得着，就存着呗。"

【个案二】冯先生，广州，29 岁，初中学历，谈话中他没有透露具体是做什么工作的，收入也不太稳定，平均月收入 1000-1200 元。"电器（价格）看重点，要买贵点的，耐用点，安全。"

【个案三】戴先生，上海，38 岁，大学本科学历，月收入 3000 多元，现在中学做体育老师。"食品不关注价格多一点，要是好的话我不比较价格。什么是好的？凭感觉，自己消费过的。"

【个案四】钱先生，上海，35 岁，高中学历，技术工人，个人月收入 1201-1400 元。"吃的方面不太重价格，注重品牌。对自己穿的东西也是差不多就可以了。"

【个案五】张先生，上海，29 岁，专升本在读，个人月收入 3201 - 3500 元，现在德资公司负责销售方面的工作。"要看哪类产品了。要在我接受的价格范围之内才会考虑品牌，我先会打算花多少钱，然后再在其中选品牌。""当品牌和性价比发生冲突时我就要看技术含量了。配置和性能是有区别的，配的好的性能不一定好，我也不一定需要，所以主要还是看性能，看适不适合我。""我买东西都会精打细算的，都会理性分析性价比的。日常消费应该不会考虑那么多，要不然就累死了。"

【个案六】魏先生，上海，24 岁，大学本科学历，刚从上海某大学法律系毕业。从事保险行业，平均个人月收入 3000～4000 元。“吃的东西（零食）一般不注重。吃饭会注重价格，要在支出的范围内。”“如果非消耗品我会选择品质，如果是消耗品我会选择价格。”

（1）不计较价格的商品

区别对待价格因素的 19 位被访者中，12 人表示在食品消费方面一般不会计较价格，他们宁愿多花钱也要买品质好的食品，只有 1 人表示对食品的价格会很关注。总体来看，这 19 人属于都中等收入人群，月收入一般在 2000~5000 元之间，收入已基本满足温饱需求。除此之外，他们首先会改善自己的饮食结构，然后才会考虑其他的消费。毕竟“民以食为天”，所以他们对食品的价格敏感度相对较低。

从访谈中我们还看到了这样一个趋势，即年轻人更注重娱乐方面的消费，他们不会过多计较这方面商品或服务的价格。比如北京的梁先生，目前月收入在 5000~6000 元，他表示“吃的穿的用的，衣服这些我肯定考虑价格”，相反“玩的东西可能就不怎么考虑价格，到了地方，想玩什么就玩什么”。对于年轻人来说，还有比美食更重要的东西等着他们去享受，如时尚消费品、旅游、健身、泡吧、玩游戏、听音乐会等。

（2）计较价格的商品

从访谈资料来看，消费者关注价格的商品有很大差异，并且出现了一些看似矛盾的说法。如有 4 人表示会关注耐用消费品的价格；6 人表示会关注日常快速消费品的价格；7 人表示会关注服装的价格。

以上关注商品价格的情况反映出，他们或者因为商品贵重所以忽视价格而更注重品质，认为即使多花钱也要一步到位，以降低维修的成本；相反也有人因为商品贵重，所以对价格更斤斤计较。也有人因为商品价值较低，所以忽视分厘之差，当然更有精于算计者懂得“毫厘”与“千里”的渐变过程。但可以肯定的是，由于中国传统思想的影响，对于子女的用品、教育开支，父母永远不会计较价格。比如访谈个案中的肖女士，“因为现在经济条件有限”，买自己的衣服 100 多块都嫌贵，连看都不看，但是给 2 岁的儿子买东西却很舍得，“他现在吃的都是在超市买的……我宝宝需要，就是再贵也要买的”。另外就是随着居民生活水平的提高和健康意识的强化，不计较饮食价格的人正在逐渐增多。

（二）城市居民价格敏感度的变化

在 64 位被访者中，32 位对自己价格敏感度的变迁给出了明确的表述。其中有 6 人现在持第一种观点，即认为价格是购物时考虑的首要因素；16 人持第二种观点，即认为价格不是自己购物时考虑的首要因素；10 人持第三种观点，即认为要根据商品类别区别对待。

【个案一】胡女士，北京，47 岁，初中学历，现在持第一种观点，她说：“我一直都尽量买便宜的，当然经济条件改变的话会同时考虑价格和品质的。”

【个案二】江先生，广州，30 岁，高中学历，现在持第一种观点，他说：“从小就这样，价格为主。”

【个案三】高女士，北京，32 岁，高中学历，现在持第一种观点，她说：“如果我一个月能挣 5000，我就不考虑价格。如果一个月挣 2000，也算经济条件改善，但我还是这样，没什么实质性的变化，我还是会考虑价格。”

【个案四】肖女士，上海，26 岁，初中学历，现在持第三种观点，以前她买东西往往十分注重价格，现在好了一些，她说：“现在经济条件有限。但是小孩大点的话还是要买好点。”

【个案五】张先生，上海，29 岁，专升本在读，现在持第三种观点，他说："一向如此的，也跟家庭经济能力有关，不会很随意的，也一直是习惯。"

【个案六】郁先生，上海，24 岁，大学本科学历，现在持第三种观点，他说："(以前也)是吧，性格吧，以后肯定也会变吧，不过优良传统还是要保持的，该节约的还要节约。"

【个案七】李女士，北京，35 岁，高中学历，现在持第三种观点，她以前也一直这么认为，她说："(如果经济条件改善了)对价格可能就不在乎了，我觉得大多数人应该都是这样。"

【个案八】张女士，北京，47 岁，高中学历，现在持第二种观点，她说："经济状况改变，那肯定会不一样吧。到时可能不会太看重价格了。"

【个案九】小李，男，北京，23 岁，硕士在读，现在持第二种观点，他说："一直是这样，可能与从小家里的经济条件还好有关系。""会消费的人才会生活，花了再挣，储蓄是要有，但还得倡导消费，即使当时手头紧也还会买，因为使用了才有价值有意义，不会等攒够了钱才会去购买，但不是无度花费，而且相信自己能挣回来。"

【个案十】金先生，上海，56 岁，高中学历，现在持第二种观点，他说："一直这样。我们家经济条件不算很好。有多余的钱能承受得起就行，不会不吃不喝省下来买什么东西。"

【个案十一】胡先生，广州，25 岁，大学专科学历，现在持第二种观点，他说："(经济条件好了以后)肯定是能接受的价格越来越高了啊，但是不可能买最好的，而且现在知道了一个真理，那就是价格越高，质量越高。"

总体来看，这 32 位被访者不管现在持哪种观点，不管目前收入水平如何，经济能力是否较以前有很大改善，他们绝大多数人都认为自己一向保持现在的观点，没有改变。很多被访者都确信这是他们从小就有的观念。并且大多数人认为即使经济条件改善了，自己仍会保持现在的消费观念。其中一个重要原因在于，一个人观念的形成与他所处的生活环境，包括家庭环境和社会环境息息相关，并且不会轻易改变。不同家庭成长环境的消费者在消费习惯上必然会有很大差异。虽然在访谈中很多消费者认为自己的观念很少发生转变，其实在十年间，他们的消费观念和消费行为已经悄悄发生了很多变化，只是他们自己没有意识到。具体情况如下。

（1）从借钱买家电，到贷款买房买车

十年前消费者也许认为花数年的积蓄甚至是借钱去买一台彩色电视机十分值得，因为他们相信这些商品可以用几十年。但现在很少有人会这样认为，即使是房子、汽车这样在今天看来"大件"的消费品，又有多少人能担保不会再换？所以，靠紧衣缩食来攒钱置购大件消费品的消费者已经越来越少，更多的人宁愿在小处花大钱，让自己吃得舒心，用的放心，玩得开心。至于汽车、住房这样的大件，如果必需的话还可以向银行贷款，虽然他们承认自己并不喜欢借贷的感觉，但是很多人已经或打算采用这种方式买房买车。人们也许还会在超市里琳琅满目的商品前反复琢磨比对哪件商品性价比更高，但是他们已经愿意为卓越的品质和服务付额外的钱，而且所能接受的价格也在不断提高。

（2）从计较食品价格不计较大件耐用品，到不计较食品的价格

十年前在农贸市场，人们还是不惜口舌为几毛钱讨价还价。那时候人们买食品，很少考虑到绿色、无公害这些概念，觉得新鲜的就行。虽然在食品方面对价格斤斤计较，但是在购买大件耐用品的时候则花钱"潇洒"，一台电视机可能花去当时人们好几年的积蓄，年轻人可能会用一两年的工资去买一块手表。现如今，消费者的健康意识迅速提高，对生活品质也越发注重。食品是关系到健康的首要因素，因此如今老百姓宁可其他东西少买或不买，也要吃得好，即使是中低收入的消费者也不会因为经济拮据而忽视家人的饮食。这些都在一定程度上反映了消费意识的变化。

（3）认识到“一分价钱一分货”

在市场经济刚刚起步的年代，人们对于品牌的概念还很陌生。那时候很多人会将物美价廉作为购物的首要考虑因素，而对于“物美”的衡量标准则主要在于结实耐用，而时尚、高科技、服务、品牌等则被视为“骗钱”的噱头。如今越来越多的消费者已经意识到，好的商品可以在很多方面满足他们独特的需求，而品牌作为一种信誉保证正被广大消费者接受。在人们肯定了这些附加的品质和服务后，也就肯定了其价格的合理性。因此，“一分钱一分货”的观念被普遍接受。

小 结

- 不同消费群体对价格的关注度和敏感度存在一定差异。但是不管收入水平和学历程度的高低，所有消费者购物时都会关注价格因素。区别在于，各类消费者可接受的价格范围不同，对价格关注的程度有所差别。
- 随着城市居民消费意识和生活水平的提高，购物时的考虑因素将逐渐转移到品质、服务等方面，但是价格也不会被完全忽略。
- 目前消费者价格敏感度较低的产品主要是食品。在食品选购上，消费者更强调健康、安全等方面，另一方面，食品的价格弹性并不大。
- 如同衡量一个国家的生活水平主要参考恩格尔系数一样，要了解一个国家消费观念所处的水平，我们可以从消费者对各类产品的价格关注度看出区别。
- 在富余收入有限的前提下，食品往往是富余收入流经的第一站，而随着生活水平的提高，它势必将进一步向享受型产品或服务流动。
- 消费者已经慢慢开始接受超前消费，最鲜明的表现是对房产、汽车等大件消费品贷款消费的广泛接受和认同。

三、时尚

时尚，作为驱动消费的一股重要力量，被广泛运用在各种营销策略中。但时尚消费在中国究竟有多大的市场潜力？针对于此，我们从两个方面对消费者进行了询问：一是消费者在购买商品或服务时是否会关注时尚，原因是什么；二是消费者会更关注哪些产品的时尚因素。因此，对于访谈结果的整理和总结也基本围绕这两个方面进行。

（一）城市居民关注时尚消费的状况

“时尚”可以是一种流行的物品、一种风靡的行为，还可以是一种文化或思维模式。在经济生活领域，它正在成为驱动消费的重要力量，不断刺激着人们的消费欲望。但是，从我们的访谈中发现，目前“时尚”对中国消费者的驱动力还非常有限。

当问及购物时是否关注时尚因素时，64 位被访者中仅有 10 人明确表示关注时尚，12 人提到会关注某些物品的时尚元素，42 人表示不关注。也就是说，不关注时尚因素的被访者占绝大多数。

从访谈资料来看，关注时尚的消费者之间有一定差异。时尚通过各类媒体的宣传首先作用于“意见领袖”，然后逐步扩散到不同的阶层。年轻人对新鲜事物有较高敏感度，所以对时尚的认知也相对高于其他群体。经济地位的高低与时尚的关注程度则没有太多关联。我们可以看到，以年龄作自变量，关注时尚的人群相对集中在 21~25 岁。他们中一半以上的被访者会关注商品的时尚元素。而以学历和收入为自变量，关注时尚的人群分布则较为分散。从职业来看，学生群体相对关注商品的时尚元素，而家庭主妇对时尚的关注度最低。3 位具有不同家庭经济背景的家庭主妇均表示她们在购物时不会考虑商品的时尚性。

另外，不同城市被访者在关注时尚方面差异显著。上海的被访者追求时尚的氛围最浓厚，关注商品时尚元素的人数最多。24 位被访者中，有近半数的人表示购物时会关注或比较关注时尚因素。北京的时尚氛围在访问的 3 个城市中最淡薄，23 位被访者中仅有 4 人关注或比较关注时尚信息。广州居中，17 位被访者中有 7 位比较关注时尚消费。

1. 关注或者比较关注时尚的消费者

不同性别的被访者关注时尚的差异不大，男性略多于女性。表示关注或比较关注时尚的 22 人中，男性 14 人，女性 8 人。学生群体和 25 岁以下的年轻群体对时尚的敏感度最高，他们明确表示购物时会考虑商品的时尚元素，同时他们拥有时尚消费品的数量和种类也相对较多。表 5-3-1 是北京、上海、广州 3 城市各年龄层消费者数码时尚产品拥有情况（数据来源：2005-2006 IMI 消费行为与生活形态入户调查），16~24 岁的消费者拥有 MD、MP3、数码相机、数字摄像机、电脑这些产品的比例基本上都高于其他年龄段的消费者。

表 5-3-1 三城市各年龄层消费者数码时尚产品的拥有情况

	人数（千人）	MD	MP3	数码相机	数字摄像机	电脑
北京	**6018**	**4.0**	**28.1**	**23.8**	**4.4**	**65.3**
16~24 岁	1163	9.4	42.1	33.5	4.7	79.3
25~34 岁	1553	3.1	34.5	31.2	4.6	59.6
35~44 岁	1582	1.0	18.9	15.7	4.4	59.8
45~54 岁	1199	5.0	24.3	18.1	4.8	72.0
55~60 岁	520	1.3	14.6	17.4	2.4	52.9
上海	**7015**	**4.9**	**24.2**	**18.0**	**3.2**	**60.3**
16~24 岁	1280	6.5	34.1	16.4	3.6	79.9
25~34 岁	1610	5.2	30.9	27.3	3.8	60.3
35~44 岁	1631	5.1	15.4	18.8	4.3	36.6
45~54 岁	1815	3.9	21.9	10.1	2.1	71.1
55~60 岁	679	3.3	16.6	17.6	1.1	51.4
广州	**3035**	**2.8**	**19.8**	**16.5**	**1.9**	**53.1**
16~24 岁	480	4.9	42.8	21.5	2.1	70.0
25~34 岁	834	4.0	20.2	23.5	4.0	48.3
35~44 岁	868	1.4	12.6	12.9	0.8	40.7
45~54 岁	634	1.8	13.8	8.7	1.3	67.6
55~60 岁	219	2.0	13.4	15.3	0.0	41.5

访谈的具体情况分析如下。

（1）学生群体

64 位被访者中，有 5 位是学生，其中有 2 位学生表示关注时尚信息，1 位表示比较关注时尚信息。其余 2 位学生虽然认为自己不是很在意时尚，但从访谈中可以发现，事实上他们已将时尚不同程度地融入在自己的日常消费中。以下是他们时尚消费的具体表现。

【个案一】小李，北京，男，23 岁，北京某高校在读医学硕士，家庭条件比较优越。平素购物时“会考虑时尚的因素”，认为时尚或多或少都会对自己“有一些影响”，“比较注重外观，不过也是最看重质量，然后是外观和性能，最后是价格”。目前时尚的用品自己几乎都有，如索尼的 MD，康柏的笔记本电脑，佳能的数码相机。只是由于专业的原因，日常的大多数时间都穿着白大褂，所以对于服装不是十分关注。

【个案二】小李，女，少数民族，23 岁，就读于上海某高校新闻系，即将上大学四年级。父母 10 年前去国外做生意，家庭经济条件一直很好。喜欢购物，买电脑、买手机、买数码相机，最在意的就是外观。在访谈中，多次提到“样子最重要”，“考虑最多的还是时尚，性能再好样子不好我也不要，拿出来好看是最重要的，谁管你性能好不好？”和男友去选数码相机时，也是“先看样子，再看性能，性能不好就再转”，后来挑中现在的这款尼康数码相机。其他的时尚用品中，有自己特别喜欢的三星 E808 滑盖手机。打算明年工作后就买一台索尼超薄笔记本电脑。

【个案三】小章，上海，女，16 岁，高中一年级学生。父母都是普通职工，家庭月收入不到 3000 元，她房间里集中了家里的一些最新的数码产品，如 DVD、联想电脑等。去年买了一个带摄像头的海尔手机。喜欢时尚新鲜的事物，放暑假每周都会和同学一起去逛街，“主要就是去逛逛”。问到购物时会关注时尚吗？她的答案是“很注重外观，很想要买 MP3，同学一半都有了，所以我也很想买。我还有个诺亚舟，初中时就买了。”

个案中的 3 个学生分别来自不同经济状况的家庭，个案一和个案二的家庭经济条件都比较优越，而个案三中的小章，父母是普通工薪阶层。然而，他们都表现出对时尚的敏感和兴趣，希望拥有最新的时尚消费品。

◆ **时尚消费的层次受家庭经济条件的影响**

在追求时尚消费的过程中，家庭经济条件起着关键性作用。家庭经济条件好的学生拥有更多的时尚消费品，并且对消费品的品牌也更讲究。如个案一中小李身边的时尚用品都是一些国外的名牌产品，如索尼的 MD，康柏的 PDA，佳能数码相机。但个案三中的小章，对于 MP3 还在希望中，只希望拥有，但“不在乎牌子，如果质量好就买”。

◆ **时尚关注的产品**

学生群体关注时尚的产品多集中在 MP3、手机、数码相机等数码产品上。从他们的谈话中可以看出，他们认为“大家都有的”东西就是时尚的，而时尚的关键在于产品的“外观”。如个案二中的小李，认为自己“购物考虑最多的还是时尚”，而“更在乎样子”是她对时尚的最好注解。总之，学生群体关注时尚的核心是通过与时尚保持同步来获得他人的认同，尤其是同龄人的认同。

◆ **性别影响时尚关注的焦点**

在关注时尚的焦点方面，男生和女生同样都提到“外观”，但对于“外观”的重要性排序会有所不同。女生会把“外观”的重要性摆在第一位，而男生则将“性能”放到首位。如个案一中的小李和个案二中小李的男友都是以性能来决定最后的购买品牌，个案一中的小李还提到“会考虑时尚，比较注重外观，不过也是最看重质量，然后是外观和性能”。

从以上对学生群体的描述和分析，我们可以做出以下小结：

> 他们对时尚的敏感度普遍较高；关注的时尚商品大多集中在 MP3、手机、数码相机等数码产品上。但性别差异会导致学生关注时尚的焦点有所区别，男生相对关注时尚商品的性能，而女生则更关注时尚商品的外观。在对时尚追求的过程中，家庭经济条件的高低决定学生群体对时尚消费层次的差异。

（2）中低收入的工薪阶层

39 位月收入在 3000 元以下的被访者中，12 人表示关注或者比较关注时尚因素，其中 3 人收入在 1500 元以下。以下是他们时尚消费的具体表现。

【个案一】朱女士，北京，50 岁，大学本科学历，现已病退，月收入 2000 多元。当年买电视和冰箱都算是比较超前的，“我在我们同事中比较早有彩电的，别人都挺羡慕的。我当时就想一步到位，要买就买个彩电，所以我们就没买过黑白的，直接就买了彩电。”朱女士在买电视前就已经先买了电冰箱，当年有不少人都觉得他们年轻人很超前。现在虽已年过半百，但提到时尚时，她爽朗地回答道：“注重啊。”她觉得自己“买东西挺能接受新生事物的”，她举例说，“比如煤气灶，现在都买镶嵌式的，老板的，一套就 1500 呢。再比如高压锅，现在出了电高压锅，我就买了一个，比普通的多花了 200 多，但是特别好用。我还买了无烟炒锅，虽然他觉得贵，但是方便，健康啊。”

【个案二】吕女士，上海，54 岁，高中学历，月收入 1001～1200 元，退休。家里似乎没有什么太多的时尚用品，家用电器的更新换代也不快，坏了才会考虑买新的。但她认为自己在购物时会考虑时尚因素，“主要是想着女儿，如买 3M(编者注：进口美术用品)什么的。买东西时我们两人（夫妻）的决策多于女儿，上海人的信息接受量很大的，所以什么都了解的。”

【个案三】林先生，上海，51 岁，初中学历，月收入 2301 ~ 2500 元，普通职工。有一双儿女，家庭非常和谐，不富裕但比较殷实。林先生非常善良开朗，喜欢文艺，乐于接受新事物。当问到是否关心时尚时，他觉得挺难回答，因为“很难评价自己到底是守旧还是时尚。我对时尚吃不透，有时买东西我很时尚，但有时又不是。追星是时尚的一部分，我不喜欢，但追求高科技我就会接受。我们家都不会去追星，就是对外表上和表面上的不会去追，内在的会。”

【个案四】李先生，上海，25 岁，中专学历，月收入 1501 ~ 1700 元，普通职工。老家在湖北的一个小镇，2000 年来上海打工。来上海后，他的生活发生了很多变化，尤其是观念上有了很多转变。他相信广告和品牌，也喜欢去逛街，关注时尚的信息，时刻用心去吸收城市中的消费文化。自己也明确表明：“还是有点注意时尚的，总是想换一下。衣服也重视时尚信息，如果同事穿某件衣服比较好，会去注意也会去买，但不会买一样款式的。”

在访谈的 39 位中低收入被访者中，有近 1/3 的人会关注时尚信息。虽然他们可能并不具备追赶时尚的物质条件，但也会在力所能及的范围内让自己的生活跟上时代的潮流。他们的时尚消费体现出以下特点。

◆ **时尚的评判更多以外观为标准**

被访者对于时尚元素的理解更多的是从外观进行评判。时尚消费本质是摆脱了消费实用性的限制，而关注于商品的“特定趣味”，它以消费的“符号意义”压倒商品的“实利意义”，是一种更强调自我表现的消费行为。商品的外观恰恰最能直接满足消费者展现自我的要求，是时尚消费的一个直观体现。

◆ **时尚关注的焦点产品主要是手机**

从访谈可以发现，近年来耐用消费品中更新换代最快的是手机。手机最初仅仅是一种通信工具，但随着科技的进步，手机的功能不断拓展，款式也不断更新，由此成为普通人最容易接受的时尚追逐品。从单一的通话功能到集 MP3、照相机、收音机、电视、上网等多功能于一体的现代通信工具，从单色屏到彩屏，从语音通话到文字短信，以及逐渐普及的彩信，从直板到翻盖、滑盖……手机的款式越来越丰富，不得不让消费者频频倾囊。还有很多被访者也以手机更换的样式和频率来证明自己对时尚的关注，如广州的邹先生说：“手机有打算换，觉得我这个手机少了点东西，没有拍照的，只是有些传输图片的功能。”

◆ **时尚消费受职业、城市氛围的影响较大**

时尚消费需要有一定的物质基础为支撑，只有在满足基本物质需要的基础上，才有能力摆脱物质的束缚，追求商品的个性化。中低收入的被访者虽然收入偏低，但因为职业和城市氛围的影响，也会在能力允许的范围内关注商品的时尚元素。

从以上对中低收入阶层的消费者描述和分析，我们可以做出以下小结：

由于职业和城市氛围的影响，虽然他们可能并不具备追赶时尚的充足物质条件，但也会在力所能及的范围内让自己的生活跟上时代的潮流。他们对时尚的理解更多的是从外观流行与否进行判断，并且主要关注的时尚产品是手机。

（3）中高收入的工薪阶层

此次访谈月收入在3001~5000元之间的被访者有10位，其中3位表示购物时会关注或是比较关注时尚因素。

【个案一】周先生，上海，55岁，初中学历，月收入3001～3200元。2002年内退前，他一直在工厂做政工工作，喜欢读书和收藏。女儿工作后家里的生活条件有了很大的改善。现在的周先生不仅非常关注品牌，而且也关注时尚。在他眼里时尚往往是一种时装潮流，所以举例子时更多提及的是自己的服装消费，如买衣服“有考虑时尚因素的，但复古的东西也有，中山装、唐装、西装都要根据各人身材和口味，我们现在对时尚考虑的少”。家里现在也有些女儿后来添置的东西，但他们都很乐意使用，访谈间，他还拿出一个红色松下数码相机说：“是女儿的朋友从日本带过来的，摄像机是佳能的，我们出去玩的时候都带着”。

【个案二】张先生，上海，29岁，大学专科学历，月收入3201～3500元，外资公司负责销售。平常购物时，会考虑时尚因素。“有，当然有”，但他还是觉得自己“不过更偏向于实用”。“比如手机，像彩铃这种东西我就不太会用，我更考虑屏幕大些啊这些因素。我的消费观念是这样的：比如大吃一顿还不如买一件东西，至少有一样实体的东西在，所以我会对旅游的东西兴趣比较少。你说出去一趟也得几千块钱，几千块钱也不少，可就几天过去也就过去了，除了回忆的东西也没什么能留下。”他在换手机时，还是受到时尚风潮的影响，觉得“原来的外形老了，另一方面考虑到CDMA不能漫游，不能发短信，信号也不太好，所以选择了诺基亚”，“选新手机时分别考虑的是款式、品牌、广告影响，但性价比当时考虑的不多”。

【个案三】王先生，上海，30岁，大学本科学历，月收入4001～4100元，管理人员（已入加拿大籍）。他觉得自己不太在意时尚因素，因为“我相信男的在这方面考虑的少一些”，可是在后面举例子的时候又会提到“老实说手机更考虑时尚”。

从以上3个被访者谈到他们关注时尚的情况来看，他们虽然也有关注时尚的消费行为，但总体来说还是有些被动。他们不是时尚的弄潮者，而是随波逐流者。只有在大家都关注某个产品的时尚元素时，他们才会对其稍加关注。这类被访者具有一个共同的性格特征，即内敛不事张扬。他们在购物时较少考虑个性因素，不关心时尚倡导的个性化要求，只是做到让自己尽量“不落伍”。

针对他们的特征小结如下：

> 中高收入的消费者对于时尚的关注行为显得有些被动，他们容易产生“第三者效应”，既总是认为别人比自己更容易受到时尚的影响，所以在大家都关注某个产品的时尚元素后，才会对其稍加关注。他们多是有着内敛含蓄的性格特征。

（4）高收入阶层

本次访谈共有9位月收入5000元以上的被访者。他们中有3位表示会关注时尚因素。

【个案一】王先生，上海，33岁，大学本科学历，月收入5001～5300元，管理人员。从1995年开始到现在，他已经换了十几部手机了，更换频率越来越快，他对几个大品牌都有自己独到的判断，不会刻意注意时尚潮流，但“换手机时会注意时尚、外表，还有功能吧”，因为“现在有些新推出的功能还是很多的”。

【个案二】冯女士，上海，40岁，大学本科学历，月收入5001～5300元，礼仪公司老板。冯女士家庭条件一向优越，所以在购物和消费方面显得很自信，而且消费比较超前。谈到时尚时，她似乎才突然想到自己的年龄，笑着说：“我这个岁数，不考虑了吧，很时尚的我不太能接受”，但又随即补充道：“买家电这种我可能比较时尚，比方买电视。当时我们买的时候有背投、等离子，我买的是等离子的。背投虽然只有1万多，但我去的时候碰巧有个拆开的，我看到后面都是灯管，坏一根就是500元，有30多根。而等离子是2万多，液晶的，我觉得还是买这个比较合算，是一种长期消费，还是一次到位算了。”

【个案三】温先生，广州，26岁，大学专科学历，海鲜店老板，月收入在7万~10万元。家里电视机更新换代很快，从上学到现在换过4台电视机，现在用的是索尼液晶电视。买衣服、吃的、电器、手机都注重品牌，觉得时尚在其购物的决定因素里占“60%吧”。还提到“有MP3，索尼的，1200多，没时间用，不是小孩子了，出去戴个耳机怪怪的”。除了MP3，他还有索尼录像机，是2003年到北京旅游的时候买的，花了12000元。

高收入被访者在时尚消费品的拥有数量和种类上都比较超前，而且非常看重产品的品牌和品质。他们更关注产品时尚功能带来的生活享受，而非产品时尚外观带来的个性化表现。他们从内心认为时尚应该是年轻人关心的事物，如果自己在行为上表现出追求流行和时尚的话，会觉得有些奇怪。他们关注时尚的主要表现如下。

◆ 时尚消费品质化

高收入阶层消费者购买时尚商品不完全出于对财富的展示，而是对生活品质的一种内在追求。如个案二中的冯女士，她更换家电产品比较频繁，总是赶在潮流的浪尖上，电视机“一出新的就会买”。2003年等离子电视机刚上市，她就买了台松下的。她还提到买空调，“比方说别人家还没有空调的时候，我就会想方设法地、钻着脑筋去买”。从结婚到现在有十几年，电视机换了两台，冰箱换了两三个，空调换了两个。更换的理由是“不好用了，而且式样也要更新”。如“以前空调最早只是制冷，后来换了冷热双制的，现在是变频的，还想换一个带氧吧的”。这些都是出于功能更新的考虑，和对生活品质的内在要求。

◆ 时尚消费高端化

高收入阶层消费者消费的时尚物品大多与大众普及商品有一定价位区隔，并非普通消费者经济能力所能达到的。个案二中的冯女士和个案三中的温先生早在2003年时已经分别购买了松下等离子电视和索尼液晶电视。这在当时对于一般家庭来说，都还仅仅是摆在科技馆和卖场的时尚展示品而已。

◆ 时尚消费高档化

手机、MP3、数码相机等时尚数码产品价位下跌的速度较快，更新换代较频繁。普通百姓只要不是赶潮流，都能够拥有自己还比较满意的商品。但高收入消费者在购买这些产品时不会受到价格的限制，对于时尚用品的品牌也非常关注，价位也就趋于高档化。如MP3从二三百元到上千元不等，但个案三中温先生买的索尼MP3价值1200元，已经超过普通消费者的购买水平。

以上是高收入阶层的时尚消费情况，我们可以做出以下小结：

他们在时尚消费品的拥有数量和种类上都比较超前，而且非常看重产品的品牌和品质。他们更关注产品时尚功能带来的生活享受，而非产品时尚外观带来的个性化表现。从整体来看，他们的时尚消费趋于品质化、高端化和高档化。

2. 不关注时尚的消费者表现

64 位被访者中认为自己不关注时尚的有 42 位，其中有 7 位被访者提到自己曾经很关注时尚因素，但随着年龄和收入等方面的变化，已不再关注时尚和潮流，另外 35 位被访者均表示自己对时尚“不太追求”，“不感兴趣”。

（1）曾经关注时尚，现在不关注时尚的消费者

【个案一】冯女士，广州，35 岁，大学专科学历，月收入 2301-2500 元，自由职业。对时尚不会过多考虑，不过她提到：“刚开始老是跟着潮流赶，现在成熟了。买了贵的，过几天就不流行了，又掉价了。比如电脑，我就是看的款式和功能。2003 年买的惠普的，因为我和老公都不懂，所以买了品牌的，觉得服务好，我们之前买过二手机不好。”

【个案二】董先生，北京，40 岁，高中学历，月收入 1501-1700 元，自由职业（专职炒股）。由于职业的特性，董先生以前是一个非常“时髦”的人，无论是衣食还是住行都很赶潮流，电视机以前都是原装进口的，“10 年前东芝、松下、索尼都买过”，衣服“一般去赛特、国贸，以前买的多，光 T 恤有 20 多件 1000 多元一件的，2004 年买了 2 件登喜路的，我就喜欢这牌子”。但提到现在买东西赶时髦吗？他回答说：“以前买衣服赶赶新潮，10 年前戴 10000 多的雷达表、钻戒，80 年代衣服都是金利来，现在也不怎么买衣服，衣服都穿不完。”

【个案三】李先生，北京，35 岁，大学专科学历，月收入 3501 ~ 3800 元，普通职工。在他用过的物品中，更新最快的要算是手机，到现在已经换了七八个了，“开始喜欢买好的，牌子比较好，相应价格比较贵的”，“现在用的是诺基亚带摄像头的一款。2003 年 9 月份买的，3800 多，那时用的人很少”。当时“买这部手机就是因为有摄像头，那时候比较少，比较新潮”。问起现在购物时是否会关注时尚时，他说：“前几年比较时髦，现在不行，跟收入有关吧，因为收入比以前有所下降。时尚性（商品）的价格比较贵些。”

【个案四】周小姐，广州，26 岁，中专学历，月收入 901 ~ 1000 元，自由职业（美容顾问）。收入虽然不高，但非常关注商品的品牌，也有不少时尚消费品，如三星的 MP3、奥林巴斯的数码相机等，这些都是男友买的。在问及时尚在其购物时所起的作用时，她举手机为例说：“以前喜欢功能多的、时尚的、漂亮的，有手写、摄像这样那样功能的，越多越好，我看中一个摩托罗拉超薄的，但在广州我不会买好的了。”周小姐的手机在广州街头曾被抢过。

以上个案中的被访者都曾经是时尚的关注者和追随者，但现在购物时却已不再考虑商品的时尚元素。导致这种变化的原因主要有以下几方面。

- **年龄的增长**

随着年龄的增长和阅历的增多，消费者的消费观念和消费行为都会有相应转变，对于时尚的看法也发生了改变。在很多人眼中，追求时尚只能是年轻人的特权，因为时尚代表着青春，同时也代表着一种不稳定，是一种转瞬即逝的思想、行为或物品等，所以大多数人在心理上会把时尚与成熟相对立，认为追求时尚是幼稚的表现。如个案一中的冯小姐，提到自己刚开始会“老跟着风潮赶”，“但现在成熟了，所以在购物时倒不会很关注时尚因素了”。

- **收入的降低**

从访谈可以看到，有一部分被访者因为收入减少导致消费观念转变，进而影响他们的消费行为。如个案三

中的李先生，“开始什么都喜欢买好的”，“前几年比较时髦”，不过“现在不行了”。他解释说“跟收入有关吧，因为收入比以前有所下降”，而“时尚性（商品）的价格比较贵些”。北京的高女士也与他有同感，32岁的她在家做全职太太，家庭月收入在2000元左右，现在她购物“不赶时髦，看家里缺什么才买，不是别人买就跟着”，不过她“以前挺赶时髦的”，“在厂里，很多东西都是我第一个有，但现在不行，厂里效益不好，工资低，现在东西也贵了”。广州的吴先生月收入有五六千元，但谈起当年买手机时，还是会发出“消费得起才能赶时髦”的感慨。他说“那时消费得起啊，也有点赶潮流，因为那时手机还不普及，只有15%的人有”，而提起现在用的松下带摄像头的手机时，他有些不好意思地说：“不过没什么用，也是有点赶潮流了。”

◆ **职业的改变**

职业的改变会影响收入，进而影响消费者的消费观念。个案二中的董先生，一个地道的老北京，曾经走南闯北做生意，买衣服非常赶新潮，“10年前戴10000多的雷达表、钻戒，80年代衣服都是金利来”，但现在专职在家炒股，收入没有以前多了，言语间透露出不出门就没有必要赶时髦的想法。他说：“现在也不怎么买衣服，衣服都穿不完。”同样，上海的高先生，5年前从老国企出来，到现在的软件公司上班，收入多了，但人也忙了，对于时尚考虑的也就少了。但以前他会去考虑，“比如以前买手表会考虑，那还是八几年”，“现在主要是赚钱要紧，工作也忙，就不太注意这些了”。

◆ **治安环境的转变**

通过访谈我们了解到，近年来广州的治安状况令人堪忧。不少广州的被访者都提到过自己亲身经历或是身边朋友经历过的路边抢劫事件，这不仅扰乱了广州市民的正常生活，同时也影响了他们的消费观念和行为，包括他们对时尚消费的态度。他们买房“宁要老区一张床，不要新区一套房”，买手机只愿选择1000元左右具备基本功能的。如在广州接受访谈的周小姐，老家在海南，现在广州做美容顾问，喜欢漂亮时尚的东西，但却觉得时尚不是自己购物时考虑的因素。她在访谈中给我们讲了自己在街上手袋被抢的经历后，再提及自己买手机考虑的因素时说“以前喜欢功能多的、时尚的、漂亮的，有手写、摄像这样那样功能的，越多越好，我看中一个摩托罗拉超薄的，但在广州我不会买好的了”。

（2）完全不关注时尚的被访者

【个案一】李女士，北京，50岁，高中学历，月收入900元，退休。收入不高的李女士把家里的一切都安排得井井有条，她本人对生活要求不高，除了对吃的消费比较注重外，其他日常消费都很简约。“一般家里的物品用坏了才会买新的。”谈到对待时尚态度时，非常直截了当地回答“我不赶时髦”。

【个案二】金先生，上海，58岁，高中学历，月收入1001～1200元，退休。应该说自从女儿工作后，金先生家的生活比以前宽裕了很多，消费层次也有所提升，但观念要改变的确不容易，提到时尚时，他就拿女儿做比较说：“她（女儿）去年买了一条裙子2000元，穿了一个夏天就不要了……女儿要时尚、时髦，像我一件衣服买了穿四五年，几十块钱一件，观念、背景都不一样。（时尚）我不注重，我只要能用就行，价格承受得起就行。”

【个案三】吕先生，北京，34岁，大学本科学历，现与朋友共同经营一家公司。他的手机基本是一年换一个，“基本都买当时出的比较好的”，不过“不是追时髦”，而是手机常被摔，也就是用一年。他“不太追求”时尚，因为用他的话说就是“时尚这东西就跟一阵风似的，过去就过去了，总觉得不太踏实”。

【个案四】刘小姐，上海，25 岁，大学专科学历，月收入 3201-3500 元，普通职工。年纪很轻，但很排斥时尚，在购物时不会考虑时尚的因素，因为她更看重自己“个人的风格”。她认为，“什么时尚都会被淘汰的。像手机就是一个通话工具，当然外观也是很重要的。像阿尔卡特这些外观不漂亮的我肯定不会考虑”。在我们看来，刘小姐否认的只是时尚的大众流行性，是与个性相冲突的一面，如她说自己“喜欢去比较有特色的小店，商场里的比较大众化”，所以对于时尚物品本身却并没有真正的排斥。她今年就刚买了京华的 MP3。现在还在“考虑买数码相机，大概 500 万像素的吧，三四千就可以了”。她觉得自己不大容易改变。像维体啊，脉动啊，这些新出的东西现在很多，我最多也就消费一次，看一下他们做得怎么样。

以上是 35 位完全不关注时尚的被访者的典型代表，他们分别代表了 4 种不同的时尚态度。

◆ **经济条件所限**

虽然经济收入的高低不会影响到时尚资讯的接收，但却会影响人们对时尚消费观念的接受程度。个案一中已经退休的李女士每月退休金只有 900 来块，加上自己给别人带孩子，收入依然微薄，老伴也刚刚办了病退，只能每月领取 300 多元的低保金。在访谈中，她总是会不时地提到“贵”这个字眼，如“数字电视，那个贵啊，我们接受不起”，“（电影）票太贵了，买不起，现在看一场那都要多少钱啊”，“力士的就不用，这个贵，消费不起”等等，所以在问到购物时会考虑时尚因素吗？李女士直接回答：“不赶时髦”。

◆ **受时代观念的影响较深**

传统观念中“新三年，旧三年，缝缝补补又三年”的观念在年龄较大的被访者心中根深蒂固，尤其在老一代人中影响广泛。个案二中的金先生，虽然没有直接给我们讲传统的节约观念，但却在与女儿和自己两代人的消费行为对比中透露了自己的想法。“女儿要时尚、时髦，像我一件衣服买了穿四五年，几十块钱一件，观念、背景都不一样。（时尚）我不注重，我只要能用就行，价格承受得起就行。”

◆ **时尚的短时性导致了对时尚态度的冷漠**

在个案三中的吕先生看来，时尚是“不太踏实”、“不太朴实”的代名词，他认为时尚像一阵风一样，几年就过去了。所以他不会轻易购买时尚消费品，或者是以商品的某个时尚元素作为购买决定因素。有这种想法的也不止吕先生一人，北京的梁先生也提到了相似的看法，如“时尚就是隔几年轮换一次，每次变化都不大，我们新房子要买家具的话，就是要那种最简洁的”。

◆ **追求个性导致对时尚消费的排斥**

时尚往往具有流行性、“示同”性与“示异”性，即它本身包含了群体性的同时又有排他性。也正是由于时尚的“流行”和“示同”性导致了一些人排斥时尚消费。他们强调个性，尽量避免与他人雷同，排斥流行带来的个性模糊。正如个案四中的刘小姐认为“什么时尚都要被淘汰，关键还是个人风格”。还有广州的孙小姐也提到适合自己的就行，因为自己是“中规中矩”的人。北京的钟先生，26 岁，月收入 8000 多元，年轻而又收入丰厚，属于时尚消费最具潜力的人群，但他买手机只考虑“基本配置，通话待机都可以就行，没有特别要求什么彩信彩屏，一般不丢我不会再买新的”。他买衣服也是“不会跟着外面走，不会流行什么穿什么”。相对来说，他更考虑实用，而非时尚，而且他“有自己的一套审美体系”，不会因为时尚而改变。

以上对不关注时尚的消费者描述和分析，可以对他们不关注时尚的因素做出以下小结：

导致消费者时尚态度转变的因素主要有：年龄增长、职业变化、收入降低和治安环境的转变。他们不关注时尚消费则主要受经济条件、时代观念、时尚的短时性和个性化需求四个方面因素的影响。

（二）消费者心中的“时尚”

在64位被访者中，虽然只有1/3的被访者表示会关注时尚，但几乎所有被访者对时尚都有自己的见解。通过访谈发现，时尚不仅是购物时的一个衡量指标，而是一个涉及消费、生活等诸多方面的综合体。提及时尚，在人们脑海中会跳出不同的事物，并依此对时尚做出不同反应。如时尚=服装、时尚=超前、时尚=非理性、时尚=外观、时尚=奢侈品、时尚=跟风等等，于是被访者中有人排斥时尚，有人追随时尚。

从访谈资料来看，很多人在提及时尚时，后面总会跟着漂亮、外表等词汇。如“我会考虑时尚，比较注重外观”、“时尚的漂亮的”、“换手机会注意时尚、外表”等。说明时尚在被访者的心目中和商品外在的样式关联性更强，甚至同一。

其次在很多被访者心中“时髦”是时尚的同义词，他们在谈及时尚时，往往会说“不赶时髦”。而“时髦”这个词汇里包含更多的是一种不被认可的跟风、非理性的消费行为，或者新潮、超前的消费行为。这种理解也导致很多人将时尚排除在购物衡量指标之外。

还有被访者认为时尚是区别于他人的一种手段，是一种标识自我的“语言”。如“看重流行是因为更好地考虑自己要什么，希望自己特殊一点，不希望别人买什么自己也买什么”。

总之，被访者对时尚的认知还只是停留在物的层面，忽视了时尚所体现的价值观及文化内涵层面，他们从观念上否定了美国社会学家H·布卢默认为时尚是“高等的做法”或者“具有比较高等的价值”的判断。如果要改变目前的这种时尚消费现状，还需要通过时尚的不断渗透，从根本上改变人们的价值判断。

（三）目前阻碍时尚影响力的因素

中国在经历了长期封闭压抑的计划经济时代后，已经稳步进入商品丰富、消费活跃的市场经济时代，时尚作为驱动商业发展的重要元素，正慢慢渗透到人们的生活和消费领域。但从访谈的情况来看，时尚并非像媒体所描述的那样“正在像旋风一样席卷中国”，而是亦步亦趋地前行。在中国阻碍时尚影响力的因素主要有四方面：经济收入的限制、理解褊狭、务实观念的影响以及与新生代对个性的追求。

1. 经济收入的限制

当人们还在为生存发愁的时候，就不会考虑将金钱用于摆脱实用价值的时尚消费。也就是说，只有当人们的收入稳步提高，以及预期收入有足够保障的前提下，时尚作为驱动商业发展的重要力量，才能真正发挥出其巨大的潜力。

2. 理解褊狭的限制

时尚是一个体系，有物质的层面，同时还有精神的层面。从周期来看，“时尚界于经典和时髦之间”。但人们对于时尚仅仅看到它“短暂性”、“非理性”的一面，否认了它“开创性”、“经典性”的一面，导致人们贬低时尚。

3. 务实观念的限制

中国人虽然已经摆脱了“新三年、旧三年、缝缝补补又三年”的传统消费观念，但“务实”、“适度”作为一种替代性观念，正成为中国的主流消费观，人们更多的还是基于需要考虑消费。

4. 个性化需求的限制

中国人在集体意识松绑的今天，越来越意识到自我的存在。尤其是年轻人，他们更希望能通过各种形式张扬自我，而这种个性化的要求往往又和时尚的趋同性相矛盾，引发年轻人对流行的排斥。用更准确的表述是年轻人乐于接受时尚发展的潮流，但排斥时尚中的趋同性。

（四）驱动时尚消费的策略探索

综上所述，中国城市居民时尚消费的观念仍然较弱，虽然很多国际知名品牌或是国内商家纷纷以“时尚元素”来激发消费者的购买欲，但呼者恢恢，应者渺渺。中国消费品市场要走时尚路线还需要各方面的配合和努力。通过本次深访，针对阻碍时尚消费的观念因素，我们建议以下的商业推广策略。

1. 定制营销成为时尚推广的利器

访谈得知，在一部分被访者心中，“个性化”往往和时尚的“趋同性”相对立，只有解决好这个矛盾，才有利于时尚的扩散。年轻人往往接受时尚发展的潮流，但排斥时尚带来的个性模糊。现在就很难再见到早些年的“红裙子”、“黄军装”现象。手机可以成为时尚，但不同的外观、功能等都会成为不同消费者的个性选择。

2. 打造经典，拉拢高收入的时尚潜在人群

从流行周期来看，时尚恰恰界于经典和时髦之间。目前很多人将时髦等同于时尚，阻碍了时尚的影响力。只有当时尚成为集品质、功能、外观于一体的经典时，才会吸引高收入的时尚潜在人群光顾，然后逐渐扩散到其他阶层，以延续时尚商品的生命力。正如德国社会学家 G・齐美尔（Georg Simmel）所认为的那样，“时尚往往发源于社会较高阶层，然后渐渐成为较低阶层的参照。一旦完成这种过渡，较高阶层就会放弃这种旧时尚，创造或采纳新的时尚，从而继续保持在消费形式上与较低阶层的区别和距离”。

3. 产品分级策略

从不同收入层的时尚消费特点分析来看，中低收入的人群更看重消费品的外观和式样，而高收入人群则更看重消费品的内在品质和功能。所以有必要制订产品的分级策略，以外观等低成本策略驱动中低端消费市场，以品质和功能驱动高端消费品市场。

小 结

- ❋ 人们对时尚消费的认可程度较低，仅有不到 1/3 的被访者在购物时会考虑时尚因素。
- ❋ 关注时尚的人群与经济地位的高低没有显著关系，不同收入的消费者中都会有时尚的支持者。
- ❋ 不同消费群体表现出不同的时尚消费观念和消费行为。时尚消费在年轻群体中的认可程度相对较高。
- ❋ 对时尚理解的差异导致对时尚态度的不同，其中认为“时尚＝外观”的人数最多，其他为“时尚＝服装”、“时尚＝超前”、“时尚＝非理性”、“时尚＝外观”、“时尚＝奢侈品”、“时尚＝跟风”。
- ❋ 阻碍时尚影响力的原因主要有四方面：经济收入的限制、对时尚理解的褊狭、传统观念的影响、个性化需求的影响。
- ❋ 推动时尚消费的营销策略：定制营销、产品分级管理、打造经典拉动高收入人群的时尚消费力。

四、信息

在传媒如此发达的今天，各类信息资讯如潮水般涌向消费者。在信息的浪潮中，对消费者日常生活影响最大的是商品信息。消费者在购物时如何收集相关商品信息？消费者获取商品信息的渠道有哪些？消费者如何评价获取的信息？消费者获取商品信息的经历有过怎样的转变？带着这样的问题，我们对北京、上海、广州 3 城市的消费者进行了访谈，以下是访谈结果的整理和总结。

（一）城市居民商品信息的收集状况

从访谈结果来看，绝大多数被访者在购物前注意或者比较注意收集相关商品信息，少部分被访者会凭日常无意中获取的信息、个人喜好和卖场导购进行瞬时购物。64 位被访者中，除 2 位没有回答此问题外，有 32 位被访者表示购物时会有意识地收集商品的相关信息，10 位被访者会根据商品的类型和价值选择性收集信息，20 位被访者不会刻意进行商品信息的收集。

不同性别、年龄、学历、职业和收入的被访者在日常消费时对信息的利用程度有明显差异，而地域因素在信息使用方面的影响并不显著。从性别来看，不关注信息收集的女性相对多于男性，她们的瞬时购物行为发生的频次也相对较高；有选择性收集信息的男性明显多于女性；但在非常关注信息收集的被访者中，性别差异并不显著。

从年龄来看，40 岁以上的被访者信息观念趋向两个极端，他们在购物前要么非常注重信息收集，要么完全不关注信息在购物中的作用；而选择性关注信息的人相对集中在 21~40 岁的被访者中。

从学历来看，选择性收集信息的被访者具有明显特征，他们学历较高，10 人中有 8 人都是大专以上学历。而在不关注信息的人群中，大专以上学历的人数也相对较多。

从职业来看，学生群体与自由职业者对信息利用的情况比较极端。学生群体要么非常关注信息，要么漠视信息，尤其是男女生对信息使用的分化非常显著。男生对信息利用度高，而女生多是瞬时购物，忽视购物前的信息收集。家庭主妇与女学生也表现出类似的信息关注情况，她们中多数趋于无信息收集的瞬时购物，但导致这种消费行为的因素却截然不同。家庭主妇的生活圈子相对封闭，信息敏感度低，对丈夫和家人有较强的信息依赖性，而女学生则相对感性，容易有冲动型购物行为。退休人员购物较为谨慎，一般选择多方比较后进行购物，他们希望通过信息比较来合理支配有限的开支。

从收入来看，无收入被访者更多为瞬时购物，在购物过程中很少主动收集相关信息。而本次访谈中的无收入者恰恰都是女学生和家庭主妇，这一点在上面已有叙述。收入低与收入中高的被访者在购物时都非常注重信息的收集和利用；选择性利用信息购物的被访者集中在中等收入的人群中，在 10 位选择性使用信息的被访者中，有 9 人月收入集中在 1500~3000 元。另外，高收入被访者的信息观较为极端，他们中选择关注信息和漠视信息的人数相当。

总体来看，有意识地收集信息，并进行多方比较后购物的被访者人数相对较多，成分也较为复杂。但选择性收集信息的被访者特征比较鲜明，主要集中在20~40岁，高学历的中等收入人群中。购物前不刻意收集信息的被访者特征也相对突出，即年龄、收入趋向两极，主要为20岁以下和40岁以上的被访者、无收入和高收入的被访者，无收入的被访者主要是女学生和家庭主妇。

为了更好地掌握不同消费者的信息使用特征，根据此次被访者使用信息的总体情况，可以将他们划分为四大类型：精明型消费者、混沌型消费者、中庸型消费者和批判型消费者。

1. 精明型消费者

精明型消费者主要表现为消费积极主动，乐于借助各种渠道掌握商品信息，使自己合理选择所需购买的商品，他们在日常消费中较少出现冲动型购物行为。从访谈资料来看，这类消费者性别差异不显著，分布在各个收入阶层，并表现出不同特征。

（1）学生群体

【个案一】小李，北京，男，23岁，在读医学硕士。家庭条件比较优越的他，虽说不是非常追求时尚，但时尚消费品基本都有，而且都是日韩的知名品牌，这些都是父母给买的。如果他自己购物的话，“在购买之前我会主动上网查询许多信息，主要看网上的一些评论，其他人的建议我也会听些，广告也看一些”，不过他“不太相信广告”，而是觉得“周围人的意见和网上自己找的信息比较可信”。他比较关注品牌，“对品牌的认可也是从周围人的正面评价形成的”，而且“从小就是如此”。

【个案二】小冯，广州，男，19岁，大专一年级。生活在“改革开放的前沿城市”，小冯身边充斥着各种时尚和商品信息，以及人们不断膨胀的消费欲望。广东与香港只一江之隔，对岸的时尚风透过“窗口”不断地熏染着珠江岸边的人们，小冯自然也不例外。他虽然只有20岁，还在读书，却对人情事故、金钱和消费了解得非常透彻。比如说他在买手机时会从网上、广告等多种渠道广泛收集信息，而且“还要看有没有朋友在用，用后感受是什么”，然后根据“朋友用的情况，还有什么促销、赠品”进行选择。按他的话说，“就是用最少的钱，买最好的东西”。再比如他在访谈中谈到自己买衣服前“都会问朋友，他们知道，会听朋友意见”，他强调购物前一定要注意潮流的情报，因为“如果你收不到这些情报会被人骗的”。

上面个案中的两个学生在消费中都会非常主动地收集所需购买商品的信息，而且善于利用网络获取更多关于所需商品的评价，以帮助自己选择更合适的商品。另外，在他们获取信息的渠道中，周围人的影响相对较大。从访谈可知，他们的消费较有计划性，很少出现冲动型购物行为。

（2）低收入群体

【个案一】高女士的先生，北京，电工，月收入2000元左右。其实他并非我们专门访谈的对象，而是被访者的家属，在访谈中他一直陪伴在妻子身边，耐心地听我们之间的谈话，时不时地会插入一些想法，如我们谈到信息收集的问题时，高女士基本上没有回答，而是他讲述了一些值得我们关注的问题。妻子没有工作，是家庭主妇，一些大的购物决策都是他来做。他非常注意收集购物信息，比如“看广告，看看报纸、电视，听朋友介绍，上网查一下价格，配置，然后去市场上调查一下”。他很少凭无意识得到的信息购买商品，他解释道：“我是低收入的人。一般要考虑很久，看哪个牌子的价位我能接受。然后再收集一下信息，听别人介绍说怎么样，最后才去买。”

【个案二】吕女士，上海，54岁，高中学历，退休，月收入1001~1200元。收入不高的吕女士有一个刚刚毕业学装潢设计的女儿，母女两个在消费上互相影响，常常彼此商量。在食品上他们都比较重视品牌，但对于服装、家电的品牌关注度却不高。虽然吕女士已经50多岁了，而且退休在家，但因为受到女儿的影响还是比较关注时尚信息。购物时，吕女士会像很多上海人那样，善于精打细算，她说购物前“我会货比几家，到处逛逛收集信息。有时，比如广告说国美好，我也会去里面实地考察”。

【个案三】周小姐，广州，22岁，中专学历，月收入901～1000元，自由职业。她一直从事销售行业，收入不太稳定，目前是玫琳凯的一名美容顾问。购物时，她会根据自己的需要做决定，不会单凭无意获得的信息冲动购买，她首先“肯定要考虑用不用得上，要是用得上，说不定会看一下，比较一下”。她还比较注意收集商品信息，“有时上网看，还有电视、街上的路牌，还有朋友用的介绍我用”，但她表示不相信广告，“越吹得好越不信，售货员介绍说好的我就尝试一下，还有朋友推荐觉得好的东西也会尝试”。

从访谈情况来看，11位收入偏低的被访者中，7位都表示会在购物前注意收集相关信息。他们关注信息的一个重要原因，正如个案一中高女士的先生所言，“我是低收入的人。一般要考虑很久，看哪个牌子的价位我能接受，然后再收集一下信息，听别人介绍说怎么样，然后才去买”，一般很少出现冲动型购物。他们收集信息的渠道主要有四种：电视、报纸、朋友和广告。网络是个别年轻的低收入被访者的信息渠道之一。

（3）中等收入群体

【个案一】胡先生，广州，25岁，大学专科学历，月收入5000元左右，技术人员。他虽然年龄并不大，但是工作经历比较丰富，看上去比较老成。用他自己的话说，他属于稳健型消费者。他的消费观念和行为都很理智，他在购物时很注重价格，不会在价格最高时去盲目追求流行、时尚等因素，打折、促销等因素对他的影响较大。购物前他会有意识地关注相关商品信息，他提到自己收集信息的渠道主要是“报纸、广告、网上、还有去现场询问”，他“一般比较相信卖东西的人的建议，因为他们比较专业嘛”，而且他不会只咨询一家，“因为比较片面啊，他们总会说自己的好，我会多问几家”。

【个案二】林先生，广州，51岁，初中学历，月收入2301～2500元，普通职工。收入不算丰厚，但是他和妻子把家里经营得很温馨。一般购物前，妻子会先去转转，拿一些广告和说明书回来，两人一起看，然后到卖场去考察。若和以前设想的差不多，而且促销人员说得好，售后服务好，会增加他们购买的可能性。不过他自己很少专门去商场看，因为“我这个人不喜欢去看来看去，时间花不起”，所以他们“买东西基本上是商量好，需不需要、什么价钱的”，但他在购物前会负责打听，因为“我的同事基本都比我年轻。她退休了，接触的少一点，平时接触的都是老头老太太的”。

【个案三】黄先生，上海，32岁，硕士学历，月收入2001～2300元，技术人员。他刚刚买房子，每个月除了还买房的贷款外，还要给父母一部分钱。平时衣食还都比较节省，但每月还是会从信用卡透支一部分钱消费。他的消费比较理性，不会盲目相信广告，在买大件产品之前会多方收集信息，但收集信息的过程非常简单。比如他提到自己收集信息“很简单，两小时，事先我会合理地收集信息，通过网络或者问朋友”，但“不会尝试新产品，天下没有白做广告的，广告费肯定会收回去”，不过他也承认“广告会有影响，但（我）比较慎重”。购物时他人意见会“有一点”影响，但主要自己拿主意。

从访谈情况来看，11位表示在购物前会注意收集相关信息的中等收入被访者特征并不十分鲜明。他们收集信息的渠道也主要有电视、报纸、朋友、广告和网络。

（4）中高收入群体

【个案一】王先生，上海，30 岁，大学本科学历，月收入 4001-4100 元，管理人员（已入加拿大籍）。在国外生活过 6 年的王先生，国外生活的痕迹深深地印在了他的很多思想和行为中。比如说对于信息的利用，他表现得非常专业，他“会先做 homework。一般是比较大件的，最大的就是房子，其次是车，再次是家用电器。比如照相机，一般都是上网查信息”，而且他还举了一个生动形象的例子来说明自己的观点，“就比如说《三个火枪手》里说的那样，‘需要使人勤奋’。只有你想买的时候才会去货比三家，这个时候你做作业也会比较专心”。再如他买数码相机，“我不会因为广告好就去买，通过广告知道了这个产品，这个型号的功能还是到网络上看，要比的是一些硬性的指标。我不会被花里胡哨的去弄糊涂了，毕竟挣钱不容易”。

【个案二】钟先生，北京，26 岁，大学本科学历，月收入 8000～9000 元，大学毕业已 8 年，从事计算机软件开发工作。他的消费观念并不超前，注重商品的性价比，也看重品牌，在快速消费品方面，喜欢尝试新产品，会不停更换品牌，认为广告只是信息的来源，会通过广告的信息去尝试新产品新品牌，购物也较受周围人推荐的影响。一般在购物前都会注意收集商品信息，“主要是大件，上网查，向周围询问等”。他的信息渠道主要是“广告，上网，自己到卖场看，还有周围人的推荐”，不过他还是觉得“人家的推荐最有效”，因为“有人实践，并且是自己身边的人，他们说的肯定好，有口碑，比广告这些（商品信息）可靠。”

【个案三】李小姐，北京，26 岁，大学本科学历，月收入 7000～8000 元，技术管理人员。来北京工作已经 3 年，虽然家境一直较好，而且自己的收入也相对较高，但据她说在消费方面相对于其周围的人比较保守，每月会拿出较多的收入储蓄起来以备后用。购物多出于质量性能方面的考虑，比较注重品牌消费。虽然几次提到自己有时“买东西比较冲动”，不过她还是会在购物前尽量收集相关信息，她说自己“会主动查一些，然后找有关懂行的人帮着买”。一般获取信息的主要渠道是“广告，朋友的建议，还有自己到网上、报纸上查”，总体来说“一般周围人的影响大些”，不过就像她提到自己买 MP3 比较冲动一样，“有时如果真的喜欢一个东西就什么也不考虑了”，所以有些时候会出现根据无意获得的信息进行购物的冲动。

总的来看，这个群体特征鲜明，他们学历较高，非常善于利用网络作为收集信息的主要渠道。他们当中 30 岁以上的男性被访者在消费中更多表现出沉稳和理性。在购物前他们不仅会注意收集相关信息，而且会审慎思考所收集到的信息，甚至是掌握产品的技术细节后才会消费。如个案一中的王先生说的那样，他会“先做 homework”，无论是买车、买数码产品还是买保险，他们都会通过网络比较一些产品的硬性指标。再如上海的高先生，买车前后用了半个月，他会“先选定了要上海产的车，然后在网上搜寻信息，比较车型和具体的参数，基本定了车型后，就找离家最近的 4S 店”。北京的李先生也提到“要买什么东西我先从网上查价格，再到超市买，比较一下价钱”。

他们一般不会冲动购物，就像上海的王先生说的那样，“我不会冲动购物，还是比较理智的”，一般“会先去了解，但没打算买时不会太关注信息”。不过他也提到自己也有不理智的时候，而且还笑言：“人有时候也需要失去理智。”相对来说，女性在这个方面就比较容易“失去理智”，个案三中的李小姐承认“有时如果真的喜欢一个东西就什么也不考虑了”。

2. 混沌型消费者

混沌型消费者主要表现为对商品信息利用程度较低，不善于借助各种渠道掌握商品信息，或者不善于分辨各类商品信息，他们在日常消费过程中容易出现盲目购物行为。根据他们利用信息的情况，大致可以分为两类：一种是漠视信息在日常购物中的作用，完全凭借无意中获知的信息或者单凭自己的喜好进行瞬时购物，如女性学生群体就是漠视信息的群体；另一种是对于获取的信息不加判断，盲目相信他人。如家庭主妇就是依赖他人信息群体。这两类消费者在购物过程中都趋于感性，并容易发生冲动型购买行为。

（1）学生群体

【个案】小骆，北京，女，20 岁，职高学历。在购物时，小骆不会去刻意收集信息，她说自己一般“不会货比三家，也不太注重收集信息”。当我们追问是否买任何东西都如此时，她也提到有一些商品还是会注意一些，“比如减肥药，买之前我会询问吃过的人效果怎么样。还有一些吃的，别人告诉自己哪些东西或哪里有好吃的，我会去尝试”，因为她的朋友比较多，所以她较少依赖广告作为接收信息的渠道，即使是广告也“一般是电视广告，网络广告一般当作垃圾直接删掉”。她会因为无意获知的信息去购物，“比如朋友说什么东西好，我就会去买。例如朋友说哪一种面膜好用，我就会去买来试试看”，即使是自己冲动之下买的东西不太好，她还是会相信朋友的推荐，“因为有些东西是因人而异的，我用的不好，可能是不适合我”。

个案中的小骆是女学生中的典型，购物过程中往往伴随较大的随意性。再如上海的小章，买手机就是“到了卖场再比较的”。她们还容易出现凭借无意中获知的信息进行购物的行为。她们几乎不太利用网络的便利性，而是更依赖口碑宣传。个案中的小骆就会因为“朋友说什么东西好，我就会去买”，同样上海的小章也提到过“广告对我的购物作用不大，同学的影响大”。导致这一现象的原因可能是与她们还未真正接触社会，并进行独立消费有关。

（2）漠视信息者

【个案一】吴先生，广州，40 岁，高中学历，月收入 5901～6000 元，技术人员。虽然他的收入较高，但他的消费仍相当理性。他不会有超出自己承受能力的超前消费，也不会为了攒钱而降低自己的生活品质。在购物时，他更相信朋友和无意中了解到的信息，广告不是最主要的，但是平时无意中获知的信息又多是耳熟的广告。比如他讲到自己的信息源是“朋友介绍啊，广告啊，不过广告不是主要的。平时无意中就知道了哪些比较好，也不会专门注意。像平时熟的广告可能买的时候就比较有好感吧。”

【个案二】卢女士，北京，47 岁，大学本科学历，月收入 4701～5000 元。做编辑的她，早年留学海外，在北京生活了很多年，但仍保留着东北人典型的性格特点。也正是这种性格特质促使她在购物时一般不会货比三家，比较爽快，只要看准不会犹豫。她很少受周围人的影响，比较注重自己的判断和感受。就像她说的那样，“不受周围人的影响，受广告影响大，看电视觉得广告好就去买了”。她接收信息的渠道一般是“电视广告，报纸很少看，周围人的影响也少”，这一点她解释说：“与性格有关，买东西看上了就买了，很少磨叽。”

【个案三】魏先生，上海，24 岁，大学本科学历，月收入 3000～4000 元，管理人员。也许与他在保险行业工作有关，他的性格非常外向，能言善谈。买东西不会刻意地去收集信息，“看到喜欢的就可以”。他解释说：“收集后更眼花缭乱，如果真要收集信息去买手机要一个星期。”当时他买手机和电脑，都没有上网查，一般就是去专卖店拿了资料，比一下差价。他“不太相信网上的信息”。再比如说，买家里的电视，他们去之前先定了下买多大的，第一次去看了看，比了下，选择好价格和品牌，第二次去就买了。

【个案四】杜先生，上海，49 岁，高中学历，月收入 1501～1700 元，技术人员。已经离异多年的他，儿子也不在身边。由于拆迁，把房子换到了离市中心较远的宝山区。现在的他除了日用品外，几乎没有任何购物的欲望。就是买日用品，他也很少去费心思，买东西“没有比较，买这个就去这家店。听人家说，自己不怎么去看的。没有这个习惯”。问到还有其他了解商品信息的渠道时，他说就是超市广告了。“他们一两个星期就给信箱里放一份，就看看”。但总体来说“不怎么看广告”，因为“有的东西便宜就便宜一两毛钱，还要跑那么远。如果需要的东西我就买，要么说什么也没用”。“报纸广告、电视广告都不要看的，广告不看的”。现在他的惟一信息源就是新闻，“只看新闻，体育新闻也不看，我对体育也不感兴趣”。

【个案五】李先生，北京，42 岁，大学专科学历，离异后带着女儿过，月收入 6001 ~ 7000 元，自由职业（经营一家美容院）。收入较高。他日常应酬很多，大部分开支都用作请客吃饭了。买东西非常随意，不会刻意去收集信息，一般就是“自己看着好就行，我买东西一点儿谱都没有”。

【个案六】周女士，北京，54 岁，初中学历，月收入 1000 元，退休。“家里该有的大件基本都有了，要是再有大的消费的话就要等到一些产品的更新换代了。”她现在除了把家里打点好，其他的心思也不多。大女儿已经自立，虽说还在家中住，但电脑、汽车等开支都是自己赚钱买。周女士买日常的消费品，就是“从来不去了解这些方面的东西，需要什么就买什么，去之前就想好了，去了就买，也不会货比三家”。“我买东西就是凭着（对某个品牌的）印象选购”，对产品的了解主要是通过朋友推荐和自己试用而得到的，而且还比较关注新闻事件。

【个案七】温先生，广州，26 岁，大学专科学历，月收入 7 万 ~ 10 万元，自由职业（海鲜店老板）。做海鲜生意的他，月收入丰厚，算得上所谓“新富阶层”。他是“挣得多花得多”，喜欢交朋友，在各项支出上都比较大，特别是在跟朋友吃饭娱乐等消费上，他说会“花掉收入的 2/3”；该有的时尚用品、耐用品都有，而且是一些著名品牌。购物在他看来，不需要太上心，“看到自己喜欢的就会买”，他不喜欢听别人的意见，觉得“听人家的不如自己看到的”。

以上个案中的消费者既有高收入者，也有低收入者，他们在消费时都较少考虑信息对购物的作用，往往漠视信息的存在。虽然他们不关注信息的原因各异，但都有着一个共性：非常自我的个性特征。就像个案二中的卢女士提到的那样“与性格有关，买东西看上了就买了，很少磨叽”。若再进一步细分这类人群的话，根据他们不关注信息的情况来可以有三种类型：

◆ 低消费欲望者

他们仅仅购买日常的快速消费品，也就很少在这方面花时间和心思。他们获知商品信息的主要渠道就是卖场。对于别人说的、电视里播出的信息等都不关注，比如与个案六非常相似的北京的李女士说：“就超市的信息吧。有人说超市有促销了之类的我信。别的我不信，别人说什么也不关注。电视上的信息也不关注。”

◆ 离异者

他们在经历了婚姻之后，重新回到一个人的生活，更加强调自我的感受，较少考虑自身以外的劝服性信息。比如个案四和个案五中的被访者，尽管这两个人的收入一个低、一个高，但是离异后两个人的生活同样都变得“简单”了，购物就是“自己看着好就行”。

◆ 消费力强劲的高收入人群

他们在事业上比较成功是因为有自己独到的判断力，同样这种自信心会延伸到他们的购物行为上，就像个案七中温先生说的“听人家的不如自己看到的”。另外由于经济宽裕，他们购物时不会在价格上斤斤计较，只关注商品的品质好坏，“看到自己喜欢的就会买”。

（3）依赖他人者

【个案一】周先生，上海，55 岁，初中学历，月收入 3001-3200 元，退休。无论是在电话里进行的访问，还是进行面对面的访谈时，周先生总是会忍不住提到自己的女儿，并且很以女儿为荣。在问到购物时的信息关注程度时，他也仍然不忘把女儿挂在嘴边，“日常用品就在超市，大的东西都是女儿带着去买”。

【个案二】高女士，北京，32 岁，高中学历，家庭主妇。在问到是否关注购物前的信息收集时，高女士用手指着丈夫笑着说：“听他说。”其实，她在谈具体消费品的购买时就表现出了这一特点。比如在买电视机时，“当时到那儿（卖电视的商场）好多人都买这个，都说好，我们也就买了”。再如家里买日用洗护用品，她也是“我们家的香皂不用买，他（丈夫）单位给发，洗发水他也发，有时（自己）也买。上次买的洗发水是汉草御方的，买的时候，她（超市销售人员）推荐的这个，看着还行就买了，用得挺好”。

【个案三】肖女士，上海，26 岁，初中学历，家庭主妇。买东西基本上都是就近在附近的“易买得”超市，购物前也不会去专门收集信息，总是“不大比的”。2004 年在买三洋电视机时是她和丈夫去“易买得”当天就买了。她提到“我们家买东西就这样的，看到那个就买的，看多了就没信心了，花眼了”。

以上 3 个案例是我们此次访谈中非常典型的依赖他人进行消费的被访者。在这个信息爆炸的时代，他们几乎是主动放弃了自己接收信息的机会，完全依赖他人做出购物决策。这一类型的被访者多是家庭经济水平较低的主妇和已经退休在家的中老年人，他们共同的特征是学历不高，个性较为温和，生活圈子相对狭小和封闭。

（4）信息盲从者

【个案】胡女士，北京，47 岁，初中学历，月收入 601-900 元，退休。胡女士家庭经济条件不是很好，平时也是省吃俭用，大件商品消费力比较弱，但日常开支基本上能够保证。平日的快速消费品尽量注意品牌，如她说自己买方便面会“主要是康师傅的”，“香皂用舒肤佳，牙膏用高露洁、中华、芳草，洗发用飘柔”，而且还补充道：“这些我受广告影响较大，看广告上说的那么好，广告上女孩子头发那么好，所以就买那样的，这些东西平时用得较多。”问到她主要依赖的信息渠道时，她告诉我们，“主要看广告，还有周围人，有时候别人说什么好用，我一般也会试着买来，但是更信赖广告。一直都是这样”。

事实上，像个案中胡女士这样的消费者并不在少数，他们的消费力较弱，非常相信广告等宣传信息，广告甚至成为他们了解社会发展和跟上社会进步的主要渠道。这类消费者不同于其他的几类混沌型消费者，他们非常乐于接受广告信息和周围人的推荐，既没有漠视信息，也没有依赖他人做出购买判断，但在接受信息的过程中，他们缺少一种主观判断力，这就很容易导致他们在接收外界信息时盲听盲信，反而降低了信息在消费过程中的作用。就像胡女士说得那样，“看到广告上的女孩子头发好，自己就会买来试试”，“别人说什么好用，我一般也会试着买来”。

3. 中庸型消费者

中庸型消费者主要是指选择性收集信息并进行消费的人。他们往往依据购买商品的类型和价值决定是否收集信息，既不排斥信息，又不过于依赖信息。他们与精明型消费者不同的是，不会在所有消费过程中，花费精力和时间。总体来讲他们的购物行为趋于理性，但偶尔也会有冲动型购物行为。

【个案一】刘小姐，上海，25 岁，高中学历，月收入 3500 元左右，销售工作。她现在没有存款，赚多少花多少，消费比较积极。至于购物前是否收集商品信息，会因为商品的价值区别对待。如听到这个问题时，她第一反应就是“大件还是小件？大件一般看些广告啊，还有超市的一些，现场看。小件一般就去超市”。

【个案二】吕先生，北京，34 岁，大学本科学历，与朋友共同经营着一家小型公司。结婚 6 年的他，事业和家庭都比较稳定，还没有要孩子，目前没有什么经济压力。买东西不相信广告，大多数凭自己的感觉和喜好。购物前“一般不太会”刻意收集商品信息，但像手机、车、摄像机这些还是挺注意的，“因为一两年之内就得买啊”。还有一个原因是，“我爱人在商场，她比我灵通，一般那就是她在商场打听一些价格、品牌信息，我拍板”。他一般不会凭无意获得的信息购物。

【个案三】戴先生，上海，38 岁，大学本科学历，月收入 3000 多元，中学体育教师。见到戴先生时，觉得他比实际年龄要年轻五六岁，这可能和他的工作有关。他有着上海男人典型的特征，一切家务都会打理，但只是家里的“手脚”，因为“大脑”还是在妻子那边。加上性格开朗的他有很多朋友，买车、买电脑、买空调都有人帮忙，所以真正需要他动脑筋的事就减了一大半。购物前他也会比较商品的信息，不过只是“有时是，大的比较，小的不比”。获取信息的渠道主要是朋友和网上，广告“难得看”。

【个案四】冯女士，广州，35 岁，大学专科学历，月收入 2301 ~ 2500 元，自由职业。冯女士的性格温和，到广州生活有七八年了，刚刚在郊区买了房子，有一个 12 岁的儿子。目前正处于中年人普遍面临的经济压力最大的阶段。她自称是实用主义者，购物时会收集信息多方比较后再做决定购买，但并不是所有商品都会去花心思。“像买手机啊、买房啊”，她会刻意关注信息。“比如买手机，有一份《手机周刊》，是《南方都市报》的”，一般的收集渠道是报纸和网络，电视广告主要是洗涤用品多一些。偶尔也会有冲动购物的时候，比如小东西。

【个案五】张先生，上海，29 岁，大学专科学历，月收入 3201 ~ 3500 元。他目前在做销售，之前则是以技术为主。总体上看他的消费比较理性，较看重产品的性价比，对价格看得也比较重。几年前曾对电影和音乐非常痴迷，会为了自己的爱好不惜花费很大代价。不过现在已经“退烧”，用他自己的话说就是“再不退烧就成‘非典’啦”。购物时，他非常注意收集商品信息，但也有仅凭无意识中获知的信息购物的时候，“一般来说在 200 块以内的东西，比如鼠标、键盘之类的东西，感觉还可以就行”。现在他获取信息的渠道主要是网络，“我天天在网上看，像 PCHOME、PCONLINE 啊什么的，信息都可以从网上找”，广告有时也看，但“只能说是有个初期的了解，它是什么定位等等”。在使用网络之前，他买 walkman 的时候，“只能一家店、一家店地跑，不辞辛苦，现在有网络就方便多了”。

这类消费者，与其说是中庸，不如说是显得更精明，他们是找到了消费时间和消费金钱两方面平衡点的“中庸”者。他们在消费过程中不会凡事斤斤计较，而是“抓大放小”，对于手机、摄像机、房、车等“大件”商品注意收集信息，“小件”商品则会凭借无意中获取的信息去购买。如个案五中的张先生，“一般来说在 200 元以内的东西，比如鼠标、键盘之类的东西，感觉还可以就行”，不会为了这个再去耗费过多的精力。从访谈来看，这类消费者具有一些共同的特征就是：年轻、高学历、正处于事业和人生的上升期，收入不高，但消费欲望较强。他们最常接收信息的渠道是网络、报纸和朋友。

4. 批判型消费者

批判型消费者广泛接收各种信息，但同时又对信息表现出极度的不信任，他们更相信主观判断和亲身体验。

【个案】刘先生，北京，48 岁，高中学历，月收入 3000 元，普通职工。人到中年，有很多经历，很多感慨，但同时也多了很多主观判断。购物时，“我不会听广告买东西。朋友说的有点影响，比广告这些影响大点、多点。基本上我就是自己的观点（我喜欢什么就买什么）”。他接收信息的主要的渠道是电视、广播和报纸上的新闻和广告等，但他觉得这“要看什么东西，比如说报纸介绍产品，广播也介绍产品，那是不一样的。报纸有它的侧重点，广播也有它的侧重点。报纸它有信息啊，它有政治信息、商品信息，还有体育信息，也可能有娱乐信息，但它介绍什么商品我不会信，介绍政治信息我会信，它的评论信息我就不会信。比如体育信息这个我就信，但是评论的东西我就不信”，总之他要强调的是，“所以说我还是有自己的观点的”，他还评价电视说，“电视也一样，它说什么东西什么产品，都是记者写出来的，掺杂着记者自己的观点。比如说前段时间说某某啤酒里有甲醛，就报道出来了，国家质检总局局长就出来说话了，甲醛都有，就是在发酵过程中也会产生，但没超出我们国家的标准。它报道出来就不一样了，现在是啤酒旺季啊，可大家都不喝了，出口到国外的都退回来了，给国家造成了多大的损失啊。所以记者在报道时一定要小心了，不要随便来。比如苏丹红，我们国家轰轰烈烈弄了一个月，但它这个危害有多大？比抽烟的危害要小 30 多倍。这个危害就是微乎其微了”，“我买什么都有自己的观点，可能受其他方面的影响不会太大。打比方说广告牌，说话有点太过火，肯定不信”，就算是“朋友的话要看你素质有多高，比如衣服，你要自己都一知半解，你说什么好、什么好，我就不信”。

这类消费者老于世故，对一切都抱有怀疑的态度，要想说服他们很难。他们有着宽泛的信息渠道和较多的人际交往，大量接收各类信息。如个案中的刘先生平时除了不上网，其他媒介都有接触，最多的媒介是报纸和电视。

（二）城市居民获取信息的渠道

访谈资料显示，城市居民获取信息的渠道主要有 5 种：口碑、广告、电视、网络、报纸。不同消费者群体所依赖的渠道会有较大差别，如高学历的年轻群体对网络的依赖程度明显高于其他群体，而退休人员对于电视的依赖程度则相对较高。绝大多数被访者表示朋友、家人等口碑传播是他们重要的信息接收渠道，而且对于这样接收到的信息信任度最高。具体情况如下。

1. 口碑

在回答“信息”问题的 62 位被访者中，有 40 位被访者明确提到“朋友推荐”是获取信息的重要渠道，换言之，他们更相信口碑传播的力量。主要的观点如下。

- 我的信息就是来自社会上平时接触的人、报纸，而最可信的就是身边的朋友，大家买得多，价格合理就好。
- 朋友、上网、广告也有，上网是有需要才会上的，还是信赖朋友，广告有时候很假的。
- 广告对我的购物作用不大，同学的影响大。
- 朋友说什么东西好，我就会去买。
- 人家的推荐最有效，有人实践，并且是自己身边的人，他们说得肯定好，有口碑，比广告这些（商品信息）可靠。
- 朋友推荐多。我们眼光都差不多，喜欢的也差不多。
- 朋友的意见大啊，我最相信朋友的意见。

◆ 周围人的意见和网上我找的信息比较可信。

在肯定口碑传播的被访者中，既有购物前主动收集信息的人，也有不刻意收集信息的人，他们都或多或少地提到了周围人对自己购物的影响力。但在访谈中，也有少数被访者提到自己很少考虑周围人的评价，比如退休在家的李女士因为“不爱跟他们接触，聊天很少”。在商厦工作的刘先生会批判性地看待朋友提供的信息，如“朋友的话要看你素质有多高，比如衣服，你要自己都一知半解，你说什么好、什么好，我就不信”。年轻的魏先生也谈到“买东西毕竟是自己用的，别人的话没用”。还有非常自我的消费者会告诉我们，“我不喜欢听别人的意见，听人家的不如自己看到的”，“一般需要了，就去买了。……有人说超市有促销了之类的我信。别的我不信，别人说什么也不关注”。

这些验证了传播学者在早年得出的结论：大众媒介与人际传播结合是新观念传播和说服人利用这些创新的最有效途径。[①]口碑传播得到较为普遍信任的原因在于口碑传播者是消费者身边值得信赖的朋友、家人或同事，他们可以“实现信息的双向交流，而且在解决接受者对信息抵制或冷漠的问题上比大众媒介更为有效”[②]。

2. 广告

广告在我们的生活中已经像空气一样无处不在，几乎没有人能够逃离广告的狂轰滥炸。但在我们的访谈中，并不是所有被访者都把广告作为自己获取信息的渠道之一，甚至有人在谈到广告时，认为它可以消失。只有33位被访者会提到通过广告收集商品信息。即使是以广告作为信息渠道的被访者，对于广告的评价也并不高，主要的原因是目前广告的可信度较低。本篇下部分主要描述了消费者的广告态度，在此不再赘述。

3. 电视

访谈中有24位被访者将电视作为自己收集商品信息的渠道之一。将电视作为第一渠道的人主要是退休人群，他们有较多的时间收看电视节目。比如北京的退休的杜女士说：“一般都是电视，偶尔看看报纸。电视第一，报纸看得少。”访谈还显示，目前电视购物已有了较稳定发展，尤其是在上海，有部分被访者愿意将电视购物作为自己收集商品信息和购买商品的渠道之一，他们也曾通过电视购物购买过不同价值的商品，并对已有的消费经历比较满意。他们通过电视购物购买的商品有学习机、折叠床、地板擦、首饰等。

4. 网络

访谈中将网络作为获取商品信息渠道之一的被访者有19人，其中8人将网络排在获取信息渠道的首位。这些被访者的共同特征是：年轻、高学历。他们中30岁以下的有14人，31~35岁之间的3人，36~40岁之间的2人；除2人是高中学历以外，其他都是大专以上学历。

网络作为收集信息的渠道为消费者提供了所需购买商品的各种相关信息，比如不同品牌的型号、具体的参数和参考价格。从海外归来的王先生会在购物前认真做“homework”。广告可以让他知道商品，但通过网络他可以主动了解更多商品信息。比如买数码相机前，他会“根据广告知道的一些品牌，然后上网去看该型号的功能，并且比较一些硬性的指标”。还有上海的高先生，他买车前后用了半个月时间，初期他就是“上网搜信息，比较车型和具体的参数，然后才去附近的4S店去实地比较”。他们依赖网络的原因除了网络信息量大之外，主要还有三点：一是“网上是自己找的信息比较可信”；二是“网上除了信息还有评论，不是一家之言”；三是“没

---

① 参看《创新散布》，罗杰斯和休梅克，1971，第126页，转引自《传播理论：起源、方法与应用》第4版，第238页。

② 参看《传播理论：起源、方法与应用》，沃纳•塞弗林 小詹姆斯•堪卡德著，第4版，第237页。

时间去一家店、一家店跑"。

5. 报纸

访谈中明确指出以报纸作为商品信息收集渠道之一的被访者有 17 位，其中年龄在 20~30 岁之间的 8 人，31~40 之间的 3 人，51~60 岁之间的 6 人。没有明显的性别差异。被访者提到报纸在他们挑选商品时的作用，主要观点如下。

- 一般是看了报纸上的什么信息，然后再去店里考察。
- 报纸介绍产品，广播也介绍产品，那是不一样的。报纸有它的侧重点。
- 价格主要是从报纸上看的。
- 一般家电超市的广告是不会做电视广告的。
- 报纸更信任，主要是报纸详细。
- 报纸可信度比较高。

（三）信息使用状况的变化及信息传播的发展趋势

1. 信息使用状况的变化

（1）新旧渠道的更替

从访谈的资料可以看出，口碑传播在经济生活中逐渐占据首位。作为有效的告知和说服渠道，它的作用不容忽视。电视正逐渐走下统治人们精神和信息生活中的神坛。广告的可信度虽屡受质疑，但在人们的消费生活中依然起着举足轻重的作用。网络随着青年群体的成长，在获取商品信息中逐渐扮演了重要角色。相对来说，报纸通过不断地转型，在未来的消费生活中会依然担负重要职能。

（2）信息渠道日益丰富

我们现在依然无法否认电视等大众媒体快速传递丰富商品信息的强大功用，但是单一的电视时代已经不复存在，取而代之的是多元的信息世界。条分缕析的报纸、专业精深的杂志、博杂灵动的网络、时尚迷人的广告、诚挚交心的口碑传播等都在人们获取信息的过程中扮演着重要角色。一个庞大的信息网交织在人们的日常生活中，并且对消费起着巨大的推动和促进作用。

2. 信息传播的发展趋势

（1）网络势头越来越劲

在访谈中有位被访者讲起了一个没有网络前购物的场景，"在没有网络之前，比如我买 walkman 的时候，只能一家店、一家店地跑，不辞辛苦，现在有网络就方便多了，几乎所有的信息都可以从网上找到"。随着网络的普及，以及年轻群体正逐渐成长为消费的中坚力量，网络作为获取商品信息的主要渠道，其推动和促进消费的作用将越来越强大。

（2）人际传播的复兴

从印刷术发明以来，人们逐渐改变了原始的口耳相传的传播习惯，进入大众传播时代。在这个时代，人们对大众媒体顶礼膜拜，享受瞬时获取信息的快感，夸耀大众传媒的瞬间复制和即时传播的信息文明，但是在我们的访谈中却发现，人们正在以各种方式摆脱大众传媒的控制，对人际传播更加信赖和重视，几乎所有的新媒体也都在向这方面努力，手机短信、网络 BBS 等新媒体都将推动人际传播的复兴。

小 结

※ 绝大多数被访者在购物前注意或者比较注意收集相关的商品信息，但仍有少部分被访者仅凭偶然获取的信息、个人喜好或卖场导购进行瞬时购物。

※ 不同性别、年龄、学历、职业和收入的被访者对信息的利用程度差异显著。

※ 根据人们利用信息的状况，可以把消费者分为四大类型：精明型消费者、混沌型消费者、中庸型消费者、批判型消费者。

※ 人们收集信息的主要渠道是：口碑传播、广告、电视、网络、报纸。

※ 信息传播在未来的发展趋势主要是：网络传播势不可挡，人际传播日渐复兴。

五、广告态度

广告是经济社会的晴雨表。随着中国20多年改革开放的发展，中国广告业的繁荣与发展有目共睹。对于普通消费者而言，广告在日常生活中已经无处不在，并且成为人们接收信息的重要途径。然而，在实际生活中，消费者是否认为广告值得信赖？广告中的信息会对消费者购物起着怎样的作用？消费者看待广告的态度有怎样的改变？带着这样的问题，我们对北京、上海、广州三城市的消费者进行了访谈，并请被访者假想一下广告在我们未来生活中扮演的角色。

（一）城市居民的广告态度

广告态度是人们通过日常生活对信息的不断接受而相对固定下来的对广告总体表现的赞同或不赞同的倾向，它是由广告唤起的各种积极和消极的认知和情感的反映 。[①]人们对广告的态度可以包括认知、情感和行为三个方面，其中“认知”可以从人们对广告的信任度、记忆度、理解度，以及广告与产品的关联度上进行判断；“情感”可以从大家喜欢什么样的广告，或者是厌恶什么样的广告进行分析；“行为”则是从不同群体的消费者接触广告的时间、类型上加以区别。

在本次访谈中，主要是选取了三个纬度对居民的广告态度进行了调查：一是可信度；二是影响力；三是喜好和憎恶的广告。调查中有这样一个普遍现象，即大部分居民对于目前广告的态度是：主观上排斥，但客观上又承认它的影响力。

1. 信赖或比较信赖广告的消费者

在64位访谈者中，信赖或者是比较信赖广告的仅有14人，没有明显的年龄、职业、学历的差异。

（1）缺乏消费判断力的中低收入人群

【个案一】江先生，广州，30岁，高中学历，月收入1001～1200元，自由职业者。在广州城郊居住的江先生工作一直不太稳定，目前在一家快递公司工作。提到一些购物经历时，他总是表现出对广告的信任感。比如家里买过两台电视机都是创维的，问到原因时，他说“因为广告做得好”。在购买手机前，他也会收集一些信息再去卖场购买，收集信息的主要渠道是广告，“看了广告去买的，报纸专刊”。再如现在使用的霸王洗发水，也是因为“‘霸王’经常做广告，年纪大的人最喜欢用这个，想去试一下”。江先生对于广告的信赖感从上学时就没有改变过，认为广告在自己生活中起到的主要是“认识产品”的功用，认为看得比较多、印象比较深的广告是百事可乐，而且因为广告，所以在购买时会选择百事可乐而不是可口可乐。他不会一见到电视插播广告就换台，“不好看才换”，他觉得“广告也有好看的”。

【个案二】胡女士，北京，47岁，初中学历，月收入601～900元，退休。胡女士原来在单位干保洁和杂工，现已退休两年，丈夫也已经病退，现在家庭月收入约1300元。平时省吃俭用，但买东西她说自己也很注意品牌，比如“香皂用舒肤佳，牙膏用高露洁、中华、芳草，洗发用飘柔”，而且提到“这些我受广告影响较大，

① 参看《青少年对广告的态度及影响因素》，张红霞，《心理学报》2004.36，第601页。

看广告上说的那么好，广告上女孩子头发那么好，所以就买那样的……”她非常相信广告，“买东西主要从广告上看什么样好，就买什么样的，一直都比较相信广告”。但她也提到有不信广告的时候，“像有一次在广告上看到一种祛斑霜，但是买回后发现很不管用，所以对护肤这块的广告就不太相信了，不过对其他的东西我还是较相信广告所说的”。她“比较相信电视广告，不相信报纸广告，广告的作用应该还会更大”。买东西时“要看广告，还有周围人，有时候别人说什么好用，我一般也试着买来”，她非常强调“更信赖广告”，而且“一直都是这样”。

【个案三】陈先生，广州，27岁，大学专科学历，月收入1500～2000元，非技术工人（会计）。他对广告的信任度较高，而且喜欢看“大型广告”，比如“可口可乐的广告，拍的就很好看”。他会“买广告中的牌子，因为没有听过，没有信心”。平时看广告时换台比较多，“广告太差劲，肯定也不会去买产品啦”。在买东西前，他也一定会去关注广告，而且不仅仅是电视广告，“广告不单只是电视的嘛，还有广告牌、店头广告、印刷的商品广告之类的啦，都有可能关注啦”。还专门指出来“户外广告对购物也很有影响了”。谈到对未来广告发展的预期时，他说：“广告养活了很多人，毕竟推销产品要通过广告嘛。”

从访谈情况来看，对广告持信任态度的低收入人群有一个共同特点，他们来自于生活简单、商品贫乏的县城或乡村，随着生活环境的改变，以及物质生活条件的改善，他们目前正处于对品牌、时尚等新鲜事物和观念的渴求和汲取中。广告作为他们跟进时代，了解时尚信息的一个窗口，得到他们较高的评价。比如，来自湖北某个偏远县城的李先生，在他到上海之前对于品牌、时尚等观念了解很少，“以前在家没有这个概念的，有也是一点点，很模糊的，觉得可以就行了”，因为“我们那边是镇上，根本没有什么品牌可谈，都是小店，没什么门面”。自从他到上海后就开始有意识地关注时尚信息，不仅通过逛街、和同事聊天，还通过各种形式的广告了解消费信息。对于广告，他的态度是“总的说来还是可信的”，甚至他还能兴致勃勃地讲述一些自己印象深刻的广告，比如百威啤酒的“蚂蚁篇”，还有耐克的“电线杆篇”等。如果他要买感冒药，他就会考虑买“白加黑”和“泰诺”，至于最后会买那个，就看当时药店售货员的推荐了。总之，他觉得“做过广告的总会好些吧”。与李先生类似经历的还有来自浙江某小镇的钱女士，她说“我信广告的”，“都是买听说过的品牌，洗发水用海飞丝、潘婷都差不多的”，不过她也说到“第一次是看广告买的，最早看到是飘柔的，以前这种东西很少上广告”，现在“什么东西都上广告了，反而印象不深了。现在不会按广告去选了”。

还有一类信赖广告的被访者，他们收入不高，退休在家，平日里接触社会的时间相对减少，很多信息会来自周围人和电视广告，所以对广告的信任度也较高。比如北京的胡女士，她“买东西主要从广告上看什么样好，就买什么样的，一直都比较相信广告”。

从访谈结果分析，低收入人群对广告信任度很高，他们会买广告中的牌子，对没听说过的就没信心；他们相信好的广告，产品也一定好。他们最常接触的广告类型是电视广告，年轻群体还会注意到广告牌、店头广告、印刷商品广告等多种类型。

（2）高收入高消费人群

【个案】冯女士，上海，40岁，大学本科学历，月收入5001～5300元，私营公司老板。从小家庭条件就比较优越，现在自己在做一家婚庆礼仪公司，丈夫也自己经营企业。她在购买家电等商品时观念比较超前，注重品牌。了解新产品的信息“多半是通过广告，广告现在铺天盖地的”，对于广告的态度是 “多数相信，70%～

80%还相信。比如说电视台和报纸（广告）可信度比较高。小广告可信度低”。

这类高收入群体有较高的消费热情，会积极收集消费信息，有甄别地进行购物和消费，所以当他们看到有关的广告信息时并不排斥信息，而是通过广告主动了解有关商品情况。比如个案一中提到的冯女士，她购物超前，而且“多数是通过广告”了解新产品的信息，对于70%~80%的广告比较相信。她主要是以广告发布的媒介来评估广告的可信任度，“比如说电视台和报纸（广告）可信度比较高，不过小报的广告就不信”。当我们问及她信任广告的原因时，她说：“广告都是以介绍产品优点为主。只要以实物为标准就好。我在买东西时也会提问啊，要考虑很多。”在电视节目插播广告时，她也“不太调台”，不过她对插播广告也有些意见，“看也看的，但不要老是一样的。例如，上海电视剧播广告有一个缺点，就是广告老不换，看时间长了，就挺不好的，看多了就调台”。

（3）具有包容性性格的人群

【个案】林先生，广州，男，51岁，初中学历，月收入2301-2500元，普通职工。他对什么都会很包容，富有爱心，家里的两只小狗和一只小猫都是在街边捡的“流浪者”。第一次买保险是因为不好意思，一下子就被保险业务员说动了。如果有上门推销的人，林先生往往会想到自己的孩子也可能会去做这样的工作，所以一般也都积极配合，诸如此类的生活琐事在林先生的生活中俯拾皆是。当提及对广告的态度时，林先生笑着说：“广告都看，有意无意都会接收，（碰到插播广告时）有调台的行为，但说到底不多。”

从上面的个案可以反映出性格对消费者的广告态度也有一定影响作用。林先生对生活总是抱有一种宽容的态度，即使是大家都在电视节目插播广告时毫不犹豫地调台，他也依然是“有调台的行为，但说到底不多”。已经入加拿大籍的王先生与他类似，对于广告是“它既然这么说，我就相信”。王先生性格温和，从预约访谈的时间和地点时，就可以感觉到他为人处世比较谦和，总是从对方的角度出发考虑问题。他比较信赖广告，虽然这可能与国外良好的广告环境有关，但他表示“国内的广告我也会信，除非被曝光。也就上当受骗一次，毕竟大家的诚信都在提高”。

总体说来，这类人对于广告持包容态度，他们首先从主观上乐于信赖广告，在接受广告的行为上，不会刻意排斥插播广告，会考虑广告介绍的商品，并在需要的时候乐于尝试。

（4）注重“面子”的人群

【个案】蔡先生，北京，男，45岁，高中学历，月收入约2300元，出租车司机。年轻时经济条件相对较好，购物比较超前，其中不乏“面子心理”的影响。提起自己当年买东芝电视机，语气上扬颇为骄傲地说“到时人一说‘日本原装的’，不是原装的都让人瞧不起”。他比较相信有实力的广告，“例如海尔，东西好才有实力做广告”，而且他认为广告可以让他在送礼时很有面子，他举例说“脑白金广告也起作用了，我送老人脑白金，人家认为你重视他；自己用的话，广告的作用很少”。

像个案中蔡先生这样的消费者在消费者中不乏其人。如今，人们的消费不仅仅是满足自我日常生活所需，还会更多考虑人际交往需要。送礼逐渐在成年人的消费清单中占据越来越大的比重，比如逢年过节例行的探亲访友，还有不定期的同事、朋友间的聚会，亲朋的婚丧嫁娶、生子满月、乔迁升级等等不胜枚举。这些涉及到越来越多的送礼行为，送什么礼？这让送礼的人煞费心机，于是广告不自觉地扮起了“送礼指南”的角色，同时它还成为沟通送礼者和收礼者之间的有声桥梁。送礼者不需直言自己对收礼者的重视程度，广告自然会传递礼物的价值。比如蔡先生所言，“我送老人脑白金，人家认为你重视他”，因为大家都知道“今年不收礼，收礼只收脑白金”。他还明确提到，“如果是自己用的话，就没有那么讲究了”。

个案一中蔡先生虽然是送礼行为，但我们却可以看到广告在日常生活中被赋予了新的功能，即“面子消费”功能。做过广告的商品，可以让送礼的人和收礼的人双方都觉得很满足，很“有面子”。这一现象目前在中国还比较普遍。另外，注重“面子”的这类消费者，他们相信广告，但信赖广告的出发点不是广告的信息是否真实，或者广告商品的品质是否足够优秀，而是依据“自我需要”和“交际需求”来判断广告。例如个案中的蔡先生如果是自己用就没有那么讲究，但是送礼则在乎广告是否有足够高的知名度。

2. 完全不信赖广告的消费者

64位被访者中，有20位被访者对广告将信将疑，他们信赖某些产品的广告或是某些媒体发布的广告。这类被访者中学生较多，他们已经初步接触社会、虽然乐于接受新鲜事物，但对于广告不会轻易盲从，而是根据自己和周围同学、朋友的消费经历对广告做出评判。他们既不完全否定广告，也不完全相信广告。

完全不信赖广告的有30人，他们可分为两类：一类被访者对广告的态度非常理性，无论主观上是否信赖广告，都承认广告的客观影响力；另一类被访者完全否定广告在生活中所起的作用，认为广告可以消失。他们不自觉地把对广告的不信任迁移到对待商品的态度上，造成对商品销售的消极影响。

【个案一】小骆，北京，女，20岁，职高学历。她觉得“以前还挺信赖广告的，但现在不行。电视广告还可以，广播广告太次了，网络广告算中间吧。如果广告的可信度高，比较能影响我。现在的可信度不高”。不过从访谈中，她也明确表示，自己的生活受广告影响挺大的，比如“就那个美宝莲的XXL睫毛膏，我看了广告就想买。有些眼霜的广告做得好，我也会去买。还有零食”。在访谈开始，她还提起过买卫生巾的经历，“在商场里买东西就受广告的影响。比如前段时间出现的‘瞬吸蓝’，我觉得它广告做得很好，去商场的时候我就会注意它，想去看看”。在她潜意识里觉得广告多，品质就会好，“广告多了，我会去关注”。

【个案二】梁先生，北京，26岁，大学本科学历，月收入2901～3000元，现在在某电视台做业务，工作和广告有关。虽然现在他“对广告的信任度降低了”，但还是比较客观地评价了广告对自己生活的影响。他认为，“广告的作用增大了。因为现在商品太多，要靠广告去识别”，并且谈到未来“面对越来越多的商品，人们对广告的依赖性越来越强，广告的作用肯定是增大的；广告行业的规范势在必行，现在媒体只能通过广告获利，要实行新的利润取得方式；广告的法律法规也会越来越规范。”

【个案三】刘先生，北京，48岁，高中学历，月收入3000元，普通职工。虽然刘先生讲起他买车时会广泛收集各种信息，其中也包括广告，但广告在他购买时“只是个参考”，又说“我买什么东西也不去看广告”。在仔细回想自己这些年对广告看法的变化时，他谈起“过去广告刚出现的时候，有这样的说法，说广告没必要，销售重要，我也这样想。因为那时是计划经济，如果路走对了，根本不需要广告。后来广告兴起有一阵子的时候，有一个广东人说，我们广东人买东西不信广告，要看实际的东西。那时候该是1990、1991年，那时候我不信（广告）。再往后来，广告对一部分产品影响特别大，一夜之间风靡全国的也有。”他最后总结说：“现在我不信广告，但我信广告的作用，我就做这个。”

【个案四】胡先生，广州，25岁，大学专科学历，月收入5000元，技术人员。胡先生比较关注品牌，他选择品牌时，“有时是看广告，有时看到有什么新出来的就会去买”，而且他肯定地认为“广告的影响还是蛮大的”。但当我们谈到关于广告态度的话题时，他却有些前后矛盾，“都不相信（广告）”，这个变化主要是发生在2000年左右，“2000年吧，广告越来越离谱，像什么XXX的广告，说多少多少天美白的，你能信吗？”现在他看电视时看到广告会调台，但最后我们问到对未来广告的看法时，他又谈出了一些对广告比较肯定的观点：“广告在未来有很重要的角色。如果没有广告，就不会知道产品啊，谁知道玉兰油是什么东西，要是没有那些车的广告，我也不会冲动去买。没有广告就没法推销产品了啊”。

【个案五】周先生，上海，56岁，初中学历，月收入3001～3200元，退休。他不会完全否定所有的广告，而是根据广告的发布者进行判断，像“黑广告”他就不信（编者注：根据访谈内容来看，周先生所谓的黑广告主要是指非正规厂商发布的一些广告，例如路边散发的小报广告、墙壁电线杆上贴的“膏药式广告”等），电视广告也是将信将疑。影响他购物的因素主要是习惯而不是广告，如“我习惯用的才去买，广告对我基本没什么影响”，并且对某些广告比较反感，他提到“ 特别厌恶的广告比如化妆品之类的，我觉得水分特别多”。由于周先生的女儿在广告公司工作，所以他对广告未来的角色也还算认可，“不管公有企业还是私企，广告费都是很多的，能占到经费的1/3，赚得少也要让你们知道（这个商品）。广告是品牌的先遣部队，‘兵马未动粮草先行’嘛”。

【个案六】吴先生，广州，40岁，高中学历，月收入5901～6000元，技术人员。他一般了解商品信息的渠道是通过“朋友介绍啊，广告啊”，“不过广告不是主要的，平时无意中就知道了哪些比较好，也不会专门注意。平时熟悉的广告可能买的时候就比较有好感吧”。但是他对广告的信任度“不到一成”，他说“以前会高一点，后来知道一些内情，就不太信了”，甚至举例说，“比如原来的太阳神、健力宝都是6分广告、1分成本、3分利润，所以就不信广告了”。他承认广告在我们未来生活中的作用，“也会引导一些人不知不觉地消费，很自然”，但从他自己来讲“会多方位了解，不会单一相信它”。

【个案七】吕先生，北京，34岁，大学本科学历，与朋友共同经营一家小型公司。吕先生算是我们访谈中还比较信任广告的，不过他信广告也就是“信那些年头比较长，自己或者朋友用过的，东西通过实践可信度大”。但是广告在吕先生的购物过程中影响不大，“我很少看广告，碰上了就看两眼，看完了一乐，买东西不会按它的思路去买，广告的新鲜劲过去了，我就忘了。可口可乐罗纳尔多那个广告，看着挺逗乐，可我都至少一年没买过罐装的可口可乐了”。广告在他的生活中也“就像喝酒，想起来就喝一口。广告吧，碰上了就看一眼”。

【个案八】戴先生，上海，38岁，大学本科学历，月收入3000多元，中学体育老师。他平时很少去买什么商品，家里买什么东西都是太太决定，而且因为朋友多，买东西也会通过朋友关系买“最合算”的。生活中他很少操心，所以在他看来“看广告就是浪费时间”，他也顶多“就是车子路过、眼睛扫过，很少看的”。再说现在他更迷恋游戏，自从“有电脑很少看电视了，我是打CS最早的一批，跟朋友上QQ对战平台，现在（要花）1200（元）一年”。

【个案九】周女士，北京，54岁，初中学历，月收入1000元，退休。她对广告的态度挺极端，“根本不相信（广告）”，认为“做广告（商品）的质量都不好”。而且非常肯定地认为广告对自己的生活一点也没有影响。一切都是以自己需要为标准，“不需要，广告多好也不买”。在她看来，未来生活中广告为产品传递信息的功能也很难达到，因为“不可信”。

其实，从以上个案来看，无论消费者是否承认广告的影响力，广告在人们的消费中都扮演着无法忽略的角色。20世纪80年代，广告在中国刚刚复兴，广告形式单一，电视和报纸广告是人们获取商品信息的主要渠道。那时的电视广告既没有绚烂的画面，也缺少耐人寻味的说辞；报纸广告更是篇幅狭小、色彩单调。随着时代的发展，中国的广告业蒸蒸日上，而人们对广告的信任程度却没有相应增强。

从第四部分关于信息的访谈资料可以看出，人们接收商品信息的渠道丰富多样，其中口碑传播成为可信度最高的信息渠道。但这并不能阻碍广告的影响力。在消费者分外警觉的今天，广告的影响力往往不是直接作用于消费者，而是作用于消费者身边的利益群体，并通过他们间接地影响消费者的消费行为。

总的来看，广告的影响力主要表现在两个方面：第一，向所有消费者传递商品和服务信息。第二，通过说服“意见领袖”消费产品，然后再由“意见领袖”通过口碑传播带动周围更多的人购买商品。

3. 好产品到底要不要做广告

随着商品社会的快速发展，中国传统商业推崇的“好酒不怕巷子深”的观念已经过时。但通过本次访谈我们发现，消费者中仍有一部分人坚持认为“好的产品不用做广告”。他们的观点具体如下。

- 品牌好的不用放广告。
- 做广告（商品）的质量都不好。
- 有的是卖了一段时间销量不好才会做广告。
- 买广告上的东西花额外的钱，现在做广告多贵啊，我们买他们的东西，就等于帮他们出广告费。
- 不会尝试新产品，天下没有白做广告的，广告费肯定会收回去了。
- 打折没有好东西的，好的品牌买的人多，不会打折，好的东西不用做广告。

持有这种观点的人有高收入的被访者，也有低收入的被访者，但低收入者居多。与上述观点相对的是“东西好才有实力做广告”。目前持有这种观点的被访者也不多，更多的人是以自己的需要为出发点，广告在生活中只是扮演着信息告知的角色。但有一点可以肯定，广告在人们的日常消费中的作用无法忽视。虽然现在很难会有“一个广告捧红一个企业”的奇迹发生，但如果企业不做广告想要打开市场也会难上加难。应该说好产品要做广告，更要做整合多种渠道的“大广告”。

4. 消费者广告态度变化的原因

访谈结果表明，与十年前相比，人们对广告的信任度越来越低。只有1位被访者认为自己从以前对广告不信任逐渐转变为理解广告了。绝大多数被访者回顾自己广告态度的变化时都觉得，“那时候看电视、报纸，相信广告”，现在“越来越烦广告”。还有少部分被访者会自始至终都对广告“将信将疑”。导致消费者对广告的信任度持续降低的原因主要有三方面。

（1）广告自身的原因

随着中国广告业突飞猛进的发展，广告的表现形式越来越多样化，广告的数量也越来越多，这就必然存在良莠不齐的情况。尤其是一些制作简陋、内容不实的医疗保健广告备受消费者指责。在很多地方电视台，增高、减肥、性病广告充斥屏幕，引起了人们对广告业的整体反感。“十年以前比现在的信任度要高。那时候广告少，也不像现在那么乱。”可以说目前“假、滥、多”的广告现象是导致消费者对广告信任度降低的根本原因。

（2）媒体曝光越来越多

媒体企业化经营之后，为了增加发行量，丑闻、秘闻和灾难性新闻越来越多。无论是国内品牌还是世界知名品牌负面消息越来越多，企业面临诚信危机，这也间接地影响了人们对广告的信任度。就像被访者提到的那样，“以前还是信任（广告）的，但现在不断有新闻在报道有这个那个品牌出问题了，信任还是有的，但不像以前那么多”；“因为总是有这方面的报道。像 XX 洗衣粉，洗衣服并没有宣传的那么好，有权威单位检测的。在广告中，什么东西都太完美了，中间会有水分。……那时候媒体没有太多的揭露，自己也没有这方面的意识。没有现在的警惕性高”。北京的卢女士也谈到，“电视上这类广告有一个是假的，其他的就不会再相信”，不过她也补充说，“类似的报道只会影响同类的产品，比如保健品广告中有一个出现了问题，就不会相信其他保健品的广告，但对其他类别商品的广告态度没有影响”。

（3）消费者日渐成熟

随着年龄增长、阅历丰富，消费者变得日渐成熟。吕先生讲起了自己的经历，“年轻的时候比较注重（广告）。我 1986 年初中毕业，打了两个月的工，480 块钱买了辆金狮自行车，那是我第一件个人资产，那时是厂家来宣传，不是信广告，就是信金狮”。后来“也不是自己亲身经历的，是我一个朋友 1994 年结婚买了个广告上宣传的床垫，睡了三个月毛病出来了，找了厂家去换的，所以就有了现在的转变”。上海的李先生，喜欢飞利浦的剃须刀广告，而且对很多大企业广告的认可度都比较高，但对于广告的信任度却很复杂，“理智上不信，但广告确实有效果”，要是 5 年前或者是 10 年前，他都会更信广告，但现在“人长大了吧，被骗多了，经验多了，人成长了”，他对广告的信赖度也降低了。在他看来“主要是自己改变了，而不是广告的原因”。和他有同感的人不在少数，比如有被访者“原先还是比较相信广告的，自从自己独立生活以后就不太相信了”。还有被访者说“不信了，大学时开始有自己的判断力了，广告说的和实际不一样，所以有很多负面影响。比如说手机只要几百块，让利销售，去了却说卖完了，连他们内部的人都说‘我们只是让人家来看一下’”。当然还有越来越认可广告的被访者也提到这种变化和年龄有关系，“小时候觉得卖不出去的才做广告，现在觉得不是，它是大力推销”；“以前根本不关注广告，就觉得里面的明星很漂亮，现在会看产品，并且比较一下产品”。

（二）消费者认可的广告与批评的广告

1. 消费者认可的广告

访谈中我们了解到被访者认可的广告主要有以下几类。

（1）新产品的广告

一部分被访者对新产品发布的广告比较乐于接受。比如“我对新产品广告还能接受，有时也会去试试”；“肯德基有新产品推出时会尝一尝”。北京的小骆提起“前段时间出现的‘瞬吸蓝’，我觉得它广告做得很好，去商场的时候我就会注意它，想去看看”。

（2）国际知名企业的广告

在访谈中，被访者提及最多的广告就是一些国际知名企业的广告。其中，可口可乐的广告被提及最多，其次是耐克、肯德基、麦当劳、百事可乐、飞利浦和百威啤酒等品牌的广告。

（3）国内企业的公益广告

在商业广告铺天盖地，以及人们对世界顶级品牌广告津津乐道的今天，国内企业的公益广告给消费者留下了较为深刻的印象。在不做任何提示的情况下，有两三位被访者提到了哈药六厂的“洗脚篇”的公益广告，对于其他公益广告，只有1人提及。

除以上三类广告外，被消费者提名的还有午后红茶、蒙牛、全球通的“I can 篇”、好迪、大红鹰、太太口服液、长虹电视机等产品的广告。从提名最多的广告来看，它们具有形象新颖、情节简单、画面轻松、人物富有生活气息、音乐轻快、语言幽默等特征。

2. 成功广告的特点

从访谈资料来看，我们在此狭义地把被访者喜欢的广告称为成功有效的广告，它们运用的要素可以归纳为以下三方面。

（1）幽默

◆ 要是以后广告都这么好玩我就喜欢看了。

◆ 有一些外国的挺幽默的，麦当劳那个小孩，挺有意思的。

◆ 分什么时候，有时候电视剧中间插广告就挺烦的。谁天生爱看广告啊，就是有的广告比较好玩。

（2）美女帅哥代言

这个元素虽然听起来有点俗气，但的确是吸引消费者眼球的重要手段之一。

◆ 有的（广告）是可以欣赏的，比如有美女、帅哥的啊，一些足球明星的运动产品的广告，如耐克。

（3）民族自豪感

有被访者谈到，“最初长虹做的广告比较振奋人心，什么‘振兴民族工业’之类的”。在我们访谈中遇到了不少支持民族工业的被访者，他们有的“将民族企业视为朋友”，觉得买民族产品就是在“帮”朋友的忙。

3. 消费者批评最多的广告

在访谈中，有很多广告不同程度地被消费者点名批评。具体情况如下。

（1）医疗、保健品广告

这类广告是被消费者批评最多的广告，尤其是保健品和宣传增高、减肥广告。

◆ 减肥啊、增高啊，一点都不可信。还有一些口号叫得也特厌恶，像什么“上六楼不喘气”、“一样价钱补两样”、“大宝天天见”什么的，还一放就放好几遍，就一个字“假”。

◆ 肯定是吹的，90%是吹的。尤其是医疗广告，如果它真的这么好，医院早就关门了，现在医院也人满为患！

◆ 现在的广告越看越不像话，尤其是XXX的广告，傻死了！

◆ 也经常听大医院的大夫说小医院绝对不可信，就是因为没人去，才做广告的。所以医疗保健广告我绝对不信。

◆ 像一些增高、减肥的广告我都不信，也就是不相信医疗广告。

◆ 像半夜有些台卖药的，卖美容产品的，挺不道德的。

◆ 现在药的广告没人信，其他的还行。

（2）美容、化妆品广告

这类广告虽然唯美，但却因为广告内容虚假不实、水分过多也受到消费者不同程度的批评。

◆ 特别厌恶的比如化妆品之类的，我觉得它水分特别多。

◆ 你看美容都把人给做坏了。

- "3·15"不是也说了吗，治疤痕的药都是（让人）上当的。
- 广告越来越离谱，像什么 XXX 的广告，说多少多少天美白的，你能信吗？
- XX 胶囊我也用过了，没什么用啊，都是吹上去的，好的东西不用做广告。
- 那个什么化妆品的"像剥了皮的鸡蛋"，那个女的长得太恶心，广告我是记住了，可是东西不好的话，再记住我也不去买。

（3）有伤民族自尊心的广告

2004 年立邦漆"盘龙"案在中国引发了一场不小的风波，其后又陆续出现类似事件。在这次的访谈中，被访者也提到了让他非常反感的，涉及民族尊严的广告"麦当劳下跪篇"，被访者直言"广东麦当劳那个广告，消费者给经理下跪说'给我打折吧'，这个新闻引得很多人跟帖骂"。这远非"文化歧义"和"理解误差"而导致的消费者不满情绪，而是广告创作者忽视了文化差异和民族自尊心在广告创作中的重要性。

（4）其他类型的广告

其他如片尾插播广告、5 秒标版广告、制作粗劣又重复播放的广告、小报广告也受到被访者的批评。如上海的李小姐甚至把对片尾插播广告的不满延及到对社会的看法，她说自己"对广告的前景不乐观，现在人都反感广告了，湖南台在电视剧片尾插广告，让你以为后边还有，看完广告才知道是片尾了，这个社会太可怕了！"

4. 问题广告的缺点

相对于上面我们对成功广告的界定，在此我们将被访者批评的广告狭义界定为问题广告，而这些问题普遍存在。本次访谈中，消费者对广告的批评主要表现在以下几方面。

（1）诉求过于主观

比如还在读医学硕士的小李提到"广告都说自己好，太主观，我喜欢客观的广告，特不喜欢那种拿自己的优点和别人的不足做比较的广告，要比也是和自己以前比"。

（2）形式夸大不实

对广告最多的批评就是夸大，不少被访者都谈到这一点。广州的周小姐谈到对广告的信赖情况时，回答得很简单，"不信，觉得有点夸大"。梁先生说得更形象，"电视上的广告更夸张，都演的什么啊。我觉得有 30% 是真的我就满足了"，"电视上的广告跟武侠小说一样太夸张。……我上初中的时候就觉得广告假。那时候爱看武侠小说，觉得广告上那些飞来飞去的东西太假了"。

还有一些被访者认识到企业用广告推广市场的动机，对广告的"夸大"持理性评价的态度。如北京的高小姐说，"我喜欢广告，有些广告有它夸大的一面，但广告的作用就是让你知道有这么个东西"。再有北京的吕先生觉得"广告有 60%可信，不可信的是有些广告夸大其词"，也就是说他不会因为广告中夸张的表述完全失去对广告的信赖。北京的李小姐，谈到自己"以前小时候不相信广告，总感觉他们在有意夸大"，但随着年龄的增长对广告多了理解，她补充说"现在也不觉得什么骗不骗人，就是商家炒作以便让你知道，是获得商品信息的一条途径"。海外回国的王先生对广告的夸大成分相对来说比较客观，他虽然提到"现在的广告比较夸张，这种夸张的成分不能相信"，但也肯定了"这种夸张是一种艺术的表现形式，是为了吸引你"，所以"要是相信了就是傻子了"。

（3）承诺虚假

有的被访者比较极端，认为“广告都是骗人的嘛”，除了广告本身有很多拙劣的虚假成分被消费者轻易就可以识别外，还有许多大品牌的虚假广告不断被媒体曝光，这也是消费者对广告整体信赖程度降低的重要原因。像上海的郁先生就提到，“我不太信（广告），上次中央二套专门播出因为广告造成的伤害，说了好多虚假广告”。广州的冯女士对广告也是“不太相信”，因为“总是有这方面的报道。像XX洗衣粉，洗衣服并没有宣传的那么好，有权威单位检测的。在广告中，什么东西都太完美了，中间会有水分”。像1995年的时候“媒体没有太多的揭露，自己也没有这方面的意识。没有现在的警惕性高”。甚至还有广州的严先生会因为含有虚假成分的广告太多，会冒出想要成立“广告打假公司”，他笑谈说，“广告我只有三成相信。我还考虑过是否要成立一个公司，去找那个广告里的虚假承诺”，不过他也说，“（这）只是一个想法，假若自己以后有钱，就会支持一些人去做。你看现在那些广告虚假成分那么多，我都不是很信的”。在访谈中还有一种说法，虽然会让人莞尔一笑，但也的确反映了人们对广告的一种态度，即“广告就一件事是真的，就是价钱是真的，其他的都是假的。”

（4）过多过滥，时间太长

不少被访者一提到广告就会说“现在广告太多了”，尤其是电视节目中间的插播广告，“刚出来的时候还是相信的，从电视剧插播广告开始就很厌恶了，太多、太滥”，“电视节目只有十几分钟，广告就有半个小时，应该立法制止”，“有时候电视剧都没有广告长”。李先生在提到“广告太滥了”之后，紧接着就补充说：“有一些外国的挺幽默的，麦当劳那个小孩，挺有意思的，我可能会留意这些产品”。

（5）重复太多

“最厌恶的是一句广告播三次，我以后一听到这个就要换台”，这是本次访谈中听到的对广告用的最重的批评语气。除了由于广告时间的分秒必争，还有就是无味的重复会稀释电视观众的欣赏度。有被访者说：“像那种几秒钟的广告，我宁愿闪过。”

（6）广告语不好

同样的产品，不同的说辞一定会带来不同的印象和效果。“像XXX我就很不喜欢。主要是说法不好。说送礼，腻味，这不是提倡腐败吗？一般老百姓，谁整天送礼”，一个被访者忿忿地指责XXX广告。当我们提示说去看父母朋友也会送礼，他解释说：“看父母不是送礼，是孝顺，如果改种说法会好点。”

（7）与亲身体验不符

广告再好，但商品出现问题都会影响到广告的效果和可信度。比如周女士就批评说，“（广告）我根本不相信”，“就像那个XX洗发水，广告说得这好那好的，用起来也就那样，很普通”，所以她进而得出“做广告（商品）的质量都不好”的结论。即使是高价商品也还会出现这样那样的问题，进一步影响品牌在消费者心中的地位，广告的信赖程度自然也大打折扣。收入较高的温先生就有过类似的经历，“广告我信四成吧，花800多买了双XX的鞋，可能是我灌了水，一个星期不到就开胶了。”

（三）广告在日常消费中的作用

对于广告的功用，学界已经做出了较完善的归纳和总结。而普通消费者又是如何怎样看待或者利用广告的呢？访谈结果表明，消费者对于广告的认知主要集中在以下三个方面：

1. 信息的沟通者

它既可以是新产品信息的发布者，也可以是产品信息的宣传者。在访谈中，持有这种观点的人数最多。

- 一个东西新出来，你不看广告就没这个印象，广告就是让你知道这个商品，以后涉及这类商品就会考虑一下，但不可能它说好就觉得好。
- 广告只能说是有个初期的了解，它是什么定位等等。
- 品牌的先遣部队，兵马未动粮草先行嘛。
- 广告的作用大了。因为现在商品太多，要靠广告去识别。
- 广告的主要作用就是让人知道有这么个东西。然后经过熟人介绍啊，说这个东西还不错。自己身边的人用过了说好，肯定错不了，就会去买。
- 人与人之间比较封闭，广告提供一些信息。

2. 方便购物

现代社会，商品种类繁多，要想了解完所有商品后再做出选择简直是“天方夜谭”。广告通过告知消费者不同的商品信息，方便人们的购物。如“买东西的时候会参考广告，比如买洗发水，就会挑选经常做广告的产品”；“它会给你一些超市的信息，比如它有什么东西卖啊，可以看看，比较方便购物”。

3. 传教士的作用

广告不仅有告知作用，还有说服和诱导的作用。如广告“就是美国、英国出现的传教士作用。一个新的品牌出来，要让大家知道，不能您告诉我，我告诉您，这样一个人一个人地传太慢了。但是广播、报纸、电视上广告一出，大家都知道了。比如格兰仕吧，一做广告，大家就知道有这个东西存在了”。它能起到“加深印象，诱导消费的作用”。

（四）广告在未来生活中的角色

对广告未来角色的设想，主要是从消费者角度对广告发展前景进行的一种预测和探知。它在一定程度上还是消费者目前对于广告态度的反映。从访谈的结果可知，被访者认为广告在未来除了是信息的发布者、宣传者外，还有一个角色是“娱乐者”和“城市的美化者”，这说明人们期待未来的广告更轻松、更贴近生活。

1. 信息发布者——新产品的发布与告知

告知信息是广告的根本，所以无论是现在还是未来，广告信息发布的角色都不会改变。

- 可以了解这个是什么东西，不会东西出来了，连是什么都不知道。
- 就是能对产品形成一种认识吧。
- 主要应是一种信息的获知渠道。
- 可以对东西了解得更清楚点。
- 广告肯定会有一定的影响，知道信息以后才可能再去挑嘛。

2. 宣传者——“为商品打牌子吧”

- ◆ 广告可以引导一些人不知不觉的消费，很自然。
- ◆ 广告是很重要的角色。如果没有广告，就不会知道产品啊，谁知道玉兰油是什么东西。就像要是没有那些车的广告，我也不会冲动去买。没有广告就没法推销产品了啊。
- ◆ 它能让你知道得广一点。不做广告，产品就默默无闻。
- ◆ 虽然有年长的被访者认为广告对他没有决定性影响，“在我这一代很少信广告”，但他还是肯定广告的宣传者角色。
- ◆ （广告）作为商品的延伸推广肯定是有用的，可以让消费者从无知到有知。企业形象广告对消费者肯定还是有作用的，打知名度嘛，没有了解其他情况下我肯定选择知名度高的东西。

3. 户外广告——城市的美化者

有被访者认为“网络广告、电视广告、户外广告都是生活不可缺少的。户外广告还能给城市增色，一些好的广告还很有娱乐性”。

4. 娱乐

未来的广告应该更有娱乐性。有被访者说有的广告非常有创意、有趣，也是一种娱乐。

5. 其他

- ◆ 把产品推荐给老百姓就可以了。最后让他们（老百姓）自己去做主。另外就是不要把大部分钱都放在制作上，也不要都放在一个媒体（主要是指央视），这样都不好。
- ◆ 这东西就像喝酒，想起来就喝一口。广告吧，碰上了就看一眼。
- ◆ 广告作用很少。看过一个报道，说美国妇女就凭广告买东西。因为美国人有很多钱。中国现在做不到。
- ◆ 面对越来越多的商品，人们对广告的依赖越来越强，广告作用肯定是增大的；广告行业的规范势在必行，现在媒体只能通过广告获利，要实行新的利润分配方式；在对广告的法律法规上也会越来越规范。
- ◆ 我不是太看好广告。不知道媒介会变多还是变少？天上地下的全用了，不知道哪儿还可以用。广告增加的速度应该比以前慢。以前广告好赚钱，现在竞争多了。就以后媒体广告的增加速度来说，电视会持平吧。报纸可能会减少。我对广告的依赖程度，要看它的可信度吧。比如，XX 电器广告少，但知名度高啊，所以也会考虑买它们的东西，虽然，他们快倒闭了。

小 结

※ 人们对广告的信赖程度较低，有近半数的被访者对广告失去信任。

※ 广告在日常生活中的决策作用越来越小。

※ 人们对广告的态度比较复杂，主观上排斥广告，但在实际的消费过程中又受到广告的影响。

※ 信任广告的被访者可以分为四种类型：低收入的盲从者、高收入高消费者、包容性性格消费者、面子消费群。

※ 改变人们广告态度的因素主要有三方面：广告自身的原因、媒体曝光越来越多、消费者日渐成熟。

※ 被消费者认可的广告主要是：新产品广告、国际知名品牌广告、国内企业的公益广告等。

※ 被消费者批评最多的广告主要是：医疗保健品广告、美容化妆品广告、插播广告、有伤民族自尊心的广告等。

※ 广告的功用：传递信息、帮助决策、方便购物。

※ 广告在未来的主要角色是：信息传播者、宣传者、城市美化者、娱乐者。

六、维权意识

经济发展和社会进步带来的一个普遍结果就是消费者维护自身消费权益的意识得到提高。但他们会通过什么方式体现？对此，我们从三个方面向消费者进行了提问：购买商品或服务后是否会保留发票或保修单等凭证？如果发现产品出现质量或者服务问题会采取什么方法解决？他们有没有遇到过不愉快的消费经历，或者在维护自身权益方面有没有观念转变的历程？

（一）城市居民维权意识的状况

1. 发票或凭证，弃还是留？

在访谈中，共有 58 位被访者对这项问题做出了明确回答。结果显示，绝大多数被访者（51 位）表示自己有保留发票或质量三包凭证等单据的习惯，还有 4 位表示自己希望保存单据或凭证，但常常忘记向销售方索取。只有 3 位被访者表示自己不会保留、也没有习惯保留这些单据。

【个案一】周先生，上海，56 岁，初中学历。“肯定要的，少一样也不行。要买就买好的，买差的要修要闹矛盾，得不偿失。我到现在什么东西都没有坏过。”

【个案二】帅女士，上海，45 岁，高中学历，月收入 7000～8000 元。“小的东西不要发票，大的要保留下来的，我炉灶上的玻璃爆掉就是找保险公司赔的。”

【个案三】郁先生，上海，24 岁，大学本科学历，月收入 2901～3000 元。“当天会保留，完了就扔了……超市的肯定都扔了。不过大件的还是会留着。”他还补充说：“父母一直都有这个习惯，我也受影响了吧。他们都把这些票据放在一个盒子里。”

【个案四】黄先生，上海，32 岁，硕士学历，月收入 2000～2300 元。“要看东西的价值，要用几年就留下，小东西就算了。”

【个案五】刘小姐，上海，25 岁，高中学历，月收入 3500 元左右。“不会留。我觉得第一还是中国的体制有关系。你让他退东西、换东西，你自己花的时间、车费这些还划不来呢。没想过要留，没这个习惯。如果小毛病坏了找人修，真坏了就扔了。要排队挺麻烦的。”

【个案六】冯先生，广州，29 岁，初中学历，月收入不稳定。“留发票啊，大小都留。吃饭都要的啊，现在发票都能中奖啊。”

【个案七】陈小姐，广州，26 岁，大学专科学历，月收入 1701～2000 元。“电器会的，小东西就不会。超市里买了东西会要小票的。”

【个案八】林先生，广州，51 岁，初中学历，月收入 2301～2500 元。“那肯定会的。大的肯定保留。”

【个案九】冯女士，广州，35 岁，大学专科学历，月收入 2301～2500 元。“电器会保留。买鞋子的发票都扔掉了。”

【个案十】张女士，北京，47 岁，高中学历，月收入约 3000 元。“会的，一般买的时候都有的，我也留着，出毛病了好去找他们。”

【个案十一】朱女士，北京，50岁，大学本科学历，月收入约2000元。“买便宜的东西就不会考虑那么多了，买大件东西当然要慎重一点。我的保修单什么的都留着呢。”

【个案十二】小李，男，北京，23岁，在读硕士，实习月收入1500元。“保修单也会一直留着，有什么问题会找商家交涉。”

访谈结果显示，很多被访者对大件商品的购买凭证和各种单据比较在意，并会妥善保存。但是对一些小件商品则容易忽略，即使索要了购物凭证，也只保留很短的时间，甚至有的根本不会为小件商品索要购物凭证。据统计，在回答的58人中，有14人明确表示自己只保留大件消费品的购物凭证，特别是电器类耐用品。

从被访者所在城市的角度来看，广州保留单据的被访者比例最高，16人中有15人，其次分别为上海和北京。由于样本量有限，比例不代表三城市居民总体情况，但具有一定的参考性。从城市文化的角度来看，北京的秩序性最强，它作为中国的政治文化中心，各行业管理制度相对完善，市场也较为规范。而与香港一水之隔的广州，作为最早开放的城市之一，商品经济尤为活跃，与之同时也伴随着很多劣质产品浑水摸鱼。虽然每个地方都有假冒伪劣或低质低价的产品贩卖，但广州相对来说是这三个城市中最多的一个。因此也就不难理解广州会有更多的消费者关注产品保修问题。

以年龄为自变量可以发现，12位16~24岁的被访者全部会保留单据，较其他年龄组的被访者持这种观点的比例更高。从原因上看，这个年龄段的被访者出生在改革开放之后，沐浴着改革的春风成长，享受着商品经济复苏带来的各种成果。通过广泛接触各种大众媒介，他们比上一代人更早地接受了西方成熟的消费观念和权利意识。对市场经济的前景，他们更有信心。面对维权消费，即使很多中年消费者发出“有这个观念但是很难做到”的感慨时，他们还是坚定地回答了“是”。

以收入为自变量可以看到，不同收入人群在这方面表现出一定差异。相对来说，中低收入人群相对于中高以上收入人群更注意保留发票和凭证。34名中低收入被访者中就有32人会保留发票，而中高收入以上人群中，这一比例有所降低。学生群体由于样本量有限，在此不做具体分析。我们认为出现上述情况，主要有两方面原因：一是对潜在经济损失的敏感度与个人经济条件密切相关。经济收入偏低导致中低收入者对维修等潜在经济损失的敏感度更高，也就更注重保留购买单据。如果没有相应的单据，一旦出现售后问题，消费者就将自行承担一定的经济损失。二是时间成本意识与收入的高低也有一定关系。中高以上收入人群的时间成本意识更强，他们中之所以有更多人不保留购买单据或凭证，是因为不愿意花大把时间和精力去解决这些问题，认为还不如花钱重新再买。而对于中低收入人群来说，多花一倍的钱才更不划算。从访谈资料来看，性别和学历因素在保留购物凭证的态度方面差异不显著。

2. 遇到质量问题和扯皮现象时，是爆发还是沉默？

访谈中，共有46位被访者对“假如碰到售后问题或消费侵权问题，是否会采取积极行动保护自己的合法权益”这一问题做出了明确回答。其中有30位被访者认为自己一定会采取积极行动（包括主动要求退换商品、向消协投诉等等）。有8位被访者会视具体情况而定，对于大件商品会采取行动，对小件商品则不予追究。另有8位被访者表示会自认倒霉，不会要求退换或者投诉。

【个案一】李先生，上海，27岁，大学本科学历，月收入3201～3500元。“取决于价钱，贵的话一定会去换什么的。”

【个案二】帅女士，上海，45岁，高中学历，家庭主妇，家庭月收入7000～8000元。“……找他总要花时间的，麻烦、不合算。”

【个案三】郁先生，上海，24岁，大学本科学历，月收入2901～3000元。“会的啊。我在电视上看到说有人买了液晶电视，坏了，可是没有保修，就把永乐告了，结果永乐主动找消费者解决问题，他们也怕影响不好啊，所以用法律武器是很好的一个途径。”

【个案四】吕女士，上海，54岁，高中学历，月收入1001～1200元。“……找上层领导一般就能解决……上海人一般都很会用法律保护自己，有的钱没多少就算了，没必要，懒得搞，但也有人小事也要折腾的。”

【个案五】冯女士，上海，40岁，大学本科学历，月收入5001～5300元。“找消协。我不会放弃，这是利益，我应该保护，不管东西多少。因为你侵犯了我的利益，我就要找回。”

【个案六】刘小姐，上海，25岁，高中学历，月收入3500元左右。“我觉得第一还是中国的体制有关系。你让他退东西、换东西，你自己花的时间、车费这些还划不来呢。没想过要留，没这个习惯。如果小毛病坏了找人修，真坏了就扔了。要排队挺麻烦的。”

【个案七】冯先生，广州，29岁，初中学历，月收入不稳定。“会去换一个。买大件都有发票的啦。可以去找他们。”

【个案八】冯女士，广州，35岁，大学专科学历，月收入2301～2500元。“一般会放弃，免得麻烦。小东西也不值得。坏了也就自己认了。大东西要去换。”

【个案九】林先生，广州，51岁，初中学历，月收入2301～2500元。“大的一定去换。看这个东西的价格，若几十块，100块就算了。”

【个案十】谭小姐，广州，20岁，职高学历，月收入1000元。“如果碰到会坚持的。现在一般你在他那里吵一吵，他怕影响生意都会换的。”

【个案十一】严先生，广州，27岁，大学本科学历，月收入2000～3000元。“没有发票我可能就不去找他了。我会再买。我觉得那样费时间，我对现在处理事情的时间不太满意。”

【个案十二】小骆，北京，20岁，职高学历，在校学生。“都说北京人喜欢告，爱较真儿。我觉得不好的，就喜欢投诉……而且服务态度不好，我也会投诉。”

【个案十三】李女士，北京，50岁，高中学历，每月退休金900元。“我在意这个。有什么问题我一定找他。”

【个案十四】蔡先生，北京，45岁，高中学历，月收入2300元。“大件坏了去修去换，我换的成功率很高的，你去了跟他讲理，说到点子上，就能换成。”

通过访谈资料可以发现，三城市被访者在这方面的态度差异显著。北京20位被访者中，有15名表示自己会对售后问题或消费侵权采取积极反应，而上海和广州的被访者中表示会采取行动的人数仅有半数左右。访谈中，北京的小骆的话让我们印象很深：“都说北京人喜欢告，爱较真儿。我觉得不好的，就喜欢投诉……而且服务态度不好，我也会投诉。”

从收入来看，可以明显地发现，除学生群体外（因为样本量有限在此不做对比分析），27位中低收入被访者在售后维权方面积极性最高，这也与他们更注重保留发票的行为相一致。他们中间，有18人会要求退换商品。

近年来，虽然中国城市居民的消费维权意识有所提高，但还停留在狭义的层面，即只关注经济权益不受损害。按照《消费者权益保护法》规定，消费者的权益包括：享有人身、财产安全不受损害的权利，知悉商品或服务情况的权利，自主选择权利，公平交易的权利，依法获得赔偿的权利，维护自身合法权益的权利，获得消费者权益保护知识的权利，人格尊重的权利以及进行监督的权利。这 9 条权利是任何消费者在购买、使用商品或者接受服务时均应享有的权益。只有保证这 9 条权益都不受侵害，这样的消费者才是真正具有维权意识的消费者。目前很多市民关注售后问题、采取积极行动保护自己的合法消费权益仅仅出于对自身经济利益的维护，而忽视了其他相应的权益。那些对服务态度等其他几个方面细心衡量的消费者，往往被认为太过较真。因此，要使维权意识全面深入人心，还有很长的路要走。

3. 维权经历

在这次访谈中，有 30 位被访者曾经遇到过售后出现问题，并采取了维权行动；19 人没有遇到过售后问题；15 人未回答此项问题。下面是部分被访者遇到的维权经历。

【个案一】刘先生，上海，24 岁，初中学历。刘先生去年刚买了一台空调，但是由于售后服务不佳，刘先生一家人 2005 年过了一个不愉快的夏天。“你看我去年夏天买的，也就夏天用了一个半月，冬天用了一个月。今年刚开始用了两三天就坏了。我打电话给他们，倒是当天就派来一个维修工，来了一看说是压缩机坏了，得回去打个报告，让厂家批个新的来。结果就一直没消息了，我就打到北京总部去投诉，后来又打到上海，上海这边说正在处理中，我又打到北京，说已经移交给上海了，打到上海，又让我把什么发票、身份证之类的复印件传给他，说换个外机，后来又等了半天。反正前后拖了一个多月，前半个月刚修好。前一阵正是最热的时候，最高温度 38 度，晚上都睡不着，气死了……反正我下次绝对不会买 XX 牌的了，什么东西都不会买了，这个就先凑合着用。”

【个案二】戴先生，上海，38 岁，大学本科学历，月收入 3000 多元。“有一次 XX 银行去我们学校办信用卡，人家的都发下来了，却说我签名不对，我就投诉了银行，银行口头表示道歉。我说‘不行’，后来他们才上门道歉，给我办了一张。能过去就算了，对方态度越差我越要搞。”

【个案三】冯女士，上海，40 岁，大学本科学历，月收入 5001 ~ 5300 元。“比如说我母亲到大卖场去买过一台电视机，有了问题，大卖场原来说是不保修，但他们的发票上明明打着可以，我们又刚买了两天。我就打电话到投诉台，没结果。后来我直接打到经理室，告诉他 30 分钟后必须给一个答复，否则我去了就不好说了。后来他们 15 分钟就打了，说是让我们自己送去。我说那怎么行，我们买的坏了，还要自己打车去送。我父母年纪又大了。结果第二天，他们还是自己来换了。我觉得还是到家电商场买好，有质量而且有保证。”

【个案四】梁先生，北京，26 岁，大学本科学历，月收入 2901 ~ 3000 元。“比如买房子，签合同时他说可以修改条款，但是当你提出修改条款要求的时候，他是不可能给你改的，你不可能花这么多精力去跟他周旋，就只能接受。还有租房，我们是通过中介找的，中介掌握的信息比我的多得多，这是不能跨越的阶段，必须得找中介。但是我们还是给骗了 1800，对方始终是强势的，信息不对称。”

【个案五】吕先生，北京，34 岁，大学本科学历。“有一次买双鞋，穿了 3 天下水了，前边开口了，我就拿回去找了。”

【个案六】朱女士，北京，50 岁，大学本科学历，月收入 2000 多元。“你看我家这个饮水机，XX 牌的，现在这个是电子的。之前是我弟弟给我的一个电脑的，结果有一天我在这屋里坐着，突然就看见它冒火了，我赶紧把他（朱女士的丈夫）叫过来，他就赶紧把电源拔了。后来我就给商场打电话，人家说换一个什么电源板，要 100。后来我又让我弟弟找出保修单，一看，还不到一年。我就直接给总公司打电话，我说，先不讲钱的问题，而是危险性的问题。这是我在家，能及时发现，那如果家里没人，真起火了怎么办？房子烧了怎么办？万一我行动不便，烧了我怎么办？后来厂家就派人来了，给我带来这个电子的，说让我先用着，他们把那个拉回去修好了，再给我换回来，我一看，就说那就别换了，就这个留下来得了。后来他们工人回去请示了一下，就把这个给我留下了。用到现在快两年了，一直也没出毛病，还挺好的。"

【个案七】周女士，北京，54 岁，月收入 1000 元。"(不假思索）我去年在 XX 商城购买春秋椅，买的时候觉得很好看也挺舒服的，就买了。(但是）买回来后才发现原来椅子扶手都不一样长，椅子上的颜色也不一样。(愤愤不平）后来叫他们来家换了。当时为了换这张椅子，我去了（XX 商城）了五六次，(他们）一直拖，不肯（换椅子)。我就去找了消协，(厂家）才到家来看，才换成了椅子。"

【个案八】梁先生，北京，24 岁，大学专科学历，月收入 5000～6000 元。"手机就修过，手机听筒没音了。保修期是一年，当时还是保修期我就去了那个手机超市，他们给免费修好了，现在一直在用。"

【个案九】胡先生，广州，25 岁，大学专科学历，月收入 5000 元左右。"就是车啊，新买一个月门就坏了，说什么这是易坏品，不保修。"胡先生对此十分恼火，"我都影响了 100 多人了，告诉他们国产车质量不好。"

【个案十】陈女士，广州，26 岁，大学专科学历，家庭月收入 7000～9000 元。"也就是买 DVD 的时候，先买的是 VCD，但是没到一个星期就不能用了，就拿到商场里换了 DVD。还行，服务还可以。(问：为什么不考虑换一个牌子呢？）比较起来它们的 DVD 还不错，就没换。(问：如果是其他产品，一旦出了故障，您第二次会不会不买这个牌子了？）不一定，看情况，是因为什么原因出故障。"

从被访者采取的行为方式来看，大多数人都是先找商家反映情况，只有碰到"扯皮"的情况时才会进一步向消协投诉，或者运用法律武器保护自己的合法权益，如个案八中的周女士在遇到商家不配合情况下才去找了消费者协会。也应看到，只要商家能以诚恳的态度给他们一个合理的解释，采取合理的弥补办法，这些消费者一般都会接受，而且不会因此对该品牌丧失信心，相反，他们反而会因为完善的售后服务增进对该品牌的好感度和忠诚度，如个案十一中的陈女士。只有对那些推脱扯皮、售后服务不到位的企业，消费者才会向有关方面投诉，甚至会把不愉快的经历不断向周围人传播，给企业造成负面影响。

从访谈中我们还发现，被抱怨的诸多品牌中，也不乏一些产品的领导品牌，尤其是国产品牌。但也有消费者这样回答："我还没碰到过这些问题，因为家电我们一般都会买进口的大品牌，一般名牌都不会有这些情况。"

（二）城市居民维权意识的变化

保留购物凭证和单据是否是消费者多年来的一种习惯？如果发生过变化，那么变化的动因又是什么？在本次访谈中，共有 15 位被访者对这一系列问题做出了明确回答，其中 11 人都表示自己向来如此。

（1）保留购物凭证和单据是多年养成的习惯

【个案一】郁先生，上海，24 岁，大学本科学历，月收入 2901 ~ 3000 元。“主要父母一直都有这个习惯，我也受影响了吧。他们都把这些票据放在一个盒子里。”

【个案二】张先生，上海，29 岁，大专在读，月收入 3201 ~ 3500 元。“像电视什么的都是我爸妈买的，他们会放好。这方面东西主要我买的比较少，我就买了电脑、乐器什么的，这些（东西的发票）我也会放起来。”

【个案三】金先生，上海，51 岁，夫妇二人每月退休金共 2500 元。“我都留着。是大件的我全部留着，但是从来没出过问题，所以我也没找过厂家什么的。”

【个案四】朱女士，北京，50 岁，大学本科学历，月收入 2000 多元。“我的保修单什么的都留着呢。连第一台彩电的还有呢。除了有一次，就是去年十一买的那个洗衣机，后来把说明、保修单什么的和一堆报纸放在一起，结果没留神，和报纸一块给卖了，幸亏这个洗衣机还没出啥问题，呵呵。”

【个案五】吕女士，上海，54 岁，高中学历，月收入 1001 ~ 1200 元。“是啊，我一直都有。包括水、电、煤的和电话费的单子我都留着，要收好几年呢。因为我以前是做会计的，所以比较细心吧。”

从个案来看，一直有保留单据习惯的消费者主要是受父母或者职业等因素的影响。

（2）维权意识曾发生改变

【个案一】魏先生，上海，24 岁，大学本科学历，月收入 3000 ~ 4000 元。“消协比较麻烦。能用钱解决的问题都不是问题。如果要跟人交涉太费劲了，一般再买一个，我的朋友就是这样。”

【个案二】冯先生，广州，29 岁，初中学历，月收入不稳定。“留发票啊，大小都留。吃饭都要的啊，现在发票都能中奖啊。”

【个案三】梁先生，北京，26 岁，大学本科学历，月收入 2901 ~ 3000 元。“我现在……更看重了，跟她（女朋友）在一起之后也更慎重了。”

【个案四】吕先生，北京，34 岁，大学本科学历。“小的时候、年轻的时候不注意这些，这也是受我爱人的影响，跟她结婚以后慢慢积累的经验。”

这一类被访者的维权意识曾发生过转变。他们大多数都认为自己的维权意识越来越强了，只有个别人会因为去消协“要和人交涉太费劲”而变得宁可重新购买。他们态度转变的因素主要有亲身经历过一些不愉快的消费事件，或者是受周围人消费经历的影响。

小结

※ 绝大多数被访者有保留发票或质量“三包”凭证等单据的习惯，但是目前主要集中在年轻消费者和中低收入者人群，随着时代的进步，以后将有向各个人群扩大的趋势。

※ 在碰到消费方面的矛盾时，消费者普遍会采取积极的行动来维护自身的合法消费权益。但是还有很多消费者会因为时间、精力有限或者消费数额不大的关系而放弃这些权利，这部分消费者往往收入较高。因此，目前消费者的权利意识还没达到自觉的水平，仍然比较被动。而要消费者将维权纳入到自觉的范畴，还需要全社会的不断努力。

※ 目前在国内有维权经历的消费者还是相当普遍，而且案例多发生在国产商品，这一方面体现了消费者维权意识水平的提高，另一方面也从侧面反映出国内商家和厂家在生产质量和销售服务上的缺陷。随着“入世”大门的进一步打开，国内企业将面临一场对管理和服务人性化的考验，因为在今天，企业销售的已经不仅是产品，更是一种体验。

七、绿色消费

绿色消费是一种健康、节能和环保的新消费观，它在现实生活中普及的程度如何？人们怎样看待绿色消费？它的前景怎样？带着这样的疑问，我们对中国北京、上海和广州三地的64位城市居民进行了深度访谈。并从城市居民绿色消费的现状和绿色消费的前景和趋势两方面做了分析。这次访谈主要涉及到城市居民绿色消费问题的五个方面：消费者是否听说过绿色消费、消费者如何理解绿色产品的内涵和外延、关注绿色产品的类别是什么，以及如何看待绿色消费的前景。

（一）城市居民关注绿色消费的状况

1. 是否听说过绿色消费

访谈中有63位被访者对此问题做出了回答，其中16人不理解或者没有听说过这个概念，其余的47人对绿色消费有不同程度的了解。

从年龄上来看，16~24岁被访者听说过绿色消费的比例相对较低，14位16~24岁的被访者中，5位表示没有听说过绿色消费，而25岁以上的被访者绝大多数都听说过绿色消费的概念。相对来说，广州没听说过绿色消费的被访者比例比北京和上海高。17位广州被访者中，有6人没听说过绿色消费，而在北京和上海，各23位被访者中分别有6人和4人没有听说过这个概念。不同性别、收入和学历水平的被访者对绿色消费了解的情况差异不大。

2. 对绿色消费内涵的理解

绿色消费是一个新兴的概念，对于它的理解程度也因人而异。从访谈结果来看，33位被访者的回答基本涵盖了“绿色消费”所包含的内容，如环保、健康和节能，但是大部分被访者只能看到其中的某一个层面，仅有10人能看到两个以上的层面。比如，33位被访者中，有12人认为绿色消费就是环保消费，9人认为绿色消费是对人体健康有益的消费，2人认为绿色消费与节能有关，还有10人认为绿色同时包含环保和健康两个方面。从总体上来看，听说过绿色消费的33位被访者中有22人认为绿色和环保有关。可见，消费者对这一概念的理解还不够全面，有些以偏概全。

3. 对绿色消费外延的理解

为进一步了解被访者对绿色消费的了解程度，我们提出了“您认为与绿色有关的产品有哪些”的问题，共有36位被访者对此做出回答，他们认为与绿色有关的产品主要包括食品、电器、装修或家具、服装面料以及包装材料等。其中提到食品的被访者最多，共29人，其次是电器，共15人，另外个别被访者还谈到了电池、塑料瓶、汽车尾气等。以下是部分被访者的访谈情况。

- 听说过。消费一些环保的东西。比方说我去超市买东西就会少要塑料袋，减少污染。
- 有了解。现在很多东西都是绿色的，像冰箱、空调、吃的都是绿色的。绿色是代表健康。
- 近一两年刚听说。主要是环保吧。像食品、家电。我个人感觉还是很肤浅。像奶、菜、副食、家电还有一些原生态的都是吧。

- ◆ 听得很少。比如汽车的油改气什么的吧。还有生态的食物，无农药，水能变电能之类的吧，不会产生二次污染。
- ◆ 电视上听过。比如汽车的尾气污染环境。
- ◆ 就是无农药、健康产品。农民种菜不用农药的。
- ◆ 应该是和环保有关，例如食品啊。关键是对人体和环保不要有污染。
- ◆ 我个人说啊，我觉得还不是太符合中国国情。健康，环保啊什么吧。
- ◆ 绿色消费是什么？那就是吃上了。所谓绿色食品，我去外面吃饭的时候，要是有土鸡蛋什么的不是成批量生产的就是首选。
- ◆ 听说过。食品、无污染电器，包装上用可降解材料。一般老百姓一说，都觉得是食品。
- ◆ 就是不带污染的。只了解吃上的。
- ◆ 知道。像电脑无辐射，大米无污染，超市无污染蔬菜。这些都买过。

4. 消费者关注的绿色产品

关于"消费者最关注哪个类别的绿色产品"的问题，共有22位被访者做出了回答。从资料来看，他们关注的绿色产品主要集中在食品和电器两方面。表示关注绿色食品的有14人，表示关注绿色电器的有7人，其中有4人表示关注电器的节能方面，还有2人提到会关注包装材料（如塑料袋），1人会关注室内装修。以下是部分被访者的访谈情况。

- ◆ 我现在买蔬菜有乡下来卖的，我就买他们的。像鸡蛋我就去商场买五块五一斤的草鸡蛋，因为我小孩要吃的，这种没腥味。家里种的东西不要放什么佐料，炒一下就很好吃了，外面的怎么放佐料还是不如那个好吃。所以都买乡下的。这个菜营养就是特别好，没有农药什么的。
- ◆ 超市里看到过那个标志的，吃的东西要特别注意，还有电器都要从节能考虑。
- ◆ 我最关心的是食品，其次是面料，真丝、棉、麻最天然，装修房子的话也要注意，其他不是很注重。
- ◆ 买电器要买3C的，冰箱要节能的，我肯定会考虑，不然我不会买那么多健康类的书……我觉得超市里的东西质量都差不多，所以我不会专门去考虑绿色标志的食品，除非它摆出来。
- ◆ 我买吃的都看食品安全商标的。我一直都关注。比如装修房子什么的，现在甲醛都很高，就不够绿色。上海信息很快的，看了电视，就会在生活中注意。
- ◆ 这个现在倒不怎么注意，但是环保还是有的。塑料袋能用一个，就不用两个。
- ◆ 我举个例子，我在吃的方面都很绿色，像青蛙之类的我都不吃，只吃鱼和豆腐。
- ◆ 节能的肯定会啦。现在家里这两个月电费就要900多呢。
- ◆ 比如食品，一般都是吃瓜子、话梅、薯片，一般都会挑绿色。
- ◆ 没有刻意去买，但是看到的话还是会更高兴。买东西还是要看加权的，如果各方面因素加权比较高，还是会买的，比如说冰箱、食品等等。
- ◆ 像吃的方面会考虑。在外面买肯定有农药，贵有时候也得买，因为吃得少，我们不是一大家子，平时也买，不经常买。上商场、超市看看呗，其实也贵不了多少，偶尔去超市一趟，好就买下来。
- ◆ 较倾向于节能的产品，食品倒没买过此类的。一般食品买贵点的，但不相信没有农药。

◆ 有考虑到这方面的问题。比如买冰箱，要买节能的，洗衣机要买节水的，不是为了钱。

5. 对绿色消费的选择弹性

在访谈中，我们设计了“购物时，您是否会刻意挑选带有绿色标志的商品”的问题，共有 28 人给出了回答。其中 25 人表示不会刻意关注，即使有绿色产品可以选择，也还会考虑价格等因素，而且对不同类别产品的要求和评判也有差别。以下是部分被访者的访谈情况。

◆ 这个不会作为专门的选择标准。如果价格一样的话我会选绿色的，比如海尔，他就说是绿色的。有些绿色都是花花样子，会增加成本，我就不会选。

◆ 不是很注意。因为我跟不同的生产商打过交道，其实一些产品绿色不绿色相差不大。在中国一些企业真正纯绿色的很少，甚至有些大厂商他在做什么，你根本不知道。可能平时会留心一下，如果真的优势很突出，我会考虑。

◆ 不刻意去买。毕竟少，价钱又贵，仅仅是包装。

◆ 买的时候一般也不会特意去挑。国外的蔬菜都是不打农药的。

◆ 不会买，贵啊……不一定专门（买绿色产品），要是贵几毛钱还可以，要是贵一块钱，就不会了，因为都是噱头。

◆ 给我这样的家庭太贵，消费不起。以后我有钱了会买。

◆ 价格不要相差太远就可以。

◆ 不会特别注意。不过有这种倾向，首先它（绿色产品）会给我一个好印象，差不多的话，肯定会去挑它。

◆ 不会。比如我买衣服时，就不会刻意选择彩棉的衣服。而且觉得它也不绿色，棉花本来是白的，搞成彩色的，还能环保吗？

◆ 一般买不到。超市都有，太贵，承受不起。

◆ 我觉得绿色消费在中国可以提倡，但是没必要天天说。我觉得中国现在消费就小康还没达到吧。你就提倡绿色消费，那太超前。

◆ 不见得，还是得照顾自己的嘴。（虽然被访者家里刚买了一个有绿色标志的加湿器，但是也并不是因为看着它的绿色标志才买的。）

◆ 超市两种蔬菜，一个是绿色，另外一个不是，更多情况下我不会买绿色的那个。因为您说是绿色食品。我又看不出来，到家又没法验证。如果价格差太多，就肯定不买。价格差不多，还行。

◆ 现在也不太买。有那个想法，但现在绿色食品好多是假的。（此处被访者讲了一个种地的朋友把自己吃的菜和交给市场上卖的菜不一样的例子）。

◆ 一到超市，喜欢什么就买什么，有的可能会无公害，感觉跟普通的也差不多。超市卖的那些无公害的肯定比市场的那些贵些，我觉得它们还没市场上的新鲜呢。他们可能就是没农药，但新鲜度不一定。

从调查看来，很多消费者虽然有绿色消费意识，但却并不关注绿色产品，主要有三个方面的原因：首先是价格因素。消费者普遍认为，绿色产品的价格往往比普通产品高；其次是他们对于绿色产品的信任度都不高，不能确信其品质是否真的高于普通产品，或者说真的达到了绿色标准；第三是被访者对于绿色产品的消费，很大部分还是基于自身利益来权衡，不会盲目购买。目前，对家居装修、节能电器等有明显利益可见的商品，消费者才会为“绿色”埋单。有被访者认为，很难凭借绿色食品上一枚小小的标志就相信它无农药、有益身体健康。因此，尽管大多数被访者赞同绿色消费，但在真正选购商品时却不会将此作为重要的权衡指标。

6. 消费者对绿色产品的信任度

当问及被访者：“您怎样看待绿色产品，认为它可信吗？”有28位被访者做出了回答。其中15人表示不信任，认为绿色产品多是一种炒作，还有5人认为有一部分产品的绿色概念是炒作，其余8人则对绿色消费半信半疑。以下是部分被访者的访谈情况。

【个案一】刘先生，北京，48岁，高中学历。“举个例子吧，我有一个朋友，他父亲是东北的，母亲是山东的，弟弟结婚，东北的来了，山东的也来了，那时候（有5年了吧）山东的来北京之后就吃肉，那时候北京人都不吃肉，多吃蔬菜少吃肉。那时候北京肉不好，病死猪肉、注水猪肉过去很疯狂，北京人感觉吃肉对健康不好。可是山东的来了就吃猪肉不吃蔬菜，为什么呢？他们说吃猪肉再不好也要比蔬菜好，你们这的蔬菜都是我们那来的，你不知道我们那蔬菜怎么回事。春天第一茬韭菜我们都扔了，这东西要是喂耗子，耗子都能吃死。什么东西都灌肥料、农药。高品质的太少太少了。东北人来的时候说东北产木耳，但是这边市场上好木耳太少了，基本上都是做假的。还有一个观点，中国说是环保，但不一定是。比如说买衣服，过去甲醛都有，现在贴了个环保标志，那就是安全的？不一定。”

【个案二】张女士，北京，47岁，高中学历。“太不可信了。三天两头说该吃这个、该吃那个，又说不该吃这个、不该吃那个，草木皆兵的。到最后大家都不知道该吃什么好了，我用盐水泡蔬菜，对身体一点害处都没有。我从来都不用洗涤精刷碗的，那个致癌物太厉害了。”

【个案三】小李，北京，23岁，在读硕士。“不太相信厂家自己说的自己产品有多绿色，希望工商部门加大执法力度，像有的绿色产品，工商几年不查，我是学医的在这方面比较关心。”

【个案四】朱女士，北京，50岁，大学本科学历。“其实绿色食品不应该过多宣传，因为没有完全纯的。其中很大一部分是炒作。就像玉米，如果完全是人工肥料，就会长虫，必须使用化肥，才会长得好，所以不可能有纯绿色的。”

【个案五】卢女士，北京，47岁，大学本科学历。“中国各商家的宣传与商品不符，我们搞风力电力我知道，有的是真的绿色，有的根本不是，节能空调我就不信，还有说食品无污染不含有害物，其实肯定多少会含的有，像说小汤山蔬菜不含有害物，怎么可能呢，全国各地都被污染了，就你小汤山没有？所以有时就是商家的炒作。”

【个案六】于女士，北京，52岁，大学本科学历。“我也希望我们吃一些绿色食品，但现在证实不了那是绿色食品，超市的人都说，架子上的跟外面的‘都是一地儿出的菜’，国家也没有明显的标志。”

【个案七】李先生，北京，42岁，大学专科学历。“我不信这个，炒作的成分比较大。七八年前XX复合木地板炒得比实木的还贵，现在成了几十块钱，当时我感觉还是实木的好，就铺了实木的，现在看看没选错。”

【个案八】戴先生，上海，38岁，大学本科学历。“不太相信。中国的东西很难说，他说他是绿色的，谁知道？以前喝XX酸奶，喝出一只苍蝇，我给厂家打电话，他就给我送来同样的一桶酸奶，一点都没有怀疑什么，态度很好的，我到现在还喝这个牌子的酸奶。”

从访谈资料看来，被访者普遍认为绿色消费虽然是一种比较理想的消费观念，但在中国目前还很难落到实处，其中很大一部分原因在于国家有关部门对绿色产品的认证还有失规范。由此可见，绿色消费在中国要大力推广，还要依靠有关部门对商家的合理管治和监督。

（二）绿色消费的前景和趋势

对这一问题，共有 45 位被访者谈出了自己的见解。其中 27 人持乐观态度，并对绿色消费的发展提出了一些建议，8 人持悲观态度，其余 10 人态度不明朗。

1. 绿色消费的前景

（1）对绿色消费持乐观态度的消费者

【个案一】周先生，上海，56 岁，初中学历。“中国的大气候吧，经济上去了，生活水平提高了，自然就想到注意身体、环保，没有物质文明哪有精神文明？我个人还是很支持绿色消费的，我跟我女儿代表我们社区参加过‘城市健康’知识竞赛。”

【个案二】张先生，上海，29 岁，专升本在读。“总的来说还是会成为市场主流的，像数字电视一样，现在只是一个成长期，主要是从成本来考虑。”

【个案三】吕先生，北京，34 岁，大学本科学历。“我没考虑太多，当时生活条件不好的时候就有（绿色消费）这东西，只是人们不注意，个体经济越来越多，养鸡的养兔子的为了高额利润都喂一些对人有害的东西，现在人们在饮食上又开始追求天然了。这个市场越来越大，我很支持。”

【个案四】王先生，上海，33 岁，大学本科学历。“如果企业能够抓住（这个机会），企业会受益，那么消费者也会受益；若铺天盖地的，就不好。如果国家控制不好，老百姓也不可能去研究，那么就失控了，老百姓就不可能去考虑那么多。我觉得绿色消费还是有这个必要的。但国家要去想，朝这个方向去努力，不是我们（消费者）单方面可以考虑的。我也很支持绿色消费，我们这代人不努力，社会变得很差的话，下代人过得会更差，那就不好了。但我相信趋势会更好。”

（2）对绿色消费持悲观态度的消费者

【个案一】卢女士，北京，47 岁，大学本科学历。“现在贫穷人还多，像外面一块钱一大堆的时候，它们（绿色食品）要两三块钱，有的人吃不起，看前景啊 10 年都够呛发展起来，另外信任度低，老百姓虽然可以接受，但就是不太相信是否真像商家所说的那么绿色。”

【个案二】于先生，北京，48 岁。“10 年都不会有太大的变化。主要是第一国家管理不善，再就是现在人的素质也不行。”

【个案三】董先生，北京，40 岁，初中学历。“这种绿色食品没什么前景，老百姓都没这个意识，还有就是这些食品贵，像我们这院的有的吃饭还发愁呢，还吃什么绿色无公害食品，他们买煤气都没本，让我帮着买。”

总的来看，消费者对绿色消费持悲观态度的原因主要有几个方面：一是假冒绿色商品的东西太多，消费者不能辨别真伪；二是中国居民消费水平有限，绿色消费仍属奢侈消费；三是国家对绿色消费管理不善；四是消费者绿色消费的意识有待提高。

（3）态度不明朗的消费者

【个案一】冯女士，上海，40 岁，大学本科学历。她认为不同品类的绿色产品有不同的发展前景：“有好的地方，不能一棍子打扁了。（笑）真的有好东西。例如吃的东西，可以看得见，（绿色的）买的让人放心。但我们绿色冰箱，我不太相信，你说是绿色的，我觉得反正就是一样的，眼睛也不可能看见。随着生活质量的提高，我们比过去要求更多，买绿色产品应该是一种投资，首先是推荐给父母。”

【个案二】黄先生，上海，32 岁，硕士学历。“真正绿色的产品成本很高，有些东西是个过程，比如搞开发，前期肯定会有付出，比如上海风力发电给宝钢供电。如果是真正的绿色产品，我还是会买，自己有判断的过程，我愿意接受。”

【个案三】魏先生，上海，24 岁，大学本科学历。“前景可能会很好，但是如果现在要靠绿色产品来推销产品不太可能，因为消费层次的关系。如果是奢侈品的话还行。观念不转化的话这东西不行。”

【个案四】于女士，北京，52 岁，大学本科学历。“这不是百姓能左右的，国家要能加强这方面标准的制定和执行，要是能证明是绿色食品，价贵我也一定去买。现在装修的漆都有甲醛，小孩很多都因为这得了白血病，我家里不好看也比生病强。”

综合以上三类被访者的评价和建议，我们可以总结如下：目前消费者比较认可绿色消费观念，也都希望它能够在中国得以普及。也应看到，绿色消费的普及不是一个自发的过程，这中间还存在许多阻碍和较难克服的困难，需要多种合力的推动才有望普及和实施。比如国家大力制定相关政策法规、相关部门加紧监管力度、媒体广泛宣传、商家公信力的培养等。

2. 绿色消费的趋势

结合访谈，我们了解到目前我国城市居民绿色消费意识究竟如何及面临的具体问题。总的来说，消费者对绿色消费的认识会越来越全面，从仅仅听说到形成理性认识，认识的广度和深度将会不断增加。从微观到宏观，从单纯关注与切身利益相关的绿色产品到关注与地球环境、能源问题紧密联系的绿色消费。在社会的广泛呼吁下，绿色产品的管理力度会不断加强。随着消费者对绿色消费认识的深入和消费警惕性的提高，凭借概念炒作获取市场越来越不可能，而真正的“绿色消费”将成为企业的重要竞争力。

小 结

- 人们对绿色消费的认识越来越全面、深入，绿色消费将不会仅仅停留在和消费者切身利益相关的节能产品、健康食品上，而会向更多环保、无公害产品延伸。
- 有关部门对绿色产品标准的管理和监督不够完善，导致消费者对绿色产品的信任度较低，这是阻碍绿色消费发展的重要原因。
- 价格依然是制约绿色消费发展的关键所在，提到绿色产品，人们往往与贵族产品、高价产品相联系，致使很多消费者望而却步。

八、适度消费

随着人们收入水平的提高，消费观念也有了很大转变。从节衣缩食、量入为出到信贷消费、超前消费，其实，这都是在讲消费、收入、储蓄三者的关系。在本次访谈中，我们提出了以下四种消费模式请被访者对比自身实际情况进行选择，一是先消费，再挣钱；二是挣多少，花多少；三是多挣钱，少花钱；四是挣钱、消费、储蓄大体同步增长。以下是访谈结果的整理和总结。

（一）城市居民消费模式的状况

在我们给出的四种消费模式中，有 32 位被访者选择“挣钱、消费、储蓄大体同步增长”，人数最多。选择“先消费，再挣钱”的仅有 4 人。选择“挣多少，花多少”与选择“多挣钱，少花钱”的被访者分别有 11 人和 8 人；两种模式兼有的 2 人，说不清楚的有 5 人。

1. 适度消费模式

从宏观上讲，适度消费模式主要是提倡节约能源，建设节能型社会。但本次访谈主要从微观出发，指“挣钱、消费、储蓄大体同步增长”的模式，它既不提倡过度消费，也不赞成过于抑制消费，而是通过理性选择使消费与收入、需求相适应的消费模式。访谈结果表明，绝大多数被访者都认为适度消费是自己目前的状态。

（1）学生群体

【个案一】小冯，广州，男，19 岁，大专一年级。访谈自始至终，小冯的语调都是平平的没有什么起伏，不过他讲的内容却很吸引人，让人有种“穷人的孩子早当家”的感觉。他不是那种喜欢追求时尚的孩子，但因为受到广州整个商业氛围的影响，对时尚了如指掌。他买东西会仔细衡量，精打细算；有欲望，但却很节制。他从小就有储蓄，是自己的零用钱和平时买糖果的钱。初二他就开始打自己的第一份工，现在每年也还是会利用假期去做暑期工。如果将来要是买房，他能够接受贷款，但还是会依据工作的具体情况而定“如果月收入在 5000 元以上，日常支出都是对等的，就储蓄到钱够了，再一次购买”。谈起自己的消费模式，他觉得自己属于挣钱、消费、储蓄大体同步增长的这种，他说自己是很有计划的那种，“譬如我这个月有 1000 元，我会花 700 元。拿 300 元储存。下个月有 1200 元，我多用一点，若没买什么就多存一些。像我想买电脑，我就把计划的那部分钱隔出来，放在电脑那笔钱里。如果未来钱也多了，又没有要买的东西，我就拿来买东西吃了。如果工资涨的幅度不大，就还固定存那么多”。

【个案二】小章，上海，女，16 岁，高中一年级。父母都是普通职工，家庭月收入不到 3000 元。像大多数女孩子一样，她对穿着比较注意，而且对时尚信息也比较敏感，放假的时候每周都会和朋友们去街上“采风”，没有太过度的消费，只是偶然出去会给自己买些小饰品。她还只是个高中学生，没有过挣钱的体验，所以谈起自己的消费模式，就更是一种单纯的直观的界定。她以爸妈做比较，认为“家里是第三种（多挣少花），我是第四种（挣钱、消费、储蓄大体同步增长）”，不过她也非常理解父母选择的消费方式，因为“爸妈的储蓄主要是给我读书用的。……妈妈以前喜欢买衣服，现在工资少了，一年买两三次衣服，爸爸不买；他们也不看电影，也不订报”。

从访谈个案来看，持有适度消费观念的学生主要是经济收入不高的普通工薪家庭。虽然父母的收入有限在一定程度上会影响家庭的消费水平，但他们不会因此就克制对商品的消费欲望，而是希望能在有限的条件下，尽可能的达到一种平衡的需求。

（2）低收入人群

【个案一】李女士，北京，50岁，高中学历，月收入601~900元，退休。一家三口，老伴病退，患有高血压、胆结石；儿子退伍回来，分配在邮局工作。家庭月收入虽然只有2000多元，但她把只有30平方米的家收拾得相当整洁，为家人营造一个整洁、舒适、温馨的环境是其生活的重心。她本人对生活要求不高，除了对吃的消费比较注重外，其他日常消费都很节约。价格是她在消费时考虑的重点，同时她也非常相信知名品牌和规模大、有实力的大型超市的商品。她觉得自己的消费模式属于“同步增长”，并且感慨说：“挣得多才能花，挣不了怎么消费啊！”

【个案二】吕女士，上海，54岁，高中学历，月收入1001~1200元，退休。吕女士年轻的时候就挺喜欢旅游，属于懂得享受生活的人。2000年做了头颅手术，对什么都看得更开了，认为“不要拼命想发财嘛。我现在就很随意，也不计较多少”。她的收入不高，在能承受的条件下，她会选择一些品质较高的商品。现在女儿工作了，家里的经济压力也减轻了很多。她挺看重储蓄，觉得“是要积蓄一点，主要是备急，为了女儿结婚和防老用”，其实这背后还有一个原因，是她在前面谈话中无意识提到的，“2000年工资都加起来也没这么高（指现在一个月全家用在饮食上的开支）。1982年到现在就更是天差地别了，但是应该说那个时候更有安全感”。也正是由于这种心理，她的消费模式倾向于第四种。她自己也说“先花钱心里不踏实，挣多花少纯属虐待自己，想不开，挣多少花多少没根，买房贷款是另一回事。现在上海人大多数都有这个承受能力，而且有了钱可以多还一点，早点还完。”对于贷款买房她还是比较认同的，这一方面是由于“上海人都不向别人借的”，“要么就从银行借，要么就靠自己攒。上海人没有这个习惯的，甚至是装修也不会借钱的，上海人是救急不救穷的，临时有个急事可能还会借一下。”

从访谈个案来看，持有适度消费观念的低收入人群虽然选择了挣钱、消费、储蓄同步增长的消费模式，但他们认可这种消费模式的核心在于，反对超前消费。他们对未来生活缺乏安全感，同时希望能够在收入有限的情况下，提高生活质量。尽量合理安排支出与储蓄的关系，避免让自己为金钱所迫，又不至于为欲望驱使大把花未来的钱。所以个案二中的吕女士感慨，“先花钱心里不踏实，但挣多花少纯属虐待自己，想不开。挣多少花多少没根”。

（3）中等收入人群

【个案一】郁先生，上海，24岁，大学本科学历，月收入2901~3000元，技术人员。“我一般除了吃的，其实也没什么开销，如果要买什么东西，我也是比较有计划的，会大概算好了再买，所以也不会有什么透支的情况。一边挣，一边花，但不能全花光，要有一些保障，万一有什么需要呢。”

【个案二】臧女士，北京，30岁，高中学历，月收入1501~1700元，技术工人。“选择挣钱、消费、储蓄大体同步增长。这才是过日子，其他的都不是过日子。”

【个案三】魏先生，上海，24岁，大学本科学历，月收入3000~4000元，业务人员（保险公司）。“选择挣钱、消费、储蓄大体同步增长。我也不会过得太省，毕竟我是自己挣钱的，不用对自己刻薄。”

【个案四】严先生，广州，27 岁，大学本科学历，月收入 2001～2300 元，技术人员（自己做电脑公司）。“选择挣钱、消费、储蓄大体同步增长。以后也都属于这一种。现实总是有很多意外的，对突发事件还是要有预防措施的，不会都花光。”

【个案五】钱女士，上海，27 岁，大学本科学历，月收入 1501～1700 元，自由职业。“我今天赚了钱，会把明天的事都打算好，这个世界天天在变，今天赚了明年不一定，不会今天都花光。应该是挣钱、消费、储蓄大体同步增长。收入现在是在增长，以后就不一定了。做生意都这样的。现在人成熟了，不会那么单纯，不会那么相信别人，觉得社会很阴险。比如朋友和朋友之间，本来我们是同行，但是为了金钱的利益出卖了我们，把我们搞得很惨。我老公帮过他同事一次，但差点因为这个出事。”

中等收入人群对于适度消费更多是从个人的角度出发，从生活的角度出发，认为适度消费模式才是“过日子”。他们中间大体会有三类情况：

◆ **消费欲望较低，生活较有计划性**

本身对物质的欲求就较低，所以想到该买的也就不会去抑制自己的消费，平日里会计划性地进行消费。

◆ **对未来考虑较多**

他们选择适度消费的关键还在于认可适度储蓄的模式，不赞成超前消费或者是“月光”消费。他们认为，现实总会有很多意外，所以要对突发事件有预防措施。例如个案五中的严先生和个案六中的钱女士。

◆ **性格所致**

个别被访者提到自己选择适度消费的模式很大一部分原因和自己的性格有关。广州的胡先生现在一家香港公司做计算机软件工作，月收入已经超过 5000 元，但是即使是他在中低收入的阶段也会选择这种模式，这和他稳健、计划性强的个性有关。他自己在提到消费模式时也说：“第四种，稳健型……主要和性格有关吧。”

（4）中高以上收入人群

【个案一】卢女士，北京，45 岁，大学本科学历，月收入 4701～5000 元，技术人员。“人要为以后考虑，说到储蓄，报纸上也有一个中国老太太和外国老太太相比的故事，我就想那不是因为中国人抠门舍不得花，主要是外国的社会保障、社会福利制度好，人老了有人管，他们不怕什么。而中国呢，社会保障不好，像城市还好点，农村更不行了，中国人储蓄那是怕以后不能挣钱的时候有病什么的怎么办啊，他们得为以后考虑啊，如果社会保障好点的话，中国人储蓄的比例也就不会那么高。”

【个案二】王先生，上海，33 岁，大学本科学历，月收入 5001～5300 元，管理人员。“生活要提高，大家都希望生活得更精彩，但天上不会掉馅饼。可以维持一段时间的超前消费，但不能一直如此。大家应该与社会共同向前发展，自己先把钱全花光了，社会也不可能前进多少，对消费的拉动也不会太大，这不是泡沫经济吗？”

【个案三】王先生，上海，30 岁，大学本科学历，月收入 4001～4100 元，管理人员（已入加拿大籍）。“现在接近最后一种（挣钱、消费、储蓄大体同步增长）。在国外学到了很多知识，国外透支消费，但自己毕竟是中国人，不会什么都透支，但说花也要花，比如买车，买二手车是贬值的，它只是一个交通工具；但房子可以用，也同时是投资，（就可以贷款消费）如果可以付首期就先买，要不到攒够了也老了，我的房子是贷款买的，首付是 25%（6 万加元），还贷的时间是可变的。国外的金融很灵活，在国外很大的收获就是对他们金融方面的认识。”

【个案四】李小姐，北京，26 岁，大学本科学历，月收入 7000～8000 元，技术人员。“外国人喜欢先消费，后挣钱，因为他们的社会保障好，中国在这方面就不行了，有一定的后顾之忧。”

从访谈结果来看，选择适度消费的中高收入人群的共同特点是文化程度较高，能够从宏观上把握和理解适度消费的意义，并从理性的角度做出选择，他们认为“收入和消费一定要平衡”。他们的眼光较其他群体长远，既考虑到自我消费需求，同时还结合社会发展和体制因素分析了中国目前储蓄比例较高的原因。比如，“大家应该与社会共同向前发展，自己先把钱全花光了，社会也不可能前进多少，对消费的拉动也不会太大”；“如果社会保障好点的话，中国人储蓄的比例也就不会那么高”；“外国人喜欢先消费，后挣钱，因为他们的社会保障好，中国人这方面就不行了，有一定的后顾之忧”。

从总体来看，选择适度消费模式的被访者中既有家庭主妇，也有技术人员、管理人员；既有无收入的学生，也有月薪近万的高收入人群。驱动他们选取这种消费模式的因素大体相同。

◆ **安全感的需要促使不同收入的被访者做出适度消费的选择**

他们认为，“先花钱总觉得心里不塌实”，“收入现在是在增长，以后就不一定了”，而且“现实总是有很多意外的，对突发事件还是要有预防措施的，不会都花光”。比如上海的吕女士提到自己的每月食品支出时，还谈到“2000 年工资都加起来也没这么高（指现在一个月全家用在饮食上的开支）。1982 年到现在就更是天差地别了，但是应该说那个时候更有安全感”。

◆ **对自我的关注和对生活的理解强化了人们的适度消费意识**

有被访者干脆认为，“挣多花少纯属虐待自己，想不开”；也有被访者认为“没有必要过得太省，毕竟我是自己挣钱的，不用对自己刻薄”，而且他们觉得“人生苦短”，该享受还是要享受，不必太节省让自己受苦。

另外，需要注意的是，部分消费者仅仅出于经济原因被动选择适度消费模式。有被访者说到，“如果我现在就 20 岁，一个月拿七八千，我肯定想怎么花就怎么花”，“月收入几千元的不能和月收入上万的比”。他们是被动选择适度消费模式，而并不是对适度模式的一种主观认可。他们目前的消费状况仅仅是因为收入有限，以及对未来生活的不确定。

2. 超前消费模式

超前消费模式指的是“先消费，后挣钱”。64 位被访者中，正在实践“超前消费”的仅有 5 人，其中有 1 位被访者觉得自己界于“先消费后挣钱”和“挣多少花多少”两种模式之间。具体个案如下。

【个案一】小李，上海，女，23 岁，大学四年级学生。一个很有主见的女孩，对未来有自己的想法。她自认为家境较好，属于大学生中消费能力较强的。她的消费观念代表了很大一部分经济状况良好的年轻人，在购物上受周围朋友影响大，看重商品的时尚性和外观，花钱大手大脚，现在随着年龄增长，知道毕业后要经济独立，意识到了存钱的重要，于是变得相对节俭，自己坦言对于消费模式“希望是挣钱、消费、储蓄大体同步增长，但现在是先消费后挣钱”。

【个案二】小李，北京，男，23 岁，在读硕士。出身高级知识分子家庭，同时拥有高学历，认识和视野都在普通人之上，性格偏内向，做人较低调，比较有主见，是位理性、自信、敬业的青年，对自己定位较高同时也对未来充满希望。由于家庭熏陶，他属于较有品位和文化内涵的消费者，现在所拥有的产品及花费足以证明他的高消费能力。即将进入社会，会有一个可以预期的令人羡慕的职业，较高的收入依然可以延续其较高的消费能力并有上升的趋势。他的消费观念比较超前，非常认可先消费后挣钱的模式，认为“会消费的人才会生活，花了再挣，储蓄是要有，但还得倡导消费，即使当时手头紧也还会买，因为使用了才有价值有意义，不会等攒够了钱才会去购买，但不是无度花费，而且相信自己能挣回来”，属于注重生活质量和自我感受，不为金钱所奴役的理性超前消费者。

【个案三】陈小姐，广州，26 岁，大学专科学历，月收入 1701 ~ 2000 元，普通职员。她中专毕业后分到邮局上班，做了 4 年后因为不甘平庸来到现在的房地产经纪公司做文员，还没结婚。1998 年自己跟哥哥嫂子合资在广州买了房子，家里很多东西的更换、添置都是她办的，精明能干。谈到吃饭，她提到自己“吃饭吃的少，其他的开销多。金融方面的人信用卡用的多，今天花明天的钱”。她每个月都不会去储蓄，“刚毕业时不会用钱，存得多”，但“现在花得多了，敢花将来的钱了”，她也有自己的一套道理，觉得“以前赚的是死钱，现在努力工作，知道将来能挣到钱，敢去借钱”。所以当最后问到她是什么消费模式时，她毫不犹豫的说是“先花再挣”，但也补充说“结婚后为了孩子也要储蓄一些”。

【个案四】黄先生，上海，33 岁，硕士学历，月收入 2001 ~ 2300 元，技术人员。他的收入属于中等偏下，已经买了自己的房子，平时衣食都比较节俭，但还是每月都要从信用卡透支，属于超前消费。现在每个月除了交买房的贷款外，还要给父母一部分钱。他“一贯不主张储蓄，因为年龄不大，以后肯定挣得多”，而且还特别有自己的道理，他说：“节省是针对不浪费来说的，不是说不消费”。他办了两张可透支的信用卡，“每天都在透支，平时都刷卡”。他还说自己“不属于培养欲望的人，没有条件，也不太喜欢，比较现实，不属于享受型的人，不论买了什么都不会改变”，他的这句话代表了对自己的消费模式转型的期望吧，“现在是超前消费”，但“理想的是同步增长模式”。

【个案五】周先生，上海，55 岁，初中学历，月收入 3001 ~ 3200 元，自由职业。“前两个，先消费再挣钱。我现在（身体）能玩，条件再不好我也先借着用，心情多舒畅，到我七八十岁了，就什么也享受不到了。我享受了，心情好了，多活 5 年就什么都有了”。“10 年前没钱，都是借了先用，用了再还。我有一个观点：钱放着不是你的，花了才是你的，我喜欢就买。”

以上个案分别代表了一种超前消费的典型。从共性来看，“超前消费”的被访者绝大部分为“单身贵族”，年纪较轻。他们观念前卫，敢于花未来的钱。不过随着年龄的增长，他们也有自己的打算，比如个案三中的陈小姐就表示“理想的状态还是要同步增长”，因为“结婚后为了孩子也要储蓄一些”。

如果说个案一中小李的超前行为因为家庭条件的优越和年少无虑，那么个案二和个案三中的两个年轻人则是理性地选择了“前卫”的消费方式。他们觉得“会消费的人才会生活”，“储蓄是要有，但还得倡导消费”，因为“使用了才有价值有意义”，而且更重要的是他们相信自己，“知道将来能挣到钱”，“相信自己能挣回来”。

个案四中的黄先生，一个收入不高正在供房的年轻人，他没有储蓄，对超前消费也很能接受，认为自己还年轻不需要担心太多。所以可以看出他的超前消费不仅是他现在紧张的经济状况造成的，也和他的消费心态密切相关，超前消费并没有让他感到不安。

个案五则反映出“超前消费”并非只是年轻人的专利，就像周先生已经年过半百，但仍是“超前消费”观念的支持者和身体力行者。他觉得“要趁现在身体还能玩，条件再不好也要先借着用”，要不“到了七老八十了，就什么也享受不了了”。对周先生来说，他的这种想法不是由于年龄引发的观念转变，而是热爱生活珍惜生命的本性使然。

3. 传统消费模式

传统模式是指“多挣钱，少花钱”的模式，这是中国人根深蒂固的“量入为出”的消费观念。然而随着改革开放和人民生活水平的不断提高，坚持这种观念的人逐渐减少。本次访谈中仅有9位被访者表示自己多挣少花。

【个案一】蔡先生，北京，45岁，高中学历，月收入2300元，出租车司机。20世纪80年代，外贸行业处于顶峰期的时候，他是那里的职员，而且是当时人人羡慕的“司机”。说起这个，他现在还有些感慨地说“那时家里要是有个司机就挺佩服的了。你给我什么我都不干，当个科长的都不干。家里要有个车开，街坊邻居都求你，现在就不行了，遍地都是司机。当时调动工作，说是上外贸公司开车去，那时别人都愣了说：‘嗬，到外贸开车去！’意思就是好，立马另眼看待，人情淡薄的”。的确是十年河东十年河西，随着外贸行业的转型和职业地位的降低，他也默认了自己现在的状态，逐渐从早几年的时尚消费者转变为比较务实的消费者。他的消费观念无形中发生了巨大的变化，非常看重储蓄，他在电话访问时就储蓄发了一番感言：“没有钱就死亡，不像计划经济时代，谁知道谁什么时候得病啊，这是最正常的事儿了。比如饮食，市场上的鱼啊什么的，像豆芽都撒了十几种药，搞得白白的。不可能天天到大商场里去买啊，再说你吃的东西，能保证安全吗？你慢慢吃就像自杀一样”，所以当我们再问到他的消费模式时，他回答说：“少花钱，没有储蓄就没有安全感，有储蓄才行”。

【个案二】叶先生，广州，24岁，高中学历，月收入1701～2000元，普通职工。想起曾经流行的一句玩笑话：“暴发户的儿子”，那么这次访问的叶先生就是“城市贫民的儿子”。他高中学历，工作相对稳定而收入不高，现在经济上部分跟父母合在一起，从无收入的学生变成中等收入的年轻职员，因为习惯了节俭，对物质要求不高，旅游、文化娱乐消费很少，生活比较平淡；以他目前的经济收入，房、车等大件消费品还是遥不可及的事情。他坚持在日常消费中应该“以储蓄为主”，而且“理想的模式也是这个”。

【个案三】李女士，北京，35岁，高中学历，家庭主妇。出身于军人家庭，丈夫是私企老板，家庭条件一向优越。她虽然生活水平较高，但却持有传统观念。她认为自己属于“挣多花少”的那种，而且还解释说“可能和我是军人家庭有关。特接受不了挣多少花多少，‘月光族’。也是年龄的原因吧”。

【个案四】苏先生，上海，34岁，初中学历，月收入2001～2300元，裁缝店老板。1987年离家去河南亲戚家学徒服装剪裁，1990年来到上海，开始在裁缝铺做来料加工，2004年在虹口区武昌路开设了自己的服装店，主营订做各类唐装和西服。1996年跟同乡结婚，有一子9岁，现在的服装店是夫妻俩共同经营，平均月收入4000～5000元。他们要维持自己店面经营需要把一部分收入再投入到生意当中去，但还是会尽量多储蓄，他觉得“储蓄太重要了！人意外很多，有钱能预防一切意外，没钱一切免谈。我们没有固定收入，有很多不确定因素，不管赚多赚少，一定要存。每月首先是店面的开销要留出来，其他的多用就少存点，少用就多存点。我们一直是这样”。如果要让他给自己的消费模式做一个界定的话，他选择了多挣少花和挣钱、消费、储蓄大体同步增长，“如果要买房，就要尽量少用，但也不能太亏待自己”。

从个案来看，持有传统消费观念的9位被访者中，中低收入以下的有6人，无收入的家庭主妇有2人，月收入超过3000元的仅有1人。另外，他们中间45岁以上的居多，有4人；31~40岁之间的3人，30岁以下的2人。也就是说仍然坚持“量入为出”消费观念的被访者大多数是年长和低收入的人，他们对未来缺乏信心和安全感，常常体会到“挣钱不容易”，而且觉得“储蓄的作用太大了”，“没有储蓄就没有安全感，有储蓄才行”。

北京的高女士觉得这种观念仍是中国的主流消费观，她说："在中国来说，大多数老百姓应该说都选这个。要是在美国应该选少挣多花"。

此外，家庭背景对于一个人的消费观念起着不可忽视的作用。坚持传统消费观念的人中，也有高收入和20世纪80年代出生的年轻消费者。比如个案二中的李女士和个案三中的叶先生。他们一个是衣食无忧的全职太太，一个是刚刚步入社会的年轻人。李女士在军人家庭的生长环境下养成了她"量入为出"的观念，加之年龄的因素使她"特接受不了现在的'月光族'"。年轻的被访者中像个案二的叶先生这样，能保留传统消费观念的实在不多。他虽然生活在广州，但也认为无论是现在还是未来，自己理想的消费模式都是"多挣少花"，他觉得生活还是要"以储蓄为主"，这与他经济条件偏低有着密切关系。

个案四中的苏先生，他选择两者居中的消费模式。他的职业使他对未来的安全感较差，所以非常重视储蓄的作用，并且因为考虑买房，所以会尽量少花钱，多存钱。然而，他也不会完全像传统的中国人那样一味克制自己的物欲和需求，而是觉得该花的还是要花，"不要太亏待自己"。

访谈中还发现地域因素也导致了被访者消费观念的差异。相对来说，北京消费者持传统消费观念的较多，9位被访者中，6位来自北京，2位来自广州，1位来自上海。

4. "月光"消费模式

"月光"消费模式是指"挣多少，花多少"的零储蓄消费模式，有人认为它代表着时尚和前卫的生活方式。目前中国的"月光族"的队伍日趋庞大，甚至有专门的"月光俱乐部"。但他们是否真的如某些时尚作家笔下描绘的那样，都是懂得享受生活的中产阶层？我们的调查结果却不尽然，认为自己是"挣多少，花多少"的被访者有11人，但具体情况各异。

【个案一】刘小姐，上海，25岁，大学专科学历，月收入3201~3500元，普通职工。她爱好中国传统文化，有练毛笔字的习惯，骨子里传统保守，并且有着非常强烈的性别意识，比如她会觉得"女孩子不用考虑买房"，自己现在想旅游了就会去实现，不仅"跟收入有关，还跟心态有关。女孩子不趁现在玩，以后成家就没的玩了"。虽说她觉得自个儿总是"大手大脚的"，但她也"还算有主见的人"，一般是"看自己的需求去买，不会买没有必要的东西。当然那些小的装饰品，200块钱以内不会考虑它的实用性，纯粹是好玩"。目前她的消费模式属于挣多少花多少的"月光族"，她"基本上没有什么存款"，如果"万一有什么意外急需的话就到时候再说"，说起原因，她自己分析说，"也是因为自己赚不了多少钱"，可能"到时候年龄也有增长，考虑的东西、责任也多了"。

【个案二】钱先生，上海，35岁，高中学历，月收入1201~1400元，技术工人。他是那种比较典型的上海男人，会去买家里的各种东西，给岳母买保险，而没有给自己和自己的父母买保险。刚入中年，一家三口仍和父母同住在弄堂的私房中。上有父母，下有孩子，消费正处于最紧张时期，父母有退休金，时而还贴补他们一下。正像他自己说的那样，他们基本没有储蓄，挣多少都用完，而且由于公司目前正面临破产，这几个月他几乎处于透支状态。如果要回答是属于哪种消费模式，他很直接也很无奈地说自己"结婚前是挣多花少，有了孩子后就变成挣多少花多少。小孩子一个人就占了我们一个人的工资，每个月有1000多"。

【个案三】胡女士，北京，47岁，初中学历，月收入601~900元，原来在单位干保洁和杂工，现已退休两年。丈夫在工厂工作，也已办病退，两人皆为北京本地人，有一即将上大学的女儿。家庭月总收入约1300

元，一家三口住在一间约 40 平方米的破旧筒子楼里，房子是继承父辈所得。筒子楼已有 50 多年历史，每层住近 30 户，10 户共用一厨房和厕所，楼内阴暗潮湿，物品随处堆放，卫生极其脏乱。胡女士家室内没有贵重家具和家电，没有客厅和卧室之分，其他物品比较破旧看似已有些年头，两人身体多病，看病开支较大，女儿即将上学开支大，所以平常省吃俭用。一台电视机是十几年前买的，冰箱是前年买的，现在已经坏掉，没有洗衣机。孩子的开支现在是家里最大的一项。他们"从来都没有储蓄的习惯"，因为"一是没得存，挣的也都花了，二是你去年存的钱今年就不会有那么多了，因为物价都上涨了"。说起自己目前的消费模式，她也还是觉得自己应该是挣多少花多少的这种，"不存钱是因为不知明天、以后会是什么样"。

【个案四】温先生，广州，26 岁，大学专科学历，月收入 7 万～10 万，海鲜店老板，算得上中国的"新富阶层"。通过了解他的各项具体消费经历，感觉他的确像自己说得那样，"挣得多花得多，没想过，剩下了就剩下了"。他的各项支出都比较大，特别是跟朋友吃饭娱乐等消费，几乎会花掉收入的 2/3。他的投资意识比较强，储蓄相对来讲比例很小，重开源轻节流。在消费意识上，还是一个二三十岁的年轻人的意识，跟他的收入关系不大。不过他也觉得自己现在这样只是暂时的，"以后肯定要改变，结婚以后有两个家庭要负责任，现在我是和尚一个，挣多少花多少，有一点潮汕人的拼搏精神，有 10 块投 20 块。"

以上个案虽都同被归为"月光族"，但他们之间的差异却非常大。基本上可以分为 4 种类型：无收入或收入中低的年轻群体、收入中等或偏低的中年群体、低收入群体、高收入高消费群体。

（1）无收入或收入中低的年轻群体

这一类消费者花钱很少精打细算，他们有强烈的购物欲，收入不高，甚至有些还比较低，但因为年轻，所以很少考虑未来，就像个案一中的刘小姐说得那样"万一有什么意外急需的话到时候再说"。同样，接受我们访问的小骆，虽然也有过工作经历，但她现在还是一个没有收入的学生，平日靠父母给的零花钱消费，月开支"在吃上就有 1500 元"。她特别坦率地说自己是"'月光族'，有多少花多少"。不过她们中也有不少人表示随着年龄、收入的增长，还是会选择"收入、储蓄、消费同步增长"的模式。还有人因为自己是女性，所以认为不用储蓄，她们年轻、未婚、收入不高，而且收入基本都用在服装和护肤上，甚至每月都还会有一两次的透支，她们等待出嫁，认为嫁人了就更不用存钱了。

（2）收入中等或偏低的中青年群体

这一类消费者赚钱有限，但要花钱的地方却很多。他们维持着简单的购物欲望，不会让生活太拮据，但因为上有老、下有小，因此常常会有入不敷出的感觉，即使有储蓄也很少。就像个案二中钱先生说得那样，"婚前还是挣得多花得少，但婚后就变成'月光族'了，光小孩子就占去我们一个人的工资"。来自上海，收入相对较高的高先生也颇有同感，他笑着说自己现在是"挣多少、花多少，积蓄很少，理想的还是收入、储蓄、消费大体同步增长。"

（3）低收入群体

这一类消费者收入偏低。他们中间既有年轻人，也有老年人；既有在职人员，也有家庭主妇和退休人员。他们的生活非常简单，也没有过多的消费欲望。家里除了能满足最基本生活需要的物品外，几乎没有什么时尚的消费品。即使是电视也只是讲求"色彩什么的都挺好的就行了"，家电等消费品更新换代也都比较慢。他们"不存钱是因为不知道未来会怎样"，现在选择"挣多少花多少"，并不是因为观念超前和时尚，而是迫于"家里条件不好，基本上挣得钱全部都用来花掉了”。他们属于无奈的“月光族”，并非心里真正接受“月光族”的消费观念。

（4）高收入高消费群体

这一类消费者是潇洒的“月光族”。他们“挣得多、花得多”，对未来充满信心，很少有不安全的感觉。比如个案四中温先生那样的“单身贵族”，年轻、会花钱、有强烈的消费欲望，并且也有很强的赚钱能力。他自己承认现在的状态和自己单身有关，“以后肯定要改变，结婚以后有两个家庭要负责任”。但他们中也有像北京的李先生那样，虽然已经到了不惑的年龄，什么都看得淡了，“挣多少，花多少吧”，而且会“一直延续下去的”。

5. 其他消费模式

在我们的访谈中，还有 5 位被访者对自己所属的消费模式“说不清楚”，具体情况如下。

【个案一】冯女士，上海，40 岁，大学本科学历，月收入 5001～5300 元，个体老板。她属于精明能干的高收入、高消费消费者。家庭经济条件很好，比较注重生活品质。随着每年收入的增长，她的储蓄也在增长。不过她觉得自己也没有什么储蓄的目的，只是“觉得把多余的款项放到家里也不安全，不放心，放银行心里安全”。在她的生活中买房、买车都是一次性付款，没有贷款消费的经历，不过她认为贷款消费可以接受，主要是因为“银行信用度高，和朋友借钱不好，欠人人情就不是好事”。至于自己的消费模式，她这样说：“说不清，我们（夫妇两个）都是自己开公司，没有计划，很多事情都逼得自己没有计划了。死工资还可以计划，但我们的工作决定我们这样。如果这个月客户特别多，在外面吃饭也多。生意淡的时候开销就少。”

【个案二】林先生，广州，51 岁，初中学历，月收入 2301～2500 元，普通职工。林先生在广州的收入并不高，但把家庭经营得很温馨，一双儿女还未独立，妻子刚退休不久。家里该有的都有了，虽说买什么都是因为“没的用就只能买了”，但买的东西都还挺不错。他没有刻意储蓄，做了一些邮票和茶叶投资，而且还给家人和自己都买了保险，总体来说安全感较强，对未来也比较有信心，“因为我们现在的收入都有保障，我 55 岁退休，还有 1000 多，她（爱人）1000 多，我们就专心供儿子上大学”。他很有风险意识，谈到买保险，他的观点是“如果把钱存银行，我们算得了那个收获，算不了那个风险”。所以问及他的消费模式时，他觉得“好像四种都说不上。我是该花的就花，借钱都要花，不该花的，你就很难掏我的腰包”。

【个案三】张先生，上海，男，29 岁，大学专科学历，月收入 3201～3500 元，技术人员。张先生仍和家人住在一起，虽然一些日常消费主要是家里人开支，但他每个月也都给父母交钱，让父母帮他存起来，他还是属于那种比较听父母话的年轻人。从访谈中我们感到他的消费比较理性，比如他提到自己“买东西都会精打细算的，都会理性分析性价比的”，但“消费过程中也会有一些冲动吧，这种冲动往往会在购买的时候发生的。不过实际购买商品的价格与先前备选商品的价格应该相差不大，而且要看我的迫切程度”，他的这些观念一向如此，“也跟家庭经济能力有关，不会很随意的”。不过在总结自己的消费模式时，他倒有些说不清楚自己到底是属于哪一类了，他除了强烈地反对“先消费后挣钱”外，觉得自己和其他三种似乎都有沾边，例如他这样总结：“我应该是多挣钱少花钱，最好应该是挣钱、消费、储蓄大体同步增长吧。先消费、再挣钱风险太大，对家庭不负责任，但也会有，比如贷款什么的，但不会是主体。”

尽管这几位被访者自己也说不清楚究竟该属于哪一类消费模式，但我们在仔细看访谈记录时，对于他们的消费模式已经有了一个清晰的轮廓。他们虽然年龄、性别、职业、收入等都各不相同，但都会依据自己的消费能力合理安排自己的生活和消费。既不让自己过度消费，又不刻意压抑自己的消费需求。

（二）探询：适度消费模式是否是未来的发展趋势

适度消费模式是相对于节俭消费和奢侈消费而言的一种理性消费观。它既不主张对物质财富的一味吝惜，也不赞同对物质财富的无度消耗，是在“以人为本”的原则下追求物质和精神生活同步提高。从访谈资料来看，绝大多数被访者目前正在身体力行着适度消费的模式。即使是“月光族”和“城市负翁”在访谈中也表示，自己理想的消费状态是挣钱、消费、储蓄能够同步增长。但是否由此就可以推断，适度消费模式是我国未来消费的发展趋势？

1. 适度消费是我国目前追求的理想消费模式

（1）过度节俭和过度消费都不利于社会的全面发展。

节俭的消费观念曾是中国传统的主流消费观念，它主张“节俭则昌，淫佚则失”，并时刻警诫人们在日常生活中要恪守“一粥一饭，当思来处不易；半丝半缕，恒念物力维艰”的消费观。这在社会生产力水平低下，物质资料匮乏的时代，的确有助于人们的繁衍生息，但是从经济学的角度来看，过度节俭抑制消费则不利于供求平衡和社会发展。英国经济学家J.M.凯恩斯曾在分析他所处时代社会失业问题上指出，导致社会失业严重的原因之一就是消费和投资不足。如果社会总需求小于社会总供给的话就会导致市场疲软，最终影响社会稳定。目前我国正处于社会主义事业大发展的时期，过度节俭不利于国民经济的持续稳定发展。但奢侈消费也不利于社会的长远发展。就个体来讲，奢侈消费容易使人为物质所累，耽于物质享受，导致享乐主义和功利主义等不健康的消费倾向，对于国家，过度消费会导致资源浪费、奢靡风气日盛等不利于和谐社会建设的因素产生。

（2）适度消费模式与中国的可持续发展原则相辅相成。

可持续发展是指国民经济既没有畸形繁荣，也没有严重萧条，而是长期保持平稳健康的发展。这一点与适度消费倡导的生产、分配、交换、消费平衡发展观相辅相成。从20世纪90年代以来，我国政府就开始大力倡导适度消费观念。在制定国家政策方面，坚持适度消费的原则，即在宏观调控中努力保持消费总额与国内生产总值同步快速增长。在现代社会中，消费对生产的推动作用越来越重要，如果在消费能力允许的情况下抑制消费，或者过度勤俭节约，则与可持续发展的原则相背离。

（3）适度消费与我国的基本目标相适应。

适度消费的一个根本出发点是“以人为本”，它无论是从短期来看，还是从长期来看，都是为了实现人们精神和物质生活的提高。人们的物质财富在不断增多，但不是无限制地增加对物质的消耗，而是结合自身需求，向精神消费方面不断拓展。例如在物质消费的基础上，发展文化和休闲消费，使人们精神生活和物质财富一起增长，达到“大力满足人们日益增长的物质文化需要”的建设目标。

（4）作为发展中国家，我国必须坚持适度消费政策。

虽然我国近年来一直保持经济持续快速发展，人民的物质生活水平有了很大提高，但与其他发达国家相比，我国的最终消费率仍然处于中等偏下的水平，这将影响国民经济长期发展的后劲。所以在我国现阶段提倡适度消费的一个重要内容，不是抑制奢侈型消费，而是加强居民的消费信心，鼓励消费，最终满足人民日益提高的物质文化需求，使消费与经济发展形成良性循环。

2. 要保证适度消费模式被更广泛地采纳还需注意客观条件

目前，适度消费作为一种理性的消费模式，在中国城市居民日常的消费观念和消费行为中已占很大比例，并且还有不断增高的趋势。但有不少认可这种观念的城市居民，往往迫于经济条件限制，在日常消费中选择了超前消费、月光消费等其他模式。所以，要保证适度消费观念能落实到具体的消费行为，还需创造以下客观条件：首先，通过理顺收入分配机制，努力提高城乡居民的收入水平，尤其是改善中低收入居民的经济条件状况；其次，加快建立和健全社会保障制度，树立消费者的信心，增加消费者的支出预期；第三，加快建设个人信用体系，完善信贷消费体制。只有这样才能保证适度消费观念与消费行为的一致，最终将达到适度消费的目标。

小 结

- 适度消费模式主要是提倡节约能源，建设节能型社会。但本次访谈主要从微观出发，指“挣钱、消费、储蓄大体同步增长”的模式，它既不提倡过度消费，也不赞成过于抑制消费，而是通过理性选择使消费与收入、需求相适应的消费模式。
- 挣钱、消费、储蓄大体同步增长的适度消费模式正逐渐成为中国城市居民的主流消费模式，人们已基本转变了传统节俭型消费观念，还有部分消费者会选择超前消费和月光型消费模式。
- 不同收入的消费者选择适度消费的模式的出发点有所差别，中等和中低收入的消费者主要考虑的因素是适度储蓄，他们对未来考虑较多，不赞成超前消费和月光型消费模式；持此观点的高收入消费者相对学历较高，能够从宏观上把握和理解适度消费的意义。他们的消费眼光较其他群体长远，既考虑到自我消费需求，同时还结合社会发展和体制因素分析了中国目前储蓄比例较高的原因。
- 驱动人们选择适度消费的原因主要有两个：一是安全感的需要促使不同收入的被访者做出适度消费的选择；二是对自我的关注和对生活的理解强化了人们的适度消费意识。
- 选择传统消费模式的被访者主要是受经济收入的限制和家庭成长环境的影响；而选择“月光”消费模式的消费者分化较大，有被动选择和主动选择两种；选择超前消费模式的消费者则有一个普遍的共性，就是他们绝大部分为“单身贵族”。
- 适度消费是我国理想的消费模式，但是要保证适度消费模式被广泛采纳还需要在客观上创造三方面条件：首先，通过理顺收入分配机制，努力提高城乡居民的收入水平，尤其是改善中低收入居民的经济条件状况；其次，加快建立和健全社会保障制度，树立消费者的信心，增加消费者的支出预期；第三，加快建设个人信用体系，完善信贷消费体制。只有这样才能保证适度消费观念与消费行为的一致，最终将达到适度消费的目标。

第六篇　教育、储蓄、投资、旅游

- 教育
- 储蓄
- 投资
- 旅游

一、教育

教育作为一项投资已为大多数中国城市居民认同。近年来国家出台的以教育消费扩大内需的政策收到了一定效果，居民用于教育方面的支出大量增加，教育消费已成为居民消费的一个重要组成部分。如今教育消费已成为城市居民消费的一个新热点。

我国城市居民教育消费增长的主要原因，一是成人教育费用增长较快，为了适应社会发展的需要而不断提高自身综合素质已成为城市居民的普遍共识，不同层次、不同年龄的居民利用业余时间进行充电和技能培训；二是家长为孩子交纳择校费、补课费等主动性消费渐成风气，加之高等教育开始收费并逐年上涨，使对子女的教育费用迅速上升。

本次访谈主要从教育方面的投入、对教育的看法两方面对城市居民的教育状况进行了解。

（一）城市居民在教育方面的投入

随着被访者所处年龄段的变化，他们对教育方面的投入重心也发生变化。35 岁以下的年轻人以自身充电进修为主，重视对自己的教育投入；而多数有子女的被访者随着子女的成长，教育重心大多逐渐转移到子女身上。

1. 对自身的教育投入

中国人口众多，人口的绝对数量持续增加，使就业问题异常突出，尤其是在知识时代的今天，科技的飞速发展给人们提出了更高的职业技能要求，教育终身制已摆在每个就业者面前，没有知识就面临着下岗、失业。因此，人们不得不在紧张的工作和生活之余，在个人积蓄中列出一笔开支，以各种形式忙着充电。

由于绝大多数被访者在校时的学习、生活费用都由家长支付，这项支出与其个人消费意识关系不大，在此，自身教育投入仅指就业后由自己支付的进修、考证等费用，即在教育上的主动性投入。这次三城市的被访者中有 8 人参加过或正参加各种充电、培训和考证，与没有此类消费的被访者相比，他们具有如下特点：男性多于女性，年龄多在 25~35 岁，从事技术或管理类工作，从充电培训的动机来看，这 8 名被访者呈以下几种情况。

（1）为跳槽做准备

“闲着也是闲着”，目前工作相对清闲，时间和金钱上都比较充裕，他们在业余时间充电，以为跳槽做准备。

【个案一】陈小姐，广州，26岁，某房地产经纪公司文员。她在中专财会专业毕业后进入邮局工作，工作刻板，额外任务重，加上只有500元的固定收入，让她“毕业之后很闷”“很不甘心”。于是工作之余她在夜校学习了3年行政管理，学费3000元/年，都是自己出的，压力“也不太大”。之后跳槽来到现在的房地产经纪公司，从事着更为理想的工作。

【个案二】高先生，上海，36岁，某软件公司项目经理。他中学毕业后先是在一家国营企业上班，并利用业余时间攻读了计算机专业的大专学历。后来借单位效益不好放大假的机会到北京外国语大学自费进修了3年，从北外回来之后就应聘到现在的某著名软件公司工作，一直未再跳槽。说起他的进修经历 “1991年还在国营企业，去读夜大，学费挺便宜的，都是自己赚钱去读的书，一学期才100多元。我后来还去过北外，进修了3年，从1995到1997年。那时吃住加学费一学期3000元，一年就6000元。当时想着闲着也是闲着。2002年考了ORACLE认证，花了15000元，学了一个月。”典型的勤奋攻读，节节高升。

（2）目前工作需要

随着职位的升高或行业内相关技术的进步，被访者感到原来的学历和技能不能适应工作要求，不得不充电以提高自身职业竞争力。

【个案一】吕先生，北京，34岁，现与朋友共同经营一家公司。他1987年在技校学习汽车修理专业，1989年进入工厂当了电工，4年后辞职，2000年开始与朋友合伙承包市政建设工程。他走上管理岗位后，“感觉（学历）不够使的了，底下人学历都比我高，管不住人了。”但两次参加成人高考未果，2001年他选择了门槛相对较低的党校，学习经济管理大专课程，2004年毕业后接着上了党校本科。这项支出“大专每学期1190元，3年6学期，现在大本一学期1300元，到现在一共花了不到1万块。”对工作数年已有一定积蓄的他来说“没什么压力”。

【个案二】胡先生，广州，25岁，IT行业技术人员。大专计算机专业，他说一直在利用晚上时间攻读软件方面的课程，力求赶上日新月异的IT技术潮流。“读书的时候就开始了，就没停过。这个专业就是这样的啦，得随时学习。”至今已经花费了2万余元。另外他在专业书籍方面也在不断投入，“一个月都得买100块的书。因为电脑知识更新太快，要是不看就感到自己落伍了。”

（3）为自己创业做准备

还有被访者有创业的打算，希望通过培训某些专业技能为以后发展做出充分的知识储备。

【个案】小李，23岁，上海某著名高校大四学生，父母均在国外经商，家庭经济条件较好。2005年她学了个会计初级辅导班，学费1260元，直到拿到证为止。被问及为什么要考会计证，她说:“在上海你的证越多越好找工作，再说，我想以后要是跟他（男朋友）自己创业的话，至少要能看懂账。”

（4）外语培训

外语是热门充电课程之一，被访者或是个人爱好，或为出国，对这方面需求较大，多是倾向于选择知名教育机构。

【个案】上文提到的小李除了考会计证外，2005 年还跟男朋友上了新东方一个新概念英语班，每人花费 590 元，她说“去主要不是为了学英语，那里老师都很有煽动力的，课上讲一些小故事、人文地理很有意思”。

（5）获得某种技能证书，作为谋生手段

这类被访者多为 30 岁以下的年轻人，学历低、收入低，他们希望一次性投入数百到数千元，拿到某个技术证书，证明自己有一技之长，之后从事相关工作。

【个案】冯先生，广州，29 岁，自由职业者，初中学历。“毕业后学了电工，当时是想找个电工来搞（做）一下啊，可是要工作就得有证，我就花 250 元报了个班，结果学了没几堂课就发证了，后来也没干电工。”

【个案二】李先生，上海，24 岁，外地来沪的某公司司机，中专学历。说起当时学习驾驶的想法“按我的想法就是，社会越来越发达了，不会开车也不行，而且别人要是有辆车给你开，你又不会，就觉得挺没劲的”。学车的 3800 元学费“是自己攒的钱。本来也想着回家学的，但想着上海学的好一些，就在上海学了”。目前他还打算学习电脑，“虽然开车也挺好的，但不能靠它生活一辈子的。”

（6）自学

还有被访者没有参加任何形式的进修或培训，而是购买相关图书和资料进行自学，这一类被访者有自我充电的意愿，但这方面消费较低。

他们或者认为现阶段自己的发展没有必要进行充电，北京的梁先生说，“从2002年毕业之后就没进修过。毕业之后在培训上基本没有支出。像我们这个年龄的，工作方面要是有需求，肯定要接受培训；就我来讲，现在还没有遇到自我发展的瓶颈，要是遇到的话会去培训。主要是时间的问题，没有太多时间。”

也有被访者认为花钱接受培训不值得，上海的郁先生认为，“想充电，但是现在一般的充电也学不到什么东西，还不如自己学。”

还有被访者在行业内的工作经验十分丰富，认为自学足矣，不需花钱报班进行充电。如广州的吴先生，从事路桥建设多年，他说“现在总要考很多证，像建造师啊、监理工程师啊什么的，而且电脑我也是靠自学来的，都靠自己看书。”吴先生从事的是传统行业，对各种资质认证要求颇高，使40岁的他一直没有中断学习。

2. 对子女的教育投入

中国人历来有重视教育的传统，舍得为孩子的教育花钱。为下一代创造优良的学习条件，接受更高的教育，是每个父母的最大心愿。由于高考竞争激烈，家长们投入了大量的金钱和精力为孩子择校、上课外小班、请家教和培养特长。这种以培养竞争力为目的的家庭教育投资开始得越来越早，甚至进入了幼儿园。

大多数家长在为孩子的教育投资时都不会是完全盲目的，他们都会在自己的认知范围内，进行一番“理性”思考，根据社会的用人标准和需求为孩子选择最佳的成才渠道。从这个意义上说，大多数人潜意识中都有“理性教育消费”的观念，而且其教育消费行为都已经做到了他们力所能及的“理性”。

本次访谈中有子女的被访者有24人，其中20位被访者的子女正在接受各种教育，他们对子女的教育费用包括在校教育支出，以及补习班、兴趣班、家教等课外教育支出，各教育阶段的侧重有所不同，按照子女年龄段，基本上子女年龄越大，投入越大。

下面就被访者对子女的教育投入分阶段进行分析。

（1）阶段一：幼儿园至小学——主动性消费成风潮

◆ 择校费、赞助费

即使在我国城市，教育资源也存在着分配不均的状况，使学校从幼儿园开始就有了“好”与“一般”之分，很多家长有一种惯性思维：认为子女能进入好的幼儿园就能较容易升入好的小学、好的中学、直至好的大学，所以有家长希望通过交纳各种赞助费、择校费、择班费，使孩子进入升学的“快车道”，“天下父母心，都想自己孩子好，想让他上好点的幼儿园。”广州的陈女士说。经济状况较好的家长这个意愿尤其明显。上海某软件公司项目经理高先生说起对5岁儿子的教育，“家附近没有好的小学。我也想着明年开始找一家好的小学，择校费不会计较的，一次出2万~3万没有问题。” 上海戴先生有一个上小学5年级的孩子，不无感概地说“上小学交了4000元，去年开始不允许收了。当时送钱还是要靠关系的，能收我的钱已经很开心了”。

◆ 课外兴趣班

通过访谈，我们了解到这三个城市普通中、小学的义务教育每年学费在1000~2000元，对一般家庭而言构不成什么经济压力。此外，由于上小学的子女一般没有太大升学压力，家长一般都会为孩子选择课外兴趣班，在每学期数百元的学费之外，各种兴趣班的费用也是一项比较重要的支出。小学课外班多选择英语、美术、书法、游泳等课程，一般家长为孩子选择 1~3 个兴趣班，每个班每学期 200~500 元不等。

家长让孩子去参加兴趣班目的主要有三点：一、让孩子真正学到一点东西，比如，参加英语培训班后，要能看到孩子的口语有一些提高；二、让孩子多参加集体活动，多接触一些小朋友，增长见识；三、让孩子参加书法、游泳等训练班，陶冶情操或增强某种技能。对于家长来说，培训班的价格并不是问题，关键是价格是不是和培训班的品质相符合，如果真的“物有所值”，就是价格贵一些也无所谓。这项支出在不同经济条件的家庭间差异不大，即使经济不宽裕，家长也会咬牙让孩子参加，毕竟孩子间的竞争从各个方面展开，正如上海一位 8 岁男孩的父亲钱先生说：“学校不学，外面也要学，你不学就会落后。”

【个案】于女士，52 岁，大学本科学历，某医院内科医生。家里有常年卧床的病人，经济拮据，但酷爱音乐的儿子曾跟朋友组乐队，于女士在他们练习用的乐器上陆续花费了一两万元。现在于女士提起儿子的才艺和懂事十分引以为豪。她的话非常有代表性：“当然有压力，（但）咬着牙支持他。那时候那么紧张，我向我父亲借钱也要满足他。”

对子女教育上的支出，家长们所持观念比较一致：“现在都流行……只要我支付得起，就想办法让孩子得到。”

◆ 贵族学校——少数人的选择

随着“贵族学校”的产生，有钱人上“私立”学校、 没钱人上“公立”学校的格局逐渐形成，一些收入高的家庭不惜花大钱为子女选择好学校，甚至出国学习 。教育的多元化使部分私营业主和个体老板对子女的教育多了一种选择——价格不菲的贵族学校和出国接受大学教育。

【个案一】冯女士，上海，40 岁，大学本科学历，上海一家小型公司老板，她的儿子从小学一直上寄宿制贵族学校，包含吃住需要 2 万元/年，每年学校还会组织旅游甚至境外游（新加坡），她说“我觉得好像这个学校进度比一般的学校更快。比如说我侄子比我儿子大 5 个月，他们有时谈天，我觉得我侄子的反应就慢。”冯女士已为孩子打算好去日本读大学。

【个案二】李女士，北京，35 岁，高中学历，持家主妇，其丈夫经营着一家公司。她谈起 2000 年送儿子上民办双语幼儿园，“主要是他小姨的孩子在那儿，去看过，挺好的。我就把他一直寄宿到那儿了。”而 3 年赞助费要 1 万元，入托费每年 16000 元，远高于培养一个大学生一般的花费。现在她的儿子在普通小学读二年级，“我们不想他上这种学校，想找一个双语学校。”至于对孩子未来的打算，因为有亲戚在国外定居，她打算等孩子高中毕业后送他去澳大利亚读书，“没有必要在国内读完大学再出去”。

（2）阶段二：初中、高中——家教补习费用高

当孩子从义务教育阶段进入高中、高职、中专等阶段的学习，每年数千元的费用对一些低收入家庭构成了一定的压力。中学阶段升学压力陡然增大，家长开始加大子女教育的投入，比如请大学生到家里为孩子补习，多是补习英语、数学等课程，按照一般 25 元/小时计，每个孩子花费在 200 元/月左右，多的达 700 元/月，不同收入状况的家庭在这项支出上差别不大。

家长为孩子请家教，多是感觉别人都请，自己不请怕孩子被落下；或是希望在孩子考学前加强某些薄弱科目的学习，顺利通过升学考试。

【个案一】帅女士，上海，44 岁，原来从事管理工作，2005 年买断工龄后成为持家主妇，其丈夫从事个体

旅游接待，家庭月均收入7000～8000元。她的儿子19岁，在读艺术类职校，每年学费9000元左右。谈到在儿子教育上的花销，周女士半开玩笑地说，“我们家钱大部分都给他用光了。上初二开始给他请家教补课，每科都补，这个补课费一个周就要700多元。”

【个案二】周女士，北京，某单位退休职工，家庭平均月收入约1400元，大女儿已工作，小女儿正在读高中，周女士一家为孩子上学倾尽了全力，“她们上学，也就存点够她们上学的，没有富余的。一点空余都没有，连吃饭的全都用完了。”即便如此，她也为上高中的小女儿每周安排了两次各两小时的家教补习，“也就两次，多了没有钱啊。”

（3）阶段三：高等教育——大学学费压力大

随着高等教育收费的普及，这项开支对不同经济条件家庭造成的压力差异显著。有几位被访者的子女上的是学费尤其高的艺术类专业，学费加上生活费每年开支在2万元左右。一般被访者都表示“有压力”，但只要能力所及，被访者表示都会全力支持孩子的学业，而确实没有经济能力的家庭也完全接受贷款上学的概念。

【个案】胡女士，47岁，北京市退休工人，家庭月收入约1300元，女儿2005年考大学，访谈时胡女士全家正在焦急地等待高考成绩。在这之前女儿的教育费用大概占到家庭总收入的1/4，一直给她很大压力：“她的开支是我们家最大的一块，一直以来我们都是省吃俭用供她上学，要是马上上大学的话，开支更大了，如果学校有贷款的话就让她贷，我们供应得实在很吃力。”

对自身进行教育投入的被访者的特点是：多是中青年男性，从事技术类或管理类工作，工作对个人技能和知识更新速度要求较高，工作压力大。从他们进行充电的动机来看，一类是充电以应对目前工作需要，另一类是积累资本，准备跳槽或创业谋求现状的改变。对子女教育进行投入的居民随着子女年龄增大，投入的教育费用节节升高，多是把这项投入当作一项单纯的支出，不在意能否从子女身上得到回报。

（二）城市居民对教育的看法

人们逐渐地接受了这样一个观念，投资于教育，就是投资于未来的发展机会。对于国家和民族是如此，对于个人和家庭也是如此。因此，不断更新的观念是促进教育投资增长的原动力。尤其是随着近几年经济的快速发展，高学历人才越来越受到社会的重视，高学历、高技能是通向择业、就业、晋升的桥梁。“教育能够提高人们的劳动能力，改变人们的社会地位，带来各种经济和非经济的收益”，这种观念已越来越多地被人们所接受。然而教育对城市居民来说，更多的是一种对未来的投资还是一种单纯的消费？我们的访谈结果如下。

1. 看法一：教育投入是一种投资

持此种观点的多是年轻人，不管是进修、考证还是学历教育，他们对自身教育投入时间和金钱，总是对教育投入的回报有一定预期。也有部分家长认为对子女的教育投入将来可以回报在子女身上，所以也是一种投资。

【个案一】张先生，上海，29岁，大学专科学历，某外资公司销售人员。他拥有中级物流证书，从电大专科毕业后正在进行专升本的学习，他对自己的求学经历和目前的就业环境不无感慨：“（教育）是投资性消费。我现在要证明自己不会比别人差，我不是个读书狂，没办法，社会所逼，必须得学习，但是不是说读书多素质就高。……但毕竟现在人太多，招聘方也没法选择，只能通过学历筛选。”

同时还有作为家长的被访者认为现在在孩子教育上做出投入，以后可以让孩子得到相应的回报，为人父母的被访者对这种观点表达得非常朴素：

【个案二】冯女士，上海，一家小型公司老板，儿子正在读初中。她从儿子小学开始送他上价格不菲的贵族学校，每年学费 2 万元左右。“儿子学得好了，（我）自己以后省心，要不还得跟着后面操心。”“你把他生出来，就是你的责任。也不要太伤脑筋，只要尽自己的能力，有多少能力就替你（儿子）办多少事。‘养儿防老’的想法太古董了。”

【个案三】冯女士，广州，35 岁，孩子上小学六年级，她说“表姐的孩子读初中，3 年就要交 12 万 8，但是还得交。其实小孩子有时比大人还要花得多”。她表示把对孩子的教育投入“是作为一种投资去做了，我们很多家长都在说，‘钱现在不用到时也就没有了’，关键就是给他很好的教育，现在社会发展得太快了，就是希望他好。”

2. 看法二：教育投入是一种消费

持此种观点的多是家长，他们把对孩子教育的投入看成一种责任，不要求子女对自己有任何回报。上海的戴先生认为教育“主要还是消费，他以后长大了是什么样还不知道，现在来看只是消费。”同样上海的周先生认为对女儿每年 1 万多块的教育投入“是一种消费，没想过要小孩回报，做家长的应该负这个责任。”

3. 关于教育的其他看法

还有被访者对目前教育本身提出一些个人看法，也比较具有代表性：

【个案一】钟先生，北京，28 岁，大学本科学历，从事计算机软件开发，出身城市家庭。他对城乡在教育资源分配不均有自己的想法：“现在教育收费太高，首先一点，义务教育做得不够，大城市还好，许多城乡做得很差，一些地方的学校还是国民党那时建的，农村收入很低，中国有 9 亿多农民，几年的收入不够一个学生念一年大学。主要是城乡两种制度的矛盾，贫富差距会越来越大。知识就是力量，但他们无力改变贫穷，最后会仍旧贫穷，富人占有的资源会越来越多，越来越富，两极分化会越来越严重。”

【个案二】李小姐，北京，26 岁，大学本科学历，3 年前来京在某大型国企从事管理工作。因为“感觉英语越来越重要了”，所以买了书和 CD，正在自学。不知是回顾起自身的经历，还是有感于单位的职场新人，她认为“现在的大学为学生提供实践的机会太少了，学生上班后没什么实践经验，对他们的发展也有很大的影响。”

【个案三】黄先生，上海，32 岁，硕士学历，技术人员。他称家里 5 个兄弟姐妹里“一个中专，其余大学，但是学历低的最有钱”。“教育是一种消费。现在的教育，其实人最终要看对社会的认知能力。我觉得自己不应该上研，因为我这个专业不是过分注重技术。我劝人不要上大学，没必要强求。” 他对教育的看法可能有些偏激。

小结

- 居民教育支出的大幅度增长主要缘于社会就业难度的加大、社会观念的改变及追求最大的个人价值等因素所致。
- 教育终身制正被越来越多的城市中青年人群认同，花钱接受各种形式的专业教育，得到学历和技能的双重提高是他们晋升职业阶梯的法宝。
- 居民毫不吝惜对子女的教育投入，且其花费高低与家庭收入水平直接相关，教育资源的稀缺和贵族学校的存在，使不同家庭的子女所接受的教育出现分化。
- “投资教育等于投资未来”已成为城市居民的共识，对教育的支出愿望明显增强，随着经济的发展和收入水平的提高，广大居民对教育的消费将大幅度增加。

二、储蓄

改革开放以来，我国居民收入稳步增长，但由于受到个人投资渠道狭窄和未来风险系数增大等因素的影响，中国居民储蓄的增长速度一直高于经济增长和居民收入增长的速度。党的十六大报告明确提出要进一步培育和扩大居民消费需求，将居民储蓄转化为消费和直接投资成为了经济工作和经济政策的重点。目前中国居民储蓄的基本目的还在于预防，但居民究竟如何规划自己的储蓄？这些年居民储蓄所占个人收入或者家庭收入的比例、储蓄的目的以及观念有什么变化？这些都是我们此次访谈所要回答的问题。

（一）城市居民的储蓄状况

表 6-2-1 至表 6-2-3 是通过电话调查了解的 10 城市居民的储蓄状况。80%左右的被访者都有储蓄，并且多数人表示未来一年储蓄会有所增加，仅有极少数人表示未来一年不参加储蓄。从表 6-2-2 来看，“为了将来孩子上学用”排在居民储蓄目的的首位，后依次是以备意外急用、为了买房和为了退休以后的生活。另外，还有少数被访者提到储蓄是为了补贴孩子、家人、赡养父母、投资、做生意等。

6-2-1 有没有参加储蓄

	人数（人）	有	没有
北京	203	81.8	18.2
上海	206	85.4	14.6
广州	205	82.4	17.6
深圳	153	79.7	20.3
成都	219	79.0	21.0
重庆	209	72.2	27.8
武汉	230	80.4	19.6
西安	219	87.2	12.8
沈阳	247	80.2	19.8
南京	224	76.8	23.2

6-2-2 储蓄的目的 注：本题为多选题，合计百分比可能超过 100%

	人数（人）	为了将来孩子上学用	为了将来孩子结婚用	为了自己结婚用	为了买房子	为了买车	为了退休后的生活	以备意外的急用	医疗
北京	164	47.7	11.0	4.9	30.7	15.0	18.9	26.1	0.0
上海	176	55.7	14.7	7.5	19.0	9.2	20.6	32.2	0.0
广州	170	43.3	6.9	8.2	22.4	15.6	20.9	29.6	0.6
深圳	120	55.5	10.3	4.1	20.0	15.8	13.3	26.2	0.0
成都	173	52.4	8.1	7.1	30.4	22.7	15.2	30.2	1.1
重庆	151	53.2	8.3	6.8	13.3	8.0	17.1	34.3	0.0
武汉	185	51.4	7.3	12.0	22.8	10.2	6.4	30.2	0.0
西安	191	54.2	6.8	3.1	29.5	7.5	16.7	29.6	0.0
沈阳	195	49.2	11.5	9.4	28.4	11.1	8.6	22.1	0.0
南京	172	55.4	8.9	6.4	21.8	9.4	14.9	28.5	0.0

续前表

	人数（人）	补贴给孩子、家人	为自己用	旅游	日常生活开销	赡养父母	投资	做生意	其他	没有打算
北京	164	0.0	1.9	0.3	0.0	0.6	0.0	0.0	5.2	4.2
上海	176	0.0	2.6	2.9	0.0	0.0	0.0	0.0	2.2	0.0
广州	170	0.0	0.0	1.7	2.7	0.0	0.8	0.0	6.0	0.8
深圳	120	0.0	0.0	0.0	0.0	0.6	2.4	1.2	7.4	0.0
成都	173	0.3	0.0	0.0	0.6	0.0	1.4	1.4	3.0	4.5
重庆	151	0.4	0.0	0.0	0.5	0.0	0.0	0.0	0.6	4.4
武汉	185	0.0	0.0	1.5	0.4	0.0	0.4	1.2	2.3	1.2
西安	191	0.6	1.7	0.7	0.7	0.0	0.0	0.3	6.4	1.6
沈阳	195	0.0	0.0	0.0	0.0	0.0	0.9	0.0	5.3	1.2
南京	172	0.0	1.7	0.0	1.0	0.0	0.3	0.0	4.8	0.0

6-2-3 未来一年储蓄程度的增减

	人数（人）	增加	减少	和今年差不多	不一定	不参加
北京	163	49.1	13.5	20.2	13.5	3.7
上海	168	36.9	6.5	33.9	22.0	0.6
广州	167	44.3	13.2	14.4	26.3	1.8
深圳	122	32.0	10.7	18.9	36.9	1.6
成都	173	39.9	12.7	33.5	13.9	0.0
重庆	151	41.1	14.6	24.5	19.2	0.7
武汉	186	46.2	16.7	17.2	19.9	0.0
西安	191	40.3	16.2	30.4	10.5	2.6
沈阳	197	41.6	13.2	29.9	14.2	1.0
南京	173	35.8	8.7	32.9	21.4	1.2

下面结合本次访谈内容，就居民的储蓄情况进行分析和总结。

1. 没有储蓄的消费者

前面我们根据消费模式将消费者分为四类，其中“月光族”被认为是时尚消费模式之一，他们挣多少，花多少，基本没有积蓄。从访谈结果来看，这部分人群集中在学生和中低收入阶层，但他们并非都是观念超前人士，而是受现实经济条件的制约，被迫归入了“月光族”。导致他们没有储蓄的原因主要可以细分为三方面：

（1）收入有限，心有余而力不足

这类消费者主要集中在低收入阶层，他们虽然有储蓄的想法，但因经济条件的限制，收入仅够维持日常开销，所以被迫成为无储蓄的“月光族”。甚至如个案二中的胡女士提到的那样，因为担心物价上涨，所以觉得钱现在不花就会自动贬值。

【个案一】谭小姐，广州，20岁，职高学历，酒店文员，个人月收入1000元。谭小姐家庭经济条件不太好，父母两人退休金每月一共1500元左右，她的收入除了交给母亲一半以外，剩余的部分仅仅能够维持自己的一些基本开支。谭小姐表示自己现在也考虑过储蓄，主要是为结婚，但是暂时还没有存款。

【个案二】胡女士，北京，47岁，初中学历，退休，个人月收入601～900元。她在提到储蓄时很无奈：“我们不储蓄，一是没得存，挣的也都花了，二是你去年存的钱今年就不会有那么多了，因为物价都上涨了。”

（2）观念超前，无后顾之忧

这类消费者普遍是比较年轻的单身一族，没有过多的家庭负担，注重生活享受，有一定消费实力。他们大多认为自己年轻，不需要考虑那么长远的事情，而且对未来充满信心。

【个案】黄先生，上海，32岁，硕士学历，做管理工作，个人月收入2001～2300元。他现在有好几张信用卡，每个月都在透支。他的观念是“节省是针对不浪费来说的，不是说不消费”。“我没储蓄。（挣的钱）一部分还贷，一部分给父母，一般有了不少钱就花一下。我一贯不主张储蓄，因为年龄不大，以后肯定挣得多。”

（3）买房、结婚等主要储蓄目标实现，储蓄重新归零

就访谈来看，这类被访者人数较多。他们也曾有过储蓄，但因买房、结婚花去了曾有的积蓄，目前暂时没有存款。有的迫于每月还贷的压力，基本是零储蓄；有的因为刚刚结婚，组成新家庭，支出增多，而短期内没有其他大宗消费目标，所以也没有储蓄。

【个案一】高先生，上海，36岁，大学专科学历，月收入4701～5000元，从事软件技术工作。高先生中学毕业后先是在一家国营企业上班，并利用业余时间攻读了计算机专业的大专学历。后来借着单位效益不好放大假的机会到北外自费进修3年。北外回来之后就应聘到现在的某软件公司，一直未再跳槽。高先生结婚已有5个年头，孩子也已经5岁了，一家三口和高先生的父母还住在一起。属于中高收入水平的高先生自称没有存款：“好比添车就一下花光了，所以就没有存款。”

【个案二】李先生，北京，35岁，大学专科学历，月收入3800～4000元。2001年以前在新疆工作，2001年以后在北京某国内大型石油公司工作。以前他每年都会拿出一半的收入来储蓄，但是“现在没有储蓄，买了房子，要还月供，还有自己生活，（所以）基本没有储蓄”。

【个案三】吕先生，北京，34岁，大学本科学历，与朋友共同经营一家公司。1999年结婚，爱人在商场工作。吕先生现在住的是公房（属于北京当地人以前的老房子，大概年底准备拆迁）。现在开公车，他准备拆迁后买房、买车，而且不打算使用分期付款。“1995年存钱为结婚，存了4万多吧，结婚全花了。” 现在吕先生没有储蓄，“钱都投入到公司里，我需要的时候提出来，不用就在里面存着，我身上存不住钱。”

2. 储蓄比例较低的消费者

在有储蓄的消费者中，储蓄所占收入的比例也有较大差异。从访谈资料来看，14 位被访者储蓄占收入的比例为 20%~30%。他们中既有月薪在千元左右的中低收入者，也有月薪上万的高收入者。从储蓄目的来看，这部分被访者大多目标明确，主要集中在买房和子女教育上。但是他们储蓄比例较低的原因却各有不同，或者是受到经济条件的限制，或者是消费观念超前所致。

【个案一】臧女士，北京，30 岁，高中学历，建筑公司文员，家庭月收入 3000 元，还有一个 4 岁的孩子，会拿出 30% 来储蓄。

【个案二】林先生，广州，54 岁，初中学历，家庭月收入 2301～2500 元，在环卫部门工作，“城市美容师”。虽然已经 54 岁，但现在还在努力为子女教育存钱，“我们现在的收入都有保障的，我 55 岁退休，还有 1000 多，她（爱人）1000 多，我们就专心供他上大学。”

【个案三】温先生，广州，26 岁，大学专科学历，做海鲜生意，月收入 7 万～10 万，但是“4 年下来才存了三四十万”，算下来每年存款占收入还不到 20%。

（1）经济条件限制储蓄比例

个案一和个案二中的被访者，个人和家庭收入属于中等水平。由于日常开支分流了很大一部分收入，所以每月下来可供储蓄的就非常有限，且较为集中在买房和子女教育方面。如个案一中的臧女士，她现在储蓄就主要是为了孩子。再如北京的于先生，月收入 2300 元，每个月吃饭要用 600 元，给孩子花费 400~500 元，看病花 200 多元，平均下来每个月能存 600 元左右，不到收入的 30%。

（2）消费观念决定储蓄比例

个案三中的温先生月薪是中低收入者的数十倍，但是储蓄比例却和前者相当，甚至更低。显然，温先生的储蓄比例较低并不是因为经济条件所限，而是由个人消费观念超前导致。温先生上大学时就因倒卖盗版 CD 和服装挣得了第一桶金，后来做起了海鲜生意，在海鲜市场有摊位，两年以前就拥有了 100 万左右的资产，正所谓“要风得风、要雨得雨”。但自称因为迷上赌博 4 个月输掉 100 多万。他不喜欢储蓄，“有时候可能一个月赚的全用完了”。他解释自己现在不关心储蓄是因为还单身，不需要承担太多责任，但是“以后肯定要改变，结婚以后还要有两个家庭要负责任”。此外，他的消费模式也与其敢于冒险的个性与经历有关。

3. 储蓄比例较高的消费者

从访谈来看，储蓄占收入比例50%~60%的人群主要集中在24~35岁的年轻人中，其中不乏高收入者。他们往往预期到未来会有较大开支，如结婚和买房，这促使他们有计划地将很大一部分收入作为储蓄。

【个案一】张先生，上海，29岁，大学专科学历，月收入3200~3500元，在某公司做销售工作。他现在每年的储蓄额占收入的比例都在60%，而且他总是会给自己订立"阶段性的目标"，就目前而言，"现在主要是为结婚做准备吧"。

【个案二】梁先生，北京，24岁，大学本科学历，现在事业单位宣传部门工作，月收入5000~6000元。他2003年来北京，老家在河北农村。现在和哥哥一起租住了一套两室一厅的房子。打算两年后结婚。所以储蓄的主要目的是买房。他现在每年的储蓄都占收入的一半以上，"主要是用来买房，当然如买不上房，可以自己先租着呗。"

从以上对城市居民储蓄情况的分析，我们可以做出以下小结：

> 从总体上看，大多数被访者不会对自己的储蓄比例做硬性规定，储蓄额往往比较随意，随消费金额的变化不固定。这部分被访者收入有高有低，但是中高收入以上的被访者更倾向于无固定储蓄。储蓄目的比较集中，依次为子女教育、买房、以备意外急用和养老。

（二）十年间城市居民储蓄的变化

随着人们消费观念的变化，储蓄态度也相应发生了改变。访谈中有38位被访者对储蓄比例的变化做出了回答，其中储蓄比例增加的有19人，减少的有11人，不变的有8人。

1. 储蓄比例增加的消费者

储蓄比例增加的被访者共同特点是储蓄目的更明确。主要有以下几种情况。

（1）人生阶段的改变

这类消费者比较年轻，几年前还是学生或者年龄较小，没有收入，也几乎没有储蓄，因此现在所谓储蓄比例的增加是建立在以前没有储蓄的基础上。

【个案一】魏先生，上海，24岁，大学本科学历，月收入3000~4000元，从事保险行业。魏先生今年刚大学毕业，读大学的时候他已经开始做些小买卖赚自己的零花钱了，他用自己赚的钱和朋友到处去旅游、买衣服、请客吃饭等，基本上都花光，也没想到储蓄。但是现在工作以后，他的想法就完全改变了："每个月存30%，也会有花掉的时候……要先赚钱、再存钱、再花钱，要克制自己的购物欲。"

【个案二】孙女士，广州，27岁，大学专科学历，月收入2100~2300元，公司职员。孙女士是在结婚以后才开始考虑储蓄的，"以前什么都不考虑，从结婚以后开始改变的。"

（2）其他情况

- 北京的董先生："以前不储蓄，做买卖等着用钱，根本不可能储蓄，现在还有点。"
- 上海的张先生："比例肯定偏高了。收入是主要的关系。"
- 广州的周小姐："交了这个男朋友以后好一点。以前就是一个人的收入，每个月很紧。"

◆ 广州的冯女士："2000 年是个转折点。那时突然意识到了储蓄的重要性。（那时）孩子六七岁，那时还是有多少花多少。后来父亲生病一下就花了好几万，（才意识到没有储蓄）真正遇到困难就麻烦了。"

2. 储蓄比例减少的消费者

（1）暂无明确储蓄目标

第一类被访者在前面曾有提及，即因为前一阶段的储蓄目标已经实现，所以目前消费相对宽松，暂时没有明确的储蓄目标，储蓄比例也就相应减少。

【个案一】肖女士，上海，26 岁，初中学历，家庭主妇，儿子两岁半，家庭月总收入接近 3000 元。"2000 年有存起来的，因为结婚是要钱的。以前都存 2/3 的，因为开销比较小的，收入也比较少，存的比较少。后来就多了，我们除了开销，大概 1/3 都存起来，一年也能存 10000 块吧。开销比存的多，一年要 20000 块呢。"

【个案二】戴先生，上海，38 岁，本科学历，中学体育老师，月收入 3000 多元。戴先生的朋友圈子特别广，他说："年轻时就是存钱讨老婆……那时没消费多少，能存 1/3，现在 1/5 也存不到，我应酬开销蛮大的。"

【个案三】金先生，上海，56 岁，退休，每月退休金 1000～1500 元，老伴也退休在家，女儿刚结婚没两年。金先生说："结婚前我有固定的储蓄，那时挣 36 块就存 20 块，存到结婚。结婚后就归我老婆管了，我不管。基本上没什么大储蓄，没什么计划性的。我在老房的时候有，女儿结婚后，负担一下卸下了，就没有（储蓄）了。"

【个案四】 朱女士，北京，50 岁，退休，每月退休金 2000 元。"现在基本上没什么了，主要都买房了。""我们两个福利待遇都很好。我爱人他们大学这方面肯定没问题，各种保险也都有。我虽然是退休了，但是因为工伤，医疗费什么的单位也都管，所以没什么担心的。我们给儿子买了商业保险，因为他原来的单位不稳定。"

（2）开支增长速度超过收入增长速度

由于所处人生阶段的不同，所需面对的经济压力也不同。虽然随着时间的推移，被访者的收入水平也有所提高，但却不足以抵消其开支的增加。

【个案一】陈小姐，广州，26 岁，大学专科学历，某房地产经纪公司营业部文员，月薪 1701～2000 元。"刚毕业不会用钱，存得多，现在花得多了，敢花将来的钱了。"

【个案二】臧女士，北京，30 岁，高中学历，建筑公司文员，家庭月收入 3000 元。"以前多，现在少了。因为孩子开销大，没孩子时开销少。"

【个案四】钱先生，上海，35 岁，高中学历，技术工人，月薪 1201～1400 元："以前是为了结婚，那时父母存，自己添点零用的外大部分都存起来了。从有了小孩就基本不存了，现在我办了两份保险就没有钱了。一份是给小孩买的教育保险，每年交 4000，要交 16 年，交到他读大学，大学时就可以返回来了，回报比存款合适。还有一份是给岳母买的养老保险，每年要交 2000。"

3、城市居民的储蓄趋势

在此基础上，我们总结出中国城市居民储蓄的特点和发展趋势。受传统消费观念的影响，居民对储蓄依然重视，但随着人们的消费观念慢慢从温饱型转向享受型，居民储蓄将变得更加随意。储蓄占居民收入的比例将不会有大的变化，但是随着居民收入水平的提高，储蓄额将会明显上升。买房、结婚、子女教育、养老等在一段时期内还将是居民储蓄的主要目的。

小结

- 城市居民的储蓄比例在很大程度上与收入水平相关，储蓄占收入的比例较高往往和收入较高相关，反之，高收入并不意味着储蓄比例也高。
- 从访谈来看，有一部分高收入人群储蓄占收入的比例与低收入人群相当，甚至低于低收入人群，这主要与消费者的消费观念有关。高收入消费者因为经济承受能力强，更容易接受超前消费观念。储蓄的目的也没有中低收入消费者强烈和迫切。
- 目前城市居民的储蓄目的主要集中在买房、结婚、子女教育以及养老这几方面，这些仍是中国城市居民生活中的头等大事。十年来居民的储蓄比例主要围绕这些目的实现与否而变化。总的来说，储蓄比例的升高或降低与消费目标的确立或实现直接相关。

三、投资

随着城市居民的钱包渐渐鼓起来，个人资产的概念也发生了深刻的变化，加之银行存款利率的不断下调，居民开始寻找其他使个人资产保值增值的渠道，投资理财成为许多居民的当务之急。20 世纪 80 年代，个人资产大多是指现金、存款、国库券以及冰箱、彩电等“值钱”的大件；20 世纪 90 年代，除了存款、国债之外，又多了股票和保险；进入 21 世纪后，投资渠道不断增多，股票型基金、货币基金、信托、外汇理财以及人民币理财逐步走进居民生活中，并在个人资产中占据的比例越来越大。金融市场、金融投资渠道的进一步拓展，在一定程度上培养了居民投资的兴趣，改变了居民的投资观念，居民从储蓄保值转向投资升值的意识逐渐增强。

（一）城市居民的投资渠道选择

表 6-3-1 和表 6-3-2 是通过电话调查了解的 10 城市居民参与投资的情况。绝大多数被访者没有参与投资，并且未来一年也没有打算参与投资。A 股基本是 10 城市消费者目前参与最多的投资形式，其次是国债、B 股和房地产投资，它们也是被访者未来一年打算参与最多的投资形式。除了传统的投资形式外，收藏、基金、保险、彩票、做生意逐渐成为城市居民新的投资热点。

6-3-1 目前参与的投资形式 注：本题为多选题，合计百分比可能超过 100%

	人数（人）	A 股	B 股	C 股	国债	企业债券	商品期货	金融期货	外币	黄金储蓄
北京	204	11.6	2.3	0.0	4.6	1.2	0.7	0.7	1.8	0.0
上海	207	17.1	4.7	0.0	3.8	1.2	0.0	0.5	1.2	0.0
广州	207	5.3	2.9	0.0	1.0	0.0	0.0	0.0	1.3	0.0
深圳	151	4.7	2.2	0.0	0.5	0.0	0.9	0.0	0.0	0.0
成都	218	8.4	2.9	0.0	3.1	0.0	0.0	0.0	0.0	0.0
重庆	208	12.4	1.9	0.0	2.6	0.0	0.0	0.0	0.4	0.0
武汉	230	11.0	2.3	0.0	4.6	0.0	0.0	0.0	0.0	0.0
西安	218	11.3	2.4	0.2	7.5	0.3	0.0	0.7	0.0	0.0
沈阳	246	7.0	1.8	0.0	1.9	0.0	0.6	0.7	0.0	0.0
南京	225	10.9	2.5	0.0	4.7	0.0	0.0	0.0	0.2	0.2

续前表

	人数（人）	房地产投资	收藏	基金	投资型保险	买彩票	做生意	其他	都没有
北京	204	0.6	0.0	0.6	0.6	0.0	0.0	0.5	80.6
上海	207	1.3	0.0	0.6	0.0	0.0	0.0	0.9	73.9
广州	207	2.2	0.0	0.0	0.7	0.0	0.6	0.5	87.6
深圳	151	2.6	0.0	0.0	0.0	0.0	0.9	0.5	89.1
成都	218	3.5	1.6	0.0	0.5	0.5	4.2	0.9	76.3
重庆	208	2.9	1.2	0.0	0.0	0.7	0.2	1.2	80.7
武汉	230	0.6	0.0	0.0	0.3	0.6	2.0	0.7	80.0
西安	218	1.4	0.0	0.0	0.0	0.0	2.4	6.3	72.6
沈阳	246	2.3	0.0	0.0	0.0	0.0	0.4	1.1	85.8
南京	225	1.2	0.0	0.0	0.0	0.0	0.2	2.1	80.8

6-3-2 未来一年打算参与的投资形式 注：本题为多选题，合计百分比可能超过 100%

	人数（人）	A 股	B 股	C 股	国债	企业债券	商品期货	金融期货	外币	黄金储蓄
北京	183	2.5	0.0	0.0	4.2	0.0	0.8	0.8	0.8	0.0
上海	197	10.1	0.9	0.0	2.3	1.7	0.0	0.0	0.0	0.0
广州	197	4.0	0.9	0.0	1.2	0.0	0.0	0.0	0.4	0.0
深圳	150	3.8	1.2	0.0	0.5	0.0	0.5	0.0	0.0	0.0
成都	215	4.7	1.4	0.0	2.2	0.0	0.0	0.0	0.0	0.0
重庆	207	9.1	1.1	0.0	1.2	0.0	0.0	0.0	0.4	0.0
武汉	230	6.0	0.9	0.0	3.8	0.3	0.2	0.0	0.0	0.0
西安	218	7.1	0.9	0.2	4.5	0.3	0.3	0.0	0.0	0.0
沈阳	247	3.3	0.0	0.0	4.6	0.0	0.6	0.0	0.0	0.4
南京	222	5.0	0.2	0.0	2.8	0.7	0.0	0.0	0.2	0.0

续前表

	人数（人）	房地产投资	收藏	基金	投资型保险	买彩票	做生意	其他	都没有
北京	183	2.0	0.0	0.0	0.7	0.0	0.0	1.1	90.1
上海	197	2.1	0.0	0.6	0.0	0.0	0.0	1.4	85.0
广州	197	1.7	0.0	0.0	0.7	0.0	0.7	0.5	91.1
深圳	150	2.0	0.0	0.5	0.0	0.0	0.0	0.5	92.1
成都	215	1.2	1.6	0.0	0.0	0.6	2.7	2.8	85.1
重庆	207	1.1	0.8	0.0	0.0	0.0	0.8	1.5	85.5
武汉	230	3.1	0.0	0.6	0.0	0.0	1.0	2.9	84.4
西安	218	1.0	1.4	0.0	0.0	0.0	2.9	6.2	78.8
沈阳	247	2.0	0.0	0.0	0.6	0.0	0.4	2.8	86.1
南京	222	0.3	0.0	0.0	0.0	0.0	1.0	2.5	88.6

下面结合本次访谈内容，就居民主要投资渠道分别进行分析。

1. 股票仍是最重要金融资产，居民风险意识加强

从1992年炒股热兴起，众多城镇居民把炒股当成了“第二职业”，20世纪90年代末的沪深股市异常火爆，很多人把相当一部分积蓄投入股市，但近年来由于股票市场本身的缺陷和行情持续低迷，很多被访者表示“悔不当初”，对持有股票普遍信心不足。

【个案一】钟先生，北京，28岁，大学本科学历，从事计算机软件开发工作，平均月收入8000-9000元。他在毕业2年后，把收入相继全部投入了股市，据他说“亏得血本无回”，谈及炒股对生活的影响和新的投资计划，他说“要不做股市，那些钱都可以买房了。现在还在做一部分，以后可能会抽出一部分做投资型保险、股票基金和储蓄，最后这四大块并行，这样稳妥一些，风险小一点”。看来沉痛的教训已经使钟先生的投资观念日趋成熟、理性。

【个案二】董先生，北京，40岁，初中学历，早年做贸易，1997年开始在家专职炒股，由于在邻里声望较高，带动了不少邻居也开始炒股，“以前刚开始炒没经验，交了不少学费，赔了几十万，挺影响生活的。赔得最多的时候有七八十万吧，你看我这白头发都是那时长出来的，天天操心啊，做梦都是炒股，现在还有大概100万在里面。”董先生说“他们（邻里）的账户都放在我这儿，还有许多大学生的也在我这儿，我初中都没毕业，炒股要智商高，再加上努力才行。现在大公司多少人炒股都赔钱，没人能左右股市。”

对于股市长久以来的低迷，股民们除了无奈，也逐渐放平心态，开始把股票当作一项长期投资；也有股民“一朝被蛇咬，十年怕井绳”，对股市产生了厌倦和畏惧心理。

【个案三】胡先生，广州，25岁，月均收入5000元，从事计算机软件开发工作，他从读书的时候开始炒股，原因是“当时主要自己学了点金融，就想试一试。”“挣的钱我都没有收回来，又继续投在里面。套的这么厉害，我都忽略不计它了。”胡先生对继续投资股市已经兴趣不大，表示“一旦成本回来，我就出来了”。

现在持有股票的被访者当时投入股市，多是看中其高回报的特点，跟风投资，股市的剧烈震荡也使得居民充分认识到巨大的风险。尽管被“套住”的资金在几万到上百万不等，他们大多能放平心态，坦然处之。

2、国债收益稳妥，已非炙手可热

国债作为传统投资渠道，利息较同期银行定期存款高，且免征利息税，在居民储蓄规模日益庞大的背景下，国债似乎已经成为居民理财的最佳投资方式，所以有“金边债券”之称，是各种理财渠道中最安全、稳妥的投资种类。

【个案】周先生，上海，56岁，月收入3000元左右，已经退休。他每年会购买数千元的国债，但表示“要是排队我就不喜欢去了，那些多的利息，我少开销一次就出来了，我这个人不会去排队，耽误时间，得不偿失。”

需要注意的是，受发放额度限制，国债目前处于供不应求的状态，某些地区发放一期国债，常会有许多居民彻夜排队购买。国债的限量发放给认购者带来很多不便，也影响了居民投资国债的积极性。

3. 房地产增值明显，大受居民追捧

居民改善住房的愿望以及房地产将要不断升值的预期获利心理，加上货币化分房政策的实施，使房地产市场异常活跃，成为近年来居民的投资热点。它以其特有的实在性、增值性和收益性颇受居民青睐，很多人认为它能够提供稳定可靠的投资回报。在银行存款实际利率为负的情况下，许多居民不愿看到自己的储蓄在银行里缩水，开始提取存款来购买房产，从而推动了房地产价格上涨，而上涨的房地产价格吸引了更多的资金投入。在缺少有效投资渠道的情况下，投资房地产成为居民的一个重要选择，不少人还把它视为投资的首要选择。

4. 实业投资门槛较高，有待进一步发展

实业投资是一种直接作用于社会经济的投资方式，随着私人经济的兴起，个人实业投资逐渐增多。美容店、裁缝店、工程公司等都是个人实业投资较为集中的行业。

【个案一】苏先生，上海，34 岁，初中学历，10 年前从外地来沪在一家裁缝店从事来料加工。2004 年在上海开设了自己的服装店，一次性投入了 7 万余元，这算是 10 多年来他最大的一笔投资，他的目标是“以后还要投一个分店，开到正街上”，而“对炒股这些投机不是很感兴趣，尤其是这两年，”他还调侃说，“听说股市不行，现在提着菜篮子的都在炒股，就不用我去了。”

【个案二】吕先生，北京，34 岁，大学专科学历。他从工人做起，2004 年与朋友共同开办了一家小型工程公司，另一方面投资了一家服装店，只投资不经营。

由于实业投资不仅需要一定的资金和魄力，还需要有一定的专业技能和经营管理能力，因此这方面的投资门槛相对更高，还有待进一步发展。

5. 收藏、彩票等其他投资渠道

依靠收藏字画、邮票、陶瓷、钱币、旧书报刊等藏品，只要投资者眼光独到，就能保证稳妥地获利。收藏作为一种投资渠道受到了特定人群的青睐。但是，因其对收藏者专业知识方面要求较高，所以把收藏作为投资的居民比例很小。

【个案一】林先生，广州，51 岁，环卫部门工作，平均月收入 2300 元左右，业余收藏邮票和茶叶。他说 2003 年的时候以每筒 350 元的价格购买了“同兴号龙马商标”茶叶，一年后市价涨到了每筒 2000 多元，曾有一个同事出价 1000 多元，林先生没有出让，因为“还没有什么东西等我急用去买。果实不一定等我去收获，到时可能要留给儿子、孙子”。

除了以上提到的投资行为，还有部分居民把购买彩票当作自己的投资方式之一。某些居民购买频率较高，持续时间较长，他们大多收入较低，把中奖当作一种改变现状的微小希望。访谈中这类居民都能持有比较平和的心态，表示购买彩票“很随意”、“玩玩而已”。

【个案二】吕女士，上海，退休职工，从彩票开始出现就坚持购买福利彩票和体育彩票，“买彩票刚开始是觉得很新鲜，不过到现在，周围人中就只有我还在坚持买了”。“我觉得心态很重要，该你的就是你的，有得就有失，俗话说的就是这个道理：鱼和熊掌不可兼得，塞翁失马，焉知非福。不要拼命想发财嘛，现在买的时候很随意，也不定期，而且我买的时候也不编号，都是随机的。每次最多花费五六十元，后来买的少了，一般都是10元5注。”

（二）保险成为居民投资新渠道

伴随我国社会保障体系的逐步建立和不断完善，以及市场经济体制改革的不断深化和商业保险的多样化，居民的参保意识不断增强，个人购买保险的种类日益增加。表6-3-3至表6-3-6是通过电话调查了解的10城市居民参加保险的情况。10城市居民中，北京、上海、广州居民参加保险的比例基本在40%左右，其他7城市基本在35%左右。未来一年打算参加保险的比例基本在25%左右，深圳的比例最高，为31.4%。10城市居民参加最多的险种是人寿保险、健康保险和意外伤害保险，未来打算参加的险种也主要是这三种类型。

（注：表6-3-4和表6-3-6中“为了明天”、平安保险、商业保险、社会保险、失业保险、万能保险、分红类型保险、子女教育保险是在调查中被访者提到的自己参加的保险。）

6-3-3 参与保险的比例

	人数（人）	参加了	没参加
北京	208	44.2	55.8
上海	209	44.0	56.0
广州	206	39.8	60.2
深圳	153	34.0	66.0
成都	221	37.6	62.4
重庆	209	27.8	72.2
武汉	230	36.1	63.9
西安	219	37.4	62.6
沈阳	247	31.6	68.4
南京	225	35.6	64.4

6-3-4 参加的险种 注：本题为多选题，合计百分比可能超过100%

	人数（人）	财产损失保险	责任保险（机动车险等）	人寿保险（养老保险等）	健康保险（医疗保险等）	意外伤害保险	“为了明天”	平安保险
北京	95	5.1	6.0	45.8	42.5	35.8	0.0	0.0
上海	89	0.0	1.3	57.5	42.5	27.9	0.0	3.1
广州	78	4.3	4.4	45.0	49.1	31.3	0.0	1.6
深圳	52	9.2	4.9	65.9	40.8	32.4	0.0	0.0
成都	82	4.9	5.9	57.4	50.2	27.2	0.0	1.1
重庆	58	0.0	7.8	58.4	44.8	18.9	0.0	0.7
武汉	83	4.7	0.5	54.8	38.6	16.1	8.9	2.8
西安	82	4.3	1.9	60.0	43.3	29.7	0.0	0.0
沈阳	78	2.3	0.0	62.7	39.5	26.5	0.0	0.0
南京	76	0.7	0.8	61.5	42.9	22.1	0.0	0.0

续前表

	人数（人）	商业保险	社会保险	失业保险	万能保险	分红类型保险	子女教育保险	其他
北京	95	0.0	0.6	0.0	0.0	0.6	0.0	3.3
上海	89	0.0	0.0	0.0	0.0	0.0	0.0	1.2
广州	78	0.0	0.0	0.0	0.0	1.6	0.0	4.3
深圳	52	0.0	1.4	0.0	0.0	0.0	0.0	2.8
成都	82	2.6	1.3	0.0	0.0	2.1	0.0	0.6
重庆	58	0.0	0.0	0.0	2.5	0.0	0.0	2.5
武汉	83	0.0	0.0	2.7	0.0	0.0	1.5	4.8
西安	82	0.0	0.0	0.0	0.0	0.0	0.0	5.2
沈阳	78	0.0	0.0	1.3	0.0	1.2	0.0	4.2
南京	76	1.6	0.0	0.0	0.0	2.2	0.0	1.4

6-3-5 未来一年有无参加保险的打算

	人数（人）	有	没有
北京	177	21.5	78.5
上海	186	22.6	77.4
广州	188	25.0	75.0
深圳	153	31.4	68.6
成都	221	29.9	70.1
重庆	208	19.2	80.8
武汉	230	28.7	71.3
西安	216	24.5	75.5
沈阳	247	27.5	72.5
南京	225	26.7	73.3

6-3-6 打算参加的险种 注：本题为多选题，合计百分比可能超过 100%

	人数（人）	财产损失保险	责任保险（机动车险等）	人寿保险（养老保险等）	健康保险（医疗保险等）	意外伤害保险	“为了明天”	平安保险
北京	39	15.1	14.5	36.3	46.7	41.1	0.0	0.0
上海	42	0.0	0.0	58.6	37.7	25.0	0.0	0.0
广州	42	4.5	0.0	33.1	49.5	28.1	0.0	0.0
深圳	46	6.7	7.5	64.0	47.6	28.3	0.0	0.0
成都	64	2.4	9.3	47.8	55.9	25.4	0.0	1.5
重庆	41	0.0	4.1	56.1	43.1	18.0	0.0	0.0
武汉	65	3.0	0.0	52.5	51.4	16.7	3.4	0.0
西安	53	9.5	1.2	54.4	43.9	33.2	0.0	0.0
沈阳	65	4.2	0.0	60.7	38.9	25.5	0.0	0.0
南京	58	3.5	3.5	61.5	30.3	20.8	0.0	0.0

续前表

	人数（人）	商业保险	社会保险	失业保险	万能保险	分红类型保险	子女教育保险	其他
北京	39	0.0	3.7	0.0	0.0	0.0	0.0	0.0
上海	42	0.0	0.0	0.0	0.0	0.0	0.0	1.3
广州	42	0.0	1.8	0.0	0.0	0.0	0.0	6.7
深圳	46	0.0	1.5	0.0	0.0	0.0	0.0	0.0
成都	64	1.6	1.6	0.0	0.0	0.0	0.0	6.1
重庆	41	0.0	0.0	0.0	0.0	0.0	0.0	4.9
武汉	65	0.0	0.0	3.4	0.0	0.0	0.6	4.5
西安	53	0.0	0.0	0.0	0.0	0.0	0.0	7.3
沈阳	65	0.0	0.0	0.0	0.0	0.0	0.0	6.5
南京	58	0.0	0.0	0.0	0.0	0.0	2.1	0.0

访谈发现，购买保险的居民特点是经济收入处于中下水平，觉得保险特别是分红保险“回报比存款合适”，因此把每年交纳数千元保险金当作使富余资金保值增值的有效手段。尤其是为孩子购买投资型保险，更多的是看重保险的收益率，而保障仅仅成为一种附设功能。

【个案一】钱先生，上海，35 岁，高中学历，月收入 1201～1400 元，技术工人。“以前（储蓄）是为了结婚，那时父母存，自己添点零用的外，大部分都存起来了”，“从有了小孩就基本不存了”，“现在我办了两份保险”，“一份是给小孩买的教育保险，每年交 4000 元，要交 16 年，一直到他读大学。大学时就可以返回来了，回报比存款合适。”

【个案二】杜先生，上海，49 岁，高中学历，月收入 1401～1500 元，技术工人。离异有 10 年了，目前和 19 岁的儿子一起生活。“两个人的保险要交。儿子每年要交 3800 元，我的每年要交 1200 元。”“儿子的是 11 岁（1998 年）开始买的平安少儿终身险，一年交 1800 元，是每份 30 元/月，我给他买了 5 份，一共交 10 年。从他 18 岁就开始返钱，18 到 21 岁每年返 1635 元，25 岁那年返 4650 元，60 岁以后每年都返 4200 元。”他还提到，“除此外，自己也不怎么存钱。一个月只拿 1400 多元，自己也要开销。”

【个案三】朱女士，北京，50 岁，月收入 2000 元，曾在事业单位工作，数年前病退在家。爱人是某高校老师，夫妇俩单位福利待遇都很好，“没什么担心的，”“现在基本上没什么（储蓄）了，主要都买房了”。因为儿子工作不够稳定，他们为 25 岁的儿子购买了商业保险，每年 4000 元左右。

中国城市居民家庭拥有的资金实力依然有限，可供选择的投资项目集中在国库券、股票、企业债券，中小型实业，以及某些可能增值的收藏品方面。国库券受发放额度的限制，容纳资金有限。股票本有希望成为居民投资的最好渠道之一，但受近年来股票市场低迷的影响，居民已经望而却步。企业债券是企业直接融资的最好形式，但并没有真正形成市场。中小型实业投资已为部分居民接受，但由于多种原因，虽然部分居民有一定投资能力，却无力自营，妨碍了实业投资的进一步扩展。某些收藏品虽然可以升值，但需要有较高的专业知识和技能，因而这项投资也只能局限在极小的范围内。因而，目前居民投资渠道仍十分狭窄。

小 结

- 收入增加、利率下调和投资渠道的丰富，促使居民的投资观念发生转变，居民从储蓄保值转向投资升值的意识逐渐增强。
- 城市居民对长期低迷的股票市场热情降低，多采取理性观望或知难而退的态度。
- 国债由于其公信力和稳妥的收益率，一直受到居民欢迎，但发放量的限制和不断降低的利率在一定程度上遏制了居民的投资热情。
- 实业投资、收藏等受制于门槛较高，始终局限在小众范围内。
- 居民选择投资型保险多是看中其投资功能而忽视了保障功能，对投资周期较长和收益率波动认识不够。在偏低收入居民看来，投资型保险往往替代了储蓄的作用。

四、旅游

旅游作为一种非基本需求，属于较高层次的消费支出。人们可自由支配收入和闲暇时间的增加，使旅游活动成为大众有能力支付的并具有普遍意义的消费行为，构成人们日常生活中重要的组成部分。2004 年我国出境旅游增势强劲，公民出境旅游超过 2800 万人。同时国内旅游整体发展势头良好，2004 年中国内地旅游出游人数达到 11.02 亿人次，首次突破 10 亿人次大关。国内旅游收入达到 4711 亿元。另据国家旅游局统计，2004 年我国城镇居民出游 4.59 亿人次，人均花费 731.8 元，总花费 3359.04 亿元。城市居民在旅游消费层次和消费总量上都居于主体地位。

（一）城市居民旅游消费总体特点

表 6-4-1 至表 6-4-4 是通过电话调查了解的 10 城市居民最近一年的旅游情况。除重庆外，其他 9 城市 40% 左右的被访者最近一年都有外出旅游的经历，外出旅游的地区主要是中国境内。广州居民最近一年海外（含台港澳及国外）旅游的比例最高，为 17.5%，这与广州毗邻香港有关。其次是北京，比例为 11.2%。用于旅游的花费主要集中在 1001~3000 元，旅游的时间主要是暑假、五一、周末。少部分被访者出游的时间不固定，另外，也有一些被访者提到利用年假和休假的时间旅游，还有个别被访者提到外出旅游会避开旅游高峰。

6-4-1 最近一年内是否外出旅游过的比例

	人数（人）	是	否
北京	209	44.5	55.5
上海	210	37.6	62.4
广州	207	38.2	61.8
深圳	153	41.8	58.2
成都	221	39.4	60.6
重庆	209	24.9	75.1
武汉	230	31.7	68.3
西安	216	38.9	61.1
沈阳	247	42.9	57.1
南京	225	36.4	63.6

6-4-2 最近一年内外出旅游的地区 注：本题为多选题，合计百分比可能超过 100%

	人数（人）	省内	省外	海外（含台港澳及国外）
北京	93	41.5	56.9	11.2
上海	79	20.0	74.8	7.8
广州	80	61.1	46.8	17.5
深圳	64	61.8	47.8	6.0
成都	87	74.1	35.6	5.8
重庆	52	48.8	60.1	3.1
武汉	73	44.0	63.7	4.5
西安	84	44.8	60.6	3.6
沈阳	106	68.1	41.5	3.9
南京	82	32.5	81.3	0.0

6-4-3 最近一年用于旅游的花费总计

	人数（人）	500元及以下	501～1000元	1001～3000元	3001～5000元	5001～7000元	7001～10000元	10000元以上	单位出钱
北京	87	17.2	12.6	28.7	17.2	5.7	8.0	10.3	0.0
上海	74	6.8	16.2	41.9	17.6	2.7	2.7	12.2	0.0
广州	78	21.8	14.1	28.2	9.0	7.7	2.6	16.7	0.0
深圳	63	7.9	14.3	25.4	30.2	7.9	7.9	6.3	0.0
成都	87	10.3	13.8	37.9	20.7	6.9	3.4	6.9	0.0
重庆	50	18.0	26.0	18.0	22.0	8.0	0.0	8.0	0.0
武汉	73	17.8	13.7	30.1	16.4	5.5	5.5	8.2	2.7
西安	82	12.2	23.2	28.0	20.7	7.3	1.2	7.3	0.0
沈阳	106	17.0	15.1	34.9	10.4	10.4	1.9	7.5	2.8
南京	81	4.9	12.3	40.7	25.9	2.5	2.5	11.1	0.0

6-4-4 最近一年出游的时间 注：本题为多选题，合计百分比可能超过100%

	人数（人）	周末	五一	十一	暑假	寒假	元旦	春节	3.4月份	5.6月份
北京	93	27.6	23.7	15.5	29.8	13.3	0.0	6.2	0.0	1.0
上海	78	36.0	17.0	12.5	24.6	10.2	0.0	4.4	1.3	0.0
广州	79	19.1	20.0	20.9	35.2	14.1	0.0	1.0	2.5	0.0
深圳	64	14.0	18.2	12.2	21.6	5.0	1.1	12.9	4.9	0.0
成都	87	17.3	33.7	22.3	29.4	12.8	2.2	11.2	0.0	2.2
重庆	52	17.2	27.6	9.8	16.0	3.3	0.0	11.3	2.7	0.8
武汉	73	12.8	27.4	17.7	35.5	9.5	0.0	13.8	0.0	1.1
西安	84	17.6	28.0	14.9	31.2	14.0	3.8	6.4	1.4	0.6
沈阳	106	15.3	25.7	23.2	43.0	16.2	0.0	3.2	0.0	0.0
南京	82	5.8	21.7	15.2	53.0	13.9	0.0	3.3	0.5	0.0

续前表

	人数（人）	7月份	8月份	9.10月份	避开旅游高峰	单位组织	年假或休假	平时，无固定	天气好的时候	其他
北京	93	2.3	0.6	1.7	0.0	0.0	3.2	12.1	0.6	7.7
上海	78	0.0	0.7	0.7	0.0	0.0	4.8	8.9	0.0	14.1
广州	79	2.6	1.2	2.4	1.0	0.0	3.2	13.5	0.0	8.5
深圳	64	0.0	0.0	1.1	1.4	4.0	6.0	15.5	0.0	6.6
成都	87	1.1	0.0	2.4	1.0	1.6	2.2	4.6	1.6	6.9
重庆	52	0.0	0.0	0.0	2.1	0.0	5.4	6.7	0.0	10.5
武汉	73	3.0	3.0	3.2	0.0	0.0	0.8	0.8	0.0	16.3
西安	84	0.0	2.5	0.0	0.0	0.0	3.2	1.2	0.0	15.2
沈阳	106	4.8	0.4	0.0	0.0	0.5	0.0	3.1	0.9	11.8
南京	82	0.0	0.0	1.0	0.0	0.0	0.0	10.5	0.7	9.1

从访谈结果来看，我国城市居民的旅游消费呈现出以下特点。

1. 轻松自由的周末短线游备受青睐

相对中长线来说，3日之内的短线游具有时间短、花费低和随意性强的特点，深为各个层次旅游者所青睐。

【个案】吕先生，北京，34岁，大学本科学历，现与朋友合作经营着一家小型公司，单位的一辆捷达车归吕先生自由使用，跟朋友或家人开车到北京郊区游玩是他休闲放松、摆脱压力的常用方式之一。出游频率“基本一月一回吧，这个不一定，都是自驾。一两天的话去河北，时间长一点三四天的话去内蒙古，平均一次花两三千。”“吃农家饭、采摘，看看山水，回北京之后心情就会格外好。”

2. 出游目的上更重休闲轻观光

快节奏的生活常使城市居民感到压抑，他们开始有意避开某些人满为患的著名景点，去往偏僻的乡村，体验田园风光。这在学历较高，出游机会较多的居民中更为常见，如广州某公司文员陈小姐说，她每个长假都会安排旅游，已游览过湖南、广西等地，她说“看到那些人那么淳朴就很开心，平时周围广州人说一套做一套，山里那些人很淳朴的，我最喜欢到那些偏远的地方去”。又如北京某公司管理人员李小姐，她说“以前（大学时）年轻气盛，坐火车硬座也没关系，一路上对我来说也是风景，现在路上一定要舒适、休闲一点，花在路上的时间要少，尽量节省路上的时间，想多玩一点”。相比以往走马观花式的“白天看庙，晚上睡觉”，今天的消费者对目的地的选择更加健康和个性。

3. 私家车和数码相机为旅游添动力

自驾车出游能够随走随停，参与者有较大的自由来观赏沿路风景，这是自驾游日趋火爆的重要原因。购买私家车后，使出游更具自主性和便利性，频率和方式都产生很大影响。

【个案】胡先生，广州，25 岁，从事软件开发工作，他自从 2004 年买车之后，出游的频率和方式都发生了变化，“以前都是跟团，每年也就三四次吧。”买车之后的一年来“除去公差，能外出 10 次左右”，有时开车、有时跟团，多是利用周末或年假在省内的一两天的短程旅游。

而数码相机等产品的添置，也是促使居民出门旅游的重要动力之一。上海某外企销售主管张先生谈及近期的一次出游动机，“其实旅游本身对我没什么吸引的，说实话，去年 10 月份那次去旅游也是因为我去年 7 月买了个数码相机，为了拍照片才去的。”上海的退休职工周先生也说，自从女儿买了数码相机，他和老伴每年都会出门旅游几次，已经转遍了上海周边的南京、南塘、周庄、南旬、扬州、苏州、杭州，而且随着女儿收入增多，老两口每年出游的频率都在增加。

4. 出游时间上“趋冷避热”

2005 年“十一”前夕，北京市统计局社情民意调查中心进行的专项调查显示：78.1%的北京人表示黄金周不出游。黄金周旅游已经进入了疲惫期。伴随着黄金周旅游消费的增长，人们对于黄金周期间水涨船高的门票价格、住宿价格，以及“走下坡路”的服务水准，常常满腹牢骚，极其不满。人们的消费更趋向于理智，呈现出“趋冷避热”的现状，许多居民都不会选择在人流、车流、物流较集中的 7 天出行，有的会在黄金周后的一段时间出游。

【个案】张先生，上海，在外企做销售。“我一般不太爱那个时候出去，因为人多，而且票价、住宿什么的也会比较贵。放长假我一般就是休息啊，或者亲戚朋友走动一下啦。”问及是否会利用年假出游，他说“有年假，不过没出去玩过，因为碰不到人啊，我休息，别人不一定休息啊。”

一方面，许多单位带薪休假制度由于种种原因还不能落实；另一方面，有时间没旅伴也是许多在职旅游者的苦衷。

5. 出境游渐成气候

中国公民自费出境旅游，是中国改革和对外开放的产物。虽然历史不长，但发展很快，已经形成了一定的规模，并继续保持发展势头。中国公民自费出境旅游包括出国旅游、边境旅游和港澳游三部分，在访谈中，被访者主要讲述了自己港澳游和出国游的情况。

（1）港澳游

自 2003 年 8 月 30 日，港澳旅游开始对内地个人开放以来，越来越多的内地居民签领一张港澳通行证就可以畅游两地，丰富实惠的商品和中西文化荟萃是港澳游长盛不衰的重要原因。由于地域和文化的接近性，广州的流行风尚紧跟香港，年轻人对到香港购物情有独钟，访问中发现广州居民对港澳游的兴趣明显高于其他城市。

【个案一】胡先生，广州，某外企从事软件开发。他提起到香港购物就一脸的兴奋，他说“去年去了两次，今年去了两次。很方便的，才两个小时，自己拿着通行证就过去了。我都已经很熟了，连去什么路坐什么车都很熟悉了”。“去香港不就是购物嘛，香港除了吃、住、交通费比较贵外，像衣服啊、电器啊这些东西都很便宜，而且质量很好。去了就想花钱啊，所以不敢多去。”

比起香港的拥挤繁华，也有广州的白领更偏爱澳门游。

【个案二】陈小姐，广州，公司文员。她只去过一次香港，“不喜欢那里，因为很压抑的，节奏太快，我比较喜欢澳门。”她到澳门主要是享受那里的美食，每次花费1000元左右，“东西买多了拿不动。我有同事两三个月就去一次，去‘何先生’（音，广州人指博彩）。”

（2）出国游

访问中发现，现阶段被访者由于经济和时间等条件的限制，不管是因公还是因私，出国游多数限于东南亚特别是新马泰等成熟线路。

【个案一】于先生，北京，某小学食堂厨师。2001年带女儿去了新马泰，“主要是见世面，看看外面的世界。我是学校里做厨师的，想去看看外面的人是怎么做的。”但提起那次出国游他颇有几分无奈：“当时本来是单位组织的，准备了2周。5000元钱都交了。可是后来党委又不去了，答应了孩子就要带她去。”两个人跟团去了11天，购物共花了2万多元，自言跟团里其他人相比花得不算多。

【个案二】李女士，北京，家庭主妇，丈夫是私营企业主。她从1995年新婚旅行开始频繁出国旅游，至今已经去过周边很多国家：新马泰、菲律宾、韩国、泰国，日本……，计划一年去一个地方。问及为什么频繁出国而不选择国内旅游，她说“主要是想趁年轻多去国外走走，等到老了走不动了再在国内玩。”

【个案三】小李，北京，在读硕士。曾多次出国探亲，“很小的时候就出国旅游过，主要父亲在新华社工作，世界各地都去，所以自己很早就有机会出去玩。最远到过泰国，因为父亲在那里工作，路上花费有1万多，主要还是家里拿钱。”

另外，目前的旅游市场中单位组织的旅游也占到相当比例，单位组织旅游将在下文中详细介绍。

6. 单位组织旅游仍占很大比例

长期以来，某些效益较好的单位会定期组织员工出游，一般是由单位出资包车或向旅行社包团，参加的员工只需支付小部分费用，甚至完全免费。这种旅游一般有三种形式：一种是外出参加会议、考察和学习；一种是对优秀员工的奖励；还有一种是针对所有员工的福利。

（1）单位组织会议、考察、学习

这种情况多见于单位管理层员工，每年会有不定期外出会议、考察的机会。由于跨地区公务活动的存在，短期内无法从根本上遏制这种公费旅游。

【个案】吴先生，广州，40岁，大学本科学历，从事路桥设计工作。2005年单位组织到江苏考察，“也有自己玩的时间”，所有费用都由单位报销，“跟团一般都是公司组织的旅游，会包车。我们自己出去的时候一般是有朋友的车。”

（2）作为对优秀员工的一种奖励机制

【个案一】林先生，广州，51岁，环卫工人。因为工作优秀，他在2004年获得了一次出国旅游的机会：“我们是事业单位，每年有一次外出学习的机会。去年我被评为‘优秀XXX’，去泰国旅游，回来时去了香港。”他表示除非是探亲或者有一个“题目”，一般都不会自费旅游。

【个案二】魏先生，上海，在保险公司做业务，根据公司制度，员工达到一定业绩后有资格参加公司组织的旅行团，享受免费旅游。魏先生刚参加了西安红色游，虽然他表示“我不是特别喜欢旅游”。

（3）作为给员工的一种福利

【个案一】李先生，上海，来沪务工，现在是某台资公司司机。“公司从 2001 年开始，每年一次组织员工出去旅游，一般会去江浙一带。公司掏大部分钱，自己出一小部分。一般去两三天，不超过 4 天。”每次这样的旅游他都会参加，“我觉得老在一个地方挺压抑的。出去吃住不掏钱，主要是花自己的零花钱，比如说买点小礼品，一次用个一两千就够了。”

【个案二】郁先生，上海，24 岁，大学本科学历，技术人员。其单位每年都会组织员工旅游，“机票、宾馆什么的都是公司给掏的，跟旅游公司一样。剩下的就是自己的一些花销自己掏，比如上次去海南双飞四五天，我只花了 600 元。”有了公司这种福利，郁先生还有自费旅游吗？他说“得等比较安定之后再考虑，现在主要还是想着好好工作，多挣钱”。

访谈中发现，公费旅游仍构成旅游市场的很大比例，旅游者对旅游产品和服务的选择性不大，消费上比较被动，在花费少的同时也有许多不尽如人意之处，如上海的外企白领张先生所说“说实话，和同事出去的心情就是不太一样，因为也要考虑到公司报销的情况，所以感到玩得不会太尽兴，只能抱着即来之则安之的心态玩。”

7、城市居民对跟团旅游的看法

自助游可以自由安排自己的行程，自由支配旅途上的时间，自主地控制旅游开支，依自己消费水平选择就餐和投宿，相比于参团出游受到的种种限制，自助游的优点吸引了越来越多的人们深入其中。而参团出游尽管在价格和食宿交通安排上有一定优势，但由于旅行社在服务质量上存在种种问题，不少有出游意愿的人也因此对其望而却步，被访者目前对跟团出游的意见主要体现在以下几个方面。

（1）目的地有亲朋好友接待，认为跟团没有必要

比如北京的小骆因为有同学或朋友在外地，她认为“没必要跟团，一般有朋友接待，我（跟朋友）们就自己开车去了”。

（2）行程安排上节奏太快

如北京的李先生说：“我都是背包或自驾，只跟过一两次团，带孩子出去的时候，跟团不自由。”除了不喜欢跟团旅游那种走马观花、行色匆匆的节奏外，也有相当多的人不满足于跟团旅行在吃、住、行上受到的种种限制。北京的钟先生认为“跟团走可能便宜，但是玩得不舒服。所以也不跟团。”

（3）在购物景点滞留过多，这是旅行团长久以来的诟病

广州的孙女士说“跟团旅游老是带你去买东西，而自己（自助）可能费用要高点，反正两种都不好，如果钱多了还是自驾游”。上海的私营老板冯女士则表达得更为激烈“就是跟团感觉不好，最讨厌了，不方便。不想玩的地方老带你去”。

（二）城市居民近期出游计划

旅游不仅是一项消费活动，也是一种重要的休闲活动，对于大部分旅游者来说，需要事先考察谋划出行时间、目的地、邀约旅伴等一系列事宜，访谈中有 20 位被访者表示已有出游计划，少数没有具体出游计划的被访者也表达了自己对某一类目的地的向往。目前居民的出游计划一定程度上反映出未来一段时间的旅游消费趋势。

通过访谈，我们发现城市居民的旅游计划在目的地的选择上有以下三个特点。

1. 向往远距离旅游

被访者多表示，希望到那些距离居住地较远的地方看一看，如新疆、云南、西藏、四川、海南等，多感受一下迥异于自己生活环境的风光和民俗，开阔眼界。

【个案一】魏先生，上海，24 岁，从事保险业务。他凭借大学时在学校做漫画和DVD租赁等小生意赚的钱，上学期间已跟同学结伴游遍三亚、西双版纳、青岛、北京、天津、大连甚至西藏。下一步他的目的地是新疆，“要少几个人去，两三个人，一大堆人出去不自由。”被问及为什么如此喜好旅游，他说“我看到杂志上的地方特别喜欢就会想去”。

【个案二】李先生，北京，自由职业者。“特别想去的地方”是西藏，他说“我喜欢跟朋友去没人的地儿，方式上我倾向背包游，车有的时候方便，有的时候就是累赘。据说去西藏最好的是 10 月，我想来回一个月，预算 2 万元吧。”他称自己有一群爱好旅游的朋友，平时跟大家自驾到北京周边是他习惯的休闲方式。

居民表示向往远距离旅游，这似乎与近年来短线游升温的趋势相违背，可以解释为，旅游者的行动和期望是有差距的，居民虽然内心向往那些遥远的充满新鲜感的目的地，但由于经济情况和闲暇时间所限，实际多选择花费低，时间灵活性强的短线旅游。

2. 强调旅游地的原生态风光

都市人由于厌恶了钢筋水泥和污浊空气，在旅游目的地的选择上，越来越执著于寻找那些人迹稀少、更多保留了自然风貌的美景，显示出城市居民对回归自然的渴望。

【个案】于女士，北京，52 岁，从事医务工作。工作紧张，长期以来有家人卧床需要照顾，不论是经济上还是心理上压力都很大。她在接受访问时回想起近期单位组织的京郊白羊沟之行眉飞色舞：“中国好玩的地方比外国多多了，我就喜欢那些最原始的，还没开发的地方，白羊沟那种的我最喜欢。以前也去过兴城、北戴河，那些都没什么好看的，开发过度的景点，打死我也不去，只要新开发的地儿，我‘噌噌噌’就去了。”

3. 出国游愿望强烈

由于人民币升值等因素，原先普通市民高不可攀的出国游在一些人看来变得越来越“物美价廉”，有出国旅游打算的被访者多是年轻且经济条件较好的群体，如高收入白领、家庭条件较好的学生等，访谈中发现，上海的高收入白领对出国游的目的地选择更紧跟时尚潮流，他们不再满足于传统的新马泰等线路，而是向往更远更具异国魅力的欧洲城市。他们有的虽然由于时间或收入的原因短期内不能成行，但却不约而同表达了希望出国旅游的想法。

【个案一】魏先生，上海，24 岁，月收入 3000～4000 元，从事保险行业，是动漫爱好者，他打算在日本开国际性的动漫展——“一三”大展的时候去一次，计划坐船去，“虽然不比飞机便宜，但因为是豪华游，我会很开心。”问及此行的预算，他豪爽地说“应该再贵也会去”。

【个案二】黄先生，上海，32 岁，技术人员，他因工作原因到过香港数次，还由朋友出资去过阿姆斯特丹，感觉不错。他说：“去的国家随着年龄的变化而改变，年轻人喜欢冒险，年龄大的人要考虑身体了，现在觉得自己老了，要去安静的欧洲小城。”

【个案三】王先生，上海，月收入 4000～4100 元，从事营销工作。“觉得去新马泰没什么意思，更喜欢欧洲的文化，可能这与自己的职业（中文专业，现做销售）也有一些关系吧。梦想和现实总是有区别的。到时老了去一些没有去的地方，不是现在这种人造的地方，但现在还是没有时间。”

【个案四】高先生，上海，某外企供职。“目前来讲，出国旅游不太可能，主要是没有多少时间，费用也比较大。要是出去的话就比较想去德国，主要是喜欢德国的教育体制，而且觉得德国比较干净。”

经济社会变迁给城市居民消费带来新的特征，“一部分消费者遵循传统，消费以实用为主，讲究节约和理性；一部分消费者则倾向时尚和新潮，讲究精致的生活享受和品位。”现代社会的发展程度，生活方式的变动，国家城市化水平提高越来越强烈地激发了包括旅游在内的享受型和发展型消费活动的欲望，尤其是人们普遍预测到未来社会收入水平将逐步提高的发展趋势，从而乐于、敢于积极选择旅游消费，并造就旅游消费表现为一种弹性需求的特征以及超前消费的特征。

（三）城市居民近年旅游消费的变化

访谈中我们请被访者谈谈自己近年来在出游频率、方式、时间上发生了什么样的变化，想借此理出居民旅游消费的脉络，但被访者情况各异，旅游消费的变化也不一而足，我们从微观层面对促成变化的各项因素进行分析，发现被访者个人主要由于升学、就业、工作变动等原因，使其收入和闲暇时间发生变化，其间渗透着休闲观念的转变。主要有以下几类。

1. 从上学到就业，旅游消费从规律到分化

20~30 岁的年轻被访者在学生时代由学校组织出游，频率上一般每年至少一次、范围较近，一般在市郊或省内；学生群体旅游的另外一种典型形式是利用假期，几个好友结伴到某个同学家乡所在地游玩，如北京钟先生所说“以前读大学时，同学在哪个城市就跑去哪个城市玩”，由于条件所限，也只是偶尔为之。学生时代的旅游消费具有规律性、同一性特点，就业之后收入从无到有，从少到多，自主能力显著增强。小李是北京某医科大学在读硕士，由于父亲的工作原因他自己“很早就有机会出国旅游”，现在他每月实习收入 1500 元左右，“最大的变化是以前和父母一起，去的地方也由他们决定，当然钱也是他们出，现在主要有自己来决定去哪里，一般也是和同学或女友出去，钱有时也由自己出了。”

就业后由于工作性质、收入和个人喜好的不同，被访者的旅游消费开始体现出个性化的特点。

【个案一】梁先生，北京，24 岁，月收入 5000 ~ 6000 元，某事业单位做宣传工作，家在河北农村。“2000 年的时候，我还在学校念书，大概也就学校每年组织一次吧。你总不能花家里的钱到处玩吧。”而现在“经常玩，外省不多，北京周边比较多。跟同事朋友一起。一般是单位组织，吃住是单位给定的，自己花不太多钱。上个周末我们单位刚去了怀柔，周六去百花岭，周日去了雁栖湖，我刚好去了河北办事没去成。相比别的单位来说，我们已经算是多的了。”除去单位组织的，他“周末如果不忙的话，就跟朋友出去玩，大概能有半个月一次吧。”

【个案二】温先生，广州，26 岁，月收入 7 万 ~ 10 万元，海鲜生意的个体老板，大学专科学历。“学校组织的一年 3 次，广东省内都玩遍了，”他说，做生意后同学、朋友遍布很广，到哪里都有人接待，“（内地）

都玩遍了，中国没有什么好玩的地方了。”现在他感兴趣的是中国香港、新加坡等地。

【个案三】叶先生，广州，24 岁，家电商场营业员，性格比较腼腆。他在高中时候学校组织每年一次出游（市内或市郊），工作后白班和晚班两班倒，基本没有机会，据他说最远到过深圳。

广州的冯小姐说“上学的时候主要是经济原因，工作以后时间很少”。大多数人都有对于旅游的渴望，但有时间的时候没钱，有钱的时候没时间，这也是大多数人的苦恼。

2. 单位组织旅游逐步取消

改革开放初期，很多单位每年会组织职工旅游，由单位补贴一部分甚至全部费用，作为给职工的一种福利，后来由于国家禁止或单位效益等原因，这项福利被逐步取消掉了，员工的出游机会也明显减少。

【个案一】周女士，北京，54 岁，退休，原是京郊农民，后因土地被征用，由大队发放工资和退休金，家庭月收入 1500 元左右。“以前（20 世纪 90 年代初）是大队组织年年出去旅游，后来（2000 年）大队开始搞建设，就没有资金组织出去旅游了。” 南京、上海、厦门、福州、大连、青岛、承德、北戴河……周女士曾跟大队玩过不少地方，已经培养起了对旅游的爱好，虽然现在日子并不富裕，她还是表示“自个儿有资金攒起来，如果便宜点儿了，就去玩玩。”2003 年周女士跟团去了海南，“我一年去一次，或者二三年去一次，看家里经济条件了。有点儿经济条件了，旅游地点便宜点儿的就去。”

【个案二】于先生，北京，48 岁，某小学食堂厨师。他说，“以前单位总会组织旅游，大约是在 2000 年前了。每年会去个两三次，有时趁开会也会去玩，不用自己花钱，全是单位花的钱。现在单位不去了，怕招事儿。”

3. 工作变动

工作的变动，一方面给居民直接带来收入上的增减，另一方面使可供自由支配的闲暇时间发生改变，这些都直接决定了居民的旅游消费。

【个案一】杜先生，上海，49 岁，在某厂从事质检工作。“四五年前每年单位都会组织两三次旅游，自己都不怎么出钱。”最近几年杜先生被借调到其他单位，工作清闲但待遇低了很多，公费旅游的机会基本没有了。个人原因上讲，他的住处从虹口区动迁到了宝山区，“就不怎么方便了”，加上离异后自己要带孩子，所以“都没有出去”。

【个案二】钱先生，上海，35 岁，技术工人，待岗。“小时候喜欢旅游。都是跟朋友一起去的，1995 年以前都是去普陀山、杭州这些近的，费用都是 AA 制。上班后去过北京、青岛、成都、广州、每次大概去 10 天左右，每次大概花 3000～5000 元。这些都是 2004 年以前去的。” 最近一直没有旅游过，“假期是有的，但主要是经济的原因。”

【个案三】陈小姐，广州，26 岁，房地产经纪公司文员，4 年前在邮局工作。“以前国营单位做，没有这么多假期。” 跳槽到现在公司后，每年春节、五一、十一假期，至少要出游 3 次，“我一般放假全都出去。”

【个案四】帅女士，上海，45 岁， 2005 年初买断工龄后在家做主妇，丈夫开车做个体旅游，月收入七八千元。“2000 年以前上班单位每年组织出去一次，去过青岛、广州、九寨沟、三峡、武夷山。”不上班以后因为有了充裕的时间，加上家里有车方便，“最近出去的多了”，大多是带儿子自驾去浙江的宁波、杭州等地。

4. 家庭条件改变

被访者主要由于子女出生、就业，老人生病等，家庭收入和消费结构发生大的转变，影响到个人旅游消费和休闲观念。

【个案一】周先生，上海，55 岁，退休在家，原来在工厂做政工工作。“我（上班时）去过很多地方，我原来是单位搞政工的，单位每年组织出去两次，费用全包，主要是江浙两省。” 几年前爱人下岗在家，加上女儿上学，周先生要“一个人养三个人”，经济压力很大，除了单位组织基本没有自费旅游过。近几年女儿工作后收入颇丰，周先生老两口每年都会到苏杭、南京等地旅游，“近几年去的多，我女儿买了数码相机以后我们老夫妻俩总出去。我们条件好了，女儿读大学的时候很艰苦的。从去年开始，现在每年出去旅游的次数都增加。”

【个案二】于女士，北京，52 岁，某医院内科医生。10 年来为了照顾卧病在床的母亲都没有出过家门，“王府井步行街开业我都没去”，“如果时间允许的话我当然希望出去玩，（母亲去世后）这一年，我儿子开他单位的车带我去了康西草原，还去了天津吃海鲜。”

【个案三】刘小姐，上海，25 岁，高中学历，外地来沪做销售。经常跟朋友周末去浙江旅游，频率比以前高了不少，原因是“以前有想没动，现在想了就动，这跟收入有关，还跟心态有关。女孩子不趁现在玩以后成家就没得玩了”。

> **假日旅游半径缩短，一窝蜂的长线游逐渐淡出黄金周，表明中国居民旅游消费心理出现新的变化。在资讯日益发达的现代社会，许多人借助于电视、网络，就可以方便领略到全球任何一个地方的景致，简单的猎奇、开眼界、长见识式的旅游对人们并不重要，居民出游更注重“健康、兴趣、个性”。越来越多的旅游者开始把愉悦心灵的深度体验和休闲作为旅游的主要目的。中国私家车的增多，使自驾游成为一种新时尚，这也是旅游半径相对缩短的一个重要原因。**

（四）居民过去一年没有出游的原因

居民只有在拥有了足够的可自由支配收入和闲暇时间后，才会有出去旅游的愿望和行为。旅游动机、支付能力和可自由支配时间是旅游需求实现的三个约束条件。访谈中有接近半数的被访者在过去一年甚至数年中没有旅游，原因如下。

1. 缺少支付能力

旅游属于发展型消费，居民只有具备相当的经济条件才会有旅游的需求和实现的可能，而城市中的低收入群体，如下岗、退休人员等，显然不具备此种能力，这直接导致他们的旅游消费低迷。还有一部分是毕业不久的年轻人，刚刚立业，又要面临买房成家，积蓄少而花销多，没有“闲钱”用来旅游。

2. 缺少闲暇时间

旅游是闲暇时间里的一种休憩活动，闲暇时间投入是一个重要的客观必备条件。近年来我国双休日的实行，特别是五一、十一节假日的延长，为我国消费者的旅游消费提供了时间保证和可能，但上班族的假期毕竟集中而有限，访谈中他们多数把自己没有出游归结于没有时间。

第一种是普通上班族，收入中等，有这种抱怨的多数是中年人，他们以事业为重，工作忙碌，表示不会专门抽时间去旅游。

【个案一】王先生，上海，33 岁，大学本科学历，月收入 5000 元左右，从事营销工作，他说“我们这些人还是生存第一，工作之余才会去苏州、杭州。主要是时间关系，只有时间允许，又有长假，才可能会去”。

【个案二】李先生，北京，35 岁，大学专科学历，平均月收入接近 4000 元，在某大型国企工作。他说对旅游“喜欢当然喜欢，但要是旅游就要专门抽时间，我没有专门的时间”。

第二种是年轻妈妈，表示需要照顾孩子，没有时间出门旅游。女性从生育孩子到孩子可以跟随旅游之间的数年时间往往成为女性旅游的空当期。北京某建筑公司文员臧女士有一个 3 岁小孩，她近几年都没有出门旅游过，因为“现在孩子还小，不方便，等孩子大了再说”。上海的退休职工吕女士，回想起在旅游消费上的变化说“年轻时总到处跑，有了孩子以后才不怎么去的”。

第三种是从事服务业，没有正常的黄金周等假期。比如广州的林先生在环卫部门工作，“我们都是服务行业的，逢年过节我们都要加班。人家去旅游，我们更要加班了。我和她（爱人）以前都是轮流去出差，根本没有时间。”

3. 缺少旅游需求

旅游消费不同于日常生活的必需消费，不同的旅游者由于个体特征的差异，因此偏好不同，影响着旅游消费活动类型的选择，影响着人们心理上的成本高低和效用大小。访谈中发现一些学历较低的从事个体经营的被访者，对旅游普遍不感兴趣。例如 23 岁的刘先生，初中学历，从外地来上海经营一间摩托车修理店，他表示从来不去上海以外的地方。而同样初中学历的苏先生在上海开一间裁缝店，他说自己“很少出去，就算出去也不远，上海附近这些”。

有的被访者因为性格较为内向，不喜欢出门旅游。如广州的严先生，27 岁，本科学历，在与朋友合作经营一家小型电脑公司，处于创业阶段。“我不是很喜欢旅游。我觉得旅游没什么放松，是另一种受罪。主要是，跟团是被骗去另一个陌生地方，（比较而言）我宁愿回家。”

小 结

- 城市居民旅游消费的特点表现为：出游半径缩短，休闲意味更浓，自驾游成为一种新时尚，出游时间和方式日趋多样化，消费心理更加成熟。
- 在居民出游打算上，表示向往远距离、原生态甚至出国游，表现出超前消费的特征。
- 居民旅游消费由其个人经济收入、闲暇时间和兴趣爱好直接决定，在经济收入普遍提高的背景下，闲暇时间作为制约居民出游的因素，其比重有加大的倾向。

第七篇　消费品

- 食品
- 日化用品、服装、美容、健身
- 家电产品
- 手机、电脑、住房、汽车

一、食品

民以食为天，食品是居民生活最基本的消费内容，在居民消费中占有重要地位。正因为如此，我们通过电话调查和深度访谈两种方法了解了城市居民食品消费的情况。电话调查主要挑选居民饮食中的代表产品了解其购买情况、食用或者饮用情况、最常食用或者饮用的品牌。深度访谈中主要了解消费者食品消费的支出、饮食习惯的变化等。

（一）城市居民食品、饮料消费的基本情况

这一部分是通过电话调查了解的10城市消费者食品、饮料消费的基本情况，表格中的数据均为电话调查的结果，抽样方法具体请参见抽样说明。

1. 各类食品及饮料购买情况

7-1-1 被访者最近三个月[①]食品及饮料的购买情况

	巧克力		包装牛奶		酸奶		方便面		包装水		茶饮料		100%纯果汁		果汁饮料	
	百分比	人数（人）	百分比	人数（人）	百分比	人数（人）	百分比	人数（人）	百分比	人数（人）	百分比	人数（人）	百分比	人数（人）	百分比	人数（人）
北京	27.7	210	79.1	211	72.4	211	60.9	211	63.0	211	64.2	208	27.5	208	38.2	208
上海	33.4	211	84.9	210	69.6	207	63.9	209	61.4	209	66.7	209	25.8	200	54.3	207
广州	32.3	208	72.5	208	62.1	206	54.3	208	69.6	208	54.7	207	16.5	203	48.4	202
深圳	21.3	152	73.1	153	59.3	153	53.9	153	69.8	152	49.5	153	15.3	153	46.4	153
成都	29.0	221	83.7	221	62.7	221	63.1	221	74.4	221	47.1	221	16.8	218	60.1	219
重庆	13.5	209	68.6	209	58.5	209	54.4	209	59.4	209	33.8	209	18.6	207	36.1	209
武汉	27.2	230	65.8	230	68.1	230	55.3	230	66.5	229	56.0	230	18.1	224	40.1	229
西安	35.0	219	84.1	219	75.8	219	69.4	219	71.6	219	63.0	219	16.6	215	55.6	219
沈阳	30.9	247	83.5	247	73.3	247	72.7	247	68.8	247	60.0	246	17.7	245	40.6	246
南京	29.8	225	73.2	225	71.5	225	70.3	225	59.1	225	59.3	225	33.6	212	53.7	220

表7-1-1是通过电话调查了解的10城市居民食品及饮料的消费情况。数据显示，最近三个月被访者购买过包装牛奶、酸奶、方便面、包装水、茶饮料的比例较高，其中购买过包装牛奶的比例最高。除重庆、武汉外，其他8城市被访者购买过包装牛奶的比例均在70%以上。

酸奶、包装水和茶饮料的消费情况受季节影响较为明显，在夏季消费水平较高：除深圳和成都外，各城市均有60%以上被访者在3个月内购买过酸奶；除重庆和南京外，各城市均有60%以上被访者在3个月内购买过纯净水；除深圳、成都和重庆外，各城市均有半数以上被访者在3个月内购买过茶饮料。

10城市被访者购买过100%纯果汁的比例较低，其中南京被访者购买过的比例最高，为33.6%，北京为27.5%，上海为25.8%。其余各市购买过的比例均在20%以下。

[①] 调查时间为2005年7月~2005年9月。

2. 各类食品、饮料的食用（饮用）频率

（1）巧克力

7-1-2 巧克力的食用频率

	人数（人）	天天吃	一周 3 次或以上	一周 1~2 次	一个月 2~3 次	一个月 1 次	两个月 1 次	三个月 1 次或以下	没吃过
北京	187	3.4	3.8	9.6	8.4	12.5	0.8	5.5	55.9
上海	189	0.7	3.6	11.5	13.7	10.7	3.6	5.3	50.9
广州	208	0.5	1.6	4.6	10.9	12.3	4.8	13.0	52.4
深圳	152	0.0	1.1	3.1	5.9	7.4	5.0	3.0	74.6
成都	221	0.0	2.9	9.3	9.3	8.0	6.2	3.8	60.5
重庆	209	0.0	0.4	2.9	6.8	3.7	5.9	4.8	75.4
武汉	230	0.0	0.0	5.1	13.5	10.2	2.6	3.7	64.9
西安	219	0.0	4.4	8.2	4.7	11.0	5.2	9.8	56.6
沈阳	247	1.1	2.5	4.4	11.1	10.1	6.5	6.9	57.3
南京	225	0.3	1.1	6.9	5.5	11.2	7.4	6.9	60.7

表 7-1-2 显示，各城市均有超过半数的被访者在最近三个月内没吃过巧克力，其中深圳和重庆的被访者对巧克力的食用比例最低，分别有 75%左右的被访者最近三个月内没吃过巧克力。被访者巧克力的食用频率主要为一个月 1 次和一个月 2~3 次。

（2）牛奶和酸奶

7-1-3 包装牛奶的食用频率

	人数（人）	天天吃	一周 3 次或以上	一周 1~2 次	一个月 2~3 次	一个月 1 次或以下	没吃过
北京	200	54.5	10.2	10.2	3.7	1.8	19.5
上海	209	62.6	10.0	6.2	2.8	0.0	18.3
广州	206	32.2	16.0	13.2	7.3	1.6	29.7
深圳	153	37.8	9.7	12.3	7.3	1.5	31.4
成都	221	56.4	12.1	7.5	3.1	2.0	18.9
重庆	209	34.3	18.0	9.4	2.2	3.0	33.2
武汉	230	35.7	13.5	12.6	4.6	2.3	31.3
西安	219	52.1	14.2	10.9	4.3	2.4	16.2
沈阳	247	45.0	15.0	8.7	6.1	3.2	22.0
南京	225	39.1	14.5	11.8	3.7	5.0	25.8

7-1-4 酸奶的食用频率

	人数（人）	天天吃	一周 3 次或以上	一周 1~2 次	一个月 2~3 次	一个月 1 次或以下	没吃过
北京	197	33.4	12.2	17.9	7.8	4.1	24.7
上海	200	27.9	19.5	13.6	7.9	2.1	29.0
广州	208	15.3	15.5	13.2	9.8	4.1	42.1
深圳	153	18.1	8.3	17.4	8.5	1.9	45.8
成都	221	17.4	12.1	19.2	7.4	3.0	40.8
重庆	209	17.6	7.8	18.4	4.7	4.8	46.8
武汉	230	21.3	16.5	14.9	10.9	0.8	35.7
西安	219	24.1	18.9	17.2	7.7	3.8	28.3
沈阳	247	22.3	14.2	17.9	9.3	4.8	31.4
南京	225	25.0	13.6	16.6	9.6	3.1	32.1

10 城市被访者包装牛奶的食用频率较高，天天喝的比例均在 30%以上，其中北京、上海、成都、西安 4 城市被访者天天喝包装牛奶的比例在 50%以上。10 城市被访者食用酸奶的频率有一定差别，广州、深圳、成都和重庆 4 城市均有 40%以上的被访者未食用过酸奶；而北京、上海和南京 3 城市被访者酸奶饮用频率较高，25%以上的消费者天天食用酸奶。

（3）方便面

7-1-5 方便面的食用频率

	人数（人）	天天吃	一周 3 次或以上	一周 1~2 次	一个月 2~3 次	一个月 1 次或以下	没吃过
北京	191	1.9	10.8	25.8	19.8	10.5	31.1
上海	194	3.1	9.8	20.7	15.9	17.5	33.1
广州	208	2.5	4.9	17.7	19.8	13.0	42.0
深圳	153	1.4	4.4	14.2	19.8	12.0	48.2
成都	221	0.0	8.8	20.8	14.6	18.3	37.5
重庆	209	0.0	6.8	13.5	16.6	19.8	43.3
武汉	230	1.4	5.3	19.3	20.1	10.3	43.6
西安	219	0.4	11.1	23.6	20.8	16.7	27.3
沈阳	247	3.7	8.8	27.0	22.0	12.2	26.2
南京	225	2.8	9.9	28.3	18.3	9.3	31.4

10 城市被访者最近三个月吃过方便面的比例均在 50%以上，其中沈阳和西安被访者吃过方便面的比例最高。被访者食用方便面的频率主要集中在一周 1~2 次和一个月 2~3 次。

（4）包装水

7-1-6 包装水的饮用频率

	人数（人）	天天喝	一周 3 次或以上	一周 1~2 次	一个月 2~3 次	一个月 1 次或以下	没喝过
北京	198	21.6	17.1	16.8	10.1	7.3	27.1
上海	204	22.1	17.1	19.5	4.2	2.0	35.0
广州	208	15.3	19.0	22.9	10.9	5.0	26.8
深圳	152	23.0	8.4	22.5	10.3	5.1	30.8
成都	221	20.0	17.9	19.3	11.6	5.5	25.7
重庆	209	10.6	12.2	21.8	12.2	3.4	39.8
武汉	229	17.4	14.9	20.9	9.5	5.7	31.5
西安	219	14.0	18.0	19.7	15.7	6.4	26.2
沈阳	247	21.2	12.6	19.6	10.5	4.7	31.3
南京	225	8.4	16.0	15.6	16.4	7.9	35.7

10 城市被访者最近三个月内喝过包装水的比例基本在 60%以上，其中成都、西安、广州、北京的被访者喝过的比例高于其他城市。被访者饮用包装水的频率较高，深圳被访者天天喝的比例最高，为 23.0%。

（5）茶饮料

7-1-7 茶饮料饮用频率情况

	人数（人）	天天喝	一周 3 次或以上	一周 1~2 次	一个月 2~3 次	一个月 1 次或以下	没喝过
北京	196	14.9	19.5	17.0	10.0	9.0	29.6
上海	200	14.8	21.1	17.4	11.3	5.5	29.9
广州	207	4.0	12.7	16.2	13.7	6.7	46.6
深圳	153	5.0	6.0	21.3	9.5	4.9	53.2
成都	221	2.8	7.1	21.6	11.2	6.8	50.6
重庆	209	1.0	3.7	16.0	7.4	4.5	67.4
武汉	230	3.5	11.5	26.1	15.2	3.1	40.6
西安	219	5.9	11.3	19.7	18.4	10.5	34.2
沈阳	246	5.4	11.9	22.4	14.7	9.5	36.1
南京	225	7.8	16.5	18.1	15.0	4.1	38.4

不同城市的消费者茶饮料的饮用频率有较为明显的差异。如表 7-1-7 显示，北京、上海的被访者中仅有不足 30%的人在近三个月来没喝过茶饮料，比例最低，而“天天喝”、“一周喝 3 次或以上”的比例最高。深圳、成都和重庆的被访者饮用过茶饮料的比例最低。

（6）100%纯果汁和果汁饮料

7-1-8 100%纯果汁饮用频率情况

	人数（人）	天天喝	一周 3 次或以上	一周 1~2 次	一个月 2~3 次	一个月 1 次或以下	没喝过
北京	180	3.1	4.5	7.3	7.0	16.3	61.8
上海	180	4.5	1.6	11.1	6.5	6.7	69.6
广州	202	1.1	0.9	2.6	4.8	7.2	83.4
深圳	153	0.0	1.0	5.8	4.0	7.4	81.8
成都	218	1.7	2.7	6.4	2.3	2.5	84.4
重庆	207	0.4	1.0	4.0	5.6	7.9	81.1
武汉	224	2.8	1.5	4.7	9.6	4.7	76.7
西安	215	0.6	3.4	5.3	6.8	6.7	77.2
沈阳	245	0.5	1.3	3.6	6.5	8.7	79.3
南京	212	2.1	2.7	11.6	11.3	6.1	66.2

7-1-9 果汁饮料的饮用频率情况

	人数（人）	天天喝	一周 3 次或以上	一周 1~2 次	一个月 2~3 次	一个月 1 次或以下	没喝过
北京	180	1.1	7.4	24.0	8.6	8.9	50.1
上海	195	7.0	5.0	20.9	19.9	5.6	41.7
广州	200	0.0	5.9	17.9	18.1	8.8	49.4
深圳	153	0.5	3.7	23.5	12.1	4.3	55.9
成都	219	2.0	8.9	19.1	21.0	7.5	41.5
重庆	209	0.8	1.4	9.4	13.3	10.6	64.4
武汉	229	0.4	4.3	14.6	16.2	9.2	55.4
西安	219	1.6	6.9	17.9	20.6	10.7	42.3
沈阳	246	3.2	2.5	12.6	12.1	9.7	59.8
南京	220	5.6	9.5	21.1	11.4	4.4	48.1

10 城市居民对 100%纯果汁的饮用比例较低，如表 7-1-8 所示，各城市均有 60%以上的被访者最近三个月没有饮用过纯果汁，其中广州、深圳、成都和重庆的被访者没有喝过纯果汁的比例超过 80%。相比之下，上海和北京的被访者“天天喝”纯果汁的比例最高。

被访者果汁饮料的饮用比例基本高于 100%纯果汁。如表 7-1-9 所示，上海、成都和南京 3 市被访者果汁饮料的饮用频率相对较高，“天天喝”、“一周 3 次或以上”的比例之和分别为 12%、10.9%和 14%。北京、深圳、重庆、武汉、沈阳的被访者中则均有半数以上的人没有饮用过果汁饮料。

3. 最受欢迎的食品、饮料品牌

表 7-1-10 至表 7-1-17 是通过电话调查了解的 10 城市居民经常食用的食品或者经常饮用的饮料品牌。

7-1-10 巧克力品牌排名

排名	北京		上海		广州		深圳		成都	
	品牌	百分比	品牌	百分比	品牌	百分比	品牌	百分比	品牌	百分比
1	德芙	65.4	德芙	77.4	德芙	56.4	德芙	27.5	德芙	62.6
2	吉百利	15.6	费列罗	5.3	金莎	10.3	金莎	18.5	金梦	14.7
3	雀巢	3.6	雀巢	4.6	M&M's	3.3	金梦	7.7	吉福	2.4
4	费列罗	3.6	吉百利	1.4	好时	2.6	M&M's	6.2	吉百利	1.6
5	徐福记	1.6	Lindt	1.1	麦提莎	2.5	雀巢	6.1	费列罗	1.2
6			好时	1.0	费列罗	2.1	吉百利	4.1	百灵	1.2
6			台尚	1.0						

续前表

排名	重庆		武汉		西安		沈阳		南京	
	品牌	百分比	品牌	百分比	品牌	百分比	品牌	百分比	品牌	百分比
1	德芙	35.8	德芙	66.9	德芙	46.0	德芙	55.1	德芙	60.7
2	金梦	28.6	金梦	10.6	金梦	23.9	吉百利	7.2	金梦	8.9
3	徐福记	1.6	费列罗	1.7	吉百利	13.1	金梦	6.0	吉百利	4.8
4	M&M's	1.3	雀巢	1.3	义利	3.5	天津大板	3.3	雀巢	3.2
5	吉百利	0.8	吉百利	0.8	雀巢	1.7	阿尔卑斯	2.1	百如	1.1
6	奥利奥	0.8					徐福记	1.8	阿尔卑斯	0.6

7-1-11 包装牛奶品牌排名

排名	北京		上海		广州		深圳		成都	
	品牌	百分比	品牌	百分比	品牌	百分比	品牌	百分比	品牌	百分比
1	蒙牛	57.1	光明	66.4	蒙牛	36.8	蒙牛	57.5	伊利	37.3
2	三元	19.8	蒙牛	29.8	伊利	35.4	伊利	25.2	蒙牛	17.0
3	伊利	12.0	真元	0.6	达能	6.7	晨光	7.4	华西	14.3
4	光明	6.3	伊利	0.6	燕塘	6.7	光明	2.0	菊乐	13.6
5	完达山	1.1	怡阳	0.5	光明	5.7	雀巢全仕奶	0.8	光明	7.7
6	达能	0.9	明星	0.5	雀巢全仕奶	1.1	达能	0.7	雀巢全仕奶	1.1
7	京世康	0.7	海河	0.3	香满楼	1.0	多牡多	0.7	阳平	1.1
8	安怡	0.5			旺旺（旺仔）	0.7			夏进	0.8

续前表

排名	重庆		武汉		西安		沈阳		南京	
	品牌	百分比	品牌	百分比	品牌	百分比	品牌	百分比	品牌	百分比
1	天友	34.8	光明	30.5	蒙牛	24.5	辉山	47.2	光明	43.3
2	伊利	34.7	蒙牛	29.8	银桥	20.3	蒙牛	28.6	卫岗	27.1
3	蒙牛	18.5	扬子江	13.7	伊利	7.5	伊利	13.0	蒙牛	9.9
4	光明	4.0	伊利	11.7	夏进	3.7	光明	4.6	金阳光	2.1
5	龙江	1.1	友之友	5.7	光明	3.3	科尔沁	0.5	三鹿	2.0
6	达能	1.0	雀巢全仕奶	4.3	完达山	1.7	乐百氏	0.5	山田	1.8
7	完达山	0.5	荷兰子母	0.5	东方	1.1			伊利	1.4
8	夏进	0.5	夏进	0.5	三岛	0.8			天友	1.2

7-1-12 酸奶品牌排名

排名	北京		上海		广州		深圳		成都	
	品牌	百分比	品牌	百分比	品牌	百分比	品牌	百分比	品牌	百分比
1	蒙牛	28.7	光明	58.2	伊利	26.4	蒙牛	46.4	华西	27.1
2	三元	21.0	味全	14.2	达能	24.9	伊利	22.0	菊乐	19.9
3	伊利	16.4	达能	10.9	蒙牛	13.0	光明	9.9	伊利	17.6
4	光明	15.4	蒙牛	8.7	燕塘	12.4	晨光	8.5	蒙牛	8.5
5	京世康	5.3	太子奶	1.5	光明	8.2	达能	3.8	光明	6.8
6	三鹿	1.4	全佳	0.9	雀巢	1.1	多牡多	0.9	均瑶	1.9
7	天山雪	0.7	伊利	0.7	风行	1.0			天友	1.2
8	味全	0.7	优诺	0.4	维记	0.8			新希望	1.2

续前表

排名	重庆		武汉		西安		沈阳		南京	
	品牌	百分比	品牌	百分比	品牌	百分比	品牌	百分比	品牌	百分比
1	天友	50.8	光明	33.0	银桥	40.0	辉山	60.9	光明	47.6
2	伊利	12.3	友之友	31.5	光明	17.5	伊利	7.8	卫岗	28.3
3	蒙牛	9.3	扬子江	14.6	蒙牛	10.3	蒙牛	7.4	蒙牛	7.1
4	光明	3.1	蒙牛	9.8	东方	5.6	德氏	2.5	伊利	2.6
5	海浪	2.3	伊利	5.2	伊利	4.6	光明	2.2	山田	1.5
6	均瑶	1.8	天山雪	2.5	三鹿	1.6	达能	1.7	三鹿	1.5
7	友之友	1.8			天山雪	1.3	三鹿	1.6	风行	0.8
8	小金牛	0.7			杨凌	1.3	伊露	0.7	金阳光	0.4

7-1-13 方便面品牌排名

排名	北京		上海		广州		深圳		成都	
	品牌	百分比	品牌	百分比	品牌	百分比	品牌	百分比	品牌	百分比
1	康师傅	67.2	康师傅	66.1	康师傅	66.8	康师傅	74.7	康师傅	68.1
2	统一	14.3	统一	22.6	统一	12.6	福满多	6.7	统一	23.3
3	今麦郎	5.2	日清	4.1	福满多	4.2	出前一丁	6.6	巧面馆	4.9
4	华龙	3.6	农心辛拉面	1.7	华丰	3.4	统一	2.9	福满多	1.4
5	福满多	1.9	今麦郎	1.4	福寿全	1.0	皇品	1.1	超力	1.4
6	农心辛拉面	1.8	福满多	1.0	好劲道	0.7	公仔	0.9	今麦郎	1.0

续前表

排名	重庆		武汉		西安		沈阳		南京	
	品牌	百分比	品牌	百分比	品牌	百分比	品牌	百分比	品牌	百分比
1	康师傅	75.7	统一	46.9	康师傅	60.5	康师傅	52.8	康师傅	61.2
2	统一	12.8	康师傅	41.0	福满多	15.7	福满多	12.9	统一	16.5
3	福满多	4.7	福满多	4.6	华丰	6.6	统一	9.8	福满多	6.1
4	华邦	1.2	今麦郎	3.2	统一	6.3	华龙	5.7	日清	3.3
5	华龙	0.7	白象	0.6	今麦郎	1.7	华丰	4.2	华龙	1.7
6							今麦郎	2.8	今麦郎	1.3

7-1-14 包装水品牌排名

排名	北京		上海		广州		深圳		成都	
	品牌	百分比	品牌	百分比	品牌	百分比	品牌	百分比	品牌	百分比
1	农夫山泉	28.6	农夫山泉	41.9	怡宝	80.4	益力	29.9	农夫山泉	27.5
2	娃哈哈	24.1	雀巢	12.4	屈臣氏	4.6	怡宝	13.9	乐百氏	11.1
3	康师傅	11.4	乐百氏	7.8	康师傅	2.6	景田	9.8	娃哈哈	10.3
4	乐百氏	11.3	正广和	7.7	大峡谷	1.4	伊利	8.5	怡宝	9.4
5	雀巢	5.5	屈臣氏	2.9	雀巢	0.6	康师傅	6.1	蓝健（剑）	8.3
6	冰露	3.6	统一	2.8	农夫山泉	0.5	娃哈哈	4.5	康师傅	7.5
7	统一	2.6	娃哈哈	2.1	获特满	0.5	怡景	4.0	雀巢	1.4
8	天与地	1.1	康师傅	1.9	乐百氏	0.5	农夫山泉	3.7	统一	1.0
9	屈臣氏	1.0	水森活	1.8			屈臣氏	2.2	景田	0.7

续前表

排名	重庆		武汉		西安		沈阳		南京	
	品牌	百分比	品牌	百分比	品牌	百分比	品牌	百分比	品牌	百分比
1	乐百氏	23.3	娃哈哈	30.9	娃哈哈	43.8	娃哈哈	33.2	农夫山泉	42.4
2	冰点水	22.7	农夫山泉	20.1	康师傅	26.9	康师傅	18.5	娃哈哈	15.9
3	娃哈哈	12.1	乐百氏	17.7	农夫山泉	8.7	农夫山泉	9.7	康师傅	15.7
4	农夫山泉	9.0	康师傅	6.2	乐百氏	5.8	冰露	6.9	天与地	4.7
5	中梁山	7.5	冰露	6.1	雀巢	3.6	乐百氏	6.6	雀巢	3.2
6	康师傅	6.7	雀巢	4.1	涟漪	2.0	雀巢	5.8	乐百氏	2.1
7	雀巢	3.6	统一	1.8	丈八龙泉	0.4	统一	1.3	统一	0.9
8	景田	1.1	翔龙	1.0	天与地	0.3	景田	0.6	千岛湖	0.6
9	佳得乐	0.5	冰泉	0.4			泉阳泉	0.6	汤泉湖	0.3

7-1-15 茶饮料品牌排名

排名	北京		上海		广州		深圳		成都	
	品牌	百分比	品牌	百分比	品牌	百分比	品牌	百分比	品牌	百分比
1	康师傅	49.3	统一	51.0	康师傅	57.1	康师傅	65.0	康师傅	51.4
2	统一	40.4	康师傅	18.0	统一	29.6	统一	15.6	统一	28.9
3	麒麟	2.1	三得利	9.7	雀巢	3.8	王老吉	6.9	茶里王	1.3
4	茶里王	1.4	麒麟	4.9	王老吉	3.1	立顿	1.2	蓝剑	1.3
5	燕京	1.4	雀巢	4.4	菊乐	1.1	雀巢	1.2	乐百氏	1.0
6	张一元	1.2	奥德赛	0.9	乐百氏	0.6	碧泉	1.1	立顿	0.8

续前表

排名	重庆		武汉		西安		沈阳		南京	
	品牌	百分比	品牌	百分比	品牌	百分比	品牌	百分比	品牌	百分比
1	康师傅	70.9	康师傅	60.9	康师傅	77.9	康师傅	63.2	康师傅	65.7
2	统一	17.1	统一	24.5	统一	6.1	统一	25.4	统一	18.8
3	奥德赛	1.3	雀巢	4.3	雀巢	2.7	娃哈哈	2.5	雀巢	5.3
4	乐百氏	0.6	茶里王	2.0	绿洲	1.1	茶里王	1.2	茶研工坊	0.9
5			乐百氏	1.0	娃哈哈	0.7	乐百氏	1.2	立顿	0.6
6			娃哈哈	0.6	王老吉	0.4			旭日升	0.5
6									娃哈哈	0.5

7-1-16 100%纯果汁饮料品牌排名

排名	北京		上海		广州		深圳		成都	
	品牌	百分比	品牌	百分比	品牌	百分比	品牌	百分比	品牌	百分比
1	汇源	62.3	汇源	26.5	金装果汁先生	26.4	汇源	22.3	汇源	36.7
2	统一	7.8	统一	9.2	汇源	21.3	统一	8.3	统一	22.0
3	华邦	4.6	三得利	8.6	统一	9.0	都乐	6.4	康师傅	4.6
4	大湖	4.3	味全	7.8	橙宝	3.6	娃哈哈	3.1	茹梦	2.7
5	都乐	2.1	大湖	6.8	都乐	3.0	康师傅	2.8		
6	茹梦	1.4	酷儿	5.6	酷儿	2.2	茹梦	2.4		
7	露露	0.9	乐百氏	3.2						

续前表

排名	重庆		武汉		西安		沈阳		南京	
	品牌	百分比	品牌	百分比	品牌	百分比	品牌	百分比	品牌	百分比
1	统一	36.4	汇源	37.0	汇源	37.6	汇源	33.2	汇源	36.2
2	汇源	17.6	统一	27.6	康师傅	9.5	康师傅	9.8	统一	13.1
3	荣氏	4.3	都乐	6.3	荣氏	7.1	酷儿	5.4	康师傅	5.0
4	康师傅	3.6	大湖	5.3	酷儿	2.2	鲁冰花	4.3	味全	4.6
5	乐百氏	3.6	橙宝	1.1	橙宝	1.3	茹梦	3.6	都乐	2.3
6			乐百氏	0.8	金装果汁先生	1.3	乐百氏	3.5	光明	1.7
7					娃哈哈	1.0	统一	2.8	椰树	1.1

7-1-17 果汁饮料品牌排名

排名	北京		上海		广州		深圳		成都	
	品牌	百分比	品牌	百分比	品牌	百分比	品牌	百分比	品牌	百分比
1	统一	53.5	统一	18.1	统一	38.2	统一	39.0	统一	58.8
2	汇源	12.8	农夫果园	11.6	可口可乐美汁源果粒橙	11.0	康师傅	13.9	汇源	11.8
3	牵手	3.1	可口可乐美汁源果粒橙	10.1	粒粒橙	6.1	汇源	6.5	康师傅	5.4
4	康师傅	3.0	汇源	9.4	酷儿	5.3	可口可乐美汁源果粒橙	6.3	酷儿	2.8
5	可口可乐美汁源果粒橙	2.8	康师傅	8.8	康师傅	4.5	酷儿	3.8	可口可乐美汁源果粒橙	1.9
6	农夫果园	2.7	味全	6.3	果汁先生	4.4	农夫果园	3.4	农夫果园	1.9
7	华邦	2.7	新奇士	2.9	汇源	3.9	橙宝	2.1	椰树	1.5
8	乐百氏	2.4	橙宝	2.2	农夫果园	3.4	娃哈哈	1.3	娃哈哈	1.1
9	大湖	1.7	乐百氏	1.9	新奇士	2.5	椰树	1.3	乐百氏	0.8
10	茹梦	1.5	三得利	1.7	三得利	2.4	三得利	1.2	粒粒橙	0.4
10	露露	1.5								

续前表

排名	重庆		武汉		西安		沈阳		南京	
	品牌	百分比	品牌	百分比	品牌	百分比	品牌	百分比	品牌	百分比
1	统一	62.3	统一	50.4	汇源	20.6	统一	33.2	统一	19.2
2	康师傅	16.0	农夫果园	15.5	酷儿	16.7	康师傅	18.7	可口可乐美汁源果粒橙	13.2
3	汇源	7.7	康师傅	6.3	统一	9.7	汇源	11.0	酷儿	13.0
4	橙宝	1.9	汇源	4.7	康师傅	5.5	乐百氏	4.2	汇源	12.8
5	粒粒橙	1.2	茹梦	4.0	可口可乐美汁源果粒橙	5.3	可口可乐美汁源果粒橙	3.8	康师傅	7.1
6	农夫果园	1.2	酷儿	3.1	乐百氏	3.5	酷儿	3.6	三得利	2.1
7	甜甜橙	0.9	乐百氏	1.4	露露	3.1	三得利	1.9	粒粒橙	1.9
8	乐百氏	0.5	娃哈哈	0.8	粒粒橙	2.3	娃哈哈	1.4	农夫果园	1.9
9					农夫果园	1.6	农夫果园	1.0	露露	1.1
10					荣氏	0.9	露露	0.9	金苹果	0.7

10城市被访者最常食用的巧克力品牌中，德芙均名列第一。包装牛奶和酸奶的品牌排名中，蒙牛、伊利和光明三大品牌在10城市中的提及率均较高；各地被访者最常饮用的包装牛奶和酸奶中也出现了较多地方品牌，如重庆的天友、西安的银桥、沈阳的辉山、南京的卫岗。10城市被访者最常食用的方便面品牌为康师傅和统一。

包装水的品牌排名中，被提及较多的有农夫山泉、娃哈哈、乐百氏和康师傅等。怡宝在广州、深圳的提及率较高，尤其是在广州。10城市被访者最常饮用的茶饮料主要是康师傅和统一；最常饮用的100%纯果汁主要是汇源；最常饮用的果汁饮料主要是统一。

（二）城市居民食品消费的支出和饮食习惯的变化

以下是通过深度访谈了解的北京、上海、广州3城市消费者食品消费的支出和饮食习惯的变化

1. 用于食品消费的支出

访谈发现，不同收入水平的被访者食品支出的差异显著。根据收入水平，可以将被访者分为：学生群体、无收入和中低收入人群、中等收入人群、中高及高收入人群。无收入或低收入被访者基本处于“温饱阶段”，收入的主要部分都用于食品消费，且消费额度不高，他们中有一些人在食品等消费上仍需依赖其他家庭成员。中等收入被访者在日常消费中，食品支出所占比例仍较大，但不构成生活压力，他们外出吃饭的比例比中低收入人群明显增加。中高收入以上的被访者因其饮食习惯和消费观念的不同，在食品消费方面与其他消费人群差异较大。

（1）学生群体

访谈的 5 名学生中，1 名是 16 岁的高中生，其日常饮食均由父母安排，在食品消费方面不甚了解，所以只有 4 名学生回答了食品消费的相关问题。

【个案一】小李，北京，男，23 岁，在读医学硕士。家境较好，出身高级知识分子家庭，现在所拥有的消费产品及日常花费足以说明其为校园新贵一族。由于实习，因此每月有 1500 元左右的收入。“现在每月总花费有 1000 元，其中 800 元都用于食品方面”，小李爱吃肉但注意营养均衡，平时吃饭有一半时间在学校吃，有一半时间会出去吃，并表示出去吃的次数在逐渐增加。

【个案二】小李，上海，女，23 岁，某高校大学四年级。家境较好，现跟男友租住在离学校不远的居民小区内。平时主要是自己做饭或者叫外卖，“两个人光吃就要 1500～2000 元”。

【个案三】小冯，广州，男，19 岁，大专一年级。父母收入较低。从中专开始，他每年都会利用假期做一些兼职，曾有一年多的工作经历。他中午在家吃饭，和朋友在外面吃饭“一个星期有一次左右，吃夜宵或者烧烤，都是轮流付钱，看熟悉程度，一般工作的人会请多一点”。“去麦当劳的话一次 100 多元，去小食店五六十元。自己每个月用在这方面是 150 元左右。”“零食吃得少，一般去超市就是买点方便面、汽水、牛奶这些快速食品，没时间就吃这些。”

（2）无收入和低收入人群

在回答此题的被访者中，有 11 人收入在 1500 元/月以下，其中 2 人为家庭主妇，且家庭经济条件处于中等偏下水平。这类被访者主要有两种情况，一类是他们与配偶双方收入都较低，虽然共同承担家庭开支，但经济压力依然较大，其个人在食品消费方面的月开支在 400 元以内，家庭食品消费在 1000 元左右，基本占到家庭月收入的 30%~50%。另一类被访者虽然本人月收入不高，但家庭中其他成员的收入较高，家庭负担相对较小，所以他们在食品消费方面显得较为“阔绰”，相对于其收入，这类被访者饮食消费所占比例较高，约占收入的 50%左右。

【个案一】高女士，北京，32 岁，高中学历，家庭主妇，丈夫职业为电工，无孩子，家庭月收入近 2000 元。食品消费占家庭用收入中的“一半以上”，平时购物基本不考虑品牌，喜欢选择大包装食品，“一般都买大包装的，实惠点。”

【个案二】江先生，广州，30 岁，高中学历，在某快递公司工作，已婚，有一个 2 岁的儿子，个人月收入 1000～1200 元，家庭月收入 2000 元左右。每月个人食品消费较低，“基本吃盒饭，每月 200 元。10 年来没什么变化。出去吃饭一般一次花费 100 元左右。”

【个案三】胡女士，北京，47 岁，初中学历，月收入 601～900 元，已退休 2 年。丈夫也已病退，家庭月总收入约 1300 元。夫妻两人都身体多病，看病开支比较大，再加上女儿即将上大学，所以平常总是省吃俭用。胡女士算了一下，每周全家人用在食品方面的费用大约 40 元钱，一个月全家花费不足 200 元。

【个案四】吕女士，上海，54 岁，高中学历，已退休，月收入 1000～1200 元，女儿刚刚参加工作，给家里减轻了一定生活负担。吕女士消费观较为时尚超前，接受新信息也比较快。由于头部做过大手术，她对食品营养和均衡方面考虑较多。由于家庭负担不重，她在食品购买上也较少算计，“反正一个月全家吃喝这块乱七八糟全算上有 2000 足够了。”

（3）中等收入人群

这部分被访者的食品消费原则仍是“量入为出”，除个别非常注重营养的被访者外，他们与中低收入人群的食品消费情况没有显著差异。一个三口之家每月食品消费支出在800~1500元，大约占收入的1/3或1/2。有时全家出去吃饭或与朋友聚餐，因而在饮食消费总额的绝对值高于中低收入人群。

【个案一】于女士，北京，52岁，大学本科学历，月收入2300元左右，内科住院医生。由于职业的缘故，于女士在饮食方面比较在意，“我挺注重吃，我做医生的，荤素肉蛋青菜都搭配好。我基本工资全花在吃上了。”

【个案二】梁先生，北京，26岁，大学本科学历，月收入3000元左右。本科毕业后曾在上海工作，2004年转到北京发展，并且与女友已经买了房子。因为工作时间尚短，两人还没有太多积蓄。他与女友既要立业又要成家，很多大件商品都会于近期购置，各方面压力较大。说到食品消费，梁先生表示，每月用于吃饭的花费不菲，“要说一两千有点夸张，五六百肯定有的。以前读书时没有收入，一个月生活费500块钱，其中要拿出300块钱来吃饭。现在有时吃饭一个星期就要花一两千。两个人在外面吃一顿起码要60来块，中午的工作餐最便宜的也有12块钱。”

【个案三】李先生，上海，24岁，中专学历，2000年来上海打工，现在住集体宿舍，月收入1501~1700元。由于收入不高，他会把注意力放在直观的外在消费方面，对饮食方面没有过多苛求。李先生每月食品消费在400~500元，“吃饭的花费在200~300元，每星期去超市，平均会花大概200多元”。

（4）中高收入人群和高收入人群

访谈中回答了食品消费在总收入中所占比例的被访者共53人，其中月收入在3000~5000元的中高收入被访者10人，收入在5000元以上的高收入被访者9人。这部分人群在食品消费支出方面因观念和饮食习惯不同而差别较大。需要注意的是，这类人群的食品消费往往成为其娱乐和交际的重要手段，每月外出吃饭、聚餐的频率较高，导致食品支出总额上明显高于其他人群。

【个案一】李先生，北京，35岁，大学专科学历，月收入3800~4000元。2001年以前在新疆工作，后来到北京一家国企工作。2004年以按揭形式买了商品房，但由于收入有所降低和其他原因，他觉得该房成了一种被迫投资，还贷使生活质量不如以前，消费观念也变得保守。在李先生的日常消费中，食品方面的花费所占比例一直较小。“我就一个人，一个月吃饭大概要500多吧。”但也是因为一直单身，李先生外出吃饭的频率很高，“现在出去吃饭很平常，自己做饭的比例比较少。”

【个案二】温先生，广州，26岁，大学专科学历，月收入7万~10万，海鲜店老板。从消费上看，温先生属于典型的“挣得多花得多”，各项支出都比较大，特别是同朋友吃饭娱乐的消费，据他计算大约能花掉收入的2/3。“吃饭一天算下来，大概要上千吧，一般晚上还要去酒吧和卡拉OK，有一个晚上我在国外的朋友回来，开了一瓶路易十三，12000元，一天晚上3万多，不过这样的聚会难得嘛。一个月乱七八糟的要花五六万。”

【个案三】钟先生，北京，28岁，未婚，大学本科学历，月均收入8000~9000元。现从事计算机软件开发工作，来北京发展3年多，并有留京打算。虽然同事很多，但他不大爱玩，所以外出吃饭的情况相对较少。由于来自南方，所以不大习惯北方的饮食。“不太习惯北方的食品，所以我们都带着保姆专门做饭，一般不在外面吃，除非周末出去玩，另外吃的很多是公司负责，（花费所占）比例会小些。”“一个月出去吃饭大概花500多吧，家里吃也就200多，中餐在公司吃，公司管的。（每月用于吃饭的花费）大约占总收入的10%吧。”

【个案四】李先生，北京，42 岁，大学专科学历，月收入 6000～7000 元。他早年在南方开过工厂，生意在 1992 年开始滑坡，收入水平有所降低，但消费观念变化不大。目前食品消费占收入 30%～40%。一个月中外出吃饭的时候很多，“我在外面跟朋友吃饭花得比较多，在家做饭花不了多少钱。出去吃饭的频率大概 5 天有一次吧，我们轮流请。”

2. 饮食习惯的变化

（1）购买食品的场所

随着商业经营模式的发展，消费者购买饮食产品的场所正在逐步发生转变。在城市居民的日常生活中，超市正在逐渐取代市场、菜场的地位，成为人们食品消费的主要场所。在本次访谈中，共有46位被访者提到了其购买食品场所的变化情况。

不同城市被访者的购买场所有一定差异，北京被访者更青睐于去超市购买食品，16 位被访者中有 12 人主要是在超市购买食品；18 位上海被访者中有 13 位表示零食和日用品主要是在超市购买，但蔬菜和肉类仍会去附近菜场采购；广州的 12 位被访者中有 6 人表示平时买东西仍会光顾菜场。

被访者认为菜场采购的优势主要体现在两方面：一是菜场或早市的蔬菜价格相对较低；二是菜场中的蔬菜和肉类比较新鲜且挑选范围比较大。而被访者认可超市的原因主要在于：购物环境好、品质有保障、方便又放心等。以下是被访者购买食品的具体情况。

【个案一】杜先生，上海，49 岁，高中学历，月收入 1501～1700 元。10 年前与妻子离异，儿子一直跟自己过，2004 年儿子去北京当兵，现在杜先生一个人闲居在家。他每个月用在食品方面的消费为 400～500 元，占收入的 1/3 左右。他对饮食的要求不高，平时自己做饭，“买菜就去菜场，肉、鱼也都去菜场，调料去超市（买）。1995 年（即 10 年前）全都去市场买。”

【个案二】张先生，上海，29 岁，大学专科学历，月收入 3200～3500 元。自 1994 年职校毕业后，一直从事技术方面的工作。2005 年起，开始负责销售方面的工作。目前他和父母一起居住，“家里吃蔬菜、豆制品比较多，肉类、水产类不多。一直也没什么大的变化。”张先生对超市的记忆始于 1994 年，“我记得很清楚，1994 年我毕业时上海刚有超市，第一家是人民广场超市，国营的，现在早就没了。超市给人一个比较新颖的购物环境，不用看服务员脸色，可以自己直接拿到商品，那种感觉很好，所以大家都喜欢去那儿，即使不买，也爱去逛逛。”张先生平时“买菜一般在集贸市场，肉在集贸市场买的时候多，我觉得超市的不太新鲜，而且都是冻的，看不出好坏。我一般两个月去一次大卖场，买的也不多”。

【个案三】朱女士，北京，50 岁，大学本科学历，现已病退在家。丈夫是大学教授，夫妻两人每月收入共 7000 元左右，儿子虽已工作，但还未独立。朱女士一家在饮食方面花费不太多，还比较讲究，“日常消费我们不是特别高档，我觉得没必要。比如像菜啊、水果之类的就没必要非在超市买，就在菜市场买就行。不过肉得在大超市买，因为在外面买心里不放心。像鸡翅什么的，我们都买那种包装好的。名牌的东西，做出来味道都不一样。”“一个月在吃上的花费顶多有 1000 吧。我们吃粮食也吃不了多少，平时也主要吃菜，不怎么吃肉，就儿子吃肉多点。我们做饭比较清淡。”

【个案四】卢女士，北京，47 岁，大学本科学历，编辑，月收入 4000 元。她和丈夫家庭月均收入近万元，儿子 17 岁，即将考大学。孩子身体不好，卢女士对此非常关心。饮食方面她一直比较注意，“都到超市买，我还比较注重品牌，超市的东西质量好些。”每个月食品支出平均在2000元以上，占家庭月收入的1/4。

【个案五】陈女士，广州，26岁，中专学历。2000年来广州打工，2004年开始和丈夫一起做医药生意，孩子1岁。目前一家月收入7000~9000元。陈女士一家平时不吃零食，但很爱吃水果，几乎每天都吃。水果主要在超市和水果市场购买，一个月买水果大概花300多元。平时买菜主要去菜市场，有时也去超市，但频率不高，“主要是觉得超市排队比较麻烦。”

（2）吃饭的场所

随着居民收入水平的提高和城市餐饮业的发展，外出“下馆子”不再是一项奢侈消费。很多被访者表示一周内会有3天以上和朋友或同事外出吃饭。他们觉得外出吃饭方便，可以和朋友联络感情，与客户增进关系。即使是习惯在家用餐的“家居一族”也会偶尔出去调剂一下口味。总之，外出吃饭已成为城市居民娱乐和休闲的一种方式。

访谈中，共有50位被访者提到了他们平时吃饭的场所，其中16人明确表示主要在家吃饭，偶尔外出吃饭；8人外出吃饭的频率在一周1次及以下；外出吃饭较为频繁，一周1次以上的有24人；另有2人表示有时会外出吃饭，但未指明频率。根据被访者在家吃饭和外出吃饭的比例和频率，可以将他们可分为两类：一是家居一族（偶尔外出吃饭），二是“饭团”一族（一周有1次以上外出吃饭）。

◆ 家居一族

这类被访者很少在外吃饭，正餐基本都在家里解决。他们主要是家庭比较稳定、生活比较规律的年轻上班族；已有儿女，且儿女年幼的年轻父母；家庭负担较大且收入不高的中年人和已形成在家吃饭习惯的老年人。这类被访者生活规律，应酬较少，很多人中午在单位吃工作餐，但晚上和家人共进晚餐。还有被访者表示“吃不惯外面的菜”，所以也很少外出用餐。

【个案一】叶先生，广州，24岁，高中学历，月收入1701~2000元。他一直和奶奶、父母居住在一起，高中毕业后就在卖场工作，工作相对稳定，但收入不高。由于从小家境不好，因此他日常生活比较节俭，生活比较平淡。主要在家吃饭，有时也会在单位买饭，在单位买饭的花费为150~200元/月。

【个案二】李女士，北京，35岁，高中学历，已婚10年，家庭主妇。她笑称自己是“居家女人”，丈夫是私企老板，他们有个读小学二年级的儿子，家庭条件一直很好。父母家离自己家不远，所以平时一家三口都去父母那儿吃饭，自己不开伙，外出吃饭的次数也不多。“当时结婚时还给家里说一定要自己做，后来新鲜了几年就不做了，现在一个星期也开不了一次伙。”他们不常出去吃饭的原因也和孩子有关，“主要是孩子小，觉得在外面吃不卫生。”

【个案三】江先生，广州，30岁，高中学历，月收入1000~1200元，妻子收入也不高，两人每月合计收入2000元。他的日常消费很简单，主要是满足基本生活所需。目前江先生一家三口和父母一起住在城郊父母出钱盖的平房里，平时家里的食品及日常消费品也多由父母购买。江先生早饭和晚饭一般在家吃，但因工作原因，中饭他一般会在外面吃5元钱左右的快餐，每月平均花费200多元。江先生婚前大约每周都会与朋友聚会一次，聚会主要是AA制。但婚后这种聚会的频率明显减少，“现在一年就五六次。”

【个案四】金先生，上海，56岁，高中学历，与妻子均已退休，两人每月退休金共2500元左右。女儿、女婿的经济收入较高，常给父母买东西，所以老两口日子过得很顺心。金先生和妻子每月用在食品方面的消费在千元上下，占收入的40%左右。但二老很少出去吃饭："我现在一个月基本上出去吃一次，女儿、女婿上个月请我们俩吃一顿海鲜，4 个人 900 多元。但现在有些（东西）吃不惯，经济上也不行。"

◆ "饭团"一族

时下有一种流行的说法，把经常在外面吃饭、聚会的人称为"饭团"。在我们的访谈中发现，"饭团"一族主要由以下几类人组成：交际广泛的未婚青年；从事管理、销售、业务等相关工作的人群；高收入高消费人群。体现在个体上，上述三种特质可能会在某人身上出现交叉。

【个案一】小骆，北京，女，20 岁，职高学历，目前正在上成考培训班，家境较好。她从 18 岁开始曾经有过一些临时性的工作经历，做过文职、进出口之类的工作。目前没有收入，父母每月给 2000 块钱，有时候看情况会多给一些，她基本都花光。其中每月大概会在吃上花 1500 元左右，而且"经常去饭店。"

【个案二】胡先生，广州，25 岁，大学专科学历，从事计算机软件开发方面的工作，月收入 5000 元左右。胡先生中午一般在单位买饭吃，晚上则回家吃。他出去吃饭的次数很多，有时是因为业务需要，有时是和朋友聚餐，平均一周出去两次左右。和朋友吃饭一般都是 AA 制，有时也会在朋友间轮流请，平均一餐 200 元左右。

【个案三】王先生，上海，33 岁，大学本科学历，月收入 5000～6000 元，从事营销工作，有时会和朋友或客户出去吃饭。"与客户一起去时，会选择一些好一点的，中高档的餐厅；与朋友一起，就会更关心口味和朋友的习惯，会选干净的，实在的（饭馆）。其实上海哪里都一样，要很熟才行，价格适中。"

【个案四】冯女士，上海，40 岁，个体老板，月收入 5000～5300 元。冯女士一家目前有房有车，儿子今年 14 岁，从小就在贵族学校念书。冯女士工作很忙，几乎每天都很晚回家，因此大部分时间都在外面吃饭。因为早上时间紧张，常常没空吃早饭，所以早上喝酸奶，这个习惯保持了五六年。

【个案五】温先生，广州，26 岁，大学专科学历，月收入 7 万～10 万，做海鲜生意。温先生在食品上的花销很大，几乎天天在外吃饭，"晚饭、夜宵、早茶都在外面，心血来潮的时候才自己搞个小菜。我自己的海鲜早就吃腻了。"一个月用于吃饭和饭后娱乐方面的花费较大。

【个案六】李先生，北京，42 岁，大学专科学历，月收入 6000～7000 元，已经离异，女儿 13 岁和自己一起生活。现在经营一家美容院。"我在外面跟朋友吃饭花得比较多，在家做饭花不了多少钱。出去吃饭的频率是 5 天一次吧，我们轮流请，跟 2000 年左右差不多。出去吃饭算消费吗？那是人际交际吧。"

个案一是"饭团"一族的学生代表。本次访谈的 5 名学生中有 4 名提及了他们主要的饮食场所，其中 3 名学生表示"经常"或"有一半时间"会在外面吃饭，另 1 名学生表示虽然主要在家里吃饭，但平均一周也会有 1 次和朋友出去吃饭。除 1 名读医学硕士的小李有实习收入，可担负大部分生活费外，其余 3 人基本生活费用主要依靠家里资助。学生的就餐伙伴比较简单，主要和朋友或男（女）友一起吃饭。

个案二代表的是刚参加工作不久，中等收入并且朋友较多的年轻人，这类人是"饭团"的主要组成部分。他们中大部分未婚，生活自主，虽然面临结婚、买房等压力，但目前生活负担还比较轻，与朋友聚餐是其休闲的方式之一。访谈中发现，一些从事管理、销售等方面工作的被访者因为工作需要，经常要出外吃饭应酬。如个案三中的王先生。个案四、个案五、个案六基本都是收入较高的个体老板，在外吃饭已经成为生活中很平常的事情，主要原因也是忙于应酬。

（3）食品消费内容

访谈中有31位被访者谈到了他们十年来食品消费内容的变化。大部分被访者表示很重视营养搭配，其中在奶制品消费方面体现最明显。比如有15位被访者提到他们现在经常喝牛奶和酸奶，其中有8人表示原来不喜欢喝或没有习惯喝，但随着奶制品种类和口味的多样化，以及对自身健康的关注，他们逐渐接受并养成了饮用奶制品的习惯。还有被访者表示每餐荤素搭配非常重要。

【个案一】李女士，北京，50岁，退休在家。李女士自己身体不好，而且老伴也疾病缠身。儿子23岁，已经参加工作。她每月固定退休金900元左右，另有给别人带孩子的收入；老伴每月领取300元的最低生活保障金；儿子月工资530元，另有200~300元的奖金。一家人月收入加起来也不过2000元，经济较为拮据。但仍会拿出1500元左右用于食品消费，“穿的无所谓，吃的要好。”“一般吃点排骨，也不能老吃素的。一个星期有两天（吃）素的。”“牛奶以前喝得少，现在喝得多了，也喝些酸奶。”

【个案二】帅女士，上海，44岁，高中学历，2005年初买断工龄，现在在家照顾19岁的儿子。家庭月收入七八千元。帅女士对营养保健十分关注。一提到食品消费，帅女士立即想到了保健品，并表示“我吃安利的，日用品、化妆品也用安利。我喜欢吃安利，一般都是我买全家都吃，一次花1000多元，有的吃两个月，大瓶的能吃三个月。”帅女士很少买零食，每月用于牛奶的支出为100多元，水果200元左右。她在饮食方面较注重品牌，除前面提到用安利的保健品、日用品和化妆品外，还表示“牛奶和酸奶我只喝光明的，儿子喝牛奶，养成这一习惯有八九年了，女人喝酸奶补钙养颜。”

【个案三】胡先生，广州，25岁，大学专科学历，与父母同住。他提到从两三年前开始喝牛奶，“牛奶以前不怎么喝，但后来看报纸，说对健康比较好，现在就喝得比较多了。”他还补充道，“虽然不是天天喝，不过频率很高。广东人都很注重健康的。”

从以上被访者食品消费方面的访谈资料，我们可以做出以下小结：

无收入和低收入人群食品消费支出占收入比例较大，但消费额度不高，个人食品月消费额在400元以内，家庭月消费在1000元以下。随着收入水平的提高，食品消费总额也在增加，居民更关注食品质量，外出吃饭的频率逐渐上升。超市在居民生活中的地位日渐重要，逐渐成为人们购买食品的主要场所。朋友聚会、工作应酬以及生活节奏加快是居民外出吃饭的主要原因。营养、健康观念深入人心，牛奶、酸奶及水果消费量明显增长。

二、日化用品、服装、美容、健身

日化用品、服装是人们日常生活中的必需产品。随着生活水平的提高，城市居民对日化用品和服装的品质要求越来越高，在这些方面的花费也越来越多，逐渐成为居民消费生活中的重要内容。本次访谈对北京、上海、广州三城市消费者日化用品、服装的消费变化进行了了解。另外，有一些被访者也提到了自己美容、健身消费的经历，在这里一并列出。

（一）日化用品

1. 日化用品的购买者和决策者

（1）洗发、沐浴用品

访谈中共有 55 位被访者提到了平时日化用品的选择和购买情况，其中男性 31 人，女性 24 人。在选购家庭日化用品的过程中，女性比男性更多地担当了决策者和购买者。另外，孩子在家庭日化用品购买方面也扮演了重要角色。

◆　男性和女性

24 位女性被访者中，仅有 3 人表示一般不买日化用品，原因是自己或丈夫单位会发放这些产品，如个案二的卢女士。而在 31 位男性被访者中有 21 人同女性一样是日化用品的决策者和购买者，有 10 人表示自己不负责购买日化用品，或是只负责购买家人指定的日用品牌。如个案三中的戴先生。

【个案一】冯女士，上海，40 岁，大学本科学历，个体老板，月收入 5000～5300 元，有房有车，三口之家，儿子 14 岁。冯女士在购买日化用品时大多会选择家庭装，“用的时间比较长，价钱也相应便宜些，比如洗发水和沐浴（用品）。”冯女士在日化用品上并不是一个品牌忠诚者，“洗发水沐浴品每次去买的时候我都会换。换也还是在几个牌子里换，老用一个牌子不太好。”家中的日化用品主要由冯女士自己选购，“我们两人统一，基本是我来决定的，我想用什么就用什么。”“儿子的日化用品都是我建议买什么，他就用什么。”

【个案二】卢女士，北京，47 岁，大学本科学历，编辑，月收入 4000 元，家庭月均收入近万元，卢女士一家在日化用品上的消费十分有限，大部分洗化用品都是单位发的，“就是那种劳保福利，自己买的话，洗发水一般买飘柔的。用的也不是很多，单位发的一般就够了。”

【个案三】戴先生，上海，38 岁，大学本科学历，月收入 3000 元左右。他出身知识分子家庭，1995 年开始到中学当体育老师，妻子是同校老师，有一个 11 岁的儿子。现在一家三口住在父母分的公房里，暂时没有购房压力。购物品牌和种类基本都由妻子决定，他只负责采购，访谈时他笑称自己是“车夫、采购员、搬运工……”。问及日化用品的消费情况时，他回答：“用完了就买，沐浴露就用六神，她开清单我去买，老婆喜欢就可以了。洗发水要常换的，总用一个牌子的不好。”

◆　孩子

值得注意的是，孩子在日化用品购买中也扮演了重要角色，他们（尤其是女孩）的意见和喜好对家长的购买选择起到举足轻重的作用。在日常消费中，他们偏好的某一品牌往往会成为其家庭的主要消费品牌；同时，他们关于洗发、护发等方面的意识也影响了父母的观念。如上海的冯女士，选购洗发水时受广告影响较大，但她常用的洗发品牌之一“蓝蓓丝”则主要是受到亲戚家上大学的女儿的影响。还有一些被访者，虽然本人是家中洗化用品的主要购买者，但自己没有明确的品牌偏好，而是依据孩子的喜好购买，从而逐渐形成了此类产品的品牌使用习惯。

【个案一】小章，上海，女，16 岁，高一学生。她年纪虽然不大，但在日用品方面不仅有自己的品牌偏好，而且对家庭购买产生了一定的影响，“沐浴液一般会用六神或者是舒肤佳，洗发水会用海飞丝或者是诗芬，只有用的好，我才会决定买，一般是我推荐妈妈买的。”

【个案二】小冯，广州，19 岁，现在读大专一年级。父母的收入都不高。从中专开始，他就利用假期做一些兼职。小冯说，家里的日化用品一般一个半月去超市买一次家庭装，“和爸妈一起用”。小冯虽然不是家中日化用品的购买者，但他的意见和观念却对家庭这方面消费起到了很大影响。“在我的劝说下，他们会去换品牌。我从健康报道中了解‘常用一种品牌功效低’。我爸妈喜欢一两个牌子，像飘柔那些，都是外资的大牌子。现在他们会 3 个月换一次，要是每次都换，他们就不愿意了。”

【个案三】周先生，上海，56 岁，以前在工厂做政工工作，2002 年内退。几年前妻子也下岗，但因为女儿收入较高，所以生活条件较好。周先生表示广告会对自己的日用品消费有一定影响，但购买决策主要由女儿决定，“都是女儿挑牌子，她带回来的洗发水都是日本的，她知道要用好的，我们也就跟着用，就是蛮好用的。”至于消费品的性价比和包装容量等方面，周先生表示从不考虑，“我从不管合算不合算，都是她妈妈留心这些的。”

（2）护肤用品

55 位被访者中有 24 位提到了日常护肤用品的选择和使用情况，并且全部为女性。从访谈情况来看，她们时常更换护肤品的品牌，容易受周围人的影响，尤其是亲近的朋友、男友或丈夫的意见。她们几乎都曾使用过 2~3 种以上品牌的化妆品，化妆品的花费随所选品牌的不同而高低不等，从凡士林、大宝到 SK-Ⅱ，从几元钱到几百元。女性化妆品的花费与其个人收入、家庭收入并不完全成正比，部分无收入或中等收入的女性被访者在化妆品上的花费与高收入女性没有明显差异。如个案一中的冯女士，个人收入不高，而且目前家庭负担也较大，但她在化妆方面比较注意，使用的化妆品品牌价值不菲。

【个案一】冯女士，广州，35 岁，大学专科学历，月收入 2300～2500 元。刚刚在广州郊区买了房子，有一个 12 岁的儿子。现在正处在中年人普遍面临的困难阶段，孩子还未长大，每月还要还贷，因此她的日常消费基本处于中等偏低水平。在日化用品上，冯女士常会选择实惠的大包装洗发水、沐浴露，但在护肤品上花费较高。她使用的品牌一般都有较高知名度和美誉度。“10 年来我在护肤方面发生了很大变化。年轻时不懂得保养，没有这方面观念，最多是冬天抹些雪花膏。1999 年我快 30 岁的时候开始有护肤意识了，那时有朋友的影响，还有年龄的因素，觉得自己的心态也比较成熟。现在 30 多了，开始用面膜，也都是知名品牌的，用好几种。现在用玫琳凯，当时是朋友给试用，感觉不错就买了一整套。洗面奶用得慢，用了快一年，面膜用得快。以前还经常用雅芳、SK-Ⅱ。SK-Ⅱ的眼霜的确挺好的，用了紧致了很多。”

【个案二】钱女士，上海，27 岁，大学本科学历。丈夫是上海公务员，同时还帮父母的公司做事，属于家族企业。钱女士每年在化妆品方面的花费在 2000 元左右，现在用的化妆品品牌是嘉娜宝。“嘉娜宝用了三四年，觉得还可以，第一次是男朋友送给我的，那时还在上学，基本上化妆品都是他买给我的，以前用玉兰油。”“我不会受广告影响而去购买化妆品，他送给我用了，觉得还不错就一直用。”

【个案三】小李，上海，23 岁，大学四年级学生。由于她和男友的家境都不错，在消费观念上代表了很大一部分经济状况良好的年轻人。购物受周围朋友影响较大，看重商品的时尚性和外观。在化妆品消费上，小李称“我天性容易腻，今天喜欢的，过两天就不喜欢了。不信广告的影响，化妆品我宁可多花点钱买个好一点的。我现在用的是玉兰油，一套 700 多元，用了一个月，朋友说玉兰油是四五十岁的人才买，我又觉得不好了，买了一套香薰的，我买一套能用一年，我还想买个雪肌精的爽肤水。”

2. 日化用品的品牌选择

（1）品牌在日化用品购买中起重要作用

55 位被访者中，大部分人表示其平时日化用品的购买会受到品牌的影响，并能列举出家中日常使用的洗化用品品牌，甚至还有不少被访者能清晰列举出各品牌的主要诉求点，如很多人提到海飞丝的去头屑功能。访谈中只有 1 名女性被访者和 3 名男性被访者明确表示，平时日化用品的品牌选择比较随意。

【个案一】刘小姐，上海，25 岁，现在某公司做电子产品销售，月收入 3200～3500 元。刘小姐“对于洗化用品我很重视牌子，现在用的洗发水是伊卡璐。过去用过一阵安利的洗发水和护发素，安利的护发素特别好。从 2004 年开始用了 2 年安利。现在换品牌是因为在这边没找到安利的代销点。以前我在无锡待过一阵子，那里有朋友做安利，50 多块 100 毫升的。我习惯了大手大脚的，但是这个也能用得挺久的。沐浴露用阿迪达斯、强生婴儿的。我用强生的两三年了，我不喜欢去换。”

【个案二】黄先生，上海，33 岁，硕士学历，月收入 2000～2300 元，在公司做技术人员。平时衣食都省吃俭用，消费比较理性，不会盲目相信广告。提到日化用品的品牌选择，黄先生提出，他一般买国产的成熟产品，固定买宝洁的品牌，比如洗发水用沙宣的。一年在日化用品上的花费在 200 元左右。黄先生说：“我不会轻易买打折或促销的东西，如果牌子不知道我就不会买，即使知道这个品牌，但品牌不成熟的不会买。”黄先生觉得只有当一个品牌“出了三四年才算成熟”。

从访谈资料来看，被访者在日化用品方面的品牌忠诚度较低，大部分被访者经常更换使用品牌，导致这种现象的原因主要有三个：一是因为日化用品的价格较低、属于快速消费品，产品的使用周期短且更换品牌的成本较低；二是越来越多的消费者意识到经常更换品牌有利于保证效果，就像前面个案中提到的学生小冯，他从健康报道中了解到常用一种洗发水品牌会导致洗发水功效降低，因此他的父母虽然喜欢一两个牌子，但在小冯的劝说下，父母现在会 3 个月换一次品牌。三是层出不穷的日化品牌促使消费者不断改换门庭，如个案四中的钟先生，他以前一直用宝洁的产品，而且对宝洁的印象也不错，但因为可选择的品牌太多了，他又总是喜欢尝试新品牌，所以对宝洁产品的使用频率明显下降。

【个案三】魏先生，上海，24 岁，大学本科学历，在一家公司做管理人员。由于经常去健身中心，所以总是自己买洗发水。魏先生会经常更换品牌，他自己称，几乎每次用完后必换新品牌。“挑品牌的时候靠直观感觉，看味道。反正是用一罐，用不好下次不买。有一个还不错，海飞丝柠檬味的，买的时候打开来闻闻还可以。”

【个案四】钟先生，北京，28 岁，月收入 8000～9000 元。在北京从事计算机软件开发工作 3 年多，并有留京打算。钟先生经常更换日化用品，“以前用宝洁的产品较多，像飘柔、海飞丝、潘婷等，后来牌子多了，夏士莲、伊卡璐、还有安利都会尝试着用，有时资生堂、力士的也会用。但最常用的还是宝洁的，现在用宝洁的产品能占1/3吧。我不会常用一个牌子，主要是现在可供选择的牌子多了，总想尝试一些新的牌子。”

【个案五】郁先生，上海，24岁，大学本科学历，月收入近3000元。郁先生的消费情况比较节俭，但在日化用品方面不太注重价格，因为“这个也花不了多少钱，你一天也不可能洗三次澡吧，而且冬天也不是天天洗，所以用得也比较慢”。郁先生经常更换日化用品的品牌，“现买现看吧，一般都是国外的，像宝洁的、联合利华的，国内的不行，有的冬天都会凝固，质量很不好。”“因为每个洗发水的配方都不一样，所以应该经常换。”

55名被访者中品牌忠诚度高的被访者共有8人，其中男性3人，女性5人。这8名被访者都表示，一旦选择了某个品牌的日化用品，就很少改变，有的被访者甚至将这种消费习惯保持两三年。这些人很少受到广告的影响，他们更相信自己的使用情况，一旦觉得合适，就很少会受广告及其他促销手段的影响。

【个案六】帅女士，上海，44岁，家庭主妇，家庭月总收入7000~8000元。问及洗化产品，帅女士表示，家中所有的日化用品全是安利的，“虽然贵点，但耐用，其实是合算的。护肤的也用安利。护肤的两年买三次，就买三样东西，一次600多元。洗化的，浴液、洗发、洗衣液、洗涤剂……一年好像不多，1000多元，这个不贵。从今年开始我都用安利了，以前买到什么就用什么，不固定的。用了安利之后就不想换了，就是这个挺好的。”

（2）最常使用的品牌

◆ **洗发水**

大部分被访者都能指出他们经常购买和使用的日化用品品牌。谈及洗发水品牌的49位被访者中，有14人提到飘柔；8人提到海飞丝；5人分别提到力士和潘婷，而提到潘婷的男性被访者只有1人；4人提到沙宣；3人提到夏士莲。另外，在男性被访者中被提到的洗发水品牌还有伊卡璐、资生堂、索芙特；女性被访者提到的品牌还有诗芬、安利、蓝蓓丝。

◆ **沐浴露/牙膏**

被访者较少提及沐浴露的品牌，在谈及沐浴露品牌的16位被访者中，分别有2位男性提到了六神和奥雪，分别有3位女性提到了舒肤佳和强生。被访者提及的牙膏品牌有中华、佳洁士、洁诺、黑人、高露洁、芳草等。

◆ **护肤品**

访谈中共有12位女性被访者提及平时选择的护肤品品牌，涉及的品牌共有20种，大部分被访者都使用过2个以上品牌的护肤品，像玉兰油、欧莱雅、欧珀莱、玫琳凯都被提及2~3次。

【个案一】刘小姐，上海，25岁，更换过很多化妆品品牌。“我每个月化妆品方面花费不太多。买一次都能用3个月。护肤品我用过欧珀莱、欧莱雅、薇姿。欧莱雅用了3年。现在开始用欧珀莱，正想改品牌。我化妆比较少，最多描一下眼线。眼线笔用雅芳和欧莱雅的。估计在护肤化妆这块一个月消费是100多元。其他日化用品的开销一个月几十块钱。”

【个案二】于女士，北京，52岁，月收入2300元，医生，非常注重健康。“我不追求高档，因为化妆品越高档含的有害物质越多。我什么都不用，冬天就是用点凡士林，儿童护肤品。我不用太高级的，一直用国产的，因为中国人和外国人本身在人种上有差异，所以国外的化妆品不一定适合中国人。”

（3）影响品牌选择的因素

共有 12 名男性被访者和 12 名女性被访者谈到了影响日化用品品牌选择的因素，广告影响、朋友推荐和自己试用是影响被访者决策的三大因素，其中女性被访者受朋友推荐而做出购买决定的情况多于男性被访者，而男性被访者更相信“自己试用”的感觉。

【个案】小李，北京，在读医学硕士，实习月收入 1500 元，知识分子家庭。谈到洗化用品的消费情况时，小李表示“不是太在意，用的也较少，一般是同学或其他人介绍推荐的自己会试试，一旦自己感觉还不错，就不会轻易换牌子，像洗发水用沙宣，没有换过牌子，广告影响较小”。

（4）包装和容量

访谈中有 12 位被访者提到包装和容量的问题，其中 3 人表示不考虑买大包装产品，因为使用时间太长，更换起来不容易。他们都认为，一方面，每个品牌的配方和功效不一，替换使用才有助于日化用品发挥多种功效；另一方面，如果买到不合适的，也可以尽快用完后重新选择。其余 9 人则认为买日化用品应该选择大包装、家庭装，这样既经济实惠，又免除了经常购买的麻烦。

【个案一】王先生，上海，33 岁，驻上海的管理人员。妻子带着 2 岁的儿子在深圳生活。“包装和容量在家里会注意，一般买洗衣粉、沐浴露都买最大瓶的，觉得和买碟片一样也不会过期。自个儿买时就很随意。”

【个案二】钟先生，北京，28 岁，大学本科学历，月均收入 8000～9000 元。钟先生虽然目前一个人在北京租房住，但平常仍会购买大包装日化用品，“我天天洗头，天天洗澡。以前出差多是用 200 毫升的小包装，现在在家就买那种 700 毫升的家庭装，方便。”

【个案三】胡先生，广州，25 岁，大学专科毕业，现在做软件开发工作，月收入约 5000 元。胡先生年龄并不大，但是工作经历比较丰富，看上去比较老成。消费观念和消费行为一般都很理智，在购物时很注重价格。谈到日化用品的包装大小时，胡先生说“买一赠一肯定会买，家庭装就不买，一不小心买太大包装的，不好用就不好啦。”

（二）服装

本次访谈共有 45 位被访者回答了服装消费的问题，其中男性 27 人，女性 18 人。以下从购买地点、消费水平和品牌关注度三方面进行总结。

1. 购买地点

访谈中有 33 位被访者提到了平时购买服装的主要地点，17 人提到商场或专卖店，其中男性 11 人，女性 6 人；还有男性被访者提到市场和超市；女性被访者提到的购买衣服场所还有小店。还有 3 名男性被访者表示平时自己的服装总是妻子代买，自己不参与选购。访谈中还有 6 名被访者对比了 10 年来购买服装场所的变化。

【个案一】魏先生，上海，24 岁，大学本科学历，做管理工作。“大学时期主要在莱福士、港汇（商场名）、青浦买衣服，那时学校出门三四百米之内只有一家小店，所以经常坐车来徐家汇同学家玩，顺便就去买衣服，一个月四五次，一年花 2000 多元钱。”参加工作后，由于经常得穿工装（即西服），两套西装就行了，“所以平时买衣服反而较少，T 恤自己在超市买。”

【个案二】肖女士，上海，26 岁。丈夫做煤气维修工作，肖女士现在是家庭主妇，照看两岁半的儿子。由于不再工作，加上全家月收入不到3000元，较为拮据，肖女士近年来都很少买衣服，“我好几年没买过衣服啦，我穿的号码不好买，在家也穿不着。以前就在超市里买，裤子啊、T恤啊，也就几十块钱，纯棉的很舒服。”

【个案三】江先生，广州，30岁，在某快递公司工作，已婚，有一个2岁的儿子，家庭月收入2000元左右。江先生的服装一般是自己买。江先生5年来角色发生了很大变化，由原来的家中小弟变成了丈夫，后来又成了父亲，相应地他在服装购买上也发生一些转变：“2000年的时候穿哥哥穿过的”，后来“一般在街边小店买衣服”，现在“在商场买，比较好点”。

【个案四】周小姐，广州，22岁。2004年因工作关系认识了男友（某医院外科主任），生活有了很大转变，从原来的“打工一族”到目前衣食无忧，男友不仅在经济上对她有很大帮助，还在消费水平和消费观念上对她产生很大影响。“他以前投资过服装专卖店，很了解服装，我很喜欢跟他一起逛街。他很有眼光，我试，他埋单。他很注重品牌，我以前对品牌没什么意识的，但他已经是这个层次，我跟他出去不想丢他的脸。我买衣服一般都是他给我挑，他会说这个牌子‘还可以’或者‘听都没听过’。我以前是打工的，不敢进大商场，现在他都带我去天河或者是番禺友谊公司，那里买的人多，逛的人少，购物环境很好。”

【个案五】陈小姐，广州，26岁，某房地产经纪公司文员，月收入1700~2000元。陈小姐不喜欢大众化的品牌，但随着年龄的增长，她只能去专卖店买衣服，“我这样年纪去专卖店多，以前小档口慢慢挑，现在没时间了。”

【个案六】李小姐，北京，26岁，在某国企做管理工作，月收入7000~8000元。李小姐服装选购受工作环境影响较大，“以前穿休闲多一些，在专卖店买的多。现在买正装多一些，一般到专卖店、商场里去买，像中友、华联等。”

2. 服装消费水平

访谈中有15位被访者提到了平时用于服装方面的消费金额。根据个人收入及其对服装要求的差异，他们用于购买服装的年消费额从几千元到几万元不等。从访谈情况看，年服装消费额最高的是个案一中提到的冯女士，她每月在服装上的花费有三四千元，一年用于服装方面的消费在4万元左右。有5人年服装消费在2001~10000元；5人在1001~2000元；4人在1000元及以下。

被访者普遍觉得现在的服装花费比5年前、10年前有显著提高。近年来由于个人收入水平提高以及物价上涨等因素的影响，人们用于服装消费方面的绝对数额随之增长；国外服装品牌纷纷涌入国内市场，其中不乏国际顶级品牌，这也进一步促使国内服装消费水平提升；另外，个人社会角色的改变也要求选择不同档次的服装与之相适应。

【个案一】冯女士，上海，40岁，大学本科学历，个体老板，月收入5000 ~5300元。冯女士的家境一直很好，丈夫也在经营企业。谈到平时用于服装方面的支出时，冯女士说：“一般情况，服装方面的消费季节性很强。冬天花费多，夏天的衣服不是很贵，冬天衣服的价钱可以买夏天的两件。打个平均差的话，每个月大概要3000 ~4000元。”“在5年前，也就是2000年的时候，用于服装方面的花费肯定少。那时候物价没有这么高，国外进中国的品牌也没有这么多。现在东西多了，品牌也多了。我喜欢Esprit的休闲装。”

【个案二】钟先生，北京，大学本科学历，从事计算机软件开发工作，月均收入8000~9000元。未婚，租房住。“我的服装都到商场或专卖店。我买衣服比较看牌子。现在每年用于服装方面的花费大概有三四千块吧，以前刚工作时也就每年一两千的样子。”

【个案三】梁先生，北京，24 岁，现在事业单位宣传部门工作，月收入 5000 ~6000 元，跟哥哥租房住。虽然梁先生现在收入较高，但花钱较谨慎，每月要拿出超过一半的收入去储蓄，剩余的花费主要在食品消费上。平时消费比较注重价格，不注重品牌。梁先生的衣服主要是在一些大型服装批发市场购买，不追求时尚。“我主要在苹果园地铁那边有个大世界商场和阜成门那边的万通（服装批发市场）买衣服。”“我也不追逐时尚，自己喜欢就行，自己觉得好看就好。”“一年用于服装的花费大概一两千吧。最贵的衣服就 400 多块钱，档次也不是太高，雅戈尔西装。一般买衣服就一两百块钱吧。夏天的衣服比较便宜，也就几十块钱。”“这两年肯定比以前多。自己能赚钱了，想买点什么就买什么，不像以前上学，自己没钱也不能花家里的钱乱买东西。”

3. 对品牌的关注度

访谈中共有 24 名被访者谈到对服装品牌的关注问题，有半数被访者表示自己不关注品牌，选购服装时主要看重款式和舒适情况；其他人则认为自己比较看重品牌，并有 7 人明确提出了自己喜欢的品牌。被提及的品牌有：鳄鱼、金利来、穗宝、登喜路、班尼路、佐丹奴、U2、S&K、堡狮龙、SY 和 Esprit。

【个案一】吴先生，广州，40 岁，高中学历，技术人员，月收入在 5900~6000 元。吴先生比较看重品牌，“一般都会在大商场买，中意的牌子有鳄鱼啊、金利来啊、穗宝啊。我现在身上穿的一身都是金利来，差不多这 5 年吧，开始注重品牌，以前也不像现在这样，那时候就穿的比较随便了。”“这种对品牌的关注肯定是和收入提高了有关了。”

【个案二】李先生，上海，25 岁。2000 年来上海打工，住集体宿舍。来上海后，生活发生了很多变化，尤其是观念上，从对品牌的一无所知到开始注意品牌，虽然买不起价格较高的品牌，但会注意去买一些大众化品牌。在服装方面这种趋势就很明显，“我现在买衣服看牌子。我喜欢买班尼路、佐丹奴，都是一些休闲的小品牌，自己身上的阿迪达斯是别人送的，要不也买不起。像耐克都太贵了，反正自己一般都是看大众化品牌。主要是因为对小店（指没有牌子的店）里服装的质量不放心，怕有个皮肤病什么的。5 年前还在家里的时候，我的衣服都是在家里的小店买的。那时自己也不怎么会挑，都是父母决定的。现在出来时间长了，自己就知道应该怎么买了。”

【个案三】胡先生，广州，25 岁，大学专科学历，技术人员，月收入约 5000 元。胡先生在购物时很注重价格，不会在价格最高时去盲目追求流行、时尚，打折、促销等因素对他的影响较大。“衣服平时都是自己买，一般是去专卖店。几个比较中意的牌子：U2、S&K、班尼路、堡狮龙、佐丹奴，打折才出动的，平时只是看看。一个月大概能买 4 次衣服，不过不一定每次都买，平均下来 200 元左右吧。最近是打折旺季，买的也比较多，最近就花了 400 多了。”

（三）美容、健身

1. 美容

共有 7 名女性被访者提及美容方面的消费，除 1 名被访者一直坚持定期去美容院外，其余 6 人均表示偶尔才去。她们去美容院频率不高的原因各不相同，主要是经济原因，觉得去美容院太贵了；或者觉得做美容太耗费时间；还有就是缺乏同伴。

【个案一】孙女士，广州，27 岁，月收入 2000~2300 元。2002 年底结婚后随做生意的丈夫来到广州。在谈到美容方面的消费时，孙女士把在老家江苏和在广州的情况做了一番对比：“在家有做美容，在这儿没有。在家的时候一个礼拜做一次。广州美容院小的不行，大的太贵，而且没有必要，太折腾了。以前身边一圈人都做美容，就是基础护理，休息休息，那时侯办的是年卡，经常有优惠的，480 元/年。”

【个案二】帅女士，上海，44 岁。2005 年买断工龄，现在在家照顾儿子（19 岁）。家庭月收入 7000~8000 元。帅女士每周都会去美容院，“每周四我都去做美容，我跟姐姐一起去做，是姐姐的同事介绍的。我买美容院的消费卡，2000 元一张，买那里的东西打 8 折，用完了再买。从 4 月份到现在已经是第二张了。一般那里推荐产品她们说挺好的我就买。”

2. 运动健身

共有 19 位被访者在访谈中谈到了运动健身情况，其中有 8 名男性，11 名女性。这些被访者在运动方式上各有不同。有 8 人通过户外运动来健身，如爬山、晨练、打太极拳、散步等；7 人去健身中心或健身房等进行锻炼，参与的项目主要有：有氧运动、肌肉训练、瑜伽；4 人去体育馆运动，如打羽毛球、乒乓球、保龄球、游泳等；此外还有 2 人选择在家运动。

11 位去体育馆运动或是去健身中心的被访者大多办理过各场馆的健身卡（月卡或年卡），或是交纳一定数额的会费。尽管如此，被访者的运动健身都明显缺乏计划性和持续性，有 5 名被访者提到自己“不太常去”，“去了几次就觉得挺累的了，就不去了”。

【个案一】吕女士，上海，54 岁，每月收入 1000~1200 元，已退休。吕女士身体不太好，2000 年头部做过大手术，但目前恢复的还不错。因此较为重视体育锻炼，她每天早上打太极拳，提到太极拳，吕女士赞不绝口：“我打的是杨式太极，每天早上都打，打了两年了。效果确实很好啊，我觉得很舒服。不过像天气太冷或太热我都不出去了。”

【个案二】魏先生，上海，24 岁，大学本科学历，保险公司业务员，月收入 3000~4000 元。谈到运动健身，魏先生回忆说：“健身是今年 6 月份开始的，主要原因是妈妈催我去健身，自己也想去，后来办了年卡，2000 元/年。我去健身中心主要是做有氧运动、瘦身，一般做跑步机什么的。我去健身房也很方便，坐车 10 分钟到。现在一般每天都去，一天一个半小时。7 点去，9 点回。健身的效果还蛮好的。”魏先生由于收入较高，又没有什么家庭压力，所以觉得，健身这方面的消费在他收入中所占比例不大。

【个案三】卢女士，北京，47 岁，编辑，家庭月均收入近万元。卢女士一家经常去体育馆，但很少去健身房，因为“那里空气不好”。中午的时候会跟同事在单位附近体育馆打会儿羽毛球，爱人和孩子有时去打网球。

【个案四】林先生，广州，51 岁，普通职工，月收入 2301~2500 元。谈到健身，林先生说“健身是以前工作的影响，从年轻时就断断续续地开始了，很随意的。现在家里连吊环都有，健身都在家里，但精力毕竟没有那么充足，锻炼得少了。”

从以上被访者日化用品、服装、美容健身消费方面的访谈资料，我们可以做出以下小结：

在选购家庭日化用品的过程中，女性比男性更多担当了决策者和购买者，孩子在家庭日化用品购买方面也扮演了重要角色。女性被访者在更换护肤品品牌时容易受周围人的影响，尤其是亲近的朋友、男友或丈夫的意见。她们几乎都曾使用过 2～3 种以上品牌的化妆品。大部分被访者表示平时日化用品的购买会受到品牌的影响，但品牌忠诚度较低。被访者平时购买服装的地点主要是商场或专卖店，根据个人收入及其对服装要求的差异，他们用于购买服装的年消费额从几千元到几万元不等。被访者中有过美容、健身经历的较少。

三、家电产品

2005年，我国宏观经济继续保持快速稳定的增长态势，国内生产水平和消费水平不断增强，中国家电企业的生产能力快速提升，彩色电视机、电冰箱、洗衣机等传统家电产品在城市居民家庭中基本普及。在此基础上，城市居民家电产品消费主要体现在两方面，一是对传统家电产品进行更新换代，二是对空调、微波炉等新兴家电产品的需求。

在诸多家电产品中，我们主要选取了电视机、冰箱、空调和洗衣机作为本次访谈中家电产品部分的主要内容。电视机进入中国居民家庭已有近50年的历史，对居民的生活影响最大，它的变化发展在一定程度上也反映了城市居民消费观念和消费行为的变化，因此，电视机是本章节的重点内容。

（一）电视机

从1958年中国第一台黑白电视机诞生到现在，其间经历了由黑白到彩色、由球面到平面、由模拟到数字，等一系列变化，同时，电视机在居民生活中的地位也发生了巨大变化。电视机从最初的奢侈品到20世纪80年代人人追求的“三大件”产品之一，如今已经成为非常普及的家电产品，甚至一些家庭同时拥有两台或者三台电视机。

1. 基本消费情况

接受访谈的64位被访者中有58人不同程度地谈及了其电视机消费的基本情况，但由于年龄因素的影响，一些被访者还没有购买电视机的经历，因此他们主要讲述了家庭电视机消费的情况。还有一部分年轻的被访者谈及电视机更新换代情况时，从父母购买的第一台电视机开始，一直讲到自己购买电视机的情况。

其他6位被访者没有谈到电视机的消费情况，主要原因是：有5人租房住，电视机已由出租人提供，自己无需购买；还有1人是加拿大籍华人，因工作关系刚被派回中国，在国内暂时没有置办家电产品。

（1）第一台电视机的购买时间和品牌

以下从购买时间和购买品牌两方面来了解被访者第一台电视机的购买情况。

◆ **购买时间**

从北京、上海、广州三地居民的购买情况来看，20世纪70年代中后期购买电视机的人数较少，有5位被访者家中的第一台电视购买于1979年或1979年以前，当时购买电视机的被访者可以说是新产品的“先行者”，他们的购买和使用影响和带动了周围人群的电视机消费热情。

20世纪80年代初，电视机消费迅速升温，41位被访者中有21位在这一时期购入第一台电视机，其中有5位被访者跳过了黑白电视机，直接购买了彩色电视机。如北京的朱女士表示：“我当时就想一步到位，要买就买个彩电，所以我们就没买过黑白的，直接就买了彩电。”

另有13位被访者在20世纪90年代购买了第一台电视机，还有2位年轻的被访者于近年成家时购买了自己的第一台电视机。

◆ **购买品牌**

被访者最早购买的基本为 9 吋黑白电视机，仅有 2 名被访者可以记得购买的牌子为国产的“凯歌”和“飞跃”。到了 20 世纪 80 年代，国外电视机品牌尤其是日本品牌的购买率呈明显上升趋势。这一时期购买电视机的 17 个家庭中有 8 家购买的是日本品牌。

进入 20 世纪 90 年代，国产彩电企业开始注重质量和创新，不断提升自身的竞争能力，加之价格优势，我国彩电行业整体崛起，厦华、金星、长虹、创维等国产电视机品牌逐步扩大市场份额，这一时期购买电视机的 13 个家庭中仅有 3 家购买了日本品牌，其余均为国产品牌。

从城市差别来看，上海居民更青睐于日本品牌。上海的 16 位被访者中有 6 位家中第一台电视机为日本品牌。

（2）未更换过电视机

从访谈来看，只购买过一台电视机，并且至今没有更新换代的被访者共有 16 人，又可以分为三种情况：一是被访者购买电视机时间较早，并且由于家庭经济条件的限制，消费水平一直比较低，没有更换电视机的能力。二是有的被访者虽然有消费能力，但由于第一台电视机质量很好，一直没有出现故障，所以还没有更新换代的需求，如下面个案二中的李女士。三是刚刚独立或成立家庭，电视机购买时间不久，并且款式功能较新，短期内也不打算更换电视机。

【个案一】高女士，北京，32 岁，高中文化，家庭主妇。丈夫为电工，二人尚无孩子，家庭月收入近 2000 元。夫妇二人均为北京本地人，住房为平房加小院，是继承父辈所得，各方面消费水平均不高。由于受到经济能力的限制，高女士对改变消费现状心有余而力不足。高女士家有一台 21 吋的电视机，是 1996 年结婚时买的，未曾更换过，高女士回忆，当时购买这台电视花了 2000 多元钱。

【个案二】 李女士，北京，35 岁，高中学历，家庭主妇。李女士已婚 10 年，丈夫是私企老板。李女士家境不错，但从结婚到现在一直使用一台 29 吋的松下电视机，主要原因是对这台电视机非常满意，“我们家一直都没换，是我不让换，松下 29 吋画中画颜色特好。”“从买到现在一直用，我不是那种喜新厌旧的人。”

【个案三】王先生，上海，33 岁，月收入 5001 ~ 5300 元，深圳某公司派驻上海的管理人员。结婚 5 年。王先生在上海租住房子，电视机是房东的。王先生在深圳家中的电视机是 2000 年结婚时买的，一直用到现在。“那台电视是索尼 29 吋纯平的，索尼贵翔，当时买不到 6000 元吧。”王先生对索尼这个品牌印象较好，“读书时买的随身听等都是索尼的，所以信任度高，也有一点虚荣心吧。在选择电视时，还是觉得国内的电视机画面有些模糊，所以多花钱就多花钱吧。”

（3）电视机的更新换代

访谈资料显示，有 43 位被访者家中更换过两台或两台以上电视机。大部分被访者谈及家中电视机消费变化时会从父母购买的第一台电视机谈起，因此，这里涉及的时间跨度较大。

◆ **更换的数量和频率**

43 位被访者中，家中更换过 2 台电视机的有 14 位，更换过 3 台的有 12 位，更换过 4 台的有 14 位，还有 3 位被访者家中更换过 5 台电视机。需要说明的是，更换过 4 台电视机的被访者一般包括了父辈购买的电视机，而更换过 2 台或 3 台电视机的被访者基本都是自己成家后的情况。目前同时拥有 2 台以上电视机的有 24 家。

【个案一】卢女士，北京，47 岁，1978 届大学生，月收入 4000 元，编辑，早年曾留学日本。儿子 17 岁，即将考大学，家庭月均收入近万元。卢女士家第一台电视机是1984年买的日立牌，“出国回来买的，当时花了300美元”。1987年卢女士家又买了一台日立电视机。家中现在用的2台是后来又买的，“一台是2000年买的海信牌，一台是2002年买的海尔牌。”卢女士对她买的几台电视机都比较满意。

【个案二】钱先生，上海，35岁，月收入1201~1400元，待岗，三代同堂。妻子和自己的收入都不高，自从有了孩子后，每月时有透支，父母经常会贴补他们家用。钱先生已经买过4台电视机了，现在家里用的是2台，“一台自己用，一台爸妈用。”钱先生回忆了他买4台电视机的过程：“第一台是1986年买的12吋索尼黑白的；第二台是21吋彩电，1992年买的（不记得什么品牌）；第三台是1996年我结婚时买的29吋东芝彩电；第四台是2003年父母自己买的29吋彩电。”钱先生特意提到结婚时买的那台东芝，“买的时候就是觉得日本货比较好，索尼的太贵，得8000多元，所以选东芝，6800元还是挺贵的，为买这台电视机，自己掏了点钱，父母贴了点钱。”这台电视今年已经使用了9年了，“今年开始不行了，打算重新换一台29　索尼纯平的，现在才3000多元。”

【个案三】孙女士，广州，27岁，月收入2001~2300元。2002年底结婚后和丈夫一起来广州，丈夫在广州做生意，她本人在公司上班。现在和丈夫在广州租房居住。有2台电视机，一台在江苏家中，一台在租的房子里。第一台电视机“是2003年买的创维的，放在江苏的家里”。现在用的是第二台电视机，“因为不是自己的房子，所以不用买好的，以简单为主。这台是康佳的，牌子老点。买的时候主要觉得色彩还可以，反正又不是值钱的东西。”

◆ **品牌转换**

访谈中，共有39位被访者讲述了购买电视机的品牌转换情况，主要有如下四类。

均为国外品牌

共有6位被访者家中先后购买的电视机品牌均为国外品牌，其中以日本品牌居多，以下为访谈个案。

【个案一】小李，北京，男，23岁，某大学在读硕士，家庭条件比较优越。家中共购买过3台电视机，目前都在同时使用。这3台电视机分别为在他还没有出生时就已经购买的21吋索尼，1992年购买的29吋松下，以及2001年花4万多元购买的三星50吋背投。这些都是家里人购买的，小李并没有参与意见。在提及对电视机的使用满意度时，他认为“很少出毛病”，并在谈话中透露“因为家里的影响，一般大件商品比较重视品牌”。而从他购买的其他一些产品中也可以发现他及他的家人对国外品牌的满意度和忠诚度较高。

【个案二】高先生，上海，36岁，大学专科学历，月收入4701~5000元，技术人员。家里一共买过3台电视机，并且目前都在使用，一个房间放一台。高先生家第一台电视机是父母托人从国外带回来的原装松下彩电，第二台是1995年花6000多元购买的21吋索尼彩电，第三台是2000年结婚时花3300元购买的LG冠军彩电。他家里的3台电视虽然都是国外品牌，但也略有差别，前两台都是日本品牌，而最新购买的一台却是韩国品牌。对此，高先生这样解释，“当时开始抵制日货了，而且日本的也贵一些。LG是韩国的，品牌还挺好。本来也看中了四川长虹和上海金星的，后来比较了一下，色彩还是LG的好一些，款式也漂亮一些。”高先生虽然由于抵制日货而没有继续购买日本品牌的彩电，但他还是认为国外品牌的质量和款式略胜于国产品牌，因此依旧选择了国外品牌。

【个案三】戴先生，上海，38岁，大学本科学历，月收入3000元左右，中学体育老师。家里前后买过两台索尼电视机。一台是1994年结婚时花七八千元买的25吋原装索尼彩电，另一台是2002年买的29吋索尼。当时由于彩电价格普遍下调，因此第二台索尼只花费了4000元。对于索尼这一品牌，戴先生自己认为"无所谓，能看就行"，但"老婆喜欢，老婆指定要买的"。不过他也承认"日本的东西还是比较好的"。戴先生在消费购物方面主要会听取妻子的意见，自己对品牌没有过多要求。

【个案四】帅女士，上海，44岁，高中学历，家庭主妇，家庭月收入7000~8000元。家里先后换过3台电视机，都是国外品牌。第一台是18吋日立彩电，这是1986年别人从国外带回来送给他们的结婚礼物。第二台是1996年买的21吋索尼，当时花了8500元，觉得"要买就买好一点的"，第三台则为了两个房间看电视方便而买的飞利浦电视机。帅女士认为自己总是一直购买国外电视机的原因是认为"国产的色彩上粗一些"。

【个案五】温先生，广州，26岁，大学专科学历，月收入在7万~10万元，海鲜店老板。他的第一台电视机是上大学的时候买的二手电视机。毕业后买过三星、日立和索尼，最近购买的是索尼液晶电视机。当问及为什么会选索尼时，温先生显得非常随意，只是认为"看着舒服一点，功能好一点，逛着看到喜欢的就买了"。温先生收入很高，具有较强的消费能力，但他并不属于盲目追求档次或品牌的消费者，消费显得轻松随意，完全根据自己的喜好来决定。

总的来看，一直选择国外品牌电视机的被访者有如下特点：收入较高且消费能力较强，对某一特定品牌忠诚度不高，但对国外品牌普遍较为青睐；更看重国外品牌电视机的质量，而非盲目追求国外品牌或虚荣攀比。

均为国产品牌

家中更换过的电视机均为国产品牌的共有13位被访者。

【个案一】李先生，北京，35岁，大学专科学历，月收入3800~4000元，国企职工。家里买过2台彩电，均为长虹。他表示自己偏爱长虹是"受广告影响，最初长虹做的广告比较振奋人心，什么'振兴民族工业'之类的。我这个人比较传统，广告对我的影响较大"。"我比较爱国，一般都是买国货。"

【个案二】于先生，北京，48岁，初中学历，月收入2300元，小学厨师。家中购置过4台电视机，分别为一台昆仑黑白电视机，两台牡丹彩电和一台康佳彩电。他买第一台牡丹电视机时，曾考虑过价格差不多的东芝电视机时，但还是选择了牡丹电视。于先生说："那时还没有国外品牌和国产品牌的概念，但牡丹的内件儿也是日本的。"到买第二台牡丹时，彩电的牌子已经很多了，可于先生还选择牡丹是因为"就想着牡丹在北京，坏了也好修"。他后来购买康佳则由于"有个同事刚买了，不到一个礼拜就便宜了400元，想着就买了"。但是在于先生心里"还是觉得松下的好"。

【个案三】于女士，北京，52岁，大学本科学历，月收入2300元，内科医生。最早的9吋黑白电视机是父亲买的，之后于女士1979年结婚时买了台19吋的。彩电兴起时，父亲又买了台牡丹牌彩电，于女士的父亲"外国货、日本货都不买，就买国产的，国产的他喜欢牡丹的，特耐用，到现在还在那屋用着"。第四台乐华彩电则是于女士在2000年购买的，主要是她和儿子看电视有冲突，另一方面也受乐华电视降价活动的影响。

【个案四】张先生，上海，29岁，大学专科学历，月收入3200~3500元，销售人员。家中的第一台电视机是张先生的父亲自己组装的。后来在1984年家里花998元购置了一台14吋的金星彩电，1998年由于搬家又添置了一台25吋康佳彩电，2002年再次搬家时又购买了一台29吋长虹彩电。其中购买康佳彩电是张先生替母亲做的决定，因为他觉得自己在这方面肯定比母亲懂得多，而且"我觉得长虹在1995、1996年已经打出低价优质的民族品牌了，感觉国货质量比较过关，就没打算买国外的了。最后考虑到价格、款式、功能，综合决定就买康佳的，我对这个品牌一直比较有好感。”张先生的购买过程是“先有个框框，有几个牌子还行，比如长虹、康佳、创维。当时康佳正好在搞促销，又比较了一下，感觉长虹的有些功能不太适合我，就选了康佳”。

【个案五】金先生，上海，56 岁，高中学历，月收入 1000～1200 元，退休。金先生家从 1979 年购买第一台 9 吋电视至今，已经购买过 4 台电视机，均为国产品牌，且其中 2 台都是上海产的金星牌。金先生自己也表示比较喜欢这个牌子，因为“金星牌子也很好，维修也便当，用习惯了，质量也很好。”

【个案六】严先生，广州，27 岁，大学本科学历，月收入 2001～3000 元，目前和朋友经营一家公司。严先生家中买过 2 台国产电视机。他自己在 2003 年购买了一台 25 吋康佳彩电。为什么选择康佳，他这样解释，“我觉得像冰箱、洗衣机这些家电，国产的也可以。在卖场看觉得康佳的画质比较好，去了一次，花了一个小时就买了。因为本身就要买，而且价位也可以就买了”。

【个案七】江先生，广州，30 岁，高中学历，月收入 1000～1200 元，快递公司工作。江先生家于 1999 年和 2004 年两次购买的都是创维电视机，第一台是黑白电视，第二台是彩电。他每次都选创维的，主要原因在于“创维广告做得好”，虽然在选购时也考虑过康佳，但是因为“售货员推荐”，所以最终还是选择了创维。尽管第一台创维电视机因为“天气潮湿”等原因坏了，但江先生还是比较相信创维，因为“它比较专业，其他品牌还做手机什么的”。

一直坚持购买国产品牌电视机的消费者特点如下：家庭收入普遍较低，限制了他们购买国外产品的能力；比较容易受到广告的影响，对耳熟能详的国产品牌有较强的好感度；受抵制日货，支持国货等思想的影响，身体力行支持民族工业；认为国产品牌尤其是当地品牌便于维修，具有售后服务优势；受父母购买习惯或自己使用经历的影响，形成了一定的消费习惯，有较高的品牌忠诚度。

国产品牌转向国外品牌

有 9 位被访者家中最早购买的是国产品牌，后来购买的是国外品牌。而在购买的国外品牌中，日本品牌占绝大多数。

【个案一】李先生，北京，42 岁，大学专科学历，月收入 6001～7000 元，自由职业者。李先生购买的第一台电视机是 1990 年在广州买的 14 吋厦华彩电。当时购买时没有受朋友或广告等因素的影响，只是有了买电视机的想法后就去店里看，感觉厦华比较便宜，质量也不错就买了。他的第二台电视机是 1993 年购买的 29 飞利浦彩电。李先生当时购买的动机主要是出于新鲜感，而之所以选择飞利浦，是因为他不喜欢日本产品。

【个案二】蔡先生，北京，45 岁，高中学历，月收入 2300 元，出租车司机。蔡先生家的第一台电视机是 1984 年结婚时买的 18 吋黑白电视机，用了两年以后就花 4000 元换了一台三菱彩电，主要因为当时“大家都换彩电了，黑白的就等于被淘汰了”。当问及蔡先生为什么会花这么多钱买三菱彩电时，他说：“我觉得还是日本的东西好，那时候也有一个社会风气是，有钱人或者稍微富裕点儿的都买日本东西。到时人一说‘日本原装的’（语气上扬，显得很骄傲的样子），不是原装的都让人瞧不起，就有这么一个看法。社会就是这样，日货太多，什么商场都是日货多。”他没有选择其他日本品牌，而是选择三菱，主要是因为当时在外贸公司工作，经常听到“三菱重工”、“三菱株式会社”等提法，因此对三菱比较有好感，并且“当时电视机都是特厚，那个三菱边儿上特薄，说是平面直角吧。首先一个是外观好看，人家日本东西耐用，也觉得有点赶时髦”。

【个案三】杜先生，上海，49 岁，高中学历，月收入 1401～1500 元，技术人员。杜先生家一共有 2 台电视机，第一台是 1988 年买的 14 吋上海飞跃的黑白电视机。第二台是 1993 年买的 21 吋松下彩电。在买彩电时，杜先生之所以要选择松下电视，是因为他“特别认日本的。要么日本的，要么上海的。那时候松下的比较好，就买了。可以调 30 个台，到现在也没有修过”。

【个案四】周先生，上海，56 岁，初中学历，2002 年内退。周先生家的第一台电视机是父母买的 9 黑白凯歌电视机。他自己买过三台电视机，从第一台 14 吋日立彩电到 14 吋索尼彩电再到 29 吋东芝彩电，全部都是日本品牌，并且是原装彩电。因为“日本原装的电视机色彩调和、频道多。我喜欢看新闻和体育，就想一步到位，再困难我也要买好的，花钱就花大价钱。”

【个案五】胡先生，广州，25 岁，大学专科学历，月收入 5000 元左右，从事软件开发。胡先生家一共买过 4 台电视机，最早是国产的黑白电视机，后来是日立，目前使用的是 1997 年购买的索尼 25 吋彩电。选定索尼这个牌子，就是因为“相信这个牌子，它一直都很好”。

购买电视机从国产品牌转换到国外品牌的消费者有如下特点：家中最早购买的国产品牌电视机，主要是由于经济条件的限制；他们都比较偏爱国外品牌，一旦自己具备了消费能力后，就会购买国外品牌；国产品牌电视机大多为他们的过渡产品。

从国外品牌转向国产品牌

有 8 位被访者最早购买的是国外品牌电视机，后来转为购买国产品牌电视机。

【个案一】卢女士，北京，47 岁，本科学历，月收入 4000 元，编辑。卢女士家一共买过 4 台电视机，最早的是 1984 年从国外带回来的日立彩电，之后在 1987 年又买了第二台日立电视，后来，卢女士分别在 2000 年和 2002 年购买了一台海信彩电和一台海尔彩电。她自己表示在购买电视时比较在意品牌，当初买日立电视就是感觉“当时日本的东西比较好”，但后来觉得国产品牌也不错，就转而使用国产品牌了，她这样评价自己买的 2 个国产电视机，“海信的也挺好的，外观挺漂亮的”、“海尔也还可以”。

【个案二】钱女士，上海，27 岁，大学本科学历。钱女士家中一共购买过 4 台电视机，最早的一台是日立的，然后在 1996 年左右购买了长虹 29 吋彩电，后来电视机发生了质量问题，因此，钱女士在更换电视机时没有继续考虑长虹，而是选择了 TCL。在 2003 年搬家的时候一次性购买了 2 台 TCL，一台 21 吋，一台 29 吋。她挑选 TCL 是因为钱女士的母亲曾经用过，感觉不错，而且她在商店里看到的 TCL 也不错，所以没有考虑其他品牌的购买。

【个案三】吴先生，广州，40 岁，高中学历，月收入 5901～6000 元，技术人员。吴先生家的第一台电视机是 1993 年左右购买的 21 吋日立彩电。他选择这个牌子是因为“那时就日立、东芝的品牌比较好”，而且他当时“用的基本上都是日立的东西”。所以在 1997 年，旧的电视机出现问题后，吴先生依旧换了一台 29 吋的日立彩电。后来吴先生在外地工作，临时买过一台乐声彩电。目前家里使用的是一台 29 吋 TCL 高清彩电。他之所以不继续购买日本品牌，而接受国产品牌，是因为“现在国内的品牌也可以了，而且这个是广东本地的品牌，我买的高清的，应该还不错”，并且“用了日本的也觉得不怎么样”，“日本的产品一旦坏了也就差不多了”，所以，吴先生在购买这台电视机时没有考虑国外品牌，只是在康佳和 TCL 之间进行了选择。

【个案四】林先生，广州，51 岁，初中学历，月收入 2301～2500 元，普通职工。林先生家最早的电视机是他父亲从香港带回来的。之后林先生家分别在1985年和1993年购买过2台日立彩电，选择日立没有选择索尼则是因为“那时已经开始有冒牌的了，日立不是很名牌，冒牌都是卖索尼的”。此外，林先生家的第一台日立电视机质量很好，“用了十几年都不怎么修”，“所以第二台还是买的日立的”。不过，林先生今年5月份购买第三台电视机时却选择了国产品牌TCL，他觉得“国产的也便宜，用到不行也就算了。”又补充道，“说句老实话，一直看国外的，现在TCL调色都不好调的，……不是看不起国产的，就是等它好一点吧再买吧”。可见林先生虽然购买了国产品牌，但他还是认为目前国产电视机的质量与国外品牌有一定差距，对国外品牌的好感度比较高。

购买电视机从国外品牌转换到国产品牌的消费者有如下特点：最初购买国外品牌电视机时，经济实力相对较好，消费能力也较强；早期对国外品牌的信任度和好感度较高，但随着国产品牌竞争能力和质量的提高，他们对国产品牌的信任度也逐渐提升；电视机在人们生活中的作用和地位发生了变化，已不再是人们用来炫耀的“资本”，因此，电视机品牌是国外的还是国产的，对消费者来说已经不那么重要。

被访者购买电视机的品牌变化除以上4种情况外，还有3位被访者国外品牌和国产品牌交替使用。他们更换品牌比较随意，没有什么目的性，对此不再做具体描述。

2. 电视机的消费特点

通过对被访者家中购买电视机情况的整理和分析，我们可以总结出城市居民电视机消费的特点，具体如下。

（1）电视机消费希望“一步到位”

从访谈来看，我国城市居民电视机消费基本遵循了“由小到大，由黑白到彩色”的购买进程，但也有不少家庭购买第一台电视机时，直接跨过了黑白电视，一步到位购买了彩色电视机。这一特点在20世纪80年代购买第一台电视机的消费者中体现得较为明显。21位被访者中有9位家里购买的第一台电视机是黑白电视机，11位购买的是彩色电视机，可见希望一步到位购买彩电的消费者不在少数。

【个案一】朱女士，北京，50岁，退休。她1979年结婚的时候没有买电视机，因为当时“属于白手起家，没那么好的经济条件”，直到八十年代，家里渐渐攒了点钱后，就想直接买个彩电了。据朱女士讲，她当时在同事中是比较早有彩电的，因此“别人都挺羡慕的”。用她自己的话说就是“我当时就想一步到位，要买就买个彩电，所以我们就没买过黑白的，直接就买了彩电”。

（2）购买原因以结婚居多

访谈发现，被访者购买第一台电视机多是由于结婚所需。有17位被访者提到父母或是他们自己购买电视机是因为结婚。除此以外，购买电视机的原因还有原有产品老化和乔迁新居等。

【个案一】蔡先生，北京，45岁，高中学历，月收入2300元，出租司机。蔡先生为我们详细描述了1984年他结婚时购买电视机的场景。“第一台电视机是她们家陪送的，但也是我俩一起买的。在王府井东风市场，现在改成东安市场了。原来那时候买电视机可是抢啊！唉哟，可是费劲了。要说是‘今天下午放多少多少台’，人呼一下涌进去了。那时商品特紧俏，买东西都是排队的。都是先有样品，哪天来货，要请假或者星期日排队去。我也是星期日去的，上午还没买着，中午吃顿饭，下午继续。”“当时花了四五百吧，她父母掏的钱。我的收入是60块钱一个月。当时兴高采烈的，一个是成家了，一个是买着电视了。当时结婚也简单，我们就一个大立柜、写字台，梳妆台是托人打的，就这么点儿家具，这些是男方准备。”

【个案二】于女士，北京，52 岁，大学本科学历，月收入 2300 元，内科住院医生。于女士也为我们简单描述了她 1979 年底结婚时所置办的“三大件”。“那时候电视机挺有意思的，没遥控，换台‘啪啪’地掰，还买了双缸洗衣机，四个喇叭的两用录放机，当时时兴的东西我就都买了。”

【个案三】苏先生，上海，34 岁，初中学历，江苏人。20 世纪 90 年代置办婚礼的苏先生在电视机上的开销显然要大得多，虽然当时的彩电算娘家的陪嫁，但也是苏先生家拿的彩礼钱，花 5000 多元购买了一台东芝彩电。当问及为什么会花这么多钱买电视机，苏先生答到“那时的行情嘛，太小也不行，25 吋当时算大的”，而买东芝是因为他认为“国产的画面不够理想”，而且他受广告影响比较大，“根深蒂固认为国外的好一点，但索尼的更贵”，所以就选择东芝彩电了。除了要准备彩电外，结婚时还基本买齐了“现在该有的”。苏先生还特别指出买过一辆摩托车，“买的时候五六千，加上牌照八九千。现在常州那边一家两个摩托车很正常，那时候结婚都要有摩托车，该要的这点场面都要有，家家户户都是这样的。”

（3）本地品牌比较深入人心

访谈中我们发现，本地品牌的电视机依然具有很强的市场优势。比如上海的居民尤其偏爱上海产的金星、飞跃等品牌。在 20 位能明确说出自家电视机品牌的上海被访者中有 8 位购买过本地品牌电视机，还有 3 位家中购买过 2 台以上的本地品牌电视机。19 位北京被访者中，有 5 位家中购买过北京本地产的电视机，其中有 2 家购买过两台以上本地品牌电视。同样，14 位广州被访者中有 5 位购买过广东生产的 TCL 电视机。

【个案一】金先生，上海，56 岁，退休。在使用本地品牌的被访者中最有代表性的要数金先生，他们家从 1979 年购买第一台电视机到现在已经买过 4 台电视机了，其中有 3 台是上海本地品牌金星、飞跃，一台为天津产的凯歌。当问及金先生为什么会对上海牌子这么钟爱时，金先生说“牌子好，维修便当。用习惯了，质量也很好”。

【个案二】冯女士，广州，35 岁，大学专科学历，自由职业者，月收入 2301～2500 元。她在购买电视时考虑地域因素较多，但关键还是注重本地品牌带来的便利服务。她说：“主要是因为 TCL 是广东产的，保修比较容易”，而且“TCL 是本地产的，对这个品牌比较信赖”。

3. 购买电视机的主要考虑因素

共有 39 位被访者谈到了他们购买电视机时的考虑因素，主要涉及价格、品牌、广告、促销及周围亲戚朋友影响等方面。

（1）品牌是普遍考虑的因素

访谈中有 19 位被访者选购电视机时考虑了品牌因素，被访者考虑品牌的原因是：电视机属于耐用消费品，因此质量和售后服务是购买时重要的考虑因素，在大多数消费者心中，品牌是质量的保证，如北京的小李所言“品牌我感觉还是与品质有关，质量应该较好，出现次品的几率低，售后服务也不错。”访谈中还发现，电视机属于大件消费品，部分消费者会因为购买了“好品牌”的电视机而获得较强的心理满足感。

有 12 位被访者谈到了购买电视机时曾在国外品牌和国产品牌之间取舍，其中有 6 位被访者最终选择了国外品牌，主要是松下、索尼、日立、LG。做出这种选择的主要原因是他们认为国外品牌的电视机在色彩、画质和质量方面更胜一筹。如上海的王先生觉得“国产品牌的电视机画面有些模糊”。另外 6 位被访者选择了国产品牌，主要原因是国产品牌最近几年质量过关，价格更有诱惑力，支持民族工业。如上海的张先生“感觉国货质量已经比较过关了，就没打算买国外的，考虑到价格、款式、功能，综合决定就买了康佳。”

（2）价格仍然是制约因素

电视机目前仍属于居民的大件消费，因此价格仍然是选购时的重要制约因素。尽管在访谈中有被访者提到不惜借钱购买喜欢的电视机，但大多数被访者仍是量入为出，在价格承受范围之内选择。在访谈中有10名被访者明确指出价格是制约其最终购买的因素。

【个案一】吕先生，北京，34岁，大学本科学历，与朋友合伙经营一家公司。吕先生家一共买过4台电视机，第一台电视机是“1999年结婚那会儿花3000多元买的25吋的长虹，那会儿我拿着4000块钱去找了我一个在大中电器工作的朋友，事先打过电话早让他帮我挑好了。国外的咱买不起，国产的长虹口碑比较好，我听人介绍过，那天决定买电视，一天时间就买了”。

【个案二】陈小姐，广州，26岁，大学专科学历，月收入1700~2000元，公司文员，广州本地人。陈小姐家的电视机是25吋XXX的，大约购买于1998或1999年。陈小姐对这台电视机不太满意，“给我感觉不太好，修了一次了。”“这台电视机还是新大新广百买的呢，和那些专业卖电器的电器超市相比，新大新广百里东西也太贵了。当时去那里买是因为我恰好有一个300块的优惠券，想花掉就去那了。选这个品牌就是因为那里其他的电视机都很贵，就它最便宜。”

（3）广告、促销等其他影响因素

购买电视机时，广告、促销和朋友推荐也会不同程度地影响被访者的购买决策，有时甚至起到决定性作用。访谈发现，有4位被访者表示他们在购买电视机时主要受广告影响，如北京的李先生提到购买长虹电视机“主要是受广告影响，最初长虹做的广告比较振奋人心，什么‘振兴民族工业’之类的。”再如广州的江先生“两次都选择了创维品牌，因为广告做得好”。有2人表示商场促销活动最终影响了他们的品牌选择，如北京的于女士购买乐华电视机就是受到“降价”活动的影响。还有5人的购买决定则是受亲朋好友推荐的影响，如上海的帅女士买索尼电视机是受到姐姐的影响，“她们说这个（索尼）好，就买了。”

4、关于数字电视

对消费者来说，数字电视主要意味着两方面内容，一是电视的发送和播出完全依赖于数字信号，电视画质会更加清晰，另一方面是指收看电视不再免费，电视收看的主动性更强。目前数字电视已经在杭州、青岛等城市开始推广，但对于我国大部分城市居民仍然只是一个模糊的概念。本次访谈主要是了解居民对数字电视和频道收费两方面的态度。访谈中，共有29位被访者谈及了数字电视的相关问题，除4位被访者表示从未听说过数字电视外，其余25人知道数字电视或了解数字电视的某些特征。

有9位被访者明确表示对于数字电视“不会买”、“从来没想过买”等，主要原因是对这一新产品“没兴趣”，经济上承受不了，以及对电视节目没兴趣等。比如深圳驻上海办事处的王先生，由于深圳已经开始推广数字电视，所以他对数字电视有一定了解，但他对目前的数字电视并不看好，“好像深圳要付2000多元吧，但我觉得技术还不好。”再如北京的小骆，她认为数字电视只是一个新技术，“一般女孩子应该都不太感兴趣”，并且还表示，“我只注重基本功能，可以用就好。大概会等到普通电视机没有人卖的时候我才会买数字电视。”

当然也有被访者对数字电视持乐观态度，有7位被访者表示自己今后一定会购买数字电视，其中6位都是男性被访者，他们收入水平较高，除仍在公司创业阶段的严先生外，其他几位月收入都在4000元左右。他们对数字电视提供的新功能较感兴趣，同时认为数字电视将会是必然趋势，一旦发展起来必然会带来接收技术上的变革，旧电视可能会淘汰。惟一持此观点的女性被访者是广州 26 岁的陈小姐，她希望购买数字电视的主要原因是想“给家中的老人看”。

【个案一】李先生，北京，35 岁，大学专科学历，个人月收入 3800～4000 元。他非常重视广告，而且对品牌忠诚度较高，前后买过的两台电视机都是长虹品牌。他也很关注数字电视，提到要是家里再买电视机，“应该考虑买数字电视。我看电视上长虹的数字电视也出来了，要买还会买长虹的。”

【个案二】胡先生，广州，25 岁，大学专科学历，月收入 5000 元左右。胡先生是广州本地人，和父母一起居住，现在从事计算机软件开发方面的工作。胡先生对数字电视的了解较多，因为他已经有亲戚购买了数字电视，胡先生觉得数字电视费用较高，“比有线还贵，一年好像要 240 元呢。”“不过确实清晰，看着就舒服。”胡先生表示“现在虽然不会买，但以后肯定会换啦。不过新生事物都是很贵的，刚推广的时候技术也不成熟，会有问题。所以我要换也得等技术再成熟些，而且价格降下来点。”

另外，还有 9 位被访者持观望态度，对于是否购买数字电视机没有明确想法。他们考虑的问题主要涉及两方面：一是费用问题，即更换电视机的成本和基本接收费用；另一个是前景问题，即对于数字电视能否发展、能否普及持怀疑态度。

【个案三】张先生，上海，29 岁，月收入 3200～3500 元，在某公司做销售工作。张先生通过网上了解了一些数字电视的相关信息，但目前还没有决定购买。“因为现在只有我妈妈平时看看电视剧，我平时也不看电视，也就吃饭的时候看看新闻。我肯定不会考虑现在就买数字电视，因为现在数字电视的节目也不是很多，比如彩信，等到更普及的时候我就会接受。别人买彩屏的手机我也不会买，产品都是一期一期的，我一般会在成熟期才买。”

【个案四】林先生，广州，51 岁，月收入 2300～2500 元，普通职工。林先生目前对数字电视考虑最多的是收视费问题。他从佛山的哥哥那里听说过数字电视。他觉得：“按照佛山的发展情况，广州在 10 年内应该有数字电视吧，现在没普及。”“恐怕收费又高了点。收视费大概会到 50 元，现在有线电视收视费是 17 元吧。”“如果数字电视质量好，收的频道多，多收一点收视费还可以接受。若收视费太高，就有一部分人负担不起。有些人不是不愿意付，是付不起。我们这栋楼人家说是‘下岗楼’。”他觉得自己可以接受的收费范围在 50～70 元，“如果是 50～70 元那肯定申请，那是一个趋向，要不小孩子都会嫉妒别人有的。如果高过 70 元就有些高了。”

（二）冰箱、空调、洗衣机

1. 基本消费情况

除电视机外，访谈中还涉及到城市居民家庭冰箱、空调、洗衣机等家电产品的消费情况。相对于空调，冰箱和洗衣机较早进入居民家庭，大部分被访者家中购买第一台冰箱或者洗衣机的时间是 20 世纪 90 年代初，目前基本已经更换过两台或两台以上。

访谈结果表明，家庭收入水平与家电消费水平并不完全成正比，家电产品作为耐用消费品更换频率相对较低，考虑到更换成本因素，即使是收入偏低的家庭也会购买价格较高、质量较好和相对耐用的产品。

【个案一】陈小姐，广州，26 岁，大学专科学历，月收入 2000 元，公司文员，“我跟父母住，昨天刚买了华凌冰箱，差不多 1700 元。这个牌子有那种能源标签，节能、实用，有 179 立升。华凌所有的冰箱都是一级，别的比如海尔有一级节能的，有二级的，不太一样；而且华凌口碑挺好的。洗衣机是海尔全自动的，1500 元。经常用的东西不能太复杂，老人家很难教的。空调是松下小 1 匹的，专卖店买的，2000 多元。人家说这个质量好还比较便宜，免费安装，8 年保养。耐用品要挑牌子比较好的。”

【个案二】张先生，上海，29 岁，月收入 3201～3500 元，从事销售工作，现仍和父母住。“就说冰箱吧，大概 1985、1986 年的时候家里买了个 170 立升单门的香雪海冰箱，苏州产的，864 元。第二台是 1998 年买的海尔的，不到 2000 元，也是我和我妈在永乐买的。不买进口冰箱是因为进口的比较贵，其实这方面技术本来也不复杂。买冰箱以后我说的一句话给我妈的印象特深：‘像我们这样的平民百姓居然也能买冰箱了。’其实当时周围人应该也都有了。买冰箱是因为一直有这个需要，其实电视是可买可不买的，是满足精神方面的，而冰箱满足物质上的更多一些。洗衣机老房子没有，1998 年的时候买了一台水仙牌双缸的，花了 800 多元或是 600 多元。后来这台是荣事达双缸的，600 多。空调买了两台，第一台是 2001 年买的日立 1.5 匹的，花了 3200 元左右。日本牌子是这么分层次的，最好的是大金，其次是三菱重工，然后是富士通、日立，再下来是三菱电机、松下。现在这个是志高小 1.5 匹的，1699 元，放在我房间里。我爸在郊区工作，一周也就周末回来，我妈不怕热而且我妈有肩周炎，不能老吹空调。”

【个案三】黄先生，上海，32 岁，硕士学历，月收入 2000～2300 元，从事技术工作。“冰箱我喜欢新飞的，换了三个城市生活，买了三台冰箱。1995、1996 年在江苏的时候，花了 3800 元买的冰箱是那种很大的款式，268 立升，没坏过，噪音很小，后来搬家就送给人了。第二台是 1998、1999 年买的，花了 1000 多元。第三台是 1700 多元，在永乐买的。因为以前觉得大的好看，现在更理性了。洗衣机第一台是 1996 年左右在江苏买的，2100 多元，海尔滚筒的。现在用的是在国美买的惠而普全自动的，1000 多元。我一般会先考虑大小，颜色，因为要和房间整体的感觉搭配，然后挑选大的有信誉的公司，就是框定某几个品牌的范围，最后看价格哪个能接受，但是价格一般不太在乎，因为都差不多，当然要定一个大概的范围，比如说我觉得洗衣机就在 800～1500 元之内。”

【个案四】王先生，上海，33 岁，大学本科学历，管理人员，月收入 5001～5300 元，原来在深圳工作，两年前被调到上海工作，“冰箱是伊莱克斯的，当时广告很响，但也不是主要原因，主要因为它的压缩机完全是百分之百意大利产的，用了这么久都没有坏，有时我都开始怀疑了，老想着它怎么还没有坏。（笑）我觉得有些牌子虽然贵点儿，但挺值的，的确是有些品牌的价值。如果我再用它（伊莱克斯）很久它都不坏，以后我买冰箱就还会选它吧。如果这两年它坏了，我就不再买伊莱克斯了。其实我很喜欢西门子，感觉从技术来看，还是大牌公司的靠得住。空调是 2002 年买的松下 1P 的，1800 元，当时买的时候好像是占到便宜了，天很热，我刚好进了松下的专卖店，松下在搞活动，折价有两三千元吧。后来又去看过，比同牌子、同类型的便宜很多。”

【个案五】朱女士，北京，50 岁，大学本科学历，现已病退。儿子 25 岁，已经参加工作，但还没有结婚，全家月总收入近万元。“冰箱现在是第三个啦，第一个是雪花的，600 多元，用久了总坏，不制冷，好像是缺氟，尤其是它过年的时候坏，多着急啊，所以 1994 年搬家的时候就换了一台。第二台是新飞的，150 多立升，2000 多元，后来又有点问题，倒也不是大问题，人家说就换一罐氟就行了，我问了问，一罐氟就 200 多元，所以就决定换一台。现在这台也是新飞的，大概是 2002 年装修以后买的，也是花了 2100 元左右。还用新飞是因为以前那个用的不错，觉得质量好，而且去买时正好也打折。现在冰箱准备换个好点的，有保鲜功能、三开门、档次高点的。洗衣机现在这个是去年十一打折时候买的三星的，花了 997 元。楼下（婆婆处）还有一台小鸭圣吉奥滚筒的，太浪费水。它要是开始洗了，我要是还想加一件衣服就不行了，它停不下来。我这个倒是上开盖的，能在洗的过程中加衣服，但是全自动的，也费水。我家大部分电器都是在西单商场买的。空调准备买一个好点的，像客厅就买个两三千元的就行了，就是说买空调可以分等级，根据每个房间的用途安装不同的空调。那种 1000 多的空调肯定不能买，那么便宜肯定都是积压产品，而且耗电量高，质量也不保证，用两年就淘汰了。最近我在报纸上看见，海尔新出了个什么双新风，说是双流的，保证室内空气流通，无污染什么的，虽然新产品贵了点，要四五千，比普通的贵 2000 多，但至少能用 10 年，而且很省电。这么算下来，还是这个合算，一定不能只图便宜。儿子屋里开的时间长得用省电的空调。我们的屋子开不了多长时间，所以就不用买那么好的。微波炉买过两台，第一台是 1994 年买的菊花牌的，花了 1000 多元呢，当时正贵的时候，主要是为了我在家热饭方便，后来热能管坏了，配不上了，之后花了 600 多元换了个格兰仕的，买了两年多了吧，在当时也是比较好的呢，是不锈钢内胆，带烧烤的。不过这次又看上一个带蒸汽的微波炉，热出来的东西不干，比现在的好，将来可以考虑买这个。”

2. 消费特点

（1）品牌消费趋势显著

◆ 品牌忠诚度较高

从访谈结果来看，消费者在冰箱、空调和洗衣机的消费上有较高的品牌忠诚度，主要原因：一是大件家电消费品的使用周期决定了其不同于日常用品可以随时更换或者是尝试不同的牌子；二是价格较高意味着更换品牌将面临更多的成本风险，因此，被访者往往会选择用过感觉还不错的品牌以降低风险。如北京的朱女士，第一台冰箱是新飞的，第二台冰箱仍是新飞的，她说“以前用的不错，觉得质量好，而且正好也打折。”上海的黄先生虽然先后在三个不同城市生活，但每次买冰箱还都会买同样的品牌。

◆ 国外品牌和国产品牌各有市场

被访者对国内外品牌的态度差异较大，国外品牌和国产品牌各有市场。中国家电市场起步初期，国外家电品牌就以其品质优良占据了很大一部分中国市场，很多中国家庭的第一件家电产品也多是国外品牌，他们认为国外品牌就是品质卓越的代名词，使得国外品牌始终有一群忠实的追随者。如上海的郁先生谈到买冰箱时说：“……冰箱肯定不能买国产的东西，因为就算是国产的，它的核心的东西也还是从国外进口的，这个要是质量不好，就没办法用了，制冷技术太差。”同样，还有广州的胡先生认为“电饭煲国产的质量就不错，但是电视机就不行，国外的就比国产的好很多。”

然而我们也听到了很多对国产品牌认可的声音。如北京的李女士“我一般都注重国产的，质量也不错，国外的服务不好嘛”。还有将国产品牌比作自己朋友的广州的严先生，购买冰箱时仅仅圈定在几个国产品牌中，“我觉得冰箱就两个人用，能放几天的东西就行了，科龙、荣声、TCL、海尔这些国产的品牌我都比较信任，不考虑质量问题，支持国货。”

（2）促销是消费的重要驱动力

虽然家电消费呈现出明显的品牌消费趋势，但价格仍在很大程度上影响着消费者最后的决策，而促销活动往往加速了消费者的决策过程。从访谈来看，很多被访者选择在商家促销期间购买家电产品，他们一旦产生了购买需求就会时刻留心促销信息，并在优惠活动时购买所需家电产品。如广州的严先生因为特价买了目前使用的冰箱，“冰箱是康恩贝的，是去年朋友推荐买的，他那里刚好有活动搞促销，特价就买了。”

当然也有被访者在某些家电产品上不太会受到促销的影响。如北京的朱女士，她在买空调时主要依据自己的不同需求进行消费，不会因为价格产生购买冲动，“比如新房买空调吧，那种1000多元的，肯定不能买。那么便宜，肯定都是积压产品，而且耗电量高，质量也不保证，用两年就淘汰了。”

（3）售后服务是重要的考虑因素

在产品日益同质化的情况下，服务差异化成为俘获消费者的利器。这一点在家电消费中也有明显体现。访谈发现，不少被访者对售后服务非常重视，售后服务的优劣甚至成为其取舍品牌的主要理由，如上海的高先生“2001年左右买的第三台冰箱，主要是听朋友说伊莱克斯的售后服务好一点，他们的服务人员比较真诚。”

反之，售后服务出现的问题也会给品牌带来负面效应。比如有被访者提到“去年买的XX品牌空调，今年刚开始用两三天就坏了。我就打电话给售后服务，当天派来个维修工，说是压缩机坏了，得回去打个报告，让厂家批个新的来，结果就一直没消息了。我就打到北京总部去投诉，后来又打到上海，上海这边说正在处理中，我又打到北京，说已经移交给上海了，打到上海，又让我把什么发票、身份证之类的复印件传给他，说换个外机，后来又等了半天。反正前后拖了一个多月，前半个月刚修好。前一阵正是最热的时候，最高温度38度，晚上都睡不着。反正我下次绝对不会买XX牌子空调了，这个牌子的什么东西都不会买了。”

总的来说，彩色电视机是最先进入城市居民家庭的家电产品，从20世纪70年代至今，随着电视机型号、款式的更新和人们收入水平的提高，电视机在城市居民家庭中的更新换代越来越频繁。品牌仍是消费者选购电视机时重要的考虑因素，根据电视机品牌更换的特点，可以将消费者主要分为三类，一类是只购买国外品牌，他们收入较高且消费能力较强，更看重国外品牌电视机的质量；一类是只购买国产品牌，他们家庭收入普遍较低，对国产品牌有较强的好感度；还有一类消费者在国外品牌和国产品牌之间徘徊。另外，本地品牌对当地消费者有很大吸引力。除了品牌之外，影响消费者电视机消费的因素还有价格、广告、促销。消费者对冰箱、空调、洗衣机等家电产品的消费与电视机消费差别不大，除了考虑品牌、价格等因素外，对产品的售后服务考虑较多。

四、手机、电脑、住房、汽车

从 2000 年开始，中国城市居民的恩格尔系数下降到 40%以下，根据联合国粮农组织的判别标准属于比较富裕阶段。随着人们收入水平的提高和生活质量的改善，手机、电脑逐渐成为现代家庭的必备品，其更新换代的频率也逐渐加快。另一方面，随着改革的逐渐深入，福利分房制度被取消，家用汽车价格不断下降，信贷消费观念逐渐为人们所接受，在这些因素的共同作用下，个人购房、购车逐渐兴起，并且愈演愈烈，成为继家电产品、通讯产品之后人们新的消费热点。本次访谈也对被访者手机、电脑、住房、汽车的拥有情况和打算购买情况进行了了解，以下将分别进行总结。

（一）手机

手机的出现某种程度上改变了人际交流的方式，人际沟通不再受时空的限制。近几年，手机在中国消费者中已经非常普及。通过“2005-2006 IMI 消费行为与生活形态调查”得知，北京、上海、广州、深圳、成都、重庆、武汉、西安、沈阳、南京 10 城市消费者手机拥有比例基本在 80%左右。

在我们的访谈中，有的被访者在 20 世纪 90 年代就开始使用手机，而大部分被访者还是在 2001 年之后开始使用，有一部分被访者已经更换了 3~5 部手机。被访者更换手机的原因很多，主要是手机本身的外形、功能等更新换代较快，使消费者对新产品趋之若鹜。

以下是一些比较典型的个案。

【个案一】梁先生，北京，24 岁，大学本科学历，月收入 5000～6000 元，“我这部手机是熊猫的，差不多两年了吧。当时买的时候是 1550 块钱。买这个也不看什么牌子不牌子，就去手机超市，人家介绍夏新的啊什么的，样子我不喜欢，我就喜欢这个，看上样子了，拿在手里特合适，本来我也喜欢红色，就买了。这是我用的第一部手机。准备换，这个没有摄像头，等这个坏了就买。我想买三星的，2500 左右吧。”

【个案二】李小姐，北京，26 岁，大学本科毕业留京工作，国企管理人员，月收入 8000 元，“第一部是摩托罗拉的，2000 年买的，花了 2000 多元，后来和别人换了，另外又换了一部三星的，是别人送的，现在是摩托罗拉的，2003 年买的，当时花了 2800 多，功能还可以，带摄像头的，不过不是太清晰。如果流媒体手机上市的话，就是进入 3G 时代的，我才会换，要不就没必要。”

【个案三】王先生，上海，33 岁，大学本科学历，驻上海管理人员，月收入 5000 元。“手机都换了十几部了，第一个手机是 1995 年买的，当时挺贵的，还是七八千元一部。那时的手机和现在不一样，不光是身份象征，确实还是方便，方便过现在。那时带 call 机的还比较多，回电话也不方便。那时电话比现在更实用，更必要，不像现在十个有九个都是在聊天，现在就算是做生意的拿着手机也不一定能赚钱（以前拿手机的都是可以赚钱的老板）。以前的都是用几年，第一个用了 3 年，后来用的就越来越短了。现在总给自己找个理由就换了，时尚、外表，还有功能吧。现在有些新推出的（手机）功能还是很多的，朋友拿的手机都差不多。我也就是上上网，发发信息。现在用的是诺基亚的，最近用的几个都是诺基亚的，但接听电话效果不是很好，摩托罗拉的信号比较好，和诺基亚是内置天线有关，三星的功能最全，而且三星的推出新品太快了，觉得很多。”

【个案四】魏先生，上海，24 岁，大学本科学历，从事保险行业，月收入 3000~4000 元，“手机现在是第三部，三星的。第一部是大一的时候，因为需要，是我爸让给我的，那时爸妈都用了，大学同学也都有手机了，后来一个人都有两部了。自己买的第一部是摩托罗拉，1300 块，后来掉了，第二台是 CDMA，三星 X199 的，2000 多，和我妈去买的，那时是 2003 年 11 月，大三的时候，因为我电话很多，考虑花费所以买 CDMA。当时彩屏价格很高，后来被偷了。现在又开始用电话本了。我买手机还是比较喜欢知名品牌。最后这一部是 4 月 1 号买的，是我妈选的，当时我的 CDMA 套餐还没到期就又买了 CDMA，是翻盖，双屏的，现在比较喜欢翻盖的，以后喜欢滑盖的会买滑盖的。”

【个案五】冯女士，广州，35 岁，大学专科学历，自由职业，月收入 2300~2500 元，“自己觉得好的，还有周围朋友也都选择的就会考虑，我当时还买过一部 XX 牌子的（国产品牌），很糟糕，动不动就死机。前后买过四、五部，一直都是摩托罗拉和诺基亚的。买手机就觉得性价比比较合适。更换的原因主要是原有的旧了，功能没有那么多了。最早是绿屏的，后来是蓝屏的，再是彩屏，然后是带摄像头，但现在都很少用了。现在觉得品牌实用就行了，有最基本的功能，电池耐用、性能稳定、不掉线就好了。”

【个案六】胡先生，广州，25 岁，大学专科学历，月收入 5000 元，“手机用了有三四部了吧，现在用的是索爱 700C。第一部是 1999 年买的，那时收入才 1500，我买了诺基亚的，花了 1200 多，是‘香蕉’型的那个，那个也便宜啊，没挑什么品牌，就看了看样子，攒了钱就买了，我光入网费就交了 1200 呢，算是清本啦。用了半年吧，因为那个款式不好用，就卖了 1000，添了点，又买了诺基亚 3210，1800 元。那个用了两年吧，后来换了个西门子 6618，花了 2200，也是用了两年吧，后来给我爸用了，卖的话太不值钱了，只卖 200 块，我接受不了。这个索爱，2800 呢，功能挺好的，现在不都是要什么彩屏、摄像之类的嘛。其实买这个手机是受了女孩子打击才买的，有一次朋友一起出去卡拉 OK，里面不是很吵的嘛，大家都要把手机拿出来放桌上嘛，结果我一拿出来，就被别人笑，说我怎么还用这么过时的黑白机，我受刺激了，就买了这个，刚出的时候 3500 呢，我没有在刚上市时买，在促销活动期间买的。”

【个案七】林先生，广州，51 岁，初中学历，普通职工，月收入 2500 元，“第一部是诺基亚 3210，1300 块，2001 年买的。第二部也是诺基亚，1300 块。以前的那个给爱人了，以前的那个不能发短信，现在是诺基亚 3360，工作需要发短信，有时通知我们的司机，不用他们回电话的，我发一个短信也就 1 毛多，能为他们省一些就省一些。我们的司机都是外聘的，都要养家糊口。（为什么买诺基亚）听人家说比较粗犷，比较经用。我的两台都是无线的，若是有天线的放在口袋里不方便，我手机经常从车上找回来，怕自己常会丢，所以都买 1000 多块的，现在才卖 600 多，丢了也不会太心痛。这次孩子（儿子）去北京，我让他把妈妈的那个带去，后来我问他带去有用吗？他说去的每个人都带手机了，人家全都是彩屏的、摄像的，但他们还玩我们的这个手机上的游戏。我说我们的这个是‘老刀挫大将’。”（笑）

通过以上个案和其他一些消费者的说法，可以总结出消费者手机消费的特点如下。

1. 品牌忠诚度低

消费者对手机的品牌忠诚度较低，喜新厌旧，追求时尚外观。访谈的消费者中大部分更换了 3~5 部手机，但一直用同一品牌的极少，一般是在诺基亚、摩托罗拉、三星、西门子、索爱等几大品牌之间更换，更换品牌的原因不定，有外观和功能等方面的，也有厂家促销、口碑方面的。如广州的谭小姐，“现在用的是第三台，索爱的，朋友推荐的，游戏比较好玩，而且是彩屏的，换品牌是因为看电视广告很喜欢。”再如广州的严先生，“第一部 2000 年底买的，诺基亚 8210，1000 多，后来换摩托罗拉，当时摩托罗拉促销联通的 CDMA，自己充一定值的话费就送一个手机。”

2. “面子”消费

在访谈中我们感受到，中国消费者在手机消费上最看重的不是手机最基本的通话功能，而是它的功能和外观。手机如同服装一样，在某种程度上已经是身份的象征。从最初是否拥有手机到现在拥有什么样的手机都与人们的“面子”有关。消费者购买手机受周围人的影响较大，有时候更换手机仅仅是因为“面子”上过不去，周围人的评价和无形的压力迫使一部分消费者更换外型时尚、功能齐全的手机，如个案六中广州的胡先生，仅仅因为被朋友笑自己“过时”，就更换了手机。

3. 国产品牌受冷落

国产品牌的手机受冷落在我们的访谈中表现很突出，消费者在谈及自己更换手机过程时很少有人提到国产品牌，即使有，提到的也是国产手机存在的问题，如个案五中的冯女士。还有被访者提到：“手机是 XX（国产品牌）的，1200 多。第一个也是这个牌子，用了一周就坏了，后来他们给退了钱”。更有被访者断言“在我们深圳的市场里 1000 个人中都没有人用国产手机”。

4. 最看重手机外观和新功能

（1）外形是消费者选购手机时的主要考虑因素。

◆ 我就喜欢这个，看上样子了，拿在手里特合适，本来我也喜欢红色，就买了。

◆ 现在比较喜欢翻盖的，以后喜欢滑盖的，会买滑盖的。

◆ 原来那个是直板的，我想换个翻盖的，诺基亚里就这个是翻盖的，所以就买了这个了。

◆ 看到喜欢的就买了，主要看键盘和外观。

◆ 我买手机要款式漂亮点，先看漂亮，没有先看牌子，同时考虑时尚、质量。

◆ 现在是 NEC，就上个月买的时候 3000，现在降了 600 块，看色泽、外观都可以，不贵也不便宜，如果 2000 多就更好点。手机也就发短信，外观考虑多点。我有两个亲戚用 NEC 的，我觉得白色的好看，屏幕也好看，他们用了两年觉得还可以。

（2）消费者选购手机看重的新功能主要是彩屏、拍照。

◆ 现在知道手机用到两三年就该换了，前一部花了 1400，信号不太好，保修了一次，用了两年，又换了现在这个索爱，2200，以前是蓝屏的，现在是彩屏的，我朋友帮我挑的。

◆ 现在用的是第三台，索尼的，朋友推荐的，他说游戏比较好玩，而且是彩屏的，2004 年买的，1600 多。

◆ 这是我用的第一部手机。准备换，这个没有摄像头，等这个坏了就买，我想买三星的，2500 左右吧。

◆ 现在是摩托罗拉的，2003 年买的，当时花了 2800 多，功能还可以，带摄像头的，不过不是太清晰。

◆ 第一个三星 T408，刚上市，用了半年在晚上接电话时被抢了，第二个就是飞利浦 530，带外接的摄像头，这个被抢了以后，我为了不浪费摄像头，一直都是买的同一款，不断掉价，从开始 2000 多，现在成了 1000 多了。喜欢功能多的，时尚的漂亮的，有手写、摄像这样那样功能的，越多越好。

◆ 诺基亚口碑好啊，我挺喜欢的，而且原来那个是直板的，我想换个翻盖的，诺基亚里就这个是翻盖的，所以就买了这个了。蓝牙我还蛮喜欢的，有收音机功能，我也比较喜欢。

（二）电脑

随着信息时代的到来，电脑逐渐走入寻常百姓家中，像电视机、洗衣机一样逐渐成为家庭必备产品。本次访谈中，拥有电脑的被访者主要是年轻人，31 位 30 岁以下的被访者中有 22 人拥有电脑。年龄较大的被访者购买电脑主要是为孩子学习用，同时自己也偶尔娱乐一下。被访者中绝大部分是在 2000 年以后新购置的电脑，或者给电脑升级换代。所购电脑的价格一般在 3000~5000 元的组装机，选购品牌机的较少。典型的个案如下。

【个案一】魏先生，上海，24 岁，大学本科学历，平均每月收入 3000 ~ 4000 元。“买电脑是在大二的时候，5000 多块，组装的，那时是 2002 年，不是最好的，但是合我用就行了。2004 年买的是联想的，因为想看看组装和品牌机到底有没有区别。我要加内存，保修期还差几天就到了，但是弄了半天还是不兼容，后来保修期到了就没办法了。如果将来买还是会自己配，买第二台电脑的时候还是比较看重配置。买台式机没买笔记本是因为笔记本太重了，使用时间太短，而且是液晶屏，质量不好，内存也不够，我还不如买个移动硬盘。”

【个案二】钱女士，上海，27 岁，大学本科学历，经商，刚结婚，“电脑是过完春节，2003 年底、2004 年初，他（丈夫）提议的，因为他工作上要用到的。”

【个案三】张先生，上海，29 岁，大学本科学历，技术人员，月收入 3500 元，“1999 年买的组装机，9500。品牌机不值，对普通人来说只考虑 CPU、硬盘、内存，我还要考虑声卡、显示器，像我买的 17 吋的特丽珑显示器，我当时买得比较好，是戴尔的显示器，走私货，就是有点脏，不过我看它板子还是比较好，在外面卖要 4000 左右。升级电脑一共花了 5000 吧。我还花 1950 买了个爱普生的打印机。”

【个案四】江先生，广州，30 岁，月收入 1200 元，已婚，“2003 年买电脑，花了 4000 多，组装的。之所以买是因为觉得有用，上网，有朋友用觉得很好，买之前什么都不会。买了电脑就不出门了，无聊的时候电脑就有用了。”

【个案五】臧女士，北京，30 岁，建筑公司职员，丈夫是出租车司机，2001 年结婚，孩子 3 岁多。家庭月收入 3000 多。“去年四月份买的，不到 5000 块钱的品牌机，厂家倒闭了，现在叫维修都不来。那时考虑了很长时间买不买，最后还是买了。上班都有电脑，家里不上网，用处不大。孩子还小，大了就有利用价值了。现在基本上很少打开用。其实那时候图新鲜，现在就没什么了。”

【个案六】高女士，北京，32 岁，高中学历，家庭主妇。丈夫职业为电工，无孩子，家庭月收入近 2000 元，家住靠近城市郊区。夫妇二人均为北京本地人，电脑平时主要是丈夫在用，“电脑是 2001 年买的，品牌机，小厂家的，当时买不到 5000 块钱吧。（丈夫）整天唠叨着想买。后来有一次去（卖电脑的地方）玩，人家介绍说挺好，就买了。买电脑这些大件比较看重品牌。最近打算把电脑升级，再换一台，肯定不买品牌机。品牌机相同配置价格高，价格还可以的配置低。自己攒一个，4000 多吧，不到 5000”。

【个案七】蔡先生，北京，45 岁，月收入 2300 元，女儿在上大学，“打买我就知道要贬值，我也听说电脑两三个月升一级，那时也知道，就想着既然想要，想那么多干吗呀？咱们买这电脑也是孩子要上学了就给买了，其实孩子也没怎么用。现在她上大学住学校，我就看股票、新闻、信息，我炒股一敲，就买卖了，我用的是正地方。孩子放假就知道上网聊天。”

【个案八】周女士，北京，54岁，已退休，月收入1000元，两个女儿，大女儿23岁，刚刚参加工作，未婚；小女儿16岁，高一学生。“有电脑，自己攒钱买的，4800元，就是这小女儿上初三买的，早先就学电脑了，我们也没给她买，没那条件。她查资料要用这个。”

通过以上个案和其他一些被访者的说法，可以总结出现阶段消费者电脑消费的四个特点。

1. 为孩子学习用

尽管电脑价格不菲，但为了孩子的教育，许多家庭仍会慷慨解囊，如个案一中的周女士，尽管家庭收入水平较低，还是给女儿买了台近5000元的电脑。

2. 组装机是主流

作为家用电脑，消费者普遍对配置和性能要求不高，无论是孩子学习用，还是用来娱乐，大部分被访者都认为组装机就能满足要求。另外组装机价格较便宜，如个案二高女士就表示再换电脑时要组装的，因为“品牌机相同配置价格高，价格还可以的配置低”。

3. 跟风购买

事实上有些消费者没有考虑成熟就买了，看到周围人都有电脑，图新鲜也就买了，买回之后又会感觉没有多大用处，有时就成了游戏机。 如个案四中的臧女士，“上班都有电脑，家里不上网，用处不大。孩子还小，大了就有利用价值了。现在基本上很少打开用。其实那时候图新鲜，现在就没什么了。”

4. “娱乐机”

电脑的娱乐功能在有的家庭成为了最主要的功能，如个案六中的江先生，“买了电脑就不出门了，无聊的时候电脑就有用了”。再如上海的帅女士为孩子购买了电脑，“买了就后悔了，儿子一直拿它打游戏”。上海的戴先生说：“现在孩子用原来的（电脑），我用新的（电脑），有时候我俩一起打游戏，我有时候上网打游戏一坐3个小时。”

（三）住房

1、现在居住情况

表7-4-1和表7-4-2是通过电话调查了解的10城市居民目前的住房情况。50%左右的被访者居住的是公房，30%左右的被访者居住的是商品房。被访者目前居住的面积主要为41~60平方米和61~80平方米。

7-4-1 现在所住房子的情况

	人数（人）	商品房	公房	租的房子	借助的朋友或亲戚的房子	自建房、私房	其他
北京	203	21.7	57.1	16.3	0.5	4.4	0.0
上海	202	34.7	50.5	8.9	3.0	2.0	1.0
广州	201	24.9	38.3	18.9	2.5	12.4	3.0
深圳	153	30.1	15.0	47.1	1.3	6.5	0.0
成都	222	35.6	38.3	20.3	0.9	4.1	0.9
重庆	209	28.7	51.7	9.1	1.0	9.1	0.5
武汉	230	28.3	62.2	3.5	2.6	3.5	0.0
西安	218	25.2	50.0	10.6	3.2	11.0	0.0
沈阳	247	38.1	44.5	6.9	2.4	7.7	0.4
南京	225	34.2	49.8	2.7	0.9	11.6	0.9

（注：这里的其他包括拆迁分到的、单位回迁、单位宿舍、房改房、福利房、集资房、政府补偿房。）

7-4-2 目前的住房面积

	人数（人）	20 平方米及以下	21～40 平方米	41～60 平方米	61～80 平方米	81～100 平方米	101～120 平方米	121～140 平方米	140 平方米以上	不知道、不清楚
北京	161	10.6	8.7	37.9	24.8	9.9	3.7	0.0	4.3	0.0
上海	198	8.1	22.2	33.8	19.2	10.6	5.1	0.0	1.0	0.0
广州	201	3.5	20.9	27.9	28.9	11.4	3.0	2.0	2.0	0.5
深圳	153	3.9	9.2	15.7	28.1	24.8	13.7	1.3	2.0	1.3
成都	218	2.8	10.1	30.7	37.2	5.5	8.7	2.3	2.8	0.0
重庆	210	1.9	15.7	24.8	27.1	14.8	6.2	6.2	3.3	0.0
武汉	229	4.8	16.6	25.8	21.8	13.1	10.0	2.2	5.7	0.0
西安	218	5.5	14.2	22.5	32.1	11.5	3.7	1.4	9.2	0.0
沈阳	248	1.6	11.3	40.7	32.3	6.5	4.0	1.6	2.0	0.0
南京	225	1.3	6.7	30.2	35.6	9.3	4.9	4.0	7.6	0.4

访谈的情况与电话调查所得的结果相差不大，以下是具体访谈资料的总结。

（1）目前居住的是公房

在我们访谈的被访者中，30 人现在住的是公房，一般是前些年父母或自己单位分的福利房，后来自己出少部分钱买下。以下是比较典型的案例。

【个案一】吕女士，上海，54 岁，退休职工。“买单位的公房，所以很便宜，只交了一两万块钱，上海人好多都是这样的，哪有那么多钱啊。有的单位好的，就多补贴一点。原来房价也没这么高，1998 年以前房价不高的。结果本地人还没有意识到呢，先被温州炒房团给炒起来了。像我弟弟和妹妹都是 2003 年买的，也才一个 17 万，一个 19 万。在闵行区买的两室一厅，首付也才花了 7 万。现在买房子可没那么便宜了”。

【个案二】卢女士，北京，47 岁，大学本科学历。在国家事业单位工作，家庭月收入上万元，有一个上高中的儿子。“房子一共有两处，一个在亚运村，一个在六铺炕，都是单位分的，一共 120 平方米。公房，当时单位分的，自己按成本价买的，不到 10 万，是一下子拿出来的，公房不让贷款。”

【个案三】戴先生，上海，38 岁，房子是父母买下的公房。从结婚到 2002 年一直跟父母同住，后来父母搬到了楼上哥哥买的房子。现在的三室一厅保持着 10 年前的装修，“父母买的公房，有产权，三室一厅，不连花园 70 来平方米，”

【个案四】胡先生，广州，25 岁，未婚和父母同住。“36 平方米，很小啊，结婚都不够用啦。和父母一起住，当初分的，花 7 万买了产权。”

（2）目前居住的是商品房

现在居住的房屋是商品房的被访者有 14 位，7 位采用按揭方式购买，其他人一次性付清。

【个案一】冯女士，上海，40 岁，大学本科学历，管理人员。“（现在住的）是商品房，100 平方米不到。以前是和父母一起住，很不方便，作息时间不一样，有时间差，而且小孩大了，就搬出来了。”

【个案二】臧女士，北京，30 岁，家庭月收入 3000 元，“拆迁后买的房，已经 10 年了，有 70（平方米）吧。小区内配套设施不是太齐全，但是小区附近都有，像小学、公园都有。”

另外还有被访者有多处房产，同时拥有公房和商品房。

【个案三】朱女士，北京，50 岁，病退在家，丈夫为大学教授，儿子 25 岁，家庭固定月收入近万元，“这套房子是单位卖的，40 多平方米，是几年前买的。已经住了 10 多年了，1994 年搬进来的，后来买的时候是两万七。刚又买了一套，100 多平方米的，花了 50 万，是去年年底买的，还没装修好。”

（3）目前租住房屋

访谈中，现在租房住的有16位，其中大部分是外地人，有的是大学毕业刚开始工作，有的是外地打工者。

【个案】钟先生，28岁，大学本科毕业来京工作，月收入8000~9000元，“租的房子，离工作单位较近，三居每月房租2800，和别人合租的，每人每月房租900多，住的还算满意。”

（4）住房是私建或者祖上留下

还有一些被访者现在的住房是自己盖的或祖上留下的。

【个案】董先生，北京，40岁，早年做贸易，现在家专业炒股，也算是一个老北京了，“房子是祖上留下来的，我们住的大概有60平方米吧，其他出租出去有9间，整个算起来有200多平方米吧。”

2、未来的购房需求

表7-4-3和表7-4-4是通过电话调查了解的10城市被访者未来的购房打算，除深圳外，其他9城市有20%以上的被访者未来打算购房，打算购买的面积主要集中在81~100平方米。

7-4-3 有无购房打算

	人数（人）	打算买	不打算买
北京	165	36.4	63.6
上海	151	21.9	78.1
广州	158	24.7	75.3
深圳	106	17.0	83.0
成都	141	35.5	64.5
重庆	149	21.5	78.5
武汉	162	24.7	75.3
西安	157	34.4	65.6
沈阳	148	28.4	71.6
南京	147	22.4	77.6

7-4-4 打算购买的面积

	人数（人）	41～60平方米	61～80平方米	81～100平方米	101～120平方米	121～140平方米	140平方米以上	不知道、不清楚
北京	58	3.4	31.0	36.2	24.1	1.7	3.4	0.0
上海	30	6.7	20.0	30.0	33.3	6.7	3.3	0.0
广州	38	13.2	34.2	34.2	15.8	2.6	0.0	0.0
深圳	17	5.9	5.9	41.2	17.6	5.9	11.8	11.8
成都	50	8.0	16.0	34.0	22.0	10.0	10.0	0.0
重庆	33	9.1	30.3	12.1	21.2	15.2	6.1	6.1
武汉	40	5.0	12.5	35.0	37.5	5.0	5.0	0.0
西安	53	5.7	7.5	52.8	26.4	5.7	1.9	0.0
沈阳	41	14.6	26.8	46.3	9.8	0.0	2.4	0.0
南京	33	9.1	18.2	42.4	27.3	3.0	0.0	0.0

以下是具体访谈情况。

（1）对购房的态度

◆ **已经购房，没打算再购房**

【个案一】李女士，北京，35岁，高中学历，现为家庭主妇，丈夫是私企老板，谈到住房时她说：“1998年买的商品房，是那种自己带楼层的，100平方米多些，40多万，一次性付清，最近没有买房的打算，但是如果再选的话，我还是不要那么多室的，不要太大，两室一厅的就可以。”

◆ **明确表示近期希望购房**

【个案二】李小姐，26岁，在北京工作3年，月收入8000元，现租房住，“打算明年在三环内买，太远上班不方便，板楼，向阳的，配套设施方面也没什么特别的要求，只要在三环内就行了，安全，安静点。80~100平方米就行，到时想把父母接来。”

◆ **现在房价太高，正等待时机**

【个案三】苏先生，上海，34岁，初中学历，老家江苏，1990年来到上海，2004年在上海开设了自己的服装店，有一个9岁的儿子，平均月收入4000~5000元，现在租房住，问到是否有买房打算时说，“有这个打算，但现在房子太贵了，现在不是单纯要买个房，而是要看房价。我看世博会后不可能再涨了，地段要买就买虹口这一圈蛮好的，两房一厅，七八十平方米，100万以下吧，不过实在太贵了，现在仍在观望。”

◆ **现在正在攒钱，以后会购房**

【个案四】梁先生，北京，24岁，外地来京工作，现在租房住，月收入5000~6000元，“买房肯定要买。现在主要在攒钱买房。”

◆ **拆迁后会购房**

【个案五】张女士，北京，47岁，月收入3000元，现在住单位分的房。“拆迁的话就买，不拆迁的话，一辈子就住这儿了。去年年底就说拆迁，发了那个拆迁的单子，可是都搬不成。这种院子不像那种楼房，这要一个院子、一个院子的搬。有一家不愿意的就搬不成。因为没钱啊，他们都十几、二十几平方米，拆迁费拿不了多少钱，再买新房，半辈子的钱全搁在这里了。谁也不愿意啊，像我们家，40多平，还可以赚些钱，可以换个环境好的，你看这个院子住得多闹心。”

房子对大多数人来说应该是一生中最大的消费了，买过房的居民一般不会考虑再次买房了，经济条件好的由于某些原因可能会换新房。原来有公房住的消费者对买房兴趣也不高，基本近几年不会考虑买房，有的只是希望自己有更好的房子，毕竟他们还有自己的房子。而最急需买房的是工作没几年，面临结婚或刚结婚不久的年轻人，他们现在一般是在租房，有的是和父母一起住，但有搬出来自己住的愿望。但说起买房的具体日程，他们还不能确定，要看自己的经济状况和房价，普遍反映现在的房价实在太高了。

（2）消费者心中理想的房子

尽管我们访谈的消费者经济状况差别较大，但在谈到理想的房子时意见比较一致，基本比较现实。综合被访者的说法，我们大致可以描绘出消费者心中理想的房子：两居室，面积大约80平方米，交通方便，最好离市区较近，周围购物方便，安全有保证，对其他相关的配套设施没有特别一致的要求。有的喜欢运动，希望小区内运动设施齐全，如有被访者说“要交通方便，80多平方米就够了，大了打扫卫生麻烦，两居，顶多三居吧，配套设施要绿化好些，健身器材要有”。有的面临结婚、生孩子，希望小区最好有幼儿园，对配套设施考虑较多。如“要选两居，按中国现在的家庭结构，3个人，两居90多平方米，100平方米就够了。父母亲戚朋友住，都是暂时的。根据自己的经济条件吧，要离市里面近些，交通要方便。小区内有幼儿园当然更好。但市里的这些一般都不可能，顶多周围有。”我们推测消费者所说的理想的房子主要是基于现实情况而言，普遍感觉自己收入情况一般，房价又太高，所以对理想房子的憧憬较保守谨慎。

【个案一】苏先生，上海，34岁，夫妻二人经营自己的服装店，家庭月收入4000~5000元，三口之家，现在租房住，“有这个打算，但现在房子太贵了。现在不是单纯要买个房，而是要看房价。我看世博会后不可能再涨了。地段要买就买虹口这一圈蛮好的。两房一厅，七八十平方米，100万以下吧。”

【个案二】吴先生，广州，40岁，月收入5000元，三口之家，现有买的商品房，“120平方米左右的。六七十万吧。现在很矛盾，离单位近的，环境不好，环境好的吧，又离单位远，还得考虑小孩读书什么的，所以很矛盾，还没定下来。”

【个案三】梁先生，北京，24 岁，月收入 5000 元，现租房住，“100 平方米左右吧，两居，挨着（西）五环就行。我们单位就在（西）五环边上。小区的设施没想过，小区的那些健身器材，在我的印象中，都是老年人玩那个，反正我个人不适应，还是去场馆比较好。”

3. 是否贷款购房

表 7-4-5 和表 7-4-6 是通过电话调查了解的 10 城市消费者是否贷款购房的情况。由于样本人数较少，结果仅供参考。

7-4-5 当初买房时是否有银行按揭

	人数（人）	商业贷款	公积金贷款	没有贷款
北京	54	18.5	3.7	77.8
上海	79	13.9	20.3	65.8
广州	54	14.8	1.9	83.3
深圳	47	29.8	2.1	68.1
成都	80	11.3	7.5	81.3
重庆	59	33.9	5.1	61.0
武汉	67	20.9	10.4	68.7
西安	62	4.8	1.6	93.5
沈阳	99	7.1	4.0	88.9
南京	79	13.9	6.3	79.7

7-4-6 未来买房时是否会有银行按揭

	人数（人）	会商业贷款	会公积金贷款	不会贷款	依情况而定	不知道、不清楚
北京	57	57.9	19.3	22.8	0.0	0.0
上海	32	56.3	21.9	21.9	0.0	0.0
广州	37	51.4	10.8	37.8	0.0	0.0
深圳	18	61.1	5.6	33.3	0.0	0.0
成都	51	27.5	35.3	37.3	0.0	0.0
重庆	32	25.0	34.4	34.4	0.0	6.3
武汉	40	35.0	45.0	15.0	5.0	0.0
西安	54	38.9	24.1	37.0	0.0	0.0
沈阳	42	21.4	33.3	45.2	0.0	0.0
南京	33	24.2	45.5	30.3	0.0	0.0

通过访谈我们了解到能接受贷款买房的被访者人数较多，这部分消费者大多是被现实情况所迫，房价太高，一次性付清房款基本不可能，只有寻求贷款。希望一次性付清房款的被访者主要依靠自己和家人的积蓄。不赞成贷款买房的消费者中有的是经济条件好，可以一次性付清，有的则认为需支付的利息太高，不合算。

（1）不赞成贷款买房

在不赞成贷款买房的消费者中，理由主要有银行利息多、贷款麻烦、不喜欢负债感等。具体情况如下。

- 自己买房如果钱不够首先会向家里借，如果还不够会考虑贷款。因为贷款毕竟有利息的，要多花不少钱。

在不赞成贷款的消费者中持上面这种理由居多，其他的说法还有：

- 找银行太麻烦了，要是按时还不了还得交违约金。
- 可能需要贷款。我一直不喜欢贷款，总是觉得贷款心里不踏实，这么多年万一还不掉，对子女也不好。现在房价太贵，如果可能的话，还是想能一次把房价付清。不问朋友借，那样的话宁可选择贷款。
- 如果有能力最好一次付清，我不喜欢背着债的感觉。
- 自己住，不炒房干吗要贷款呢，一次付清有额外优惠，价格下降 2 个点，自己有这个钱就一次付清，没钱只能按揭。

（2）赞成贷款买房

赞成贷款的消费者的理由主要是没钱只能贷款、以缓解生活压力等。具体情况如下。

- 肯定会用贷款的，一次付清我们哪里有这么多钱啊。这种说法具有代表性，大部分赞成贷款的消费者是由于没有足够的钱一次性付清。
- 我就是有钱也不会全投到房子上，还不如自己拿25万去投资呢。
- 公积金贷款啊。首付想多付点，肯定不能影响生活水平啊。可能顶多是平时生活中不能太浪费，但不会因为贷款而降低生活水平。
- 一般都会贷的。因为一下子要拿出那么多钱的话，对钱的灵活性就不好了啊，万一有什么事就不方便了。

还有消费者认为贷款帮了大忙，心存感激，但仅限于在买房方面接受贷款消费。

【个案一】冯女士，广州，35岁，刚买了房，“我觉得贷款能解决我一个大问题。要不等我攒够了钱，还不一定能买这样的一套房子。但其他的贷款消费对于我来说是不可思议的，比如说贷款旅游，我都不敢想象。让我花以后的钱去玩，不可思议的。买房可以变成固定资产，这可以接受。”

有的消费者以前不认可贷款消费，由于急需买房，开始接受贷款消费。

【个案二】朱女士，北京，现已退休，家庭收入水平较高，“我之前一点都不接受贷款。以前听别人说买车买什么的，要贷款，我都觉得没必要，我还是相信自己攒，这样比较踏实、放心。这次也是买房才转变这种观念的。”

（3）具体情况具体分析

在对待贷款买房的问题上，有的消费者回答不明确，但也很有道理。

【个案】于女士，北京，52岁，收入中等，“各人看法不同吧。有些人的观念是错的，挣得少花得多，把以后的花了，以后会有压力，这是没有远见。要根据自己经济能力，有非做不可的事的话，我才同意去贷款。（中美）两个老太太的故事我都不赞成，我是一个折中，买房子、买车要在可以偿还的情况下再贷。人一辈子就该活得轻轻松松、舒舒服服的，干吗把自己搞得那么累。”

访谈的消费者大部分住的是原来分的公房，部分已经购买商品房的消费者具有“两高一低”的特点：即文化程度较高，收入高，年龄低。已经购房的，由于经济条件所限，大部分没打算再购房。购房意愿最强的是那些工作没几年，面临结婚或刚结婚不久的年轻人。购房基本上是一生最大的一项消费，居民做购房决定比较谨慎。基于这种情况，大部分消费者心中“理想”的房子是：两居室，面积大约80平方米，交通方便，最好离市区比较近，周围购物方便，安全有保障。当然高收入的消费者则有不同的选择。消费观念的转变和现实条件的限制，使能接收贷款买房的被访者越来越多。不接受贷款买房的理由主要是贷款利息高和不喜欢负债的感觉。

（四）汽车

表7-4-7至表7-4-17是通过电话调查了解的10城市消费者拥有汽车和未来打算购车的情况。由于样本中拥有汽车和未来打算购买汽车的人数较少，百分比基本没有意义，因此表格中列出的是被访者数量，而不是百分

比，结果仅供参考。

7-4-7 家用汽车拥有情况（单位：人）

	人数（人）	有	没有
北京	209	31	178
上海	206	16	190
广州	206	17	189
深圳	153	19	134
成都	221	20	201
重庆	209	12	197
武汉	230	5	225
西安	219	19	200
沈阳	247	11	236
南京	225	10	215

7-4-8 现用汽车的来源（单位：人）

	人数（人）	自家购买的	单位配发使用的	其他
北京	31	30	1	0
上海	16	15	1	0
广州	17	16	1	0
深圳	19	17	2	0
成都	20	15	4	1
重庆	12	12	0	0
武汉	5	5	0	0
西安	19	18	1	0
沈阳	11	11	0	0
南京	10	10	0	0

7-4-9 该车的类型（单位：人）

	人数（人）	豪华轿车	中档轿车	经济型轿车	越野车	厢式车	其他车型
北京	29	1	7	20	0	1	0
上海	15	1	5	7	0	0	2
广州	18	0	5	11	1	0	1
深圳	18	2	7	5	0	2	2
成都	20	0	5	13	0	1	1
重庆	11	1	0	6	0	2	2
武汉	5	0	3	1	0	1	0
西安	20	0	7	7	1	4	1
沈阳	11	0	3	4	0	2	2
南京	11	0	2	1	3	5	0

7-4-10 该车的购买时间（单位：人）

	人数（人）	1995 年以前	1996 年	1997 年	1998 年	1999 年	2000 年	2001 年	2002 年	2003 年	2004 年	2005 年
北京	29	0	0	3	2	0	0	1	3	11	9	0
上海	16	0	0	0	1	1	0	0	5	3	1	5
广州	16	0	0	0	0	1	2	3	3	3	4	0
深圳	19	0	0	0	0	2	1	4	3	5	2	2
成都	20	0	0	0	1	3	3	0	1	4	8	0
重庆	12	1	0	0	0	0	0	4	0	0	7	0
武汉	6	0	0	0	0	0	0	1	3	0	2	0
西安	18	0	1	0	0	0	4	1	2	0	7	3
沈阳	12	0	0	0	1	1	1	1	2	1	5	0
南京	11	0	0	0	0	1	0	0	1	4	5	0

7-4-11 该车在购买时是否是新车（单位：人）

	人数（人）	新车	二手车
北京	31	27	4
上海	16	14	2
广州	16	16	0
深圳	19	18	1
成都	20	18	2
重庆	11	10	1
武汉	5	5	0
西安	20	18	2
沈阳	11	9	2
南京	10	10	0

7-4-12 该车在购买时是否实行银行贷款（单位：人）

	人数（人）	是	不是
北京	28	6	22
上海	17	3	14
广州	16	2	14
深圳	20	4	16
成都	20	2	18
重庆	11	4	7
武汉	6	3	3
西安	19	1	18
沈阳	11	3	8
南京	11	3	8

7-4-13 有无购车打算（单位：人）

	人数（人）	打算买	不打算买
北京	182	44	138
上海	184	23	161
广州	193	29	164
深圳	134	18	116
成都	201	47	154
重庆	198	13	185
武汉	225	21	204
西安	200	31	169
沈阳	236	48	188
南京	215	26	189

7-4-14 打算何时购买（单位：人）

	人数（人）	1年以内	1～2年	2～3年	3～5年	5年以后
北京	37	7	15	3	4	8
上海	21	1	4	7	3	6
广州	27	3	6	7	5	6
深圳	17	4	6	0	3	4
成都	47	1	7	7	8	24
重庆	14	4	2	0	1	7
武汉	22	1	3	10	5	3
西安	31	2	4	9	8	8
沈阳	47	5	5	11	10	16
南京	26	1	5	9	2	9

7-4-15 打算购买的类型（单位：人）

	人数（人）	豪华轿车	中档轿车	经济型轿车	越野车	厢式车	其他车型
北京	23	1	8	12	0	0	2
上海	7	1	2	2	0	1	1
广州	8	0	4	3	0	1	0
深圳	11	2	3	2	0	1	3
成都	8	0	3	5	0	0	0
重庆	5	0	2	3	0	0	0
武汉	3	0	1	0	2	0	0
西安	5	0	2	3	0	0	0
沈阳	11	0	8	2	0	0	1
南京	5	0	1	2	2	0	0

7-4-16 计划用于购车的花费（单位：人）

	人数（人）	5万元及以下	6万～10万元	11万～15万元	16万～20万元	21万～25万元	31万～35万元	40万元以上	不确定
北京	25	1	10	5	6	2	0	1	0
上海	8	0	1	5	1	0	0	1	0
广州	15	0	4	7	3	0	1	0	0
深圳	11	0	3	3	2	0	0	2	1
成都	8	0	6	2	0	0	0	0	0
重庆	5	0	3	2	0	0	0	0	0
武汉	4	0	1	3	0	0	0	0	0
西安	7	2	0	2	1	2	0	0	0
沈阳	11	2	6	2	0	1	0	0	0
南京	5	0	0	2	3	0	0	0	0

7-4-17 所要买的车是否打算实行银行贷款（单位：人）

	人数（人）	是	不是
北京	23	8	15
上海	9	6	3
广州	13	3	10
深圳	11	7	4
成都	8	3	5
重庆	5	3	2
武汉	3	0	3
西安	5	3	2
沈阳	10	2	8
南京	5	3	2

另外，在调查中我们还了解了消费者拥有汽车的品牌，被访者提及较多的品牌有捷达、奥拓、大众 GOL、桑塔纳、别克、东风、长安、大众 POLO。未来打算购买的品牌提及较多的有本田（广州）、捷达、丰田、大众 GOL、桑塔纳、别克、宝马、奇瑞。被访者印象最好的汽车品牌主要有宝马、奔驰、奥迪、本田（广州）、别克、劳斯莱斯、本田（日本）、法拉利、大众 GOL、大众 POLO、丰田、桑塔纳。在问及被访者考虑购车时最重要和次重要的因素时，价格、安全性、耗油量、品牌和外观设计是被提及最多的考虑因素，此外，还有被访者提到了性价比和养车的费用。

以下是通过访谈了解的被访者汽车消费的情况。

1. 汽车仍是少数人的选择

我们访谈的 64 位被访者中有车的不足 1/4，其中有 1 位是单位配车，还有消费者已经换了好几部车了。

【个案一】李女士，北京，35 岁，家庭主妇。丈夫收入较高。“最早是 1993 年买的，是个小面。当时北京有车的人就很少。后来到 1996 年买了一辆桑塔纳公用车，16 万多吧，现在给司机用了。（老公有专职的司机）2001 年换的本田，第二年又买了一个‘小贝贝’。本田漏油就换了索纳塔，我老公开，我开‘小贝贝’。当时主要是小孩在海淀幼儿园，我专门去接送，后来孩子上小学就不需要了，我就低价换给我表妹了。”

【个案二】刘先生，北京，48 岁，月收入 3000 元。“夏利，1997 年买的，好像是 7 万多块吧。主要是上班离家太远，我认为这车 50%是为了代步，50%为了方便（指速度），这是一个观点。比如说电脑，我也不会用，还是买了一台，一个原因是为孩子，另外现在家庭条件好了，大家都买了，10 个家庭有 5 个都买，你也就要买。车也是这个道理，现在买车肯定也有这个因素。”

【个案三】冯女士，上海，40 岁，个体老板，月收入 5000-5300 元，家用汽车是车展上半小时就买了，“车是 2003 年买的，帕萨特，是车展会上看的。和丈夫商量了半小时就决定买这款车了，当时买的时候是 30 万。当时是车型广告出来，我们要了他们的传真，ABCD 几个型号都有，只用在喜欢的那个旁边打个对钩就行。传真介绍比较全，在车展会上订货，10 多天后提货。”

2. 未来打算购车的消费者

在没有汽车的消费者中明确表示打算未来购车的较少。有些被访者表示要等到买房以后再考虑买车。

【个案一】李先生，北京，42 岁，月收入 6000 元，刚买完房，“买房子有经济压力，供完房子再考虑车吧。”

【个案二】郁先生，上海，24 岁，月收入 3000 元，“还很遥远呢。我肯定是先买房后买车的。除非非常急需的时候可能会考虑先买车。我还是传统的中国思想，觉得应该先有了房，安定下来再考虑车。”

有的消费者想买车，但家里意见不一致，毕竟车不只是个人消费品。

【个案三】朱女士，北京，50 岁，儿子想买车，但她还有顾虑。“他们是想买。但要我说啊，还是不要买。一是因为刚买房，所以还是要集中力量先还贷。而且利息这一块，还是挺大的，要是利息再涨了，就更多了，所以要尽快先还房贷。二是我不经常出门。你说我坐在轮椅上去远的地方不方便，近的地方推着出去也就行了。而且买了车以后，各种管理费也很贵，比如小区停车费什么的。还得担惊受怕，怕车被砸，或者出什么事啊，买了车以后风险太大。其实主要就是年轻人想买。所以只能说有所考虑，但还没有列入日程。”

还有被访者打算买车主要是为了出行方便，也有消费者是由于周围人的压力。

【个案四】李先生，北京，在国企工作，月收入 4000 元。“现在来说，没车都不好工作了。经常外出，打车也不是很方便，坐公车时间上也耽误。而且平时工作不方便还在其次，要是出去吃饭或见人，自己没车可能心里会觉得有些没面子。”

在问到以后买车是否会考虑贷款时，被访者基本上选择一次性付清，并认为贷款利息太高，有压力。

◆ 一次性付清，总觉得分期付款我吃亏。

◆ 一次性付款，我不喜欢贷款。利息太高。

◆ 一次付清，我们不喜欢有压力。

其实有的消费者能接受信贷消费，但不能接受贷款买车，如个案四中的李先生，2003 年贷款买了 100 多平方米的房子，两年内打算买车，但不会考虑贷款，认为没必要，太麻烦。

3. 经济车仍是第一选择

目前已经有车的消费者中，汽车价格大部分在 10 万元左右，属于经济型家庭汽车。打算买车的消费者也基本锁定经济型汽车。

【个案一】李先生，北京，在国企上班，刚买了房子，近期打算买车，他是忠实的国货支持者，“选桑塔纳、捷达这样的经济型轿车。桑塔纳 3000 就 12 万元吧。普桑 8 万元的样子。桑塔纳 2000 好像不产了。我买车考虑的一个是经济条件。另外，这个毕竟是大众车，大家用的比较多，售后服务比较好。一般新型车没保障。比如奥克斯是产空调的，前几年又产汽车，后来又不产了。它根本就不做这个，您说万一出了什么问题，售后怎么办？所以太新的车没保证，买大众品牌比较放心。”

【个案二】冯女士，广州，35 岁，月收入 2301～2500 元，三口之家，刚买了房，“将来买车主要考虑的是油耗，我会考虑买经济型的。买车只要是为了方便出入，不用讲究大品牌，只要实在。”

4、消费者不打算购车的理由

未来不打算买车的消费者各有不同的理由，普遍反映养车费用太高，现在又闹油荒，城市堵车严重。

◆ 买车还没打算，因为养车养不起。公司要有补贴还好，而且我买车的作用也不大，平时上下班都坐地铁，也比较方便。

◆ 车肯定不会买。以后也不会买。我前两天看报纸说，油钱又要涨了。现在油都 4 块了，还要涨到 4 块 4，涨 4 毛钱。烧不起油啊。我有一哥们有车，基本没动过。出门要找车位，没地儿放，乱放就会被罚被扣。

◆ 像北京这样的交通状况不会打算买的，尤其是地铁越来越方便，需要的话周末可以租车。

◆ 没有打算，主要是停车麻烦。

◆ 不打算了，我自己没这个能力买车。

◆ 不打算，油费太贵了，养车不如养孩子，停车费很贵的，我朋友的一辆广本，在停车场被刮花了，只赔了100块，什么都不管的。

◆ 不安全。这里交通很方便，而且保养的花费太高。虽然说车是流动的房子，但你不能一直住在里面。

◆ 其中有一位北京的卢女士，1995年就买了私家车，但后来又卖掉了，现在不打算买车，感觉有车挺烦恼的。“1995年买的，2002年又卖了。车子用着还行，就是爱人单位近了，他开，我又不开，学了本不敢开，天天在家停着没意思，就卖了。我们的车是托出国回来的一个朋友按指标买的，十几万吧，东借西借的，当时经济也不宽裕，主要凑着机会就买了。平时停车、油费也挺多的，还老是擦了、划了的，出点这毛病那毛病的，事也不大，可是让人很憋气。同事买车后烦恼太多了，没车位，好不容易抢个车位像过年似的。”

5. 消费者对汽车消费的态度

在谈到汽车对生活的影响时，被访者普遍表示车只是一个代步工具，出行方便。至于是否因为有车而有优越感，由于被访者涉及较少，我们也很难做出推断。

◆ 没想过什么优越感，自己觉得怎么方便怎么好就怎么来，我不考虑别人怎么想。

◆ 也就是一个代步工具吧。也不会有那心理（比较心理）。那是给自己增加压力。

◆ 挺普通的，现在上海买车的挺多的，我们当时买车之前，邻居还都很稀奇的。现在就不是了。

还有被访者表示“有车后，活动范围广了，而且交际的范围也宽了，认识了不少人。”还有被访者认为车在生活中是一个负担，“我能坐地铁就坐地铁。不喜欢开车，开了三四年就觉得是个负担了，神经状态老是绷着。”上海的冯女士说，“本来他（老公）说给我买一个POLO。我觉得挺烦的，因为我适应什么都替我理顺的那种生活，如果给我一辆车还得我去洗车、加油，就会很不情愿。”广州的冯先生刚买了车就碰到了烦心事，“前两天刚买了一辆面包车，金杯的，12座，买的二手车，花了5万多元，也拉货，也给家里人出去的时候用啦。现在闹油荒，我前天买了车，昨天去加油，结果排了半天队，在加油站等了几十辆车才等上。”

甚至有的消费者现在后悔买车。广州的胡先生说，“当时买了一辆重庆长安，7座的小面包车，10万。我爱好车，18岁就考驾照了，买面包是因为当时想家里人多，出去方便嘛，我很认真的，考虑了三四个月呢。有看一些报纸的汽车版啊，上网看资料啊，还有问问朋友啊。虽然说当时买的时候有点冲动，但还是仔细比较了半天啊。不过现在后悔买车，因为养车太贵啊，现在又没油加，停车也难，还贵，用途也不大。”

总的来说，拥有家庭汽车的消费者比例较小，明确表示打算买车的被访者也比较少。消费者现在拥有和未来打算买车的类型主要是经济型轿车，同时消费者对耗油量和安全性考虑较多。不打算买车的被访者居多，原因一是没有经济条件，二是等买房后再打算，三是买得起养不起，四是其他客观原因如用不着、城市堵车严重、停车困难等。消费者对贷款买车仍不能完全被接受，即使有的消费者能接受贷款买房，也不会去贷款买车。汽车对大多人来说只是代步工具，出行方便，同时汽车也带来了一定的烦恼如加油困难、停车位难找、怕出事故等。